宋元明清
咏岳飞广辑

◎ 傅炳熙　傅乃芹　辑校

中州古籍出版社
·郑州·

图书在版编目(CIP)数据

宋元明清咏岳飞广辑/傅炳熙,傅乃芹辑校.—郑州:中州古籍出版社,2015.6
ISBN 978-7-5348-5368-5

Ⅰ.①宋… Ⅱ.①傅…②傅… Ⅲ.①古典诗歌-诗集-中国-宋代~清代Ⅳ.①I222.74

中国版本图书馆CIP数据核字(2015)第143919号

出版社：中州古籍出版社
　　　　（地址：郑州市经五路66号　邮政编码：450002）
发行单位：新华书店
承印单位：山东齐鲁古籍印务有限公司
开本：710mm×1000mm　1/16　　印张：45.5
字数：680千字
版次：2015年6月第1版　　印次：2015年6月第1次印刷

定价：110.00元

本书如有印装质量问题，由承印厂负责调换。

序

王曾瑜

傅炳熙先生费了很大功夫，广泛搜罗自南宋经元、明、清四代的咏岳飞诗词两千四百余篇，编成《宋元明清咏岳飞广辑》，又在此基础上，选出四百余篇，撰写成《宋元明清咏岳飞选注》。其工作量之大，为前所未有。这固然得益于目前的电子信息技术，但劳绩之巨，也足以令人瞠目。我个人断断续续为时数月，方得以卒读。

古典诗词的一大特点，就是使用典故，既有历史的，也有文学的。我个人古典文学修养颇差，无力为此，而傅炳熙先生依凭他相当深厚的素养和功底，足以驾轻就熟。拜读他的许多注释，当然是给自己上课，受教良多，至于对略具古典文学修养的读者，则肯定会增加许多阅读的方便和教益。

岳飞作为一位古代伟大的爱国英雄，其英勇善战的精神和人格魅力，足以使时人、敌人和后人深感敬佩和崇拜。金使刘祹针对杀害岳飞一事，也毫不客气地奚落宋高宗君臣说："江南忠臣善用兵者，止有岳飞，所至纪律甚严，秋毫无所犯。所谓项羽有一范增而不能用，所以为我擒。如飞者，无亦江南之范增乎！"① 今人也有如此评价："对照如今的各种丑恶现象，像岳飞那样一个为山河一统的崇高事业而献身，仅就不爱钱，不贪色，不是官迷和严以待子这四条，就足以成为震烁千古的伟人。"②

历代歌颂和追怀岳飞的诗词数量颇为可观。据史料记载，当岳飞遇害

---

① 《说郛》卷一八叶寘《坦斋笔衡》。
② 刘红：《面对精神抉择的心灵之河》，《丝毫编》第662页，河北大学出版社，2009年。

时,就有士人李安期"作表忠诗百二十首吊之"①。明嘉靖时,"岳坟诗集无虑千首"②。由于时光之流逝,文字之佚失,许多歌颂和追怀岳飞的诗词已无以传世。然而仅就傅炳熙先生的搜罗,也足见为数之多。此类诗词的意义,一是宣扬了爱国正气,二是证明了岳飞的大名,他的崇高精神和气节,确实已深深地镌刻在中华民族的心坎上,融合在中华民族的血液里,成为激励中华民族奋进的道义力量。据明代贾应龙的记述,"王之忠义,自宋迄今,虽闾夫妇人皆能道之"。可知他的精神对整个民族影响之深。这恐怕是受难者岳飞生前所不能设想的,更是屠害他的宋高宗、秦桧之流所根本无法设想的。

对于遗臭万年的秦桧,在此不必赘说。对于荒淫无道的宋高宗,在此有必要多说几句。

在南宋一代,特别是向杀父之仇敌自称"臣构"的宋高宗在位时,在其酽赏重奖之下,一大群无耻的臣僚和文士争先恐后地进献颂词和赞歌,曾经达到了极其肉麻的程度。如参与杀害岳飞的万俟卨上《皇太后回銮事实》,并作序说:"恭惟皇帝陛下法姚虞之尽善尽美,迈汤后之克宽克仁。""大谋长算,时出宸虑,讲信修睦,断以不疑,不惮谦辞厚币之劳,以冀承颜问膳之乐。""自我作古,贻之方来,其盛德之举,不其伟欤!"③另有秦桧的养子秦熺,则在官史中称颂皇帝"孝悌绝人,前古帝王所不能及"④。臣僚们盛赞官家"圣孝,感通神明,敌国归仁"⑤。有一首《绍兴中兴上复古诗》说:"书契以来,中兴复古之君,比德较功,莫有望其仿佛者。""皇帝躬行,过于尧、禹。"⑥"沔鄂蕲黄一千里,更无人说岳家军。"⑦

即使宋高宗死后,很多大宋臣子为表达自己无限犬马依恋之情,纷纷撰写大量挽诗,赞颂这位"中兴之主"的功业。如"赫奕中兴事,洪图久系

---

① 《嘉靖邵武府志》卷一四《隐士》,《同姓名录》卷一〇。
② 《西湖游览志馀》卷七。
③ 《会编》卷二二三。
④ 《要录》卷一四六绍兴十二年八月己丑附录。
⑤ 《要录》卷一四六绍兴十二年八月癸未。
⑥ 张嵲:《紫微集》卷一。
⑦ 《能改斋漫录》卷一一《曾郎中献秦益公十绝句》。

隆","天开圣哲君","帝学穷渊奥","洗甲乾坤净,投戈日月［辉］","兼爱无南北,全能冠古今","忧勤三纪外,揖逊一言中","何止超前代,功隆道更尊",如此之类,不一而足。①

权奸秦桧尸骨未寒,其熏天的势焰顿熄,万众的唾骂声一时犹如火山喷发。但宋高宗却完全不同,按古代的伦理和法律,本朝人哪怕说一点本朝皇帝的坏话,就是犯了"指斥乘舆""十恶不赦"的弥天大罪。宋高宗在权相死后,算是行"更化"之政,对于受迫害的官员,大多予以宽贷或平反,而唯独岳飞例外,他自愿承担杀害岳飞的责任,并不乘机诿过于秦桧。宋高宗在位末年,金海陵王大举南侵,南宋抗金情绪重新高涨。很多人冲破禁网,公开要求为岳飞平反。尽管如此,宋高宗只是下诏,将"蔡京、童贯、岳飞、张宪子孙家属令见拘管州军并放令逐便",给岳飞和张宪家属解除拘禁,以开"生还"之路②,却须与蔡京、童贯之流祸国巨奸并列,也足见这个独夫民贼之用心。

待到宋孝宗为岳飞平反后,囿于古代的君臣伦理和法制,岳飞之孙岳珂为祖父编写传记等,却只能讳避祖父与皇帝的矛盾,说祖父和宋高宗本来是亲密无间的,仅是秦桧从中作祟,才发生了悲剧。特别是伪造了秦桧矫诏杀害祖父之说,对后世产生了巨大影响,或以为此即是信史。清代齐学裘诗说,"史书矫诏桧杀之,为尊者讳何须疑","桧也遗臭千万世,高宗隐慝无人窥"。其实,从今存岳飞的狱案原始文件看来,秦桧和万俟卨所拟的刑名,无疑已是最大限度地施加重刑,但尚不能满宋高宗之意。他不仅亲自下旨杀害岳飞,而且将岳云由徒刑超越流刑,改判死刑,又将其他卷入冤狱者逐一法外加刑。

南宋人一般自然明白岳飞遇害的事理,又囿于古代的君臣伦理和法制,他们虽在诗中严厉谴责秦桧,却不能涉及宋高宗。但唯有刘过词说:"北望帝京,狡兔依然在,何事(一作'良犬')先烹。"其典故来自《史记》卷四一《越世家》,范蠡写信劝文种说:"蜚鸟尽,良弓藏;狡兔死,走狗烹。

---

① 分别选自《五百家播芳大全文粹》卷一〇二,《鄮峰真隐漫录》卷五《高宗圣神武文宪孝皇帝挽辞》,《水心文集》卷七《高宗皇帝挽词二首》,《后乐集》卷二〇《挽高宗皇帝章四首》。
② 《要录》卷一九三绍兴三十一年十月丁卯。

越王为人，长颈鸟喙，可与共患难，不可与共乐。子何不去？"文种不听，结果越王勾践赐剑，逼迫他自杀。同书卷九二《淮阴侯列传》载，韩信说："狡兔死，良狗亨；高鸟尽，良弓藏；敌国破，谋臣亡。天下已定，我固当亨。"刘过词句虽已隐约地指责宋高宗，但他毕竟仍须遵守皇宋的臣规，故又在词中强调"陛下圣"，"万感君恩"，以事弥补。

相形之下，宋以后的诗词，对宋高宗的罪恶就不须隐讳。元代赵孟頫虽为宋赵氏宗室，但在宋亡之后，可以写出"南渡君臣轻社稷"的诗句，不说"相臣"，而说"君臣"，直接指责宋高宗。此外，如元代班惟志诗"威名震主自全难"，元明之交的高启诗"每忆上方谁请剑，空嗟高庙自藏弓"，明代文徵明词"笑区区一桧亦何能，逢其欲"，明代王世贞诗"莫将乌喙论勾践，鸟尽弓藏也不悲"，明代包裕诗"不思宗社千年计，惟徇江南一日安"，都点明了宋高宗是杀害岳飞的元凶。

李濂词说："飞鸟在，自藏弓。金牌诏退虎旅，抚剑泣英雄。肯念二龙沙漠，绝爱六桥烟柳，歌舞且江东。谁雪靖康耻，千载恨无穷。"女子邓铃诗也说："中原父老空遮诉，南渡君臣不耻和。"陈赟诗说："休言宋将非唐将，自是高宗愧肃宗。"沈周的诗词说："古来功高众必忌，伍相既前公乃后。便应属镂古血存，冤牍因书莫须有。天子本是包羞人，忍把忠良饲谗口"，"笑昏夫，亦有小聪明，看遗敕"。冯忠诗说："忠魂空结坟前树，割地和成构已臣。"王祖嫡诗说："相桧能为偃月谋，臣构甘下穹庐拜。"韩子祁诗说："五国城枯南望眼，康王已是讳称兵。"崔士荣诗说："孱主元无父，孤臣空有君。"明末金堡词说："航海恨，君自取；奉表辱，君自与。"这些都深刻地谴责和讥刺了宋高宗。

何允泓诗则嘲讽宋高宗偷安半壁的荒淫生活："天造临安胜雒中，西湖浑似化人宫。两高黛抹垂帘见，千里香吹合殿通。循国千珍天府并，刘家双玉越姬空。"末两句是指宋高宗亲幸循王张俊府，举办豪侈的宴会。他宠爱大、小刘娘子，而大刘娘子本是宗室之妻，她入宫的时间，正好是岳飞北伐血战的绍兴十年。

清代洪昇诗说："共恨相公终误国，谁知天子乐偏安。"马思赞诗说："高宗不爱父，大将枉思君。"朱轼词说："小朝廷，真惯乾坤缺。"顾嗣立诗说："臣构年年奉赇赂，二帝游魂啼日莫。"汪灏词说："鸟尽弓藏，犹万古，悲酸未歇。何况是，金瓯破碎，为仇摧烈。但愿龟兹天半壁，怕教龙返燕山月。喜金牌，臣构两相同，班师切。"王峻诗说："长城自坏天难问，半壁偏安主厚颜。"计发诗说："高庙有心诛大将，两宫无骨瘗龙沙。"赵翼诗说："千载人思赎百身，当时狱竟成三字。乃知风旨本朝廷，为梗和戎亟拔钉。"钱大昕诗说："文臣动爱钱，武臣多惜死"，"小朝誓表和亲日，大将圜扉绝命年"，"君王自恋馀杭乐，不独文臣解爱钱"。茹纶常诗说："儿皇帝前臣构后，传之史册洵可丑。十二金牌促班师，遂弃中原如敝屣。"吴翌凤诗说："小朝廷，一臣构。二圣环，撇脑后。"李赓芸诗说："称侄称臣笔不停，九哥安坐小朝廷。甘心半壁销兵气，唾手三台摘将星。"孙原湘诗说："构兮构兮木不良，大厦以桧为栋梁，长城如檀翻见戕"，"宋室已收檀道济，朔方犹畏郭汾阳。朝廷自毁擎天柱，宰相方开偃月堂。千古奇冤成创格，不须鸟尽便弓藏"。晚清皮锡瑞诗说："宋室黄袍后，由来忌战功。贻谋至臣构，怀愍类湘东。不洒攀龙泪，先藏射鸟弓。"清代杜堮痛斥宋高宗的言论甚烈：

武穆之时，设高宗能视师江上，示天下以两宫不返，无以生为，忠孝感激，士气百倍，加以河北响应，义旗所指，不战自靡，拨乱反正，一大机也。失此不图，藩篱遽撤，冤杀遂闻，复何能为哉！其杀武穆，则亡宋之本。其忘亲之罪，任相之非，定都之失，则亦杀武穆之本也。

亡宋者，高宗也。宋不复，则必亡。今也，自杀其可以复宋之臣，以绝中原之望，而快敌仇之心。凡所以亡宋者，汲汲为之，如恐不及，孝宗以下何责焉。

方孝标诗说："向使二圣还，康王何所适。君心在偏安，小人何能逆。"李绂诗："帝自逡巡畏两宫，故教桧卨主和同。"张邦俊诗说："康王幸得国，长愁二圣归。议和深觉是，论战即言非。"张埙诗说："父老争传三字酷，君王不喜两宫回"，"居然高庙神尧据，此事难欺三尺童"。林则徐诗说："不为君王忌两宫，权臣敢挠将臣功。"

然而也有今人提出宋高宗"功过参半"论，甚至还不忍用一个"罪"字。又有人反对称宋高宗的朝廷为"小朝廷"。① 看来他们的见识还在古代咏岳飞的诗词作者之下了。

从另一方面看，后世出于人们对敬仰辉耀千古的岳飞的好心，也出现了愈来愈多、代代追加的传奇和遗物，并且以讹传讹，辨不胜辨，在许多中国人的心目中，反而弄假成真。古代咏岳飞诗词也出现了此类情况，故在此序言中也不得不作些考辨。

《宋稗类钞》卷二七在引《朝野遗记》后，另有一段记载低一格，说："高宗母显仁韦太后北归，至临平，因问：'何不见大小眼将军？'或对曰：'岳飞死狱矣。'遂怒帝，欲出家，乃服道装终身焉。"其注说："当是金人畏飞，相传其状貌，故后习闻之耳。不知后北辕时，飞尚未知名也。"《南宋杂事诗》卷六厉鹗诗"可惜岳将军不见，深宫只著道家衣"，以及《宋人轶事汇编》卷二，盖皆引自明代郎瑛《七修类稿》卷四七《宋后道服》。参照此条记事，郎瑛此说大致得自明代的韦氏家族后裔，但数百年后的传言其实并不可信。从传世刘松年的岳飞画像看，说不上是一眼大，一眼小。再说宋金记载也没有"大小眼将军"之说，清吴槥诗"宗爷已去岳爷来，覆辙汪黄是祸胎"，沈寿榕诗"宗爷而后岳爷呼"，他们也注意到史书记载，金人畏服而不呼其姓名，只称呼"爷爷"者，前有宗泽，后有岳飞。当时岳飞的死讯早已传到北方，如前所述，与韦氏一起南下的金使刘祹，就公开称赞"江南忠臣善用兵者，止有岳飞"，并奚落宋廷杀害岳飞。揆情度理，韦氏又怎么能不知岳飞已死，而问"何不见"。

关于岳飞遇害风波亭之说。宋代无大理寺狱有风波亭的记载。清丁传靖《宋人轶事汇编》卷一五引《坚瓠集》说："岳武穆班师过金山寺，禅师道月劝之勿赴阙，武穆不听。道月遗以诗曰：'风波亭下水滔滔，千万坚心把柁牢。只恐同行人意歹，将身推落在深涛。'武穆至临安，系大理狱，有亭扁曰风波，始悟诗意，悔不从其言。桧闻其事，遣卒何立捕道月。道月方集众说法，何立伺之，道月忽说偈曰：'吾年四十九，是非日日有。不为自家

---

① 朱瑞熙：《关于宋高宗的评价问题》，李裕民先生《南宋是中兴，还是卖国——南宋史新解》，载《南宋史及南宋都城临安研究》，人民出版社，2009年。

身,只为多开口。何立从南来,我往西方走。不是佛力大,几乎落人手。'言旋,端坐而化。"按:《坚瓠集》为清褚人获之笔记小说,其中多搜采前代之记载,部分或可从传世的著作中找到,而部分又找不到。但今传本未见此条。此处虽有风波亭的记载,却未说岳飞遇难是在风波亭。清钱彩《说岳全传》第六十一回方有"风波亭父子归神"的回目,虚构了岳飞、张宪和岳云被用麻绳勒死于风波亭,并将"道月"和尚改名"道悦"。按:岳飞被迫班师在绍兴十年,当时到临安朝见,并未削职遇害,而罢兵权、罢枢密副使与遇害是在绍兴十一年。揆情度理,岳飞朝见是正常的事,身在官场,罗织之网既已摆布,也决不可能因他"不赴阙"而得以不遇害之理。《坚瓠集》的故事是荒诞不经的,但从不少咏岳飞的诗中可知,岳飞死于风波亭,又居然弄假成真。

关于岳飞是否有次女"银瓶小姐",宋末元初周密《癸辛杂识》续集下《银瓶娘子签》说:"太学忠文庙,相传为岳武穆王,并祠所谓银瓶娘子者,其签文与天竺一同。"按:宋时达官贵人家的女儿称娘子,与平民相同,当时所谓"小姐"类似于今三陪女郎。① 此条记载并未说"所谓银瓶娘子"是岳飞次女,可知如清褚人获《坚瓠秘集》卷二《银瓶小姐》之所谓"银瓶小姐",是后世加上的称呼,而非宋代的称呼。《癸辛杂识》后不及百年,到元末明初的杨维桢《铁崖古乐府·补》卷三《银瓶女》注说:"宋岳鄂王之幼女也。王被收,女负银瓶投水死。今祠在浙宪司之右。"其实,若真有此女,当宋孝宗为岳飞昭雪之后,岳霖等肯定要为此姐妹向朝廷申请追赠,而岳珂所编《鄂国金佗稡编》也肯定要表彰其姑母的贞烈。《鄂国金佗稡编》既无只字提及,可知"银瓶小姐"出于传说而无疑。

清代有"武胜、定国军节度使,开府仪同三司,荆湖南、北,襄阳府路宣抚使,兼营田大使岳飞之印",这当然是伪造的岳飞遗物,其破绽显而易见。岳飞升虚衔为开府仪同三司,是在绍兴九年,而当时襄阳府路早已改名京西南路,岳飞的实职差遣为荆湖北路、京西南路宣抚使,荆湖南路已非岳家军的辖区。从今存文物看,官印无人名,而私印往往仅为某人之印,而

---

① 参见《纤微编》第523页,河北大学出版社,2011年。

无官称。

关于宋高宗绍兴六年的起复诏,后世的诗词中也屡加援引。我早已考辨说:"另一份绍兴六年《起复诏》碑文,末尾虽有'皇帝书赐岳飞',但字迹与真迹颇异,又无御押,在《鄂国金佗稡编、续编》中也得不到印证,无疑是赝品。"① 岳飞母姚氏死于当年三月二十六日②,而此份伪诏的时间竟为当年五月二十八日,时鄂州紧急文件传送到行在临安,约需十日。宋高宗在四月上旬即可得知,而伪起复诏竟延迟了一个半月多,也是不合情理的事,可佐证其伪。

至于其他如岳飞书写"还我河山"、诸葛亮《出师表》之类伪作,可参见拙作《岳飞和南宋前期政治与军事研究》《丝毫编》等,在此不逐一复述了。清朝虽有乾嘉学派,讲究考证,但清人对此类后世作伪的墨迹和文物,也都信以为真。又如有祝允哲和岳飞的《满江红》词,朱瑞熙先生在《瞑城集》(华东师范大学出版社,2001年版)的《〈须江郎峰祝氏族谱〉中的伪作》一文中已考证为伪作,在此也不须赘述。

---

① 《真伪不可不辨》,《岳飞和南宋前期政治与军事研究》第688页,河南大学出版社,2005年。
② 《鄂国金佗续编》卷二九赵鼎《乞起复》。

凡例

一、本书辑录歌咏岳飞之作2400余首,以诗、词、散曲为主,兼及少量铭赞。

二、所辑作品上自南宋,下迄清末。清末作者确知为1911年以后的作品不录。

三、原文在文献中为繁体字者,为今人阅读方便,皆改为相对应之简体字,通假字不改。原文无标点者,皆加标点。原文疑有讹误衍脱者,仍其旧,不径改。原文字迹残缺或模糊不清者,均以"□"代之。

四、原作无标题者,以"阙题"标之。

五、作者分为南宋、元、明、清四个朝代,跨朝代作者依据其主要生活和仕历的时间划分,兼顾一般习惯划法。

六、每一朝代的作者大致按其生年先后排列顺序,生卒年不详者(凡未注明生卒年者皆为不详),略依科第、仕历和交游定其先后。作者佚名或一时难以考清其年代者,概置于该朝代最后。

七、所辑作品后附有作品出处,以便读者查核。出处多见者仅注一处。文字间有异同者,择善而从,或酌加说明。

八、凡同一作品系于不同作者,作者一般录取较早者,并酌加说明。

九、作品后附有作者简介,以便"知人论世"。依据除史传外,旁及别集、总集、笔记和各种名人词典、作家小传,为求简明,不一一注出。一人数作者,作者简介附于末篇之后。

目录

―――――― 南 宋 ――――――

邵 缉　满庭芳 /3
祝允哲　满江红·和岳元帅述怀 /3
王廷珪　送周解元赴岳侯军二绝句（录一）/3
吕本中　闻岳侯破贺州贼次韩瑞卿韵 /4
赵 鼎　阙题 /4
张 完　答岳鹏举 /4
毛国英　投岳侯 /5
黄 维　岳武穆王生祠记歌 /5
胡 铨　题岳忠武王墓 /5
陆 游　夜读范至能《揽辔录》言中原父老见使者多挥涕感其事作绝句 /6
　　　　书愤 /6
　　　　感事四首（录一）/6
杨万里　初入淮河四绝句（录一）/6
郑思永　紫姑伸狱诗 /7
西溪寨军将子弟　阙题 /7
武昌军士　阙题 /7

薛季宣　周将军庙观岳侯石像二首 /8
叶绍翁　岳王坟 /8
李　谌　六州歌头·吊武穆鄂王忠烈庙 /8
刘　过　六州歌头·吊武穆鄂王忠烈庙 /9
刘　儗　阙题 /9
汪　莘　中原行怀古 /9
李　埴　祭岳鄂王文并序 /10
释居简　读岳鄂王传并引 /11
戴复古　水调歌头·题李季允侍郎鄂州吞云楼 /12
苏　洞　武昌 /12
赵肃远　岳王坟 /13
钱　时　东松庵观岳武穆遗碑 /13
曹　豳　过岳王祠 /13
吕　午　和岳王庙壁上韵 /13
袁　甫　江东巡部纪行（节录）/14
　　　　岳忠武祠 /14
王　遂　登杨府风云阁 /14
佚　名　鄂武穆王岳公真赞 /15
岳　珂　鄂忠武王出师疏帖赞 /15
　　　　鄂忠武王书简帖赞 /16
　　　　经进百韵诗 /16
　　　　东松庵 /17
王　柏　岳王 /18
郑　起　谒岳王坟 /18
方　岳　次韵徐宰题岳王祠 /18
　　　　题祁门岳王庙 /19
陈允平　鄂王墓 /19
胡仲参　读岳鄂王行实 /19
徐集孙　岳鄂王墓 /20

	岳鄂王墓 /20
黄文雷	往年因读岳王传尝为之赋今过东林睹其遗像感而申颂之 /20
林　泳	岳庙 /20
释行海	岳飞 /21
方　回	宿东松寺 /21
	送岳德裕如大都（节录）/21
何梦桂	吊岳文二公二首 /22
	西湖 /22
滕　塛	拜岳将军墓 /22
董嗣杲	岳鄂王墓 /23
	过岳家市 /23
	春步岳园二首 /23
宋庆之	武昌怀古 /23
吴龙翰	读岳武穆王传 /24
王英孙	岳武穆王墓 /24
林景熙	拜岳王墓 /24
胡天放	阙题 /25
艾性夫	岳武穆葬西湖故宅为学宫 /25
韩信同	岳王墓 /25
陈德武	水龙吟·西湖怀古 /26
马　存	岳王墓 /26

元　代

白　珽	岳武穆精忠庙 /29
胡炳文	拜岳鄂王墓 /29
任士林	岳鄂王墓 /29
赵孟頫	岳鄂王墓 /29
尹廷高	西湖岳王坟 /30
蒲道元	读宋四将传并序 /30

宋　无　岳武穆王 /30
　　　　　武穆坟 /31
龚　璛　咏岳王孙县尉复栖霞墓田事 /31
黄公望　西湖竹枝词 /31
潘　音　读岳武穆传 /31
周德清　[中吕]满庭芳·看岳王传 /32
　　　　　[中吕]满庭芳·误国贼秦桧 /32
陈　樵　题建炎遗诏 /32
吕彦贞　四贤祠 /33
李孝光　岳王祠 /33
徐　震　钱塘怀古 /33
贯云石　朱仙镇 /34
张　昱　岳鄂王坟上作 /34
　　　　　题岳王祠 /34
柯九思　岳武穆王墓 /34
郑元祐　岳武穆王墓 /35
　　　　　重建岳王精忠庙谢李全初长司 /35
　　　　　古墙行（节录）/36
　　　　　岳王庙 /36
　　　　　重建精忠庙记迎送神辞 /36
朱德润　过岳鄂王庙 /36
段天祐　岳王庙 /37
杨维桢　岳鄂王歌 /37
　　　　　岳王行 /37
　　　　　银瓶女 /38
　　　　　湖上感事漫成四绝奉寄玉山（录二）/38
　　　　　阙题 /38
　　　　　阙题 /38
苏大年　阙题 /39

　　　　　　　阙题 /39
班惟志　岳王庙 /39
贡师泰　西湖竹枝词 /39
宇文子贞　阙题 /40
林泉生　岳王庙二首 /40
于　立　西湖竹枝词 /41
潘　纯　题岳武穆王墓 /41
叶　颙　岳飞传 /42
倪　瓒　拟赋岳鄂王墓 /42
　　　　再二首 /42
　　　　竹枝词（八首录二）/42
达兼善　阙题 /43
成廷珪　奉书岳忠武王诗集传后 /43
高　明　和赵承旨题岳王墓韵 /43
迺　贤　岳坟行 /44
张天英　钱塘怀古次高则诚韵 /44
陈　基　吊岳武穆文（骚）/45
　　　　拜岳鄂王墓 /45
贝　琼　西湖竹枝 /46
姚文奂　题岳王墓 /46
　　　　又题岳王墓 /46
王　逢　银瓶娘子辞有引 /46
　　　　岳鄂王墓木皆南向平江张师正知事命工图之为题一首 /47
鲁　渊　读岳鄂王传 /47
张　宪　姑苏钱塘怀古诗（六首录一）/48
　　　　悲建绍 /48
　　　　岳鄂王歌 /48
　　　　岳飞墓祠 /48
杨子寿　阙题 /49

陶宗仪　岳鄂王 /49
徐孟岳　岳王墓 /50
潘　牧　姑苏钱塘怀古诗次韵（六首录二）/50
张伯远　象山山长岳仲远美任归浙 /50
吴子华　阙题 /50
王彦琬　阙题 /51
牟景阳　阙题 /51
施则夫　阙题 /51
沈叔敬　阙题 /52
佚　名　阙题 /52

===== 明　代 =====

陶　安　岳王墓 /55
　　　　咏史十五首·岳武穆 /55
刘琮玉　阙题 /55
袁　华　淮安忠武王祠 /55
凌云翰　岳鄂王墓 /56
张　羽　岳鄂王墓 /56
　　　　岳武穆王 /56
甘彦初　阙题 /57
克　新　岳飞墓次刘治中韵 /57
　　　　岳飞墓次吴府判韵 /57
张　著　过大梁朱仙镇 /57
钱子正　岳王墓 /58
钱子义　朱仙镇 /58
　　　　栖霞岭 /58
童　冀　谒岳鄂王墓 /59
顾　禄　过崔桥闸题岳武穆屯兵处 /59
李希颜　阙题 /59

凌　鹄　阙题 /60

方　质　阙题 /60

茅大方　上鄂王坟 /60

吴　植　阙题 /60

陈汝言　送谢从义知杭州分题岳王坟 /61

邓　林　岳王墓 /61

高　启　岳王墓 /61

佚　名　岳鄂王墓（长律残篇）/62

瞿　佑　阙题 /62

　　　　宋故宫叹（节录）/62

朱　吉　读岳武穆王传 /63

王　恭　阙题 /63

黄　福　哭岳飞 /63

金　实　岳王墓 /64

魏　骥　阙题 /64

李昌祺　尉氏怀古 /64

孙子良　拜岳王墓 /65

胡　谧　岳武穆鄂王庙复建记迎送神诗 /65

袁忠徹　阙题 /65

郑　珞　钱塘怀古 /66

王　荣　阙题 /66

丘　吉　鄂王坟 /67

霍宾阳　阙题 /67

夏　基　栖霞岭上 /67

冯　琴　阙题 /67

宋眉祝　阙题 /68

宋价祝　阙题 /68

陈　赞　岳鄂王墓和董嗣杲韵 /68

　　　　阙题 /68

王　来　咏褒忠录 /69
　　　　　舟游西湖 /69
朱瞻基　岳飞 /70
刘　溥　吊岳鄂王墓二首 /70
于　谦　岳忠武王祠 /70
佚　名　御制孝顺事实书载岳飞忠孝诗二首 /71
周　鼎　汤阴旌忠庙 /71
邵　玉　阙题 /71
徐有贞　创建精忠庙碑迎送神辞 /72
　　　　　张俊墓 /72
刘　珏　朱仙镇岳王祠 /72
　　　　　岳王庙 /73
汤　节　阙题 /73
章　纶　岳武穆庙追次赵松雪韵 /73
　　　　　和赵松雪韵挽岳王 /73
丘　濬　岳王坟 /74
　　　　　沁园春·题记岳王庙 /74
　　　　　满江红 /74
张　宁　湖上书愁 /75
黄　镐　阙题 /75
黎　淳　古松 /75
韩　雍　谒鄂王祠 /76
高　信　咏精忠庙落成 /76
　　　　　读岳穆王传 /76
　　　　　再读岳穆传 /76
　　　　　谒朱仙镇 /77
曹　安　阙题 /77
史　敏　岳武穆祠 /77
谢　琚　阙题 /77

夏　诚　阙题 /78

易　恒　拜岳王坟 /78

　　　　钱塘筑城过西湖述怀二首（录一）/79

谢士元　岳飞恢复 /79

李　敏　阙题 /79

张　锡　阙题 /79

陈　寿　岳王墓 /80

　　　　西湖怀古 /80

王　越　谒岳王祠 /80

　　　　明圣 /81

　　　　醒秦 /81

　　　　谒朱仙镇武穆祠 /81

　　　　亮军台 /82

　　　　宜沟驿店壁汤阴怀古吊武穆者甚多因总赠一首 /82

　　　　后武穆庙 /82

吴　璘　阙题 /83

吴　立　阙题 /83

左　赞　阙题 /84

张　悦　岳武穆王庙 /84

王　谊　阙题 /84

苏　大　岳王墓 /85

马　伟　阙题　/85

何乔新　谒岳武穆王庙用赵子昂韵 /85

沈　周　和陈惟寅先生姑苏钱塘怀古韵六首（录一）/86

　　　　拜岳武穆像 /86

　　　　岳王坟上树 /86

　　　　谒岳坟 /86

　　　　喜复岳武穆庙 /87

　　　　满江红·题宋高宗赐岳飞手敕 /87

陈献章　阙题 /87
吴　宽　题三忠庙 /88
谢　铎　谒岳王坟次东坡韵 /88
　　　　金字牌 /88
刘大夏　古松 /88
江　源　谒岳王墓 /89
　　　　谒岳王墓 /89
徐　恪　朱仙镇岳王祠 /89
戴　中　谒武穆王庙 /90
陆　润　题武穆王祠 /90
周绍亚　朱仙镇岳王祠 /90
包　裕　吊岳忠武王诗九首 /90
冯　忠　阙题 /92
茆　钦　题三忠祠（录一）/92
高　鉴　题岳鄂王庙中香炉 /92
江　澜　阙题 /93
屠　滽　忠武庙铭 /93
王　鼎　古松 /94
欧阳旦　谒岳王祠 /94
徐　镛　晋拜岳祠用睹李绣衣韵并目瞻仰之忱共三首 /94
李　旻　阙题 /95
许　纶　阙题 /95
庞　泮　岳武穆祠 /95
屠　勋　吊岳武穆 /96
祝　淇　岳武穆王精忠录 /96
邓　庠　恭谒岳武穆王祠 /96
李东阳　金字牌 /97
　　　　三字狱 /97
　　　　吊岳武穆辞 /97

|苏　葵|谒将军祠 /97
|苏　葵|谒岳武穆墓 /98
|王　鏊|三忠祠 /98
|张　鼐|阙题 /98
|林　俊|吊岳武穆 /99
|汪　循|题岳武穆王庙 /99
|　　　|岳王庙 /99
|李　瀚|谒武穆祠 /100
|张　恺|拜岳武穆王祠 /100
|杨一清|阙题 /100
|夏　鍭|西湖三首（录一） /101
|　　　|岳武穆 /101
|黄龙山|阙题 /102
|潘　楷|阙题 /102
|陆　完|怀古五十首·宋岳飞 /102
|杨子器|岳将军砦 /102
|彭　泽|长至拜岳鄂王祠 /103
|　　　|望岳忠武王坟有作二首 /103
|　　　|过汤阴拜宋岳武穆王祠用韵 /103
|邵　宝|朱仙镇 /104
|李　赞　邵　宝|联句诗 /104
|吴一鹏|阙题 /105
|谢承举|谒岳鄂王墓 /105
|　　　|寄吊岳武穆 /105
|钱　福|西湖怀古五章·岳武穆 /105
|刘　瑞|岳王庙 /106
|　　　|孝娥井辞 /106
|佚　名|阙题 /106
|杭　淮|新修岳武穆祠 /107

李　堂　经朱仙镇谒岳王祠 /107
　　　　相州行二首（录一）/107
周　伦　武穆祠 /107
石　珤　阙题 /108
王云凤　朱先（仙）镇叹 /108
　　　　朱仙镇次邵国贤韵 /109
李兆先　吊岳武穆诗二首 /109
赵善明　岳王坟 /109
郑　岳　阙题 /110
　　　　岳武穆祠 /110
黄　清　端肃拜忠武王祠次天官耿老先生韵 /110
袁　仕　重过武穆庙 /110
云田居士　汤阴谒忠武王庙 /111
王九思　朱仙镇谒岳王庙 /111
刘　玉　西湖 /112
　　　　谒汤阴岳武穆祠　/112
黄　相　谒岳武穆庙 /112
文徵明　满江红·题宋思陵与岳武穆手敕墨本 /112
王　济　阙题 /113
盛端明　阙题 /113
顾　潜　汤阴谒岳武穆王祠 /113
　　　　西湖杂咏十二首·岳坟 /114
　　　　满江红·用岳武穆王韵吊岳 /114
李　昆　谒武穆 /114
　　　　挞秦桧 /114
倪宗正　岳王坟 /115
　　　　岳王祠用李邵二方伯联句韵四首 /115
阎　铎　阙题 /115
王　镗　阙题 /116

江　谦　阙题 /116

孙　绪　三忠祠 /116

李梦阳　朱仙镇庙二首 /117

　　　　三忠祠 /117

　　　　朱仙镇 /117

唐　锦　拜岳武穆祠二首 /117

张孚敬　岳王祠　/118

廖道南　阙题 /118

杨　旦　拜岳王祠 /118

顾　璘　岳王坟 /119

　　　　岳坟 /119

　　　　拜岳武穆庙 /119

陈洪谟　汤阴谒武穆王祠 /119

　　　　过朱仙镇谒武穆王庙 /120

程　诰　朱仙镇庙 /120

　　　　岳武穆王墓 /120

潘　埙　北伐山寇全师而归报谢岳武穆王 /120

张　璿　旌忠寺拜岳忠武 /121

阎　钦　阙题 /121

李　元　阙题 /121

徐文华　过武穆祠下次郑山斋韵 /121

浦　杲　读《精忠录》/122

周　用　三忠祠 /122

　　　　精忠庙 /123

　　　　精忠庙 /123

　　　　谒汤阴岳武穆庙 /123

傅汝舟　宋少保岳飞 /123

刘　节　岳武穆墓 /124

王　绽　阙题 /124

陈　霆　谒岳王庙赵松雪韵 /124
　　　　　念奴娇·三忠庙 /125
王尚纲　武穆祠和韩宪副韵 /125
马　卿　诔词 /125
　　　　　诔词 /126
李如圭　阙题 /126
王大用　岳坟 /127
崔　桐　谒岳武穆祠 /127
徐　问　杭州即事二首（录一）/127
韩邦奇　岳坟 /128
　　　　　岳坟 /128
胡缵宗　金字牌 /128
　　　　　莫须有 /128
简　霄　阙题 /129
　　　　　阙题 /129
夏　言　朱仙镇 /130
　　　　　汤阴县谒岳武穆祠次秦韵 /130
　　　　　满江红 /130
周廷用　汤阴岳武穆祠下作 /130
　　　　　岳武穆王墓 /131
陈　察　阙题 /131
陈　璧　阙题 /131
何景明　题岳忠武 /131
　　　　　引路古松歌 /132
　　　　　岳将军砦 /132
　　　　　三忠祠 /133
刘储秀　栖霞岭吊岳武穆王 /133
　　　　　汤阴谒岳武王庙 /133
孙一元　岳忠武庙 /133

　　　　　岳武穆王祠 /134
王崇庆　郾城怀古 /134
尹　襄　谒岳鄂王墓 /134
郑善夫　武穆吟三首 /134
刘天民　满江红·汤阴谒武穆王庙 /135
毛伯温　朱仙镇谒武穆祠 /135
张　治　武穆祠 /136
　　　　　一经堂歌送尹时夫令临海（节录）/136
童承叙　武穆王祠在巴陵 /136
林大辂　虔州杂兴十首（录一）/136
　　　　　吊岳武穆坟二首 /137
　　　　　过武林八绝句（录二）/137
苏志皋　泛西湖吊岳武穆 /137
李　濂　朱仙镇岳武穆祠二首 /137
　　　　　过汤阴谒岳武穆祠二首 /138
　　　　　朱仙镇岳武穆祠四首 /138
　　　　　过朱仙镇五首 /138
　　　　　重过朱仙镇 /139
　　　　　满江红 /139
　　　　　水调歌头 /140
吴　仕　拜岳武穆祠 /140
戴　鳌　过汤阴武穆祠 /140
　　　　　再过武穆祠 /140
萧一中　谒武穆王祠 /141
蔡宗兖　阙题 /141
黄省曾　谒鄂国武穆王庙宫 /141
邵经邦　竹枝词有序（八首录二）/142
张　经　岳坟 /142
　　　　　汤阴谒岳武穆王/142

朱廷立　谒岳武穆祠有感 /143
王　诰　郾城县岳忠武庙碑颂 /143
张　瑶　阙题 /143
程嘉行　阙题 /144
张　景　阙题 /144
张　珩　阙题 /144
周　相　阙题 /145
戴　钦　西湖杂韵十二首（录一）/145
周　诗　岳王坟 /145
潘　恩　朱仙镇次斗城 /145
骆文盛　过汤阴武穆祠 /146
陈大濩　朱仙镇岳武穆祠 /146
王　瀛　忠烈庙 /146
　　　　鄂王墓 /146
谷　清　过汤阴武穆庙 /147
茹鸣玉　阙题 /147
夏　錬　岳武穆王 /147
翟宗仁　阙题 /147
金　鸾　西湖岳少保墓 /148
谢　榛　朱仙镇吊岳武穆 /148
陈如纶　寄题三忠祠 /148
　　　　三怀诗（录一）/149
王三省　满江红·汤阴岳庙和武穆韵二首 /149
薛应旂　谒岳墓 /150
黄廷用　谒武穆庙次壁间韵 /150
张时彻　岳武穆祠 /150
吴　鹏　朱仙镇谒岳穆王祠 /151
高叔嗣　岳武穆王庙 /151
李开先　悼岳武穆 /151

杨本仁	岳武穆祠 /152	
薛　甲	谒岳武穆祠 /152	
张　意	读岳武穆事有感 /152	
刘　瑜	阙题 /152	
石　湛	阙题 /153	
姚廉静	谒岳武穆庙 /153	
邵经济	祭岳武鄂穆王文辛巳年诸生时作（节录）/153	
袁　袠	谒岳武穆祠 /154	
王　格	过朱仙镇谒岳武穆王祠 /154	
吕希周	谒岳武穆王祠 /154	
江以达	席上观岳飞故事 /154	
杨　恂	祀岳忠武鄂王乐章 /155	
钱　薇	谒武穆祠 /155	
田汝成	西湖游览五首（录一）/156	
	谒鄂国武穆王庙宫同黄勉之一首 /156	
佚　名	流芳亭岳鄂王石刻像赞 /156	
施　渐	朱仙镇 /156	
胡　松	岳庙二首 /157	
江　瓘	谒岳武穆王坟 /157	
江中晓	谒武穆祠一律 /157	
李　筵	读岳亦斋《吁天辨诬》有感 /158	
刘　绘	岳武穆庙 /158	
彭　年	阙题 /158	
陆　埰	武穆祠 /159	
尹　台	栖霞岭谒岳武穆王墓 /159	
	后一经堂歌有序（节录）/159	
谭绍琬	一经堂歌次张少保韵（节录）/160	
	一经堂歌次尹宗伯韵（节录）/160	
	次张观察咏古松韵 /160	

刘温良　和张观察游旌忠庵观古松 /161
唐顺之　朱仙镇观岳将军庙 /161
　　　　岳将军墓 /161
　　　　吴江三忠祠 /161
孙应奎　朱仙镇谒岳庙 /162
莫如忠　吊岳武穆祠 /162
陈　鎏　谒岳武穆祠 /162
　　　　朱仙镇吊岳武穆 /162
朱显槐　莫须有 /163
刘廷诰　尉氏北上 /163
胡尧臣　阙题 /163
陈　言　吊岳坟用壁间韵 /163
赵时春　过岳王祠 /164
　　　　旅甸怀古八首（录一）/164
傅夏器　舟次钱塘怀古 /164
李万实　谒武穆祠 /165
陈　珊　谒岳武穆王庙 /165
王立道　谒三忠祠 /165
佘光裕　吊岳武穆 /166
赵　统　岳武穆祠 /166
陈以勤　题岳庙 /166
翟　涛　阙题 /167
孙　慎　仰忠祠记诗 /167
陆乾元　吊岳忠武二绝 /167
　　　　读北伐诗满江红有感 /168
李春芳　阙题 /168
马继龙　谒岳武穆祠 /168
陈所闻　［南中吕］驻马听·拜岳墓 /169
李光先　壬子夏六月瞻拜武穆王像英气犹生赋此以吊之 /169

| 彭 辂 | 金牌来 /169 |
| 题岳坟和赵子昂韵 /170 |
梁 佐	阙题 /170
俞允文	行经岳鄂王墓 /170
余日德	过武穆祠 /171
张 琦	吊岳武穆王墓 /171
蔡汝楠	朱仙镇岳将军祠 /171
岳王墓 /171
谢少南	朱仙镇谒岳祠 /172
来汝贤	谒武穆庙 /172
刘思唐	阙题 /172
吴维岳	赠岳岱武穆十一世孙 /173
宋仪望	登岳武穆坟 /173
周天球	阙题 /173
欧大任	岳鄂王墓 /173
过汤阴谒岳忠武庙 /174
朱仙镇岳王庙 /174
沈友儒	岳武穆王迎飨送神词 /174
沈明臣	岳坟 /175
徐学谟	经汤阴武穆祠 /175
经朱仙镇吊岳武穆祠 /175
邵圭洁	中峰岳武穆新祠 /175
方宏静	咏史六首（录一）/176
董传策	述史十首·宋（节录）/176
徐 渭	岳坟 /176
吴文华	谒岳武穆祠 /177
郑 卿	阙题 /177
林大春	谒岳武穆庙 /177
方逢时	岳坟 /177

　　　　　重修武穆王庙碑记诗 /178
郭谏臣　谒岳庙一首 /178
吴国伦　朱仙镇谒岳武穆庙 /179
　　　　　朱仙镇谒岳武穆祠 /179
田艺蘅　谒岳武穆墓还过于肃愍公祠有感 /179
　　　　　阙题 /179
汪道昆　西湖怀古五首（录一） /180
方问孝　岳武穆王祠下作 /180
王世贞　岳坟 /180
　　　　　满江红·题高宗赐岳武穆诏后次文徵仲待诏 /180
张凤翼　谒岳鄂王祠 /181
郭　槃　谒岳武穆祠 /181
郭　棐　谒岳武穆庙 /181
　　　　　阙题 /182
　　　　　阙题 /182
朱孟震　汤阴县岳忠武王祠 /182
龙德孚　阙题 /182
　　　　　阙题 /183
龚懋贤　阙题 /183
王祖嫡　张玉车寄所辑岳祠志感而有作 /183
　　　　　同大司马崃嵊张公谒岳坟 /184
熊敦朴　阙题 /184
张重华　谒岳王庙二首 /184
顾允默　岳王墓 /185
王　相　阙题 /185
李　袠　岳武穆王庙 /185
李　荫　朱仙镇 /186
宋之韩　阙题 /186
陈治典　奉吊岳武穆祠 /186

王稚登　柴墟岳武穆祠 /187
　　　　岳忠武王祠 /187
　　　　岳武穆王墓 /187
李得阳　阙题 /187
邝元礼　观岳武穆先茔 /188
帅　机　过武穆庙二首 /188
李　瑱　朱仙行 /188
文　作　阙题 /189
石　星　阙题 /189
陈克侯　岳武穆庙 /189
叶宗泰　阙题 /189
钟汝忠　阙题 /190
郑高行邓氏　读岳武穆王传 /190
张元凯　岳王庙 /190
屠　隆　武穆墓下作 /191
郑之民　阙题 /191
方　端　阙题 /191
　　　　阙题 /192
李元龄　阙题 /192
张尧臣　阙题 /192
韩子祁　读鄂王传 /192
陈　第　谒岳武穆祠用蔡清之论为诗 /193
冯时可　阙题 /193
魏允贞　阙题 /193
王弘诲　岳武穆祠 /194
寋　达　阙题 /194
曹子登　阙题 /194
蔡可贤　阙题 /194
张应福　题岳武穆王祠 /195

释方泽　吊岳武穆 /195
王伯稠　岳武穆王绘像歌为沈湛源先生作 /196
　　　　岳王祠 /196
　　　　阙题 /196
汪子卿　三父子 /197
谢文轨　食城台 /197
杨兆坊　谒岳王祠墓 /197
陈　儒　阙题 /197
贾惟孝　读岳王传 /198
王　与　岳武穆庙 /198
紫柏尊者　题金沙寺岳武穆王碑阴 /198
陈　荐　阙题 /199
华善继　西湖杂咏（录一） /199
沈应奎　满江红二首 /199
周履靖　吊岳武穆墓 /200
萧良有　阙题 /200
邹迪光　西泠桥怀古 /200
范守己　题汤阴岳王庙 /201
朱期至　阙题 /201
王凤竹　阙题 /201
吴同春　阙题 /201
吴　定　阙题 /202
周弘禴　阙题 /202
乔璧星　阙题 /203
赵南星　史韵（节录） /203
吴道南　岳武穆 /203
　　　　次岳武穆 /203
苏光泰　吊岳武穆庙 /204
童正蒙　汤阴岳王庙 /204

	阙题 /204
李　培	西湖竹枝词（录一）/205
胡应麟	西湖十咏（录一）/205
	后西湖十咏（录一）/205
谢廷谅	阙题 /205
朱长春	夜过岳王坟绝句 /206
	武穆祠 /206
贾应龙	岳鄂王颂 /206
张翼先	武穆画像赞 /207
刘克修	谒岳王坟 /207
窦　文	阙题 /208
高　举	阙题 /208
虞淳熙	谒岳武穆次壁间二韵 /208
李化龙	汤阴拜岳将军祠 /209
郑懋洵	吊岳王先茔因访其子孙 /209
钟羽正	朱仙镇岳武穆祠 /210
杨于庭	岳王祠 /210
王显仁	阙题 /210
邓启愚	阙题 /210
甘士龙	阙题 /211
冯大咸	阙题 /211
郭正域	朱仙镇谒岳武穆王祠 /211
赵世显	西湖八首（录一）/211
张问达	阙题 /212
梅国楼	阙题 /212
	阙题 /212
徐即登	吊岳武穆庙 /213
崔士棨	阙题 /213
张应登	与梦菊先生谈忠武 /213

　　　　　　阙题 /213
万国钦　谒岳武穆庙和邵二泉先生韵 /214
杨应中　阙题 /214
安文璧　阙题 /214
于玉立　阙题 /215
刘芳誉　阙题 /215
卢龙云　读岳忠武公集 /216
张崇雅　阙题 /216
赵东鲁　阙题 /216
邓原岳　谒岳武穆坟 /217
陈懿典　施全咏（节录）/217
刘元霖　阙题 /217
金忠士　过汤阴谒岳庙一首用朱仙镇韵 /218
陶允嘉　符离怀古 /218
王玉书　张苍水遗骨瘗武穆祠后 /218
魏汝松　题汤阴岳王庙 /218
　　　　　　贼相桧 /219
罗大纮　谒岳武穆祠 /219
林欲厦　阙题 /219
龚文选　万历乙未冬北上吊岳王四首 /220
何淳之　阙题 /220
陈守友　岳墓 /220
朱敬鎜　读诸名家朱仙镇诗 /220
胥　焯　武穆祠 /221
冒愈昌　谒岳武穆祠 /221
胡　黉　阙题 /221
马烨如　阙题 /222
万邦孚　中秋谒岳祠 /222
徐元普　谒岳武穆王墓祠 /222

唐万阳	题岳阳武穆祠 /223
徐有恒	阙题 /223
吴季鹍	吊岳武穆二首 /223
陈邦瞻	朱仙镇谒岳庙 /224
	岳忠武故里二首 /224
	谒岳王墓 /224
	朱仙镇再赋 /224
谢廷讚	阙题 /225
	泊舟岳忠武 /225
公鼐	朱仙镇岳祠歌 /225
陈勋	西湖杂诗（录一）/226
丁元荐	阙题 /226
王衡	西湖上拜岳武穆墓 /226
眭石	满江红·拜岳忠武墓用原韵 /227
李朴	谒岳武穆庙 /227
曾用升	谒岳武穆庙 /227
吕邦耀	谒武穆词 /228
顾绍芾	阙题 /228
徐𤊹	咏史七十首（录一）/229
	岳王祠墓 /229
归子慕	阙题 /229
王元翰	郾城武穆祠 /230
	书朱仙镇岳武穆庙壁 /230
李日华	次朱仙镇 /230
顾起元	读史一百首（录一）/230
唐汝询	岳飞 /231
袁宏道	湖上别限韵同方子公赋 /231
	宿朱仙镇 /232
王一中	张鲤奉谒岳武穆公祠次韵 /232

刘世学　阙题 /232
王在公　阙题 /233
张邦俊　吊武穆祠 /233
宋懋澄　桃山谒岳武穆祠 /233
公　鼐　读岳少保传 /234
邹维琏　谒岳武穆王坟 /234
　　　　朱仙镇 /234
高　出　朱仙镇 /235
　　　　朱仙镇题壁二绝句 /235
郑三俊　过桃城谒岳武穆祠 /235
黄建中　阙题 /236
魏大中　临江仙·钱塘怀古 /236
袁中道　朱仙镇五绝 /236
魏浣初　岳王祠 /237
费元禄　岳王墓 /237
王象春　谒岳武穆庙 /237
文翔凤　朱仙镇岳王有祠 /238
张　鲤　奉谒岳武穆公祠 /238
甄　淑　张鲤奉谒岳武穆公祠次韵 /238
汪　源　谒岳武穆王祠有感 /239
林云凤　泰山谒岳武穆庙 /239
　　　　汪然明以柳如是《湖上草》并《尺牍》见贻口占二绝（录一）/239
陈仁锡　燕赵怀古（录一）/240
施绍莘　锦衣香·钱塘怀古 /240
刘理顺　岳忠武战垒 /240
钱谦益　西湖杂感二十首（录一）/241
黄尊素　汤阴谒武穆祠写怀三首 /241
叶国华　阙题 /241
梁云构　鄂王坟 /242

郑 滂	视崇篆出杭誓岳王祠 /242
马出汧	阙题 /242
何允泓	读岳忠武传四首 /243
黄道周	西湖忠烈祠迎送神曲 /243
萧士玮	汤阴岳武穆祠 /244
谭元春	朱仙镇谒岳祠 /244
吕维祺	岳忠武庙 /244
焦源溥	朱仙镇雨中谒武穆庙 /245
	再谒武穆庙 /245
石文器	桃山驿岳武穆庙 /245
吴伯与	拜岳武穆墓 /245
蒲秉权	朱仙镇吊岳武穆用洪宪副韵 /246
王常浟	阙题 /246
林栋隆	过大营铺读岳少保金沙寺诗 /247
叶重华	阙题 /247
张遂辰	西湖竹枝词 /247
翁 格	柴墟怀古 /248
张镜心	汤阴道中十五韵 /248
邢 昉	岳墓 /248
汪 膺	岳忠武祠 /249
刘元泰	阙题 /249
柴惟道	吊岳王坟 /249
张肯堂	满江红·拜岳武穆祠次韵 /249
郑 鄤	夜奠岳墓读满江红词 /250
	题小人图 /250
茅元仪	题宋义士施全庙 /251
钱继登	满江红·拜岳王墓 /251
王 屋	满江红 /251
李元鼎	和岳武穆 /252

熊文举　题武穆祠四首 /252
　　　　汤阴吊岳武穆 /252
余绍祉　岳忠武墓 /253
张　岱　岳王坟 /253
魏大本　岳忠武祠 /253
　　　　忠武故里 /253
　　　　题忠武王祠二首 /254
　　　　秋日朱仙镇谒祠一首 /254
孙永祚　岳武穆王墓 /254
李　达　过岳武穆祠 /255
瞿　宁　谒岳庙 /255
吴　宋　谒岳武穆祠 /255
丘龙云　阙题二首 /255
刘道开　岳庙 /256
李　盘　宿桃山岳庙旁次叶相国韵时大风雨 /256
葛　麟　吊岳忠武 /256
陈名夏　汤阴拜武穆祠 /257
　　　　朱仙镇 /257
祁彪佳　过桃山岳庙 /257
徐士俊　满江红·拜鄂王祠追和王韵 /258
　　　　西湖竹枝六首（录一）/258
徐　缄　岳武穆王墓 /258
阎尔梅　岳墓（四首录二）/258
舒忠谠　岳王庙 /259
董居乾　读岳忠武传有感 /259
郑　传　施全淬剑行 /259
张　溥　吊岳武穆祠 /260
夏日瑚　奉吊宋岳武穆王 /260
申佳允　书生叩马 /261

黎景义　满江红·追和宋岳鄂忠武王原韵 /261
张四箴　谒岳武穆庙 /261
李云雁　过朱仙镇谒岳武穆祠 /262
李云鸿　朱仙镇谒岳武穆王庙 /262
傅　岩　谒岳武穆王墓 /262
沙蕴金　阙题 /262
揭重熙　鄂王墓 /263
　　　　三鄂 /263
　　　　鄂忠武 /263
　　　　忆西子湖二首 /263
欧阳铉　谒岳武穆祠 /264
卓人月　满江红·拜岳鄂王祠追和原韵 /264
林　垐　绝句二首 /264
曹元方　满江红·谒岳武穆祠 /265
陈廷策　阙题 /265
郭之奇　西湖舟中谒岳武穆庙并墓所 /265
　　　　过桃山岳武穆庙 /266
李文缵　满江红·和岳忠武韵 /266
宋之韩　岳武穆坟 /266
樊起龙　岳王庙 /267
周　星　西湖竹枝词三首和杨廉夫韵（录一）/267
徐　夜　拜岳王坟 /267
孙　临　拜岳墓 /268
　　　　西湖竹枝词五首（录一）/268
许　玢　岳坟 /268
柳如是　岳武穆祠 /268
吴嘉纪　谒岳武穆祠 /269
　　　　泰州岳武穆祠 /269
高宇泰　风波亭留春次韵 /269

周　容　岳忠武王墓 /270
　　　　　西湖杂咏（录一）/270
张　丹　咏怀古迹五首（录一）/270
赵　湛　次汤阴武穆祠口占 /270
张煌言　满江红·怀岳忠武 /271
　　　　　八月辞故里拟绝命词二首（录一）/271
　　　　　忆西湖 /271
沈　谦　六州歌头·凤凰山吊南宋行宫 /271
顾景星　岳王坟 /272
　　　　　岳坟遇雨书壁 /272
　　　　　朱仙镇岳忠武庙 /272
李邺嗣　西陵绝句十四首（录二）/273
魏　礼　西湖杂咏（录一）/273
郭良史　朱仙镇岳鄂王庙 /273
何应璲　岳少保墓 /274
杨　焯　岳坟玉环 /274
韩　洽　岳坟 /274
沈　乘　岳王祠孝女井 /274
魏　宪　谒岳武穆祠 /275
董　樵　岳墓 /275
马鸣銮　过岳鄂王墓 /275
释等安　西湖竹枝词八首（录一）/276
周拱辰　贺新郎·吊岳墓 /276
李汝翼　阙题 /276
鲍孟英　题岳武穆祠 /277
陈政德　阙题 /277
鲜　冤　阙题 /277
康元翁　阙题 /278
沈　芳　大宋岳武穆王墓·次原韵《满江红》词 /278

朱勤炨　朱仙镇岳王祠 /278

朱载堉　岳忠武祠 /278

安　汎　阙题 /279

蔡九江　阙题 /279

何文皋　阙题 /279

余昌谷　岳忠武城怀古 /280

释雪江　钱塘怀古二首（录一）/280

释本源　过岳武穆墓 /280

尹方平　纪异诗有引 /280

胡　迪　阙题 /281

郭　倡　阙题 /281

张廷桂　过汤阴题岳鄂王庙八首 /281

佚　名　阙题 /282

佚　名　阙题 /282

金陵士　箕诗 /282

彭　飞　题伏波祠 /283

风魔小行者　阙题 /283

　　　　　藏头诗 /283

清　代

张缙彦　岳王冢 /287

丁耀亢　谒岳武穆墓见遗像墨刻《满江红》并高宗班师御札 /287

郭　溶　岳武穆王庙 /287

叶光耀　满江红·吊岳武穆祠并和原韵 /288

胡夏客　岳武穆祠 /288

冯如京　岳王祠二首 /288

苏宏祖　岳忠武先茔 /289

许遹翁　岳飞 /289

王　鑨　岳武穆庙 /289

吴伟业　过朱仙镇谒武穆庙 /290
　　　　读史杂感十六首（录一） /290
　　　　过韩蕲王墓四首（录一） /290
赵　宾　拜武穆冢 /290
　　　　朱仙镇谒武穆庙 /291
卢　綋　朱仙镇 /291
　　　　汤阴吊岳武穆 /291
　　　　祁阳道中岳武穆庙 /291
蒋　薰　谒岳武穆王墓 /292
　　　　西湖曲十首（录一） /292
李　渔　谒岳武穆王墓 /292
姜　垚　满江红·用岳忠武原韵 /292
钱澄之　九日吊岳坟 /293
孙宗彝　拜岳武穆墓祠 /293
王与阶　谒岳墓二绝 /293
曹　溶　瞻鄂忠武王画像恭述 /294
　　　　拜鄂王坟下 /294
　　　　拜岳武穆王墓 /294
金　堡　满江红·和沈石田诸公题宋高宗赐岳飞手敕 /295
陆　圻　岳王祠 /295
任克溥　谒武穆祠 /295
彭孙贻　岳鄂王墓 /296
　　　　吊武穆故宅 /296
　　　　栖霞岭晚归 /296
　　　　满江红·和岳忠武王韵 /297
龚鼎孳　荡阴岳忠武庙 /297
　　　　满江红·拜岳鄂王墓敬和原韵 /297
薛敬孟　谒岳坟 /298
　　　　题岳坟 /298

周　肇　岳王坟 /298
黄鹏扬　岳飞 /298
方孝标　岳少保墓 /299
　　　　拜岳坟 /299
　　　　汤阴岳少保祠 /299
杨思圣　朱仙镇 /300
施闰章　朱仙镇岳祠 /300
侯方域　岳庙 /300
许　虬　西湖杂兴（八首录一）/301
潘　江　纪宋岳飞之平诸贼 /301
　　　　偶忆 /301
吴　绮　满江红·岳坟次武穆原韵 /302
　　　　岳武穆墓 /302
宗　观　朱仙镇 /302
康胤叔　阙题 /302
余国櫏　重过岳忠武故里 /303
孙中豢　拜武穆祠 /303
孙中凤　拜武穆祠 /303
孙中夔　岳王墓二首 /304
　　　　岳王庙 /304
姚士坚　嵇忠穆祠岳忠武庙 /304
　　　　偶读岳武穆传感赋 /304
陈　式　拜武穆祠 /305
姚　靖　满江红 /305
毛先舒　岳坟 /306
　　　　岳墓 /306
李　敬　朱仙镇 /306
孙枝蔚　西湖 /307
王嗣槐　夏日湖上 /307

曾 畹　拜岳武穆墓 /307
黄 永　卜操作数·汤阴谒岳武穆庙 /308
郭 棻　题岳武穆祠 /308
李文胤　西陵绝句十四首（录二）/308
金 镇　过朱仙镇拜岳忠武祠 /309
吴 炎　咏岳武穆 /309
陈祚明　岳武穆墓下和留仙 /309
梅 清　朱仙镇拜岳庙 /310
　　　　西湖竹枝词（录一）/310
姚 夔　谒武穆王祠 /310
李赞元　汤阴岳忠武庙 /310
　　　　岳武穆庙 /310
沈 荃　朱仙镇谒岳忠武祠 /311
陈维崧　沁园春·经朱仙镇 /311
赵 式　满江红·宋岳鄂王墓 /312
魏学渠　六州歌头·拜岳武穆墓 /312
李 霨　岳墓 /312
计 东　汤阴道中绝句四首 /313
刘瀚芳　谒岳武穆王祠 /313
董元恺　满江红·过金沙寺为岳鄂王题壁处敬和原韵 /313
　　　　满江红·拜岳鄂王墓敬和原韵 /314
赵吉士　念奴娇·汤阴道中过岳少保故里 /314
陈奋永　古剑关牛将军墓 /314
何 采　貂裘换酒·岳武穆墓 /315
陶 季　朱仙镇岳忠武王祠 /315
严 熊　西湖有感 /315
单隆周　岳王祠 /316
李何炜　史愤二十四首·岳飞 /316
王 昊　读史百咏（录一）/316

冷士嵋	朱仙镇岳忠武祠 /316
	岳墓 /317
闵麟嗣	岳忠武墓用徐天池韵 /317
张　晋	朱仙镇 /317
	岳忠武王庙 /317
林云铭	岳王坟 /318
李念慈	朱仙镇 /318
仲　恒	满江红·和岳武穆原韵 /318
徐　凝	岳坟 /319
陈公□	西湖吟三十韵（录一）/319
朱国汉	岳武穆墓 /319
孙　琮	岳王墓 /319
	栖霞岭 /320
赵智宏	谒岳忠武祠 /320
林向哲	岳坟 /320
章金牧	读旧史八首（录一）/320
梁允植	凤凰山怀古（节录）/321
	岳武穆祠墓 /321
	满江红·拜岳鄂王墓敬和原韵 /321
郭彭龄	拜武穆王庙 /321
沈雁汀	鄂王祠二首 /322
叶　丹	谒岳武穆墓 /322
释海岳	岳墓 /322
马四浩	岳墓 /323
朱　嵩	吊岳武穆 /323
陈兆兰	拟宗汝霖病中示岳鹏举二首 /323
释元璟	汤阴拜岳武穆祠 /324
	西湖竹枝词 /324
李文灿	岳王祠 /324

张　濂　岳忠武祠 /324

余凤衢　岳忠武 /325

彭　鑫　岳庙 /325

计　善　岳王墓 /325

计　敬　百字令·钱塘怀古 /326

彭祯源　谒岳武穆王庙 /326

释宗渭　岳坟 /326

叶奕苞　岳武穆王墓 /326

赵士麟　咏史诗（录一）/327
　　　　汤阴谒岳鄂王庙 /327

周邵孙　奉吊鄂王二首 /327

墨浪子　《岳坟忠迹》选诗 /328

朱彝尊　岳忠武王墓 /328

金德嘉　岳宅 /328
　　　　史编杂识集（录一）/329

屈大均　和人岳王墓 /329
　　　　泰州作二首（录一）/329

陆　莱　满庭芳·读岳武穆满江红词感赋 /329

刘文焖　临安吊古 /330

李　柏　岳武穆 /330

范光阳　西湖纪游（录一）/330

陈恭尹　西湖 /331
　　　　西湖杂兴四首（录一）/331

彭　桂　苏武慢·朱仙镇谒鄂忠武王庙 /331

方象瑛　西陵咏古（录一）/332
　　　　朱仙镇 /332

徐嘉炎　谒岳忠武祠墓 /332

叶舒颖　渡西湖四首（录一）/333

孙　蕙　西湖十绝句（录一）/333

魏裔讷	过汤阴望岳武穆庙有感 /333
潘问奇	朱仙镇谒岳鄂王祠 /333
吴农祥	满江红 /334
宋　俊	满江红·和徐瞻野题朱仙镇用武穆王原韵 /334
吴邦治	岳坟 /334
邱嘉穗	岳王坟 /335
恽　格	岳武穆祠 /335
	柴墟怀古 /335
周令树	岳忠武庙 /336
毛师柱	过朱仙镇有感 /336
	朱仙镇拜岳武穆王庙 /336
李　骥	谒岳忠武庙海陵 /336
孔贞瑄	朱仙镇 /337
	读史臆断十六首·和战 /337
傅而师	汤阴怀嵇岳二公 /337
高一麟	谒岳武穆墓 /338
王　撼	岳王坟 /338
陶孚尹	谒岳鄂王墓 /338
阎兴邦	水调歌头 /339
黄　兰	水调歌头 /339
江　阊	满江红·鄂王坟次原韵 /339
徐　釚	西湖竹枝词八首（录一）/340
	岳鄂王墓 /340
赵　俞	岳忠武祠 /340
李　铎	忠泉 /341
许志进	岳坟 /341
狄　亿	满江红·拜岳鄂王墓用原韵 /341
释大汕	题岳忠武墓壁 /341
陆次云	岳坟 /342

陈玉璂　岳王坟 /342
葛　震　岳飞 /342
　　　　南渡诸将 /343
邵长蘅　拜岳鄂王墓下二首 /343
周斯盛　朱仙镇庙 /343
万斯同　鄞西竹枝词 /344
吴祖修　岳坟 /344
方中发　杭州 /344
汪懋麟　岳武穆王祠墓四首 /345
王　度　满江红·武穆王墓 /345
姚士堂　岳王祠 /346
钱　廉　人日湖行次孙薜萝韵六首（录一）/346
　　　　西泠桥拜岳墓 /346
孙　洤　朱仙镇 /346
　　　　岳庙和赵松雪韵 /347
颜建勋　谒鄂王父子墓 /347
李光地　岳倦翁谢改国史 /347
叶映榴　咏史五首（录一）/348
　　　　阙题 /348
王顼龄　汤阴谒岳忠武庙 /348
　　　　岳祠见叶忠节壁间题句 /348
　　　　观庙碑有感 /349
王原祁　岳王坟 /349
卢锡晋　岳忠武庙 /349
王　揆　岳坟怀古 /350
洪　昇　岳武穆王墓 /350
张奕光　岳武穆王墓 /350
彭定求　汤阴谒岳忠武故里庙像 /351
王鸿绪　西湖杂咏十二首（录一）/351

潘耒　朱仙镇岳庙 /351
　　　汤阴县岳庙 /352
王　岱　嵇侍中碑岳武穆祠和壁间韵 /352
王式丹　岳武穆王墓 /352
沈受宏　苏堤口号 /353
张　昊　西湖闲咏 /353
顾　汧　修岳鄂王庙 /353
　　　董漕北行过荡阴里瞻拜鄂王祠下作 /353
王　戬　邺中咏怀古迹十五首（录一）/354
　　　岳鄂王墓 /354
吞　珠　三忠祠 /354
沈朝初　谒岳武穆墓 /355
黄中坚　拜岳王墓 /355
黄鹭来　拜岳忠武王墓 /355
吕履恒　汤阴岳庙三首 /356
　　　朱仙镇岳忠武王庙 /356
　　　岳王坟 /356
　　　岳少保先茔 /357
王德璘　岳忠武墓 /357
赵思植　读宋史 /357
查慎行　朱仙镇岳忠武祠 /358
张　潮　何满子·拜岳武穆坟 /358
余光耿　风流子·岳忠武墓 /359
傅世尧　大梁春兴调寄临江仙 /359
查嗣瑮　汤阴拜岳武穆祠 /359
王廷灿　韩蕲王庙（节录）/360
　　　三字狱 /360
胡　煦　汤阴谒岳忠武王庙 /360
　　　汤阴谒岳忠武王庙 /360

吴廷桢　岳武穆墓 /361
吕谦恒　岳忠武坟庙 /361
　　　　朱仙镇 /361
李来章　朱仙镇 /361
　　　　岳武穆王庙 /362
刘廷玑　岳王坟 /362
张　庋　岳武穆墓 /362
陈至言　满江红·谒岳王坟奉和武穆王原韵 /363
潘钟麟　岳坟 /363
康　琨　西湖曲 /363
孙　奇　西湖竹枝词 /363
尤世求　岳武穆墓二首 /364
　　　　岳忠武庙 /364
盛　锦　岳王墓 /364
杨陆荣　精忠祠 /365
郭　蕙　望江南·西湖（六首录一）/365
孟惟清　精忠祠 /365
张纯修　菩萨蛮·拜岳鄂王祠 /365
周之方　谒岳忠武王墓 /366
曹　寅　南辕杂诗·桃山驿岳忠武祠 /366
汪　灏　满江红·拜鄂王坟追和王韵 /366
　　　　沁园春·三忠庙 /367
徐旭旦　满江红·题鄂王墓 /367
张　荣　谒岳武穆祠 /367
孙在中　满江红·题岳鄂王庙壁敬和元韵 /368
史申义　汤阴谒岳忠武祠 /368
何　焯　岳坟 /368
薛　雪　谒岳王墓 /369
段　昕　满江红·谒岳忠武王祠和王碑上韵 /369

张　棠	西湖怀古和借山韵六首·岳忠武坟 /369
	再和岳忠武坟韵二首 /370
何多学	阙题 /370
管　桧	岳武穆坟 /370
	邺中怀古五首·汤阴岳武穆故里 /370
叶舒璐	吴山怀古 /371
詹　贤	谒岳王坟 /371
陈　芪	朱仙镇题岳武穆庙壁二首 /371
	汤阴谒武穆王庙 /372
沈翼机	岳忠武祠 /372
朱　轼	满江红 /372
上官周	岳王坟 /372
杜　诏	西泠杂诗（录一）/373
	拜岳鄂王墓 /373
	岳秀才公在为鄂王二十世孙索诗赋赠 /373
杨时升	赞岳王功 /373
杨时壮	赞岳王性 /374
	赞岳王学 /374
席　玒	西泠怀古 /374
鲁之裕	白鹤山谒岳忠武王庙 /375
	拜岳武穆王墓 /375
	汤阴县谒宋岳忠武王庙 /375
沈元沧	汤阴谒岳忠武祠 /375
林之蓓	谒武穆祠 /376
	岳墓 /376
程瑞祊	岳坟 /376
	岳坟 /376
屈　复	银瓶井 /377
	湖上怀古 /377

	岳祠 /377
	钱塘怀古十首（录一）/377
	三忠祠 /378
	西湖绝句十四首（录一）/378
	岳武穆金牌 /378
葛祖亮	汤阴县谒宋岳忠武王祠 /379
顾嗣立	岳武穆手植松 /379
	汤阴岳庙 /379
	岳鄂王墓 /379
	岳鄂王墓 /380
马思赞	岳王坟 /380
毛远公	西湖竹枝词 /380
曾世琮	西湖杂咏 /380
吴应棻	汤阴谒忠武庙 /381
周卜年	满江红·岳坟 /381
郑景会	满江红·拜岳王祠和韵 /381
嵇曾筠	谒宋岳忠武王祠墓 /382
张谦宜	岳坟 /382
王　锡	满江红·吊鄂王岳武穆墓 /382
魏荔彤	汤阴县岳祠 /383
	舟赴朱仙镇怀古二首 /383
	沁园春·岳武穆坟 /383
梁文濂	岳武穆故里 /384
成文昭	朱仙镇拜岳忠武祠 /384
程　庭	满江红·岳忠武王墓 /384
丁之翘	满江红·次和岳武穆 /385
	满江红·追和沈石田题宋高宗赐岳飞手敕 /385
	沁园春·用韵追和丘琼台责高宗杀武穆 /385
	沁园春·让岳少保轻易班师 /386

盛本梅　沁园春·鄂王墓 /386
　　　　莺啼序·西湖怀古（节录）/386
沈　堡　满江红·拜鄂王祠追和王韵 /387
万夔辅　岳忠武王墓 /387
沈德潜　岳鄂王墓 /387
　　　　钱塘咏怀古迹八首（录一）/387
　　　　谒汤阴岳侯祠古荡阴里 /388
　　　　恭和御制岳武穆墓诗元韵 /388
吴　楷　西湖十绝句（录一）/388
李　绂　谒岳武穆王祠三首 /388
王时翔　岳坟 /389
揆　叙　谒岳忠武王墓 /389
吴　焯　阙题 /390
高其倬　过汤阴 /390
沈　锺　朱仙镇谒岳武穆祠 /391
朱　樟　满江红·午日吊岳武穆王墓 /391
　　　　过太行忠义砦寻岳武穆故垒用查初白朱仙镇韵 /391
沈　虹　岳坟 /392
　　　　岳母祠 /392
周　京　汤阴县谒岳鄂王祠 /392
郭起元　临安怀古·岳鄂王 /393
沙汉缨　西湖杂咏（录一）/393
程梦星　湖上怀古（录一）/393
纪迈宜　望朱仙镇吊岳忠武 /393
　　　　咏古五首（节录一）/394
　　　　拟梁父吟三首（录一）/394
　　　　关岳二首（录一）/394
　　　　汤阴谒岳忠武祠观遗像 /395
李　果　岳武穆王坟 /395

许全治　岳少保墓二首 /395
朱伦瀚　岳王墓 /396
　　　　岳王祠 /396
程之鵔　拜岳鄂王墓 /396
　　　　谒岳武穆王墓 /396
　　　　岳鄂王墓 /397
　　　　西湖杂咏（录一）/397
纳兰常安　岳忠武像赞并序 /397
　　　　　重过汤阴谒岳王忠武庙 /397
黄　任　西湖杂诗十四首（录一）/398
高凤翰　西湖杂忆四首（录一）/398
汤斯祚　汤阴谒岳忠武王祠四首 /398
梁锡珩　谒武穆祠 /399
张　庚　朱仙镇谒岳忠武庙 /399
钦　琏　谒岳鄂王墓 /399
沈起元　拜岳武穆墓 /400
戴　瀚　汤阴谒鄂王故宅二首 /400
庄亨阳　谒岳武穆庙 /400
王　璋　岳忠武祠 /401
钱陈群　岳武穆祠 /401
田　榕　谒岳鄂王祠 /401
　　　　朱仙镇岳武穆王祠次吴登峰韵 /402
鲁曾煜　咏西湖十二首（录一）/402
姚之驷　满江红·拜鄂王祠追和王韵 /402
姚　炳　满江红·拜鄂王墓追和原韵 /403
胡　浚　岳坟 /403
陈惠荣　过汤阴谒岳忠武庙 /403
梁以壮　岳忠武庙 /404
王文清　拜岳武穆祠 /404

张鹏翀　忠孝里谒岳忠武庙 /404
李兆龄　汤阴县岳武穆故里 /404
符　曾　阙题 /405
赵　昱　阙题 /405
沈嘉辙　阙题 /405
陈芝光　阙题 /406
谢秀岚　谒岳鄂王祠 /406
郑　炎　岳坟 /406
戴　亨　岳王墓 /406
　　　　吊岳忠武王 /407
张世进　题岳忠武像 /407
厉　鹗　阙题 /408
赵　虹　岳王坟 /408
雷方晓　谒岳武穆祠 /408
许承祖　宋少保岳忠武王墓 /408
　　　　翊忠祠 /409
陈　璨　岳坟 /409
沈廷芳　岳忠武王墓 /409
　　　　阙题 /409
钱本诚　阙题 /410
马维翰　谒岳忠武墓 /410
郑方坤　论词绝句 /410
王　峻　谒岳忠武庙 /411
许勉燉　岳阵头 /411
胡宝瑔　恭和御制经岳武穆祠元韵 /412
徐以升　汤阴县谒岳忠武王祠 /412
阮玉堂　过岳鄂王汤阴故里 /412
张　埴　楚乡咏古四首（录一）/412
桑调元　朱仙镇岳庙叠韵 /413

汤阴岳忠武先茔叠韵 /413
汤阴谒岳庙 /413
张　湄　岳忠武王墓 /414
汤阴县过鄂王祠 /414
李绵祖　谒庙有感 /414
刺新铸铁像奸党五人 /415
陈景元　岳墓 /415
方观承　岳墓 /415
李继圣　岳墓 /416
岳庙 /416
佚　名　《说岳全传》存诗 /416
钱　彩　《说岳全传》诗选 /417
杨世达　阙题 /418
谒岳忠武庙 /418
岳忠武像赞 /418
王　玮　岳忠武先茔 /419
张弘范　谒岳忠武墓 /419
阎沛年　岳武穆墓 /419
陈曾祉　谒岳忠武墓 /419
沈无咎　螺冢诗有序 /420
顾诒禄　岳鄂王墓 /420
黄图珌　拜瞻岳武穆庙 /420
林良铨　南城精忠庙元夜以泥塑秦桧像烈火焚烧为灯诗以纪之 /421
田茂椿　阙题 /421
沈大成　湖上杂咏十二首（录一）/421
杨锡绂　汤阴谒岳忠武祠 /422
赵　信　阙题 /422
金德瑛　精忠记 /422
彭启丰　汤阴谒岳鄂王庙 /422

　　　　　钱塘怀古（录一）/423
　　　　　恭和御制经岳武穆祠元韵 /423
　　　　　拜岳忠武王墓 /423
商　盘　忠武军符歌有序 /423
计　发　吊岳鄂王墓 /424
汪士桂　岳王坟 /424
洪　简　西湖竹枝词二首（录一）/425
俞忠孙　岳忠武砚 /425
潘洪畴　谒岳忠武王墓 /425
瞿源洙　岳堤 /426
王锡谷　岳王祖坟感赋 /426
李舒景　岳武穆墓 /426
张开东　汤阴城西谒岳武穆庙谨遵御制诗原韵 /427
任端书　岳武穆坟 /427
朱　荃　汤阴谒岳忠武祠 /427
高　植　谒岳庙 /428
德　保　题岳忠武王庙 /428
金　甡　岳忠武祠在徐州桃山驿 /428
　　　　　拜岳王墓 /428
傅尔德　岳忠武祠 /429
冒春荣　谒岳忠武墓 /429
陈聂恒　满江红·朱仙镇岳忠武庙下恭倚原韵 /429
齐召南　岳王墓 /430
李时宪　拜岳忠武祠 /430
江　昱　鄂王玉印歌 /430
毛　曙　南游杂诗十首·岳武穆王墓祠 /431
蔡　新　读史呓语（录一）/431
钱　载　谒岳忠武王庙 /431
闵　华　宋岳少保墓 /432

帅家相　岳忠武祠 /432
爱新觉罗·弘历　书宋高宗付岳飞手诏后 /432
　　　　　　　　经岳武穆祠 /432
　　　　　　　　岳武穆墓 /433
　　　　　　　　岳武穆祠 /433
　　　　　　　　岳武穆祠 /433
　　　　　　　　岳武穆祠 /433
　　　　　　　　岳武穆祠 /433
　　　　　　　　岳武穆祠 /434
陈　时　栖霞岭 /434
凌树屏　吊岳鄂王墓 /434
　　　　过汤阴谒嵇岳二公祠 /434
杨　䴔　汤阴岳忠武祠 /435
　　　　鄂州岳鄂王庙 /435
　　　　朱仙镇岳少保祠 /435
王纬象　岳鄂王墓 /435
朱　琰　吊岳忠武王墓 /436
　　　　题岳忠武祠 /436
　　　　湖上杂咏八首（录一）/436
陈　桂　岳鄂王 /436
贾田祖　海陵岳王墩怀古 /437
沈　锜　宋史杂咏（录一）/437
　　　　岳鄂王 /437
鄂容安　谒岳忠武祠二首 /438
黄　达　岳王坟 /438
　　　　湖上杂咏（录一）/438
韦谦恒　汤阴岳忠武庙 /439
成　文　汤阴题岳忠武庙 /439
陶元藻　谒岳王庙 /439

	访翠微亭旧址 /439
	过岳王墓下作 /440
李　集	岳忠武王墓 /440
袁　枚	岳武穆墓 /440
	谒岳王墓作十五绝句 /441
	施将军庙 /441
	湖上杂诗（录一）/442
徐以泰	谒岳忠武王墓遂谒牛辅文侯张烈文侯墓 /442
谢维沛	阙题 /442
柴　杰	鄂王古墓 /443
程晋芳	汤阴岳鄂王庙 /443
李树谷	题大营驿岳武穆碑后 /443
刘　墉	岳忠武 /444
钱维城	恭和御制岳武穆祠元韵 /444
	吊岳鄂王墓二首 /444
	晚过汤阴遥礼岳忠武王庙 /445
孙士毅	谒岳王墓 /445
叶观国	谒岳忠武祠在汤阴县 /445
	西湖小泛六首（录一）/445
李中简	岳忠武祠二首 /446
张九钺	汤阴谒岳鄂王祠 /446
濮阳模	过钟村 /446
吴　镇	读徐武功汤阴岳庙碑有感 /447
朱景英	汤阴谒岳忠武祠 /447
	拜岳忠武王墓 /447
秦百里	汤阴谒忠武庙 /447
	庚辰视学中州重谒忠武祠恭和御制原韵 /448
魏之琇	观宋思陵敕岳忠武夺情墨迹 /448
王　昶	至杭州复奉命祭先贤祠·岳忠武王飞 /448

蒋士铨　岳王坟 /449
杨有涵　汤阴谒岳忠武王祠三首 /449
　　　　符离怀古三首（录一）/449
吴　鸿　阙题 /450
钱　林　汤阴岳忠武祠 /450
赵　翼　岳忠武墓 /450
　　　　西湖杂诗（六首录二）/451
　　　　岳母墓 /451
　　　　岳祠铜爵 /451
陶金谐　谒岳忠武墓 /452
阮葵生　岳鄂王墓 /452
梦　麟　汤阴岳忠武祠 /453
钱大昕　汤阴 /453
　　　　岳忠武墓 /453
　　　　岳忠武王墓 /454
方芳佩　谒岳忠武王墓二首 /454
陈若莲　西湖杂咏（录三）/454
朱　筠　大通桥侧三忠祠 /455
朱　黼　汤阴谒岳鄂王庙呈王二十一世孙瑞生 /455
　　　　朱仙镇 /455
　　　　满江红·汤阴谒岳庙次武穆元韵 /455
王文治　杭州十首（录一）/456
朱　珪　谒岳忠武庙 /456
　　　　岳忠武王墓 /456
　　　　跋宋高宗赐岳少保手诏 /456
　　　　宋高宗瑞应图卷六绝（录二）/457
张　埙　岳鄂王墓二首 /457
　　　　汤阴岳鄂王庙 /458
　　　　西湖驴 /458

顾光旭	西湖杂诗十二首（录二）/458
朱 彭	秦桧斋僧锅 /459
任映垣	岳忠武王旧战场 /459
赖 晋	宋史杂咏（录一）/459
朱休度	杭州岳坟 /460
	汤阴岳祠 /460
王曾翼	侵晓过汤阴吊鄂王故里二首 /460
罗 聘	西湖杂诗二十二首（录一）/460
翁方纲	题绍兴六年墨敕后 /461
吴 骞	岳氏铜爵歌金云庄比部属赋 /461
李调元	谒岳武穆祠观送张魏公北伐诗碑 /462
	读岳忠武传三十绝句 /462
	精忠观题鹤林墨兰并序 /463
张五典	襄阳怀古 /464
	岳鄂王墓 /464
江溶源	岳王庙在汤阴县 /464
段玉裁	壬戌六月拜墓观像敬题 /464
刘秉恬	汤阴谒岳忠武庙 /465
	过汤阴岳武穆祠敬依御制元韵 /465
沈叔埏	栖霞岭 /465
潘 鹭	瞻谒鄂王庙敬题西壁 /466
	甲子冬重谒鄂王庙题壁 /466
毛秀蕙	钱塘怀古 /466
谢启昆	读全宋诗仿元遗山论诗绝句二百首·岳飞 /466
	岳祠铜爵歌为金云庄赋 /467
	题宋高宗绍兴六年赐岳忠武敕后 /467
	岳飞 /467
冯 培	岳鄂王墓 /468
余 集	满江红·岳忠武铜印 /468

陈　樽　谒岳忠武王墓 /468
王学浡　读南宋纪事二首（录一）/469
沈世炜　阙题 /469
钱惟乔　读岳忠武传 /469
　　　　汤阴谒忠武庙 /470
茹纶常　题岳武穆传后 /470
彭绍升　西湖杂诗十二首（录一）/470
潘奕隽　汤阴谒岳忠武祠 /471
　　　　岳忠武王墓 /471
吴寿昌　经汤阴 /471
　　　　谒岳忠武祠 /471
　　　　重经汤阴忠武祠 /472
　　　　经鄂王祠再纪一律 /472
　　　　谒岳鄂王墓 /472
吴　炳　岳庙观夏忠愍石刻乐府 /472
吴文溥　岳王坟吊古 /473
汪志伊　题起复诏碑 /473
　　　　西湖（节录）/473
戚学标　朱仙镇岳庙次何大复韵 /474
　　　　岳庙再次刘金事韵 /474
　　　　郾城怀古 /474
祝德麟　金山吊韩蕲王（节录）/474
　　　　岳氏铜爵歌 /475
胡苏云　岳王坟 /475
吴翌凤　三字狱 /475
秦　瀛　岳忠武墓 /476
　　　　西湖咏南宋遗事十四首（录一）/476
　　　　张俊墓（节录）/476
　　　　题宋高宗手书赐岳忠武敕后 /477

	岳氏铜爵歌 /477
王元梅	岳堤宫柳 /477
吴　俊	汤阴 /478
钮　琦	阙题（二首残篇）/478
佚　名	阙题 /478
卫大壮	读岳鄂王传 /479
赵良澍	朱仙镇拜岳庙 /479
	过汤阴拜岳庙 /479
	过汤阴吊岳忠武次壁间韵 /479
	又次前明人韵 /480
沈赤然	朱仙镇谒岳忠武王庙 /480
洪亮吉	汤阴谒岳忠武祠 /480
	泰州岳家山谒忠武寺 /481
吴锡麒	岳忠武王墓 /481
	岳忠武王铜印歌 /481
刘大绅	岳忠武砚为陈海楼明府 /482
贾策安	岳忠武祠 /483
王上炱	岳武穆祠 /483
徐光文	乾隆甲午仲春谒岳忠武王庙 /483
赵希璜	谒岳武穆祠 /484
李传燮	岳王墓诗次韵 /484
贺德翰	过汤阴谒岳庙用赵子昂岳坟诗韵 /485
赵怀玉	满江红·岳鄂王墓次韵 /485
	岳韩勋 /485
张云璈	岳坟铁像歌 /486
	岳祠铜爵歌并序 /486
	金牛湖渔唱（录一）/487
张锦芳	朱仙镇岳忠武王庙 /487
汪学金	谒岳鄂王祠墓 /488

百　　龄　汤阴县岳武穆祠 /488
吴玉麟　岳坟 /489
孙起楠　汤阴岳忠武王祠 /489
黄景仁　金缕曲·岳坟和韵 /489
　　　　三忠祠 /489
黄　　钺　汤阴谒岳忠武祠 /490
李鼎元　舟中咏古五首（录一）/490
　　　　岳鄂王墓 /490
　　　　汤阴谒岳鄂王祠像 /490
陆元鋐　钱塘怀古四首（录一）/491
　　　　朱仙镇谒岳忠武王庙 /491
　　　　汤阴吊岳忠武 /491
　　　　隗顺祠 /491
袁　　钧　岳氏铜爵诗柬金刑部少权德舆并序 /492
爱新觉罗·永瑆　题岳鄂王墓 /492
法式善　岳鄂王遗砚歌 /492
刘大观　岳鄂王墓二首 /493
　　　　朱仙镇吊古二首 /493
　　　　谒汤阴岳忠武祠 /494
吴　　樵　朱仙镇怀岳武穆 /494
李赓芸　杭州怀古（六首录二）/495
　　　　岳忠武王祠 /495
张符升　三字狱 /495
汪如洋　汤阴谒岳忠武王祠二十韵 /495
石韫玉　朱仙镇吊宋将军岳武穆 /496
　　　　精忠柏图卷为范苇舲司狱赋 /496
张兴载　岳祠铜爵 /497
陆应宿　岳祠铜爵歌并序 /497
姚文田　岳忠武王墓 /498

　　　　　桃山驿谒岳忠武祠 /498

　　　　　汤阴谒岳忠武祠 /498

李銮宣　岳忠武王墓 /499

萨玉衡　阙题 /499

马廷萱　满江红 /499

曾　燠　谒岳武穆王祠 /500

　　　　　岳墩十四韵 /500

　　　　　岳武穆手植松在江夏洪山上 /500

　　　　　又题二绝 /500

张元启　南渡杂感五首（录一）/501

赵和声　咏岳鄂王黑龙潭之捷 /501

詹应甲　西湖怀古六首（录一）/502

赵文楷　拜岳鄂王墓 /502

　　　　　过汤阴吊岳鄂王 /502

孙原湘　岳忠武 /502

　　　　　精忠柏 /503

　　　　　岳忠武墓 /503

　　　　　岳祠铜爵 /503

爱新觉罗·颙琰　题岳武穆墓 /504

王　昙　鄂王坟 /504

谢兰生　朱仙镇岳忠武王庙 /505

金菁莪　栖霞岭谒岳鄂王墓敬步于忠肃公原韵 /505

严可均　岳忠武王墓 /505

钟大源　读宋史杂咏十二首（录一）/506

宋鸣珂　岳王坟 /506

周孝埙　岳忠武王玉印歌 /506

李富孙　岳倦翁家祭铜爵 /507

阮　元　拜岳鄂王庙 /507

杜　堮　岳墓八首 /507

　　　　　咏史四首 /508
汪思敬　题岳王庙废址 /509
舒　位　汤阴谒岳忠武王祠 /509
　　　　　渡钱塘杂题数诗记是日之曾游者（录一）/509
　　　　　铁人 /510
冯云鹏　阙题 /510
王志瀜　卫辉至彰德途中杂咏四绝句（录一）/510
　　　　　汤阴岳忠武祠 /511
爱新觉罗·永璘　题岳武穆墓 /511
乐　钧　钱塘怀古四首（录一）/511
蒋攸铦　谒岳忠武穆祠二首 /512
潘焕荣　朱仙镇怀古 /512
杨清材　朱仙镇怀古 /512
吴嵩梁　岳武穆砚 /513
　　　　　精忠柏歌书杨丹山大令记后 /513
顾千里　宋高宗手敕岳飞起复诏 /513
郭　麐　钱武肃王小像前有开宝二年四月初七日追封制书后有岳忠武绍兴
　　　　　八年赞（节录）/514
欧阳辂　汤阴书感 /514
叶绍本　谒岳鄂王墓作 /514
　　　　　谒岳忠武王庙四首 /515
富　斌　阙题 /515
张廷济　岳祠铜爵 /515
许宗彦　观宋高宗敕岳武穆札 /516
陈　斌　宋高宗手敕岳飞起复诏 /516
陈用光　汤阴谒岳鄂王祠行五里许谒侍中祠扁鹊墓碑在侍中祠南数里 /517
胡　敬　宋思陵赐岳鄂王夺情手札 /517
　　　　　汤阴谒岳忠武王祠 /518
　　　　　精忠柏歌用少陵古柏行韵 /518

查 揆　岳武穆王金罨歌 /518
　　　　绍兴六年赐岳忠武手敕代梁侍讲作 /519
杨 芳　阙题 /519
陈文述　题岳珂手录宋高宗赐岳武穆七十六御札卷子 /520
　　　　湖上杂诗·登飞来峰新建翠微亭 /520
　　　　岳忠武王名印歌 /520
　　　　栖霞岭拜岳忠武王祠墓 /521
斌 良　汤阴谒岳忠武王庙二十韵 /521
　　　　过汤阴谒岳庙匆匆小憩 /521
黄士珣　飞来峰访清凉居士翠微亭题名（节录）/522
　　　　精忠柏歌 /522
盛大士　谒岳忠武王墓 /522
陆继辂　贾孝廉自汤阴来携示岳忠武手书石刻用岳武王墓韵书后 /523
　　　　岳忠武遗砚歌并序 /523
汤金钊　汤阴谒岳忠武王庙 /524
童 槐　岳忠武王墓 /524
　　　　汤阴岳鄂王故里 /524
何太青　阙题 /525
　　　　精忠柏歌 /525
吴荣光　岳武穆庙 /526
　　　　朱仙镇岳武穆庙 /526
　　　　岳忠武玉印 /526
李 锐　宋高宗手敕岳飞起复诏 /526
杨古雪　阙题 /527
齐彦槐　阙题 /527
沈钦韩　岳鄂王墓 /527
　　　　汤阴县谒鄂王祠 /527
　　　　岳忠武王官衔姓名铜印歌 /528
章太和　朱仙镇谒岳忠武王庙 /529

邓廷桢　钱塘怀古八首（录一）/530
梁章钜　汤阴谒岳忠武家庙/530
　　　　下河舟中杂诗（录一）/530
张　澍　谒岳忠武祠/531
　　　　梦观出葬岳少保图册/531
左光彪　过三垛宋岳忠武屯师地/531
王敬之　三垛/532
汪仲洋　朱仙镇谒岳忠武庙/532
　　　　汤阴岳忠武王庙/532
邓显鹤　岳忠武王名印歌/532
陶　澍　汤阴拜岳忠武庙/533
　　　　朱仙镇岳庙用赵承旨韵/533
　　　　汤阴谒岳忠武祠/533
刘兴樾　岳忠武平杨太处感怀有作/534
宋翔凤　朱仙镇/534
伍长华　汤阴谒忠武王庙/535
张维屏　岳王歌/535
　　　　钱塘怀古四首（录一）/535
　　　　西湖放歌（节录）/536
　　　　杭州怀古/536
郝韶景　汤阴谒岳忠武王祠/536
屠　倬　徇忠柏/536
田文洛　西湖口号/537
周之琦　汉宫春·汤阴岳鄂王祠/537
穆彰阿　游西湖吊岳王墓/538
沈兆澐　汤阴谒岳庙/538
　　　　咏史十二首之岳武穆王飞/538
王培荀　阅小说演岳忠武故事/539
桂超万　西湖八首（录一）/539

	读史 /539
刘　开	西湖偶句 /539
	岳坟口占 /540
	颍州怀古八首（录一）/540
顾槐三	岳忠武送张紫岩北伐诗草书石刻题后 /540
林则徐	汤阴谒岳忠武祠 /541
金朝觐	过汤阴谒岳忠武祠 /541
	谒鄂王祠再叠前韵 /541
宋良相	阙题 /542
罗世德	岳祠 /542
张祥河	陈小韩朱彦甫招饮西湖泛舟由文澜阁至岳坟复登孤山得诗四首（录一）/542
	汤阴展观岳忠武观书真像 /542
胡骏烈	钱塘怀古 /543
吴清鹏	西湖四坟诗（录一）/543
	武穆王书武侯出师二表 /543
黄　钊	西湖杂感四首（录一）/544
	岳字旗 /544
	老秦笔 /544
	岳武穆王精忠砚歌 /544
	汤阴岳忠武王故里 /545
郑用锡	同黄雨生水部骧云泛舟西湖 /545
吉　明	忠武庙前铁人歌 /545
赵　棻	阙题 /546
张应昌	岳王庙 /546
	满江红·题岳忠武王名印拓本敬次王词韵 /546
	满江红·题川沙种德寺所藏岳忠武王诗墨迹敬次王词韵 /546
沈　鎤	岳王坟 /547
王莲塘	岳武穆 /547

鄂王庙前五铁人 /547

翁心存　拜岳忠武祠 /548

谢元淮　桧 /548

　　　　岳忠武王墓 /548

　　　　西湖杂诗七首（录一）/549

徐　荣　与熊笛江马止斋古阶平章仁山诸孝廉游西湖作五首（录一）/549

　　　　朱仙镇是岳忠武奉诏班师处 /549

　　　　汤阴县 /549

陆绍孙　谒岳忠武王庙 /550

冯　询　朱仙镇吊岳少保 /550

　　　　韩岳 /550

文　冲　阙题 /551

唐树义　满江红·和岳武穆王登黄鹤楼有感之作 /551

季兰韵　精忠柏 /551

　　　　宋史杂咏（四十首录三）/552

　　　　宋少保鄂国忠武王玉印歌 /552

季兰韵　成　铣　题岳忠武王遗像联句二十韵 /552

朱紫贵　岳忠武王画像同沈亮作长句转韵 /553

　　　　宋岳忠武王玉印歌为震泽王之佐作 /553

蒋湘南　朱仙镇吊岳忠武王 /554

柏　葰　岳庙 /554

乔重禧　精忠柏歌 /555

释觉慧　岳少保 /555

李星沅　岳庙 /555

托浑布　谒岳武穆王祠 /556

李承纲　鄂渚杂咏（录一）/556

张际亮　岳武穆 /556

　　　　汤阴谒岳武穆祠堂 /557

韦继新　岳武穆庙 /557

王柏心	洪山咏岳鄂王松 /557
	汤阴谒岳忠武王祠 /557
	朱仙镇谒岳祠 /558
吴廷康	精忠柏台图题赞 /558
吴　藻	满江红 /558
苏廷魁	西湖杂咏（录一）/559
	汤阴拜岳武穆庙观王行书谢朓诗真迹 /559
岑　溦	谒岳武穆墓 /559
汪士铎	岳武穆王小印 /559
朱　琦	汤阴岳庙 /560
林昌彝	栖霞岭拜岳忠武王墓 /560
李　皋	汤阴岳庙 /560
陆宪曾	岳忠武王墓 /561
齐学裘	吴陵岳阜谒岳鄂王庙歌 /561
	读史有感（二首录一）/562
陆应毂	汤阴谒忠武王祠 /562
华长卿	拜岳坟谒武穆王庙 /562
	臬署即南宋大理寺故址有感岳鄂王事 /562
黄燮清	岳倦翁铜爵歌 /563
朱绪曾	题宋高宗赐岳忠武墨敕后 /563
雷以諴	阙题 /564
	阙题 /564
郑　珍	汤阴谒岳祠 /564
宝　鋆	杭州杂诗（录一）/565
	题精忠柏摹本应恭亲王教 /565
蒋敦复	书岳忠武王手书石刻后 /565
	岳忠武 /566
	拜岳忠武王墓 /566
张文虎	岳忠武王名印歌为王征君之佐作 /566

冯桂芬　钱塘怀古 /567
　　　　岳鄂王墓 /567
陈　昆　汤阴岳忠武祠 /567
贝青乔　谒岳鄂王墓感题 /568
杨长年　西湖谒岳庙和陈积堂韵 /568
莫友芝　发安阳作 /568
史梦兰　景忠山祠 /569
　　　　岳飞 /569
咸　贞　岳鄂王庙观宋高宗手敕墨迹 /569
汪日桢　岳忠武王名印拓本 /570
沈祖懋　岳鄂王庙观宋高宗手敕墨迹 /570
徐时栋　拜岳鄂王墓 /570
王庆勋　岳鄂王墓 /571
　　　　钱塘怀古四首（录一）/571
罗惇衍　岳飞 /571
乔松年　古埠斜阳 /572
许　朴　阙题 /572
周寿昌　谒岳忠武墓 /572
黄道让　岳武穆墓 /573
　　　　汤阴谒岳武穆祠 /573
　　　　汤阴岳武穆庙前跪列五人像 /573
孙衣言　岳忠武名印杨淑芸大令丈索诗 /573
娄先坤　怀古四首（录二）/574
端木埰　齐天乐 /574
　　　　满江红·岳忠武王书出师表和幼霞 /574
方浚颐　岳武穆王庙桃山驿 /575
　　　　西湖秋泛歌（节录）/575
　　　　虎跑泉得诗九首（录一）/575
刘文麟　汤阴谒岳祠 /576

彭玉麐	书武穆奏草墨迹后 /576
	精忠柏台图 /576
许瑶光	钱塘杂感八首（录一）/577
向光谦	汤阴谒岳祠 /577
郭嵩焘	汤阴岳鄂王庙 /577
蒋　坦	西湖杂诗（录四）/578
金　和	西湖杂诗六首（录一）/578
蒋春霖	九日登岳阜 /578
	杂咏（录一）/578
杨　后	岳武穆王庙 /579
陈　璞	留钱塘一日为西湖之游得诗六首（录一）/579
	荡阴岳庙 /579
	朱仙镇怀古 /579
吴仰贤	西水驿谒鄂王祠 /580
	金陀园怀古四首（录一）/580
	观宋岳武穆王石刻手迹 /580
	朱仙镇吊岳武穆王 /580
	杨忠愍公谏马市劾严嵩两疏稿石刻本（节录）/581
俞　樾	汤阴谒岳忠武庙 /581
	岳忠武名印歌为杨漱芸丈炳春赋 /581
	精忠柏台图题赞 /582
陈　锦	岳鄂王祠墓 /582
王　权	汤阴岳忠武王庙 /582
英　祥	阙题 /583
沈寿榕	宋岳忠武王遗像 /583
郭崑焘	杭州二十首（录一）/584
徐一鹗	谒岳墓 /584
项　瓆	满江红·谒岳坟用武穆原韵 /584
	满江红 /584

岳鸿庆　题王砚农征士所藏忠武王玉印歌 /585

张日熙　精忠柏 /585

应文茗　题宋高宗赐岳忠武墨敕后 /586

张其昌　大营驿岳忠武题碑 /586

周厚生　大营驿谒岳忠武祠 /587

刘希□　大营驿金沙市怀古 /587

蒋益澧　修建岳忠武祠墓碑铭 /587

王作孚　读岳忠武传 /588

林　直　汤阴谒岳忠武祠 /588

陈　彝　题宋高宗赐岳忠武墨敕后 /589

孙家鼐　满江红·步岳飞原韵 /589

王　鉴　三字狱 /589

岭南隐樵　汤阴谒岳庙二律 /590

楚北佛生氏　吊岳忠武 /590

匡邦彦　大营驿观岳鄂王题壁 /590

胡凤丹　读岳武穆传 /591

董　沛　西陵怀古 /591

　　　　鄂王墓下作 /591

　　　　东钱湖岳王祠 /592

汪　艺　阙题 /592

刘树堂　谒汤阴岳忠武王祠墓排律五十韵 /592

凌祉媛　敬瞻岳忠武王遗翰谨书长古 /593

于钟岳　放言十三首（录一） /594

章永康　韩王驴 /594

丁　丙　岳墓观重铸铁囚 /594

　　　　祭众安桥岳王庙作 /595

朱炎昭　五铁人 /595

许承勋　访岳倦翁金陀坊故址 /595

李嘉乐　鄂王庙题壁 /596

	谒鄂王庙题壁 /596
	自汤阴至彰德作 /596
	朱仙镇题壁 /596
	过汤阴谒岳忠武王祠 /596
	宜沟驿 /597
	汤阴谒岳庙观忠武手书墨迹 /597
施补华	郭传璞晚香招游西湖遂至孤山岳王墓湖心亭晚入钱王祠得诗五首（录一）/597
马赓良	岳王歌 /598
尚兆山	登泰山 /598
陈作霖	泰州岳墩 /598
周　馥	岳王坟 /599
戴　望	自江宁归杭州杂诗四十首（录一）/599
芳　圃	岳墓 /599
涂庆澜	邺中怀古同轲南作（录一）/600
李国治	过汤阴诣宋岳少保庙 /600
曾纪泽	题李之纯所藏岳忠武名章印本 /600
宝　廷	岳王庙题壁 /601
	题岳忠武砚十四韵 /601
沈家本	湖上杂诗·岳坟铁像 /601
	过汤阴县怀岳忠武 /601
王之春	阙题 /602
王先谦	岳忠武庙 /603
刘鬲祺	题宋高宗手敕岳飞起复诏后 /603
许传霈	海陵四咏·岳王墩 /603
	西湖棹歌（录一）/603
李涤源	谒精忠庙观烧秦桧二首 /604
周长庚	岳墓 /604
	重到西湖杂诗（录一）/604

朱寯瀛　读宋史再书四首（录一）/605
樊增祥　湖上杂诗（录一）/605
　　　　汤阴谒岳庙/605
　　　　再题岳王庙壁/605
　　　　过汤阴谒岳王庙/606
　　　　再题岳王庙壁/606
林鹤年　咏宋史寄时帅二首（录一）/606
　　　　谒鄂王庙题十二绝句/606
赵光荣　岳庙城内众安桥下/607
孙诒让　苏武慢·题岳忠武玉印钤本后/607
张宝森　与客谈徐武功事感赋/608
王鹏运　满江红·朱仙镇谒岳鄂王祠敬赋/608
　　　　满江红·敬书岳忠武王《赠吴将军宝刀行》墨迹后/608
苏煜坡　将军岭/609
毓　俊　谒三忠祠（节录）/609
杨深秀　汤阴夜过未能瞻礼岳祠用店壁书意/609
黄国瑾　岳忠武王先茔/610
　　　　朱仙镇谒岳祠迭汤阴韵/610
皮锡瑞　岳忠武墓/610
　　　　杭州怀古四首（录一）/611
　　　　湖口岳忠武祠/611
丁立诚　岳王坟竖草/611
王新桢　过汤阴谒岳武穆祠/611
洪之霖　谒岳少保祠/612
赵　藩　汤阴谒岳忠武庙/612
凌和钧　岳武穆王铜爵/613
黎汝谦　汤阴县/613
　　　　岳王墓/613
八指头陀　谒岳武穆祠有感/614

林　纾	精忠柏歌为程伯葭作 /614
	辨岳篇 /614
汤寿潜	伯葭观观移精忠柏断块于湖上岳忠武庙 /615
陈夔龙	汤阴岳庙题壁 /615
	湖上杂咏示亭秋（录一）/616
	风波亭 /616
易顺鼎	满江红·汤阴岳忠武庙 /616
曾　熙	题宋高宗赐岳飞起复诏后 /617
赵家幹	鄂王墓 /617
丘逢甲	题岳忠武王书前后出师表石刻 /617
	读宋史岳忠武传作 /617
程颂万	河北感事十首（录一）/619
曾鸿燊	题岳忠武遗像 /619
周学熙	岳飞 /619
洪弃生	西湖杂咏六首（录一）/620
赵　熙	岳忠武王精忠柏歌 /620
仲少卿	谒岳武穆祠 /620
徐自华	谒岳王坟 /621
黄　节	朱仙镇谒岳王庙 /621
	重谒岳王庙 /621
	岳坟 /621
林朝崧	和俞子渊武林怀古四首·岳武穆墓 /622
赵炳麟	襄将四思（录一）/622
施淑懿	读岳武穆传 /622
王世鑫	读明高季迪岳王墓诗因感岳军之整就原韵脚赋此 /623
高　旭	宋南渡 /623
	谒岳鄂王墓 /623
	谒岳坟 /623
	佩忍编校长兴伯集属题四首（录一）/624

　　　　　禾城西拜岳王祠 /624
　　　　　满江红·东京寓楼偶读岳武穆作感步原韵 /625
　　　　　寄题西湖上岳王坟 /625
高　圭　岳坟感赋 /625
高　增　吊岳王坟 /626
吕志伊　西湖吊岳忠武次荔秋韵 /626
马君武　杭州拜岳武穆王墓 /626
庞树柏　岳鄂王墓 /627
姚　震　阙题 /627
唐大圆　岳王坟 /627
柳亚子　西湖岳王冢 /628
释太虚　岳坟 /628
林景仁　岳武穆墓 /628
蒋国平　西湖百咏（录二）/629
李云杞　吊岳忠武 /629
钱香如　西湖谒岳王墓 /629
魏松声　游西湖岳坟感赋 /630
姜长卿　阙题 /630
赵　谦　阙题 /630
万邦泰　岳忠鄂王 /631
薛时平　戊寅南游太和山过汤阴谒岳武穆祠二律 /631
胡　濬　武穆庙 /631
陈锦鸾　鄂王 /631
　　　　　西湖怀古二首（录一）/632
唐圣赟　岳忠武墓 /632
夏　鼎　钱塘怀古二首（录一）/632
范锡惠　岳鄂王 /632
朱绍穆　岳鄂王墓 /633
戴　珊　读史（录一）/633
宣化成　阙题 /633

朱　棫　岳忠武王墓 /634

王　毅　岳墓 /634

孙泰吉　吴山怀古 /634

高　旷　读南宋纪（四首录二）/635

程泰象　柴墟怀古 /635

周仲远　岳忠武祠 /635

李承瑞　阙题 /636

金　阶　悼岳鄂王一首 /636

周国风　题鄂王祠 /636
　　　　题鄂王墓 /636

普　英　岳武穆坟 /636
　　　　淮阴岳王庙咏岳飞诗 /637

孙汝为　游马关城关岳庙有咏 /637

孙履嘉　岳忠武祠 /637

赵嘉宾　岳忠武祠 /637

唐敬斋　谒忠武祠 /638

佚　名　赞忠武王 /638

佚　名　[黄钟] 画眉序·西湖（节选）/638

佚　名　朱家山怀岳忠武王 /638

佚　名　饮马岗 /639

佚　名　云盖山 /639

佚　名　广德岳王庙诗 /639

（越南）王有光　谒汤阴岳忠武王庙 /639

（越南）常贞叔　汤阴谒岳忠武王庙 /640

（越南）阮　述　阙题 /640

（越南）陈庆浵　阙题 /640

（越南）阮思僩　阙题 /641

（越南）范永熙　阙题 /641

后记 /642

南宋

满庭芳
邵 缉

日落旌旗，霜侵甲胄，塞角声唤寒更。论兵慷慨，齿颊带风生。坐拥貔貅十万，衔枚勇、云戟交横。哂笑羌戎授首，千里静欃枪。　　九州人竞乐，提壶劝酒，布谷催耕。尽芝夫莞子，歌舞威名。好是轻裘缓带，驱营阵、绝漠横行。功谁纪，风神宛转，麟阁画清明—云青明。（《金佗续编》卷二八孙迪编《纪鄂王事》）

邵缉，字公序，号荆溪，宋丹阳（今江苏丹阳市）人。据《光绪丹阳县志》卷一八《仕进·宋》，邵缉于神宗朝官提举淮南常平事。绍兴中曾献书朝廷，力荐岳飞。有《荆溪集》八卷，已佚。

满江红·和岳元帅述怀
祝允哲

仗尔雄威，鼓劲气、震惊胡羯。披金甲、鹰扬虎奋，耿忠炳节。五国城中迎二帝，雁门关外捉金兀。恨我生、手无缚鸡力，徒劳说。　　伤往事，心难歇；念异日，情应竭。握神矛，闯入贺兰山窟。万世功名归河汉，半生心志付云月。望将军、扫荡登金銮，朝天阙。（《须江郎峰祝氏族谱》卷一四）

祝允哲（1069—1142），字明卿，宋衢州江山（今浙江江山市）人。元符三年（1100）进士。官荆湖制参。朱瑞熙先生考证此作系后人伪托，尚存争议。

送周解元赴岳侯军二绝句（录一）
王廷珪

将军欲办斩楼兰，子欲从之路匪艰。十万奇才并剑客，会看谈笑定天山。（《卢溪文集》卷二一）

王廷珪（1079—1171），字民瞻，宋吉州安福（今江西安福县）人。政和八年（1118）进士。调茶陵县丞。后弃官隐居卢溪，自号卢溪真逸。胡铨上书乞斩秦桧而被编管新州，廷珪为其赋诗送行，因获罪，流放辰州。孝宗即位，授国子监主簿，转直敷文阁。有《卢溪文集》。

闻岳侯破贺州贼次韩瑞卿韵
吕本中

旌旗摩日甲生光，俘馘黄巾第几□。灭贼未须占斗蚁，破胡行且见神狼。燕然刻石功昭汉，太华题诗事后唐。从此儿童传姓氏，风流何止继韩康。(《东莱诗集》卷十)

吕本中（1084—1145），原名大中，字居仁，号紫微，世称东莱先生，宋寿州（今安徽寿县）人。徽宗朝由枢密院编修官迁职方员外郎。高宗绍兴六年（1136），召赐进士出身。历官中书舍人、权直学士院。因忤秦桧罢官。江西诗派著名诗人。《宋史》有传。著《东莱诗集》《紫微诗话》《江西诗社宗派图》。

阙 题
赵 鼎

一扫湖湘氛祲消，生民涂炭得逍遥。更须早挂风樯起，共看钱塘八月潮。(《金佗续编》卷二八孙迪编《纪鄂王事》)

赵鼎（1085—1147），字元镇，自号得全居士，宋解州闻喜（今山西闻喜县）人。崇宁五年（1106）进士。绍兴间几度为相，后因与秦桧议不合，出知泉州。寻谪居兴化军，移漳州、潮州安置。再移吉阳军。知秦桧必欲杀己，自书铭旌曰："身骑箕尾归天上，气作山河壮本朝。"不食而卒。孝宗朝谥忠简。《宋史》有传。

答岳鹏举
张 浣

相别相逢不计春，眼前非旧亦非新。声求色相皆邪妄，莫认无疑是昔人。(《全宋诗》卷一九三五)

张浣，字大年，人称安国公，宋宜兴（今江苏宜兴市）人。原任黄州通判，退居张渚，力主抗金，与岳飞有唱和。

投岳侯
毛国英

铁锁沉沉截碧江，风旗猎猎驻危樯。禹门纵使高千尺，放过蛟龙也不妨。（《娱书堂诗话》卷上）

毛国英，宋衢州江山（今浙江江山市）人。诗人毛滂次子。事见《娱书堂诗话》。

岳武穆王生祠记歌
黄 维

山峻巍巍兮，可平而泽也；谷深渊渊兮，可高而陵也；惟公功烈天长地久兮，盖不可得而泯也。（《同治祁门县志》卷九）

黄维，南宋时任祁门（今安徽祁门县）县尉，作《岳武穆生祠记》，尾署："绍兴九年九月十九日迪功郎徽州路祁门县尉黄维记。"记题当为后人所称。

题岳忠武王墓
胡 铨

匹马吴江谁著鞭，惟公攘臂独争先。张皇貔虎三千士，支持乾坤十六年。堪悯临淄功未就，不知钟室事何缘。石头城下听舆议，万姓颦眉亦可怜。（《庐陵诗存》卷二）

胡铨（1102—1180），字邦衡，号澹庵，宋庐陵（今江西吉安市）人。建炎二年（1128）进士。充枢密院编修官。反对秦桧主和，上封事请斩桧等，编管昭州，后多次迁改，流落近二十年。孝宗即位，官至工部侍郎。谥忠简。《宋史》有传。著《澹庵集》。

夜读范至能《揽辔录》言中原父老见使者多挥涕感其事作绝句
陆　游

公卿有党排宗泽，帷幄无人用岳飞。遗老不应知此恨，亦逢汉节解沾衣。（《剑南诗稿》卷二五）

书　愤
陆　游

山河自古有乖分，京洛腥膻实未闻。剧盗曾从宗父命，遗民犹望岳家军。上天悔祸终平虏，公道何人肯散群。白首自知疏报国，尚凭精意祝炉熏。（《剑南诗稿》卷二七）

感事四首（录一）
陆　游

堂堂韩岳两骁将，驾驭可使复中原。庙谋尚出王导下，顾用金陵为北门！（《剑南诗稿》卷三四）

陆游（1125—1210），字务观，宋越州山阴（今浙江绍兴市）人。早年考进士，遭秦桧忌恨，被除名。秦桧死后始被起用。一度为朝议大夫、礼部郎中兼实录院检讨官，数月即被劾罢官。后长期退居山阴。著名爱国诗人，毕生主张抗金，收复失地。《宋史》有传。著《渭南文集》《剑南诗稿》等。

初入淮河四绝句（录一）
杨万里

刘岳张韩宣国威，赵张二相筑皇基。长淮咫尺分南北，泪湿秋风欲怨谁。（《诚斋集》卷二七）

杨万里（1127—1206），字廷秀，号诚斋，宋吉水（今江西吉水县）人，绍兴二十四年（1154）进士。官至宝谟阁直学士。韩侂胄当政，隐居十五年，忧愤成疾终。《宋史》入《儒林传》。有《诚斋集》。

紫姑伸狱诗
郑思永

辛苦提兵十二秋，功多过少未为雠。主恩未报遭谗谤，幽壤含悲暗点头。(《肯綮录》)

宋赵叔问《肯綮录》载：常州酒官郑思永为予言：岳飞死之明年，因元夕会饮，有失器皿库数事，相与请紫姑神卜之。方焚香，箕已重不可举，忽大书曰……（即此诗）。其后乃书飞押字也。库官辈识之，初不知飞坐狱及死于除夜也。

阙 题
西溪寨军将子弟

经略中原二十秋，功多过少未全酬。丹心似石今谁诉，空自游魂遍九州。(《睽车志》卷一)

据宋郭彖《睽车志》卷一：岳侯死后，临安西溪寨军将子弟因请紫姑神，而岳侯降之，大书其名。众皆惊愕，谓其花押则宛然平日真迹也。复书一绝云……（即此诗）。丞相秦公闻而恶之，擒治其徒，流窜者数人，有死者。实为假紫姑神而自赋。

阙 题
武昌军士

自古忠臣帝主疑，全忠全义不全尸。武昌门外千株柳，不见杨花扑面飞。(《忠文王纪事实录》卷四)

据宋谢起岩《忠文王纪事实录》卷四：岳飞死后一年，鄂州军中很多将领前往武昌县（今湖北武汉市江夏区）走马游乐，有一军士为"忠义所激"，占吟此诗。将士们听后，都"为之悲泣"而"罢游"。

周将军庙观岳侯石像二首
薛季宣

万死何知狱吏尊，威名盖代古难存。二桃岂是功高赐，一舸不容身退论。几见饮江思道济，缪为图像削王敦。沉碑千古蛟川恨，留与无穷客断魂。

军声良苦听南风，说礼敦诗亦不容。斗蚁达聪良是病，战蜗流血可同宗。亲疏间入联镳话，真假言从蹑足封。趣诏河阳长已矣，隆中悲切起人龙。（《浪语集》卷七）

薛季宣（1134—1173），字士龙，号艮斋，宋永嘉（今浙江温州市）人。以荫入仕。以直言缺失，为当国者忌，出知湖州。乾道九年（1173）改知常州，未至卒。《宋史》入《儒林传》。有《浪语集》。

岳王坟
叶绍翁

万古知心只老天，英雄堪恨复堪怜。如公少缓须臾死，彼运安能八十年！漠漠凝尘空偃月，堂堂遗像在凌烟。早知埋骨西湖路，悔不鸱夷理钓船！（《武林旧事》卷五）

叶绍翁，字嗣宗，号靖逸，祖籍建安（今福建建瓯市），本姓李，后嗣于龙泉（今属浙江丽水市）叶氏。南宋中期江湖派诗人。仕历不详，后弃官居西湖。有诗集《靖逸小集》，别著《四朝闻见录》。

六州歌头·吊武穆鄂王忠烈庙
李 谌

高皇神武，善驾驭豪英。制海内，驱群盗，命天膺，救苍生。奈梦绕沙漠，隔温清，屈和好，召大将，归兵柄，列枢庭。公指汴京。威已振河洛，不顾身烹。失一时几会，嗟屠毒吾民。痛岳家军，孰扶倾？　久沉冤愤，七十载，还复遇，帝王真。表遗烈，锡王号，日照临，激士心。始识安刘计，宁祸己，是忠臣。我乘传，访壁垒，想精明。英气凛然若在，仍题扁、

昭揭天恩。笑原头荒草，一死不能春。交怨天人。（《龙洲词》附）

李谌（1144—1220），字诚之，宋晋江（今福建晋江市）人。历官至宝谟、敷文阁待制，知建宁府。有文稿七十卷。

六州歌头·吊武穆鄂王忠烈庙
刘 过

中兴诸将，谁是万人英？身草莽，人虽死，气填膺，尚如生。年少起河朔，弓两石，剑三尺，定襄汉，开虢洛，洗洞庭。北望帝京。狡兔依然在，良犬先烹。过旧时营垒，荆鄂有遗民。忆故将军。泪如倾。　说当年事，知恨苦，不奉诏，伪耶真？臣有罪，陛下圣，可鉴临，一片心。万古分茅土，终不到，旧奸臣。人世犹，白日照，忽开明。衮佩冕圭百拜，九泉下、荣感君恩。看年年三月，满地野花春。卤簿迎神。（《龙洲词》）

刘过（1154—1206），字改之，自号龙洲道人，宋吉州太和（今江西泰和）人。少怀志节，读书论兵。曾"屡陈恢复大计，谓中原一战而取"，未被采纳。又屡试不第，漫游江、浙等地，依人作客，布衣终身。有《龙洲集》《龙洲词》。

阙 题
刘 儗

昔年桴鼓事边庭，公相身为国重轻。四海几人思武穆，百年今日见仪刑。笔头风月三千字，齿颊冰霜十万兵。天亦知人有遗恨，定应分付与中兴。（《桯史》卷六）

刘儗，一名仙伦，字叔儗，号招山，宋庐陵（今江西吉安市）人。有《招山小集》一卷。

中原行怀古
汪莘

汉家中原一百州，故老南望空悠悠。问君北贼何足道，坐守画地如穷愁。不共戴天是此雠，生不杀贼死不休。诸公但能安身计，更无一点英雄气。遂令多士皆沉醉，绝口不复言时事。恭惟主上天勇智，皦日平生复仇志。秋色平场千万骑，望里亭亭黄屋至。六军拜手呼万岁，报恩便欲无生意。西风萧瑟天无云，引领嶓冢愁黄曛。白衣不得见天子，道人何得愁朱门。可怜泾渭胸中分，愿起洒阳死诸葛，作我大宋飞将军。（《两宋名贤小集》卷一九三）

汪莘（1155—1227），字叔耕，号柳塘，宋休宁（今安徽休宁县）人。隐居黄山，研究《周易》，旁及释老。晚年筑室柳溪，号方壶居士。有《方壶存稿》《方壶诗余》。

祭岳鄂王文并序
李 埴

嘉定甲申八月十一日，重修岳武穆鄂王祠庙告成，宝谟阁待制沿江制置副使兼知鄂州事李埴，谨用三牲，恪修祀事，礼容克举，乐舞备具，文武寮属暨军旅将士，上下莫不咸在。埴乃为文以祭，其词曰：

呜呼！靖炎之交，事奚忍言。强敌冯陵，天瞶日昏。王起草莱，奋戈中原。誓夷奸丑，亟解恢惛。英略不世，劲气轩轩。智绝一代，勇兼百贲。实天所授，以拯黎元。张宗二豪，载扰载援。国士见遇，视犹弟晜。王益感厉，摅心沥肝。志意吻合，忠义永存。南薰大麈，血蹀于门。天声一振，威詟獯狙。翠华渡江，王亦南辕。群盗圜起，啸徒孔繁。分据淮沔，蚁结蜂屯。义旗所指，兽骇云奔。包举襄郢，席卷洛宛。汹涌之势，如击鹏鹍。湖寇负固，错列雄蹲。刻日剪除，歼其鳝鼋。波澄洞庭，尘清湘沅。三军承风，肃肃啴啴。师行所至，车整马闲。严令一布，曾莫敢干。市不改肆，里无逸豚。郾颍再克，锐气如翰。遗民偾来，踵至壸飧。按行都邑，展礼陵园。功丧垂成，智士嗟愤。存心宗国，用意本根。囊封至论，密扣帝阍。嫌疑岂恤，忠荩毕殚。勋劳始终，光纪旂幡。谗夫鸱张，电惊哗喧。凿空傅致，巧舌澜翻。王亦弗屈，卒抱沉冤。海内扼腕，声随气吞。大明升天，景耀有焞。尽烛险幽，光贲英魂。呜呼！将勇维常，知义者难。将材众建，尚德者尊。王兼二长，蕴识不烦。用不尽能，时运有关。征伐之利，著谦之坤。王少挺特，志非蓄樊。藐视同辈，有如螽蠜。丰公一箴，佩服靡谖。居如儒绅，以礼自藩。身殁名垂，泽流后昆。发潜增耀，厥有闻孙。埋于王美，宿所讨论。诛奸既死，有舌莫扪。来临沙羡，缪纡上恩。考寻旧规，揽涕潺湲。顾视王祠，败屋颓垣。惕然于衷，义奚敢安。乃命更葺，亢司有官。奂然一新，邦人改观。庸示后劝，且愧前谩。曰□□□，□□衣冠。祀事孔虔，余威在颜。乃蠲牺牷，乃荐苹蘩。灵其戾止，歆此一樽。（《金佗续编》卷三十）

李壁（1161？—1238），字季允，一作季永，号悦斋，宋眉州丹棱（今四川丹棱县）人。光宗绍熙元年（1190）进士。嘉熙二年（1238），以同签书枢密院事督视江淮京湖军马，同年卒。有《皇宋十朝纲要》。另有《悦斋集》，已佚。

读岳鄂王传并引
释居简

王与吾佛日祖同厄于身前而同荣于身后。余观此传于归安簿赵应叔，书于传后而归之。

百钧不挽射羿弓，朔望酹酒马鬣封。从来知子莫若父，许以徇国输精忠。相州去谒大元帅，是时元帅方潜龙。华风忽与庆云遇，千载一德明良同。南熏门外众制寡，铁路步上雌决雄。浮图连墙望尘靡，拐子如山随手空。伪齐可绐不可杀，兀术可间毋用攻。寇连诸道解如瓦，气吐千丈长于虹。声先到处皆春风，桀骜怙很摧枯蓬。中原跂踵戴旧德，萧墙稔祸基元凶。当时剑握不倒置，直北马首无由东。全尺寸地有余刃，半九十里赍奇功。老黑既陷百尺阱，长城遂摧千丈墉。群奸尾摇蜂虿毒，一蟆吻纳蟾蜍宫。强胡安冀脱虎口，残喘忽重甦犬戎。难平者事有成算，可投之机无再逢。乡来望诸报燕惠，无怨无怒方雍容。其谁掩卷辄痛哭，主父偃与齐剸通。黄金台圮置勿论，问之胡不达四聪。昔人已矣不可作，后来更复将焉从。审如机括发必中，诚与日月昭而融。将军碧电摇百步，跨灶英勇尤折冲。乾坤不朽忠义骨，光腾抔土方曈曈。春秋不书六月雪，是日集霰回泠风。杞传百世子配食，天定胜人还至公。乱臣贼子生好看，遗臭不老均蠁虫。坐令三光五岳气，百岁左衽昏濛濛。周南滞留奋椽笔，折奸全直传无穷。浯溪大字倘可法，燕然苍藓知谁砻。开禧之事如昨日，清淮洒血连天红。动逾二纪不解甲，残虏尚锐蕲黄锋。噬脐太息复太息，遗恨黯黯齐崆峒。至今奸血泽遗类，忠愤郁郁填人胸。向使二子及见此，痛哭岂止喧旻穹。古愁连环不可解，除是帝舜开重瞳。(《北磵诗集》卷四)

释居简（1164—1246），字敬叟，号北磵，宋潼川（今四川三台县）人。俗姓龙（《补续高僧传》卷二四作王）。历住台之般若报恩。后居杭之飞来峰北磵十年，诏迁净慈，晚居天台。有《北磵文集》《北磵诗集》及《外集》《续集》。

水调歌头·题李季允侍郎鄂州吞云楼
戴复古

轮奂半天上，胜概压南楼。筹边独坐，岂欲登览快双眸。浪说胸吞云梦，直把气吞残虏，西北望神州。百载一机会，人事恨悠悠。　骑黄鹤，赋鹦鹉，漫风流。岳王祠畔，杨柳烟锁古今愁。整顿乾坤手段，指授英雄方略，雅志若为酬。杯酒不在手，双鬓恐惊秋。(《石屏词》)

戴复古（1167—?），字式之，自号石屏，宋天台黄岩（今浙江台州市黄岩区）人。南宋著名江湖派诗人。一生不仕，浪游江湖，后归家隐居，卒年八十余。

武　昌
苏　泂

南楼丝管日纷纷，一带春江浸碧云。遗老相逢问年几，白头闲话岳家军。(《泠然斋集》卷七)

苏泂（1170—?），字召叟，宋山阴（今浙江绍兴市）人。少从其祖游宦入蜀，长而落拓走四方。曾再入建康幕府。从陆游学诗，唱和者皆一时名士。有《泠然斋集》及《诗余》。

岳王坟
赵肃远

来吊英雄骨尚香，一抔黄土当封疆。自从驻跸来吴会，谁更提兵入洛阳。殡阁有灯秋树暗，隧碑无字雨苔荒。寒鸦不识当时事，犹恋栖霞噪晓霜。(《东瓯诗存》卷七)

赵肃远，宋永嘉（今浙江温州市）人。与卢祖皋（约1174—1224）有唱和。《东瓯诗存》录其诗八首。

东松庵观岳武穆遗碑
钱 时

虎视关河指日平，东松岭路小提兵。奸臣误国英雄死，千古遗碑夕照明。(《蜀阜存稿》卷一)

钱时（1175—1244），字子是，号融堂，学者称融堂先生，宋淳安（今浙江淳安县）人。早年曾主象山书院，嘉熙元年（1237）以布衣召见，赐进士出身，授秘阁校勘。后辞归，创融堂书院。有《蜀阜存稿》等近十种。

过岳王祠
曹 豳

春风二月山樱发，红如云霞白如雪。玉骢丝柳引路长，河曲岩堤几萦折。东松驻屐日未斜，岳王遗墨堪咨嗟。暮归犹有泉上月，醉饮莫负山中花。(《同治祁门县志》卷九)

曹豳(bì)，宋瑞安（今浙江瑞安市）人。嘉定元年（1208）进士。官至刑部侍郎兼国子祭酒。

和岳王庙壁上韵
吕 午

当年唯说岳家军，纪律森严孰与邻。师过村村皆按堵，功成处处可镌珉。威名千古更无敌，词翰数行俱绝尘。拟取中原报明主，亦劳余刃到黄

巾。(《宋诗纪事》卷六一)

吕午(1179—1255),字伯可,宋歙县(今安徽歙县)人。嘉定四年(1211)进士。官至起居郎兼史院官。丁母忧,闲居十二年。有《竹坡类稿》《左史谏草》。

江东巡部纪行(节录)
袁 甫

伟哉岳鄂王,提兵旧盘礴。像设俨遗祠,光芒射斗宿。凌晨拜祠下,忧思心恻恻。无心惜落花,惟愁民捐瘠。(《蒙斋集》卷一九)

岳忠武祠
袁 甫

当年老桧肆欺谩,忠武哀哉抱寸丹。赖有皇天为吐气,岂无青史更诛奸。字留陈迹何年泯,烟锁空山尽日闲。世事关心眠不得,今朝下涕为潸潸。

儿时曾住练江头,长老频频说岳侯。手握天戈能决胜,心轻人爵只寻幽。堪嗟爝火当时灭,谁信长川万古流。机会莫言今到手,却愁无饭饱貔貅。

背嵬军马战无俦,压尽当年众列侯。先辈有闻多散轶,后生谁识发潜幽。伤心咄咄权臣事,满眼滔滔债帅流。槌剥到今浑似鬼,向人休说是貔貅。(《蒙斋集》卷二十)

袁甫(约1180—1241),字广微,号蒙斋,宋鄞县(今浙江宁波市鄞州区)人。嘉定七年(1214)进士第一。官至兵部尚书兼吏部尚书。谥正肃。有《蒙斋集》。

登杨府风云阁
王 遂

杰阁入风云,分明是得君。湖山尽行乐,愁杀岳将军。(《全宋诗》卷二八七一)

王遂（1182—1248），初字颖叔，改字去非，号实斋，其先江州德安（今江西德安县）人，其祖始徙金坛（今江苏金坛市）。宋嘉泰二年（1202）进士。官至工部尚书。谥正肃。所著《实斋文稿》不传。《全宋诗》辑其诗一卷，存诗九十首。

鄂武穆王岳公真赞
佚 名

於戏建炎，实维中天。楚丘始营，周胝尚绵。既畜既畲，既垠既甄。迨绍兴十，凡二七年。我马我车，我将我徒。老炼矫强，百倍厥初。彼凶不知，方复狃忕。来蹈者焦，来触者碎。如熊如彪，如龙如蟉。九天九地，瞬息无留。孰遏其冲，有旋其辀。鸡犬亦愤，草木含羞。严严武穆，义不共天。沥血陈诚，抗表矢言。斯言之出，曾不崇朝。三年为碧，万古怒涛。公死者身，不死者义。于今杞天，赖以不坠。日月有行，星辰有纪。云徂雨兴，川流山峙。此义与存，公义之帅。巍巍邺台，唐尧所都。贤哲蕺粹，河山掖扶。其在安阳，文武间作。忠献王韩，武穆王岳。（《金佗续编》卷二八）

鄂忠武王出师疏帖赞
岳 珂

於惟绍兴，扶危支倾。握校莅戎，不识一丁。先王奋呼，起自诸生。经通谊明，笔妙墨精。翠微之诗，五岳之盟。祁阳整旅，东松纪行。迹遍九州，气凌三精。粤时出师，首兹抗旌。规模弗愆，忠愤莫撄。上心载嘉，奎章式形。谓朕何忧，惟尔责成。以百万师，观我甲兵。仅四十里，复我旧京。日却阳侯，星陨中营。苌血遂碧，狐史漫青。天不诱衷，曷其底宁。伤哉离骚，坐此修能，冰镂芷馨。惟帝鉴忠，惟人与诚。烈并褒鄂，志恢幽并。有奕龙迹，遹昭骏声。遗墨既刊，大猷是经。对于庙祧，岂惟云仍。（《宝真斋法书赞》卷二八）

鄂忠武王书简帖赞

岳　珂

　　昔李西平在凤翔，尝以直道致主。慕魏郑公，虽叔度之进言，犹毅然而不从。谓幸备于将相，讵爱身而苟容。猗欤先王，亦师文忠。凡引笔而行墨，皆刻志而比踪。今观碑刻之在天下，虽小大真行之异工，视此帖之所传，盖不约而皆同。然则有犯无隐，挺焉直躬。唾当道之豺狼，婴九渊之神龙。盖当心摹手追之时，已有之死不顾之遗风矣。（《宝真斋法书赞》卷二八）

经进百韵诗

岳　珂

　　臣一介孱庸，滥饕世禄，每念沉冤未雪，直笔久污，一意纂修，五年勤瘁。比干宸览，误简渊衷，万死尚宽，九殒莫报。今因追感先臣飞事，辄赋百韵诗一篇，缮写躬诣天庭投进，伏望圣慈特赐睿察，昭白而施行之。干冒天威，臣下情无任皇惧震越屏营之至。承务郎新差监镇江府户部大军仓臣岳珂上。

　　永祐当临御，重熙极泰亨。物穷隍土复，地大蘖牙萌。蕞尔瀛懦国，违吾海上盟。烽烟昏九土，氛雾塞三精。於赫中兴主，初专九伯征。赤符观炳炳，嘉兆得庚庚。四七膺休运，三千协一诚。乾坤恢辟阖，日月洗明清。天授睢坛策，风兴渭水英。维时臣大父，韬迹圣廛氓。宝匣鸣长剑，雄冠影曼缨。衣裳供羿射，灯火近韩檠。圣世方求骏，明神岂舍骍。始从鱼钥守，小析羽林兵。尝敌无车乘，麾军不鼓钲。熏门摧彦政，氾水从间勍。驺召班龙节，犀军下雀桁。王师俱蓄缩，游骑愈纵横。马渡朝迎敌，钟山夜驻营。狂澜身砥柱，大厦手支撑。敌焰犹繁炽，吴都忽震惊。东巡传警跸，右袒半公卿。愤起宜兴旅，追收建业城。大江谁饮马，五岳更刑牲。一荡江西李，重歼固石彭。利兵驱虎豹，杰观筑鲵鲸。玉帐旋平广，铜符遂帅荆。皇灵期濯濯，王事分傍傍。沙漠惊风鹤，山林息聚虻。神州宜亟复，六郡乃先争。桀犬徒冯垒，苗民敢抗衡。锐师掀狡窟，高堞覆坚棚。鼎道兵方进，湖湘寇辄平。几年凶祸结，八日骏功成。叛将因资用，降人岂畏阬。开疆下商虢，结约到磁洺。谋帅难张俊，还兵虑郦琼。但虞遗后患，初匪厌纷更。沔鄂重归镇，齐刘尚据京。且羞离楚馈，未用渡河罌。细柳千屯灶，柔桑万瓦甍。流民俱授亩，战士亦从耕。夫浍萦如带，原田画若枰。连云登美稼，浙玉饭香粳。刍挽从今省，兵储亦顿赢。吏贪无鼠硕，民佚异鲂赪。姑定鸿沟约，交驰绝域怦。邻欢新玉帛，宴衍乐簧笙。未几边摇草，恶知野食苹。礼容方济济，革乘忽骍骍。睿断昭雄赳，天威震隐硡。六师纷雾集，万灶盛雷轰。戎驾爰方启，神锋莫敢撄。童髫欣再见，父老喜前迎。义气通诸夏，讴声沸八纮。官兵飏隼鹜，废垒泣鼯狌。跬步归京阙，朝衣诣寝楹。晋军传鹤唳，楚幕听乌鸣。机会乘今日，雌雄决此行。幸成十载绩，归捧万年觥。何事东来诏，遄追北指旌。抚膺皆壮士，牵袂有啼婴。巢氐登枢极，雍容俨珮珩。身虽处廊庙，志则在幽并。岂意中原略，深违时相情。和亲徒效敬，投几不闻嘤。正尔先鞭著，居然谤箧盈。凶威摇吏牍，风旨动台抨。枭枳饥吞噬，鹰獒乐使令。众髦常忌冠，同浴不讥裎。远虑为徽福，先驱谓缓程。一言鸣仗马，千丈下乔莺。盍考谢赦表，兼觑赐劄评。许身无少愧，忧国甚于酲。彼潛宜投虎，能言不离鹦。鸟翻身蚤簸，兔健足先烹。有客悲周道，何人恤鲁祊。同时惟切齿，来者但惩羹。长夜何时旦，沉阴几日晴。是非从久定，祸否待终倾。先帝资神武，深仇怆父兄。每怀得颇牧，胡忍弃韩黥。晢监何尝惑，孤忠果渐明。岳阳还旧号，岭表返诸悍。故垒营新祀，畿封辟赐茔。用心传舜子，述事广文声。甘雨兴余槁，青天豁久盲。先臣死不朽，圣德浩难名。陛下今汤禹，王臣昔散闳。令图天广大，盛烈日铿鍧。心术参尧运，规模绍汉宏。遗形高阁绘，良股盛朝赓。故将欣非远，微臣矧敢轻。传讹稽史谬，败俗订言讥。日系无虚笔，云章有满籝。竹书皆历历，玉训尚铿铿。愿辍清朝暇，叨承乙夜呈。作诗哀寺孟，览奏念缇萦。恩锡茅封宠，光昭衮字荣。誓怀如皦日，忠报毕余生。(《金佗稡编》卷二七)

东松庵
岳珂

东松一建几经春，景物清幽匪俗邻。曾识当年驻金节，尚存遗墨勒坚珉。晚生不复究前烈，所幸犹来拂壁尘。市虎欺天畴敢尔，东风回首一沾

巾。(《弘治徽州府志》卷一二)

岳珂(1183—1243),字肃之,号亦斋、东几,晚号倦翁,宋汤阴(今河南汤阴县)人。岳飞之孙、岳霖之子。官至户部侍郎、淮东总领兼制置使。著述甚富,有《金佗稡编》《金佗续编》《桯史》《宝真斋法书赞》《愧郯录》等多种。

岳　王
王　柏

赫赫武穆,天开骏功。声震河洛,威吞犬戎。枭桧忌武,乌台勘忠。齐名诸将,愧死英风。(《鲁斋集》卷八)

王柏(1197—1274),字会之,号鲁斋,宋婺州金华(今浙江金华市)人。从何基学,以教授为业。曾任丽泽书院、台州上蔡书院山长。一生致力于钻研学问。赐谥文宪。

谒岳王坟
郑　起

我来拜谒岳王坟,松柏苍苍上宿云。臣子报君终一死,权奸卖国欲中分。鹰扬当日谁能及,雁叫中原不可闻。石马石人山寂寂,英雄于此忆将军。(《三山郑菊山先生清隽集》)

郑起(1199—1262),初名震,字叔起,号菊山,宋连江(今福建连江县)人。潜心于性理之学,曾主诸暨县学、萧山县学。后相继充尹和静书院堂长、泰州胡安定书院山长、平江三高书院堂长。晚年专心著述。《宋史》入《文苑传》。有《清隽集》一卷。

次韵徐宰题岳王祠
方　岳

杀气犹缠岳字旗,秋风铁马已南归。和之一字误人国,今且百年遭祸机。白骨自荒公论在,青山良是物情非。羊腥犬秽长陵土,泪落囊封御笔依。(《秋崖先生小稿》卷二四)

题祁门岳王庙
方 岳

神京鳞介腥衣裳，三精雾塞天地光。鼬啼鼯啸纷披猖，中分宇宙尊犬羊。谁其与者沦纲常，受计于虏扼我吭。王心凛凛天苍苍，以次束缚归朝堂。自南自北诺已偿，焉用与虏为胥戕。为雠报雠胡不臧，至今淮壖为河湟。每观王传心摧伤，怒发为立胆为张。皇畀予邑于祁闻，闻王有像西山岗。欲往从之洁予觞，简书之言不我遑。今且去此何敢忘，牲肥酒香时日良，金戈铁马山茫茫。（《秋崖先生小稿》卷三四）

方岳（1199—1262），字巨山，号秋崖，宋歙州祁门（今安徽祁门县）人。绍定五年（1232）进士。官至吏部尚书左郎官。以忤史嵩之、贾似道、丁大全，三起三落。有《秋崖集》。

鄂王墓
陈允平

鄂王墓在栖霞岭，一片忠魂万古存。镜里赤心悬日月，剑边英气塞乾坤。苍苔雨暗龙蛇壁，老树烟凝虎豹幡。独倚东风挥泪客，不堪回首望中原。（《西麓诗稿》）

陈允平（1205？—1280？），字君衡，一字衡仲，号西麓，宋四明（今浙江宁波市）人。德祐时，授沿海制置司参议官。入元以人才征至北都，不受官。有《西麓诗稿》一卷。

读岳鄂王行实
胡仲参

飞鹄来何意，英雄此日生。山河张胆气，宇宙载风声。一片堂中纸，千年身后名。至今坟上木，犹作不平鸣。（《两宋名贤小集》卷二九八）

胡仲参，字希道，宋清源（今属福建莆田市）人。嘉定间赴试不售，乃寄情山水。诗有《竹庄小稿》一卷。

岳鄂王墓
徐集孙

百战收功指顾间，岳家军令重如山。班师似出高宗意，逢恶徒成秦相奸。往事不成空浩叹，黄鹂无绪自间关。金戈铁马纵横地，古庙犹存落照间。(《竹所吟稿》)

岳鄂王墓
徐集孙

古木号风抱不平，百年忠义日争明。坟前人马空存石，何似当时听用兵。(《竹所吟稿》)

徐集孙，字义夫，宋建安（今福建建瓯市）人。理宗时（1225—1264）曾仕于浙。有《竹所吟稿》一卷。

往年因读岳王传尝为之赋
今过东林睹其遗像感而申颂之
黄文雷

将军英爽冠人豪，眼底山河累宝刀。青女护香天亦误，黑龙饮渭数何逃。当时僧说松楸犯，今日人推阀阅高。珍重王孙方鼎贵，莫将歌舞替征袍。

欲坏长城岂自由，江人重唱白符鸠。熏天富贵还须尽，从古忠良类若仇。狱吏但能书牍背，相公终欲割鸿沟。书生志念闲无用，长想朱云地下游。(《南宋群贤六十家小集·看云小集》)

黄文雷，字希声，号看云，宋南城（今江西南城县）人。理宗淳祐十年（1250）进士。曾任临安酒官。有《看云小集》。

岳　庙
林　泳

天意只如此，将军足可伤。忠无身报主，冤有骨封王。苔雨祠墙暗，花

风庙路香。沉思百年事,挥泪洒斜阳。(《武林旧事》卷五)

林泳,字太渊,自号艮斋,又号弓寮,宋温州平阳(今浙江平阳县)人。理宗宝祐元年(1253)进士。

岳 飞
释行海

战守京河不下鞍,臣图恢复不图官。十年南渡客头白,万里北征贼胆寒。叛桧班师金诏急,留飞赤子泪号干。可怜身死莫须有,从此王基未得宽。(《雪岑和尚续集》卷上)

释行海(1224—?),号雪岑,宋剡县(今浙江嵊州市)人。早年出家,十五岁游方,咸淳三年(1267)住嘉兴先福寺。有诗三千余首,林希逸选取其中近体二百余首为《雪岑和尚续集》二卷。

宿东松寺
方 回

祁门西三十五里,岳武穆旧有绍兴留题,众因祠之。今壁坏矣,予三十年前曾见之也。

一僧垂乱发,杉阁夜寒饶。开锁容铺榻,求钱为造桥。猕猴窗外啸,鼯鼠烛前跳。岳笔亲题坏,前朝恨未销。(《桐江续集》卷三)

送岳德裕如大都(节录)
方 回

岳忠武王炎兴中,才跨光世俊世忠。人见百战百胜功,孰知洙泗储心胸。奸桧忮忍摧英雄,秦贼之臭传无穷。忠武馨香向不同,鬼神呵护垂箕弓。子子孙孙有宜风,允文允武足临容。(《桐江续集》卷二八)

方回(1226—1307),字万里,一字渊甫,号虚谷,别号紫阳山人,宋末元初歙县(今安徽歙县)人。宋景定间登第,知严州。降元,授建德路总管。不久罢官。有《桐江集》《桐江续集》。

吊岳文二公二首
何梦桂

拟吊英雄酒一觞,二公忄旦一冰霜。金人未殄将军死,宋事无成国士亡。湖上黄埃寒柏惨,沙场青血夜磷光。生刍一束新亭泪,千古兴亡说未央。

如此光阴冉冉何,青萍失手意蹉跎。门前流水溪山在,帘外落花风雨多。百岁身名头半雪,十年世事泪悬河。相逢莫问升沉事,且对尊前听浩歌。(《潜斋集》卷二)

西 湖
何梦桂

柳堤花港落红尘,独鹤归来日半曛。惟有五云山下路,至今人说岳王坟。(《潜斋集》卷三)

何梦桂(1229—1303),字岩叟,号潜斋,宋末元初淳安(今浙江淳安县)人。咸淳元年(1265)进士。官至监察御史。入元不仕。有《易衍》《中庸致用》《潜斋集》。

拜岳将军墓
滕 塛

大坟老树列其中,小冢旁堆树亦同。不世孝忠惟父子,极天愤痛在英雄。上方有剑谁能请,中国输金使不通。相对含悲石翁仲,老衰无泪落秋风。(《弘治徽州府志》卷九)

滕塛(lì),原名回,字仲寒,一字仲复,号星崖,宋末元初徽州婺源(今江西婺源县)人。精于理学,善属文,精草书。入元不仕。有《星崖集》,已佚。

岳鄂王墓
董嗣杲

在栖霞岭口。葬名将太师忠武鄂王岳飞于此。

将军魂梦绕旌旄,偃月谋成尚忍言。一旦风波谁左袒,八陵荆棘自中原。更无雁带边头信,惟有天知地下冤。郁郁栖霞霞外树,墓门不掩雀巢喧。(《西湖百咏》卷上)

过岳家市
董嗣杲

鄂侯遗部曲,多岁此为农。茅店罢残暑,松峦出乱钟。溪流分别坞,晚色失前峰。去去遗仙迹,苍云几万重。(《庐山集》卷三)

春步岳园二首
董嗣杲

暖风晴日艳芳天,独客心情不忍言。何处有花春掠眼,金陀坊里岳家园。

将军墓域在杭州,如此家园入梦游。谁惜再传无嗣续,至今匙钥属官收。(《庐山集》卷五)

董嗣杲,字明德,号静传,宋末元初杭州(今浙江杭州市)人。咸淳(1265—1274)末知武康县。宋亡,入山为道士,改名思学,字无益。有《西湖百咏》和《庐山集》。

武昌怀古
宋庆之

极目平芜送落晖,六朝征战尚依稀。风生战舸周郎过,月落南楼庾老归。秋塞戍闲番马病,春江流下蜀鱼肥。神州北望知何处,父老犹能话岳飞。(《两宋名贤小集·饮冰诗集》)

宋庆之,字元积,一字希仁,宋末元初永嘉(今浙江温州市)人。咸淳元年（1265）进士。监庆元府盐仓，辟浙东庾幕。《两宋名贤小集》卷三四四录有《饮冰诗集》一卷。

读岳武穆王传
吴龙翰

鬼蜮为妖天地昏，将军那可一朝存。泰山颓喻哲人死，东海旱为孝妇冤。当日主和甘下策，到今无计复中原。清风凛凛一编史，拭尽英雄几泪痕。（《古梅遗稿》卷二）

吴龙翰（1233—1293），字式贤，号古梅，宋末元初歙县（今安徽歙县）人。咸淳间乡贡，后以荐授编校国史院实录院文字。宋亡，乡校请充教授，寻弃去。有《古梅遗稿》。

岳武穆王墓
王英孙

埋骨西湖土一丘，残阳荒草几经秋。中原望断因公死，北客犹能说旧愁。（《武林旧事》卷五）

王英孙（1238—1312），字才翁，号修竹，宋末元初会稽（今浙江绍兴市）人。官将作监主簿。宋亡不仕。有《修竹集》，已佚。

拜岳王墓
林景熙

岳飞葬西湖之栖霞岭。

寥落一抔在，英雄万古冤。孤忠悬白日，遗恨寄中原。树老残霞澹，尘深断碣昏。东南天半壁，往事泣寒猿。（《霁山文集》卷二）

林景熙（1242—1310），字德阳，一作德旸，号霁山，宋末元初温州平阳（今浙江平阳县）人。咸淳七年（1271年）进士。官至从政郎。宋亡不仕。有《霁山文集》。

阙 题
胡天放

百战间关铁马雄,尚余壮气凛秋风。有时醉倚吴山望,肠断中原一梦中。(《元诗纪事》卷四二)

胡天放,宋末元初桐庐(今浙江桐庐县)人。与王英孙、林景熙等共结越中诗社。宋周密《志雅堂杂钞》:胡天放降仙,箕忽踊跃可畏,经时书一诗云云。后大书一"鄂"字,人始知为武穆也。

岳武穆葬西湖故宅为学宫
艾性夫

老秦举□媚□金,枉死如公恨最深。地下红旗应北指,西湖埋骨不埋心。故园今日馆英游,大耻俱忘总可羞。料得精魂长扼腕,无人讲学到春秋。(《全宋诗》卷三七〇一引《永乐大典》辑《剩语》)

艾性夫,字天谓,宋末元初东乡(今江西东乡县)人。咸淳(1265—1274)贡生。阎门教授,执经者盈门。宋亡,浪游各地,斥仕元者为"兽心犹办死报主,人面却甘生事仇"。

岳王墓
韩信同

妖星堕地芒角赤,龙剑悲吼风萧瑟。中原王气挽不回,将军一死鸿毛掷。秦家小儿真戏剧,播弄造化摇枢极。指仇为亲忠且逆,只手上遮天眼碧。九重茫茫隔天日,无由下烛臣愚直。臣愚万死不足惜,国耻未湔犹愤激。古坟埋冤血空沥,风雨年年土花蚀。我恐精忠埋不得,白日英魂土中泣。请将衰骨断苔痕,献作吾皇补天石。(《宋诗纪事》卷八十)

韩信同(1252—1332),名一作性同,字伯循,号古遗,又号中村,学者称为古遗先生,宋末元初宁德(今福建宁德市)人。有《古遗小集》一卷。

水龙吟·西湖怀古
陈德武

东南第一名州,西湖自古多佳丽。临堤台榭,画船楼阁,游人歌吹。十里荷花,三秋桂子,四山晴翠。使百年南渡,一时豪杰,都忘却,平生志。

可惜天旋时异,藉何人,雪当年耻?登临形胜,感伤今古,发挥英气。力士推山,天吴移水,作农桑地。借钱塘潮汐,为君洗尽,岳将军泪!(《全宋词》卷五一八)

陈德武,生平不详,南宋三山(今福建福州市)人。有《白雪遗音》一卷。

岳王墓
马 存

落尽青松百草深,鹭鸶斜日叫寒林。可怜一片西湖土,埋却英雄未死心。(潘德衡编《宋金元明诗评选》第179页)

马存,南宋人。生平不详,待考。

元代

岳武穆精忠庙
白　珽

国势已如此,孤忠天地知。生死同父子,奸宄系安危。偃月无封桧,栖霞有谥碑。中原遗老在,岁岁梦王师。(《湛渊集》)

白珽(1248—1328),字廷玉,号湛渊、栖霞山人,宋末元初钱塘(今浙江杭州市)人。宋景定元年(1260)入太学。以诗著。宋亡,以教授生徒为业。后因荐出仕,以兰溪州判官致仕。有《湛渊集》一卷。

拜岳鄂王墓
胡炳文

有公无此日,再拜泪交颐。大义君臣重,孤忠天地知。鸩毛何太毒,龙渡只如斯。坟畔休留桧,行人欲斧之。(《云峰集》卷八)

胡炳文(1250—1333),字仲虎,号云峰先生,宋末元初婺源(今江西婺源县)人。幼好学,凡诸子百家、阴阳医卜、星历术数无不深究。元延祐中,荐为信州道一书院山长。有《云峰集》《书集解》《春秋集解》。

岳鄂王墓
任士林

忠魂比明月,可死不可灭。空堂坐貂蝉,荒冢埋碧血。当时剑花寒,肝胆照北阙。君臣计已定,一死何足雪。湖山翁仲青,坐见气消歇。欲语老胥心,飞涛过吴越。(《松乡集》卷九)

任士林(1253—1309),号松乡,宋末元初奉化(一说四明,今均属浙江省)人。尝讲道会稽,授徒钱塘,至大初以荐授安定书院山长。有《松乡文筑》《中庸论语指要》。

岳鄂王墓
赵孟頫

鄂王墓上草离离,秋日荒凉石兽危。南渡君臣轻社稷,中原父老望旌

旗。英雄已死嗟何及，天下中分遂不支。莫向西湖歌此曲，水光山色不胜悲！（《松雪斋集》卷四）

赵孟頫（fǔ）（1254—1322），字子昂，号松雪，又号水精宫道人，宋末元初吴兴（今浙江湖州市吴兴区）人。宋太祖子秦王德芳后裔。宋末以父荫补官。入元后，仕至翰林学士承旨，封魏国公，谥文敏。博学多才，工古文诗词，又通音律，精鉴赏，善书画。有《松雪斋集》。

西湖岳王坟
尹廷高

高鸟何尝尽，良弓已弗存。西风卷归旆，朔雪暗中原。桧色犹含愧，湖波不洗冤。当年莫须有，翁仲寂无言。（《玉井樵唱》卷中）

尹廷高（1254—?），字仲明，号六峰，宋末元初遂昌（今浙江遂昌县）人。元大德间，任处州路儒学教授。又尝掌教永嘉。有《玉井樵唱》。《元史》有传。

读宋四将传并序
蒲道元

余读宋四将传，刘锜、李显忠死皆得正命；魏胜战殁，亦可无憾。独岳飞功业于诸将中尤卓然者，竟毙于秦桧、张俊之手。重作二诗以哀之。

权臣通敌偷家贼，奸将持兵养病医。报国丹心惟自许，身终不免更堪悲。

提兵殄寇功垂就，下诏班师事已非。天遣封疆限南北，区区空叹失时机。（《闲居丛稿》卷七）

蒲道元（1260?—1336），字得之，号顺斋，世居眉州之青神，徙居兴元（今陕西汉中市）。初为郡学正，罢归。皇庆（1312—1313）中为国史院编修官，进国子博士。有《闲居丛稿》。

岳武穆王
宋 无

克复神州指掌间，永昌陵侧诏师还。丹心一片栖霞月，犹照中原万里

山。(《啽呓集》)

武穆坟
宋　无

若论将军勇，神京反掌图。中原数千里，可惜葬西湖。(《翠寒集》)

宋无(1260—1340)，原名尤，字晞颜，宋亡后易名，改字子虚，元初苏州(今江苏苏州市)人。少从欧阳守道学，致力于诗。入元，以诗跋涉南北。有《翠寒集》《啽呓集》《鲸背吟集》各一卷。

咏岳王孙县尉复栖霞墓田事
龚　璛

岳鄂诸孙复墓田，清明寒食起新烟。道旁为我除苍桧，山下如今哭杜鹃。高庙神灵应悔此，中原父老尚凄然。西湖靡靡行人去，却望栖霞转可怜。(《存悔斋稿》)

龚璛(1266—1331)，名一作肃，字子敬，号谷阳生，元初高邮(今江苏高邮市)人。入元，充和靖、学道两书院山长。以浙江儒学副提举致仕。有《存悔斋集》及补遗。

西湖竹枝词
黄公望

水仙祠前湖水深，岳王坟上有猨吟。湖船女子唱歌去，月落沧波无处寻。(《元诗纪事》卷二一)

黄公望(1269—1354)，本姓陆，名坚，元平江常熟(今江苏常熟市)人；后过继永嘉黄氏为义子，因改姓名，字子久，号一峰，后入"全真教"，号大痴道人。元代画家、书法家，元四家之一。

读岳武穆传
潘　音

万里浮云入望阴，千山落日正沉沉。当朝自馁中兴志，出塞徒劳上将

心。臣子终天仇未报,奸邪设险计殊深。惟余一箧精忠传,挥泪频看不自禁。(《待清轩遗稿》)

潘音(1270—1355),字声甫,元新昌人,一作天台人(今均属浙江省)。年十岁,宋亡。终生不仕。善诗文。有《待清轩遗稿》一卷及《读书语录》。

[中吕] 满庭芳·看岳王传
周德清

披文握武,建中兴庙宇,载青史图书。功成却被权臣妒,正落奸谋。闪杀人望旌节中原士夫,误杀人弃丘陵南渡銮舆。钱塘路,愁风怨雨,长是洒西湖。(《全元曲·散曲》)

[中吕] 满庭芳·误国贼秦桧
周德清

官居极品,欺天误主,贱土轻民。把一场和议为公论,妒害功臣。通贼虏怀奸诳君,那些儿立朝堂仗义依仁!英雄恨,使飞、云幸存,那里有南北二朝分?(《全元曲·散曲》)

周德清(1277—1365),字日湛,号挺斋。元高安(今江西高安市)人。北宋词人周邦彦之后。元代卓越的音韵学家兼戏曲作家,不仅著有韵书《中原音韵》,还作有不少北曲。

题建炎遗诏
陈樵

解下涂金膝上衣,匆匆命将墨淋漓。图中吴楚无端拆,月里山河一半亏。银汉经天都是泪,杜鹃入洛不如归。黄衣传诏三军泣,不是班师诏岳飞。(《鹿皮子集》卷三)

陈樵(1278—1365),字君采,元东阳(今浙江东阳市)人。摒弃仕途,以读书著述自娱。足迹未尝出乡里,而声名远播。有《易象数新说》《飞飞观小稿》《鹿皮子集》等数百卷。

四贤祠
吕彦贞

祠祀范文正公、岳武穆王、胡文定公、文忠烈公。

两宋都城作战场,群贤祠庙尚辉光。将军德泽留江甸,宰相谋猷遍海塘。一代循良归道学,千秋节义属文章。我来展谒怀私淑,想见骑箕在帝乡。(《沧浪轩诗集》卷五)

吕彦贞(1279—1328),自号席帽山人,元江阴(今江苏江阴市)人。至治二年(1322)以文学录用,不就。有《沧浪轩诗集》。

岳王祠
李孝光

人臣功高逢忌嫉,令终美殒古来稀。山东义士向天哭,海外将军被诏归。奏入国家无吉语,狱成廊庙定危机。呜呼信史为君讳,自坏长城可叹唏。(《五峰集》卷十)

李孝光(1285—1350),字季和,元温州乐清(今浙江乐清市)人。早年隐居雁荡五峰山,后应召为秘书监著作郎,擢秘书监丞。有《五峰集》。《元史》入《儒学传》。

钱塘怀古
徐震

黄沙漠漠起边烽,万里山河落照中。奸佞遽成南渡计,英雄空誓北征功。冬青树老无遗种,瑞石山荒有废宫。此日经行吊陈迹,野花和露泣残红。(《列朝诗集》乙集第七)

徐震,字德重,元新泰(今山东新泰市)人。元重臣徐琰(1255—1303)第三子。布衣。与晏铎、苏平唱和,亦与十才子之名。《列朝诗集》谓其有"挽岳武穆诗,传排人口",惜不传。

朱仙镇
贯云石

剑戟横空杀气高，金兵百万望风逃。自从公死钱塘日，宋室江山把不牢。（《酸斋集》）

贯云石（1286—1324），字浮岑，号酸斋、疏仙，又号芦花道人，回纥人。官至翰林侍读学士、中奉大夫，知制诰，同修国史。谥文靖。有《酸斋集》一卷。曲与徐再思（号甜斋）并称"酸甜乐府。"

岳鄂王坟上作
张 昱

朔雪炎风共此年，中原父老亦堪怜。竖儒屡遣祈求使，大将空持杀罚权。忠谊有碑书大节，奸邪无面见重泉。至今宰木犹南拱，遗憾西陵是墓田。（《可闲老人集》卷三）

题岳王祠
张 昱

落日西湖土一墟，黄泉赤血恨难除。开边众许侪韩信，举国浑怜丧子胥。廊庙锦文忘版籍，京师黔首望銮舆。即今五夜梅花角，吹作南来问信书。（《可闲老人集》卷三）

张昱（1289？—1371？），字光弼，自号一笑居士，元庐陵（今江西吉安市）人。官至左右司员外郎，行枢密院判官。入明不仕。有《可闲老人集》。

岳武穆王墓
柯九思

建炎谁为致中兴，武穆由来志可凭。传檄燕云惊四海，出师河洛慰诸陵。长驱铁马知无敌，欲扫黄龙竟不能。禹穴松楸无麦饭，钱湖香火有山僧。

结发行间见此公，两河忠义俟元戎。勋成伊吕终方驾，算胜孙吴亦下风。拂剑未酬千古辱，赐环空怀十年功。奸邪卖国空流涕，独立西风看去鸿。

行尽西泠见墓林，落花飞絮总伤心。数声杜宇迷清昼，两个麒麟临绿荫。座上高僧能说法，道旁遗老尚沾巾。平湖箫鼓非前日，隔岸楼台暮霭深。

英雄已矣更何论，思祢空飞汉帝魂。区脱几年悲紫塞，琵琶万里泣黄昏。西湖花木明春苑，南极星辰动海门。谁念前朝轻社稷，怨歌唯有旧王孙。（《丹丘生集》卷四）

柯九思（1290—1343），字敬仲，号丹丘生，别号五云阁吏。元台州（今浙江台州市）人。诗、书、画称三绝。有《丹丘生集》。

岳武穆王墓
郑元祐

栖霞岭南湖水阴，墓木两株高百寻。鬼神挟护霜雪干，日夜怒号风雨音。山僧纸钱每自挂，陇酋金槌那得侵。精忠既已塞天地，英爽尚尔盘山林。恨虽无血可化碧，世故有人能范金。恭惟父子一抔土，尚想君臣千载心。万松岭前行殿废，五国城头寒漏沉。空令遗黎痛至骨，荒坟一上一哀吟。（《侨吴集》卷二）

重建岳王精忠庙谢李全初长司
郑元祐

忆昔绍兴南渡时，从王百万虎与貔。鄂王奋身起偏裨，能以百战扶国危。师行动以纪律持，屯行野次人罕知。堂堂大将精忠旗，敌人不敢正眼窥。连城之璧无瑕疵，如何青蝇玷污之？后来礼葬西湖湄，血已化碧无完尸。于今宋亡宗社隳，独遗墓木蟠孙枝。夜啼鹏鹠啸狐狸，过而问者知谓谁？庐陵李君每涕洟，乃坐幕府深自惟。不独罄发囊中资，又属州人使共治。徘徊经营出成规，庙遂落成焕桷枅。烝尝复享崇令仪，父老瞻拜咸嗟咨。赞君为政能及兹，只今解任舟将移。何以表君去后思？爰勒坚珉著贞

词。昭示亿年匪夸毗，过者下读丽牲碑。(《侨吴集》卷二)

古墙行（节录）
郑元祐

当时能留岳忠武，返斾定可铭燕然。嫖姚忘家子胥戮，宰嚭卖国身名全。(《侨吴集》卷二)

岳王庙
郑元祐

复得中原后杀身，将军未必恨奸秦。甘将三百年宗社，君相偷安葬塞尘。(《侨吴集》卷六)

重建精忠庙记迎送神辞
郑元祐

墓木阴，墓道深。作新庙，墓之南。神来临兮！新庙作，杰枅栯。王父子，俨冠服。飒风驭，下寥廓。神来格兮！昉田腴，岁有储。牲体肥，酒瓮舁。神来斟兮。神醉止，锡寿喜。依享王，终复始。神降祉兮！盏罍陈，跪跽频。徼后福，更于春。依送神兮！(《西湖志》卷一五)

郑元祐（1292—1364），字明德，号尚左生，元遂昌（今浙江遂昌县）人。至正五年（1345）进士。官至江浙儒学提举。有《侨吴集》《遂昌山人杂录》《山居文集》。

过岳鄂王庙
朱德润

汴宋南迁社稷忧，忠魂应念国包羞。钱塘千载英雄恨，古木残阳掩暮秋。(《存复斋文集》卷九)

朱德润（1294—1365），字泽民，号睢阳山人。元睢阳（今河南商丘市）人。官至江浙行中书省照磨。有《存复斋文集》。

岳王庙
段天祐

义胆忠肝百战躯,何堪城社聚妖狐。骤闻强虏同鸣镝,已见功臣赐属镂。宾客有谁曾殉死,君王无意复还都。栖霞岭畔娟娟月,不照凌烟阁上图。(《元诗选补遗·段提举天祐》)

段天祐,字吉甫,元汴梁(今河南开封市)人。泰定元年(1324)进士。授静海县丞,后擢国子助教,迁翰林应奉,再拜江浙儒学题举。擅长书法。

岳鄂王歌
杨维桢

予读飞传,冤其父子死,而阴报之事史不书,乃见于稗官之书。张巡之死,誓为厉鬼以杀贼。乌知飞死不为厉以杀桧乎?吾不敢以鬼死其英爽,而些之以厉之,辞曰:

生兮人之英,死兮厉之灵。大雾蔽天兮天日不我明。嗟尔厉兮谒上帝以上征,万国有驵兮摧我国长城。善寡与兮恶好朋,八千丈兮华之顶。帝命我兮司阴刑,剉尔驵兮赫以就冥,嗟尔厉兮人之英。(《铁崖咏史注》卷八)

岳王行
杨维桢

飞来屋上鹄,漂来瓮中雏。大野收岐嶷,梦泽乳于菟。躩张八石弩,地盘丈八殳。拔身列校中,即上青皇书。燕云誓扫犬羊穴,河洛未复冠裳区。平生知己张都督,未信八日开西枢。拐子连珠断如草,背嵬先锋雄若貙。两河豪杰收赤帜,千里父老驮青刍。忔查内附兀尤痛,黄龙直造无须臾。皇天后土不鉴我忠赤,白虹贯日赐属镂。锦山锦水边一隅,神州何时归版图。周兵入邺明月坠,胡马南牧长城殂。燕南书生已料敌,东窗老魅何足诛。呜呼!吴牙执信及六祖,茅旌孤儿过故都。(《铁崖咏史注》卷八)

银瓶女

杨维桢

宋岳鄂王之幼女也。王被收，女负银瓶投水死。今祠在浙宪司之右。

岳家父，国之城。秦家奴，城之倾。皇天不灵，杀我父与兄。嗟我银瓶为我父缇萦，生不赎父死，不如无生。千尺水，一尺瓶。瓶中之水精卫鸣。（《铁崖古乐府·补》卷三）

湖上感事漫成四绝奉寄玉山（录二）

杨维桢

湖水碧于天，湖云薄似烟。鸳鸯不惊乱，飞过岳坟前。

湖水明于镜，湖泥浊似泾。只应苌血在，染得水华清。（《元诗选》初集·辛集）

阙 题

杨维桢

赵家一岳重九鼎，何必秦牙能动摇。愁绝山阳成祸本，胥江为我作秋潮。（《万历杭州府志》卷四六）

阙 题

杨维桢

淮阴一死到岳鄂，此事从来天所为。敌国未闻垓下破，将军已有固陵疑。（《岳集》卷四）

杨维桢（1296—1370），字廉夫，号铁崖等，元会稽（今浙江绍兴市）人。泰定四年（1327）进士。历官建德路总管推官。明洪武二年（1369），召至京师，议订各种仪礼法典。有《东维子文集》《铁崖先生古乐府》等。

阙 题
苏大年

霆剑龙飞脱宝函,将军扼腕虎眈眈。指挥天地开经略,驱逐风云入笑谈。准拟万全收漠北,岂期一死葬江南。奸邪误国英雄老,千载令人恨不堪。(《精忠类编》卷八)

阙 题
苏大年

忠臣为国死衔冤,天宇苍苍日月昏。狱吏有辞书牍背,君王无意复中原。秋风永断诸陵梦,夜雪谁招五国魂。留得青青二三策,是非千载向人论。(《岳飞墓诗选》)

苏大年(1296—1364),字昌龄,号西坡,一号西涧,别号林屋洞主,元真定(今河北正定县)人,侨居江苏扬州。元末官翰林编修,避兵居吴。张士诚称王,特见知遇,用为参谋,称为苏学士。

岳王庙
班惟志

威名震主自难全,高第纶巾未许闲。空使虏头奸胆破,不容马革裹尸还。新亭人泣山河异,古冢鹃啼草树殷。当日韩张徒共事,更无一语动天颜。(《万历杭州府志》卷四六)

班惟志,字彦功,一作彦恭,号恕斋,元大梁(今河南开封市)人。官至集贤待制。

西湖竹枝词
贡师泰

葛岭西边师相宅,潭潭府第欲连云。别买楼船过湖去,可曾看见岳王坟?(《玩斋集》卷五)

《元诗纪事》卷二十作:葛岭东家是相门,当年甲第入青云。楼船撑入里湖去,可曾望见岳王坟?

贡师泰(1298—1362),字泰甫,号玩斋,元宣城(今安徽宣城市)人。泰定四年(1327)进士。官至户部尚书。有《诗经补注》《玩斋集》《东轩集》。《元史》有传。

阙 题
宇文子贞

褒忠寺者,故宋所以报忠武岳鄂王之功也。维王事载信史,勋盖当世,声塞天地,忠贯日月者也。权奸卖国,竟殒其首,是岂惟王之不幸,实时之不幸。呜呼,尚忍言之哉。坟在钱塘之西,芜秽日久,庙既废而祊田没入他姓,寺亦且坏。泰定丙寅以来,主僧可观,世业儒,知向慕贤大夫,士若柯君敬仲,郑君明德,既表章之,而郡幕长李公全初又出赀经始,为当道倡,于是葺荒丘,树松槚,扫祊田,起废祠,新其寺而大之,盖十有三年,而故物始完,是又非独王之幸也。节义为天下大闲,终古不泯,使世为人臣者,咸知所劝,讵非是道之大幸欤!子贞作诗以遗杭民,俾歌以祀王。其辞曰:

嗟忠武兮时之雄,乘风云兮总元戎。扫氛埃兮荡群凶,拓疆宇兮归故封。挽咸池兮洗曈昽,盖一代兮立殊功。时不利兮困谗庸,人杀其躯兮天鉴厥忠。云水苍苍兮湖水瀰瀰,故祠复新兮岿然山址,是非久定兮凛乎不死。春兰兮秋菊,挹湖光兮饮山绿。灵胥可招兮逋仙可速,嗟忠武兮来归,移忠诚兮锡吾民以为福。(《岳集》卷四)

宇文公谅,字子贞,元湖州归安(今浙江湖州市吴兴区)人。其先成都人。元至顺四年(1333)进士。授徽州路同知婺源州事。官至岭南廉访司佥事。有《折桂集》《观光集》《辟水集》《越中行稿》等,皆佚。《元史》入《儒学传》。

岳王庙二首
林泉生

岳王坟上褒忠寺,地老天荒恨尚存。介胄何堪投狱吏,衣冠无复望中原。青山能掩苌弘血,落日空悲蜀帝魂。辽鹤不归人事别,吴宫青草又黄昏。

谁收将骨葬西湖，已卜他年必沼吴。孤冢有人来下马，六陵无树可栖乌。庙堂短计惭嫠妇，宇宙惟公是丈夫。往事重观如败局，一龛灯火属浮图。(《南村辍耕录》卷三)

林泉生（1299—1361），字清源，号谦牧斋，晚号觉轩，元福州（今福建福州市）人。天历（1328—1329）进士。官至翰林直学士，知制诰，同修国史。谥文敏。有《春秋论断》《觉是集》。

西湖竹枝词
于　立

侬家住在涌金门，青见高峰白见云。岭上已无丞相宅，湖边犹有岳王坟。(《元诗纪事》卷三三)

于立，字彦成，号虚白子，又号会稽外史，元南康（今江西南康市）人。约元惠宗至正初前后在世。博学通古今，以诗酒放浪江湖间。有《会稽外史集》。

题岳武穆王墓
潘　纯

海门寒日澹无晖，偃月堂深昼漏稀。万灶貔貅江上老，两宫环佩梦中归。内园羯鼓催花发，小殿珠帘看雪飞。不道帐前胡旋舞，有人行酒着青衣。

湖水春来自绿波，空林人迹少经过。夜寒石马嘶风雨，日落山精泣薜萝。江左长城真自坏，邺中明月竟谁歌。唯余满地苌弘血，草色年深碧更多。(《元诗别裁集》卷六)

潘纯，字子素，元庐州合肥（今安徽合肥市）人。壮年游学京师，因撰写《卦辞》讥讽朝政而得罪权贵，被迫挈家流寓江南。至正中叶，被御史大夫纳璘辟为掾史，行至萧山县为纳璘子高安缢诸途。

岳飞传
叶　颙

秦桧欺君错用心，岳飞忠义接云岑。中兴无限忠良泪，流下寒滩诉古今。(《樵云独唱诗集》卷五)

叶颙（1300—1374），字景南，元金华（今浙江金华市）人。少壮有志事功，未尝干谒，人罕知者。晚遭元季之乱，结庐城山东隅，从樵夫刍叟往返其间。有《樵云独唱集》。

拟赋岳鄂王墓
倪　瓒

耿耿忠名万古留，当时功业浩难收。出师未久班师急，相国翻为敌国谋。废垒河山犹带愤，悲风兰蕙总惊秋。异代行人一洒泪，精爽依依云气浮。一作荒坟落日重回头。(《清閟阁全集》卷六)

再二首
倪　瓒

奸任忠诛转谬悠，鄂王固岂为身谋。中兴可望隳成业，南渡何心报敌仇。废垒山河犹带愤，悲风兰蕙总惊秋。莫言当日民遮哭，更使他年过客愁。

丹枫落日隐荒祠，萧瑟清秋志士悲。复国岂期谗卖国，出师何遽诏班师。少康一旅应无计，李牧多功徒尔为。泪泪江流写余恨，可怜宋祚亦终移。(《清閟阁全集》卷六)

竹枝词（八首录二）
倪　瓒

钱王墓田松柏稀，岳王祠堂在湖西。西泠桥边草春绿，飞来峰头乌夜啼。

阿翁闻说国兴亡，记得钱王与岳王。日暮狂风吹柳折，满湖烟雨绿茫

茫。(《元诗纪事》卷二一)

倪瓒（1301—1374），字符镇，号云林子、幻霞子、荆蛮民、风月主人等，元无锡（今江苏无锡市）人。家豪富。元末卖田散财，浪迹太湖、泖湖一带，自称懒瓒。性情高洁，诗文不屑苦吟。有《倪云林先生诗集》《清閟阁全集》。

阙　题
达兼善

将军有意拔天旌，直取黄龙复汉京。谁谓君王轻屈膝，久知戎虏定渝盟。属车不返三关路，堠火长连五国城。独使英雄含恨血，中原何以望澄清。(《万历杭州府志》卷四六)

达兼善（1304—1352），字兼善，元文宗赐名泰不华，一作达普化，蒙古族。父为台州录事，家居台州。元至治（1321—1323）进士。官至礼部尚书，出为台州路达鲁花赤。

奉书岳忠武王诗集传后
成廷珪

班师归来泪如雨，洒向北邙陵上土。金杯不共半杯来，旌旗已入黄龙府。奸秦柄国奈若何，世上英雄本无主。谁人肯道莫须无，嗟尔张公作何语。一朝行殿受封功，锡宴湖山看歌舞。两宫万里尚龙沙，泉下臣飞心独苦。臣家有子罪万死，臣心有血一斗许。君王还肯北征时，留䇦中军帐前鼓。大河落日又风尘，抚卷令人哭忠武。(《居竹轩诗集》卷一)

成廷珪，字原常，一字元章，又字礼执，元扬州（今江苏扬州市）人。约元惠宗至元前后在世。好学不求仕进，惟以吟咏自娱。其七言古诗，最为工深遒丽。有《居竹轩集》。

和赵承旨题岳王墓韵
高　明

莫向中州叹黍离，英雄生死系安危。内庭忽下班师诏，绝漠全收大将

旗。父子一门甘伏节，山河千里竟分支。孤臣尚有埋身地，二帝游魂更可悲。(《南村辍耕录》卷三)

高明（1305—1359?），字则诚，号菜根道人，元瑞安（今浙江瑞安市）人。至正五年（1345）进士，官至福建行省都事。数忤权贵，晚年退居于明州（今浙江宁波市）栎社之沈氏楼，以词曲自娱。其杂剧《琵琶记》最为著名。有《柔克斋集》，已佚。

岳坟行
迺 贤

守坟观禅师至京请加封谥，征赋。此宋将孟珙灭金捷回金陵，命军士屎溺秦桧墓上。

岳王烈烈真丈夫，材兼文武唐汉无。平生许国胆如斗，誓清九庙迎鸾舆。十万精兵多意气，赴难勤王尽忠义。将军阃外图中兴，丞相江南请和议。东京百战方解围，班师诏出事还非。父老吞声仰天哭，儿郎含愤渡河归。感激英雄竟诛害，万里长城真自坏。但将淮水作边关，淮河之北为他界。百年古庙近荒坟，夜深石马战秋云。箫鼓时来谒祠下，遗民犹泣旧将军。君不见灭金孟珙夸骁勇，凯还兵薄秦家陇。六军溷秽积如山，千古行人呼粪冢。(《金台集》卷二)

迺贤（1309—1368），字易之，别号河朔外史。葛逻禄氏。世居金山之西，后寓居南阳（今河南南阳市），遂称南阳人。被荐为翰林院国史编修官。后出参桑哥失里军事，卒于军。有《金台集》《海云清啸集》《河朔访古记》。

钱塘怀古次高则诚韵
张天英

钱塘湖上海门深，千古灵胥恨未沉。北斗文星长黯黯，内园官树尚阴阴。承华殿冷西人语，太乙坛空上帝临。月黑鄂王祠下路，风吹青火出山林。(《草堂雅集》卷三)

张天英，字南渠，自号石渠居士，元温州永嘉（今浙江温州市）人。

酷志读书，二十年通贯经史。征为国子助教。性刚方不事趋谒，再调皆不就。游西浙，多居吴下。与顾瑛（1310—1369）相酬唱。

吊岳武穆文（骚）
陈 基

亘天地而长存兮，惟孝与忠。参日月以齐明兮，惟德与功。昔有宋之多贤兮，礼彬彬其在鲁。彼绛灌或弗喻乎文兮，隋与陆岂良于用武。何夫子之英杰兮，文与武其并施。笃忠孝以为舆兮，载功德以驱驰。当建炎之播越兮，遵典午之遗辙。岂将相之无其人兮，夫子独临危而激烈。友袁弘于千载兮，偕吴胥而上下。猗嫖姚岂独方略兮，矧孙吴又长于用寡。使君王而不忘尝胆兮，则功业岂卑于范蠡。使左右而不信夫谗贼兮，则斯雠岂容须臾而缓死。彼便佞固不足诛兮，此廷臣岂皆不淑。怀长城曾不少救兮，弃神京逝将谁复。呜呼！自古皆有死兮，余独于夫子而永伤。谷可变而为陵兮，海可变而为桑。炳父子之昭昭兮，盖弥久而有耿光。吊孤冢于西湖兮，拜新庙于北山。跽陈辞而敬酬兮，凛生气之桓桓。（《夷白斋稿》卷一一）

拜岳鄂王墓
陈 基

有手莫折岳王坟上树，有足莫践岳王坟上草。树枝一一皆向南，草色年年护坟好。草树尚为人爱惜，何况祊田供庙食。山僧足迹走吴门，破帽笼头义形色。手持遗像凛如生，载拜令人增感激。山僧归山视神木，寸草勿伤戒樵牧。王灵在天尸且祝，吴下祊田幸终复。（《岳飞墓诗选》）

陈基（1314—1370），字敬初，元临海（今浙江临海市）人。至正中，因荐为经筵检讨。尝为人草谏章，几获罪，引避归。后参张士诚军事。官至学士院学士。吴平，明太祖召入与修元史；赐金而还。有《夷白斋稿》及外集。

西湖竹枝
贝　琼

闻郎北过李陵台，湖上荷花今又开。那似岳王坟上树，枝枝叶叶尽南回。(《清江诗集》卷九)

贝琼(1314—1379)，初名阙，字廷臣，一字廷琚、仲琚，又字廷珍，别号清江，元崇德(今浙江桐乡市)人。从杨维桢学诗，诗风温厚之中自然高秀，足以领袖一时。有《中星考》《清江贝先生集》《清江稿》《云间集》等。

题岳王墓
姚文奂

旌忠函骨北山根，一过西湖一断魂。独埽金人归朔漠，长驱铁马到中原。奸邪百代空遗臭，父子终天尚雪冤。墓木屯阴森战戟，萧萧风雨泣黄昏。(《元诗选·二集·庚集》)

又题岳王墓
姚文奂

阃外归来狱未成，秦人先自坏长城。九原父子犹全节，万世忠邪不共生。古庙有田供岁祀，思陵无树散秋声。英魂长在青云上，高并西湖月色明。(《元诗选·二集·庚集》)

姚文奂，字子章，自号娄东生，元昆山(今江苏昆山市)人。约元惠宗至正十年(1350)前后在世。博涉经史。喜吟咏，辟浙东宣慰司令史，虽公事繁杂，亦不废吟咏。有《野航亭稿》。

银瓶娘子辞有引
王　逢

娘子，宋岳鄂王女。闻王被收，负银瓶投井死。祠今在浙西宪司之左。逢感其节孝，敬为之辞：

苍梧月落乌号霜，寒泉幽凝金井床。绮疏光流大星白，梦惊万里长城亡。女郎报父收囹圄，匍匐将身赎无所。官家圣明如汉主，妾心愧死缇萦女。井临交衢下通海，海枯衢迁井不改。银瓶同沉意有在，万岁千春露神采。魂今归来风冷然，思陵无树容啼鹃，先王墓木西湖边。（《梧溪集》卷一）

岳鄂王墓木皆南向平江张师正知事命工图之为题一首

王 逢

昔侨嘉会门，尝谒鄂王墓。二朴俨乔梓，十八松夹护。一壁青天豁，半岭灵籁度。席然卷旄头，槊若列武库。势回退飞鹬，神恍独屏树。适来卉衣巫，载陟苔花阼。遗像虽土木，快睹犹披雾。还乡惊草昧，临冲乏材具。思得背嵬军，少展常山步。忧长家从隐，发短岁复暮。溪园黄落深，多尔特我顾。粲粲岳林图，依依栖霞路。物性本莫齐，英气实攸聚。月中剑精起，想象罢虎踞。以袖敬拂拭，老泪忽雨澍。成固谢妙工，坏或恐内树。龙云与鱼水，艰哉君臣遇。益使澹荡人，终身乐韦布。（《梧溪集》卷四）

王逢（1319—1388），字原吉，号最闲园丁、最贤园丁，又称梧溪子、席帽山人，元末江阴（今江苏江阴市）人。明洪武年间，以文学征召，谢辞。有《梧溪集》。

读岳鄂王传

鲁 渊

击楫长江举义旗，誓清河朔振皇威。班师竟堕奸臣计，举国愁看上将归。空见湖山埋白骨，忍闻沙漠老青衣。金陵粪冢徒遗臭，始信人心有是非。（《元诗选补遗·鲁提举渊》）

鲁渊（1319—1377），字道源，号本斋，元末淳安（今浙江淳安县）人。元至正十一年（1351）进士。授松江府华亭县丞。官至浙江儒学提举。后因病辞官。明初，朱元璋多次召用，坚辞不出。有《春秋节传》《策府枢要》。

姑苏钱塘怀古诗（六首录一）
张　宪

南渡中兴日，君臣此建都。共愤太宰诳，子胥终见屠。武穆何由死，欲听延秋乌。（《列朝诗集》甲集前编第一〇）

悲建绍
张　宪

张都督，杀曲端，关中断右腕，中兴天子无相干。秦丞相，陷岳飞，江左长城堕，中兴天子知不知。铁象马，精忠旗，罗索望风走，兀朮搵泪归，旗折马毙事可悲！君不见，窜李纲，死宗泽，可怜建绍同辙迹，中兴中兴良可惜。（《玉笥集》卷二）

岳鄂王歌
张　宪

君不见，南熏门，铁炉步，神矛丈八舞长蛇，双练银光如雨注。又不见，铁浮图，拐子马，斫铓钢刀飞白霜，贯阵背嵬纷解瓦。义旗所指人不惊，王师到处壶浆迎。两河忠义望风附，襄邓荆湖唾手宁。朱仙镇上马如虎，百战经营心独苦。赐环竟坏回天功，卷旆归来卧枢府。钱塘宫殿春风轻，娇儿安晏醉未醒。徒令功臣三十六，舞女歌儿乐太平。虎头将军面如铁，义胆忠肝向谁说？只将和议两封书，往拭先皇目中血。将军将军通军术，君命不受未为失。大夫出疆事从权，铁马长驱功可必。功成解甲面赤墀，拜表谢罪死不迟。惜哉忠义重山岳，智不及此良可悲。乌乎！肆诳言，加毒手，申王心，循王口，蕲王湖上乘驴走。五国城头帝鬼啼，金人相酌平安酒。（《玉笥集》卷二）

岳飞墓祠
张　宪

半盖树阴团，长廊列从官。银枪火光现，铁链雪花寒。二帝孤魂散，三

军老泪干。独全秦桧首,不挂藁街竿。(《玉笥集》卷八)

张宪(1320?—1373?),字思廉,号玉笥生,元末山阴(今浙江绍兴市)人。元末流寓吴门。曾事张士诚为枢密院都事。张败,宪变姓名走杭州,寄食报国寺。有《玉笥集》。

阙 题
杨子寿

神州北望绝妖氛,击楫中流志肯分。半夜军声腾巩洛,两河士气卷燕云。君王甘奉和亲表,太史空书破虏勋。莫说当时秦相国,魏公曾杀曲将军。(《万历杭州府志》卷四六)

杨子寿,名椿,字子寿,元末平江路(今江苏苏州市)人。素有学行。张士诚攻平江,杨椿督民伍,挺身力战,死之。

岳鄂王
陶宗仪

精忠祠宇西湖上,再拜荒坟感昔游。断碣草深蒙奰屃,空山日落叫鹁鸠,运移宋祚难恢复,帝幸燕云困虏囚。逆桧阴图倾大业,昭陵无意问神州。偷安甫遂邦丧志,痛饮甘忘父母仇。信使北和怜屈膝,策文南驻忍含羞。两宫五国瞻征帜,丹诏班师下节楼。万里长城真自坏,中兴武绩遂云休。乌乎竟死奸邪手,颠沛谁为社稷忧?黯黯冤魂有狴犴,纷纷雨泪泣貔貅。唯余满地苌弘血,不见中流祖逖舟。氛祲已尘金匮匣,冕旒终换铁兜鍪。姓名竹帛书千载,父子英雄土一丘。老树尚知朝禹穴,遗黎总解说王猷。复田起废怜僧寺,移檄褒嘉赖省侯。圣世即今崇祀典,伫看宠渥到松楸。(《南村辍耕录》卷三)

陶宗仪(1329?—1412),字九成,号南村,元末明初黄岩(今浙江台州市黄岩区)人。一生以授徒自给。自幼刻苦攻读,广览群书,于学问无所不窥。著作甚丰。以笔记《南村辍耕录》和小说集成《说郛》最著。

岳王墓
徐孟岳

童大王回事已非,岳将军死势尤危。直教万岁山头雀,去绕黄龙塞上旗。饮马徒闻腥巩洛,洗兵无复望条支。湖边一把摧残骨,盖世功成百世悲。(《元诗纪事》卷三二)

徐孟岳,《元诗纪事》列入"无时代"诗人,元末明初徐贲(1335—1393)有《宿王判簿宅送徐孟岳》诗,知其为同时代人。

姑苏钱塘怀古诗次韵(六首录二)
潘 牧

青山瘗宝剑,草偃千秋墓。金凫入夜飞,玉漏沉寒露。转盼陵谷迁,非徒铁炉步。

翠华竟南渡,遗民不复都。长城乃自坏,黄龙孰能屠。空令二宫泣,五国怨啼乌。(《列朝诗集》甲集第一九)

潘牧,字甸君,号牧园,籍贯生平不详。

象山山长岳仲远美任归浙
张伯远

石泉笙磬静微闻,百尺苍松立在门。道学宗风陆夫子,故家遗泽岳王孙。忠臣有后天心定,治世无为圣教尊。官序改迁从此上,记曾师友涉渊源。(《元风雅》后集卷二)

张伯远,名立仁,字伯远,号楚间,世为番阳(今江西鄱阳县)诗书家。有《张伯远诗集》。

阙 题
吴子华

炎精昔中否,宇宙见分裂。乘舆去不返,北狩胡沙雪。之人不世出,寔作人中杰。倒摧千仞崖,横磨三尺铁。一挥海岱清,再顾烽尘灭。嗟嗟彼何人，睥睨妒功烈。百年金瓯地，目之有堕缺。致令义士心，欲饮权奸血。何如中兴王，邪心不能决。当时莫须有，斯言竟何说。明明万古心，惟有西湖月。(《万历杭州府志》卷四六)

吴子华，名泰一，字子华，别号松轩，元末苏州东山人。

阙　题
王彦琬

铁骑长驱虏气摧，旌旗指日复神畿。争迎故帝回銮近，忍见将军奉诏归。南渡山河非大业，中分京洛是危机。可怜许国英雄死，回首诸陵怨落晖。(《精忠类编》卷八)

王彦琬，元代沂阳（今山东沂水县）人。

阙　题
牟景阳

天赞中兴第一功，如何主暗与臣庸。苌弘冤土千年碧，檀济长城万里空。羁魄凄凉犹塞北，寒潮寂寞自江东。新祠坐压西湖胜，麦秀谁怜过故宫。(《岳武穆年谱附遗迹考·临安第六》)

牟应复，字景阳，元归安（今浙江湖州市吴兴区）人。曾任浙东帅府都事。

阙　题
施则夫

阴风灵雨振庭柯，犹怒当年主议和。江国自开新社稷，汴京谁复旧山河。有时井畔银瓶泣，半夜祠前铁骑过。平昔勤王多少事，尽将哀怨付渔歌。(《岳武穆年谱附遗迹考·临安第六》)

施均，字则夫，一字子博，元末会稽（今浙江绍兴市）人。博学能文，诗得唐人体。隐居不仕。所著有《饮冰余味集》。

阙 题
沈叔敬

僭王自是爱西湖,喜乐何心复故都。忍耻和戎夸妙算,专征任将废良图。精忠已表书宸翰,盛烈垂成赐属镂。扣阁无人能辨雪,中兴余子尽庸奴。(黄裳《墨翠集·一册纪念岳飞的诗集》)

沈叔敬,元武林(今浙江杭州市)人。生平不详。

阙 题
佚 名

复得中原后杀身,将军未必恨奸秦。中原未复将军死,千古英雄恨莫伸。(黄裳《墨翠集·一册纪念岳飞的诗集》)

明代

岳王墓
陶 安

十二金牌发帝宫，仅凭谗舌害元功。君臣乐土偷安遂，父子边庭属望空。莫掩青山千载恨，常悬白日寸心忠。英灵只在栖霞岭，冢树无枝偃北风。（《陶学士集》卷五）

咏史十五首·岳武穆
陶 安

寡弱兵能击壮强，天生豪杰信非常。长城不使权奸坏，唾手中原复故疆。（《陶学士集》卷八）

陶安（1315—1368？），字主敬，元末当涂（今安徽当涂县）人。元至正初举乡试，授明道书院山长。至正十五年（1355）朱元璋留参幕府，授左司员外郎。历官至江西行省参知政事。追谥文宪。《明史》有传。有《陶学士集》。

阙 题
刘琮玉

垅树阴阴覆古祠，行人犹起岳王思。生前忠烈奸臣忌，死后声名信史垂。万里长城真自坏，中原旧业弃如遗。独怜二帝归无日，空有芳魂托子规。（《精忠类编》卷八）

刘琮玉，字润芳，元末明初鄱阳（今江西鄱阳县）人。涉猎书史，能诗，以医隐，其术多奇。所与游皆一时名士，郡守陶安雅重之。有《清华集》。

淮安忠武王祠
袁 华

忆昔平南日，桓桓万虎貔。天心元自应，市肆不曾移。衮冕诸王服，烝尝百世祠。重门须下马，一读丽牲碑。（《草堂雅集》卷一三）

袁华（1316—1382），字子英，元末明初昆山（今江苏昆山市）人。洪武初为苏州府学训导。后坐累逮系，死于京师。有《耕学斋诗集》。

岳鄂王墓
凌云翰

前相汪黄后相秦，力图恢复竟何人。朱仙路近旌旗晚，古汴城高草木春。江月照空埋剑狱，边沙遮断属车尘。栖霞岭下将军冢，夜夜悲风起石麟。（《柘轩集》卷二）

凌云翰（1323—?），字彦冲，又字彦翀，元末明初仁和（一说钱塘，今均属杭州）人。博通经史。元至正九年（1349）举人。任平江路学正。明洪武十四年（1381）以荐授成都府学教授。有《柘轩集》。

岳鄂王墓
张 羽

中原千里志，西湖四尺坟。长城忍自坏，神器凭谁分。流血应为碧，涅背谩成文。覆巢无全卵，谗锋射元勋。英魄孰相友，涛江有伍君。（《列朝诗集》甲集第八）

岳武穆王
张 羽

岳王旌旗眼中空，精爽褒公与鄂公。万里山河闻叱咤，千年庙貌识英雄。犹看汗马回生气，须到黄龙立战功。谁诵辨诬成浩叹，两宫哀怨更难终。（《东田遗稿》卷上）

张羽（1323—1385），字来仪，更字附凤，号静居，元末明初浔阳（今江西九江市）人。曾为安定书院山长，洪武初为太常丞。后流放岭南，未半道召还，投龙江而死。与高启、杨基、徐贲合称"吴中四杰"。《明史·文苑传》附于《高启传》。有《东田遗稿》《静居集》。

阙 题
甘彦初

零落腥膻几百州，中原谁切祖生忧。秦关璧使星驰夕，汉苑铜仙露泣秋。万死奸谀和虏计，百年臣子戴天仇。欲从故老询遗事，落木斜阳孤雁愁。(《精忠类编》卷八)

甘瑾，字彦初，元末明初临川（今江西抚州市临川区）人。明初任严州同知。元末张翥评其诗为"美女簪花"。诗集久已散逸，然其作品广泛流传，散见于各种选本。

岳飞墓次刘治中韵
克 新

西湖水色映阳阿，偃月堂连玛瑙坡。方拥貔貅驱塞外，岂期鹰隼被虞罗。两宫天远嗟何及，中土沟分恨转多。异代英雄同感慨，酒酣弹剑一悲歌。(《古今禅藻集》卷一六)

岳飞墓次吴府判韵
克 新

湖上孤坟青草生，一门忠孝擅嘉名。力扶社稷还归正，誓取山河不用盟。先帝终天仇未复，大臣欺国志中倾。丈夫自昔皆如此，感激英雄万古情。(《古今禅藻集》卷一六)

释克新，姓余氏，字仲铭，号江左外史，元末明初鄱阳（今江西鄱阳县）人。元末住嘉兴水西寺，明洪武初召至南京，奉诏往西域诏谕土蕃。有《雪庐》《南询》诸稿。

过大梁朱仙镇
张 著

大梁城南朱仙镇，忆昔赵家失畿甸。岳王杀气东南回，此地曾罗龙虎阵。贼臣卖国私虏盟，议和矫诏休天兵。长淮千里限南北，百年宗社惭中兴。一跙金人受北敌，火精余光坠南极。朔方王气入中原，荡荡乾坤无敌国。圣明天子今龙飞，大地草木回春辉。此邦已定北京址，遗民日夕瞻天威。愿臣忠勇尽如岳，阃外机权更坚卓。边尘尽扫清四夷，丹青画像麒麟阁。(《永嘉集》卷二)

张著（1318？—1377），字则明，自号永嘉子，世居温州平阳县（今浙江平阳县），元末避兵常熟。常熟人师之，为县训导，遂家焉。领洪武三年乡荐。授肤施知县。升临江府同知。撰《易经精义》《永嘉集》《长安唱和集》，今惟《永嘉集》存。

岳王墓
钱子正

感慨忠良萃一门，声名千古动乾坤。大奸力肆欺公议，巨寇身沾再造恩。麟冢已嗟衔怨骨，龙沙犹有未招魂。至今寂寂西湖路，时见愁云蔽日昏。(《三华集》卷二)

钱子正，原名蒙，一名师贞，字子正，以字行。号绿苔，一号公叔，元末明初无锡（今江苏无锡市）人。明洪武三年（1370）举人，曾任韩城知县。著有《绿苔轩集》。与弟子义、侄仲益并有诗名，称为"三钱"，合刻诗集《三华集》十八卷。

朱仙镇
钱子义

金牌十二诏班师，九仞功成一篑亏。德寿殿深春日暖，不知沙漠两宫悲。(《三华集》卷九)

栖霞岭
钱子义

薜荔阴阴锁羡门，我来挥涕吊英魂。青山北望空肠断，五国城头落日昏。(《三华集》卷九)

钱子义，名师义，字子义，以字行，号种菊，元末明初无锡（今江苏无锡市）人。钱子正弟。有《种菊庵集》。

谒岳鄂王墓
童　冀

鄂王遗庙空山里，斜日荒烟淡暮岚。一死曾微赎身百，孤忠宁愧过河三。战场有敌皆奔北，冢木无枝不向南。白发书生谒祠下，岩泉一勺酹芳甘。（《尚絅斋集》卷五）

童冀，字中州，元末明初婺州（今浙江金华市）人。洪武九年（1376）征入书馆，后为湖州府教授。调北平，坐罪死。冀尝与宋濂、张羽、姚广孝相唱和，词意清刚，不染元季绮靡之习。有《尚絅斋集》。

过崔桥闸题岳武穆屯兵处
顾　禄

拂衣初出大梁城，此是南归第一程。官闸乍开河水急，古桥斜断石栏倾。几家小市留人醉，百尺高楼散客情。武穆当年曾驻马，皇天不祚宋中兴。（《河南通志》卷七四）

顾禄，字谨中，元末明初华亭（今上海市松江区）人。洪武中以太学生除太常典簿，后为蜀府教授。嗜酒善诗，才情浪漫，有"西京诗博士，一代酒神仙"之美誉。有《经进集》。

阙　题
李希颜

寇仇君父不同天，每阅遗编一泫然。壮士漫劳三百战，懦儿不直一文钱。诸陵河洛空秋草，孤冢湖山起暮烟。说与英灵九泉下，中原又不似当年。（《成化杭州府志》卷四七）

李希颜，字愚庵，元末明初郏县（今河南郏县）人。隐居不仕。太祖手书征之至京为诸王师。规范严峻。授左春坊右赞善。诸王就藩，希颜归旧隐。《明史》有传。

阙 题
凌 鹄

英雄白骨葬钱塘，汴水东流失旧疆。汉业中兴诸葛死，吴仇未复子胥亡。荒坟断碣莓苔冷，遗庙空山草木长。欲采苹花酹杯酒，西湖□□正微茫。(《万历杭州府志》卷四六)

凌鹄，明初杭州人。生平待考。

阙 题
方 质

妖星流光射天裂，女娲炼石手才爇。銮舆背哭洛水寒，十万降兵化为血。鄂州将军天下雄，锦袍坐挽乌号弓。大鹏南来作人语，夜夜吐气如长虹。微臣泪洒陵园土，挥戈誓饮黄龙府。皇天不为苍生忧，空使人间望甘雨。归来叫阍诉上帝，天门九重戟如蚁。盘弧使人不得入，一旦秋郊泣新鬼。漫漫长夜金井深，万古白日同丹心。(《崇祯汤阴县志》卷一八)

方质，明初钱塘（今浙江杭州市）人。洪武间选贡。官至员外郎。

上鄂王坟
茅大方

我有两行生铁汁，等闲不为旁人泣。今朝来上鄂王坟，一洒平原芳草湿。(《皇明文征》卷二一)

茅大方，一作毛大方，名辅，字大方，以字行，又字希董，明初泰兴（今江苏泰兴市）人。洪武中擢秦府长史。建文元年迁副都御史。靖难兵下南京，死于难。有《希董集》。

阙 题
吴 植

故国江山几度秋，英雄遗恨只荒丘。两宫寂寞金根远，一诏仓皇赤帜收。有子同归良将传，何人为斩佞人头。至今遗庙西湖上，石马无声水自

流。(《乾隆杭州府志》卷八)

吴植,字子立,号白玉壶,明初严州(治今浙江建德市)人。以处士征授滕州知州。善草书。

送谢从义知杭州分题岳王坟
陈汝言

荒坟秋树影萧萧,只有孤僧伴寂寥。二帝游魂归不得,百年枯骨恨难消。山空永夜愁寒雨,江阔悲风起暮潮。若到钱塘逢故老,伤心切莫问前朝。(《列朝诗集》甲集前编第一〇)

陈汝言(1331—1371),字惟允,号秋水,明初临江(今江西樟树市)人,寓吴县(今江苏苏州市)。尝参张士诚军事。洪武初以荐任济南经历。坐事死,临难从容,染翰就刑。

岳王墓
邓 林

金牌十二促还军,黄雾遮天白日昏。大厦无人支一木,腥风从此污中原。青泥尚染苌弘血,东市犹衔蕴古冤。欲斫当年奸桧首,南枝下树□忠魂。(《退庵邓先生遗稿》卷六)

邓林,初名彝,又名观善,字士斋,后明成祖为改今名,明初新会(今广东江门市新会区)人。洪武二十九年(1396)举人。官至吏部主事。宣宗时以事谪杭州。

岳王墓
高 启

大树无枝向北风,千年遗恨泣英雄。班师诏已成三殿,射房书犹说两宫。每忆上方谁请剑,空嗟高庙自藏弓。栖霞岭上今回首,不见诸陵白露中。(《大全集》卷一五)

高启(1336—1374),字季迪,明初长洲(今江苏苏州市)人。元末曾隐居吴淞江畔的青丘,因自号青丘子。明初受诏入朝修《元史》,授翰林院编修。后坐上梁文一案被腰斩于南京。与杨基、张羽、徐贲合称"吴中四杰"。《明史》入《文苑传》。其诗集有《大全集》,文集有《凫藻集》(附《扣舷集》词)。

岳鄂王墓(长律残篇)
佚 名

北狩君亲远,南迁将相夸。偷安依凤巘,抱恨寄龙沙。咨岳归神器,遭秦载鬼车。……太师坟上土,遗臭遍天涯。(《归田诗话》卷中)

阙 题
瞿 佑

援兵北渡过钟离,决战将扶赵氏危。怒欲拔山挥白刃,功成背水建朱旗。朝中有朝按:此字疑误遭林甫,塞上何人斩郅支。宰木至今南向拱,千年饬与后人思。(《精忠类编》卷八)

此诗《岳武穆年谱附遗迹考·临安第六》作者题为瞿宗吉,词句略有出入:提兵北渡过钟离,决战将扶赵氏危。怒欲拔山挥白刃,勇思背水建旌旗。朝中有相遭林甫,塞上何人斩郅支。宰木至今南向拱,千年留与后人悲。

宋故宫叹(节录)
瞿 佑

兴亡往事与谁论,亭亭白塔镇愁魂。惟有栖霞岭头树,至今人说岳王坟。(《西湖二集》卷二六)

瞿佑(1347—1433),"佑"一作"祐",字宗吉,号存斋,明初钱塘(今浙江杭州市)人,一说山阳(今江苏淮安市)人。幼有诗名,为杨维桢所赏。洪武初,自训导、国子助教官至周王府长史。永乐间,因诗获罪,谪戍保安十年,遇赦放归。有《归田诗话》《剪灯新话》。

读岳武穆王传
朱 吉

吁嗟武穆王，志期在削平。岂料偷安主，不识重与轻。父兄肉未寒，忍与仇虏盟。遂使忠义士，九原憾澄清。正邪不能辨，何以复两京。天地岂不仁，忠良多所倾。精灵贯日月，简编千古名。（《三畏斋集》卷二）

朱吉（1342—1422），字季宁，明初吴县（今江苏苏州市）人。朱德润之子。官至湖广佥事。有《三畏斋集》。

阙 题
王 恭

山河四顾暗胡尘，全仗将军此一身。岂意犬羊渔政府，遂令江海泣孤臣。生无愧色追前代，死有余光启后人。浩气直冲天上去，还随星斗护枫宸。（《精忠类编》卷八）

王恭（1343—?），字安仲，明初长乐（今福建长乐市）人。自号"皆山樵者"。善诗文，名重一时。永乐二年（1404）荐为翰林待诏，敕修《永乐大典》。授翰林典籍。寻辞官返里。有《白云樵集》《草泽狂歌》及《凤台清啸》等。

哭岳飞
黄 福

大厦将摧势已孤，当年都望此公扶。半千铁骑方兴宋，十二金牌却为胡。海内旄旎无所赖，狱中父子有何辜。累累高冢夕阳外，空使英雄洒泪珠。（《黄忠宣公文集》卷一三）

黄福（1363—1440），字如锡，别号后乐翁，明初昌邑（今山东昌邑市）人。官至南京户部尚书兼掌兵部，卒赠太保，谥"忠宣"。《明史》有传。

岳王墓
金 实

高峰相对拥旌麾,犹似将军破虏时。父老空传前日事,行人谁读中兴碑。枯杨有恨春仍发,废塔无灯鹤自悲。落日西湖回首处,五陵衰草正离离。(《觉非斋文集》卷九)

金实(1371—1439),字用诚,明衢州开化(今浙江开化县)人。布衣出身,学识渊博。历永乐、洪熙、正统三朝,累任翰林典籍、左春坊司直、卫府左长史、礼部会试同考官等职。主撰《明太祖实录》,与修《永乐大典》。有《觉非斋文集》。

阙 题
魏 骥

两河疆土志全收,堪恨权奸沮壮谋。万里翠华沦绝塞,百年黄屋寄偏州。堂堂生气真容在,历历精忠汗简留。自古英雄谁不死,惟公千载有余休。(《万历杭州府志》卷四六)

魏骥(1373—1471),字仲房,号南斋,明萧山(今浙江杭州市萧山区)人。永乐三年(1405)中举,次年以进士副榜授官松江府儒学训导。官至南京吏部尚书。谥文靖。《明史》有传。有《南斋前后集》《南斋摘稿》等多种。

尉氏怀古
李昌祺

县舍邻溱洧,门当绿水开。禽巢阶下树,蜗篆壁间苔。俗质稀弦诵,田荒剩草莱。宋金酣战处,武穆独奇才。(《嘉靖尉氏县志》卷五)

李昌祺(1376—1452),名祯,字昌祺,以字行,明庐陵(今江西吉安市)人。永乐二年(1404)进士。官至广西、河南布政使。《明史》有传。有《运甓漫稿》《容膝轩草》《侨庵诗余》等。

拜岳王墓
孙子良

坟树萧萧起夕晖，却思往事总成非。圜扉已报孤臣死，沙漠谁迎二帝归。全盛山河无复见，荒凉陵寝竟何依。淡烟疏雨西湖路，长使行人泪湿衣。(《岳飞墓诗选》)

孙子良，明海宁（今浙江海宁市）人。永乐二年（1404）进士。选庶吉士，与修《永乐大典》。官至山东参政。有《螺城集》。

岳武穆鄂王庙复建记迎送神诗
胡谧

风泠泠兮扬旆，香冉冉兮兴云飞。王骑龙兮自天来，山川如昔兮人民非。荡腥膻兮秽俗，蔚衣冠兮旧服。卒中原兮恢复，羌王心兮尉以足。旆摇摇兮风飐，云霭霭兮霏香。荐桂酒兮椒浆，王降灵兮洋洋。洋洋兮如在，纷旅无兮罗拜。拜益虔兮匪怠，翼（冀）锡福兮靡艾。旆摇摇兮扬风，香和云兮腾空。王遄去兮驾旋龙，盼碧落兮渺焉从。王昔奋威兮斯地，垂今兹兮沛余惠。雨旸时若兮弭灾沴，锡我民兮屡丰岁。(《岳武穆年谱附遗迹考·朱仙镇第五》)

胡谧（原书作胡谧，当为手民误），字廷慎，明会稽（今浙江绍兴市）人。永乐二年（1404）进士。成化十五年（1479）任河南按察副使，参与编纂《河南总志》。升广东参政，卒于官。其《岳武穆鄂王庙复建记》撰于成化二十二年（1486）。

阙 题
袁忠徹

呜呼！国家靖难犹救焚，忠臣徇国忘其身。此身可死权奸手，英灵千古谁能泯。伊昔两宫巡朔土，泥马磁城汗如雨。一时枢辖付憸人，强半山河入强虏。岳王崛起提精兵，先声轰振旄头营。背嵬长驱扫凶城（贼），誓迎钦庙还神京。岂料贼臣中卖国，计杀英雄快胸臆。硕鼠方持割地谋，疑狐竟夺回天力。忠肝义胆天实临（鉴），举家就戮诚何心。桧真狗彘不足数，俊为谋蘖良亦深。建言愤志中兴者，百万雄师孰云寡。区区底事画江淮，乐处东南小天下。浪说春秋大复仇，且图看雪钱塘楼。怒涛空余白骨恨，横波莫洗青衣羞。眷兹埋玉西湖上，宝剑龙光犹在望。垅树何绿亦炳灵，至今枝叶皆南向。乃知王心如日悬，忍堪北面闻腥膻。假令少缓须臾死，肯信金人能自全。鲰生展谒祠堂下，一读穹碑泪盈把。题诗永激贼桧徒，不独伤哉宋宗社。(《精忠类编》卷八)

袁忠徹（1377—1459），又名柳庄，字公达，又字静思，明鄞县（今浙江宁波市鄞州区）人。父子相术起家。忠徹幼传父术，博涉多闻，明成祖时封为尚宝司少卿，日与官宦文士磨砺讽咏。有《人相大成》及《凤池唫稿》《符台外集》。

钱塘怀古
郑 珞

双龙北去归辽海，匹马南来叹寂寥。一代兴亡吴苑月，千年感慨浙江潮。岳王墓上松声惨，伍子祠前剑气消。游女不知行客恨，夜深湖上更吹箫。(《石仓历代诗选》卷三六〇)

郑珞，字希玉，明闽县（今福建福州市）人。永乐十三年（1415）进士。官至浙江左参政。有《鸡肋集》。

阙 题
王 荣

铁衣龙剑倚清秋，百战山河血未收。桑海不消终古恨，草心谁复戴天仇。背嵬游奕当年梦，落日西风过客愁。劫火不灰泉下碧，灵光两地照林丘。(《万历杭州府志》卷四六)

王荣，字希仁，明钱塘（今浙江杭州市）人。永乐间领乡荐，授全椒学训导，官至南京太仆卿。

鄂王坟
丘 吉

铁骑如飞入虏云,宁知社鼠妒元勋。未兴汉业怜诸葛,先死吴门叹伍员。南国有人论岁币,中原无日见官军。一埋青血西湖地,古树寒花几夕曛。(《士林诗选》卷上)

此诗《精忠类编》阙题,作者为沈梦麟。

丘吉,字大祐,号执柔道人,明归安(今浙江湖州市吴兴区)人。善古文,尤长于诗。为吴兴诗人领袖。有《执柔集》。校正《士林诗选》,与编辑者怀悦当同为永乐时人。

阙 题
霍宾阳

数亩青山带断林,岳王冤恨此中深。奸臣不贵前朝业,过客徒伤今日心。霜冷草黄秋漠漠,风酸月黑夜沉沉。自从埋骨西湖上,长使英雄泪满襟。(《成化杭州府志》卷四七)

其人不详,待考。

栖霞岭上
夏 基

栖霞岭上紫云吹,疑是英雄血泪垂。画舫歌残悲夜雨,湖亭酒尽泣荒碑。几人过墓能忘恨,何客登坟不肃仪。遥望故宫禾黍灭,惟余乌鹊对南枝。(《西湖览胜诗志》卷二)

夏基,字乐只,明徽州(治今安徽歙县)人,侨寓杭州西湖。从游戴进(1388—1462),克勤于学,笔力逼其师。撰《西湖览胜诗志》。

阙 题
冯 琴

忆自将军葬此丘,水光山色尽含愁。后宫粉黛歌声歇,南渡衣冠正气

休。六井泪流春涧雨，两宫愁锁楚天秋。英雄不泄当时忿，过客诗题满酒楼。(《西湖览胜诗志》卷二)

其人不详，待考。

阙 题
宋眉祝

君臣南渡肯偏安，计拙和戎解玉鞍。三字风波移宋祚，一门忠孝恨秦奸。谁怜社稷依荆棘，忍使朝廷客贺兰。痛饮黄龙成底事，中原望断旧衣冠。(《西湖览胜诗志》卷二)

其人不详，待考。

阙 题
宋价祝

钲鼓扬天日，飞符罢战时。将军添白发，国士暗愁眉。报主心无已，投戈日尚迟。陈馐思再拜，血泪洒荒碑。(《西湖览胜诗志》卷二)

其人不详，待考。

岳鄂王墓和董嗣杲韵
陈 赞

精忠赐字绣旌旟，净扫边廷有誓言。大将一朝身竟殒，权奸千古罪难原。鸟填东海那消恨，鹃叫南枝若诉冤。四季栖霞岭边路，邦人祭奠鼓声喧。(《西湖百咏》卷上)

阙 题
陈 赞

《春秋》一部贯胸中，神力千斤八石弓。弱宋仓皇抛社稷，老天特地产英雄。杨么殄灭同蝼蚁，兀朮看来等螟蟊。二帝终期回紫盖，一心直欲破黄龙。笑谈可使中原复，扫荡须教朔漠空。十二金牌宣太早，两河赤子望徒浓。谁知误国遮天手，竟坏虞渊取日功。当宁可怜甘退缩，赐旗何必绣精忠。痛心仇耻宜舒雪,窃国奸邪苦蔽蒙。屈膝无惭拜胡虏,生才端的负天公。传书白雁音尘绝,行酒青衣泪血红。万里山河归左衽,两轮日月照丹衷。渠凶一夕潜诬害,信史千年见始终。诸葛大名虽可并,汾阳伟烈竟难同。休言宋将非唐将,自是高宗愧肃宗。皎矣此心悬白日,冤哉愤气贯晴虹。旧祠虽在荒山下,往事空随流水东。亘古人心知不死,如今庙貌再兴崇。巍巍画栋松杉映,岌岌穹碑藓苔封。僧衲焚修香霭霭,邦侯祭奠鼓鼟鼟。忠臣像在咸来拜,奸相家歼杳没踪。北岭哀猿啼落月,南枝宰木起悲风。天荒地老名难泯,物换星移恨不穷。回首西湖湖上路,欲将兴废问渔翁。(汤阴《岳飞庙志》)

陈赞(1393—1466),字惟成,号蒙轩,明余姚(今浙江余姚市)人。以荐官儒学训导,官至太常少卿。纂修《宣宗实录》,称有史才。著作多种,以《蒙轩集》《和董嗣杲西湖百咏》最著。

咏褒忠录

王 来

南渡无人想故宫,西湖有寺说褒忠。鄂王要雪靖康耻,秦相都忘战伐功。已喜清名悬日月,独怜黄土盖英雄。如今休说当时话,水色山光怨恨中。(《王氏绿野堂遗编》卷下)

舟游西湖

王 来

西湖佳丽擅吴东,画舫□明坐镜中。十里芰荷风细细,六桥杨柳雨蒙蒙。禅林苍翠千峰合,涧道清冷万壑通。独有岳王坟上树,南枝长自倚晴空。(《王氏绿野堂遗编》卷下)

王来(1395—1470),字原之,号抑斋,明慈溪(今浙江慈溪市)人。宣德二年(1427)以会试乙榜授新建教谕,历官至南京工部尚书。《明史》有传。有《王氏绿野堂遗编》。

岳 飞
朱瞻基

南宋推四将，岳飞为第一。仁信智勇严，五者一不失。精忠誓报国，书背皦白日。南征既平荡，北伐尤奋疾。所向无不捷，丑虏皆胆栗。中原指日定，万姓庶宁谧。主昏容奸相，卖国恣谗嫉。惊飙吹犴狴，冤载天下恤。天道竟茫昧，奸贼脱斧锧。百世严诛赏，幸存史臣笔。(《大明宣宗皇帝御制集》卷一八)

朱瞻基（1398—1435），即明宣德皇帝。仁宗朱高炽长子，永乐九年（1411）立为皇太孙，数度随成祖征讨。洪熙元年（1425）即位，次年改号宣德。在位十一年（1425—1435）。

吊岳鄂王墓二首
刘 溥

一夜金牌散虎贲，衣冠无复见中原。风云既许开冥会，日月如何闭覆盆。千古英雄空洒泪，两宫迢递失归魂。当时猛气今犹在，万鼓催潮出海门。

相府东窗叫牝鸡，帅垣回首夕阳西。青衣浣酒羞难洗，赤帜催羹恨独迷。往事已随流水去，高坟还与白云齐。忠魂不逐游人醉，花落空山鸟自啼。(《草窗集》卷下)

刘溥，字原博，号草窗，明长洲（今江苏苏州市）人。宣德初授惠民局副使，后调太医院吏目。《明史》入《文苑传》。有《草窗集》。

岳忠武王祠
于 谦

匹马南来渡浙河，汴城宫阙远嵯峨。中兴诸将谁降虏，负国奸臣主议和。黄叶古祠寒雨积，青山荒冢白云多。如何一别朱仙镇，不见将军奏凯歌。(《万历杭州府志》卷四六)

于谦（1398—1457），字廷益，明钱塘（今浙江杭州市）人。永乐十九年（1421）进士。官至兵部尚书。瓦剌军入侵，英宗北狩，力反南迁，调集重兵身先士卒，击退瓦剌军。英宗复辟，被徐珵、石亨等诬陷，以"谋逆罪"被杀。成化初复官赐祭，弘治初谥肃愍。万历中，改谥忠肃。《明史》有传。有《于忠肃集》。

御制孝顺事实书载岳飞忠孝诗二首
佚 名

遣人求母向兵中，孝道深期尽始终。遭值时危能济世，墨缞征起复从戎。

不教胡马渡长江，誓取中原复故邦。移孝为忠全大节，中兴名将更无双。（《精忠类编》卷五）

该诗未署姓名，惟记"永乐十八年"。

汤阴旌忠庙
周 鼎

墓木南枝说武林，北来祠宇又汤阴。鹃啼故国春何在，马鬣中原日已深。未死奸谀谁请剑，至今忠义尚沾襟。千秋此地归英魄，风雨灵旗俨若临。（《明诗综》卷二四）

周鼎（1401—1487），字伯器，号桐村，别署疑舫，明嘉善（今浙江嘉善县）人。正统中官沭阳典史。有《桐村集》《欻舫斋集》《土苴集》。

阙 题
邵 玉

宋主当年为金虏，豪杰奋兴如彪虎。仗义图报君王仇，挺身誓复中原土。父子戮力仍同心，累战累捷摧强金。谁知权奸主和议，倾陷忠良用计深。金牌亟如班师急，父老闻之皆感泣。十载勋功一旦隳，大事一去嗟何及。子身弃市父死囚，悠悠哀怨何时休。桧贼万年遗臭在，我王百世芳名流。死王之地已庙食，生王之地犹沉寂。赖有儒臣闻帝聪，重表精忠贯天日。（汤阴《岳飞庙志》）

邵玉（1405—1467），字德昌，明鄞县（今浙江宁波市鄞州区）人。宣德十年（1435）举人，授汝州学正。升南宁及河间、顺天府学教授，擢至云南佥事，并督贵州学政。

创建精忠庙碑迎送神辞
徐有贞

王归来兮毋疑犹，宁不怀兮旧丘？仗剑兮南游，刷国耻兮复君仇。王之烈兮盖九州，羌彼奸兮忠是訧。神胡为兮滞留，驾风鹏兮骖云虬，憗乡邑兮少休。罋有醴兮俎有羞，式乐享兮春与秋。王将去兮之何方，胡不眷兮故乡。爰弭节兮回旌，肆容与兮翱翔。肃羽骑兮成行，弯强弧兮射天狼。福我民兮佑我皇，干戈载戢兮无水旱伤，蠲我祀兮烝与尝。江之南兮河之北，往复还兮乐未央。（《乾隆汤阴县志》卷三）

张俊墓
徐有贞

从龙南渡号元勋，附佞戕忠事忍闻。今日青山难庇骨，礼官惟祀岳王坟。（《康熙常州府志》卷三二）

徐有贞（1407—1472），初名珵，字符玉，号天全，明吴县（今江苏苏州市）人。宣德八年（1433）进士。英宗被掳，倡议南迁。景泰帝即位，更名有贞。以行监察御史来彰德府，因请建岳飞庙。后与石亨等主谋夺门之变，助英宗复辟，封武功伯，华盖殿大学士。诬杀于谦等人，中外侧目。《明史》有传。有《武功集》。

朱仙镇岳王祠
刘珏

郾北师还事已休，凭谁重报靖康仇。洛中救国非周土，江左新亭半楚囚。和议自遗千载辱，蜡书空送两宫愁。伤心多少英雄泪，付与漳河日夜流。（《明诗综》卷二四）

岳王庙
刘 珏

汤阴曾赋岳王诗,又向钱塘拜古祠。啼鸟不知征北恨,悲风长满向南枝。碑文剥落苔封厚,山色苍凉日下迟。丞相门前踪迹断,莫言天道竟无知。(《西湖志》卷一五)

刘珏(1410—1472),字廷美,号完庵,明长洲(今江苏苏州市)人。正统三年(1843)举人。官至山西按察司佥事。年五十弃官归。有《完庵诗集》。

阙 题
汤 节

英雄誓复旧山河,争奈奸谀误国何。慷慨谩陈诸葛表,指挥空返鲁阳戈。君臣南渡偷安久,父老中原洒泪多。千古精忠犹不泯,至今陵树尽南柯。(《精忠类编》卷八)

汤节,明高邮(今江苏高邮市)人。正统四年(1439)以江西都指挥充参将。《精忠类编》称官"都指挥同知"。

岳武穆庙追次赵松雪韵
章 纶

汴京宫阙黍离离,大将勤王力拯危。和房酿成秦贼计,班师定班岳爷旗。长城自坏真堪笑,大厦将倾势莫支。君父戴天仇不报,孤魂千古使人悲。(《章恭毅公集》卷一一)

和赵松雪韵挽岳王
章 纶

汴京宫阙黍离离,南渡偏安帝业危。误用秦家当国柄,空书岳字作旌旗。长城自向三江坏,大厦终非一木支。恨死戴天仇未报,遗编千古使人悲。(《囩志集》不分卷)

章纶（1413—1483），字大经，明乐清（今浙江乐清市）人。正统四年（1439）进士。历官至礼部侍郎，二十年不得升迁。成化十二年（1476）辞官回乡。追封为南京礼部尚书，赐谥"恭毅"。著有《章恭毅公集》《困志集》等。

岳王坟
丘 濬

我闻岳王之坟西湖上，至今树枝尚南向。草木犹知表荩臣，君王乃尔崇奸相。青衣行酒谁家亲，十年血战为谁人。忠勋翻见遭杀戮，胡人未必能亡秦。呜呼，臣飞死，臣俊喜，臣浚无言世忠縻。桧书夜报四太子，臣构再拜从此始。（《重编琼台稿》卷二）

沁园春·题记岳王庙
丘 濬

为国锄忠，为敌报仇，可恨堪哀。顾当时乾坤，是谁境界？君亲何处？几许人才？万死间关，十年血战，端的孜孜为甚来？何须苦把长城自坏，柱石潜摧！　虽然天道恢恢，奈人众将天钩转回。叹黄龙府里，未行贺酒。朱仙镇上，先奉追牌。共戴仇天，甘投死地，天理人心安在哉！英雄恨，向万年千载，永不沉埋。（《重编琼台稿》卷六）

满江红
丘 濬

已建玄戈，祛孽虏、肯教暂歇。维八柱、戎衣一袭，战如火烈。待敌兵屯溢浦夜，折冲马踯龙沙月。念中原、民社陷腥膻，堪伤切。　匹夫愤，飞霜雪；国士心，难灰灭。扫胡尘汉上，欲全无缺。输款已行奸桧志，裂背空洒嵇公血。丧长城、烟草两宫愁，迷殿阙。（《精忠类编》卷八）

丘濬（1418？—1495），字仲深，号琼山，别署赤玉峰道人，明琼山（今属海南省海口市）人。景泰五年（1454）进士。官至户部尚书、武英殿大学士。谥文庄。《明史》有传。著述颇多，有《大学衍义补》《丘文庄集》。

湖上书愁
张　宁

浓如山色乱如云,满目春愁殢夕曛。风雨欲来人不到,杜鹃啼入岳王坟。(《石仓历代诗选》卷三八六)

此诗《西湖志》卷三九作者为张和。

张宁,字静之,号方洲,明海盐(今浙江海盐县)人。景泰五年(1454)进士。官至给事中。《明史》有传。有《方洲集》。

阙　题
黄　镐

将军雪耻振天兵,岂意和戎事已行。南渡君臣千载恨,中原社稷一时倾。英雄杳杳归吴苑,胡骑翩翩出鄡城。明月满庭烟树合,石麟青草护精英。(《精忠类编》卷八)

黄镐(1420—1488),字叔高,明侯官(今福建闽侯县)人。正统十年(1445)进士。官终户部尚书。赐玺书公车送归。赠太子少保,谥襄敏。《明史》有传。

古　松
黎　濬

夹东山道,宋岳飞所植,今废。

威声震响潇湘雨,正色连延艮岳峰。金粉落黄香逐马,碧涛翻翠怒惊龙。(《隆庆岳州府志》卷七)

黎濬(1421—1457),字资深,明湖广华容(今湖南华容县)人,生平不详。

谒鄂王祠
韩 雍

南渡君臣社稷轻,独将大义振孤兵。两行泪滴中原地,一点心悬五国城。竹帛芳名今照古,庙堂遗像死犹生。九原若遇秦奸贼,为问谁家父子荣。(《襄毅文集》卷四)

韩雍(1422—1478),字永熙,明长洲(今江苏苏州市)人。正统七年(1442)进士。历官至左副都御史,提督两广军务。后被劾致仕。有《襄毅文集》。

咏精忠庙落成
高 信

将军遗骨葬钱塘,血食于今复故乡,碧瓦朱檐宏庙宇,雄姿英气凛风霜。氤氲石鼎浮烟霭,闪烁霓旌扬日光。适遇盛时恩泽溥,精忠赐额永褒扬。(汤阴岳庙诗碑)

读岳穆王传
高 信

当时无复主中原,为不先除内祸根。遂使忠贞甘戮辱,却令夷虏得并吞。金牌诏屡从天下,铁骑□旋□□奔。任肆浮云空蔽日,三台列宿更何论。(汤阴岳庙诗碑)

再读岳穆传
高 信

岳穆当时炼狱成,后人读传每伤情。忠臣戮力遭厄辱,贼子欺心冒宠荣。辽鹤唳天终有怨,蜀鹃啼月恨无平。□□两立从来少,只在持衡藻鉴明。(汤阴岳庙诗碑)

谒朱仙镇
高 信

宋将当年战策高,曾于此地驻旌旄。三千铁骑从南来,百万金兵望北逃。自是奸权隳国计,谁怜忠勇废勋劳。□□营垒今犹在,日暮行看遍野蒿。(汤阴岳庙诗碑)

高信,字克诚,明郴阳(今湖南郴州市)人。永乐二十二年(1424)进士。正统时官河南布政使司左参议。

阙 题
曹 安

匹马行行过汤阴,忠臣新庙一登临。子胥剑恨当年赐,诸葛星怜此夜沉。万里长城真自坏,两宫车驾竟无寻。闲将古瓦濡毛颖,诛尽权奸卖国心。(《乾隆汤阴县志》卷三)

曹安,字以宁,号蓼庄,明华亭(今上海市松江区)人。正统九年(1444)举人。历元江、汤阴训导,武邑、安邱教谕。有《谰言长语》《比干录》《取嗤稿》《蟋蟀吟》等。

岳武穆祠
史 敏

鄂国英风万古存,当时一死不堪论。难将片石补天缺,空恨浮云蔽日昏。南渡自安新割据,中原谁复旧乾坤。至今人过朱仙庙,便对斜阳拭泪痕。(《明诗综》卷二四)

史敏,字德敏,明淮安(今江苏淮安市)人,一云定海(今浙江舟山市定海区)人。正统十年(1445)进士。官至河南右参政。有《松泉集》。

阙 题
谢 琚

有宋当炎祚,承平三百年。靖康际颓运,理乱相萦牵。金人向南牧,胡尘杂腥膻。四海环鼎沸，千钧一线悬。安危在斯举，谁忧为国先。桓桓岳将军，应募心幡然。倾身谁排难，哲忠期斡旋。手持左氏传，大义秉回天。行兵法孙吴，百战亲披坚。南熏与桂岭，破敌无敢前。鼠窃敛修迹，蚁聚喘惊涎。神机却鉏䥽，勇敢真腾骞。常以寡击众，燕然功可镌。精忠书朱旗，宠锡以任专。感激兴复志，净扫中原烟。谋臣主和议，竟堕奸豪权。瓜分遂不支，阴中祸何遄。金牌诏十二，东拜只自怜。历数去莫挽，天运有循环。捐躯伤往事，仗义畴能肩。景仰埋玉坟，拜诵褒忠篇。今古死节士，谁如父子贤。临风发长叹，感涕挥双涟。凛凛劲节气，严公对月圆。（《精忠类编》卷八）

谢琚，字仲玉，明怀安（今河北怀安县）人。正统十三年（1448）进士。授南京兵科给事中，出为浙江参议。年四十余，即自陈归田里，陋巷一室，衣敝茹淡，处之泰然。

阙　题
夏　诚

宋祚中兴第一功，君王曾不念精忠。人心总为生前惜，玉爵徒加死后封。晋主青衣终事虏，汉家红粉却和戎。我来满眼英雄泪，落尽山阳笛里风。（成化《杭州府志》卷三三）

夏诚，字克诚，明钱塘（今浙江杭州市）人。正统中以举人任教谕，擢御史。土木之役，扈从北征，死难。

拜岳王坟
易　恒

寂寂湖滨古寺空，载瞻遗像颂王风。一门忠孝存双冢，万里风尘隔两宫。奸恶有心终卖国，昏庸无耻在和戎。古今多少真雄泪，尽惜垂成一战功。（《陶情稿》卷三）

钱塘筑城过西湖述怀二首(录一)
易 恒

人民城郭是耶非,几度徘徊有所思。雷火已焚杨琏塔,劫灰又见汉家池。岳王墓下石如马,伍相祠前云若旗。物色由来关气象,尽抛金甲定何时。(《陶情稿》卷三)

易恒,字可久,明长沙(今湖南长沙市)人。正统中谪昆明,复徙腾冲。绩学笃行,尤善书,工诗文,有《陶情稿》,莫士安序于永乐三年(1405)。

岳飞恢复
谢士元

夙性秉忠孝,岂惟将才优。兵威振雷霆,行见复神州。垂成误和议,端居怀隐忧。冤含莫须有,感之泪横流。(《石仓历代诗选》卷三九〇)

谢士元(1425—1494),字仲仁,一字约庵,明长乐(今福建长乐市)人。景泰五年(1454)进士。官至右副都御史,巡抚四川。后因受诬下狱,事白后辞官回乡。

阙 题
李 敏

五国城头暗虏烟,矢心恢复旧山川。自从误主权奸议,致使中原土宇偏。铁戟带冤横宿草,石麟含怒照荒阡。精灵尚托南枝树,誓与金酋不共天。(《万历杭州府志》卷四六)

李敏(1425—1491),字公勉,明襄城(今河南襄城县)人。景泰五年(1454)进士。官至户部尚书。卒赠太子少保,谥恭靖。

阙 题
张 锡

君不见伍员良谋不见收,瞋目麋鹿却上苏台游。繁华尽变春来草,野乌飞来相替愁。由来贤者身系国，贤亡国破才倏忽。我来拜罢岳王坟，拂剑仰天心惨恻。忆昔膻风污宋土，赤子颠连困豺虎。将军一木支大厦，指心誓把青天补。鸷鸟飞不息，良弓俄已藏。狡兔满原野，走狗忽已亡。可怜宋社稷，却葬西湖旁。冢头南向树，最是伤心处。亲见胡人来，还见胡人去。天边一轮日，是王忠义心。浮云自来去，光华照古今。湖上春深柳条绿，游人来唱宣和曲。伤心惟有紫云泉，相对两峰终古哭。（《万历杭州府志》卷四六）

张锡，明邯郸（今河北邯郸市）人。景泰四年（1453）举人。仕历不详。

岳王墓
陈　寿

一自班师下内庭，中原繁盛竟凋零。两宫环佩烟尘迥，百战山河草木青。雨暗灵祠嘶铁马，月明眢井泣银瓶。凄凉古墓西湖上，老树悲风不忍听。（《槜李诗系》卷九）

西湖怀古
陈　寿

东风吹马动鸣珂，闲向苏堤试一过。贾相宅前芳草没，岳王坟上夕阳多。山城寂寂空啼鸟，湖水年年自绿波。嗟我况逢流落久，感怀其奈客愁何。（《石仓历代诗选》卷四〇〇）

陈寿，字昌年，号玉崖，后复名延龄，明嘉兴（今浙江嘉兴市）人。景泰间郡掾史。有《松云集》。

谒岳王祠
王　越

自分林泉人，此腰久不折。今谒岳王祠，下拜非谄悦。一拜孝义之堂堂，二拜精忠之烈烈，三拜文武之全格，四拜古今之豪杰。谓金虏之仇必可复，中原之耻必可雪。朱仙镇已逼东京，十二金牌和议决。乏粮不进莫须有，国体已无公道绝。吁哉！五国海天遥，二帝游魂向谁说？我有一管笔，利似龙泉铁。可以刳桧之心，截桧之舌，斫桧之头，刺桧之血。万俟卨附势欺君固当粉其骨，张俊之妒贤忌能亦安能逃其责？我诗虽非温厚辞，不平之气聊以泻。风清月白酒酣时，击碎唾壶歌一阕。食君之禄而不流涕者，是无为臣之节。后来文山似武穆，临敌制胜之机，识时务者自能品其优劣。桧之大奸直流至贾似道，万里厓山宋家灭。（汤阴岳庙诗碑）

明　圣

王　越

祸疾戕身意未烦，终遗恢复自忘冤。岂期后代追王帝，惟愿当年入圣门。北诏金牌颓宋社，南熏铁路显中原。精骑野战千秋望，罪坐东窗万古痕。暮雨临杭悲义冢，晓风鼓荡泣忠魂。曾为大德包天地，夫子渊涵总不言。（汤阴岳庙诗碑）

醒　秦

王　越

借问丞相食谁禄，不忠君国忠武穆。武穆忠孝而已矣，神兮圣兮功与孰。金兵久为宋之贼，戴王不共请和睦。大将为国岂为名，何故生忮金牌速。奸巧毒言莫须有，太尉无故遭冤戮。是此违天复大义，瞳瞳风雷天神哭。作意倾倒万里城，一时消尽炎宋福。长安客过汤阴道，路旁犹闻乡人蘸。国破臣亡孤忠在，老贼尚有何面目？（汤阴岳庙诗碑）

谒朱仙镇武穆祠

王　越

扑面风尘谒庙祠，弹冠恍忆翠微诗。君潜五国心何迫，贼犯中原势足悲。鏖战南河翻血浪，寒征北塞显神奇。奸秦不作金牌弊，正是将军得志时。（汤阴岳庙诗碑）

亮军台

王　越

未至朱仙倚水镇，先登武穆亮军台。他年血气真无朽，到底金兵不敢来。（汤阴岳庙诗碑）

宜沟驿店壁汤阴怀古吊武穆者甚多因总赠一首

王　越

长安客过汤阴道，泪洒前臣吊故雄。颂德高歌王季子，伤时醉写岳精忠。丈夫无愧尧君素，死难谁怜嵇侍中。邸壁寒光蚩翰墨，词澜未有不英风。（汤阴岳庙诗碑）

后武穆庙

王　越

怅夫君之侘傺兮，览遗庙之荒凉。重徒履以徘徊兮，心凭意而徬徨。挹芝兰之芬芳兮，念余诚之如在。嗟中道而返兮，众妒之以修能。当宋辙之窘步兮，志拂郁以未遂。功十倍而九兮，忽抗顶而披攘。虽九死其未悔兮，固君子之所厚。剡崔嵬以切云兮，恣长剑之纵横。挟劲矢以射天狼兮，穷广漠以肆行。夫何灵修之不悟兮，贵陇帝而弃死。姗谓夷齐以溷浊兮，惟蹑跷之是求。杂鸱枭与鸩晨兮，胡鸡群之丰丰。信雄鸠之佻巧兮，诒凤鸟于鹑笼。治禽翅以恒兮，谓偃蹇其犹回翔。郭精忠以扬灵兮，凌迭曜之明光。曼余日以下节兮，编愁膺以为词。愿后车之戒兮，涕淫淫而增悲。（《王太傅集》卷下）

王越（1426—1498），字世昌，明浚县（今河南浚县）人。景泰二年（1451）进士。官至兵部尚书。后因李广事被劾，卒于甘州。谥襄敏。《明史》有传。有《王襄敏集》。

阙 题
吴 璘

汴京尘飞走泥马，降兵夜哭阴山下。三精无光龙气销，虏骑长驱满中夏。虎头将军在相州，经史贯胸兵甲留。百钧神椎丈八矛，誓清瀚海明国仇。出师两河试神武，转战湖湘靖荆楚。绣旗遥卷风雨来，假息胡雏如聚釜。南熏炉步高如天，铸金浮图铁锁穿。我师一出鸟蛇散，匹马不得归燕然。回天有功心自计，怒发冲冠争上指。万里君王诏赐还，一寸孤忠泪如雨。太平宰相宫锦袍，耳闻恢复心郁陶。徒将赤乎按：疑当为赤手障天眼，忍掷二圣轻鸿毛。东窗计就黄柑裂，朔风堕指重阴结。小吏持将片纸来，忽报擎天金柱折。凤山行宫切层云，赤墀赐宠多玄纁。洛阳观阙劫火冷，月暗绝漠悲游魂。栖霞岭前湖水绿，嵯峨高冢空埋玉。剑血年深尚未消，时有腥风起平陆。我来揽辔连钱骢，来经此地怀精忠。南柯宰树半摧折，唯有薜荔摇山风。（《精忠类编》卷八）

吴璘，明应天府上元（今江苏南京市）人。景泰二年（1451）进士。浙江佥事。

阙 题
吴 立

光岳钟灵秀，汤阴产俊奇。桓桓闲武略，烈烈奋雄姿。绝漠烽烟动，中原社稷微。守臣求战士，沧海起蟠螭。恢复怀诸葛，长驱想子仪。一心匡国难，四字涅肤肌。边塞英雄将，朝廷柱石资。兵戎同苦乐，父子并驱驰。胡虏闻来遁，河南不敢窥。军威严虎豹，贼势等狐狸。兀尤兵徒盛，杨么计莫施。蒙尘耻可雪，复国事堪为。父老欢迎迓，壶浆竞捧持。虔人皆绘像，邑令独镌碑。金碗承殊渥，精忠锡战旗。君臣情正叶，谗佞祸相随。宰辅嗟秦桧，奸邪迈李斯。力为和议计，不顾主君欺。十二金牌出，三千铁骑悲。旄倪咸蹙额，臊羯顿扬眉。大理辞难就，忠臣命已萎。云儿遭大辟，颈血溅中逵。贞女捐躯日，银瓶堕井时。一门忠节尽，万古姓名垂。国土终分裂，乘舆永别离。衣冠成左衽，华夏变蛮夷。宿草埋荒冢，寒烟淡夕曦。英魂仇北

寇，陵树尽南枝。驻节栖霞岭，焚香忠烈祠。拜瞻遗像后，和泪写新诗。（《精忠类编》卷八）

吴立，字大本，明贵溪（今江西贵溪市）人。景泰二年（1451）进士。授刑部主事，擢浙江佥事，转贵州副使。

阙　题
左　赞

万里风尘火德微，金戈直欲挽斜晖。中兴汗马功虽异，痛饮黄龙愿竟违。丞相和戎甘误国，书生留汴亦知几。可怜自坏长城后，举目山河事已非。（《岳集》卷四）

左赞（？—1489），字时翊，号桂坡，明南城（今江西南城县）人。天顺元年（1457）进士。成化中官至广东右布政使。以词翰名于时。有《桂坡集》《桂坡遗录》。

岳武穆王庙
张　悦

南渡君臣胆气柔，梦魂无复到中州。奸邪已倡和戎议，忠义难全破敌谋。五国朔风非乐土，诸陵春雨亦荒丘。伤情独有西湖水，长傍祠前咽不流。（《定庵集》卷一）

张悦（1426—1502），字时敏，号定庵，明华亭（今上海市松江区）人。天顺四年（1460）进士。官至南京兵部尚书。谥庄简。《明史》有传。有《定庵集》。

阙　题
王　谊

中兴将略更无伦，义肝忠胆动合神。百战功勋涂草莽，两宫巡狩侵风尘。奸臣卖国终全虏，烈士成名竟杀身。惟有墓头南拱木，子规来上哭残森。（《成化杭州府志》卷四七）

王谊，明直隶江阴（今江苏江阴市）人。天顺四年（1460）进士。

岳王墓
苏 大

欲挽天河洗国羞，高宗无意复神州。朱仙镇上功方著，大理狱中贴先投。南渡祸机从此兆，中原战骨竟谁收。我来再拜湖边墓，衰草残阳正值秋。（《新安文粹》卷一五）

苏大，字景元，明休宁（今安徽休宁县）人。《新安文粹》为金德玹撰，苏大重订正之。其第十五卷则苏大自载其诗文。书成于景泰、天顺间。

阙 题
马 伟

鄂王故里在汤阴，奉使经过感悼深。驻马含凄询邑老，趋祠作礼泣衣襟。生期宋祚重恢复，死恨金酋未就擒。庙食此邦兼浙土，圣明恩典慰人心。（汤阴《岳飞庙志》）

马伟，明故城（今河北故城县）人，祖籍大都。著名文学家马中锡之父。天顺年间曾任浙江杭州府同知、处州知府。奏请为岳飞建庙，天顺三年（1459），将"褒忠衍福禅寺"改建为"岳王庙"。

谒岳武穆王庙用赵子昂韵
何乔新

两都兵后黍离离，谁念天潢国势危。铁骑正谋探虎穴，金牌连召仆牙旗。黄龙痛饮空遗恨，赤县分崩竟莫支。欲吊忠魂何处是，淡烟衰草总含悲。（《椒丘文集》卷二四）

何乔新（1427—1502），字廷秀，一字天苗，明广昌（今江西广昌县）人。景泰五年（1454）进士。官至刑部右侍郎。谥文肃。《明史》有传。学识渊博，著述宏富，有《椒丘文集》。

和陈惟寅先生姑苏钱塘怀古韵六首（录一）

沈 周

和计适召敌，风尘入松关。六龙一逋播，王气去不还。惟余岳坟树，枝叶无人攀。（《石田诗选》卷五）

拜岳武穆像

沈 周

松岭离离草露多，碧山高庙独嵯峨。天如未丧无三字，国自甘亡有一和。宛宛丹青尚生气，潸潸哭泣付悲歌。伍胥不合钱塘殁，又见前潮起后波。（《石田诗选》卷八）

岳王坟上树

沈 周

岳王坟上树，武侯庙前柏。在坟生南枝，在庙根如石。不诃无蘖伐，不朽非培殖。冥冥草木者，何以通人德。二公郁忠义，天地为拍塞。天地无发付，一夜化两植。风云发长噫，雷雨作怒击。一不忘北兵，一不忘曹贼。英灵尚凛凛，死有斡生力。其生虽不辰，其死有遗直。嗟哉背逆徒，未死气先息。谆谆蔑蘖余，苟有亦荆棘。（《石田诗选》卷九）

谒岳坟

沈 周

北来徒步扶阳九，一力真成补天手。乘舆奔播虏南侵，天下于公正翘首。长矛丈八弩八石，中原等在囊中取。半生惯以寡敌众，倾齐蹙金如拉朽。朱仙一捷功最大，喜向园陵汛胡垢。胡儿瑟缩不敢名，望著旌旗皆北走。今周后汉甫在眼，天实为之岂云偶。此特知国不知身，长驱誓饮黄龙酒。勇敢每在张公先，善谋还轶韩公右。堂堂事业是男儿，纷纷余子皆刍狗。古来功高众必忌，伍相既前公乃后。便应属镂古血存，冤牍因书莫须有。天子本是包羞人，忍把忠良饲谗口。舟中之敌不足诛，楗中之毁方为咎。复仇之计已涂地，议和之言甘可诱。青天白日狐媚人，那识麒麟生鲁薮。呜呼人胜天未定，不负不生生所负。是非颠倒醉梦间，衮衣却被须眉妇。只今四尺者高坟，春秋来祭拜太守。谁云不生生在后，一朝之速千年久。（《石田稿》）

喜复岳武穆庙
沈 周

报宋有心公不死，杀公无罪宋何名。家由自毁道济坏，天实为之仲达生。华表不消仙鹤语，东窗休怪牝鸡鸣。长林高冢万山里，风雨时时闻甲兵。（《正德常州府志续集》卷八）

满江红·题宋高宗赐岳飞手敕
沈 周

汴鼎南迁，漫流寓、钱塘如客。堪涕泣、伤痍凋瘵，付谁医国。好个忠飞天下将，奈他逆桧舟中贼。把英雄、顿挫莫成功，成冤殛。　　飞不死，宋之得；飞不死，金之失。痛飞之一死，桧之全策。万里长城麐足折，两宫归路乌头白。笑昏夫、亦有小聪明，看遗敕。（《全明词补编》上编）

沈周（1427—1509），字启南，号石田等，明长洲（今江苏苏州市）人。不应科举，专事诗文、书画，是明代中期文人画"吴派"的开创者，与文徵明、唐寅、仇英并称"明四家"。有《石田集》《客座新闻》等。

阙 题
陈献章

天王舟楫浮南海，大将旌旗仆北风。义重君臣终死国，时来胡虏亦成功。身为左衽皆刘豫，志复中原有谢公。人众胜天非一日，西湖云掩岳王宫。（《精忠类编》卷八）

陈献章（1428—1500），字公甫，号石斋，又号碧玉老人，人称白沙先生，明新会（今广东江门市新会区）人。成化十九年（1483）授翰林检讨，乞终养归。一代名儒，著名理学家。《明史》有传。著作后被汇编为《白沙子全集》。

题三忠庙
吴　宽

庙在城东，祀诸葛武侯、岳武穆王、文信公，都人周珍买地以建者。

都城东面起车尘，庙貌巍然见鼎新。汉业强从三国号，宋家难赎两贤身。朝班可劝为忠事，野史能歆好义人。上下千年同室坐，有周端合配三仁。(《家藏集》卷二五)

吴宽(1435—1504)，字原博，号匏庵、玉亭主，世称匏庵先生，明长洲(今江苏苏州市)人。成化八年(1472)会试、廷试第一。终官礼部尚书。卒赠太子太保，谥文定。《明史》有传。有《家藏集》。

谒岳王坟次东坡韵
谢　铎

细雨平湖隔断冈，水光山色有无乡。不知葛岭今何在，宜向坟前拜岳王。(《桃溪净稿》卷三十)

金字牌
谢　铎

未饮黄龙府，先悲金字牌。英雄恨不灭，血泪满长淮。(《盛明百家诗选》卷三十)

谢铎(1435—1510)，字鸣治，号方山，明太平(今浙江温岭市)人。天顺八年(1464)进士。官至礼部右侍郎，管理祭酒事务。卒赠礼部尚书，谥文肃。《明史》有传。有《元史本末》《方石史论》《桃溪净稿》等。

古　松
刘大夏

长途未泯绵绵泽，过客时披凛凛风。独有孔明祠下柏，清容流韵此相同。(《隆庆岳州府志》卷七)

刘大夏（1436—1516），字时雍，号东山，明华容（今湖南华容县）人。天顺八年（1464）进士。嘉靖中曾总理河南河道，官至兵部尚书。《明史》有传。有《东山诗集》《刘忠宣公集》。

谒岳王墓
江　源

忠义惟徇国，英雄不爱生。一心雪国耻，百战走金兵。兀尤呼天哭，云燕唾手平。青衣仇未复，黄阁议垂成。江左乾坤窄，君王社稷轻。秦奸不足责，张相乃无情。竟葬西湖骨，谁悬北望睛。不须论始末，付与史官评。（《桂轩稿》卷三）

谒岳王墓
江　源

阃外专征岂不知，精忠心事竟难移。担全天地君臣义，不计吾家父子危。王冢有碑镌大节，宋陵无主酹芳卮。拈香再拜祠前像，尚想中原报捷时。（《桂轩稿》卷七）

江源，字一原，明番禺（今广州市番禺区）人。成化元年（1465）乡试解元，五年后再中进士。官至侍讲学士。有《桂轩稿》。

朱仙镇岳王祠
徐　恪

汴洛凄凉寝庙空，中原恢复仗英雄。黄龙未遂长驱志，铁马犹传转战功。貔虎散归烽戍老，河山遗恨古今同。西风一掬怀贤泪，洒向荒祠夕照中。（《明诗综》卷二八）

《郾城县志》卷二九此诗作者为何大复。

徐恪（1431—1503），字公肃，明常熟（今江苏常熟市）人。成化二年（1466）进士。官至南京工部右侍郎。

谒武穆王庙
戴 中

生作忠臣死作王,当时非愿姓名香。骨埋浙右成荒冢,神格汤阴是故乡。江水东流冤未尽,树枝南向义非常。中原不论全恢复,华夏精神贯日光。(汤阴岳庙诗碑)

戴中,字师中,号中山主人,明新淦(今江西新干县)人,成化二年(1466)进士。官至山东佥事兵备副使。

题武穆王祠
陆 润

人生俱有死,王死独堪怜。千古重泉下,相知只有天。(汤阴岳庙诗碑)

陆润(1436—?),字昌泽,明常熟(今江苏常熟市)人。成化二年(1466)进士。曾官温州知府。正德时期去世。

朱仙镇岳王祠
周绍亚

南渡擎天一柱摧,尘沙满眼实堪哀。金戈北伐心何壮,铁马南还志已灰。雁字传哀天外去,河声流恨月中来。我今谒庙瞻遗像,痛挹椒浆奠一杯。(《明诗综》卷三十)

周绍亚,明吉水(今江西吉水县)人。成化初任内黄(今河南内黄县)训导。

吊岳忠武王诗九首
包 裕

将军一死最堪悲,恢复中原更倚谁。二帝春心归杜宇,诸陵秋草卧狐狸。不堪酋虏吹羌笛,空使行人叹黍离。千载英雄麟阁上,奸臣何处掩遗尸。

破贼功勋旦夕成，班师有诏恨难禁。河南貔虎方归浙，淮北江山又属金。俊桧喜和强虏约，徽钦愁绝故宫心。可怜伊洛诸陵寝，无奈群狐绕暮林。

　　中原士马如云集，宋室中兴正此时。金虏技穷将弃汴，内廷诏出又班师。徒令父老欢无地，空使英雄泪满颐。回首诸陵最堪恨，断碑残瓦卧群狸。

　　自古君臣会合难，英雄当日死权奸。不思宗社千年计，惟徇江南一日安。淮水从今过铁骑，汴京无复睹衣冠。可怜二帝风尘远，夜夜游魂绕禁銮。

　　宋室谁似岳将军，忠孝声名处处闻。不为一身谋宠禄，只因二帝隔燕云。庙廊柱石从今折，南北江山自此分。天道好还终有报，士林千古颂华勋。

　　进谒灵祠感叹重，疏庸谁似宋高宗。荩臣殉国几同死，贼子欺心妾亦封。父老何年迎赤帜，犬羊当日建黄龙。九京若会徽钦问，宁不低头一报容？

　　一自将军入贯城，谁家重号岳王兵。非干贼臣残忠义，应是高宗忘父兄。北虏从今安牧放，中原何日见昇平？西湖冢外青青树，犹自南回望帝京。

　　二帝蒙尘竟不旋，康王重整旧山川。九重阙内心殊乐，五国城中望眼穿。惟听佞言和丑虏，肯思长策用忠贤。江南纵有栖身处，七庙园陵独可怜。

　　亲制精忠赐岳王，又听贼桧害忠良。百年庸懦名犹在，千古英雄节自芳。徽庙有灵归未得，云郎无罪死何妨。中原几度闲临眺，落鹜寒鸦揾断肠。（汤阴岳庙诗碑）

　　包裕（1437—？），字好问，明广西桂林人。成化十四年（1478）进士。曾官河南按察司佥事，迁云南按察副使。有《拙庵稿》。

阙 题
冯 忠

丙午焚桥失要津，括城徒尔尽金银。六军束手随南渡，二帝甘心掩北尘。死战英雄衔国耻，忌功奸贼与仇亲。忠魂空结坟前树，割地和成构已臣。

犬羊南牧污神京，十载中原苦甲兵。渊圣音容何处觅，靖康惭愤几时平。誓天父子空劳力，画地君臣只信盟。大理小书俄报死，朝廷宁忍坏长城。

靖康一耻恨无穷，誓复燕云梦寐中。玉节固辞三诏赏，金牌竟废十年功。忍心穹昊嫌凉德，假手奸邪杀大忠。昨向汤阴祠下过，西风挥泪痛英雄。（汤阴岳庙诗碑）

冯忠（1438—1502），字原孝，号松崖，明慈溪（今浙江慈溪市）人。成化十四年（1478）进士。官扬州知府，弘治八年（1495）转彰德知府。有《松樵集》。

题三忠祠（录一）
茆 钦

当时忠佞苦难分，今日祠堂继茂勋。长剑欲诛秦相国，黄金思铸岳将军。王畿岂是豺狼窟，人道难同鸟兽群。独有精忠知此理，竟无和议到燕云。（《光绪溧水县志》卷一八）

茆钦，字不详，明卢龙（今河北卢龙县）人。成化十四年（1478）进士。官至大理寺卿。

题岳鄂王庙中香炉
高 鉴

半夜祈灵向石坛，月华渺渺露溥溥。西风吹破神仙梦，白鹤飞来宝篆寒。

昂暾未发彩云红，金鸭飘摇篆霭空。乞得此生磨一剑，斩蛟刚到水晶宫。

日竿空庭树影斜，篆烟飞送五侯家。东风刚为传消息，分付鸡声早振衙。

月明一炷袅香烟，万里无云湛碧天。识得人心真绝处，此香端为此心传。(《重印信阳州志》卷一二)

高鉴，字克明，号铁溪，明信阳（今河南信阳市平桥区）人。成化十四（1478）年进士。官至夔州知府。

阙 题
江 澜

精忠岳武穆，墓近西湖陬。英魂惨日月，直气冲牛斗。权奸计已成，社稷徒为忧。含冤赴泉壤，夙志竟莫酬。圣朝表忠烈，岁祀颁春秋。祠宇渐颓谢，草树成荒丘。伟哉贤镇守，意气谁同俦。感此厉风化，竭诚为营修。庙貌饰以崇，芜秽荡若收。游客拜庭下，瞻仰心休休。(汤阴《岳飞庙志》)

江澜（？—1509），字文澜，明仁和（今浙江杭州市）人。成化十四年（1478）进士。终官南京礼部尚书。卒赠太子少保，谥文昭。

忠武庙铭
屠 滽

维王之德，忠孝为先。维王之才，文武两全。摧锋陷阵，所向无敌。将帅如此，孰能为匹。溯而上之，汉有孔明。绛灌之俦，未许埒名。志吞北虏，恢复中原。奸桧衔之，竟死于冤。芳名不泯，有庙翼翼。轮奂聿新，伊谁之力。明明天子，恩出九重。圣圣相承，褒典并隆。贤哉守臣，复倡新议。同官一心，崇尚忠义。爰史计谋，斯复前规。冬卿地官，参酌修宜。藩垣济济，是经是营。宪台肃肃，力董其程。都阃桓桓，防之护之。都运闻风，悉心助之。专城寄重，独任其繁。华封秉诚，不惮其难。舆情既翕，厥用裕如。厥功告成，以妥神栖。我铭斯石，以警将来。苟同此心，毋彼或隳。(《精忠类编》卷七)

屠滽（1440—1512），字朝宗，号丹山，明鄞县（今浙江宁波市鄞州区）人。成化二年（1466）进士。官至太子太傅、吏部尚书兼左都御史掌院事。谥襄惠。有《丹山集》。

古 松
王 鼎

古松三十里，怪状忽惊神。老干宁论代，垂枝欲趁人。山童犹斫沥，野火漫烧身。手泽怀前哲，相看泪满襟。（《隆庆岳州府志》卷七）

王鼎，字器之，号新斋，明福州（今福建福州市）人。成化十七年（1481）进士。正德间，官至右都御史，寻乞休。卒赠工部尚书，赐祭葬。有《两台谏稿》《巡吴录》《新斋杂稿》等。

谒岳王祠
欧阳旦

隔岸荒墟宋故宫，萧萧黄叶落秋风。英魂犹逐云驱北，赤手难扶日上东。百里青山环胜地，一湖碧水似晴空。金仇未雪心先死，恨满乾坤望洛中。（《岳集》卷四）

欧阳旦（？—1515），字子相，明安福（今江西安福县）人。成化十七年（1481）进士。终官南京都察院右副都御史。

晋拜岳祠用睹李绣衣韵并目瞻仰之忱共三首
徐 镛

誓歼仇虏肯言和，君命从容就网罗。背示精忠情事苦，胸藏谋略战功多。芳名耿耿昭遗史，往事悠悠逐逝波。长恨贼臣心外向，忍忘宗国倒持戈。

心痛中原陷寇仇，主忧臣子分当忧。英雄气直吞胡虏，克复功何沮汴州。一疏吁天仍有后，片言平魏岂无谋。死生两地皆祠庙，风雨潇潇过客愁。

天乎何事厄忠贞，虚负山川间气生。涟水舟来奸计出，汴墟牌到国仇轻。百升可笑争嫌月，万里那堪自坏城。赢得故乡崇庙祀，英魂应解感皇

明。(汤阴岳庙诗碑)

徐镛(1444—1499),字用和,明兴国州(今湖北阳新县)人。成化五年(1469)进士。授行人,升监察御史巡通州(今北京市通州区)仓,弘治元年(1488)升淮安知府,转广西右参政、河南左布政使,擢右副都御史总理漕运兼巡抚凤阳等四府,整顿漕运。

阙 题
李 旻

宋运遘阳九,岳侯奋忠贞。百战一不挫,气压黄龙城。迅雷破怪窟,时雨清膻尘。旄倪方仰望,酋虏亦迸奔。如何谗间作,中原复沉沦。胡不遂成命,就此非常勋。所重全臣节,功名何足论。风声激后世,心迹悬秋旻。至今英烈士,感慨伤精神。(《万历杭州府志》卷四六)

李旻(1445—1509),字子阳,号东崖,明钱塘(今浙江杭州市)人。成化二十年(1484)一甲一名进士。仕至南京吏部侍郎。

阙 题
许 纶

板荡怜诸将,忠诚独见君。十年事金革,匹马破妖氛。谁画分淮策,空颁建节文。丘原一登望,斜日度阴云。(《万历杭州府志》卷四六)

许纶,明钱塘(今浙江杭州市)人。成化二十年(1484)进士。曾官巡抚都御史。有《涉斋集》。

岳武穆祠
庞 泮

煌煌君命敢相违,亦有军中不受时。望见金牌便返旆,两河士女付之谁?中原不绝仅如丝,正是人臣受命时。一面提兵伸大义,功成归死未为迟。(《天台诗选》卷三)

庞泮,字元化,号芹斋,明天台(今浙江天台县)人。成化二十年

(1484)进士。官至广西左布政使。《明史》有传。有《石壁谏垣稿》。

吊岳武穆
屠 勋

英雄进退系安危,大厦颠非一木支。万里长城资逆虏,千年深恨失吞夷。奸邪自幸谋身足,天道终难巧力施。誓复中原心不死,至今墓木向南垂。(《太和堂集》卷四)

屠勋(1446—1516),字元勋,号东湖,明平湖(今浙江平湖市)人。成化五年(1469)进士。官至刑部尚书。谥康僖。有《太和堂集》。

岳武穆王精忠录
祝 淇

皇天不祐宋孤臣,恢复中原事莫论。一自权奸收诏狱,更无忠义诉天阍。属车北陷沙尘道,宰木南沾雨露恩。采得蘋花酹杯酒,西湖烟月又黄昏。(《履坦幽怀钞》卷二)

祝淇,字汝渊,号梦窗,明海宁(今浙江海宁市)人。约明宪宗成化六年(1470)前后在世。以子萃贵,封刑部主事。著有《履坦幽怀集》二卷。

恭谒岳武穆王祠
邓 庠

汤阴祠下吊忠魂,古柏萧萧感慨存。云影尚疑降虏阵,鸟声如诉贼臣冤。盆香父老空成恨,痛饮黄龙竟负言。留得大名垂日月,精光千古照中原。(汤阴岳庙诗碑)

邓庠(1447—1524),字宗周,明宜章(今湖南宜章县)人。成化八年(1472)进士。曾任河南巡抚,终官苏州巡抚。有《东溪稿》。

金字牌

李东阳

金字牌，从天来。将军痛哭班师回，士气郁怒声如雷。声如雷，震三陲，幽蓟已覆无江淮。仇虏和，壮士死，天下事，安有此，国之亡，嗟晚矣。（《怀麓堂集》卷二）

三字狱

李东阳

朋党谪，天下惜。惜不惜，贬李迪。三字狱，天下服。服不服，杀武穆。奸臣败国不畏天，区区物论真无权。崖州一死差快意，遗恨施郎马前刺。（《怀麓堂集》卷二）

吊岳武穆辞

李东阳

苦雾四塞，悲风横来。羲景缩地，下沉蒿莱。坤舆外折，鼎足中颓。大霆无声，枯孽槁荄。铁骑腾突，狼烽崔嵬。龙困沙漠，鳞伤角摧。齐仇九誓，楚户三怀。奸相卖国，忠臣受猜。积毁销骨，遗祸成胎。命迫十使，功垂两淮。盟城不耻，借寇终谐。重器同剧，群儿共咍。发竖檀冠，潮浮伍骸。气夺群丑，殃流宋孩。英雄已死，大运成乖。魂作唐厉，形空汉台。天不祚国，人胡为哉！壮士击剑，气深殷雷。日落风起，山号海哀。树若可转，江为之回。乾坤老矣，叹息雄才。（《万历杭州府志》卷四六）

谒将军祠

李东阳

庙中遗像俨丹青，下马来看泪欲倾。异代兴亡今又古，一门忠孝死犹生。清谈不救山河圮，大义终将日月争。独有圣朝隆祀典，年年香火石头城。（《怀麓堂集》卷九三）

李东阳（1447—1516），字宾之，号西涯，明茶陵州（今湖南茶陵县）

人。天顺八年（1464）进士。官至吏部尚书，文渊阁、谨身殿、华盖殿大学士。明代中后期茶陵诗派的核心人物。《明史》有传。有《怀麓堂集》。

谒岳武穆墓
苏 葵

敷天左衽不须疑，误溺偏安失事机。天运未移宋社在，御衣曾付阁门归。书生先叩胡儿马，奸相终衔岳字旗。千百年来冤恨在，甬中松柏尚欷歆。

伯仲之间见武侯，中原一鄂正横秋。诸君未痛黄龙饮，片纸翻令白日愁。万里长城真自坏，十年积力为何休。可怜壮士中兴恨，百二山河半未休。（《岭南文献》卷二八）

苏葵（1449—1507？），字伯成，明顺德（今广东佛山市顺德区）人。成化二十三年（1487）进士。官至福建右布政。有《吹剑集》。

三忠祠
王 鏊

力挽中原志可吞，悲哉星霣渭滨屯。郾城诏下黄龙远，燕狱诗成白日昏。义气悬知千古合，纲常都仗数公存。如今混一归真主，尚慰孤臣地下魂。（《震泽集》卷四）

王鏊（1450—1524），字济之，号守溪，学者称震泽先生，明吴县（今江苏苏州市）人。成化十一年（1475）进士。官至户部尚书，文渊阁大学士。加少傅，谥文恪。《明史》有传。有《震泽编》《震泽集》《震泽长语》《震泽纪闻》。

阙 题
张 鼐

拜罢新祠读旧碑，英雄振古更输谁？出师有表汉诸葛，野战无前唐尉迟。千里山河归掌握，十年社稷系安危。庙堂若不留奸桧，谁识从容就死时。

如山兵势振乾坤，五国城头望眼昏。自是官家忘国耻，徒劳父老戴香盆。黄龙有约终天恨，涅背无惭古圣言。为报将军今一统，中原还是旧中原。(汤阴岳庙诗碑)

张鼐（？—1510），字用和，明济南府历城县（今山东济南市）人。成化十一年（1475）进士，授襄陵知县，后任监察御史，巡按江西。历成化、弘治、正德三朝，官至右副都御史署院事。因得罪刘瑾，改为南京右都御史。后因辽东军饷等事被逮下狱。刘瑾被诛后，已去世的张鼐获恢复官职。

吊岳武穆
林　俊

十二牌来马便东，鄢城狼狈泣相从。中原赤手经营外，底事书生蚤料中。大将几看刑白马，诸君无分饮黄龙。播迁竟沮奸臣计，吹落厓山此夜风。(《诗谭》卷六)

林俊（1452—1527），字待用，一作大用，号见素，明莆田（今福建莆田市）人。成化十四年（1478）进士。历官四朝，终刑部尚书，加太子太保。谥贞素。《明史》有传。

题岳武穆王庙
汪　循

豺豕南驱正可哀，长城万里遽先摧。可怜白璧蒙尘化，莫怪黄金买椟回。千载孤忠悬日在，五更遗恨挟潮来。何年消得英雄泪，湖水生尘石屿颓。(《汪仁峰先生文集》卷二六)

岳王庙
汪　循

南渡男儿见此雄，忍将诬罔杀精忠。人肯秉笔诛秦相，我敢论心罪魏公。长舌牝鸣何所预，厚颜狐媚不须穷。老天似为胡元地，不使中原复旧封。(《汪仁峰先生文集》卷二九)

汪循（1452—1519），字进之，号仁峰，明休宁（今安徽休宁县）人。

弘治九年（1496）进士。官至顺天府通判。后为刘瑾所忌，被罢官。有《仁峰文集》及《外集》。

谒武穆祠
李　瀚

堪恨权奸主议和，遂令忠孝陷虞罗。长城自坏元功废，大狱谁伸积泪多。冤骨尚封南渡土，贞心不逐北流波。秋风晋拜瞻遗像，生气犹将愤久戈。

君臣胥忘犬羊仇，父子深怀社稷忧。一木誓天支大厦，万方刻日望中州。凌烟阁未图形像，偃月堂先画计谋。曾谒西湖山下冢，落花啼鸟不禁愁。（汤阴岳庙诗碑）

李瀚（1452—1535），字淑渊，自号石楼居士，明沁水（今山西沁水县）人。成化十六年（1480）中举，次年中进士，授河北乐亭县知县。历官湖广按察使、河南监察御史，终官南京户部尚书。

拜岳武穆王祠
张　恺

平生左传是吾师，此意惟应却縠知。阳盛又当阴盛日，南风不竞北风时。乾坤未尽生前志，庙貌空遗殁后思。多少英贤来下马，苹香盈把酒盈卮。（《荆溪外纪》卷七）

张恺（1453—1538），字元之，号企斋，明无锡（今江苏无锡市）人。成化二十年（1484）进士。官兵部主事，擢知黎平府，寻忤刘瑾落职。再起太原，迁福建都转运使。曾纂修《常州府志续集》。

阙　题
杨一清

十二金牌出帝阍，虏人犹避岳家军。奸臣佑贼心先死，弱主忘家国遂分。落日杜鹃啼恨血，西风宰木结愁云。君王义重仇当雪，百战非贪第一勋。

谒罢严祠独黯然，宋家君相总堪怜。不思二圣无归地，甘与群胡共戴天。义士空衔精卫恨，后人犹诵黍离篇。亦知人众天难胜，行在从今日播迁。

莫须一语狱词成，贼桧遗奸恨到今。必杀忠良甘负宋，力持和议为酬金。生还朔漠机先伏，进秉枢衡祸已深。独有世忠曾诘问，不知浚辈亦何心。(《万历杭州府志》卷四六)

杨一清（1454—1530），字应宁，号邃庵，又号石淙，明安宁（今云南安宁市）人。成化八年（1472）进士。历成化、弘治、正德、嘉靖四朝，官至太子太师。两次入阁为首辅，官居一品。赠太保，谥文襄。《明史》有传。有《石淙诗稿》。

西湖三首（录一）

夏镤

西湖岸上岳王坟，水碧山青蔼绿云。几度系舟杨柳畔，醉围丝竹看碑文。(《夏赤城先生文集》卷四)

岳武穆

夏镤

肩舆逐暑湖边去，树里丹楹再拜看。四壁风尘迷甲仗，千年云水识衣冠。至今有庙祠诸葛，他日空碑葬谢安。报国赤诚谁独苦，商量一字写心肝。

岳家祠墓金汤重，留与乾坤压大奸。终古函冤湖上土，几人回首望中还。天王自足三分国，大将空为九仞山。却笑欹歟中夜起，至今一语在人间。

金牌十二映斜晖，唾手燕云事已非。天意似催神鼎覆，人间断送此军归。空教督府推神算，终遣书生识祸机。他日谁将百口保，忠肝义胆路人欷。(《夏赤城先生文集》卷八)

夏镤（1455—1537），字德树，明天台（今浙江天台县）人。成化二十三年（1487）进士。官至南京大理寺左评事。附《明史·夏壎传》。

阙 题
黄龙山

不必英雄泪满襟,汤阴祠宇柏森森。岁时血食隆王祀,用答精忠报国心。(汤阴《岳飞庙志》)

黄龙山(1456—?),名勋,字守勋,号龙山,明揭阳(今广东揭阳市)人。成化十九年(1483)举人。弘治中迁柳州府学教授。

阙 题
潘 楷

江南河北两祠堂,万古人人此奠觞。破虏只知终为国,遭奸岂必后封王。指南野草浑春意,仗剑葵衣炫日光。莫谓世间公道少,忠臣自是庆流长。(汤阴岳庙诗碑)

潘楷,字以正,明溧阳(今江苏溧阳市)人。成化二十三年(1487)进士。选庶吉士,历监察御史、宪副,升山西按察使。

怀古五十首·宋岳飞
陆 完

大理狱成和议定,靖康之耻遂如忘。精忠一卷读不得,仰视苍天空断肠。(《在惩录》)

陆完(1458—1526),字全卿,号水林,明长洲(今江苏苏州市)人。成化二十三年(1487)进士。累官擢兵部尚书,加太子太保。改吏部尚书。后以交通宁王朱宸濠下狱,谪福建靖海卫。有《在惩录》。

岳将军砦
杨子器

太行忠义奋如云,人血淋漓染战裙。一战南阳余孽扫,梁兴本是岳家军。(《光绪沁水县志》卷一一)

杨子器(1458—1513),字名父,号柳塘,明慈溪(今浙江慈溪市)

人。成化二十三年（1487）进士。官终河南布政使。

长至拜岳鄂王祠
彭　泽

君子道长日，中原全盛时。风云俨凄怆，龙虎存英姿。鼓钟神君歆，凝飙动灵旗。再拜发欲竖，咄彼长脚儿。君臣耿明训，胡汝独不知？逆雏盗神器。称藩降虏夷。居然乐偏安，茹耻甘如饴。炎祚固假息，大义亦已亏。视王忠孝心，不啻犬与狸。既无尝胆志，漫集勤王师。谁招五国魂，不磔两观尸。却令万里城，糜毁如粉齑。言之气涌山，嚼齿欲裂眦。九原如可作，痛哭论心期。（绕廊阅丹青，哀歌有余悲。落日西山下，野鸟鸣南枝。）（汤阴岳庙诗碑）

望岳忠武王坟有作二首
彭　泽

莫和齐东梁父吟，绍兴冤狱可沾襟。庙堂尚忍终天痛，台阁谁怜报国心。百战英雄垂世远，一门忠孝感人深。胡尘席卷崖山下，举眼如王何处寻。

文武全才百世师，平生心事古今知。却怜铁骑归来日，不是黄龙痛饮时。黥刺已堪关世教，词章犹足动人思。惭予宦辙经行速，何日祠前献一卮？（汤阴岳庙诗碑）

过汤阴拜宋岳武穆王祠用韵
彭　泽

封章不请佞臣头，甘与龙逄地下游。高庙忍忘伍子恨，张枢亦效李猫柔。故园香火垂千祀，中国舆图又百秋。曾访东松题壁语，分明字字为时羞。（汤阴岳庙诗碑）

彭泽（1459—1529），原名埔，后改名泽，字济物，早年号敬修子，晚年号幸庵，明兰州（今甘肃兰州市）人。弘治三年（1490）进士。官至太子少保、兵部尚书。谥襄毅。《明史》有传。有《读易纷纷稿》《幸庵文稿》等。

朱仙镇
邵 宝

绣旗扬扬出朱仙,中原王气熄更然。敌军万骑鸣归鞭,故宫遗庙在眼前。奈何忽有金牌宣。金牌宣,事甚迫。将之南,将之北。南为吾君北社稷。敢言君重社稷轻,彼奸在侧方经营。社稷无功君有罪,到头两事恶乎成。岳将军,决南行。南行即就死,死不愧臣子。(《容春堂前集》卷三)

联句诗
李赞 邵宝

六桥行尽见元宫,生气如闻万籁风。松桧有灵枝不北,江湖无恙水犹东。千年宋社孤坟在,百战金兵寸铁空。时宰胡为窃天意,野云愁绝夕阳中。

栖霞岭下共幽寻,万古精忠万古存。风静平湖天已定,云连高冢昼常阴。战袍缺裂威容旧,华表凄凉岁月深。磨尽南屏谁执笔,两诗题罢欲沾襟。

寝庙临湖吊客多,我来其奈暮秋何。霜林叶满流魂血,风涧声迎小队呵。画壁丹青辛苦地,楼船箫鼓感伤歌。不知桧骨今存否,江落胥潮月满坡。(《万历杭州府志》卷四六)

指点中原次第收,一门忠节竟何求。旧家谁幕银瓶井,新庙当铭铁汉楼。游人亦知瞻拜礼,野人还抱燕安忧。东风墓草年年绿,千古英雄怅未休。(《岳武穆年谱附遗迹考·临安第六》)

邵宝(1460—1527),字国贤,号泉斋,别号二泉,明无锡(今江苏无锡市)人。成化二十年(1484)进士。官至南礼部尚书。谥文庄。《明史》入《儒林传》。有《容春堂前集》等九种。

李赞,字惟诚,号平轩,明湖州(今安徽芜湖市)人。成化二十年(1484)进士。任浙江布政使时,邵宝任右布政使。

阙 题
吴一鹏

血诚无路达天阍,众敌焉能撼我军。一旦长城真自坏,百年全璧竟中分。寒声忍听悲湖水,正气长看亘岭云。向使灭金成此志,燕然奚数汉奇勋。(《岳集》卷四)

吴一鹏(1460—1542),字南夫,号白楼,明长洲(今江苏苏州市)人。弘治六年(1493)进士。世宗初,累擢礼部左侍郎,进尚书,入内阁典诰。张璁、桂萼忌之,出为南京吏部尚书。卒谥文端。《明史》有传。有《吴文端集》。

谒岳鄂王墓
谢承举

元命纲常系此身,自江南渡几孤臣。一门父子死何罪,五国君臣冤不伸。当道豺狼残宋业,中原麟凤避烟尘。忠勋细写西山石,说向而今拜墓人。(《石仓历代诗选》卷四九五)

寄吊岳武穆
谢承举

两过钱塘两谒公,栖霞岭下是幽宫。人空有誓完西夏,树亦无枝受北风。社稷命危孤立处,君臣身死一和中。我皇迅扫奸权日,似为忠良补旧功。(《石仓历代诗选》卷四九五)

谢承举(1461—1524),初名璿,字文卿;既更名,改字子象。号野全子。行九,美髯,人称髯九翁。明上元(今江苏南京市)人。诸生。有《谢子象诗集》。

西湖怀古五章·岳武穆
钱 福

当年许国已忘身,敢乞枯骸尚几春。归死九重心亦幸,生怜二庙恨谁

伸。桧应仇主非仇我，人不怨胡空怨秦。再拜南枝斜日里，刚肠舞剑肯沾巾。(《钱太史鹤滩稿》卷二)

钱福（1461—1504），字与谦，自号鹤滩，明华亭（今上海市松江区）人。弘治三年（1490）进士第一。官至翰林院修撰。有《鹤滩集》。

岳王庙
刘　瑞

铁马间关百战劳，风传河朔竖降标。金牌不自中台下，胡虏终教北面朝。烈气未销山木拱，英魂常奋海云飘。西湖湖上风和雨，无限哀吟入楚骚。(《五清集》卷一七《外台稿》)

孝娥井辞
刘　瑞

天柱绝，日为月，祸忠烈，奸桧孽。娥痛父冤冤莫雪，赴井抱瓶泉化血。血如霓，愤如铁，曹江之娥符尔节。噫嘻！井可竭，名不可灭。(《精忠类编》卷八)

刘瑞（1461—1525），字德符，明内江（今四川内江市）人。弘治九年（1496）进士。累官至礼部右侍郎。赠尚书，谥文肃。有《五清集》《外台集》。

阙　题
佚　名

秦桧当年陷岳飞，宋家宗社竟衰微。如今丘濬排王恕，明主须当早见几。(《坚瓠九集》卷一)

《坚瓠九集》卷一：弘治初，孝庙内宴，丘琼山以内阁兼礼书，王三原以冢宰，各执己见论坐，遂不相协。适御医刘文泰援例求进，王不许。刘遂疏王短事，时论以丘嗾之。丘亦曰王为好名，王遂自疏求去，物论哗然。有揭诗于午门曰云云。

新修岳武穆祠
杭 淮

怅望秋风荐野苹，精忠祠宇肃瞻新。寒烟白石荒山暮，枯木南枝万古春。志决幽燕终报汉，眼中颇牧已无秦。金符十二如儿戏，岂料安危系若人。(《双溪集》卷八)

杭淮（1462—1538），字东卿，明宜兴（今江苏宜兴市）人。弘治十二年（1499）进士。由主事累官至中丞。与兄济并有诗名。有《双溪集》。

经朱仙镇谒岳王祠
李 堂

路入朱仙镇，风清汴北关。涂金开岳庙，冶铁跪秦奸。云宪真同节，韩刘亦惨颜。可怜谗忌者，不入阵图间。

一掬精忠泪，天荒地老心。尤酋知有宋，桧贼肯忘金。誓饮黄龙府，终嗟白马沉。书生留骕骑，遗恨满儒林。(《堇山文集》卷二)

相州行二首（录一）
李 堂

相州回首泣英雄，昼锦精忠韩岳府。可怜勋业竟成尘，惟有遗名光宋谱。于今元凯正歌勋，谁遣老奸长不腐。茧丝天巧足谋身，机械神扶曚阿堵。(《堇山文集》卷三)

李堂（1462—1524），字时升，明鄞县（今浙江宁波市鄞州区）人。成化二十三年（1487）进士。官至工部右侍郎，总理漕河。后以病归，闭门著述。有《正学类编》《四明文献志》《堇山遗稿》等。

武穆祠
周 伦

武穆祠堂枕石崖，英灵今古渺无涯。名垂碧树色皆好，啼到黄鹂声转佳。珍重百千年画衮，虚烦十二道金牌。何人恨杀胡儿女，貌出奸容涴草

埋。(《贞翁净稿》卷九)

周伦（1463—1542），字伯明，号贞庵，亦号贞翁，明昆山（今江苏昆山市）人。弘治十二年（1499）进士。官至南京刑部尚书。卒赠太子少保，谥康僖。有《贞翁净稿》《奏议》《西台纪闻》《医略》。

阙　题
石　珤

北风吹尘江水竭，万里行云雁书绝。龙亡虎逝山河裂，英雄掩面空涕血。城门土赤胡雾腥，塞草今非一冢青。颇闻渊圣发已星，日夕但望南来兵。吁嗟将军勿南行。千载一朝势已成，兀尤夜遁中原平。谁持金字符，络绎走公营。吾将砾汝万段投饥鹰。将军得制阃外事，奸臣误国安可平。吁嗟将军勿南行！(《精忠类编》卷八)

石珤(bǎo)（1464—1528），字邦彦，号熊峰，明藁城（今河北藁城市）人。成化二十二年（1486）与胞兄石玠同榜举进士。官至南京吏部右侍郎（《精忠类编》称吏部尚书）。《明史》有传。有《熊峰集》。

朱先（仙）镇叹
王云凤

康王惯鼓江上枻，中原赤子号欲绝。岳侯腕上三尺铁，淋漓尽是胡儿血。羽扇遥挥汴水腥，铁骑欲蹴黄龙穴。沧海忽送敌兵至，巧遁潜逋皆浪说。登之庙堂曾不疑，一言惑主惊豪杰。亦有秦州无赖儿，济恶谀奸肆媒糵。误国竟成二五耦，两河诸将怒目凸。魏公本是忌疾徒，口诵诗书真假窃。长城自坏噤不言，一棹空江谋已拙。平生怕读岳侯传，双泪沾襟气哽咽。侯性忠孝未识权，赤肤有字空劳涅。金牌使者疾如飞，昊天亦为愁云结。十年一旦理甚明，兵机至重□命轻。将军出阃古有说，忍闻处处号啼声。郾城去京百余里，一鼓入城旦暮耳。洒扫宫廷表请死，孤旅成功帝应喜。安能俯首就缧绁，却待愁民五日徙。(《博趣斋稿》卷一)

朱仙镇次邵国贤韵
王云凤

塞草飘零一剑秋，欲从海底起神州。南来诏下军前急，北向师忘阃外谋。少保高名原未死，相公羞骨不堪雠。荒祠凛凛苍松下，孤愤令人发竖头。（《博趣斋稿》卷九）

王云凤（1465—1518），字应韶，号虎谷，明和顺（今山西和顺县）人。成化二十年（1484）进士。官至都察院右佥都御史。有《小学章句》《博趣斋稿》《读四书札记》等。

吊岳武穆诗二首
李兆先

凯胜长驱万鬣风，忽传飞诏罢霜锋。惊雷马足山河碎，突灶狼烟社稷空。破宋老天终有意，报金奸相已成功。兴亡往事休劳问，大笑车书万国同。

辛苦论兵父子同，孤臣同死愧无功。半生血战游魂远，一败穹庐王气空。南渡舟航真失计，北来烟火避颓锋。英雄已矣嗟何及，痛哭崖山万里风。（《李徵伯存稿》卷四）

李兆先（1465—1514），字徵伯，明茶陵（今湖南茶陵县）人。大学士李东阳之子，以荫为国子生，年二十七而卒。有《李徵伯存稿》。

岳王坟
赵善明

鄂王渺何许，威貌凛堪疑。一片埋骨地，千秋吊忠祠。碑题篆勒古，陵木风雨悲。贼桧能攀附，芳垂挟臭遗。（《启祯遗诗》卷十）

赵善明（1466—1535？），字符默，号丹山，明顺德（今广东佛山市顺德区）人。弘治十四年（1501）举人。官至云南曲靖知府。有《朱鸟洞集》。

阙 题
郑 岳

十二金牌一日催,三军痛哭卷旗回。马前果中书生计,河上深孤父老来。开辟乾坤无此变,古今成败有余哀。皇明尽复中原地,地下忠魂亦快哉。(汤阴岳庙诗碑)

岳武穆祠
郑 岳

石甃方池几百年,岳王旧宅世犹传。格天高阁今安在,葛岭荆榛野雉眠。(《同治九江府志》卷四九)

郑岳(1468—1539),字汝华,号山斋,明莆田(今福建莆田市)人。弘治六年(1493)进士。历官至兵部左侍郎。《明史》有传。有《山斋集》。

端肃拜忠武王祠次天官耿老先生韵
黄 清

一丸正气凝胎产,忠报君王事业巍。青冢南枝从浙长,英魂月夜向汤归。绿杨夹道莺时过,碧草穿阶萤乱依。千载圣朝隆素节,古祠新额日争辉。(汤阴岳庙诗碑)

黄清,字汝寅,明建昌府旴江(今江西南城县东南)人。弘治六年(1493)进士。历官至奉议大夫、刑部郎中,敕河南审录。

重过武穆庙
袁 仕

重过武穆庙,持敬心惟一。新诗石上钻,血泪眼中滴。哀哉良可哀,已矣犹弗已。声名亘古今,忠义昭星日。(汤阴岳庙诗碑)

袁仕,明湖广枣阳(今湖北枣阳市)人。自称棘阳袁仕。弘治六年(1493)进士。正德间官河南道御史。

汤阴谒忠武王祠

云田居士

新虏凶贼迫大清，中原黎庶望徂征。兵交勍敌谋先遁，运去奸臣计始行。夷夏古今同扼腕，乾坤日月照平生。千秋赢得西湖树，南向枝枝带晚晴。

将军韬略本精忠，兵出强胡技便穷。金字不旋吴地早，绣旗应飐朔庭风。东周已锡文侯命，后汉专称世祖功。信是满朝皆妇女，竟将和议负元戎。

赵氏兵戈久不扬，岳家师出始堂堂。穹庐可捣同班霍，华夏应收复汉唐。事业已随身寂寞，山川空见血玄黄。也知英魄终难散，长逐江潮怒夕阳。

誓扫强胡报国仇，操刀无复有全牛。燕云唾手非虚语，江汉兴师运壮谋。自是君臣忘九庙，忍隳藩翰悦诸酋。只今虏灭奸回死，庙貌年年故里秋。（汤阴岳庙诗碑）

云田居士，其人待考。诗碑款署："弘治癸丑（弘治六年，1493）二月。"

朱仙镇谒岳王庙

王九思

古庙依名镇，百年感废兴。金牌甘尔伪，玉殿竟谁登。世难多遗策，材高尽忌能。相权操白刃，谗口叹青蝇。遂有华夷乱，难扶社稷崩。攀留怜父老，报祀换云仍。松籁仙璈动，楼霞日驭升。丹青相炳耀，神爽欲飞腾。汴水流东浙，夷山接宋陵。雄图犹在目，旧恨已填膺。贱客遭□弃，归途拂剑棱。疏愚惭对越，系恋失炎蒸。吊古英雄尽，忧时涕泪凝。终南从此去，萧散老渔罾。（《渼陂集》卷四）

王九思（1468—1551），字敬夫，号渼陂，别号碧山野叟，明鄠县（今陕西户县）人。弘治九年（1496）进士。官至吏部郎中。复古主义文学"前七子"之一，《明史·文苑传》附于《李梦阳传》。有《渼陂集》。

西 湖
刘 玉

湖上长吟忆荡阴,英雄遗恨古犹今。六朝总被淮山隔,三户其如湘水深。精卫有冤终赴海,杜鹃无血可投林。皇威今日清沙漠,应慰平生敌忾心。(《执斋先生文集》卷五)

谒汤阴岳武穆祠
刘 玉

侍中此地遗忠愤,天遣英雄此地生。荡水尚留声哽咽,太行终与气峥嵘。奸臣万死羞台鼎,黠虏千秋畏甲兵。拂曙古祠停马拜,西湖回首不胜情。(《执斋先生文集》卷五)

此诗《崇祯汤阴县志》卷一八作者为徐有贞。

刘玉,字咸栗,明万安(今江西万安县)人。弘治九年(1496)进士。知辉县,升御史,忤刘瑾削籍。瑾诛,官至刑部左侍郎,坐李福达狱削籍。《明史》有传。有《已虐编》《执斋先生文集》。

谒岳武穆庙
黄 相

古庙沉沉掩黄昏,西连孤垄结愁云。金牌卒堕和戎计,铁骑空回少保军。万里銮舆终北狩,百年基业遂中分。乾坤遗恨依然在,散作秋涛不忍闻。(《莆风清籁集》卷一四)

黄相,字弼甫,明莆田(今福建莆田市)人。弘治九年(1496)进士。有《一溪集》。

满江红·题宋思陵与岳武穆手敕墨本
文徵明

拂拭残碑,敕飞字、依稀堪读。慨当初,倚飞何重,后来何酷。果是功成身合死,可怜事去言难赎。最无辜、堪恨更堪怜,风波狱。　　岂不念,

中原蹙;岂不惜,徽钦辱。但徽钦既返,此身何属。千古休夸南渡错,当时自怕中原复。笑区区、一桧亦何能,逢其欲。(岳墓词碑)

文徵明(1470—1559),初名璧,字徵明,后更字徵仲,号停云,别号衡山居士,人称文衡山,明长洲(今江苏苏州市)人。以岁贡生诣吏部试,授翰林院待诏,故称文待诏。"吴门画派"创始人之一。诗文书画称"四绝"。《明史》入《文苑传》。有《甫田集》。

阙 题
王 济

恢复谁亏一篑功,至今人只叹英雄。天兵总领南来日,胡马长驱北去风。误国有臣专议论,班师无计著精忠。香盆父老遮留泪,空为君王洒相公。(《精忠类编》卷八)

王济(?—1540),字伯禹,号雨舟,明乌程(今浙江湖州市吴兴区)人。太学生,后官横州通判,摄理州事,以母老乞休归家。与名士祝允明、文徵明等过从。

阙 题
盛端明

西湖秋色浩无涯,岳庙频来忆宋家。十二金牌功自废,两三玉匣事堪嗟。委身尽瘁同诸葛,谋国全师异左车。潮入钱塘声更怒,千年忠愤恶奸邪。(《岳集》卷四)

盛端明(1470—1550),字希道,号程斋,明饶平人,后隶大埔(今均属广东省)。弘治十五年(1502)进士。历官至礼部尚书加太子太保衔。卒谥荣简。有《程斋医钞撮要》《玉华子》《知微录》《五行论》《诗集类稿》等。

汤阴谒岳武穆王祠
顾 潜

自古忠臣不保身,一看公传一沾巾。萍踪偶过生申地,藻思殊非吊屈

人。钟鼎勋名千古在，丹青庙貌几回新。英雄地下还生气，愿助王师靖虏尘。(《静观堂集》卷四)

西湖杂咏十二首·岳坟
顾　潜

烈烈精忠厄大奸，千秋血碧自心丹。高坟大庙西湖上，却与乾坤共不刊。(《静观堂集》卷六)

满江红·用岳武穆王韵吊岳
顾　潜

磊落人豪，千载后、英灵未歇。想当时、旌旗指处，军声轰烈。只手艰难扶社稷，寸心精白凌霜月。看尽忠报国字痕深，情何切。　狱已具，冤难雪；兀尤辈，何时灭。叹中原纷乱，大纲乖缺。犬食也羞奸蠹肉，江流不尽英雄血。到如今、心托向南枝，悲陵阙。(《静观堂集》卷六)

顾潜（1471—1534），字孔昭，明昆山（今江苏昆山市）人。弘治九年（1496）进士。官至直隶提学御史。以忤直忤尚书刘宇，出为马湖知府。有《静观堂集》《读史新知》《梦林》《稽古治要》等。

谒武穆
李　昆

奸如桧，当宅揆。忠如王，合家死。终古恨，普天耻。不才儿，高宗是。楚员鞭，独少此。(汤阴岳庙诗碑)

挞秦桧
李　昆

长脚奴，长舌妪。破岳家，短宋祚。忍于欺，敢于作。天无知，人有怒。铸尔形，砾诸路。(汤阴岳庙诗碑)

李昆（1471—1532），字承裕，号东冈，明高密（今山东高密市）人。弘治三年（1490）进士。官终兵部左侍郎。有《东冈小稿》。

岳王坟

倪宗正

水绿山青宋故都，千年祠宇向西湖。长留天地精忠录，不尽风云百战图。香霭纷纷芳树合，灵光耿耿大星孤。如今已洗将军恨，当日幽燕不入胡。(《倪小野先生全集》卷六)

岳王祠用李邵二方伯联句韵四首

倪宗正

五国茫茫泣梓宫，百年松桧尚凄风。金牌无意收河北，玉辇还悲渡越东。山色祠前春日好，战图灯里夜堂空。新诗聊记登临候，梅雨初晴五月中。

战马风尘不可寻，墓堂兀兀隐湖心。尚存椒桂千秋祀，坐爱松杉半亩阴。庙额辉辉恩宠在，碑辞落落岁年深。一时岳牧微垣客，几度豪吟共此襟。

南峰门外夕阳多，吊古悲伤意若何。孤节合为奸相忌，余威直使鬼兵呵。悠悠今古看花梦，历历兴亡采芰歌。阅世英灵相感处，杭州两便有东坡。

节过黄梅雨意收，隔林鸣鸟似相求。云深空想朝天路，城古犹存啸月楼。相府兼成儿女狱，湖船谁话国家忧。青山处处麒麟冢，千古功勋孰与俦。(《倪小野先生全集》卷七)

倪宗正 (1471—1537)，字本端，号小野，明余姚 (今浙江余姚市) 人。弘治十八年 (1505) 进士。终官南雄府知府。嘉靖中，赠学士，谥文忠。有《倪小野先生全集》。

阙 题

阎铎

万里长城一夕休，权奸番为虏酋谋。空劳河北三千骑，未满人间四十秋。日月谩昭忠耿耿，乾坤难著恨悠悠。伤心多少苍生泪，故国东来汴水

流。(《精忠类编》卷八)

阎铎,明阳曲(今山西阳曲县)人。弘治十八年(1505)进士。曾知衢州府事,任陕西、浙江右参政,河南左参政。

阙 题
王 铠

武穆精忠振世闻,志存雪耻报君恩。郾城斩落金吾首,梁苑惊飞兀朮魂。三晋英雄听号令,两河忠义附官军。若无十二金牌诏,扫尽中原胡马尘。(汤阴《岳飞庙志》)

王铠,字彦升,明平谷(今北京市平谷区)人。弘治十八年(1505)进士。官至河南巡按使。

阙 题
江 谦

报国捐躯分所当,中兴功业竟销亡。精灵充塞乾坤老,名姓流传简册香。冤血倒流春草碧,断碑无字雨苔荒。至今遗庙丹青在,古木寒鸦送夕阳。(《精忠类编》卷八)

江谦,明弘治年间曾任四川丹棱县知县。《精忠类编》称官"刑部员外"。

三忠祠
孙 绪

拂袖拜三贤,云霞映暮天。孤忠徒自许,一死竟谁怜。玄化昭心事,丹诚付简编。明禋逢盛世,肸蠁自年年。(《沙溪集》卷一九)

孙绪(1474—1547),字诚甫,号沙溪,明故城(今河北故城县)人。弘治十二年(1499)进士。官至吏部郎中,被诬褫职。嘉靖初起太仆寺卿,旋致仕。有《沙溪集》。

朱仙镇庙二首
李梦阳

河近但风沙,缘冈细径斜。战场犹傍柳,遗庙只栖鸦。万古关山泪,孤村日暮笳。向来戎马志,辛苦为中华。

宋墓莽岑寂,岳宫今在兹。风霜留桧柏,阴雨见旌旗。百战回戈地,中原左衽时。土人严伏腊,偏护向南枝。(《弘正诗钞》卷一)

三忠祠
李梦阳

忆昔汉诸葛,龙起答三顾。志决竟星陨,呕血为军务。鄂国与信国,屹屹两玉柱。杀身不救国,冤愤水东注。往事勒钟鼎,新庙傍官路。惨惨冠剑并,凛凛生魂聚。翠旗晚明灭,往往鬼神驻。怀叹各不申,翻然向烟雾。我征久奔迫,过此感伤屡。时来展肃谒,系马门前树。香台野鼖上,罗幔虫蚁蛀。烈士为吞声,清风激顽懦。(《空同集》卷一五)

朱仙镇
李梦阳

水庙飞沙白日阴,古台残树浊河深。金牌痛哭班师地,铁马驱驰报主心。入夜松杉双鹭宿,有时风雨一龙吟。经行墨客还辞赋,南北凄凉自古今。(《空同集》卷二三)

李梦阳(1473—1530),字天赐,又字献吉,号空同子,明庆阳(今甘肃庆阳市)人。弘治七年(1494)进士。官至江西提学副使。为明代文学"前七子"之一。《明史》入《文苑传》。有《空同集》。

拜岳武穆祠二首
唐 锦

湖草春寒绿未回,荒凉石兽使人哀。碧山高冢埋冤骨,青棘幽魂泣隽才。江北壶浆迎上将,天边星象坼中台。贞祠况近钱塘路,又见潮声卷怒雷。

几度长歌复短吟，冷风吹泪欲沾襟。一抔冤土千年血，五国荒城万里心。惨淡丹青生气凛，阴森松桧暝云深。思陵金碗知何处，断甃荒趺已莫寻。（《龙江集》卷一）

唐锦（1475—1554），字士纲，明上海县（今上海市闵行区）人。弘治九年（1496）进士。累官至江西学政。尝延修《大明会典》，纂《大名志》《上海县志》。有《龙江集》《穆孔晖文集》《埭溪集》。

岳王祠
张孚敬

今日西湖路，犹存武穆祠。虚堂生剑戟，古壁动灵旗。二帝终难复，三朝尽可欺。是非千古定，遗恨在班师。（《太师张文忠公集·诗稿》卷一）

张孚敬（1475—1539），初名璁，字秉用，后更字茂恭，号罗峰，明永嘉（今浙江永嘉县）人。正德十六年（1521）进士。官至华盖殿大学士。有《谕对录》《太师张文忠公集》。

阙　题
廖道南

武穆孤坟在，英风尚宛然。气蒸山石烈，精结岭霞连。痛恨南迁策，悲歌北伐篇。百年瞻气象，慷慨靖康天。（《万历杭州府志》卷四六）

廖道南（？—1547），字鸣吾，明蒲圻（今湖北赤壁市）人。正德十六年（1521）进士。历官侍讲学士，谪徽州通判，寻复职。有《玄素子集》。

拜岳王祠
杨　旦

权奸无状逆天常，和议从容出庙堂。朔漠几更新岁月，山河半失旧封疆。湖波东注声犹咽，宰木南枝恨未忘。忠节凛然千载后，肃瞻遗像炷心香。（《石仓历代诗选》卷四五一）

杨旦，字启东，明郾城（今河南漯河市郾城区）人。正德十六年

(1521) 进士。官至南京吏部尚书。有《惜阴小稿》。

岳王坟
顾 璘

崔巍中兴业，浩荡英雄才。刺身誓日月，驱甲鸣风雷。艰哉朱仙镇，天地划再开。君王亦何意，自卷旌旗回。中原本吾土，突骑胡为来。家昏鬼蜮啸，国破长城摧。宰木空南向，厓山益悲哀。举觞酹宿莽，歌罢魂俱颓。（《浮湘稿》卷一）

岳 坟
顾 璘

玉历将穷宋鼎移，长江东下水如驰。皇舆播越边尘暗，岁币和亲国论危。殿陛有谗难自拔，英雄无主竟何为。厓山海色连天尽，精卫空衔万古悲。（《息园存稿诗》卷一二）

拜岳武穆庙
顾 璘

水白云青庙貌明，墓门乔木尽南生。天高竟吼三人虎，国破谁摧万里城。望断白龙无死所，歌残黄鸟有余情。海波东去厓山远，精卫千年恨未平。（《息园存稿诗》卷一三）

顾璘（1476—1545），字华玉，号东桥居士，明吴县（今江苏苏州市）人。弘治九年（1496）进士。官至南京刑部尚书。有《顾华玉集》《浮湘集》《息园诗文稿》等。

汤阴谒武穆王祠
陈洪谟

上将奇才第一流，辕门长自读春秋。中原响应声何壮，故主生还愿未酬。奸佞无端天地老，英雄有泪古今愁。百年正议终难泯，庙貌巍巍照故丘。（《高吾静芳亭摘稿》卷六）

过朱仙镇谒武穆王庙
陈洪谟

岳驻朱仙力抗金，指陈恢复见胸襟。却怜十二金牌诏，尽失三千甲士心。道济长城人与敌，孔明遗像古垂今。东风下马来瞻拜，满树啼乌正夕阴。（《石仓历代诗选》卷四七五）

陈洪谟（1476—1527），字宗禹，明武陵（今湖南常德市武陵区）人。弘治九年（1496）进士。曾任江西巡抚、兵部侍郎等职。有《高吾静芳亭摘稿》《治世余闻》等。

朱仙镇庙
程 诰

风沙去路阻，谒庙渡河水。落日满中原，愁云深故垒。父老泣壶浆，军还鼓声死。内附本遗民，叩马亦养士。（《霞城集》卷八）

岳武穆王墓
程 诰

岳王埋骨处，乔木蔚参天。忽堕南枝泪，犹悲北伐年。迟回立丘垄，惆怅对山川。南望宫芜碧，苍苍接浦烟。（《霞城集》卷一一）

程诰，字自邑，号泖溪山人，明歙县（今安徽歙县）人。约明孝宗弘治中在世。能诗文，遍游名山，晚年结社天都峰下，吟咏自适。有《霞城集》。

北伐山寇全师而归报谢岳武穆王
潘 埙

湖上青山井上祠，春风回首泪交颐。两河民病西巡日，一瓣心香北伐时。叶卷石门传杀气，云归洞口掣红旗。指麾能事歌三捷，十二金牌未缓期。（汤阴岳庙诗碑）

潘埙（1476—1562），字伯和，小字果州，号熙台，晚号子田野老，明山阳（今江苏淮安市楚州区）人。正德三年（1508）进士。官至河南巡抚。《明史》有传。著《西斋纪读》等多种。

旌忠寺拜岳忠武
张 璇

天道非如梦，人心要独芳。虽亡三字狱，未泯一经堂。宿草何曾白，长松只自苍。大招原楚赋，歌以慰忠良。（《乾隆长沙府志》卷四七）

张璇（1477—1542），字仲斋，号恒山，明直隶晋州（今河北晋州市）人，正德三年（1508）进士。御史，巡按山东，平刘六乱有功。官至左佥都御史，提督江防。

阙 题
阎 钦

昔从史册吊忠魂，今得身亲谒庙门。一点精忠昭日月，万里遗像并乾坤。瓣香未爇心先裂，杯酒才倾泪欲吞。罗拜不堪回首处，断碑衰草又黄昏。（汤阴《岳飞庙志》）

阎钦，字子明，明陇州（今陕西陇县）人。正德三年（1508）进士。选吏科给事中。为权贵排挤，出任河南兵备。

阙 题
李 元

却羡汤阴地，能钟武穆贤。权奸无白日，孤节有青天。最爱朝南树，空歌混北篇。我来祠下拜，英爽正森然。（汤阴岳庙诗碑）

李元，字春山，明直隶山阳（今江苏淮安市楚州区）人。正德三年（1508）进士。曾任河南监察御史，官至山西参政。

过武穆祠下次郑山斋韵
徐文华

马首云旗落日催，庙前烟树乱鸦回。精忠图报空镌刺，遗像瞻依几去

来。五国草深双辇恨，两河军转万方哀。痴人浪说行权事，方命专兵岂得哉？（汤阴岳庙诗碑）

徐文华，字用光，号东岩，明嘉州（今四川乐山市）人。正德三年（1508）进士。授大理寺评事，擢监察御史，巡按贵州。正德十一年被罢官为民。世宗继位，起用为河南按察副使。官至大理寺少卿。嘉靖六年（1527）被下狱，发配辽阳。逢大赦，行至静海病故。穆宗时追认为左佥都御史。

读《精忠录》
浦杲

岳王坟在吴山下，贱迹无由此地过。五国两宫□陷阱，一丝九鼎宋山河。涅身大将图恢复，扼腕奸臣力主和。自古功高多见忌，白头宣抚也操戈指张俊。（《练音集补》卷四）

浦杲，字东白，号最乐，明嘉定（今上海市嘉定区）人。攻古诗文，穷日抄阅，虽老不衰。正德初覃恩，寿至九十而终。有《练川志》及诗文若干卷。

三忠祠
周用

惟昔吴太宰，荆楚本家世。虽蒙旧君耻，不掩国士义。鸱夷浮之江，白水吾可誓。烈烈张中丞，开元且筮仕。逆胡窥江淮，孤墉恃牵制。睢阳得双璧，折首气弥厉。桓桓岳少保，宋祚当旒缀。力战垂十年，谁辨航海计。圜扉血一抔，黄屋将安逝。群公不可作，天地留正气。君臣万古情，英雄几行泪。功德在东南，吾邦肇明祀。荏苒百年后，庙貌嗟黑昧。君侯开州来，顾盼起陵替。轩楹谢风雨，金碧辉剑佩。俎豆敦旧章，草木仰生意。体国重名教，伐石托文字。我来荐溪毛，再拜值杪岁。列宿耀光芒，空江豁氛翳。赋诗贻吾曹，来者慎颠坠。（《周恭肃公集》卷一）

精忠庙
周　用

将军虞国步，帝子泣天骄。百战仍无敌，三旬奈有苗。青蝇终止棘，白马会乘潮。鬼蜮徒为尔，游魂独可招。（《周恭肃公集》卷三）

精忠庙
周　用

王师度幕敢烦多，天地无情奈国何。二帝园陵惟剑舄，十年社稷尚干戈。荆蛮不作周人让，金石难期魏绛和。南海鱼龙漂恨骨，中原禾黍动悲歌。（《周恭肃公集》卷六）

谒汤阴岳武穆庙
周　用

清时孤愤动哀吟，每为英雄叹陆沉。一掬谁收圉土血，十年真负戴开心。中原戎马黄尘暗，北狩銮舆白草深。日暮停车问香火，山河满地泪横襟。（《周恭肃公集》卷六）

周用（1476—1547），字行之，号伯川，明吴江（今江苏苏州市吴江区）人。弘治十五年（1502）进士。官至吏部尚书。谥恭肃。有《周恭肃公集》。

宋少保岳飞
傅汝舟

何不直捣黄龙府，诸君痛饮功千古。回兵勒斩佞臣头，宋室先王臣作主。而乃金牌十二面，父子归来命一线。哀哉忠勇好头颅，不值秦奸一尺剑。野阵将军道学气，曰归曰归大失计。不受君命将何忌，独其纵横结战奇。黄佐杨钦泣血誓，诡骂张斌致太子。太子大哭马先死，马血未寒人去矣。痛杀两河豪杰子，恩义结宋竟如此。（《拔剑集》卷五）

傅汝舟（1476—1557），初名舟，字远度，又字木虚，号磊老、丁戊山人等，明闽县（今福建闽侯县）人。通天象、堪舆、炼丹术，曾遍游桂、湘、鄂、齐、鲁等地，求仙访道。其诗为文学家王世贞所推崇。著有《傅山人集》等十数种。

岳武穆墓
刘　节

武穆高坟何处遥，湖山漠漠树潇潇。穹碑短碣龙蛇在，宿草荒台霜露饶。鹳鹊犹疑惊战伐，风云时见动英标。精忠涕泪嗟何及，千古英雄恨未消。（《梅国前集》卷八）

刘节（1476—1555），字介夫，号梅国，更号雪台，晚号涵虚翁，明大庾（今江西大余县）人。弘治十八年（1505）进士。官至刑部右侍郎。有《春秋列传》《梅国前集》。

阙　题
王　绽

鄂王春冢草新绿，中原过客眉频蹙。贺兰山缺想驰逐，班师征诏降何速。蒙尘发驾何时复，剑锋转横亲骨肉。英雄终古吞声哭，阴谋误国罪未伏。千箠万笞非显戮，饮恨含愁空反复。聊从知爱游天竺，俯仰寥廓空凝目。（《岳集》卷四）

王绽（1477—1537），字遽伯，号龙湫，明开州（今河南濮阳市）人。弘治十八年（1505）进士。授户部主事。时刘瑾擅权，迁湖广副使。后累迁官至大理寺卿。

谒岳王庙赵松雪韵
陈　霆

已自中原苦乱离，仓黄南渡更阽危。杜邮甘使尝秦剑，赵壁谁当竖汉旗。养卒不归仇且置，长城自坏敌难支。空余宰树风声急，相挟胥潮日夜悲。（《水南稿》卷五）

念奴娇·三忠庙
祀汉诸葛，宋岳武穆、文文山
陈　霆

乾坤易老，叹风尘飘荡，河山分裂。名分纲常都扫地，曾有何人提携。身翊飞龙，气吞胡马，赤手扶天阙。精忠照耀，一时名并日月。　须信天理人心，自来不泯，千载思遗烈。庙貌燕山崇祀典，华表三忠新揭。西北中原，东南王气，回首惊风雪。伤心行路，不堪日暮时节。（《水南稿》卷一三）

陈霆（1477？—1550），字声伯，号水南，明德清（今浙江德清县）人。弘治十五年（1502）进士。官至山西提学佥事。有《清山堂诗话》《清山堂词话》等多种。

武穆祠和韩宪副韵
王尚䌹

武穆精忠冠古今，云长义慨孔明心。梦先匹马天移宋，冤入黄柑世已金。正气不随南北尽，哭声留作短长吟。祠王世世朱仙镇，回首湖西陇树森。（《苍谷全集》卷四）

王尚䌹（1478—1531），字锦夫，号苍谷，明郏县（今河南郏县）人。弘治十五年（1502）进士。官至浙江右布政使。有《苍谷全集》。

诔　词
马　卿

有宋失驭，启衅如戎。灭邻罔戒，纵敌来攻。良图委弃，僮昏是从。割地输财，自底困穷。胡骑长驱，遂逼国都。四京失守，二帝为俘。男奴女妾，万姓何辜。康王帝胄，脱质图存。所任匪良，匹马南奔。扫地借寇，共彼长江。苟安一隅，罔念旧邦。胡马南饮，播越西东。谁为心膂，泽死充和。桓桓维王，雄略盖世。尽忠报国，背铭心誓。主辱臣死，仰天横涕。仇耻未雪，薪胆弗置。国弱兵残，奋起力制。服叛招亡，百战成势。气吞沙漠，声振天地。骄虏介众，林立云屯。一矛奋入，万马崩奔。恩重令严，用众如一。天威神略，尽无强敌。驻兵朱仙，虏亡可待。胡听彼奸，长城自坏。洒泪还朝，束身就狱。臣罪未明，臣功可赎。日月不照，臣死亦速。九泉不瞑，国仇未复。云宪惟亲，愿同殒命。有死无二，为臣者定。天下伤心，胡酋相庆。噫嘻！英翼如王，乾坤间气。功业不就，茫茫天意。大节既明，休光万世。猥彼奸权，遗臭何既。吴山之麓，浙水之涯。峨峨高封，王神是依。乔木森天，郁郁南枝。有侐其宫，有俨其仪。雷鼓云旗，歘然其来。倏忽而往，湖水涟漪。我来荐芳，王其监临。忠臣孝子，万古此心。（《精忠类编》卷五）

诔　词

马　卿

恭承乏以谬迁兮，再受命而莅兹。仰乡哲之光烈兮，敬荐芳而陈词。昔宋运之末造兮，强虏崛而枭鸱。惨君臣之播越兮，中夏垫而为夷。王奋义以秉钺兮，历百战之艰巇。大厦屼以将颠兮，仗一木而拄支。翘成功之可待兮，反信谗而戮之。甘伏死而无怨兮，寄余忠于南枝。岂不知抗命之可权兮，顾臣节之未宜。彼韩彭之菹醢兮，同趋死而愈尤。良谢病以遗荣兮，俟仇报而后辞。嗟王之曲处其难兮，孰犹訾其瑕疵。谅贞心之无憾兮，激万世而增悲。峻大义之既明兮，芥死生之可遗。慨孔明之不就兮，悯□生之遽体。极尽瘁以陈力兮，宁运祚之可知。谌王忠之昭昭兮，与日月而并辉。英灵俨赫以如在兮，庶鉴兹而不违。（《精忠类编》卷五）

马卿（1478—1536），字敬臣，号柳泉，明林虑（今河南林州市）人。弘治十八年（1505）进士。历官至都察院右副督御史总督漕运。有《马氏家藏集》。

阙　题

李如圭

长剑曾提靖贺州，奇功只在笑谈收。金牌不向中原诏，玉辇安能绝漠留。三字狱成天地鉴，两河议定国家忧。九京莫抱英雄恨，斩桧千年笔未

休。(汤阴岳庙诗碑)

李如圭(1479—1547),字国宝,明澧阳(今湖南澧县)人。弘治十二年(1499)进士。嘉靖中曾总理河南河道,官至户部尚书。有《怀古集》。

岳 坟
王大用

二帝生还已有期,金牌谁遣竟班师。今日湖山歌舞地,故宫禾黍久离离。

金人胆落撼山易,奸相谋成纵虎难。千古英雄长下泪,几令坟上不曾干。(《莆风清籁集》卷一六)

王大用(1479—1533),字时行,别号檗谷,学者称檗谷先生,其先扬州之真州人,明初始隶兴化籍(均属江苏)。正德三年(1508)进士。官至南京刑部侍郎。有《檗谷集》。

谒岳武穆祠
崔 桐

路绕吴山清昼余,岳祠瞻拜为长吁。千秋玉貌英灵在,十道金牌社稷孤。夷夏至今尊武穆,子孙谁复认奸谀。忠魂尚寄庭前树,南向钱塘野水隅。(《崔东洲集》卷六)

崔桐(1479—?),字来凤,号东洲,明海门(今江苏海门市)人。正德十二年(1517)进士。官至礼部右侍郎。有《崔东洲集》。

杭州即事二首(录一)
徐 问

日来重感道西东,胜处经行迹未穷。云气昼连青嶂雨,江涛声乱白沙风。岳王事业荒山里,宋代园陵宿露中。回首百年仍吊古,不禁挥泪向寒风。(《山堂萃稿》卷四)

徐问(?—1550),字用中,号养斋,明武进(今江苏常州市武进区)人。弘治十五年(1502)进士。官至南京工部尚书。谥庄裕。《明史》有传。有《山堂萃稿》《徐尚书集》。

岳 坟
韩邦奇

黄阁纷纷议讲和，江淮从此欲投戈。万松宫晚笙箫迥，五国城高雨雪多。楚泽竟亡周社稷，燕京谁复汉山河。祠前吊古忧时客，暮倚南枝一慨歌。（《苑洛集》卷一一）

岳 坟
韩邦奇

武穆祠前落叶秋，悲风长夜起松楸。精忠万古南枝在，遗恨无穷汴水流。凤阁谁为天子诏，龙沙空抱上皇忧。舆图竟付东窗计，寂寞崖山一叶舟。（《苑洛集》卷一一）

韩邦奇（1479—1555），字汝节，号苑洛，明朝邑（今陕西大荔县）人。正德三年（1508）进士。以南兵部尚书致仕。谥恭简。著有《苑洛集》等。

金字牌
胡缵宗

中原何艰危，河北已无宋。河岳固如磐，谁念华夷共。朱仙走兀朮，万虏纷奔逸。披靡投大梁，铁骑惊相失。岳帅扫羶腥，甲马震雷霆。所向独无敌，奋欲坤舆宁。父老寿壶浆，恰喜干戈扬。羯胡气顷丧，豫徐垂乐康。忽闻敕旨至，数行金作字。丁宁罢战争，传宣日十二。万姓痛哭留，武穆亦宁休。无那王事监，翻覆增新愁。动地同袍伤，衣冠尤断肠。内有贼桧蛊，外有书生狂。（《可泉拟涯翁拟古乐府》卷二）

莫须有
胡缵宗

宋主庸违，二帝忘归。遘人德虞，简在知几。国岂无人，韩刘侁侁。岳钟河岳,为宋甫申。声实铿鍧,诸夏干城。胸中阃外,数万甲兵。维山易撼,维岳难撼。阿父亟称,女真破胆。贼俊肆蛊,贼桧肆罟。忠义顿忘,霾覆圜土。背涅如勒,尽忠报国。兆姓同冤,日星无色。渠帅弗除,和议曷北。不曰夙心,不曰上意。岂不明哲,心在灭胡。岂求闻达,志复清都。谓莫须有,天下服否。片纸临狱,鄂王何咎。鄂王何咎,中原那培。(《可泉拟涯翁拟古乐府》卷二)

胡缵宗(1480—1560),字世甫,别号可泉,自号鸟鼠山人,明秦安(今甘肃秦安县)人。正德三年(1508)进士。官至山东、河南巡抚。著述甚富,有《鸟鼠山人集》等。

阙　题
简　霄

平生节义言犹在,百世精英死亦生。古殿风霆还激烈,穹碑天地自峥嵘。精忠宋主盟金石,神算胡儿避甲兵。时事恨凭奸鬼误,西风登拜不胜情。(《精忠类编》卷八)

阙　题
简　霄

春秋熟识华夷辨,誓与金胡不两生。骨肉一家真慷慨,功名千载共峥嵘。香烟故里崇遗像,草木朱仙忆旧兵。宋辙竟南谁再挽,纲常百代有余情。

金牌十二乱如麻,挥泪旋师岂为家。铁骑纵横胡世界,锦帆漂泊宋天涯。乾坤遗恨空秦桧,父老欢呼尚岳爷。公道人心真不死,古今成败总咨嗟。(汤阴《岳飞庙志》)

简霄(1481—1560),字腾芳,号一溪,明新喻(今江西新余市)人。正德九年(1514)进士。曾任河南巡抚都御史,官至南京兵部右侍郎。有《容泉漫稿》。

朱仙镇
夏 言

落日朱仙镇，临风感慨频。山河悲故国，父老识遗民。但说将军武，哪知丞相嗔。金牌回铁骑，终古恨难伸。(《桂洲诗集》卷一二)

汤阴县谒岳武穆祠次秦韵
夏 言

南国将军此故乡，中州人物异寻常。孤忠一死关宗社，遗恨千年属庙堂。凤辇北游尘漠漠，龙舟东下海茫茫。为怜不及西湖墓，郁郁青山骨尚香。(《桂洲诗集》卷一八)

满江红
夏 言

南渡偏安，瞻中原、王气消歇。叹诸公、经纶颠倒，可怜忠烈。曾见凄凉亡国事，而今惟有栖霞月。睹祠宫、宰木尚南枝，伤心切。　人生易，头如雪；竹简汗，青难灭。柱乾坤要使，金瓯无缺。后土漫藏遗臭骨，龙泉耻饮奸臣血。恨当时、无奈小人朋，盈朝阙。(《西湖志纂》卷一二)

夏言（1482—1548），字公谨，号桂洲，明贵溪（今江西贵溪市）人。正德十二年（1517）进士。官至吏部尚书、华盖殿大学士。谥文愍。纂修《大明会典》总裁。《明史》有传。有《桂洲诗集》。

汤阴岳武穆祠下作
周廷用

百战功收大将权，坐令强虏遁穹庐。可怜痛哭金牌日，正是潜移玉鼎年。嵇绍有心空卫主，苌弘无计可支天。秋风罢饮黄龙府，洛水嵩山共黯然。(《八厓集》卷五)

岳武穆王墓
周廷用

邺中武穆宋时闻，此日空山峙古坟。黑虎旌旗虚夜月，犬羊杀气动秋云。高梧寂寂藏神宇，大树萧萧散鸟群。白日行天殊未已，丰碑千古照元勋。(《八厓集》卷五)

周廷用(1482—1534)，字子贤，明华容(今湖南华容县)人。正德六年(1511)进士。官至江西按察使。有《八厓集》。

阙 题
陈察

拂石鞠泉拜若堂，千崖秋气郁苍苍。翩翩金字风霆迅，望望黄龙道路长。大节直摩天尺五，精忠常与日争光。那堪立尽楸梧影，又见新潮满大江。(《岳集》卷四)

陈察(1482—1539)，字元习，明常熟(今江苏常熟市)人。弘治十五年(1502)进士。以佥都御史巡抚南、赣。乞休。因荐万镗等十四人可用，忤旨，斥为民。

阙 题
陈璧

中原板荡暗胡尘，恢复空劳百战身。万里长城真自坏，一家冤狱竟谁陈。荒祠掩映青山暮，高冢萋迷碧草春。二帝不归龙驭远，至今遗恨未能伸。(《精忠类编》卷八)

陈璧，字德如，别号龙泉居士，明太谷(今山西太谷县)人。弘治十五年(1502)进士。官至浙江佥事。

题岳忠武
何景明

汴洛腥膻宗庙空，中原恢复仗英雄。黄龙未遂长驱志，铁马犹存旧战

功。貔虎欲归烽戍老，河山遗恨古今同。西风一掬怀贤泪，洒向荒烟夕照中。(《重修汝南县志》卷二二)

引路古松歌
何景明

云溪、长安二驿路皆有，相传岳武穆行军所植。今摧伐半矣。

岳州地多古松树，千株万株植官路。故老犹能记岁年，行人不解知朝暮。临江西来烟雾起，夹谷连山一百里。黛色寒通七泽云，秋声夜卷三江水。郡城之北江水东，鄂王祠庙丹青空。英雄为谋本宏远，古木至今多烈风。忠魂义魄杳何在，故物依然见遗爱。繁枝百世人不剪，直气千寻我当拜。六年前过蒲圻城，古松阴中三日行。空山倒挂雷雨黑，盛夏常贮炎风清。邮亭传舍总萧瑟，郁抱烦襟亦飘逸。回岩峭壁奔洪涛，老蔓长藤翻白日。只今复向巴丘道，野草渐多松渐少。仄径孤根半蚀苔，夕阳几树空垂茑。昔时所见合抱材，断枝落叶随蒿莱。过客山中想清籁，行徒道上愁黄埃。輂山舆岭万千重，半作豪家楼上栋。古人之力今人劳，大夏明堂不得用。年年官吏催斧斤，故老虽怒哪得嗔。旁枝出地子成树，野妇山樵摧作薪。驿前数干聊可数，我忽见之再三抚。霜皮露甲如虬蟠，雾鬣烟鬟学龙舞。阴森气象凛犹昔，翠色长标不可侮。荒林旷野识者稀，终为谁家起廊庑。回首鄂庙秋山阿，庙前之树无高柯。鬼神呵护亦徒尔，英灵不返将如何。达人且勿怨摇落，志士胡为伤轗轲。君看世事尽如此，拔剑听我松前歌。(《隆庆岳州府志》卷七)

岳将军砦
何景明

欃枪弄芒天改色，汴京失守乘舆北。鄂王唾手复中原，两河豪杰皆奋力。

刊山筑砦声裂空，和议误国隳成功。千秋英魂或游此，森森草树生悲风。(《光绪沁水县志》卷一一)

三忠祠
何景明

三忠祠在帝城东，桧柏阴阴沙院风。朝暮冠裳频下马，春秋香火一开宫。中原涕泪江山远，异代精灵庙宇同。汉业崩摧如宋业，古今南北恨无穷。(《大复集》卷二六)

何景明（1483—1521），字仲默，号白坡，又号大复山人，明信阳（今河南信阳市平桥区）人。十五岁乡试中举。官至陕西提学副使。明文学家"前七子"之一。《明史》入《文苑传》。著有《大复集》等多种。

栖霞岭吊岳武穆王
刘储秀

八陵穿兔穴，二帝狩龙沙。何似将军墓，犹为宰树遮。香烟长累月，庙貌久栖霞。况复中原久，游人莫漫嗟。(《刘西陂集》卷二)

汤阴谒岳武王庙
刘储秀

将军唾手取幽燕，奈何金牌急召旋。塞国风沙遥北狩，江城花柳共南迁。冤深精卫愁填海，仇重匈奴忍戴天。不是君王怀别计，向来和议孰能专。(《刘西陂集》卷三)

刘储秀（1483—1558），字士奇，号西陂山人，明咸宁（今陕西咸宁市）人。正德九年（1514）进士。授刑部主事，历任户部尚书、兵部尚书。有《周礼集说》《礼集说补》《刘西陂集》。

岳忠武庙
孙一元

故国神非迥，中原志独迟。春秋太史笔，伏腊土人祠。草木俱愁色，空墙尚战旗。孰云殊岘石，挥泪满松枝。(《河南通志》卷七四)

岳武穆王祠
孙一元

誓死从来建大勋，长驱虎旅荡边氛。中原故旧今余几，四海相看独有君。吾道千年元气丧，皇图万里一江分。至今风断黄龙府，铁马犹嘶战后云。（《太白山人漫稿》卷六）

孙一元（1484—1520），字太初，好老氏书，辞家入太白山，因号太白山人。自称关中（今陕西）人。遍游名胜，工为诗。与刘麟、陆昆、龙霓、吴珫结社唱和，称苕溪五隐。有《太白山人漫稿》。

郾城怀古
王崇庆

十万甲兵望恢复，中原指日是升平。如何扣马狂生语，误却英雄一日行。（《河南通志》卷七四）

王崇庆（1484—1565），字德徵，号端溪，明开州（今河南濮阳市）人。正德三年（1508）进士。官至南京礼部尚书。有《周易议卦》《五经心义》《端溪文集》《南户部志》《开州志》等。

谒岳鄂王墓
尹　襄

万古清风独此丘，栖霞爽气满高秋。老天无意兴炎鼎，弱主甘心事房仇。死节一门光日月，南枝两冢暗松楸。奸臣误国畏遗恨，野草寒烟总是愁。（《巽峰集》卷五）

尹襄（1484—1526），字舜弼，号巽峰，明永新（今江西永新县）人。正德六年（1511）进士。官至司经局洗马。有《巽峰集》。

武穆吟三首
郑善夫

南瞻岳王坟，拊心讼宣和。四海既无虞，乐事一何多。师师入帝侧，金兵乃星罗。旧时张谏议，天阍语非讹。但见户括金，不见土荷戈。回首靖康末，志士悲如何。

太尉出世姿，用兵自神武。怀中左氏传，羞与绛灌伍。燕云唾手得，甲卒尽熊虎。北开玄冥天，南靖朱光土。国耻犹未雪，百胜曷足数。誓将与诸君，痛饮黄龙府。不观颍昌旗，气已吞边部。

英雄无奈何，气数乘人事。宋德但末光，椒房生梦寐。北狩不可返，上天有成意。壮士自苦心，奸臣自长计。蜡书晨到门，将星夜堕地。平生四字符，竟落气数里。桓桓蜀武侯，杀身志乃已。（《少谷集》卷二）

郑善夫（1485—1523），字继之，号少谷，明闽县（今福建闽侯县）人。弘治十八年（1505）进士。终官吏部郎中。《明史》入《文苑传》。有《郑少谷全集》。

满江红·汤阴谒武穆王庙
刘天民

忠义心横，戴天雠、何时可歇。中夏里、胡奴充斥，将臣激烈。仗剑披开东海云，据鞍卧落西山月。想凌烟、尺寸不垂功，虚愤切。　　战场骨，明似雪；廊庙谋，亦须竭。纵刀山斫入，燕支城阙。关上长驱奋此身，仰天大叫喷腥血。蜡丸书、收返发兵符，谁之阙。（《全明词补编》上册）

刘天民（1486—1541），字希尹，号函山，明历城（今山东济南市）人。正德六年（1511）进士。官至吏部右侍郎。谥文定。与边贡、李攀龙并称"历下三杰"。有《函山先生集》。

朱仙镇谒武穆祠
毛伯温

武穆祠宫遥瞻拜，英雄事业独伤情。十年兵甲朱仙镇，一日金牌罗刹城。叩马书生回北走，焚香父老望南行。于今庙食三河地，泪洒奸谀恨不平。（《东塘集》卷七）

毛伯温（1487—1544），字汝厉，明吉水（今江西吉水县）人。正德三年（1508）进士。终官兵部尚书。追谥襄懋。有《毛襄懋集》《东塘集》。

武穆祠
张 治

寒雪汤阴道,萧萧武穆祠。阴风疑杀气,落日想征旗。离合君臣际,存亡治乱期。山川空故迹,俎豆寄深思。(《张龙湖先生文集》卷一二)

一经堂歌送尹时夫令临海(节录)
张 治

昔闻忠武追曹成,提兵远驻云阳城。云阳山人尹彦德,走入辕门气超逸。捶牛酾酒饷三军,豪声鼓动旌旗色。忠武题赠一经堂,诚斋墨迹生辉光。山人从此知经史,儿孙奕世皆金紫。(《同治茶陵县志》卷二三)

张治(1488—1550),字文邦,号龙湖,明茶陵(今湖南茶陵县)人。正德十六年(1521)进士。官至礼部尚书兼文渊阁大学士,召入内阁,加官至太子太保。卒赠少保,谥文隐。有《龙湖文集》。

武穆王祠在巴陵
童承叙

武穆祠前湖水深,松杉岸上护春阴。潺湲遥向潇湘云,流尽中原父老心。(《内方先生集》卷六)

童承叙(?—1542),字士畴,一字汉臣,别号内方,明沔阳(今湖北省仙桃市)人。正德十六年(1521)进士。由编修累迁至左春坊左庶子兼翰林院侍讲。有《内方先生集》。

虔州杂兴十首(录一)
林大辂

他年诛盗贼,元帅亦书生。金鼓传山箐,风霆薄戍营。枭巢终自破,蚁穴竟须平。浰水岑冈远,黄香狐夜鸣。(《愧瘖集》卷六)

吊岳武穆坟二首
林大辂

百战间关许国年，英雄遗恨独潸然。皇舆当日曾浮海，虏帐何人共戴天。钟鼓暝传三竺雨，风波寒锁六桥烟。孤坟一吊空苹藻，极目南枝听杜鹃。

汤阴不葬祁连冢，马革悬尸旧有情。恻恻西台三字狱，嗟嗟南渡百夫英。金牌落日催仙镇，玉殿腥云结汴京。白鹭黄龙皇幄远，胡笳羌管梦魂惊。（《愧瘖集》卷九）

过武林八绝句（录二）
林大辂

苹藻人知荐岳坟，南枝啼鸟不敢闻。英雄一死关天意，河朔江南总暮云。

岳家军令如山重，燕蓟真摧万里城。逼仄乾坤此抔土，冷风凄雨古今情。（《愧瘖集》卷一四）

林大辂（1488—1560），字以乘，明莆田（今福建莆田市）人。正德九年（1514）进士。嘉靖时升湖广巡抚。有《愧瘖集》。

泛西湖吊岳武穆
苏志皋

长驱苦战岳家军，尽道雌雄半晌分。宣唤屡承天子诏，更谁同去赴燕云。（《寒邨集》卷二）

苏志皋（1488—？），字德明，号寒邨，明固安（今河北固安县）人。嘉靖十一年（1532）进士。官至副都御史。有《寒邨集》。

朱仙镇岳武穆祠二首
李濂

故垒云沙黯，遗宫草树深。战功函夏恨，庙食土人心。宋运有兴废，河流无古今。往来辞夙客，题壁尽哀吟。

元宰和戎日，将军振旅年。金符江国至，铁马汴州旋。忽复胡尘合，居然故土捐。遗民休痛哭，汉上有闲田。(《嵩渚文集》卷一五)

过汤阴谒岳武穆祠二首
李　濂

路入汤阴县，春深武穆祠。战功存画壁，恤典有丰碑。宅表精忠里，庭留过客诗。我来双涕泪，先洒向南枝。

故里元依邺，新祠合并杭。英魂返漳浦，遗愤入钱塘。茜草留袍色，春星落剑光。至今阴雨夕，旌旆欻飞扬。(《嵩渚文集》卷一六)

朱仙镇岳武穆祠四首
李　濂

冈势河声似昔时，土人立庙说班师。君王已弃成周鼎，父老难留大将旗。三字狱成云日惨，两河功废古今悲。可怜痛饮黄龙志，都付东流入海湄。

故垒依然蔓草丛，誓清嵩洛本孤忠。金牌底用和戎策，铁骑俄隳破虏功。艮岳凄凉空汴上，越山佳丽且江东。经过一掬英雄泪，洒向荒原夕照中。

金人胆落背嵬军，转战东京捷屡闻。少保果能复故地，相公何事妒殊勋。胡尘暗暗高宗日，杀气腾腾汴水云。最恨不周天柱折，中原谁为扫妖氛。

九鼎南迁宋祚移，二龙北去雁声迟。谁知短诏飞来日，正是长城自坏时。壤复汴京元宰忌，志同诸葛史官知。千秋祠壁丹青在，犹画香盆迓我师。(《嵩渚文集》卷二二)

过朱仙镇五首
李　濂

当日班师地，经过一怆然。古祠衔夕照，废垒入秋烟。

朱仙遗迹在，拜庙走村翁。回首钱塘树，南枝烟雨中。

丹诏出临安，将军抆泪看。未能如介子，提剑斩楼兰。

故垒河水没，千秋恨不灭。年年碧草生，尽是苌弘血。

宋家金字牌，日行四百里。痛哭中原民，君王弃赤子。（《嵩渚文集》卷三一）

重过朱仙镇
李 濂

辛丑春三月，余重过朱仙镇谒岳鄂王祠，有感往事，走笔得绝句十二首。旅次草率，不计工拙，聊寓哀悼之私云尔。

日边飞诏追骁将，汉上闲田待徙民。一曲铙歌两行泪，汴京回首陷胡尘。
偏安江左优游日，恢复中原战伐年。相国有心谋偃月，将军无命画凌烟。
黄金曾铸越王臣，此地如何铁铸秦。瓦砾乱抛谁不怒，瓣香俱是拜王人。
壤分淮北秦谋决，议弃山阳俊憾深。底事紫岩无一语，云卿应起灌园心。
寝阁丁宁付托初，精忠旗字帝亲书。如何忽下班师诏，驻马沙原一怅予。
飞龙巨舸浮江去，虓虎元戎破虏来。痛哭班师曾此地，庙宫寥落野棠开。
十二金牌走传车，将军返斾重欷歔。我来雨落祠前树，疑是遗民涕泪余。
书生叩马留残虏，大将还朝罢远图。痛饮黄龙元汝志，竟沉白璧果谁辜。
一从结发从远军，不负周同肯负君。乡使庙谟坚雪耻，二龙生返汴川云。
军前伪诏千年恨，地下真王一字封。二月草齐春赛动，娱神撞碎殿前钟。
背嵬游奕尽南回，房骑鸥张宋运颓。闻道诸酋持酒贺，洪公松漠蜡书来。
骖驔铁骑勤王至，合逻金牌召将还。太史为渠书相业，奸臣一传播人间。

（《嵩渚文集》卷三四）

满江红
李 濂

十二金牌，问何事、诏公还鄂。想当年、秉钧元宰，庙谟全错。中土黔黎留节钺，两河豪杰归戎幕。遣背嵬、五百勇如貔，金兵却。　　天运改，功名薄；人事舛，封疆削。誓黄龙痛饮，几曾如约。甲马散归鱼鸟阵，丹青断送麒麟阁。嗟朱仙、旧垒翳蓬蒿，斜阳落。（《精忠类编》卷八）

水调歌头
李 濂

立马古名镇,指点鄂王宫。宋家陵阙何在?鸦噪晚林空。当日两河招讨,独帅孤军转战,血溅铁衣红。誓死报天子,旗字织精忠。 嗤权奸,飞鸟在,自藏弓。金牌诏退虎旅,抚剑泣英雄。肯念二龙沙漠,绝爱六桥烟柳,歌舞且江东。谁雪靖康耻,千载恨无穷。(《崇祯汤阴县志》卷一八)

李濂(1488—1566),字川甫,一作川父,号嵩渚,明祥符(今河南开封市祥符区)人。正德九年(1514)进士。官至山西佥事。《明史》入《文苑传》。有《嵩渚文集》《观政集》。

拜岳武穆祠
吴 仕

高拥天戈奉诏回,为公何憾为时哀。未嫌廊庙元滋寇,翻笑君王亦忌材。火德无光垂末造,欃枪浮焰自中台。至今湖上祈灵处,犹见云中起怒雷。(《颐山私稿》卷二)

吴仕,字克学,一字颐山,号拳石,明宜兴(今江苏宜兴市)人。正德九年(1514)进士。官至四川布政司参政。有《颐山私稿》。

过汤阴武穆祠
戴 鳌

云树萧森武穆祠,晴沙秋日尚含悲。中台一德初开阁,内殿精忠漫赐旗。河北不闻经略计,江南已草受书仪。廿年洒泣看遗传,式里重吟板荡诗。(《戴中丞遗集》卷三)

再过武穆祠
戴 鳌

再拜重瞻武穆祠,凄云衰柳不胜悲。瓣香幸致经行日,双泪尝悬读史时。虏已纵秦安可责,天如弃宋亦何为。最怜一曲西湖地,英爽能忘故里

思。(《戴中丞遗集》卷三)

戴鳌（1490—1556），字时重，号东石，明鄞县（今浙江宁波市鄞州区）人。正德十二年（1517）进士。累迁左都御史巡抚四川。有《戴中丞遗集》。

谒武穆王祠
萧一中

载览湖山胜，频登武穆祠。一门萃忠孝，万古振纲维。父老瞻依日，君王际会时。赤心匡社稷，殒命历艰危。劲节神明鉴，精忠天地知。胡为翻坠计，遽尔便班师。毋乃奸臣横，其如国运哀。吞声独长叹，饮恨且题诗。祠墓千年壮，声名百代垂。吴山与越水，照耀并争辉。(《岳飞墓诗选》)

萧一中，字执夫，明华容（今湖南华容县）人。正德十二年（1517）进士。终迁四川巡抚，未任，病卒。

阙 题
蔡宗兖

千古人来笑会之，会之却恐笑今时。若教似我当钧轴，未必相知岳少师。(《岳集》卷四)

蔡宗兖，字希渊，号我斋，明山阴（今浙江绍兴市）人。正德十二年（1517）进士。官至四川提学佥事。曾任白鹿洞书院洞主。有《蔡氏律同》。

谒鄂国武穆王庙宫
黄省曾

嶕城托湖澳，丹宇缀山阳。戾止已切怆，停挹忽沾裳。百六遘倾朝，四七拥惟良。武烈诚希代，国士展无双。师尹荡友纪，荣夷纠皇纲。遂使汗马雄，翻蹈属镂殃。紫垣蔽滔诡，缥阙恣游荒。妖涎驽秽甘，介狄黟浅忘。婴伏迨忠贤，嚚怨恫多方。一胥曾显吴，匹尹亦兴商。孰云宋篆烬，不在岳氏亡。筌宰既先拨，宗稷安可长。圣世钦往才，岁奠炳今章。哂彼俄顷荣，孰与万祀光。(《五岳山人集》卷七)

黄省曾（1490—1546），字勉之，号五岳山人，明吴县（今属江苏苏州市）人，先世为河南汝宁人。嘉靖十年（1531）乡试名列榜首，后进士累举不第，遂弃科举，转攻诗词和绘画。有《五岳山人集》。

竹枝词有序（八首录二）
邵经邦

昔东坡作竹枝词以吊荆楚四贤，余窃效之因赓原韵，将以为伍子胥、岳武穆、徐太学、于忠愍四公伸一咳焉。

春秋大义战声阗，长驱直捣清中原。二帝游魂空怅望，谁知海变是当年。

墓门荆树余三尺，枝枝南向天边入。有时风雨万壑雷，似殛奸凶报忠直。（《弘艺录》卷一五）

邵经邦（1491—1565），字仲德，号弘斋，明仁和（今浙江杭州市）人。正德十六年（1521）进士。官至刑部员外郎。因上疏指斥权臣，下狱谪戍。《明史》有传。有《弘艺录》。

岳 坟
张 经

城外云山枕碧流，南枝草木岳王丘。一身死去公何惜，匹马归来事已休。凛凛尚存忠义魄，冥冥犹抱国家谋。抚膺长叹空垂泪，欲荐苹蘩愧末由。（《半洲稿·南行稿》）

汤阴谒岳武穆王
张 经

汤阴下马夕阳迟，古柏森森武穆祠。故国山河悬指掌，胡人部落识旌旗。朱仙正想王师顺，金字空嗟宋祚移。欲起奸谀甘斧钺，更看忠节重华夷。（《半洲稿·西行稿》）

张经（1492—1555），字廷彝，号半洲，明侯官（今福建闽侯县）人。正德十二年（1517）进士。官至兵部尚书。受诬被斩。《明史》有传。有

《半洲稿》。

谒岳武穆祠有感
朱廷立

播迁悲弱宋，舟楫载山河。翻忆班师日，金牌恨不多。（《两崖诗集》卷八）

朱廷立（1492—1566），字子礼，号两崖，明武昌（今湖北武汉市武昌区）人。嘉靖二年（1523）进士。官四川巡按、礼部右侍郎。有《两崖集》。

郾城县岳忠武庙碑颂
王诰

有宋虎臣，建康一旅。届命淮堧，摧坚郾墅。仙镇长驱，金诏中沮。黄龙遗恨，青城咨女。既揭天日，廓清寰宇。恩覃秩祀，宣昭心膂。曰惟郾疆，曾是捍御。压境掉鞅，巨浸砥柱。仰酬懋庸，褒嘉颜枊。鸾栱螭碛，鸟革翚羽。爰眷灵栖，载妥神主。维牲牷腒，维馨稷黍。仿佛钲帜，窈窕祝梧。歆格下临，穆清上处。孔惠孔时，以旸以雨。先民有作，王神乐胥。（《郾城县记》卷二九）

王诰（？—1558），字公遇，号棠溪，明西平（今河南西平县）人。嘉靖二年（1523）进士。官至总督漕运兼镇抚淮南地方。有《河西稿》《淮南奏议》《东满集》等。

阙 题
张 瑶

当年号令迅天风，回首燕云恨不穷。痛饮黄龙真是锐，返驱铁骑总成空。蜡书夜月乾坤老，匣剑秋霜父子同。贼桧奸谋何足戮，高宗孱弱自疑功。（汤阴《岳飞庙志》）

张瑶，字国信，号悔湄，又号八十一方塘钓叟，明内江（今四川内江市）人。嘉靖二年（1523）进士。官至广西参政。

阙 题
程嘉行

精忠祠前湖水绿，水声哽咽山眉蹙。金乌玉兔相追逐，往古来今诚迅速。当年誓把中原复，壮士饥餐胡虏肉。忠肝义胆成痛哭，只缘当道豺狼伏。豺狼未死心先戮，夷狄乱华天地覆。我来吊古过三竺，香火千年对天目。（《岳集》卷四）

程嘉行，字公敏，明乐平（今江西乐平市）人。嘉靖二年（1523）进士。官至刑部主事。有《纳庵集》。

阙 题
张 景

黑江分出鸭头绿，百万犬羊向南蹙。太师童贯被驱逐，夜渡大河神何速。岳侯晚起图恢复，秋毫无犯食无肉。北望龙闱日夕哭，祸机谁料萧墙伏。兀朮未剪身遭戮，钱江倒流吴山覆。奸雄罪恶过天竺，痛骂连声犹瞋目。（《岳集》卷四）

张景，字光启，明汝阳（今河南汝阳县）人。嘉靖二年（1523）进士。官山西道监察御史、陕西副使。

阙 题
张 珩

有宋值南渡，偷安偏一方。桧贼执国柄，成宪尽更张。武穆奋草莱，出师复封疆。金兵望风走，父老担壶浆。智勇超前哲，威声振八荒。朋奸锻成狱，父子竟云亡。未雪靖康耻，空归湖上丧。忠魂贯天地，墓木南枝扬。（汤阴《岳飞庙志》）

张珩（？—1560），明直隶安州（今河北安新县）人。嘉靖二年（1523）进士。曾任彰德府推官。官至延绥巡抚。

阙 题
周 相

风□□三仁，慈威各一□。将谋孙武子，凛义左丘明。一剑分夷夏，双旌□日星。灭金遗独恨，□□照银瓶。（汤阴岳庙诗碑）

周相，字茜崖，明鄞县（今浙江宁波市鄞州区）人。嘉靖二年（1523）进士，任河南右布政使。

西湖杂韵十二首（录一）
戴 钦

钱塘江上岳王祠，威武犹闻北伐时。白日孤悬吞虏恨，青松双长向南枝。（《鹿原集》卷九）

戴钦（1493—1526），字时亮，号鹿原，自称玉溪子，明马平（今广西柳州市）人。正德九年（1514）进士。官至刑部郎中。明代柳州八贤之一。有《鹿原集》《玉溪存稿》等。

岳王坟
周 诗

将军埋骨处，过客式英风。北伐生前烈，南枝死后忠。山河戎马异，涕泪古今同。凄断封丘草，苍苍落照中。（《西湖梦寻》卷一）

周诗（1494—1556），字以言，明昆山（今江苏昆山市）人。精医理，治病常应手而愈。以诗文游公卿间，诗名甚噪。著作多散逸，晚年所存，有《内经解》《虚岩山人集》。

朱仙镇次斗城
潘 恩

金牌数下返旌旄，谁识忠臣志独劳。灭虏未能酬国耻，请缨无计指天高。身歼金虎肥戎狄，梦绝黄龙泣隽豪。只有祠前数行柏，迎风日夕为悲号。（《笠江先生近稿》卷一）

潘恩（1496—1582），字子仁，号湛川，更号笠江，明上海县（今上海市闵行区）人。嘉靖二年（1523）进士。官至左都御史。卒赠太子少保，谥恭定。有《笠江集》。

过汤阴武穆祠
骆文盛

汤阴城上日朦胧，武穆荒祠在眼中。飞拘暮云犹宿雨，古墙垂柳自春风。和戎已信金缯力，破虏谁论铁马功。千载令人重悲诧，不胜清泪湿枯蓬。（《骆两溪集》卷七）

骆文盛（1496—1550），字质甫、质夫，号两溪，明武康（今浙江德清县）人。嘉靖十四年（1535）进士。授翰林院编修。两典文衡，称为得士。严嵩掌权后，借病辞职，结茅山中，读书自娱。有《骆两溪集》。

朱仙镇岳武穆祠
陈大濩

驻马朱仙镇，伤心武穆祠。谁怜宋社稷，竟失汉旌旗。星堕天应愤，师班帝岂知。空余祠外柏，萧索向南枝。（《明诗综》卷四二）

陈大濩（1498—1583），字则殷，号双溪，明长乐（今福建长乐市）人。正德十六年（1521）进士。终官思恩府同知。有《双溪集》。

忠烈庙
王瀛

布衣学射起汤阴，便有输忠报国心。当路肯同安大宋，故宫那得属娄金。茔对庙食谁消歇，山色湖光自古今。若问奸秦埋臭处，茫茫烟草迹无寻。（《武林掌故丛编》第十九集《西湖冶兴》卷上）

鄂王墓
王瀛

西湖西望北山前，却望栖霞转可怜。忠义有碑书大节，墓门高压泛湖

船。(《武林掌故丛编》第十九集《西湖冶兴》卷下)

王瀛，字元溟，明会稽（今浙江绍兴市）人。正德中布衣。

过汤阴武穆庙
谷　清

青史见遗芳，欣瞻武穆王。高宗受蒙蔽，贼桧害忠良。庙食千年享，声名万古扬。祠前一驻节，抚景独彷徨。(汤阴岳庙诗碑)

谷清，籍贯不详。明正德年间司礼监太监。

阙　题
茹鸣玉

宋视江山若垤丘，将军血战枉春秋。骨埋犹有驱胡恨，主祀难消报国愁。(汤阴《岳飞庙志》)

茹鸣玉，明无锡（今江苏无锡市）人。正德中任徽州知州。

岳武穆王
夏　鍊

出师万里事垂成，南渡君臣各异情。大将有心安社稷，天王无意望中兴。金牌十二持南国，虎士三千泣虏庭。祸避萧墙人不识，北朝原自有书生。(《天台诗选》卷三)

夏鍊，字惠华，明天台（今浙江天台县）人。正德间任福清训导。

阙　题
翟宗仁

杰阁栖朝霞，凛凛霜风清。眷此一抔土，石兽犹峥嵘。烈士何多悲，小人尽偷生。国仇竟不塞，甘心割两京。杀忠天下冤，杀身万古名。矧尔中兴基，始自荆湖平。论功归第一，日月于今明。巍巍千载树，上有白鹊鸣。再拜长稽首，重是神之英。徘徊不能去，感慨宁无情。(《岳集》卷四)

翟宗仁，明天台（今浙江天台县）人。正德间任鸿胪寺左寺丞，嘉靖元年（1522）以九年满升本寺左少卿。

西湖岳少保墓
金 鸾

徒使将军志灭金，宋家元不念徽钦。临危叩马书生口，立主班师宰相心。膏血已随鱼肉尽，关河犹见犬羊侵。崖南舟楫湖边墓，山鬼何知恨到今。（《盛明百家诗·金白屿集》）

金鸾（1495？—1584），字在衡，号白屿，明陇西（今甘肃陇西县）人，中年后定居南京。善诗及散曲。有《萧爽斋乐府》。

朱仙镇吊岳武穆
谢 榛

中原何幸见将军，一剑长驱万马群。战伐功高天意在，庙堂策定帝图分。只今营垒空秋月，终古旌旗有暮云。遗恨几多堤上柳，冷风凄雨不堪闻。（《四溟集》卷五）

谢榛（1495—1575），字茂秦，号四溟山人、脱屣山人，明临清（今山东临清市）人。为明代"后七子"之一。后为李攀龙排斥，削名"七子"之外，客游诸藩王间，以布衣终其身。《明史》入《文苑传》。有《四溟集》《四溟诗话》。

寄题三忠祠
陈如纶

三忠祠，祠汉诸葛武侯、宋岳武穆王、文丞相也。余卧病于祠，无任仰企。既而抵舟，赋此用寄所怀。

丹青严像设，水木敞新祠。蜀宋偏安恨，乾坤无尽悲。纲常昭白日，灵爽闪朱旗。卧我经时病，瞻依得所师。（《兰舟漫稿》）

三怀诗（录一）

陈如纶

我所怀兮岳武穆，赤手金戈结主知。杨么既仆李成死，敕赐精忠绣字旗。横目炯炯吞金虏，百战驱驰心独苦。长城直屹朱仙镇，一杯欲酹黄龙府。铁浮图破太子惊，蜡书夜走邀初盟。格天高阁妖星出，十二金牌报罢兵。丞相谋成大将戮，北人歌舞南人哭。君王无意复中原，凭谁再洗青衣辱。孤冢有树皆南枝，子规枝上鸣且飞。五国城头烟月惨，二帝游魂不得归。侧身天地兮望萧索，所怀不见兮头空白。昨过西湖拜祠下，曾将桧背鞭三百。呜呼我歌兮歌悠悠，栖霞岭上兮风云愁。犹闻铁骑声啾啾。（《兰舟漫稿》）

陈如纶（1499—1552），字德宣，号午江、二余，明太仓（今江苏太仓市）人。嘉靖十一年（1532）进士。官至福建布政使参议。有《冰玉堂缀逸稿》《兰舟漫稿》《二余词》。

满江红·汤阴岳庙和武穆韵二首

王三省

手挽江河，人何去、英魂未歇。风怒吼、万重杀气，擒胡余烈。古砌泪垂莎上露，哀禽叫落城头月。纵天荒地老，恨难消，雄心切。　匣中剑，寒光雪；塞上虏，轻尘灭。肯留他，汛扫故疆无缺。百战金创犹在臂，十年汗马空流血。问钱唐、旧事但荒烟，无陵阙。

玉帐分弓，扳同醉、黄龙俯歇。枭众丑、誓清华夏，似公诚烈。要使汉兵犁朔幕，不留胡马嘶霜月。痛两宫、日日困腥膻，忧还切。　亡国恨，须公雪；卖国贼，教公灭。为公哀，愤击唾壶皆缺。翠盖偏安江海蹉，宝刀未洗桑干血。问康王、独不见新亭，非城阙。（《潼谷集》卷八）

王三省（1499—?），字诚甫，号潼谷，明朝邑（今陕西大荔县）人。嘉靖二年（1523）进士。曾官彰德知府、保定知府、潞安知府，寻以疾乞归。有《潼谷集》。

谒岳墓
薛应旂

奸宄能倾国，丹心难悟君。独怜樵牧竖，省说岳王坟。

国是凭谁定，忠魂不可欺。至今坟上树，犹作向南枝。（《方山薛先生全集》卷六七）

薛应旂（1500—1575），字仲常，号方山，明武进（今江苏常州市武进区）人。嘉靖十四年（1535）进士。累迁南京考功郎中。因忤严嵩，谪建昌通判。严嵩失势后复起，官至陕西按察司副使。有《方山薛先生全集》。

谒武穆庙次壁间韵
黄廷用

书生早计识权臣，事主肝肠越与秦。南渡已随流水去，空怜祠下吊忠人。

怪尔靖康献纳臣，言和惟恐不同秦。甘心君父双囚虏，偏杀尽忠报国人。（《少村漫稿》卷上）

黄廷用（1500—1566），字汝行，号少村，又号四素居士，明莆田（今福建莆田市）人。嘉靖十四年（1535）进士。官至太子洗马、工部侍郎。有《少村漫稿》。

岳武穆祠
张时彻

百六遭屯邅，中原胡马旋。龙城烽火暗，虎符镯镂捐。宰木皆南向，阴云直北连。至今瞻庙貌，血泪洒幽燕。（《芝园定集》卷一〇）

张时彻（1500—1577），字维静，号东沙，明鄞县（今浙江宁波市鄞州区）人。嘉靖二年（1523）进士。官至兵部尚书。有《明文范》《善行录》《芝园定集》等。

朱仙镇谒岳穆王祠
吴 鹏

偶经仙镇赋招魂,古柏森森拥庙门。香火四时勤父老,鼎彝千古重乾坤。金牌命下谋谁识,宝剑光寒志自吞。底事君臣忘社稷,北辕沙漠任晨昏。(《飞鸿亭集》卷三)

吴鹏(1500—1579),字万里,号默泉,明秀水(今浙江嘉兴市)人。嘉靖二年(1523)进士。官至吏部尚书。有《飞鸿亭集》。

岳武穆王庙
高叔嗣

在南阳府西门月城内。昔宋绍兴初武穆尝统军克复蔡州,蔡人德之,故为立庙。

战血凭谁浣,忠魂任所之。郊原高故垒,草树暗灵祠。落日啼鹃处,征人系马时。千年知己泪,片石外孙辞。(《河南通志》卷四八)

高叔嗣(1501—1537),字子业,号苏门山人,明祥符(今河南开封市祥符区)人。嘉靖二年(1523)进士。官至湖广按察使。少受知于李梦阳,其诗清新婉约。《明史》入《文苑传》。有《苏门集》。

悼岳武穆
李开先

龙蛇陆走乱离年,金国兵强胜左贤。战阵堂堂惟岳将,旌旗猎猎驻朱仙。汴京久失中原险,和议原从北虏传。一自钱塘屈死后,谁能辟地更开天。(《李中麓闲居集》卷三)

李开先(1501—1568),字伯华,号中麓,明章丘(今山东章丘市)人。嘉靖八年(1529)进士。官至提督四夷馆太常寺少卿。《明史·文苑传》附《陈束传》。有《李中麓闲居集》。

岳武穆祠
杨本仁

丞相北来只自谋,一身生陷帝王州。至今不尽英雄恨,千里长江水怒流。(《少室山人集》卷一二)

杨本仁,字次山,明杞县(今河南杞县)人。嘉靖八年(1529)进士。官至广西按察使。有《少室山人集》。

谒岳武穆祠
薛 甲

卖尽南朝国,将军尚力争。英雄千古恨,洒雪几时平。东海罗精卫,南湘采落英。朝朝来奠尔,亦未慰苍生。(《盛明百家诗·薛兵宪集》)

薛甲,字应登,号畏斋,明江阴(今江苏江阴市)人。嘉靖八年(1529)进士。官至江西按察司副使。

读岳武穆事有感
张 意

痛饮黄龙志莫酬,羁留五国泪空流。年年塞上南归雁,不得相随到越州。(《盛明百家诗·张臬副集》)

张意,字诚之,号余峰,明昆山(今江苏昆山市)人。嘉靖八年(1529)进士。官至南京职方郎中及山东副使。

阙 题
刘 瑜

无故金牌至,何辞铁骑旋。狱诬三两字,庙飨几千年。(《精忠类编》卷八)

刘瑜,字尚美,号西崖,明全椒(今安徽全椒县)人。嘉靖八年(1529)进士。工诗文,善行、草书。又善水墨山水。

阙 题
石 湛

行山列翠郁崔嵬，暑气斜连古庙开。夹道槐阴空鸟语，满阶秋色几莓苔。十年功废名还在，二帝蒙尘恨未灰。瞻拜王祠多感慨，不堪立马首重回。(《精忠类编》卷八)

石湛，明凤翔（今陕西凤翔县）人。据《万历彰德府续志》，石湛嘉靖八年（1529）任彰德府同知，而《乾隆凤翔府志·选举志》载，石湛于嘉靖三十七年（1558）中举，二者当有一误。

谒岳武穆庙
姚廉静

来谒睢阳庙，仍临武穆祠。庙谟还自失，天道独无知。三字已成狱，千年空断碑。可怜坟上树，犹自引南枝。(《盛明百家诗·姚本修集》)

姚廉静，字本修，自号君山人，明江阴（今江苏江阴市）人。年二十五卒于黉序。与其兄廉能（嘉靖七年举人）并有诗名。

祭岳武鄂穆王文辛巳年诸生时作（节录）
邵经济

呜虖天乎！果有意于王之生乎！而畀之以文武之懿、忠孝之贞乎！胡不鉴夫王之心乎！而俾年不逮四十、功委之于垂成乎！意者王之生死成废为之偶然，而苍苍者无信、梦梦者无神乎！呜虖天乎！曾谓臣之亡身殉国者不败于虏而败于君乎！而虏之顿绝几灭者复首庆幸而气为之伸乎！此予所以痛惋雪涕不容不吁天以云云也。呜虖天乎！(《西浙泉厓邵先生文集》卷六)

邵经济，字仲才，明仁和（今浙江杭州市）人。嘉靖九年（1530）任工部都水司主事，历官成都知府。有《西浙泉厓邵先生文集》。

谒岳武穆祠
袁袠

朱仙当日恨班师，地裂天顷宋室危。百战河山空左衽，千年松柏尽南枝。江潮夜月英魂现，禾黍秋风故国悲。和议只谈秦相失，燕云先已弃辽夷。（《胥台先生集》卷七）

袁袠（1502—1547），字永之，号胥台山人，明长洲（今江苏苏州市）人。嘉靖五年（1526）进士。终官广西提学佥事。有《世纬》《胥台先生集》。

过朱仙镇谒岳武穆王祠
王格

岳王忠勇古今闻，北伐曾屯此地军。无那金牌回虎旅，空从汴水望燕云。六桥烟月朝廷小，三字刑书首身分。五百年来犹庙祀，春花秋草几缤纷。（《少泉诗集》卷七）

王格（1502—1595），字汝化，号少泉，明京山（今湖北京山县）人。嘉靖五年（1526）进士。终官太仆寺少卿。有《少泉诗集》。

谒岳武穆王祠
吕希周

绀殿崔嵬寔壮哉，紫霄鹏化旅魂来。孤臣血泪终难报，万里龙沙驭莫回。不忿金柑传密誓，犹闻铁马撼惊雷。霓旌摇曳坛场外，遗恨江流咽不开。（《东汇诗集》卷九）

吕希周，字师旦，明崇德（今浙江桐乡市）人。嘉靖五年（1526）进士。官至通政使。有《东汇诗集》。

席上观岳飞故事
江以达

□□层轩倚碧流，绮罗春宴曲江头。青山相依如相□，□雨乍来还自

收。偶尔逢场追宋事，尽缘此属为身谋。伤心一掬英雄泪，洒向中原独未休。(《午坡文集》卷一)

江以达，字子顺，号午坡，明贵溪（今江西贵溪市）人。嘉靖五年（1526）进士。官至湖广提学副使。有《午坡文集》。

祀岳忠武鄂王乐章
杨恂

炎光中灭坤舆颓，豺兕猖獗争喧豗。神州赤县飞黄埃，狂风拂拂从东来。六龙潜伏钱塘隈，扫清谁是匡时才。天遣神人荡九垓，长身玉立貔虎材。宝刀白马挥烟霾，驱斩群寇同草楷。节制如山不可摧，敌人喘恐蹲且骇。中原恢复事已谐，誓欲直捣黄龙堆。旄头未落荧惑催，铄金销骨坚莫摧。长城自弃胡为哉，怒发冲冠气奔雷。上干白日星斗开，丹青照耀空云台。锜也杜门世忠猜，英雄相顾如死灰。延秋夜夜乌声哀，甘心左袒畴为魁。游魂壮志横天涯，化为厉鬼犹徘徊。至今凛凛行江淮，下与浊世锄蒿莱。由来播乱良有媒，谗臣蔽国成祸胎。忠良丧气孰敢咍，旌善罚恶神索怀。愿言秉正诛奸回，调和元气归化裁。朱干析羽陈两阶，兆祥介福消凶灾。神功赫奕何崔巍。(《重印信阳州志》卷一二)

杨恂，明新都（今四川成都市新都区）人。嘉靖五年（1526）进士。嘉靖十三年（1534）以佥事谪信阳州判。后升府通判。

谒武穆祠
钱薇

几回来过湖上祠，肃瞻遗像古今悲。深奸卖国偏蒙日，孱主移权自失时。南国金牌沉汗马，中原宝鼎委狂夷。青山埋骨云长护，露滴松楸俨泪垂。(《承启堂稿》卷五)

钱薇（1502—1554），字懋垣，号海石，明海盐（今浙江海盐县）人。嘉靖十一年（1532）进士。官至礼科给事中。隆庆初，赠太常寺少卿。《明史》有传。有《承启堂稿》。

西湖游览五首（录一）
田汝成

宋家宫殿倚西湖，异代萧条王气徂。辇道秋风飘落叶，寝园春雨洒平芜。登高赋古非能事，赏月怜花摠细娱。惟有岳王英魂在，苍苍宰木向南孤。（《田叔禾集》卷一二）

谒鄂国武穆王庙宫同黄勉之一首
田汝成

宋造昔云季，胡风日南驰。崤函既灰烬，伊洛亦丘墟。贤豪应时出，当天赐英姿。束发秉旄节，凿垣厉熊罴。一校摧日逐，先声詟月支。列郡树质馆，遗民伫官仪。蝇营谮何润，筦心怒方懠。勒社勋未策，赐镯谴已随。阖门伏忠愤，明义咸不亏。英魂捣北漠，宰木矫南枝。怀贤思俨若，抚景益凄其。楚兰曾殒屈，吴嚭亦歼胥。名高乃招毁，威震坐生疑。扼腕每自昔，沾缨非独兹。（《盛明百家诗·田豫阳集》）

田汝成（1503—1557），字叔禾，号豫阳，明钱塘（今浙江杭州市）人。嘉靖五年（1526）进士。官至福建提学副使。后罢官归里，盘桓湖山间。《明史》入《文苑传》。著述以《西湖游览志》《西湖游览志余》最著。

流芳亭岳鄂王石刻像赞
佚　名

惟武穆王，天锡勇智。气吞强胡，力扶宋季。桓桓师旅，元戎是寄。行将恢复，遭谗所忌。生既无怍，死亦何愧。万古长存，惟忠与义。（《西湖游览志》卷九）

朱仙镇
施　渐

戎马纷纷日向南，将军破虏入河汴。中原草白诸陵秋，至今才见王师面。天子流离尚野次，都人慷慨思归辇。黄龙羽书立可传，国步当蹇降胡

年。呜呼,将军不死如完颜。(《盛明百家诗·施武陵集》)

施渐,字子羽,号武陵,明钱塘(今浙江杭州市)人。与田汝成为友。以序贡授海盐县丞。有《施武陵集》。

岳庙二首
胡 松

朱仙兵甲雷风地,社稷苍生望此时。羽檄分驰催献捷,金牌十道诏班师。中原痛哭嗟何及,南渡偏安竟莫支。自是康王甘饮恨,空教人憾老奸欺。

主君忧辱结心脾,忍复孤高学子皮。铁马驱驰妨国议,黄金销铄竟谁为。三闽有谶英雄死,四海无人天地悲。自古风波多少恨,断肠回首涕交颐。(《胡庄肃公文集》卷八)

胡松(1503—1566),字汝茂,号柏泉,明滁州(今安徽滁州市)人。嘉靖八年(1529)进士。官至吏部尚书。谥恭肃。有《胡庄肃公文集》。

谒岳武穆王坟
江 瓘

结发提戈出塞师,颍昌旗势欲吞胡。蜡书已构三人虎,烈士空怀四字符。墓树南生巢鹳鹤,湖烟朝起乱蘼芜。黄龙痛饮赍雄志,谁向尚方请湛卢。(《江山人集》卷四)

江瓘(1503—1565),字民莹,明歙县(今安徽歙县)人。少为诸生。以疾弃举子业,工医,专事吟咏。有《江山人集》《名医类案》。

谒武穆祠一律
江中晓

曲栏垂露滴松萝,武穆祠垣复此过。百代精忠悬日月,十方灵焰烨山河。条垂柳色含霜遍,啼切鸟声入暮多。往事尽教流水咽,好销氛祲协时和。(汤阴岳庙诗碑)

江中晓,自署石城(其地待考)人。诗作于隆庆元年(1567)冬月,时任西安府同知。

读岳亦斋《吁天辨诬》有感
李 筵

一介孤儿痛父兄，吁天千古是非明。独怜五国青衣叟，不见慈孙孝子生。(《崇祯汤阴县志》卷一八)

李筵（1503—1569），字仲清，号西野，明汤阴（今河南汤阴县）人。举嘉靖十三年（1534）乡荐。历官巩昌府（今属甘肃）知府。隆庆三年（1569）以诏进阶亚中大夫。有《西野集》。

岳武穆庙
刘 绘

大将霓旌虏气寒，可怜神勇自摧残。细看陶侃石头事，常使英雄泪不干。(《嵩阳集》)

刘绘（1505—1578），字子素、少质，明光州（今河南潢川县）人。嘉靖十四年（1535）进士。因两次弹劾夏言，被排挤出任重庆知府。后挂冠辞职，回乡设坛讲学，人称嵩阳先生。《明史》有传。有《嵩阳集》一卷。

阙 题
彭 年

爵宠田横墓，功高诸葛祠。江山留正气，天地有新悲。北伐龙庭近，南迁马渡危。英雄异时泪，沾洒读残碑。

国步分淮水，将军泣杜邮。艰难百战日，忠愤一抔秋。草木南枝怨，衣冠北面羞。只应燕市客，同作九原游。(《万历杭州府志》卷四六)

彭年（1505—1566），字孔嘉，一说字子素，号隆池山樵，明长洲（今江苏苏州市）人。好学工书，以词翰名。

武穆祠
陆坤

文臣不爱钱，武臣不怕死。卓哉武穆言，生平允无愧。所惜一死余，未见雪仇耻。虽然报国心，未必自成毁。八日仰神谋，千春荐芳芷。英风凛寰区，况乃凤经理。奸谀竟何人，荷校亦庭死。欲招钱塘魂，永锡巴陵祉。普天无横索，战国仍兹已。亭车瞻拜余，寒日照湖水。（《隆庆岳州府志》卷九）

陆坤（1504—1553），字秀卿，号篑斋，明嘉善（今浙江嘉善县）人。嘉靖五年（1526）进士。官至右佥都御史、巡抚河南。有《陆篑斋集》《篑斋杂著》。

栖霞岭谒岳武穆王墓
尹台

元忠瞻异代，巨庙倚高坟。痛矣英雄事，悲哉战伐勋。金牌飞白日，铁戟断黄云。劲气号松柏，犹疑叱咤闻。（《洞麓堂集》卷七）

后一经堂歌有序（节录）
尹台

我师龙湖翁作一经堂歌，以赠今临海令宗弟时夫。台依和之。曰：当宋寇内讧之日，忠武誓孤忠，提偏旅，破贼之计未决也。云阳长者倡义声，迎犒军门，令六师之气不战而先奋，其于成功之助盖多矣。忠武名其堂，订以一经教子，若豫占其后之必兴者。今子孙诗书泽远，延流数百岁，仕宦不绝，得非本忠义一心之感协哉！翁歌以赠时夫，盖取类至深矣。余故申其义，和歌之，令时夫益诵以自励。

古堂遗址经几世，赵宋之南兹额传。於戏岳公三大字，蛟龙岌业风雷缠。忆昔湖寇始干纪，洞庭波立鳣鲸起。舟师既溃潇湘流，北马复蹴江淮水。忠武此时挺戈出，万里旌旗映天色。贼势未扫欃枪外，军声已动轩辕侧。当时义士谁赴招，云阳长者吾宗豪。先持牛酒犒师旅，暗握蛇鸟陈机韬。忠武褒书由此留,一经之堂传春秋。长有烟云护铁画,时看风雨生银钩。四百余年诗书泽,簪笏代承何舄奕。……云仍岂乏畜畲训,臣子要知忠义风。君不见忠武题赠垂无极,吾师一经之歌将毋同。(《同治茶陵县志》卷二三)

尹台(1506—1579),字崇基,号洞山,明永新(今江西永新县)人。嘉靖十四年(1535)进士。忤严嵩,出为南京祭酒。官至南京礼部尚书。有《洞麓堂集》。

一经堂歌次张少保韵(节录)
谭绍琬

草堂传自南渡成,赠承忠武落管城。粟输军前群见德,山人姓字难隐逸。一经自宋历元明,前人草创后润色。诵读在经圯在堂,败瓦犹是藜火光。……但从经术求世务,嘈嘈章句何足图。(《同治茶陵县志》卷二三)

一经堂歌次尹宗伯韵(节录)
谭绍琬

君家藏书千百编,一经独以忠武传。讨贼者忠输饷义,忠义相遭一丝缠。自宋到今时堪纪,诚斋大书云光起。岳鞭已断洞庭流,岳藻将浮洣江水。堂垂奕代硕彦出,一经能生两闱色。……君不见岳公褒赠诚斋墨,香熏今古无异同。(《同治茶陵县志》卷二三)

次张观察咏古松韵
谭绍琬

谷口阴垂凉燠分,相逢大树忆将军。频吹晓露遗兰侣,闲遣清风赠竹君。老干纷披南渡日,苍枝纵送北山云。天人籁静传幽响,喜逐庵中入梦闻。(《同治茶陵县志》卷二三)

谭绍琬,字炎卿,明茶陵(今湖南茶陵县)人。拔贡。有《涉园集》。

和张观察游旌忠庵观古松
刘温良

岳家手植已龙鳞,老桧凋伤莫话秦。少保风清留正气,大夫劲节衬完人。闲云护干苍能秀,冷月侵枝晚独新。仁立亭亭遥逼汉,杜陵四友亦驰神。(《同治茶陵县志》卷二三)

刘温良,字美度,曾官茶陵知县。

朱仙镇观岳将军庙
唐顺之

丹书画壁闪旌旗,想象勤王转战时。黄屋未归南狩驾,金牌已罢北征师。平芜漠漠前朝隔,旷野阴阴暮鸟悲。惟有西湖原上树,春来犹发向南枝。(《荆川集》卷二)

岳将军墓
唐顺之

国耻犹未雪,身危亦自甘。九原人不返,万壑气长寒。岂恨藏弓早,终知借剑难。吾生非壮士,于此发冲冠。(《荆川集》卷三)

吴江三忠祠
唐顺之

庙枕洞庭波,招魂荐楚歌。灵风鼠雀避,落日鹿麇过。东国终为沼,南兵不渡河。江淮形胜地,保障近如何。

一日属镂赐,千年墓槚秋。死应为厉鬼,战岂觅封侯。吴越车书混,江淮战伐休。幸逢全盛世,此地弄扁舟。(《荆川集》卷三)

唐顺之(1507—1560),字应德,一字义修,号荆川,学者称"荆川先生",明武进(今江苏常州市武进区)人。嘉靖八年(1529)会试第一。官至右佥都御史,巡抚凤阳。崇祯时追谥襄文。有《荆川集》《文编》。

朱仙镇谒岳庙
孙应奎

古道朱仙镇，吾行此经始。夹巷余千家，懋迁日成市。庙貌蔼松桧，岁时虔岳祀。遥想皇宋隆，庶繁亦应似。天运不可挟，板荡中原圮。三孽髡道周，诛死亦已矣。方今道化溢，赓歌复喜起。乾坤荡荡中，帝力还谁纪。我来谒遗像，见尔发上指。乃知忠臣心，报国无生死。日落山气暝，欲去犹徙倚。（《燕贻录》卷一二）

孙应奎（？—1570），字文卿，号蒙泉，明余姚（今浙江余姚市）人。嘉靖八年（1529）进士。终官南京户部尚书。有《燕贻录》。

吊岳武穆祠
莫如忠

宋祚嗟何及，英雄志已孤。涅肤欲尽瘁，蹀血誓长驱。未得生还主，先将死谢胡。忠魂不知寐，曾叩帝阍无。（《崇兰馆集》卷四）

莫如忠（1508—1588），字子良，号中江，明松江华亭（今上海市松江区）人。嘉靖十七年（1538）进士。官至浙江布政使。《明史》附《董其昌传》。有《崇兰馆集》。

谒岳武穆祠
陈鎏

纲常千古恨，鄂渚一秋祠。白浪悲忠吻，阴风感义旗。北来戎战日，南渡燕安时。独惜中原地，元从三代遗。（《己宽堂集》卷二）

朱仙镇吊岳武穆
陈鎏

举朝南渡日，一将北驱时。国步从兹定，书生岂独知。垂成功可惜，合义死何辞。千载阴风后，犹闻铁马嘶。（《己宽堂集》卷二）

陈鎏（1508—1581），字子兼，别号雨泉，明吴县（今江苏苏州市）

人。嘉靖十七年（1538）进士。官至四川提学副使。有《己宽堂集》。

莫须有
朱显槐

莫须有，莫须有，三字难箝天下口。可恨黄柑是祸胎，万里长城付谁守。施郎刺桧桧不死，奸相临葬得王礼。郾城成功悲武穆，蕲王啜嚅忠臣戮。吁嗟乎，三字狱。(《盛明百家诗·宗室武冈王集》)

朱显槐，字不详，自号少鹤，明楚端王荣诚第三子。嘉靖十七年（1538）封武冈王。谥保康。有《少鹤诗集》。

尉氏北上
刘廷诰

春日驱车出尉城，隔堤深树自啼莺。颠狂柳絮风吹落，红白桃花雨作成。晋代风流悲阮籍，夷山岑寂忆侯生。独怜武穆祠前草，满目能牵吊古情。(《嘉靖尉氏县志》卷五)

刘廷诰，字汝钦，明慈溪（今浙江慈溪市）人。嘉靖十七年（1538）进士。曾任开封府推官。官至工部员外郎。

阙题
胡尧臣

报国忠诚驱古今，遗容凛凛太行阴。当年号令风霆迅，此日精忠草木森。一战几成恢复业，两宫伫听凯旋音。可怜十二金牌出，空使英雄泪不禁。(《精忠类编》卷八)

胡尧臣，明铜梁（今重庆市铜梁县）人。嘉靖十七年（1538）进士。官至河南巡抚。

吊岳坟用壁间韵
陈言

金牌十二诏班师，痛饮黄龙愿竟违。万里銮舆终北狩，千年松柏尚南

枝。雨荒孤冢埋金剑，云锁空山暗铁衣。莫向此中多感慨，五陵衰草正离离。(《列朝诗集》闰集第五)

陈言，字献可，号东涯，明海盐（今浙江海盐县）人。嘉靖十六年(1537)举人。博综经传，探索子史，作《五经疑义》若干卷。

过岳王祠
赵时春

底死谁怜铁象马，那堪再折精忠旗。鄗南汉祖莫相笑，自是仲华先拂衣。(《赵浚谷诗集》卷四)

旅甸怀古八首（录一）
赵时春

武穆旌旗绝塞阴，祠堂翠柏晚萧森。青年慷慨匡时略，皓首蹉跎捧日心。梦绕黄龙空想像，南来白雁已骎寻。龙姿猛气今安在，犹使孤臣泪满襟。(《赵浚谷诗集》卷一)

赵时春（1509—1567），字景仁，号浚谷，明平凉（今甘肃平凉市）人。嘉靖五年（1526）进士第一。官至山西巡抚。有《赵浚谷诗集》。

舟次钱塘怀古
傅夏器

严滩东下过钱塘，三跳驱回倒海浪。江畔吞声故野老，篱边太息古贤良。鸱夷於邑吴门恨，金字欷歔报国肠。惆怅中原如可作，壮魂孰与怒潮强。(《刻泉郡傅锦泉先生文集》卷五)

傅夏器（1509—1594），字廷璜，号锦泉，明泉州南安（今福建南安市）人。嘉靖二十九年（1550）会元。官至稽勋司郎中。有《锦泉先生文集》。

谒武穆祠
李万实

武穆犹生气,清高湖上祠。杀身惟报主,赍志恨班师。未必奸谋售,从知宋祚移。薰风荐苹藻,洒涕读残碑。(《崇质堂集》卷五)

李万实(1509?—1579?),字少虚,一作若虚,号忉庵,明南丰(今江西南丰县)人。嘉靖三十三年(1554)进士。官至浙江按察司副使。有《崇质堂集》。

谒岳武穆王庙
陈 珊

衮旒在在祀忠臣,冶铁双双伏贼秦。一念是非千古定,舜何人也跖何人。
靖康祸乱愧诸臣,误国真如越视秦。绝域可能归二圣,藁街何不系三人。
君父纲常系子臣,谁将国柄尽移秦。高宗倘念蒙尘者,恢复功成或有人。
矢心雪耻叹孤臣,矫诏和谋已属秦。悬断当时成败迹,九原安得起斯人。
(汤阴岳庙诗碑)

陈珊(1510—1577),字鸣仲,一字近衡,明铜仁(今贵州铜仁市)人。嘉靖三十二年(1553)进士。官至山东兖州同知。诗碑题写日期为嘉靖庚申(嘉靖三十九年,1560)。

谒三忠祠
王立道

寥落遗忠像,杉松古殿阴。兴亡问流水,哀怨动鸣禽。志厄当年会,神垂异代歆。独临车马道,应识往来心。(《具茨诗集》卷二)

王立道(1510—1547),字懋中,明无锡(今江苏无锡市)人。嘉靖十四年(1535)进士。官翰林院编修。著作主要有《具茨集》及补遗。

吊岳武穆
佘光裕

唾手燕云将虎豼，双旌无奈朔风吹。长城已坏班师日，天柱俄倾破虏时。霜冷翠华终北狩，月寒宰木向南枝。奸谀未死英雄尽，回首山河转夕曦。

长驱铁骑蹀阏氏，十载成功一旦亏。冢上墓云繁绿草，庙门春树怨黄鹂。子胥江冷吴恩薄，诸葛营空汉祚危。万里风尘愁二帝，返魂飘逐向南箕。（《岭南文献》卷二九）

佘光裕，字武可，明顺德人，籍隶香山（今均属广东）。嘉靖三十四年（1555）乡魁。官至荆州左长史。有《江石集》。

岳武穆祠
赵 统

汤阴城外新祠辉，乡间香火祀岳飞。白鹤不来空树表，黄龙未醉莫羞肥。云连杀气吞金阙，雪结愁心怨铁衣。谁识绍兴真意思，区区秦桧竟何讥。（《骊山集》卷七）

赵统，字伯一，明临潼（今陕西西安市临潼区）人。嘉靖十四年（1535）进士。官户部郎中。嘉靖二十六年（1547）为人所陷，拘于狱中。万历元年（1573）释归。有《杜律意注》《骊山集》。

题岳庙
陈以勤

宣和末运仗英雄，恢复燕云指顾中。可奈蜡书通夜月，讵令铁剑泣阴风。两宫梦断狼星赤，万里江山宋事终。遗恨岂随奸魄尽，年年和泪洒寒松。（《崇祯汤阴县志》卷一八）

陈以勤（1511—1586），字逸甫，号松谷，别号青居山人，明南充（今四川南充市）人。嘉靖二十年（1541）一甲第三名进士。官至礼部尚书兼文渊阁大学士，入阁参理机务。敢于直言，上《励精修政》四事疏。《明史》有传。

阙　题
翟　涛

宋室推名将，从来第一人。勤王扶社稷，逐虏靖烟尘。气节元无竟，勋庸自不伦。当年谁误国，遗恨在千春。（汤阴《岳飞庙志》）

翟涛，明安阳（今河南安阳县）人。邑贡士，嘉靖二十二年（1543）举乡试。曾任济南府同知，代理泰安知府，擢广西庆远府知府。

仰忠祠记诗
孙　慎

呜呼皇天不可诹，蝮蛇肆毒龙死湫。宋家山河百二州，坐令板荡成膻裘。使我愤惋泪长流，拔剑恨不斩佞头。王死于今四百秋，祥云赤日忠未浮。忠魂陟降帝乡游，正气勃勃惨不收。化成河汉昭斗牛，精光下烛故都愁。于粲洒扫陈殽馐，坎其击鼓纷纷讴。神不肯来塞谁留，天门广启风飕飕。翻然载驾云中辀，两旗高拂剑鸣秋。低徊涟惓眷绸缪，神不少留我心忧。暮云噎噎山之幽，浔阳满极江悠悠。（《同治德化县志》卷一一）

孙慎，明祁县（今山西祁县）人。正德五年（1510）举人。嘉靖二十三年（1544）进士。曾任浙江巡按御史。作者表九江岳武穆王祠曰"仰忠"。

吊岳忠武二绝
陆乾元

撼山容易撼军难，兵贵先声敌已寒。只说高宗忘社稷，不知天造此更端。

东窗长舌厉之阶，大将权臣事肯谐。不是书生先扣马，至今人只信金牌。（汤阴岳庙诗碑）

读北伐诗满江红有感
陆乾元

号令天声岂偶然,从头收拾旧山川。燕幽直捣八千里,尘土长驱三十年。涅背心惟图报国,冲冠誓不与同天。旗枭克汗成虚语,却中书生计马前。(汤阴岳庙诗碑)

陆乾元,明宣城(今安徽宣城市)人。正德五年(1510)举人。嘉靖二十三年(1544)任汤阴(今河南汤阴县)知县。升兖州通判。

阙　题
李春芳

崇宁狐鼠来熙丰,白山犬羊窥苍穹。妖氛万里天空濛,回头北顾谁弯弓。汤阴淑气起人龙,精忠耿耿贯晴虹。与虏生存誓不同,金戈铁马声隆隆。旌旗赫奕雷行空,笑谈南北收群雄。胡命仓皇破竹中,方看取日出高舂。无奈阴霾遮九重,宋室萎顿数已穷。凤凰鹈鸠非朋从,天遽夺之归芙蓉。气随日月悬西东,栖霞岭下若堂封。湖光迤逦山蒙茸,庙前古柏号秋风,仿佛王歌满江红。(《精忠类编》卷八)

李春芳(1511—1585),字子实,号石麓,明兴化(今江苏兴化市)人。嘉靖二十六年(1547)进士第一。官至礼部尚书加太子太保兼武英殿大学士入阁拜相。隆庆二年(1568)升任首辅。谥文定。《明史》有传。有《贻安堂集》。

谒岳武穆祠
马继龙

古庙寒烟锁寂寥,松杉入夜起风涛。孤臣毅魄今犹在,二帝游魂不可招。落寞关山边月冷,纵横南北野狐骄。道逢故老闲相问,犹说金牌憾未消。(岳墓诗碑)

马继龙,字云卿,号梅樵,明永昌(今云南保山市一带)人。嘉靖二十五年(1546)举人。官至南京兵部车驾司员外郎。有《梅樵集》,未刊。

《滇南诗略》录其诗六十八首。

[南中吕] 驻马听·拜岳墓
陈所闻

独秉精忠,誓返銮舆未奏功。只落得湖留孤冢,山结愁云,树咽悲风。游人洒泪拜行宫,怎怪那朱仙遥望旌旗恸!试问奸雄,流芳遗臭,孰轻孰重?(《元明清散曲选》)

陈所闻,字荩卿,号萝月道人,明仁和(今浙江杭州市)人。嘉靖二十五年(1546)举人。任玉山知县。洞晓音律,善于词曲。有《濠上斋乐府》《游吴草》《萝月轩集》等。

壬子夏六月瞻拜武穆王像英气犹生赋此以吊之
李光先

亢首固不群,狂誂由天纵。少保镇朱仙,魄气神明敬。竖子立朝号,社稷如丸弄。大厦自倾翻,一木难撑云。忠良古来有,谁比芳名青。秦奸万代羞,王气千秋重。公末细宗学,慷慨惟心颂。(岳墓诗碑)

李光先,字惟孝,号冶山,明代州(今山西代县)人。举人。曾任彰德府通判。嘉靖二十五年(1546)任海宁知州。

金牌来
彭辂

金牌来,何太苦,戎马骙骙遍齐鲁。沮洳蕞尔逃,江左天子诏。胡不归,将军跋扈为罪魁,臣也可招亦可麾。堰城敛旗纛,故鬼他乡哭。戚戚白符鸠,壮士罹屠戮。野狐木魅乘鼎轴,神州望断遗黎目。(《彭比部集》卷三)

题岳坟和赵子昂韵
彭 辂

黄鸟新歌接黍离，十年长剑倚天危。血藏已化苌弘碧，尘起犹惊岳字旗。膻运比来移泰岱，游魂南堕哭燕支。莫怜湖上能埋骨，湖水微茫不尽悲。

閟祠山畔石离离，高冢藏弓猛士危。玄夜迭传中禁诏，阴风忽卷堰城旗。六飞车马沉孤戍，一水江淮析二支。寂寞宋家何处问，萋迷春草助人悲。（《彭比部集》卷七）

彭辂，字子殷，明海盐（今浙江海盐县）人。嘉靖二十六年（1547）进士。官至南京刑部主事。有《彭比部集》。

阙 题
梁 佐

宋京人物更谁雄，大义平生慷慨中。赤手双扶天上日，朱麾一卷塞边风。可怜铁骑孤尤壮，痛哭金牌恨未终。故里祠前说奸桧，秋涛激烈撼庭松。（《精忠类编》卷八）

梁佐，明大理（今云南大理白族自治州）人。嘉靖二十六年（1547）进士。分巡漳南道。杨慎弟子。编刻杨慎《丹铅总录》。

行经岳鄂王墓
俞允文

勾践湖西路，高坟宛在兹。一家同受命，孤绩竟何施。胡马驱驰日，中原涕泪时。天心与人事，千古为伤悲。（《仲蔚先生集》卷五）

俞允文（1512—1579），初名允执，字仲蔚，明昆山（今江苏昆山市）人。嘉靖间诸生，终身未仕。与同乡王世贞友善，为"广五子"之一。有《仲蔚先生集》。

过武穆祠
余曰德

赤县名祠俯翠微，巾车凭轼凛清辉。金牌长抱中原恨，铁骑空闻百战归。浩气星辰元不没，大名河岳递相依。只今跋扈空长戟，惆怅西风一洒衣。（《余德甫先生集》卷七）

余曰德（1514—1583），榜名应举，字德甫，号午渠，明南昌（今江西南昌市）人。嘉靖二十九年（1550）进士。官至福建按察司副使。有《德甫文集》。

吊岳武穆王墓
张 琦

侵疆几复卷鲸鲵，一桧横遮帝眼迷。直北山河忘故土，江南乌鹊作安栖。皇天此日真难问，长剑何人得再提。寂寞墓前青血在，一抔还覆赵家泥。（《甬上耆旧诗》卷七）

张琦，字君玉，明鄞县（今浙江宁波鄞州区）人。弘治十二年（1499）进士。累官兴化府知府，加布政使参政。有《白斋竹里集》。

朱仙镇岳将军祠
蔡汝楠

郾城乘胜詟戎夷，却见金牌马上驰。堪叹尚方难借剑，将恢旧国竟班师。功隳偶中书生料，筴卷惟深父老悲。千载丹青饰遗庙，英标还似独征时。（《自知堂集》卷五）

岳王墓
蔡汝楠

谁将三字狱，堕此一长城。北望真堪泪，南枝空自荣。国随身共尽，君恃相为生。落日松风起，犹闻剑戟鸣。（《西湖梦寻》卷一）

蔡汝楠（1514—1565），字子木，号白石，明德清（今浙江德清县）

人。年十八中嘉靖十一年（1532）进士。官至南京工部右侍郎。《明史·文苑传》附于《高叔嗣传》。有《自知堂集》。《西湖梦寻》作蔡汝南。

朱仙镇谒岳祠
谢少南

痛哭班师地，丹青意尚雄。虏元非大敌，人自忌全功。土委三江外，城摧万里空。不堪伤往事，洒洒湿西风。（《盛明百家诗·二谢诗集》）

谢少南，字应午，一字与槐，明上元（今江苏南京市）人。嘉靖十一年（1532）进士。官至河南布政司参政。有《粤台稿》《河垣稿》《谪台稿》。

谒武穆庙
来汝贤

六桥行尽见玄宫，生气如闻万籁风。松桧有灵枝不北，江湖无恙水犹东。千年宗社孤坟在，百战金兵寸铁空。时宰胡为窃天意，野云愁寂夕阳中。（《菲泉先生存稿》卷二）

来汝贤，字子禹，明萧山（今浙江杭州市萧山区）人。嘉靖十一年（1532）进士。官至礼部主事。有《菲泉先生存稿》。

阙　题
刘思唐

运去英雄不可留，荒祠遗像几春秋。出师会见黄龙捷，冤狱翻成白日愁。千秋忠魂犹庙祀，两宫旅榇竟谁收。黍离南望中原近，汴水东流恨未休。（《精忠类编》卷八）

刘思唐，明宁夏卫（今宁夏银川市）人。嘉靖十一年（1532）进士。由翰林院庶吉士历升山西、浙江提学，湖广按察使。

赠岳岱武穆十一世孙
吴维岳

精忠怀祖烈,远裔得闻孙。百世风犹奋,片言交即敦。短衣淳酒肆,长句溢词源。语及干戈际,徒怜老荜门。(《天目山斋岁编》卷一六)

吴维岳(1514—1569),字峻伯,号霁寰,明孝丰(今属浙江安吉县)人。嘉靖十七年(1538)进士。官至右都御史,巡抚贵州。有《天目山斋岁编》。

登岳武穆坟
宋仪望

未穷湖上兴,来谒岳王坟。痛哭班师诏,凄凉报国勋。青山谁是主,白日独怜君。夜夜英魂语,临波不忍闻。(《华阳馆文集》卷一四)

宋仪望(1514—1578),字望之,号阳山,更号华阳,明永丰(今江西永丰县)人。嘉靖二十六年(1547)进士。官至大理寺卿。有《华阳馆文集》。

阙 题
周天球

将军忠骨瘗山阿,宰木阴森杂薜萝。长夏湖天云作垒,先秋风雨水增波。金牛尚挟秋涛北,铁骑犹闻夜銎过。西去思陵无恙否?冬青涧落夕阳多。(《万历杭州府志》卷四六)

周天球(1514—1595),字公瑕,号幼海,明长洲(今江苏苏州市)人。诸生。少游文徵明门下,善书画。

岳鄂王墓
欧大任

族已北辕去,鼎犹南渡移。黄龙思痛饮,白马哭班师。日晕丹心贯,山荒碧血滋。呜呼千古恨,扶杖读残碑。(《欧虞部集·诏归集》)

过汤阴谒岳忠武庙
欧大任

遥指汤阴路，西寻鄂国居。行云犹惨淡，征马尽踌躇。逆虏兵曾炽，中原愤未除。旄头南落日，鼓角北征余。谋国奸先蠹，和戎策已疏。黄龙期痛饮，丹诏促归舆。草染苌弘血，霜飞乐毅书。皇天不可问，烈士竟何如。力尽朱仙镇，魂归二帝车。山河留壮气，不敢泣欷歔。（《南园后五先生诗》卷四）

朱仙镇岳王庙
欧大任

百万长驱虏不支，金牌谁遣哭班师。英雄未饮匈奴血，天地空摧马革尸。二帝梦魂沉朔漠，两河父老望旌旗。西风折尽沙城柳，犹似将军督战时。（《广东诗粹》卷六）

欧大任（1516—1595），字桢伯，人称崙山先生，明顺德（今广东佛山市顺德区）人。以贡生官江都训导，官至南京工部郎中。《明史·文苑传》附于《黄佐传》。有《欧虞部集》。

岳武穆王迎飨送神词
沈友儒

醽酒兮盈壶，陈牲兮骊辜。神降兮赳赳，解骖兮酌卣。佩长剑兮荷长殳，弓在室兮矢在厨。生许国兮鞠躬尽瘁，殁为神兮盼蚃滋炽。吉蠲明禋兮上有圣君，风励臣工兮永懋策勋。神去兮奈何，鼓坎坎兮巫屡歌。神思奋兮挽天河。挽天河兮洒斧，斫去厉鬼兮迪吉。康民无灾兮物无害，欸长啸兮倚天外。（岳墓碑刻）

沈友儒（1516—？），字子真，明海昌（今浙江海宁市）人。嘉靖十七年（1538）进士。曾官刑部员外郎。

岳坟
沈明臣

北轮无回尘，高枝空墓树。行人拜松楸，鞭痕满三铸。(《丰对楼诗选》卷二三)

沈明臣（1518—1596），字嘉则，号句章山人，晚号栎社长，明鄞县（今浙江宁波市鄞州区）人。为诸生，累赴乡试不中，遂专意于诗。平生作诗七千余首。有《丰对楼诗选》。

经汤阴武穆祠
徐学谟

古柏苍松入夜清，祠宫还傍宋遗京。长驱竟失残胡孽，痛饮何辜大将营。碧血精魂虚马革，翠华想像失龙城。中原定绕思乡梦，风卷黄河合有声。(《徐氏海隅集》卷一三)

经朱仙镇吊岳武穆祠
徐学谟

愁阴横结大河湄，犹似金牌痛哭时。天地伤心空伏腊，燕云矫首尚旌旗。砂鸣故垒黄龙恨，日短中原白发悲。千岁精灵镇长在，崧高合并报忠祠。(《徐氏海隅集》卷一五)

徐学谟（1521—1593），字叔明，一字子言，号太室山人；原名学时，字思重，明嘉定（今上海市嘉定区）人。嘉靖二十九年（1550）进士。官至礼部尚书。有《徐氏海隅集》。

中峰岳武穆新祠
邵圭洁

宋室谋何误，精忠委镯镂。数当天永定，神与地同流。虞岭开新荐，吴云结旧愁。还凭凄怆气，障此大江头。(《北虞先生遗文》卷一)

邵圭洁，字伯如，一字茂斋，号北虞，明常熟（今江苏常熟市）人。

嘉靖二十八年（1549）举人。

咏史六首（录一）
方宏静

奸臣庸主两相逢，天作湖山亦九重。阃外金牌从十二，孤军未必抵黄龙。(《素园存稿》卷五)

方宏静，字定之，明歙县（今安徽歙县）人，嘉靖二十九年（1550）进士。官至南京户部右侍郎。有《素园存稿》。

述史十首·宋（节录）
董传策

酿祸牧胡马，靖康成播迁。南渡席未暖，和议已胶□。虎臣班师诏，千载悲朱仙。国耻积难雪，边患钩相连。(《幽贞集》中册)

董传策（？—1579），字原汉，号幼海，明华亭（今上海市松江区）人。嘉靖二十九年（1550）进士。官至南京礼部右侍郎。《明史》有传。有《采薇集》《幽贞集》《邕歈稿》。

岳　坟
徐　渭

墓门惨淡碧湖中，丹雘朱扉射水红。四海龙蛇寒食后，六陵风雨大江东。英雄几夜乾坤博，忠孝传家俎豆同。肠断两宫终朔雪，年年麦饭隔春风。(《西湖梦寻》卷一)

徐渭（1521—1593），字文清，后改字文长，号天池山人、青藤道士，又别署田水月，明山阴（今浙江绍兴市）人。性情纵放，少年屡试不第。中年以后任浙闽总督胡宗宪幕僚。晚年以卖书画为生。著名文学家兼书画家。《明史》入《文苑传》。有《徐文长三集》《徐文长逸稿》《徐文长佚草》《南词叙录》《四声猿》等。

谒岳武穆祠
吴文华

几树萧森岳庙东，一杯怀古酹西风。凯歌竟负黄龙饮，信誓虚传铁券功。无复翠华回绝漠，最怜白雁入行宫。神州恢复千年恨，读罢遗诗恨未终。(《明诗综》卷四九)

吴文华（1521—1598），字子彬，号小江，晚年更号容所，明连江（今福建连江县）人。嘉靖三十五年（1556）进士。官至南京工部尚书。谥襄惠。有《济美堂集》。

阙 题
郑 卿

云树萧森武穆祠，停车此夕动遐思。长驱铁骑方摧虏，矫诏金牌已退师。五国游魂空自惨，两宫幽恨竟无期。当年血战中原地，千载阴云日夜吹。(《精忠类编》卷八)

郑卿，明慈溪（今浙江慈溪市）人。嘉靖三十五年（1556）进士。仕历不详。

谒岳武穆庙
林大春

宋室凌夷日，中原板荡时。壮心期灭虏，锐气失班师。十二金牌出，千年宝鼎移。空余报国泪，寂寞洒残碑。(《岭南文献》卷二七)

林大春（1523—1588），字井丹，一字邦阳，号石洲，明潮阳（今广东汕头市潮阳区）人。嘉靖二十九年（1550）进士。官至户部主事。有《井丹诗文集》。

岳 坟
方逢时

百战中原气未酣，中兴无主死何惭。独怜千载藏弓地，风木萧萧尽向

南。(《大隐楼集》卷九)

重修武穆王庙碑记诗
方逢时

赫赫武穆，间世之英。神武夙秉，忠孝性成。靖康之末，金人构兵。乱我华夏，犯我汴京。二圣播越，万姓震惊。维王奋起，于焉徂征。扫平剧贼，江淮肃清。帝曰咨飞，中兴之事，悉以委卿。飞拜稽首，涕泪交横。誓仇必报，不与俱生。自率诸将，训励三军。奉辞伐罪，期复幽云。先声所及，丑虏溃奔。帝曰休兹，维邦之休。有臣若此，朕复何忧。时值奸桧，谋国不臧。和议是主，甘为虏降。矫诬帝命，而竟杀王。天地昭鉴，日月孔彰。此心可表，此仇曷忘。惟兹宜兴，寇贼横发。王于兴师，以擒以灭。民保厥居，咸王之德。唐门之墟，为王陇茔。肇迹缵忠，奕世是因。聿新斯庙，祀事孔殷。不降祉釐，以祢我民。庶王孙子，赖以永存。敬用乐歌，来格来闻。(《岳武穆年谱附遗迹考·宜兴第二》)

方逢时(1523—1596)，字行之，号金湖，明嘉鱼(今湖北嘉鱼县)人。嘉靖二十年(1541)进士。累官进兵部尚书兼右副都御史。《明史》有传。著《大隐楼集》。

谒岳庙一首
郭谏臣

曾于青史想容仪，此日登临过古祠。壮志未能忘北狩，忠魂犹自倚南枝。矢心天地图恢复，唾手燕云在指麾。千载英雄常涕泪，金牌何事即班师。(《鲲溟诗集》卷二)

郭谏臣(1524—1580)，字子忠，号鲲溟，明长洲(今江苏苏州市)人。嘉靖四十一年(1562)进士。官至郧阳巡抚，未上卒。有《鲲溟诗集》。

朱仙镇谒岳武穆庙
吴国伦

一羽班师诏，千钧殉国身。虚廊图甲马，乔岳领精神。无复腥膻入，惟应俎豆新。兴亡都逝水，吊古涕盈巾。(《甔甀洞稿》卷十)

朱仙镇谒岳武穆祠
吴国伦

古殿萧萧汴水东，烟沙四塞起悲风。可怜痛哭班师地，尚忆长驱破虏功。芳草何曾归玉辇，远村犹自隐离宫。生前不睹中原复，遗像千秋恨未终。(《甔甀洞稿》卷二五)

吴国伦（1524—1593），字明卿，别号南岳山人，明兴国（今江西兴国县）人。嘉靖二十九年（1550）进士。明"后七子"重要成员。后谪贬江西，浮沉外僚几二十年。后归里居。

谒岳武穆墓还过于肃愍公祠有感
田艺蘅

向南孤木晓苍苍，桥梓千秋恨未央。大将功成身必死，中华数尽国终亡。故都山水犹无恙，异代苹蘩自有香。回首三台祠下路，令人感慨共沾裳。(《香宇集续集》卷二一)

阙　题
田艺蘅

宋运终衰更可悲，将军刺血誓旌旗。君臣自作偏安计，河朔空怀反正师。降北两宫埋宿草，向南孤冢发残枝。精忠祠庙千秋在，一奠苹蘩一泪垂。(《精忠类编》卷八)

田艺蘅（1524—?），字子艺，号品嵒子，明钱塘（今浙江杭州市）人。田汝成子。以岁贡生为徽州训导。《明史》附《田汝成传》。有《田子艺集》《煮泉小品》《玉笑零拾》《大明同文集》《诗女史》等。

西湖怀古五首（录一）
汪道昆

将军乘胜气吞胡，百万提戈待一呼。忽尔园林沉王气，翻然刀笔夺雄图。伤心左衽秋风急，回首中原落日孤。最是故都仍俎豆，居人涕泪满江湖。（《太函集》卷一一三）

汪道昆（1525—1593），字伯玉，号南溟，又号太函，明歙县（今安徽歙县）人。嘉靖二十六年（1547）进士。官至兵部侍郎。《明史·文苑传》附于《王世贞传》。有《太函集》《南溟副墨》《太函遗书》《春秋左传节文》《大雅堂乐府》等。

岳武穆王祠下作
方问孝

宋家陵庙尽浮云，松柏苍苍向夕曛。只道一朝和戎使，不知千古拜将军。湖山但见埋孤冢，风雨犹闻哭二君。欲问忠魂何处是，落花啼鸟正纷纷。（《苍耳斋诗集》卷一二）

方问孝，字胥成，明歙县（今安徽歙县）人。有《苍耳斋诗集》。集中有与汪道昆诗，当是同时人。

岳 坟
王世贞

落日松杉覆古碑，英风飒飒动灵祠。空传赤帝中兴诏，自折黄龙大将旗。三殿有人朝北极，六陵无树对南枝。莫将乌喙论勾践，鸟尽弓藏也不悲。（《西湖梦寻》卷一）

满江红·题高宗赐岳武穆诏后次文徵仲待诏
王世贞

御墨淋漓，到飞字、百身难赎。弹指罢、遗黎梦断，旧都沦覆。十二金牌丞相诏，风波片纸君王狱。恨匈奴、巧放两人归，乾坤蹙。　　翘首地，青衣狱按：当为"辱"；回马地，朱仙哭。笑大江东去，一龟兹足。北面生看臣构在，南枝死望中原复。痛他年、降表出皋亭，鸱夷目。（《弇州山人词》）

王世贞（1526—1590），字元美，号凤洲，又号弇州山人，明太仓（今江苏太仓市）人。嘉靖二十六年（1547）进士。官至刑部尚书。《明史》入《文苑传》。有《弇州山人四部稿》等。

谒岳鄂王祠
张凤翼

武穆祠堂剑岭偏，秋风访古独潸然。一丘葬地云霞护，万古忠魂日月悬。谁遣骄胡回白面，空令父老泣朱仙。当时不饮黄龙酒，酹酒何须到九泉。（《处实堂集》卷三）

张凤翼（1527—1613），字伯起，号灵墟，又称灵墟先生、泠然居士，明长洲（今江苏苏州市）人。三十八岁中举，会试未第，遂绝意仕途。与弟献翼、燕翼并有文名。

谒岳武穆祠
郭棐

南下当年驻六师，犹闻桂岭耀旌旗。雷驱大泽龙堪走，电扫深岩鬼亦悲。去国一心终恋主，孤忠千古欲吞夷。可怜满目英雄泪，萧飒西风暗自垂。（《岭南文献》卷二九）

郭棐，明南海（今广东佛山市南海区）人。嘉靖三十一年（1552）曾主试金陵。官桂阳知州。有《四礼纂要》。

谒岳武穆庙
郭棐

峨峨宫殿郁寒云，似拥团花旧战裙。当日何人忧社稷，将军独许扫妖氛。五千铁甲心犹壮，十二金牌事始分。遗恨尚悬湖上月，年年清夜照孤坟。（《岭南文献》卷二九）

阙 题
郭棐

大将旌旗汤水阴，苍松翠柏自森森。长驱报国忠犹在，痛哭班师泪不禁。背北千枝皆劲节，从胡一桧独何心。可怜惨淡风云气，犹自峥嵘照古今。（《精忠类编》卷八）

阙 题
郭棐

古庙崚峥倚碧天，将军往事实堪怜。功隳十二金牌后，泪洒三千铁骑前。葱蔚南枝犹向日，苍茫西照自啼鹃。英风未息吞吴恨，长剑空悬惨暮烟。（《精忠类编》卷八）

郭棐（1529—1605），字笃周，号梦菊，明南海（今广东佛山市南海区）人。嘉靖四十一年（1562）进士。晚为光禄寺卿。有《梦菊全集》《齐楚滇蜀诸稿》等。

汤阴县岳忠武王祠
朱孟震

脉脉汤河绕邑流，岳家祠庙枕高丘。君臣南渡非今日，父老中原忆故侯。化碧未忘周社稷，和戎遗恨晋春秋。谁人痛饮黄龙府，万古胡沙黯客愁。（《朱秉器诗集》卷二）

《乾隆彰德府志》卷二九诗题为《汤阴岳忠武王庙》，作者为包绅。

朱孟震（1530—1593），字秉器，号明虹，自署郁木山人，明新淦（今江西新干县）人。隆庆二年（1568）进士。官至都察院右副都御史，巡抚山西。有《朱秉器诗集》。

阙 题
龙德孚

武穆祠堂秋色残，霜风烈烈雪漫漫。朱仙镇迥江声咽，五国城高雁影

寒。空有精忠能报国，独余怒发尚冲冠。神州未复丰碑在，长使英雄泪眼看。(《精忠类编》卷八)

阙 题
龙德孚

岳阳城外水泠泠，野殿寒烟武穆祠。铁锁当年留凯迹，金牌千古恨班师。中原已入诸生料，南国原无二帝思。怅望黄龙一杯酒，不堪洒泪采江蓠。(《精忠类编》卷八)

龙德孚（1531—1602），字伯贞，号渠阳，又号玄扈，明武陵（今湖南常德市武陵区）人。嘉靖三十七年（1558）举人。历官升南京户部员外郎，督察淮南板闸税务。追赠通奉大夫、太常寺正卿。有《对湘楼记》。

阙 题
龚懋贤

几过将军祠庙旁，凄风饮泣对斜阳。未将汉室酬玄德，又把金人耻靖康。两度出头成幻梦，独留遗节耀穹苍。不须骂贼污牙齿，兴替天心自主张。(汤阴岳庙诗碑)

龚懋贤，字晋甫，号正玄子，明内江（今四川内江市东兴区）人。隆庆二年（1568）进士。曾任河南按察司副使，官至陕西巡抚。著《古本参同契注疏》《明发堂稿》《学业通》等。

张玉车寄所辑岳祠志感而有作
王祖嫡

宋室南渡诚可怪，万里长城忍自坏。相桧能为偃月谋，臣构甘下穹庐拜。片纸下狱岳侯死，冤血尽染西湖水。英魂天上无不之，首丘尤眷汤阴里。汤阴古庙柏森森，恢复知同汉相心。我昔往来荐苹藻，黄鹂碧草流哀音。玉车张子西川豪，高谊真可薄云霄。生平忠孝与侯契，梦寐千载成神交。蒐侯故实为侯志，汗青耿耿阐幽秘。祠下常冲侠烈冠，灯前几堕英雄泪。嗟吁呼，金戈百战空荒墟，低徊不忍读此书。为人臣子二心者，过此流

汗应回车。(《师竹堂集》卷三)

同大司马崐崃张公谒岳坟
王祖嫡

残雪方舟渡六桥,栖霞祠宇荐山椒。金牌铁骑无劳问,白马朱旗尚可招。南向树同丞相柏,西湖水接伍胥潮。祁连郁郁环孤冢,麦饭诸陵久寂寥。(《师竹堂集》卷五)

王祖嫡(1531—1592),字胤昌,明信阳(今河南信阳市平桥区)人。隆庆五年(1571)进士。官至司经局洗马兼翰林院修撰。有《师竹堂集》《家庭庸言》《空华录》等。

阙　题
熊敦朴

香火重瞻武穆祠,千年桑梓肃威仪。金牌不尽中原恨,玉匣长含异域悲。陵上冬青成蔓草,庙中偃桧只枯枝。英雄泪抵明珠重,一任西风向客吹。(汤阴《岳飞庙志》)

熊敦朴,字茂初,号陆海,明富顺(今属四川富顺县)人。隆庆五年(1571)进士。官至贵州布政使参议。与赵贞吉、杨慎、任翰合称蜀中四大家。

谒岳王庙二首
张重华

诚心报国鬼神知,片纸奸雄竟有辞。八日兵行期破虏,十年功废在班师。康王自是疑君父,少保空劳尽藿葵。若道主臣未相识,邺中亲赐御书旗。

中原已是无梁汴,和议初成厌牧颇。宋室君臣真是醉,公家父子枉遭罗。奸臣死矣诛何及,公论冤哉久不摩。埋骨西湖心未了,岂因时事恨风波。(《沧沤集》卷八)

张重华,字虞侯,明华亭(今上海市松江区)人。约隆庆中在世。为名诸生,声扬海内。

岳王墓
顾允默

宋家陵阙鲜遗踪,独有将军庙貌颙。两字空劳悬白羽,三军无复醉黄龙。城边万古金牌恨,湖畔千年玉树封。莫道忠魂渺何许,南枝松桧影重重。(《盛明百家诗·顾伯子集》)

顾允默,字茂仁,一作懋仁,又字希雍,明昆山(今江苏昆山市)人。顾梦圭(1500—1558)之子。约隆庆末在世。

阙　题
王　相

炎运构中衰,宋主为金虏。一旦失中原,九庙皆焦土。伟哉武穆王,挺然兴义旅。身经百战危,力挽八石弩。讵知和议坚,竟尔恢复阻。未回北狩辕,但乐西湖舞。众谤集樊蝇,群疑成市虎。父子就诛夷,妻孥亦冤苦。腥膻侵河洛,干戈易尊俎。山颓谁复支,天缺孰与补。大节兼忠孝,全才备文武。奇勋遍八荒,芳名耀千古。至今英烈恨,拟结黄龙府。咄咄误国奸,遗臭焉足数。(《精忠类编》卷八)

王相,明安阳(今河南安阳县)人。嘉靖三十一年(1552)举人。仕青州府推官,升知州。

岳武穆王庙
李　蓘

将军昔抱武,未得剸强胡。天地心何怼,英雄志不苏。荒城秋驻马,古庙夜啼乌。碣勒峥嵘笔,廊开战伐图。严风疏玉叶,阴藓暗金铺。徽号思明主,香灯拜野夫。洋洋疑上位,烈烈想洪谟。白日燕臣死,长江宋运徂。无由问苍昊,拭泪把昆吾。(《李太史诗集》卷六)

李蓘(1531—1609),字子田,别号少庄,晚年自号黄谷山人,明内乡顺阳(今河南淅川县李官桥镇)人。嘉靖三十二年(1553)进士。官至南京刑曹、礼曹。有《李太史诗集》《黄谷琐谈》《宋元明艺圃集》等。

朱仙镇
李 荫

将相当时意未谐，遂令中夏久氛霾。狂谋岂足扶危主，长舌应知作厉阶。最恨三千回铁骑，不堪十二有金牌。年来每过朱仙镇，犹为将军感壮怀。(《李比部集》卷七)

李荫，字袭美，号岈客，明内乡顺阳（今河南淅川县李官桥镇）人。嘉靖四十三年（1564）举人。官至户部主事。有《李比部集》。

阙 题
宋之韩

荡水西风落叶深，祠前古木正森森。贼臣暗许通和议，猛将徒劳奏捷音。誓复燕云空唾手，旌回伊洛只酸心。故疆落尽遮留泪，回首惊看虏又侵。(《精忠类编》卷八)

宋之韩（1532—1600），字元卿，号敬斋，明彰德府武安（今河北武安县）人。嘉靖四十四年（1565）进士。初授襄陵县令，迁西安府丞，复迁刑科给事中。因忤宦官冯保，致仕归里。著有《主敬堂文集》、《三才要览》。

奉吊岳武穆祠
陈治典

湖边清庙覆穹碑，读罢遗文事可噫。十二金牌惟恸哭，数千铁骑但驱驰。江潮信去皇天意，海飓风来大将悲。南渡终成千古恨，空生李晟更何为。

渊圣凄凉朔漠中，江南岂合便和戎。只因万里长城坏，吹过厓山柁底风。(岳墓诗碑)

陈治典，自称东鲁龙墅陈治典，明东平州（今山东东平县）人。举人。嘉靖四十三年（1564）知赣榆县。省刑简讼，禁吏役扰民，招抚流移，卒祀陈（治典）顾（钤）二公祠。

柴墟岳武穆祠
王稚登

落日荒祠古道边，断钟无虞鼎无烟。金牌不是班师地，铁骑曾经破敌年。折戟洗来沙半蚀，残骸耕出镞犹穿。山僧好护阶前树，留待春风集杜鹃。（《崇川诗集》卷一二）

岳忠武王祠
王稚登

空山荒冢起悲风，石兽凄凉草色中。壮志本期归二帝，群奸何事忌孤忠。鸱夷共抱无穷恨，麟阁谁图百战功。千古怨魂招不得，年年杜宇哭残红。（《岳飞墓诗选》）

岳武穆王墓
王稚登

松柏前朝墓，湖波绿染门。肠堪千古断，骨有一抔存。烈士人间泪，孤臣地下魂。南枝岂无意，犹自为中原。（《盛明百家诗·续王上舍集》）

王稚登（1535—1612），字伯谷，先世江阴人，移居苏州。嘉靖间入太学，晚年与修国史。有《王伯谷全集》。

阙 题
李得阳

重地东南拥帝京，将军曾此破胡兵。旌旗想象空山里，号令犹传野甸名。六战勤劳良自苦，一生忠胆向谁明。祠前春草年年绿，赢得行人泪暗倾。（广德岳武穆祠诗碑）

李得阳（1536—1615），字伯英，明广德州（今安徽广德县）人。嘉靖四十四年（1565）进士。官终南京工部右侍郎。有《理学臆言》《义仓漫语》《古今一览》《难字备考》《桐川野史》等。

观岳武穆先茔
邝元礼

地灵不为岳王谋,荒草残碑万古愁。面对笔峰如有意,汤河不抱墓前流。(汤阴岳庙诗碑)

邝元礼,自号南海白云山人,明三水县(今广东佛山市三水区)人。岁贡生。嘉靖四十五年(1566)曾任大田(今属福建三明市)知县。

过武穆庙二首
帅 机

扑桧难酬恨,深悲主听昏。天应弃宋室,地遂暗中原。古庙霜钟肃,寒松夕鸟喧。奸良翻藉寇,千载更销魂。

金牌兴废决,忍耻遂无新。血已化沉碧,盗原憎主人。丹心未究业,百捷竟亡身。凛凛灵祠下,阴风起暮尘。(《阳秋馆集》卷一二)

帅机(1537—1595),字惟审,号谦斋,明临川(今江西抚州市临川区)人。隆庆二年(1568)进士。曾任彰德府同知,官至南刑部郎中。有《阳秋馆集》。

朱仙行
李 瑱

君不见郾城大捷奏皇都,背嵬挑战擒金吾。金人老小尽北走,两河黄白称来苏。牵牛裹粮遮道途,南人强,北人孤,朱仙镇上血模糊,乌陵束手胡为乎。五百精兵敌百万,岳家之军天下无。雕旗一震落旄头,百万匹夫俱欲死。金人自言来即降,昔之桀骜今已矣。是时真欲捣燕蓟,恢复神州还两宫。云何少保果不免,竟落书生叩马中。故将一片纸,陷彼三字狱。裂裳示背竟何为,痛哉父子受屠戮。呜呼,忠臣身死国事非,徒令哀词满青竹。(《精忠类编》卷八)

李瑱,字聪甫,明解州(今山西运城市盐湖区)人。隆庆二年(1568)进士。曾官彰德知府,兴利除害,郡人德之,为立生祠。后官陕西参政。

阙 题
文 作

中原百战势摧枯,报国应吞塞外胡。金字飞时长剑折,蜡书通处将星孤。愁看社稷成沙漠,空使英雄泣故都。无奈天心移宋祚,将军休怨学孙吴。(《精忠类编》卷八)

文作,明涪州(今重庆市涪陵区)人。隆庆二年(1568)进士。官左布政使。

阙 题
石 星

忆昔金牌洒泪归,黄龙痛饮愿长违。君臣异代空尘土,香火千秋有庙祠。地列太行存气概,天留白日照光辉。英雄遗恨犹堪想,和议于今果是非。(《精忠类编》卷八)

石星(1538—1599),字拱辰,号东泉,明东明(今山东东明县)人。嘉靖三十八年(1559)进士。历嘉靖、隆庆、万历三朝,官至兵部尚书加太子太保。后被夺职,下狱死。

岳武穆庙
陈克侯

遗庙凄其荐藻晨,风霾暗淡两河尘。北辕未泄敷天愤,南渡先摧报主身。庙略竟持加币意,国仇谁是枕戈人。独怜湖上高原树,春发南枝岁岁新。(《岭南文献》卷二九)

陈克侯,字士鹄,明顺德(今广东佛山市顺德区)人。嘉靖三十七年(1558)中举。累官知县、知州。有《南野集》。

阙 题
叶宗泰

孤臣祠庙傍林皋,驻马春风荐浊醪。元气独钟千古重,精忠犹贯九霄

高。金牌徒结南迁恨，铁马空驰北战劳。目断黄龙多感慨，那堪洒泪湿征袍。(《精忠类编》卷八)

叶宗泰，明祁门（今安徽祁门县）人。郑之珍（1518—1595）之婿。官至河南按察司知事，进秩修职郎。

阙 题
钟汝忠

凤凰山下驻天阊，万里胡尘独进军。长恨两宫犹远狩，谁言中国可平分。归途泣向西湖月，故垒愁空北塞云。久已许身何所惜，几时还得奏微勋。(《万历杭州府志》卷四六)

钟汝忠，明代人。生平待考。

读岳武穆王传
郑高行邓氏

英雄誓复旧山河，曾奈奸邪误国何。铁马长驱河洛水，金牌亟返郾城戈。中原父老空遮诉，南渡君臣不耻和。五国城头烟月惨，千年坟树尽南柯。(《列朝诗集》闰集第四)

邓氏名铃，字德和，明闽县（今属福建福州市）人。儒士郑坦妻。能口诵《列女传》《孝经》。郑坦死时，父母以其尚年轻，劝其改嫁，割双耳以示守节，受到官府表彰。故称其"高行"。有《风教录》。

岳王庙
张元凯

古墓前朝独有名，忠魂曾受玺书旌。功高主意疑韩信，运厄天心忌孔明。南渡江山数行泪，北辕戎马几空城。草间酹罢残碑湿，肠断黄龙痛饮情。(《伐檀斋集》卷八)

张元凯（1538—1582），字左虞，明吴县（今江苏苏州市）人。以世职为苏州卫指挥。再督漕北上，有功不得叙，自免归，寄情诗酒。有《伐檀斋集》。

武穆墓下作
屠　隆

东南马首解金鞍，西去龙舆望汉官。水断黄河旗影灭，霜高百里鼓声寒。当时部曲伤心过，万古行人掩泪看。墓木不随宫树尽，大湖春草路漫漫。(《由拳集》卷九)

屠隆（1541—1605），字长卿，又字纬真，号赤水，别号由拳山人。明鄞县（今浙江宁波市鄞州区）人。万历五年（1577）进士。官至礼部郎中。《明史·文苑传》附于《徐渭传》。有《栖真馆集》《由拳集》《采真集》《南游集》等。

阙　题
郑之民

铁骑长驱乘胜日，金酋悔祸欲归时。功高自昔多生忌，矫诏谁云帝不知？
将军抗疏言恢复，高宗赐诏欲乘时。如何甘受秦奸弄，忘却亲仇总不知。
论功行赏恩殊渥，礼视初除宰相时。大理小书俄报死，高宗偏道不曾知。
秦桧阴谋矫诏日，鄂王示背裂裳时。忠肝义胆谁人识，惟有皇天后土知。
精忠遗庙垂千古，秩祀年年二仲时。公论而今昭日月，将军心事路人知。
(汤阴《岳飞庙志》)

郑之民，明四川成都左护卫（今四川成都市）人。万历五年（1577）进士。仕历不详。

阙　题
方　端

渺渺黄尘暗古祠，阴风犹似拥王师。万家已见中原日，一旦谁收大将旗。河洛月明人未渡，幽燕云蔽马空驰。只今古庙松楸老，千古令人几泪垂。(《精忠类编》卷八)

阙 题
方 端

马渡长河八月时,投鞭重拜鄂王祠。黄龙梦断六宫杳,白日精悬万古知。故垒风云屯剑戟,中原草木望旌旗。英标夜夜星躔现,愿假天戈歼叛夷。(《精忠类编》卷八)

方端,明固始(今河南固始县)人。万历五年(1577)进士。仕历不详。

阙 题
李元龄

一诏西来马首东,鼓行谁敢议和戎。将军不满吞胡恨,丞相那知报国心。誓耿丹心昭烈日,名留青史凛秋风。我来此地瞻遗像,读罢残碑泪尚红。(《精忠类编》卷八)

李元龄,明华阳(今属四川双流县)人。万历五年(1577)进士。官淮安知府。

阙 题
张尧臣

心到五国城,身系三字狱。何惜一家冤,只怜二圣辱。(《精忠类编》卷八)

张尧臣,明内江(今四川内江市)人。万历五年(1577)进士。官云南布政司左参政。

读鄂王传
韩子祁

山前山后尽王廷,大将旌旗压柳营。海上浮图俱下驷,岳家赤帜有先声。两宫未复元戎意,九伐方张国贼生。五国城枯南望眼,康王已是讳称兵。(《檇李诗系》卷一五)

韩子祁,字心克,号肖南,明平湖(今浙江平湖市)人。万历四年(1576)举人。官至苏州同知。有《醯鸡集》。

谒岳武穆祠用蔡清之论为诗
陈 第

初年宠命属专征,和议中朝忽变更。作战风云推独妙,含冤今古恨难平。七陵日落无抔土,五国天寒有哭声。矫制直行清漠北,归来虽死气犹生。(《五岳游草》卷五)

陈第(1541—1617),字季立,号一斋,晚号温麻山农,明连江(今福建连江县)人。万历时诸生。曾任蓟镇游击将军,后致仕归里,专心研究古音。诗集有《一斋诗集》《两粤游草》《五岳游草》等。

阙 题
冯时可

妙略雄资飞将台,当年不减武侯才。弢弓辽海鲸鲵避,横槊燕然虎豹哀。无那诈颁双凤下,还怜义塞一天回。奇勋空勒凌烟阁,凛凛余辉照草莱。(《精忠类编》卷八)

冯时可(1541?—?),字元成,号文所,明华亭(今上海市松江区)人。隆庆五年(1571)进士。终官贵州布政司参政。有《冯元成选集》等诸集。

阙 题
魏允贞

朱仙初拜鄂王宫,昭代明禋万古同。多难一心扶社稷,中兴百战见英雄。旌旗云散苍茫外,金鼓河流呜咽中。成败不须论往事,青天白日照孤忠。(《精忠类编》卷八)

魏允贞(1542—1606),字懋忠,号见泉,明南乐(今河南南乐县)人。万历五年(1577)进士。官至兵部右侍郎。天启初,追谥介肃。

岳武穆祠
王弘诲

霞岭荒丘久寂寥，朱仙遗恨尚难消。藏弓总为金牌误，赐剑空怜玉辇遥。古庙松杉标异代，旧宫禾黍暗前朝。忠魂尽作南枝树，风雨年年想后凋。（《天池草》卷二五）

王弘诲（1542—1615），字绍传，号忠铭，明琼州定安（今海南定安县）人。嘉靖四十四年（1565）进士。官至南京礼部尚书。有《天池草》。

阙　题
蹇达

百战当年绩更奇，金牌何事欲班师。奸雄南宋和戎日，父老中原洒泪时。古柏森森犹夜月，孤忠凛凛自遗碑。汴河回首斜阳里，立马祠前重有思。（《精忠类编》卷八）

蹇达（1542—1608），字汝上，号理庵，明巴县（今重庆市巴南区）人。嘉靖四十一年（1562）进士。官至右都御史兼兵部尚书，总督蓟、辽、昌平、保定四镇军事。

阙　题
曹子登

百战休言宋祚危，中原犹属岳家旗。问天谁遣金牌诏，报国空劳铁骑驰。烟雨声寒秋霭淡，松楸影暗夕阳迟。至今祠下森森树，独发南枝誓不移。（《精忠类编》卷八）

曹子登，字以渐，号如川，明三河县（今河北三河市）人。嘉靖四十一年（1562）进士。历任右副都御史、甘肃巡抚。

阙　题
蔡可贤

花石纲来事已休，大家还向艮宫游。伤心天地青衣日，举目山河左衽

秋。十二金牌南国恨，三千铁骑北庭愁。可怜风雨东窗夜，忍使杭州作汴州。(《精忠类编》卷八)

蔡可贤，字子齐，一字文仲，明成安（今河北成安县）人。嘉靖四十一年（1562）进士。由太原知府升霸州兵备道，调山西岢岚道。后受命率兵驻辽东防守。有《治河诸篇》《西征鼓吹》。

题岳武穆王祠
张应福

自古忠良多为君，于君不济亦全身。军功未就身先死，话起金牌痛杀人。

虏骑纷纷大将愁，奋身血战肯迟留。尽忠报国吾臣职，不听书生叩马头。

狱中不幸莫含冤，万古遗形祀孔颜。逆桧和议长屈膝，人人争赠两三砖。

拜酬精忠岂惮劳，立心不愿附蓬蒿。囊中恨少截铁剑，要斩奸头诉上昊。(汤阴岳庙诗碑)

张应福，字子承，明大名府魏县（今河北魏县）人。嘉靖四十一年（1562）进士。佥事大梁、关西。旌节孝，表彰圣贤遗迹，务以德化民。归家著书，置祭田、义田、社田、社学。殁祀乡贤。

吊岳武穆
释方泽

庙门松桧昼森森，风起如闻鼓角音。日月犹悬南返驾，关山未死北征心。云来朔漠阴长惨，潮至钱塘势自深。栖鸟似知千载恨，含啼飞渡碧湖浔。(《冬谿外集》卷上)

释方泽，字云望，号冬谿，明嘉善（今浙江嘉善县）人。约嘉靖末在世。居秀水精岩寺，戒学俱高，尤工吟咏。有《冬谿集》。

岳武穆王绘像歌为沈湛源先生作

王伯稠

封狐怒哮起幽朔，血嗜苍生赤河洛。秋风荆棘卧铜驼，二帝游魂泣沙漠。江南余焰虽荧然，一线不绝如秋烟。将军英武世莫敌，奋钺誓欲清腥膻。纵横百战出奇策，胡儿胆夺神威赫。朱旗指日扫黄龙，中原争动壶浆色。贼臣为魅昏太阳，金牌十二班师忙。国仇未报臣长创，神州北望心摧伤。东窗计成缚猛虎，镯镂矫诏呼风雨。碧血空埋万古冤，忠魂化作长虹吐。落日阴云暗不开，霜戈铁马空中来。至今櫕枪敛光怪，胡尘不没黄金台。高坟寒树南枝老，寂寞孤吟吊悲鸟。游客摩挲断碣苔，泪洒苍茫湿荒草。先生抗志鸡群空，夜梦忽感精灵通。谁其贻之古绘像，宛然梦里容辉同。须眉风飘眸炯月，凛凛生气犹英烈。披图用激壮士心，忠义人间长不灭。（《王世周先生诗集》卷九）

岳王祠

王伯稠

翠合松杉黯淡中，空祠遗像气犹雄。秋阴忽动灵旗雨，深夜长嘶铁马风。日暗浮云悲赐剑，天留骄虏恨藏弓。南枝啼尽栖鸦色，万古游人涕泪同。（《王世周先生诗集》卷一二）

阙　题

王伯稠

寂寂苍山古殿空，千秋遗像气何雄。深松忽散灵旗雨，落日长嘶铁马风。胡虏未吞翻赐剑，君王堪笑自藏弓。教人欲逐鸱夷去，万里烟波狎钓翁。（《精忠类编》卷八）

王伯稠，字世周，明昆山（今江苏昆山市）人。嘉靖间诸生。有《王世周先生诗集》。

三父子
汪子卿

父昏德,子重昏,华夷此日何乾坤。父德寿,子重华,美名鸿号应无加。玉津从幸喜同乐,五国穷愁看马角。精忠父,继忠子,百战甘心为君死。(《岳集》卷四)

汪子卿,明昌化(今浙江临安市)人。以明经授顺天府训导。嗜学能文,明嘉靖中撰邑志及《泰山志校证》。

食城台
谢文轨

华容县西南四十五里,岳飞筑以望杨太军者。以终食而成,故名。

武穆勋名震九垓,旌麾曾此驻蒿莱。妖氛扫净空啼鸟,云阵荒凉只废台。南渡已输经国议,中原宁仗出群才。将星翻为神州殒,时有忠魂彻上台。(《隆庆岳州府志》卷七)

谢文轨,明嘉靖间贡士,曾任安仁县训导。

谒岳王祠墓
杨兆坊

百死谁能赎一身,长驱胡马更何人。弯弧正拟澄青海,赐剑俄惊出紫宸。谁杀忠良甘媚敌,忍含仇耻竟忘亲。悬却七尺苌弘血,犹向边关靖虏尘。(《万历钱塘县志·纪文·诗》)

杨兆坊,字思说,号苏门,明仁和(今浙江杭州市)人。嘉靖间诸生。以其子杨廷筠(1562—1627)褒封湖广监察道。著有《杨氏塾训》。

阙 题
陈 儒

晓出吴山头,沧江有陵谷。苍翠发神奇,棱嶒与天蠢。俯瞰湖海流,洪涛惊起伏。飘忽松风来,幽响震林麓。西望登高台,英爽浮天竺。千秋藏者谁，悠悠思武穆。长驱向中原，神州此恢复。摇摇靖康间，国是竟谁縠。眷此烈丈夫，乾坤为流馥。浮生岂不长，所嗟在沉陆。於昭斧衮间，终古有余戮。而我仰高风，题诗荐明肃。（《岳集》卷四）

陈儒，明广阳（今湖南广德县）人。嘉靖间官按察副使。

读岳王传
贾惟孝

寝阁陈情已万言，志图恢复旧中原。长驱铁骑频摧虏，未到黄龙惜反辕。奸桧和戎潜有约，孤臣仗节竟无援。于今庙食精忠义，千载湖波为洗冤。（《续修嵩明州志》卷八）

贾惟孝，明嵩明州（今云南嵩明县）杨林镇人。嘉靖间诸生。与兰茂被杨慎合称为"杨林两隐君"。有《剩语闲吟稿》。

岳武穆庙
王 与

匹马河西拜岳祠，武林又见向南枝。孤忠尽作生前梦，百战空余死后碑。海气有时开日月，江潮终古走蛟螭。一尊欲吊黄龙府，多少英魂泣数奇。（《盛明百家诗·王逸人集》）

《盛明百家诗》卷二八作者为周东田。

王与，字也载，自号昆仑山人，明代吴人或浙人。嘉靖间布衣。有《王昆仑诗》。

题金沙寺岳武穆王碑阴
紫柏尊者

将军何事谒金仙，弘忍精忠本一源。不具杀人真手段，安能截断世间缠。（《紫柏尊者全集》卷二七）

紫柏尊者（1543—1603），一名真可，字达观，晚年自号紫柏，俗姓沈，明吴江（今江苏苏州市吴江区）人。明末四大高僧（紫柏、憨山、莲池、蕅益）之一，时称紫柏大师。

阙 题
陈 荐

饮血当年事已空，残编犹自纪精忠。立庭忍诵夫差誓，推毂谁论吉甫功。北极烽烟沉晓日，中原壁垒度秋风。招魂欲挽漳河水，古庙停骖意未穷。(《精忠类编》卷八)

陈荐（1545—1632），字君庸，号楚石，明湖广祁阳（今湖南祁东县）人。隆庆五年（1571）进士。官至吏、刑、户部尚书，兼理河道漕运。著《古今衷辨》百余卷。

西湖杂咏（录一）
华善继

岳王庙前桃已花，无数游人觅酒家。一醉不知千载恨，却来临水听琵琶。(《折腰漫草》卷八)

华善继（1545—1621），字孟达，号济川，明无锡（今江苏无锡市）人。嘉靖贡生。官至永昌府通判。有《折腰漫草》。

满江红二首
沈应奎

百炼刚肠，龙剑吼、太行欲裂。记当年、弱冠登坛，妖星殄灭。一剑春秋县义胆，两河侠少呼雄杰。猛回头、宫阙旧枌榆，悲风切。　　浮图阵，空言铁；背嵬军，追方急。叹金牌十二，天维断绝。报国堪怜国士死，吞胡未遂胡笳咽。看钱塘、江上子胥涛，苌弘血。

宋室孤忠，洗不尽、风波怨狱。问谁是、和戎盟主，莫须机局。龙战正酣长夜旦，群狐一啸中原促。想男儿、七尺负长躯，难偕俗。　　房未灭，臣子辱；仇未雪，父子毒。恨满堂燕笑，贞臣桎梏。万里长城空自坏，两宫幽梦凭谁说。只今有、古树南枝按：此句应脱一字，年年绿。(《精忠类编》卷八)

沈应奎（1547—1626），字伯和，号湛源，明武进（今江苏常州市武进区）人。万历十三年（1585）举人。历官南京光禄少卿。

吊岳武穆墓
周履靖

共识忠臣墓，英灵奕世传。悲声嘶铁马，怨恨入啼鹃。细雨蘼芜外，凄风松桧前。平生怀古意，有泪洒岩泉。（《梅颠稿选》卷九）

周履靖（1549—1640），字逸之，初号梅墟，改号螺冠子，晚号梅颠，明嘉禾（今浙江嘉兴市）人。性慷慨，善吟咏。尤工书画。有《闲云稿》《夷门广牍》《梅颠稿选》等。

阙　题
萧良有

中原百战绩垂成，恨入金牌宋事倾。闻诏亦知权大计，恐将心迹付书生。

孤忠遗像古城头，桧柏森森翠欲流。假令功成画麟阁，何如血食到千秋。（《精忠类编》卷八）

萧良有（1549—?），字以占，号汉中，明汉阳（今湖北武汉市汉阳区）人。万历八年（1580）进士。历官国子监祭酒。曾三次出任乡会试主考官，所取多为名臣。后遭弹劾请求终养。有《玉堂遗稿》《龙文鞭影》。

西泠桥怀古
邹迪光

南渡前朝地，西泠古墓门。云山留胜迹，花月剩余魂。亡国人何在，同心结不存。感时无钜细，凄恻使声吞。（《石语斋集》卷五）

邹迪光（1550—1626），字彦吉，号愚谷，明无锡（今江苏无锡市）人。万历二年（1574）进士。官至湖广提学副使。有《郁仪楼集》《石语斋集》等九种。

题汤阴岳王庙
范守己

勋业高江左，祠堂此地开。霜风鸣剑戟，杀气护楼台。俎豆诸生礼，旂常太史裁。何如秦相国，长跪隐蒿莱。（《御龙子集》卷八）

范守己，字介儒，明洧川（今河南长葛市）人。万历二年（1574）进士。官至按察司佥事。有《御龙子集》《参两通极》《天官举正》等。

阙　题
朱期至

汴水离宫杳漠寻，将军遗庙在汤阴。群奸力附和戎策，一死天明报主心。今古河山空涕泪，往来南北自沉吟。休衔痛饮黄龙恨，父老焚香向至今。（《精忠类编》卷八）

朱期至，字子得，号王槎，明蕲水（今湖北浠水县）人。万历二年（1574）进士。终官怀庆知府。有《王屋山人集》，今不传。

阙　题
王凤竹

南渡颓危赤手扶，贺兰踏破气吞胡。黄龙痛饮□秋草，铁马班师慨画图。日落丹青雄故里，春深松桧转提壶。钱塘露冢跧幽恨，几痛栖霞叫鹧鸪。（《精忠类编》卷八）

王凤竹，字允在，号仪台，明唐山（今河北唐山市）人。万历二年（1574）进士。官至四川参议。

阙　题
吴同春

孤城落日雨初收，遗庙萧条野水流。半世功名羞绝塞，千秋怨恨失神州。长天远系黄龙梦，皎日难消铁骑愁。院静松杉风自起，恍疑英爽夜深游。

孤忠仪貌俨遗宫，往事空传感慨中。翻借佞臣持一剑，尚留飞鸟弃双弓。君臣不改河山异，天地无知血泪空。徙倚庭除迟去马，不堪落日起悲风。(《岳武穆年谱附遗迹考·汤阴第一》)

吴同春，字中淮，又字伯与，号希古居士，明汝南（今河南固始县）人。万历二年（1574）进士。历官广德知州、刑部侍郎、山东学道、雁平兵备道等。

阙　题
吴　定

誓缚单于入汉关，故宫无恙对河山。腥膻荡扫旌旗掩，魑魅驱锄斧钺闲。北狩銮舆双阙返，南迁六按：此字疑误驾六龙还。会看雪耻酬千古，忽下金牌师已班。

经营十载赤心殚，谁主奸谋罢将坛。北地遂沦胡左衽，中原无复汉衣冠。沉冥白日天何意，呜咽黄河泪不干。怪有书生先叩马，空令国干坐摧残。(《精忠类编》卷八)

吴定，字子敬，明安阳（今河南安阳县）人。万历二年（1574）进士。官至云南巡抚。

阙　题
周弘禴

累累三尺拜荒坟，老桧残碑旧勒文。玉辇暗回胡地梦，金牌空撼岳家军。深山尽日啼春鸟，古树低枝结阵云。酒在黄龙沽不得，乾坤南北一江分。(《精忠类编》卷八)

周弘禴，字元孚，明麻城（今湖北麻城市）人。万历二年（1574）进士。几经升降，后升监察御史，巡视宁夏军务。终贬澄海典史。未几辞归。天启初，赠太仆少卿。

阙　题
乔璧星

朱仙祠像肃清高，当日勤王转战劳。万古山河两行泪，百年天地一征袍。霜林入夜闻啼鸟，星海逢秋涌怒潮。最恨浮阴能蔽日，坐令宫阙满蓬蒿。

虎斗龙争血未干，君臣南渡竟偷安。徽钦梦断中原杳，赵魏烟销北土残。十二金牌班诏急，五千铁骑建功难。将军一死应天数，却恨权奸得盖棺。(《精忠类编》卷八)

乔璧星（1550—1613），字文见，号聚垣，明临城（今山东枣庄市薛城区）人。万历八年（1580）进士。先后巡抚应天、山西、四川。主撰《临城县志》。

史韵（节录）
赵南星

韩刘吴岳，屡胜战场。飞尤有名，兀朮惶惇。致书于桧，杀以无将。(《史韵·南宋》)

赵南星（1550—1627），字梦白，号侪鹤，别号清都散客，明真定高邑（今河北元氏县）人。万历二年（1574）进士。官至吏部文选员外郎。著《史韵》。

岳武穆
吴道南

自古兴亡浊酒杯，精忠遗恨重堪哀。旌旗耀熠飞宸翰，那得金牌十二来。(《吴文恪公文集》卷三十)

次岳武穆
吴道南

血腥安得染初衣，犹自探奇上翠微。幸有佳诗留宋室，金牌十二为谁

归。(《吴文恪公文集》卷三十)

吴道南（1550—1623），字会甫，号曙谷，明崇仁（今江西崇仁县）人。万历十七年（1589）进士第二。官至礼部尚书兼东官大学士，参与机务。天启元年（1621）进太子太保。卒赠少保，谥文恪。有《吴文恪公文集》。

吊岳武穆庙
苏光泰

武穆祠堂寒色侵，空庭啼鸟昼阴阴。风云不散冲冠怒，日月长悬报国心。豺虎可投应有恨，犬羊何事不成擒。神州未复身先殒，每令招魂泪满襟。(《民国淮阳县志·外集·诗》)

苏光泰，明濮州（今山东鄄城县）人。万历十七年（1589）进士。曾官通政大夫、河南右布政使，升云南左布政使。

汤阴岳王庙
童正蒙

仗剑勤王拥节旄，相台云绕将星高。枕戈欲雪中原耻，秉钺长驱逆虏逃。壮志未酬终古恨，冤魂无诉鬼神号。即看汤水风霾夜，犹有悲声起怒涛。

中原无敌岳家兵，恢复神州顷刻成。献策竖儒遮虏骑，班师矫诏出杭京。秋风故垒朱仙镇，夜雨胡笳五国城。莫向栖霞谈往事，含冤战骨欲狰狞。(汤阴岳庙诗碑)

阙　题
童正蒙

宋室南来事可悲，中原无奈北风吹。金牌十二班师夜，铁骑三千破虏时。雪窖消魂倾社稷，冰天洒泪望旌旗。钱塘漫说中兴事，且向湖山倚会之。(《精忠类编》卷一八)

童正蒙，明云南府昆明县（今云南昆明市）人。万历四年（1576）举人。曾任卫辉府推事,官至同知。

西湖竹枝词(录一)
李 培

湖心歌管遏春云,水底榴花六幅裙。转过苏堤欢不见,停舟齐上岳王坟。(《水西全集》卷四)

李培,字培之,号云麓,明嘉兴(今浙江嘉兴市)人。以岁贡教谕上虞、新城,迁知龙南县。有《水西全集》,天启元年(1621)李日华等序。

西湖十咏(录一)
胡应麟

碧空如水净无氛,雁子凫雏荡漱纹。系缆半依秦帝石,携尊齐酹岳王坟。荷花色照千门月,桂子香飘万壑云。向暮西泠风转急,渌波横溅石榴裙。(《少室山房集》卷五五)

后西湖十咏(录一)
胡应麟

十尺嵬峨岳降神,当年横槊徇边尘。中原万姓遮留日,绝徼全师恸哭晨。阴雨旌旗朝上帝,春风笳鼓酹游人。凄凉大树英灵在,尽拱南枝向北辰。(《少室山房集》卷五五)

胡应麟(1551—1602),字元瑞,号少室山人,别号石羊生,明兰溪(今浙江兰溪市)人。布衣一生,却广交天下,终为一代学术巨匠。《明史·文苑传》附于《王世贞传》。著有《诗薮》《少室山房笔丛正集》《少室山房类稿》等。

阙 题
谢廷谅

岳侯曜景灵,腾崦峻霞举。潜机九奥雄,沉情三惑去。泰运爽皇淳,恢渊敞神宇。英规笃在三,回滴羞为伍。挥戈日返轮,弯弓石没羽。六月扫蛮烟，八日旋军旅。仲连耻帝秦，包胥谋复楚。乘胜略西京，棱威摧北虏。飞渡白马津，直抵黄龙府。杀气净胡尘，欢声腾后土。嗟此精忠人，不逢仁孝主。迫趣班六师，锻炼成三语。冤声激怒涛，悲涕集成雨。盈盈水郭间，郁郁丘原古。野旷断烟云，潮落连胥浦。宋室安在哉，英魂犹可睹。登堂忆目成，搦管酬心许。(《精忠类编》卷八)

谢廷谅（1551—?），字友可，号九紫，人称"九紫先生"，明金溪（今江西金溪县）人。万历二十三年（1595）进士。终官顺庆知府。有《清晖馆集》《薄游草》等。

夜过岳王坟绝句
朱长春

岳王坟前草不凋，参天柏树青萧萧。不敢夜听南枝鸟，叫出西陵渡口桥。(《朱太复文集》卷二一)

武穆祠
朱长春

墓门松柏挂南枝，洒泪前朝武穆祠。城阙江南竟何在，烟尘河北不敢思。和戎割据中兴事，报国长驱百战时。日落招魂山鬼啸，将军犹自恨班师。(《朱太复乙集》卷一二)

朱长春（1553—?），字大复，号海瀛先生，又号符道人，明乌程（今浙江湖州市吴兴区）人。万历十一年（1583）进士。官至刑部主事。有《朱太复文集》《朱太复乙集》。

岳鄂王颂
贾应龙

读宋史者，览鄂王事，未尝不废书叹焉。夫挺身犯虏而蔽于谗，尽心殉国而戮于忠，天理人心宜其不泯矣。予谓王之忠义，自宋迄今，虽闾夫妇人皆能道之，不既昭暴其不平哉？丈夫生不逢世，而死足以建节！遇善一时，而心足以示万代。如比干、龙逢剖心赴死，其英风遗烈，照耀史书。忠臣义士闻之者，将扣抲不暇。际虽不偶，而名教赖之矣。庸计死生成败云。由此以谭，皆未为君子之不幸也。于王何吊乎？乃其忠孝完节，布之金石，则吹万有声，自不容已。爰作颂曰：

扶舆精英，蓄极而通，乃诞厥灵。灵钟于人，郁为忠贞，是谓纯臣。大哉岳王，应运而昌，为臣纪纲。戡国定家，逐鹿除猰，太阿出匣。奋戟大呼，内平剧谋，外扼强胡。我武维扬，彼侵者疆，几还旧方。义胆忠肝，矢志弥坚，闻于钧天。天帝曰吁，其谁相予，精忠者与？始以桧贼，继以俊卨，共成其节。望月既蚀，夹道孔棘，空怀往绩。猗与休哉，我王全才，畴与为俦。维王之文，左氏潜心，游夏其伦。维王之武，孙吴是诩，颇牧其侣。维王之忠，謇謇匪躬，王臣同风。维王之孝，归庐疏告，陈情并耀。奕世以徂，谁为董狐，直笔以书。模拟王真，能纪王勋，难写王心。维有后哲，道碑口碣，千载不灭。（《精忠类编》卷八）

贾应龙，明安阳（今河南安阳县）人。万历十年（1582）举人。出任临淮知县。在任期间，廉正爱民。

武穆画像赞
张翼先

於赫维王，英风万古。穆穆其文，桓桓其武。壮志吞胡，精忠报主。肃瞻遗像，如熊如虎。浩气堂堂，八荒按堵。翊我邦家，有秩斯祜。（武昌岳飞亭武穆画像碑）

张翼先，明太和（今云南大理市）人。万历十年（1582），时任江夏知府，题武昌岳飞亭武穆画像赞。

谒岳王坟
刘克修

雄心誓拟净楼兰，谁遣王师一日还。颈血朝才荣蔓草，蜡书夜已出重关。长城自剪宁嚬蹙，臣构初意想厚颜。千古怨魂招不得，临风余泪独斑斑。（《岭南文献》卷三十）

刘克修，字少已，号粤愚，明南海（今广东佛山市南海区）人。万历十年（1582）举人。历官至海州知州。

阙　题
窦　文

生苟无遗恨，死亦何所言。嗟嗟武穆死，竟为今古冤。不决朱仙战，轻忘五国辕。祚运固积弱，相权何甚尊。遂矫班师诏，忍闭行朝阍。南去得死所，北望无中原。伤心黄汴水，洒泪钱塘魂。重过汤阴里，载瞻清庙门。忠良桑梓祀，奸谀夫妻蹲。谁谓亡天日，终当照覆盆。（汤阴《岳飞庙志》）

窦文，明江南定远（今安徽定远县）人。贡士。万历十年（1582）任卫辉府通判。十三年，由卫辉府通判升同知。

阙　题
高　举

关河万里翳妖氛，雪耻精忠一将臣。误国奸谀难共戴，全家节义更谁论。荒山孤剑埋冤血，绝漠游魂逐虏尘。留得栖霞岭外冢，年年杜宇怨青春。（《万历杭州府志》卷四六）

高举（1553—1624），字鹏程，号东溟，淄川（今山东淄博市淄川区）人。万历八年（1580）进士。官至浙江巡抚。

谒岳武穆次壁间二韵
虞淳熙

风波亭下叹空华，梦到西湖隐乱霞。恨失黄龙来卷土，难驱白雁痛亡家。分尸老桧狐常立，合抱南枝鸟不哗。日暮师魂犹可吊，寒潭秋月向人斜。

无力挥戈转若华，昏昏野日闭残霞。六军空夺朱仙镇，孤冢羞邻处士家。举帜忠魂悲荡漾，披衣狱吏任喧哗。一陵只在崖山下，万骨沉沙海月斜。

空留艮岳镇中华，记得深宫拜紫霞。北狩无人还尔骨，南枝有树死君家。撼山易得嵩华去，移狱能禁雀鼠哗。三字未书书反字，夜魂飞去一灯斜。

泥马何来欲乱华，黄龙未到死栖霞。骨销野上留忠字，泪满中原望岳家。疑冢玉鱼今已出成化间桧冢被发，穷边铁骑近无哗。椒浆半是匈奴血，痛饮秋风白日斜。

一样苍茫湖水翻，飞来飞去出无门。寒燐灼灼夭奴血，壮气桓桓车骑魂。石在三生谁定主，名销万死各含冤。中流披发真多事，不见韩王骑马奔。

鹊弓早挂鸟飞翻，草色殷殷钟室门。殿上空寻大小眼，房中似见往来魂。狱书忍裂生前敕，桯史能明身后冤。落日汤阴庐舍在，国丧无复戴星奔。

玉环落树北风翻，山鬼乘狸过羡门。高鼍至今惭马革，断鬐往日泣龙魂。藏弓八石知无策，化碧千秋实有冤。悬目大江看蜕骨，电飞白塔阵云奔。（《虞德园先生集》卷五）

虞淳熙（1553—1621），字长儒，号德园，明钱塘（今浙江杭州市）人。万历十一年（1583）进士。历迁兵部主客员外。万历二十一年（1593）因党争削籍归田。有《虞德园先生集》《孝经集灵》《西湖二集》，撰《钱塘县志》。

汤阴拜岳将军祠
李化龙

铁马金戈满目悲，将军谈笑挫雄师。不因诏旨来三殿，会见旌旗遍九夷。五国秋风号二帝，西湖夜雨泣南枝。今逢绝域称臣日，喜向祠前酹一卮。（《李于田诗集·中州稿》）

李化龙（1554—1611），字于田，号霖寰，明长垣（今河南长垣县）人。万历二年（1574）进士。官至兵部尚书。有《李于田诗集》。

吊岳王先茔因访其子孙
郑懋洵

匹马南来吊岳坟，英雄别自一乾坤。垒垒先垄犹然在，子子遗黎有几存。最痛焚香孤父老，那怜挂纸少儿孙。西山试比东陵土，谁向荒碑洒泪痕。（《岳武穆年谱附遗迹考·岳王先茔》）

郑懋洵，字克睿，明闽县（今福建福州市）人。万历元年（1573）乡荐。知南和县，一尘不染，百废俱兴，吏畏民怀。性简亢，与僚属相龃龉，诬以侵赈，遂夺官。

朱仙镇岳武穆祠
钟羽正

尝胆仇深可戴天，属镂争忍赐忠贤。高禽未尽良弓折，龙鼎千年哭塞烟。(《崇雅堂集》卷六)

钟羽正(1554—1637)，字淑濂，号龙渊，明益都(今山东青州市)人。万历八年(1580)进士。官至工部尚书。《明史》有传。有《崇雅堂集》。

岳王祠
杨于庭

王业神州已陆沉，将军祠墓肃阴阴。和戎社稷浑无策，报主乾坤只此心。原草尚含南向恨，塞鸿空断北来音。可怜十二金牌诏，父老攀留泪满襟。(岳墓诗碑)

杨于庭，字道行，明全椒(今安徽全椒县)人。万历八年(1580)进士。官至兵部职方司郎中。有《道行集》及《春秋质疑》。

阙 题
王显仁

天威破竹虏难支，宋祚中兴可刻期。旗上头应悬可汗，马前血欲践阏氏。走丸谋已通奸相，拥篲谁能挽义师。千载忠魂难重起，令人掩泪读遗碑。(《精忠类编》卷八)

王显仁，明沧州(今河北沧州市)人。万历八年(1580)进士。次年任武安知县。历官吏部文选司员外，山东按察司副使。

阙 题
邓启愚

燕云唾手杳难期，十二金牌万事危。海若天空南渡远，孟婆声断北辕迟。朱旗霞映觚棱夕，铁马风嘶殿阁时。泪洒英雄流不尽，漳河长夜泣蛟螭。(《精忠类编》卷八)

邓启愚，字良知，号少谷，明溆浦（今湖南溆浦县）人。万历八年（1580）进士。终官布政司左参议。

阙 题
甘士龙

鄂王宫殿薜萝中，舆论千年太史公。日月山河常在眼，几人精烈贯长虹？（汤阴《岳飞庙志》）

甘士龙，明富顺县（今属四川省自贡市）人。万历七年（1579）举人。

阙 题
冯大咸

何壮朱衣飞将雄，龙沙饮血笑谈中。金牌锻就灰炎火，青竹芳垂取日功。荆水霜号悲二主，吴天月苦痛孤忠。千秋词赋难抒恨，惟听苍松咽晚风。（《精忠类编》卷八）

冯大咸，明华亭（今上海市松江区）人。冯大受（万历七年举人）从弟。《松江府志》称其"有文誉"。有《花药志》。

朱仙镇谒岳武穆王祠
郭正域

铁骑百年才渡洛，金牌一日即班师。可怜少保功成日，未是胡儿运绝时。河落平沙吹漠漠，云深寒景下垂垂。萧森古木阴风起，折尽云中向北枝。（《合并黄离草》卷十一）

郭正域（1554—1612），字美命，明江夏（今湖北武汉市江夏区）人。万历十一年（1583）进士。官至署礼部尚书。因数忤首辅沈一贯，被罢官还籍。谥文毅。《明史》有传。有《合并黄离草》。

西湖八首（录一）
赵世显

陆相祠前松竹幽，岳王坟上晚烟收。伤心千载兴亡事，并作湖中绿水

流。(《芝园稿》卷二八)

赵世显，字仁甫，明侯官（今福建闽侯县）人。万历十一年（1583）进士。初任池州司李，左迁为梁山令。复转别驾，以母老不赴。杜门却轨，以文酒娱日。有《芝园稿》。

阙 题
张问达

宁死将军不一争，直留名附比干名。可怜淇汤多神物，日暮蛟龙送雨声。(《精忠类编》卷八)

张问达（？—1625），字德允，明泾阳（今陕西泾阳县）人。万历十一年（1583）进士。官至吏部尚书。魏忠贤擅国，遭诬，寻卒。崇祯初，昭雪，赠太保。《明史》有传。

阙 题
梅国楼

兀朮凭凌杀气高，中原血色染征袍。八千里月摇云海，三十功名老鬓毛。二帝蒙尘巡绝漠，人臣尽瘁正斯时。陶朱纵有全身术，忠武原来不敢知。忆昔盟逾金匮后，相传直到靖康时。秦奸未必仇忠武，天意茫茫不可知。(《精忠类编》卷八)

阙 题
梅国楼

百战燕云不顾身，精忠血泪洒孤臣。虚劳旗制隆褒锡，翻作金牌误主人。
风雨潇潇剑戟鸣，英雄挥泪几纵横。皇天不用明心事，长作中原万里城。(汤阴《岳飞庙志》)

梅国楼，字公岑，号琼宇，明麻城（今湖北麻城市）人。万历十一年（1583）与兄国桢中同榜进士。历官工部给事中。有《梅公岑草》。

吊岳武穆庙
徐即登

宋代诸陵何处寻，鄂王祠庙肃阴阴。金牌诏数催何急，铁骑尘高转战深。知过二桃三字狱，冤衔六桧万年心。英雄遗恨今犹在，长护中原壮带襟。（淮阳岳飞观诗碑）

徐即登，字献和，又字德峻，号匡岳，明丰城（今江西丰城市）人。万历十一年（1583）进士。官至河南按察使。有《春秋说》《周礼说》《正学堂稿》《建文诸臣录》等。

阙 题
崔士荣

逢人谈宋事，扼腕泪如纷。孱主元无父，孤臣空有君。是由班师计，身死不成勋。故里崇王祀，千秋仰令芬。（《精忠类编》卷八）

崔士荣，明彰德府（今河南安阳市）人。南京礼部右侍郎崔铣之孙。万历十一年（1583）进士。曾任常德府知府。

与梦菊先生谈忠武
张应登

传闻翼德是前生，忠义刚方却逼真。更有文章辉日月，不徒尘土是功名。（《精忠类编》卷八）

阙 题
张应登

忠武祠堂何处寻，大河之北荡之阴。金牌迭下燕云锁，铁骑初旋塞草深。一旦十年空竭力，皇天后土旧知心。可怜怒发犹生气，瞻拜频来泪满襟。（汤阴《岳飞庙志》）

张应登，字玉车，明内江（今四川内江市）人。万历十一年（1583）进士。任彰德府推官兼林县知事，升兵科给事中。编撰《汤阴精忠庙志》

《岳忠武王年表》。

谒岳武穆庙和邵二泉先生韵
万国钦

长驱毡幕净胡埃,勋业巍然列将台。自谓旄头将北去,那知班诏又南来。孤忠竟殒英雄恨,青史犹存正气开。天暮西山欲衔日,玄猿声断不堪哀。(《万二愚先生遗集》卷六)

万国钦,字二愚,明新建(今江西新建县)人。万历十一年(1583)进士。终官南京刑部郎中。《明史》有传。有《万二愚先生遗集》。

阙 题
杨应中

河北荒城鄂国祠,故乡魂魄定栖迟。尽忠白日公肝胆,吊古西风我涕洟。十载拮据功竟废,二灵哀怨返无期。凛然生气存颜色,犹似含颦待诏时。(《岳武穆年谱附遗迹考·汤阴精忠庙》)

杨应中,明顺天府固安(今河北固安县)人。万历十一年(1583)进士。官至山西冀南道兵备副使。

阙 题
安文璧

英雄结发即从戎,信手穿杨左右弓。金人乱华势亦雄,统制一扫淮西空。荆湖奋迅追曹成,望之胆落奔复惊。崩腾逃遁似无地,麾下只闻招降声。固石洞前山势峻,一径能通死士进。贼众乱呼山岳震,首恶既诛余无刃。保民之仁帝所许,处人绘像设尊俎。入见帝时赐手书,精忠旗帜何楚楚。大旆摇摇翻海波,腰悬宝剑日光磨。阵前将卒一鞭指,旋复六郡功何多。袖中小图示张浚,破贼八日声愈振。坏舟入垒余酋惊,仰之如神尽归顺。蔡州已复望燕云,行山响应当无前。孰知进取一挠阻,此时还鄂心茫然。蜡书一纸废刘豫,乘机请复中原疏。疏上不报空叹嗟,费尽千思及百虑。设施札赐出寻常,西京追败军颍昌。岳岳气焰何扬扬,金人相顾殊徬徨。诸将分道出各战,自乘轻骑若奔电。朱仙镇前困兀尤,痛哭大呼颜色变。背嵬五百同奋击,剑戟相摩如霹雳。追迫前途尽倒戈,还汴败残心惕惕。即将遣使葺诸陵,臣子欢忭如不胜。父老糗精焚香迎,剿胡灭虏气更增。指日中原为有主,相期痛饮黄龙府。金牌十二班师还,十年功力竟无补。尽忠报国坚于金,四字涅入肤理深。呼至庭前诘反状,裂裳露背白其心。君不见飞鸟尽时良弓藏,耻未雪兮身罹殃。丈夫意气徒昂昂,忠诚可虑群邪伤。人多惜公未暇筹,金牌至时军少留。章奏上兮兵毋休,中原一复全功收。我亦为公思之深,安敢慢焉君命临。仰天太息声为暗,不俟惊行公之心。曾不重身为重君,那堪矫诏立功勋。秦桧奸谀不足恨,宋事终焉心如焚。祠边汤水气氤氲,寒浸片月色不分。墓前灵爽应未散,至今愁结西湖云。(《精忠类编》卷八)

安文璧,字仲书,明安阳(今河南安阳县)人。万历十一年(1583)进士。初授行人,使秦晋诸藩,不受赠遗。升浙江道御史,出按淮阳、顺天,升大理丞。

阙 题
于玉立

宋祚九鼎沸,胡尘暗日月。三河侠少尽,两都无宫阙。侯起戎行间,雄心横怒发。长剑撑半壁,义旗张厥伐。羯胡泣路穷,奸桧假之筏。班师一奉诏,中原遂沦没。神勇只千古,英风湖上碣。丹青貌似否,悠悠恨吹骨。(《精忠类编》卷八)

于玉立,字中甫,明金坛(今江苏金坛市)人。万历十一年(1583)进士。除刑部主事,进员外郎。寻进郎中,谢病归。久之,起故官。触帝怒,褫其官。后以光禄少保征,卒不出。赠尚宝卿。

阙 题
刘芳誉

西湖湖里水悠悠,往事千年共此流。长舌东窗秦计定,绣旗北卷汉人愁。树头啼鸟哀无恨,塞外寒烟恨未收。惟有丹心自今古,还同日月护神

州。(《精忠类编》卷八)

刘芳誉,字际明,明陈留(在今河南开封市境内)人。万历十一年(1583)进士。知温州府,后调广平府。任御史。

读岳忠武公集
卢龙云

记忆朱仙事可悲,人人争识岳家旗。精忠不负当朝锡,神算能令异代思。铁骑尚闻歌出塞,金牌无奈诏班师。千年庙食英灵在,得似黄龙痛饮时。(《精忠类编》卷八)

卢龙云,字少从,明南海(今广东佛山市南海区)人。万历十一年(1583)进士。历官至贵州参议。有《四留堂稿》《尚论全编》《易经补义》《读诗类要》等。

阙 题
张崇雅

指挥铁骑日驱驰,直踏胡儿饮马池。五国未曾迎凤辇,一身先自受鸱夷。忠臣死抱中原恨,贼子生忘南渡悲。此日祠边春草绿,令人感慨益凄其。(《精忠类编》卷八)

张崇雅,明大名(今河北大名县)人。隆庆元年(1567)举人。万历十一年(1583)任林县知县,后为开封府通判。

阙 题
赵东鲁

将军师旅太行东,誓扫胡尘始挂弓。天不厌金和议入,人方谋宋战猷空。孤忠白日三臣死,二帝青衣五国终。直笔于今良史在,令人洒泪叹英雄。(汤阴《岳飞庙志》)

赵东鲁,明垣曲(今山西垣曲县)人。选贡。万历十二年(1584)任彰德府通判。

谒岳武穆坟
邓原岳

星落辕门鼓不鸣,谁从四海问干城。金牌昼出甘和虏,铁骑晓驰竟罢兵。泪尽属镂犹带血,夜阑刁斗尚闻声。孤坟独对西湖水,春去春来草自生。(《西楼集》卷六)

邓原岳(1555?—1604),字汝高,号翠屏,明闽县(今福建闽侯县)人。万历二十年(1592)进士。官至湖广按察司副使。有《西楼集》。

施全咏(节录)
陈懿典

宋室困金狄,中原空火烟。桓桓岳忠武,百战皆身先。唾手下燕云,义旗指朱仙。卖国有贼相,金牌师不前。阴谋散部曲,秘狱歼英贤。行路皆酸楚,天地为惨然。朝臣劫凶焰,谁为声其冤。举世无忠义,正气发施全。(《陈学士先生初集》卷三六)

陈懿典,字孟常,明秀水(今浙江嘉兴市)人。万历二十年(1592)进士。官至中允,乞假归。崇祯初,起为少詹事,不赴。有《陈学士先生初集》。

阙 题
刘元霖

停马荒祠动慨吟,秋风庭树自萧森。英雄气壮行山在,哽咽声悲荡水深。大将十年空汗马,孤忠千载有知心。古来多少悲公泪,红满阶前草色侵。(《精忠类编》卷八)

刘元霖(1556—1614),字符泽,号用斋,明任丘(今河北任丘市)人。万历八年(1580)进士。曾任安阳县知县,官至工部尚书。卒赠太子太保。

过汤阴谒岳庙一首用朱仙镇韵
金忠士

神谋摧敌壮军营，所向无前振义声。丸蜡谍行歼巨寇，黄龙约饮鼓奇兵。君王自画偏安策，奸相阴刊万里城。庙貌空存桑梓地，令人千古憾书生。(汤阴岳庙诗碑)

金忠士（1556—1618），字符卿，号丽阳，明新安（今安徽宿松县）人。万历二十年（1592）进士。官至都察院右佥都御史，巡抚延绥。

符离怀古
陶允嘉

张督护，杀曲端，关中将士皆心寒。秦丞相，杀岳飞，万里长城一旦隳。娄室欢颜兀尤喜，小朝廷，复何恃。长脚太师吾何尤，魏公九原知悔不？(《明诗综》卷六七)

陶允嘉（1556—1622），字幼美，明山阴（今浙江绍兴市）人。福建右布政陶大顺子，著名散文家张岱外公。以荫官凤阳通判。有《泽农吟》。

张苍水遗骨瘞武穆祠后
王玉书

一代英雄尽，伤心此土丘。前人存旧恨，把臂有同仇。客积湖山泪，鸟鸣烟雨秋。为疑泉壤下，何语漫相酬。(《续耆旧》卷二六)

王玉书，字水功，一字仙笈，学者称无界先生，明太仓（今江苏太仓市）人。万历十三年（1585）以明经授太常博士，寻辞去，踯躅山水间。与周齐曾、陆介、周元合称"榆林四先生"。有《瑶光阁集》。

题汤阴岳王庙
魏汝松

南国金牌北渡关，中原父老泪潺湲。羞班铁骑经伊洛，背指黄龙是燕山。问罪旌旗从此断，蒙尘冠盖几时还？丹心未了千年碧，一剑长横霄汉

间。(汤阴岳庙诗碑)

贼相桧
魏汝松

浪说逃归自碛沙,陛辞许为割中华。请羁二帝输秦贡,管领高宗籍岳家。五国望迷江上马,诸陵栖断树头鸦。腥膻海国流千载,总为酬金一念差。(汤阴岳庙诗碑)

魏汝松,明德州(今山东德州市)人。嘉靖三十七年(1558)举人。万历十四年(1586)任汤阴知县。后升均州知州。

谒岳武穆祠
罗大纮

中原失险金城破,胡虏长驱铁骑骄。壮志欲椎秦博浪,功成何数汉嫖姚。夷门夜月空归鹤,紫塞秋风未射雕。燕云不是还真主,千古忠魂恨未销。(《紫原文集》卷二)

罗大纮,字公廓,号匡吾,明吉水(今江西吉水县)人。万历十四年(1586)进士。仕至礼部给事中。直谏忤旨,斥为民。天启中,赠光禄少卿。《明史》有传。著《紫原文集》。

阙 题
林欲厦

返旆黄龙怨气频,含冤地下哭征人。十年空冠三军勇,五国谁怜二帝尘。庙古寒风吹碧瓦,坟高萋草卧苍麟。从今莫论金牌事,不尽英雄洒泪嗔。(《精忠类编》卷八)

林欲厦,字从奂,明晋江(今福建晋江市)人。万历十四年(1586)进士。官至巡抚广西都察院右副都御史兼工部侍郎、太子太师、武英殿大学士,赐祭葬。

万历乙未冬北上吊岳王四首
龚文选

百战征袍血未干,忠肝正气斗星寒。可怜三字难分诉,十载功劳总是残。
直捣黄龙志未酬,朱仙镇上泪双流。将军何用题麟阁,赢得高名万古悠。
赵家南渡祚如丝,况复青衣沙漠时。十二金牌一日出,高宗安得说无知。
无端矫诏坏长城,痛杀当年叩马生。武穆庙前谁屈膝,英雄多少恨吞声。
(汤阴岳庙诗碑)

龚文选,明四川长寿(今重庆市长寿区)人。万历十四年(1586)进士。曾任监察御史。

阙 题
何淳之

胡骑长驱入汴都,中原转战遍萑苻。朱仙一日雄心死,二圣千秋泪眼枯。不为军前曾叩马,肯令榻上见蹲狐。少年白尽冲冠发,肠断韩王策蹇图。(《精忠类编》卷八)

何淳之,字仲雅,号太吴,明江宁(今江苏南京市)人。万历十四年(1586)进士。官至监察御史。有《足园稿》。

岳 墓
陈守友

过庙仍瞻墓,寒林气郁森。西湖莽埋没,中土日销沉。五国杜鹃梦,千城都护吟。未须追古愤,延伫重伤心。(《列朝诗集》丁集第八)

陈守友,一名有守,字达甫,明休宁(今安徽休宁县)人。万历年间新安诗派诗人。有《陈太甫诗集》。

读诸名家朱仙镇诗
朱敬鎣

华夷曾系一身轻,破国谁存报主情。铁马中原空力战,金缯廊庙重和

盟。旌旗日落秋云暗，营驿天昏野火明。墨客几多词赋在，灯前读罢恨吞声。(《梅雪轩诗稿》卷三)

朱敬鑡，字进父，明秦愍王樉八世孙，万历中为奉国中尉。有《梅雪轩诗稿》。

武穆祠
胥 焯

庙堂高枕谁尝胆，沙漠功臣有血衣。万里山河胡马壮，两宫魂魄杜鹃归。臣奸只说和戎利，国是宁论杀士非。今日洞庭湖上像，远胜麟阁画依稀。(《隆庆岳州府志》卷九)

胥焯，明巴陵（今湖南岳阳市）人。万历间曾任鄱阳知县。

谒岳武穆祠
冒愈昌

湖上明霞色，丹心片片悬。一抔犹有地，三字已无天。(《东皋诗存》卷三)

冒愈昌，字伯麐，明如皋（今江苏如皋市）人。诸生。万历间在世。著有《金陵集》《绿蕉馆集》等二十余种。

阙 题
胡 黉

将军何自解兵权，南北宁忘不戴天。一疏未还沙漠驾，两宫犹忆靖康年。虚廊甲马栖寒月，古殿松杉掩暮烟。摇落黄龙千载后，却留生气在山川。(《精忠类编》卷八)

胡黉，即胡之骥，字伯良，号苏州山人，原籍苏州，流寓黄州府蕲水县（今湖北浠水县）。布衣。主要生活于明万历年间。

阙 题
马烨如

朔漠尘迷五国天，可堪车跸竟南迁。奸臣自矢和戎策，大将空裁破虏笺。百战功隳三字狱，两宫梦断六陵烟。最伤痛哭班师夜，谁遣书生叩马前。（《精忠类编》卷八）

马烨如，明云南保山（今云南保山市）人。回族。官南京兵部武选司郎中，升贵州布政使参议，改补两淮会鹾。《精忠类编》卷末有马烨如万历甲寅（1614）秋吉跋。

中秋谒岳祠
万邦孚

十二金牌召岳兵，长城从此一朝倾。岳侯虽逝丹心在，千古精忠共月明。（《一枝轩吟草》）

万邦孚，字汝永，号瑞严，明鄞县（今浙江宁波市鄞州区）人。约万历中在世。诸生。袭指挥累迁都督府佥事，镇福建。有《一枝轩吟草》一卷。

谒岳武穆王墓祠
徐元普

声咽长天水不流，伊人底事负中州。盟渝白马仍和好，师抵黄龙问逗留。宝剑独鸣空百战，翠花遥指竟千秋。何时销得英雄骨，差有端平献薄酬。

莫言航海绝归期，当日君侯已数奇。四字矢心阴鬼泣，一诚贯日老臣知。碑残名蚀苔花落，鼓死风号木叶悲。此地不堪遗恨在，故将双泪哭吾私。

何处堪闻长乐钟，百年埋玉起悲风。狐眠孤冢枯杨白，猿啸空山血泪红。寸草不随宫树北，丹心犹共海潮东。属镂一剑君王赐，肯学鸱夷伴钓翁。

精忠犹见挈旗鲜,忽报金牌绝塞传。黄鸟有情歌薤露,夜台无路叩皇天。间关母氏魂何在,少小郎君死可怜。我亦雄心销未尽,一杯三叹夕阳前。(岳墓诗碑)

徐元普,字泽夫,号五修,明万历年间华亭(今上海市松江区)人。徐阶之孙。积极倡导复古文学,深受王世贞推许。

题岳阳武穆祠
唐万阳

武穆祠堂楚水涯,短墙疏草映残花。奸谀何代无秦桧,忠孝谁人是岳家。风静鱼龙吹细浪,月明鸥鹭宿平沙。遥怜古墓西湖上,万树南枝日欲斜。(《坚瓠八集》卷四)

《坚瓠八集》卷四:万历中,辰阳唐侍御万阳题岳阳武穆祠云云……此诗不减李崆峒水庙飞沙之句。

阙　题
徐有恒

中国中分事已非,将星一陨帝星微。金牌总为金人发,玉节谁迎玉辇归。数既有南还有北,天胡生桧复生飞。西湖云掩西山雨,恨满英雄泪满衣。(《岳飞墓诗选》)

徐有恒,明万历前后人。《西湖志摘粹补遗奚囊便览》有其万历二十八年(1600)跋。

吊岳武穆二首
吴季鹍

称侄称臣词太哀,吾君吾相志全灰。书生已透安危计,不待金牌十二来。

大仇不报转为恩,枉有刀头饮血痕。试问九哥知悔否,重泉何以对忠魂?(《龙眠风雅》卷四四)

吴季鹍,字子翮,号遁叟,明桐城(今安徽桐城市)人。万历中诸生。

《龙眠风雅》录其诗五十五首。

朱仙镇谒岳庙
陈邦瞻

将军百战拥貔虎,雄心久已吞狂虏。故都父老泣涕迎,两河忠义尽旗鼓。唾手中原势已成,长驱直望黄龙府。诏书一日下行营,旌竿忽折鼓声死。回首朱仙落日黄,空使三军泪如雨。(《陈氏荷华山房诗稿》卷八)

岳忠武故里二首
陈邦瞻

金碧标严寝,风云护古垣。蒸尝瞻故里,板荡忆中原。痛抉吴门目,悲游屈子魂。千秋长洒泪,遗恨在乾坤。

一剑从南渡,三军更北征。雄风生铁马,寒日照霓旌。河朔争攘甲,燕然未勒铭。遗祠献牛酒,犹是犒师情。(《陈氏荷华山房诗稿》卷一三)

谒岳王墓
陈邦瞻

金牌自奉班师诏,铁马空悬报主劳。事去孤臣甘一死,人亡故国等秋毫。祠前松柏森戈戟,海上风云俨节旄。独有鸱夷衔恨意,行年共作浙江涛。(《陈氏荷华山房诗稿》卷一五)

朱仙镇再赋
陈邦瞻

长烟犹似拥征旗,千古伤心泪自垂。河北香盆迎马日,江南金字罢兵时。书从魏箧藏应满,剑出秦庭赐肯迟。莫向祠前瞻列柏,春风不散岁寒枝。(《陈氏荷华山房诗稿》卷二一)

陈邦瞻(1557—1623),字德远,明高安(今江西高安市)人。万历二十六年(1598)进士。官至兵部左侍郎。《明史》有传。编纂《宋史纪事本末》《元史纪事本末》,有《陈氏荷华山房集》。

阙　题
谢廷讚

洒泪咽胥涛，伤心扬杜举。转石纳肝人，拔山佞难去。蔑视岵与冈，谁遑恤区宇。众允推神算，岳公岂行伍。幕画葛并留，将兵信兼羽。神武矢张皇，悖德忘羁旅。畏虎如畏胡，张弧怨张楚。御史清楚氛，中丞媾娇虏。旆掣朱仙镇，梦断黄龙府。悲凉九世仇，迷离一抔土。如何忠孝人，翻覆逢孱主。地下感湘累，恻恻同心语。玉清有佳嗣，屏翳觑无雨。嗟彼盖开怨，不戴宜终古。墨缞纵北酋，罗裙恋南浦。要盟竟不寒，存誓应无睹。苌弘化碧光，亭亭照张许。（《精忠类编》卷八）

泊舟岳忠武
谢廷讚

不戴谁能不报仇，齐襄九世列春秋。葵心捧日坚于石，桧木翻云曲似钩。铁骑三千闻破胆，金牌十二市旄头。西湖一夜萧萧雨，也共胥涛咽未休。（《精忠类编》卷八）

谢廷讚（1557—?），字曰可，明金溪（今江西金溪县）人。谢廷谅弟。万历二十六年（1598）进士。授刑部主事。忤旨被削职为民，侨居扬州，授徒著述。《明史》有传。有《继霞亭集》。

朱仙镇岳祠歌
公　鼐

朱仙镇前祠庙古，翠殿巍峨罗鼎俎。鄂王南面衮绣裳，宪云配食侍廊庑。英风飒飒五月寒，犹有余威震骄虏。职官享祀群黎趋，椎牛烹羊昼击鼓。是谁面缚置阶前，三五纵横草莽间。往来践踏或撞击，头颅缺折肌肤穿。败铁无知等尘土，似留遗臭沾腥膻。胸前尚存贼桧字，便欲掣剑诛神奸。低徊此地五百载，金牌痛哭声如在。高宗贪位桧逢君，徒使忠良陷蒽醢。黄龙直北竟成空，翠柏依南长不改。千秋此恨几时休，滔滔汴水流东海。（《山左明诗钞》卷二七）

公鼐（1558—1626），字孝与，号周庭，明蒙阴（今山东蒙阴县）人。万历二十九年（1601）进士。官至礼部右侍郎。赠礼部尚书，谥文介。有《问次斋稿》。

西湖杂诗（录一）
陈　勋

鄂王祠墓在，洒泪读残碑。天地英雄恨，山川世代移。悲凉余石马，仿佛见云旗。欲识丹心苦，坟前南向枝。（《元凯集》卷四）

陈勋（1560—1617），字元凯，明闽县（今福建闽侯县）人。万历二十九年（1601）进士。官至户部郎中。有《元凯集》《坚卧斋杂著》。

阙　题
丁元荐

中原膻气污青天，赵家天子胡沙眠。神龙夜吼将军起，指麾宇宙风雷旋。剑如霜兮胆如铁，十万胡兵安足灭。朱旗只欲扫黄龙，胡儿夜哭荒烟月。奸臣呼啸风雨急，金牌飞诏千灵泣。倏尔班师羯虏骄，十年汗马皆虚掷。黄尘射日日欲死，千秋恨血愁云紫。天维欲转忽复颓，金瓯一缺成覆水。墓草苍苍但夕阳，胡宫宋阙总荒凉。惟余一点精忠气，霄汉长悬日月光。（《精忠类编》卷八）

丁元荐（1560—1625），字长孺，号慎所，明湖州府长兴县（今浙江长兴县）人。万历十四年（1586）进士。官至刑部检校、尚宝司少卿。《明史》有传。著《尊拙堂文集》等。

西湖上拜岳武穆墓
王　衡

当年飞将事横行，强弩如风射不平。战后欢呼重出塞，军前痛哭话休兵。此身恩遇先酬死，中土功劳负请缨。怒逐鸱夷入江水，新潮更接旧潮生。

酌水苞茅薄献酬，不须入墓气如秋。宁辞腔血膏原野，谁使勋名在浅

丘。伏腊衣冠新戟下，有时风雨大刀头。西湖纵道经行处，夜夜神灯照汴州。(《缑山先生集》卷一)

王衡（1561—1609），字辰玉，号缑山，明太仓（今江苏太仓市）人。万历二十九年（1601）进士。官翰林院编修。有《缑山集》《纪游稿》《春秋纂注》等多种。

满江红·拜岳忠武墓用原韵
眭　石

万古兹岳，松万树、悲风不歇。丹心映、余霞片片，亭台欲烈。干弩已回胥口马，扁舟应避波心月。恨裹尸、不向漠南还，啼鹃切。　　三字狱，何须雪；两宫耻，终谁灭。遍愁云、补不就山河缺。碧浪难穷袁粲泪，玉泉忍化苌弘血。更冬青、无复向南枝，空陵阙。(《全明词补编》下册)

眭石，字金卿，号东荪，明丹阳（今江苏丹阳市）人。万历二十九年（1601）进士。官至翰林院检讨。有《眭东荪文集》。

谒岳武穆庙
李　朴

转战曾经几落晖，雄心每逐汉江飞。千山历尽龙沙冷，二帝遥迎马上归。铁剑还思凌紫塞，金牌谁忍下黄扉。可怜三字忠良尽，一曲江红泪满衣。(汤阴岳庙诗碑)

李朴（？—1620），字季白，一作继白，明朝邑（今陕西大荔县）人。万历二十九年（1601）进士。曾任彰德府推官。官至户部郎中。受党人排挤落职。起太仆寺少卿。有《调刁集》。

谒岳武穆庙
曾用升

南朝大将一嫖姚，愤战雪霜灭汉骄。草疏一封仇未复，金牌十二气全消。燕云惨淡寒无色，祠柏青葱老不凋。遗像肃瞻空洒泪，忠魂千古为谁招？(汤阴岳庙诗碑)

曾用升，字时甫，一字起东，号九虚，明海阳（今广东潮州市）人。自称"古瀛人"。万历二十九年（1601）进士。隆庆中曾巡按河南。天启二年（1622）召入为尚宝少卿。时魏珰权势震赫，以丁外艰归。

谒武穆祠
吕邦耀

尽忠方略久安排，直扫荒庭向虎豺。壮士战场惟铁甲，谋臣帷幄有金牌。千年积恨魂犹咤，百代余香血未埋。谒罢踌躇今古事，从来将相在和谐。（汤阴岳庙诗碑）

吕邦耀，字符韬，锦衣卫籍，明顺天（今北京市）人。万历二十九年（1601）进士。曾任河南副使，官至通政司右参议。有《续宋宰辅编年录》。

阙 题
顾绍芾

宣和酿胡祸，中原遍膻腥。遂令金小丑，豺声震朝廷。仓猝驱二龙，风霾昼冥冥。天崩谁柱天，安置日与星。鄂王起汤阴，忠愤誓歼敌。上书建炎初，北渡意何切。不用翻夺官，乘舆窜鸣镝。赳赳新乡战，猛气腾霹雳。惜哉事参差，奇功遂虚掷。河北袖手割，委汴汴又没。如何望燕云，不洒英雄血。胡骑飞渡江，吴越皆震荡。微王摧新城，尽作左衽样。回戈指剧贼，万里无留行。江淮及闽奥，湖北湖南城。破竹总神算，前矛凛谁撄。墨衰下虢州，会睹中原清。徒失贵臣意，十请十不应。当其废豫时，经营何苦辛。乃锻垂天羽，九万郁莫伸。肝胆欲堕地，至死不见明。书生何叩马，似为愤所乘。谁遣金牌来，但闻丞相令。辜负十年功，痛哭朱仙镇。狂胡大跳梁，贼臣暗磨刃。鹰犬弄文墨，片纸杀忠正。东窗鬼耳聪，铁杖不汝靳。厮养御主归，思陵能无竞。与胡同戴天，藏弓又奚病。掩卷涕沾裯，北风吹鬓毛。镆铘尘漫漶，白昼忽怒号。施全奇男子，一刷当时耻。其功虽不成，其魄亦已褫。人生会有终，竹帛垂无穷。不见葛岭下，焚香气成虹。（《精忠类编》卷八）

顾绍芾（1563—1641），字德甫，号蠢源，明昆山（今江苏昆山市）

人。以诸生入太学，天才俊逸。工诗，尤善书法。有《梦庵集》《顾德甫诗》。

咏史七十首（录一）
徐 𤊹

武穆心报国，屡战成奇功。大捷朱仙镇，誓使胡尘空。百姓方顶盆，金牌出内宫。痛哉三字狱，竟尔摧孤忠。西湖有古墓，双桧号悲风。（《鳌峰集》卷六）

岳王祠墓
徐 𤊹

和议甘将社稷分，金牌飞诏返孤军。冤随白马潮头月，战阻黄龙塞上云。三尺属镂空有恨，两宫环佩寂无闻。冬青树死诸陵废，宰木南枝拜古坟。（《鳌峰集》卷一七）

徐𤊹（1563—1639），字惟起，更字兴公，明侯官（今福建闽侯县）人。布衣。毕生求书、藏书，尤精校勘。博识工诗文，著述颇丰，有《鳌峰集》等五十多种。

阙 题
归子慕

绝漠风高恨不平，奋呼长剑指王廷。黄龙声夺天骄魄，黑祲阴埋大将星。二帝游魂悬玉塞，一门贞烈满银瓶。草枯朔雪灵何倚，愁结河源下有冰。（《精忠类编》卷八）

归子慕（1563—1606），字季思，号陶庵，明昆山（今江苏昆山市）人。归有光第五子。万历十九年（1591）举人。再试礼部不第，屏居江村，诗歌为乐。《明史·文苑传》附于《归有光传》。有《陶庵集》。

郾城武穆祠
王元翰

百战功成一日休，偷安忍辱事仇雠。两河义士皆胡服，二帝悲魂尚楚囚。岂是书生能料事，却缘奸相主和谋。黄龙不果留君醉，赤县崩沉草木愁。(《王谏议全集·诗集》)

书朱仙镇岳武穆庙壁
王元翰

报国精忠刻画肤，将军谋叛莫须无。复仇雪恨春秋义，南渡君臣不读书。(《王谏议全集·诗集》)

王元翰（1565—1633），字伯举，明宁州（今云南华宁县）人。万历二十九年（1601）进士。官吏科给事中，以上疏言时政，遭贬。天启初升刑部主事。时奸宦魏忠贤专权，又遭罢免。《明史》有传。

次朱仙镇
李日华

落日凄迷汴水浑，乱鸦丛木古祠昏。金牌已堕垂成绩，铁像空鞭万死魂。草覆残碑蛮对语，沙埋折戟蚁分屯。悲歌易遣霜华入，斗酒浇肠强自温。(《恬致堂集》卷六)

李日华（1565—1635），字实甫，号九疑，别号竹懒，明嘉禾（今浙江嘉兴市）人。万历二十年（1592）进士。官至中议大夫、太仆寺少卿。有《恬致堂集》。

读史一百首（录一）
顾起元

金牌十二诏班师，风偃黄龙大将旗。从此七陵原上树，北风吹尽向南枝。(《懒真草堂集》卷一九)

顾起元（1565—1628），字太初，号遁园居士，明江宁（今江苏南京市）人。万历二十六年（1598）进士第三名。终官吏部左侍郎兼翰林侍读学士。谥文庄。有《客座赘语》《尔雅堂诗说》《金陵古金石考》《懒真草堂集》等。

岳 飞
唐汝询

莫恤淮阴侯，鸟尽良弓收。毋悲檀道济，威权震天地。历览三千年，谁如武穆冤。康王卖父主，和议心相许。郎君卖主臣，深许胡奴亲。君相苟如此，鄂王安所恃。生平报国心，百战终难已。江淮扫既平，秣马湖湘滨。上书陈大计，擒豫灭金人。连摧兀尤阵，大捷朱仙镇。骄胡马不行，卷甲将宵遁。万众焚香迎，日望官军进。豪杰闻风来，指日中原开。未醉黄龙府，先颁金字牌。黎元动地哭，公归嗟不复。无论十年功，竟成三字狱。贼桧害忠贤，狙谋既昭然。庸君虽蒙蔽，岂真无片言。吾观班师际，未必非上意。踏破贺兰山，当归渊皇帝。岂惟秦桧憎，实乃高宗忌。畴昔赐旌旗，精忠素所知。一朝诬大逆，能不念平时。邦昌居黄屋，不忍加诛戮。于此独何心，恬然杀武穆。一死千秋悲，皆言桧所为。宗君饮恨卒，斯时当怨谁。君王惓兴复，义士将安归。成败非无兆，书生尚能料。谁云武穆王，独不悟行藏。鞠躬唯尽瘁，畴敢论存亡。捐生终殉国，孤忠贯金石。千古西湖旁，拱木生颜色。君看宋家陵，冬青并无迹。（《顾氏诗史》卷一四）

唐汝询（1565—?），字仲言，明华亭（今上海市松江区）人。万历中官中书舍人。目双瞽，著成《诗史》。同时顾正谊以三百金诡得其稿而刻之，故名《顾氏诗史》。

湖上别限韵同方子公赋
袁宏道

望望鄂公坟，石龟与人齐。冢前方丈土，浇酒渥成泥。虽知生者乐，无益死者啼。如彼坟前马，张吻不能嘶。天地入晦劫，志士合鸾栖。曷为近汤火，为他羊与鸡？孤山梅处士，事业未曾低。西陵倡家女，松柏杂广蹊。红粉是活计，山花足品题。笑折苏公柳，策马度花堤。（《梨云馆类定袁中郎

全集》卷二）

宿朱仙镇
袁宏道

秋高夜铎冷空庭，草木犹疑战铁腥。地下九哥今悔不，六陵花鸟哭冬青。羯胡岁岁括金钱，称侄称臣也枉然。马角不生龙蜕冷，酸心直到犬儿年。青骢挽断绿杨丝，寒食西湖祭酒时。第六桥头香十里，桃花风起迭琉璃。祠前箫鼓赛如云，茹泣争劙吊古文。一等英雄含恨死，几时论定曲将军。
（《列朝诗集》丁集第一二）

袁宏道（1568—1610），字中郎，号石公，又号六休，明公安（今湖北公安县）人。万历二十年（1592）进士。后反复做官又弃官，多方游历，著书立说。与其兄宗道、弟中道皆晚明反复古主义运动"公安派"代表人物，时称"三袁"。《明史》入《文苑传》。有《袁中郎集》。

张鲤奉谒岳武穆公祠次韵
王一中

中原饮恨到于今，谁使神州一旦沉。大业全收将就绪，长城先坏倍伤心。只知胜算能攻锐，不料奸谋易铄金。千载兴亡汴水上，独余古木自森森。

正气凌霄贯古今，只应世界自浮沉。江潮不为除膻秽，汴水犹余沥血心。墓草南旋长戴宋，阴云北暗总仇金。忠魂千载凭谁吊，荒庙寒烟古树森。（《岳武穆年谱附遗迹考·朱仙镇第五》）

王一中（1568—1639），字元枢，号石门，明丽水（今浙江丽水市）人。万历三十五年（1607）进士。终官南京光禄卿。

阙 题
刘世学

一片刚肠百裂时，将军孤剑欲何之。江东绝少男儿气，塞北谁怜帝主危。今古不消三字狱，英雄空抱两河悲。经过故国重回首，人代兴亡那可

追。(《精忠类编》卷八)

刘世学，字少白，明青田（今浙江青田县）人。诚意伯刘世延（1568—1606）从弟。性聪敏，力学敦行，善吟咏，尤精翰墨。寓京邸三十余年，声利之场一无所染。讲学论道，荐绅先生多折节下之。

阙　题
王在公

高宗不子，桧也不臣。吁嗟忠武，竟歼其身。浚忮俊奸，高张网罗。甘心私愤，其如国何。文不爱钱，武不惜死。侃侃两言，太平可俟。胡运当兴，艰难天步。公也如龙，奋身不顾。梓宫可还，中原可复。十二金牌，三军痛哭。千秋国耻，白日阴阴。皇天后土，可表此心。(《精忠类编》卷八)

王在公，字孟凤，号介庵，明昆山（今江苏昆山市）人。万历二十二年（1594）中举。出任高宛令，擢济南府同知。

吊武穆祠
张邦俊

康王幸得国，长愁二圣归。议和深觉是，论战即言非。遂令忠义士，扼腕壮心违。称臣纳贡职，唯恐盟不亟。孤臣乍班师，捐生终殉国。东京未破时，慷慨赴金师。当年何勇敢，今也独低垂。壮哉岳将军，千古照丹心。昔恨江东王，今嗟南渡君。怀愍昔云没，义士犹可彻。徽钦今尚存，弃掷若埃芥。神州昔荡覆，京师哪可复？中原今未分，竟不取中国。晋东真力屈，宋南吾不识。子弟苟偷生，父兄忍抛掷。何不一兴师，同死龙沙北。宋亡不足怜，武穆深可惜。(汤阴岳庙诗碑)

张邦俊，字襟黄，明韩城（今陕西韩城市）人。万历二十三年（1595）进士。官至云南布政司左参政。

桃山谒岳武穆祠
宋懋澄

浴血干戈里，征衫断酒痕。顺风开杀气，信手凿生门。鼓息蛟龙蛰，金

鸣日月昏。书生悲寂寞，叩马测乾坤。(《九籥集·诗》卷二)

宋懋澄（1569—1622），字幼清，号稚源，一作自源，明华亭（今上海市松江区）人。万历十四年（1586）中举。以布衣终身。诗文集有《九籥集》。

读岳少保传
公 鼐

敌国方张志莫伸，彼苍原不怨胡尘。也知痛饮黄龙事，竟作西曹祖背人。(《浮来先生诗集·七言绝句》卷二)

公鼐（1569—1619），字敬与，号浮来先生，明蒙阴（今山东蒙阴县）人。万历二十五年（1597）举人。官中书舍人迁工部主事，提督浙杭关务。万历后期主盟山左诗坛，与王象春、冯琦齐名。有传奇《千金裘》、诗文辑《小东园集》等。

谒岳武穆王坟
邹维琏

一拜忠坟感废兴，金牌当日恨相仍。天戈不抵黄龙府，秋草空榛巩洛陵。甲士五千甘越耻，长城万里助胡崩。河山割裂伤南北，风起松杉怒尚腾。

登坛壮气白虹知，岂谓功高事已危。漠北犬羊沽酒贺，中原豪杰叩心悲。壶浆望断迎王旅，宫阙伤残赋黍离。吊古千秋频堕泪，钱塘江上两鸥夷。(《达观楼集》卷二)

朱仙镇
邹维琏

书生叩马留金虏，大将班师返宋朝。南北雌雄分此际，八陵荒草黯魂销。

野哭千家遮道时，中原草木亦含悲。尚方未斩奸臣首，每吁苍天涕几垂。(《达观楼集》卷三)

邹维琏（1573—1636），字德辉，号匪石，明新昌（今江西宜丰县）人。万历三十五年（1607）进士。官至兵部右侍郎，未上卒。有《达观楼集》。

朱仙镇
高　出

朝日生更死，风沙莽茫茫。中原万里血，天地百年创。兹地之得名，惟岳忠武王。书生能料事，父老泪万行。志灰北辕堕，色沮南旆翔。功业一旦弃，痛哭愁云扬。万姓沦腥腐，日月无回光。譬彼再混沌，开辟侍高皇。呜呼皆天也，抚往徒悲伤。至今祠屋崇，伏腊动烝尝。义士头触柱，行者为断肠。古树啼黄鸟，道喝犹壶浆。汴水泣昼夜，新柳绿间黄。咏言五内热，俾焉著斯章。（《镜山庵集》卷一三）

朱仙镇题壁二绝句
高　出

去岁汤阴祠，今岁朱仙镇。瞻谒不能言，令人气俱尽。

泪血何时竭，征云万古飞。不见金牌诏，如闻铁骑归。（《镜山庵集》卷一三）

高出（1574—1655），字孩之，号无无居士，明海阳（今山东海阳市）人。万历二十六年（1598）进士。终官辽东监军道。因军事失利，下狱十二载，死于牢。有《镜山庵集》。

过桃城谒岳武穆祠
郑三俊

兵甲如山转战处，将军壮志欲吞胡。燕云唾手看挥日，恨杀奸臣十二符。

朔风动地草萋萋，正是青衣洒泪时。将军肯向丹廷死，二圣归来死未迟。（《巢云影庵》）

郑三俊（1574?—1657），字用章，明建德（今安徽东至县）人。万历二十六年（1598）进士。官至吏部尚书。熹宗死，遂披缁入山，筑一室，曰"影庵"。有《巢云影庵》。

阙　题
黄建中

　　眼见流氛势已横，中原无地不生荆。主忧数载勤鼙鼓，朝议频年讲甲兵。礼向祠前图胜算，诗知邺下愧先声。维桑血食高千古，愿借精忠护大明。（《崇祯汤阴县志》卷一八）

　　黄建中，字良辅，明兴化（今江苏兴化市）人。万历二十六年（1598）进士。初授南阳府推官，升彰德府知府，官至南京户科给事中。有《留垣疏草》。

临江仙·钱塘怀古
魏大中

　　埋没钱塘歌吹里，当年却是皇都。赵家轻掷与强胡。江山如许大，不用一钱沽。　　只有岳王泉下血，至今泛作西湖。可怜故事眼中无。但供侬醉后，囊句付奚奴。（《明词综》卷五）

　　魏大中（1575—1625），初名廷鲤，字孔时，号廓园，明嘉善（今浙江嘉善县）人。万历四十四年（1616）进士。官吏科给事中。天启四年（1624），遭劾被贬三级外放。次年与杨涟、左光斗等同被构陷下狱，酷刑拷讯死。《明史》有传。有《藏密斋集》。

朱仙镇五绝
袁中道

　　先朝名将典刑存，分阃从来大帅尊。天子自临犹不拜，金牌谁敢到辕门。

　　收却金牌走战场，麾军直复旧封疆。挥戈急斩奸臣首，迎取君王入汴梁。

　　乘胜长驱靖虏尘，中原日月可重新。康王如狃偏安计，五国城中问主人。时钦宗尚存。

可怜大业坏垂成,龙象翻依兔径行。毕竟南朝多否运,堂堂虎将学书生。

官道垂杨直瘦柯,黄沙日夜变芳莎。游人一掬冤魂泪,洒向前朝旧运河。祠前即宋运河。(《珂雪斋前集》卷七)

袁中道(1575—1630),字小修,一作少修,明公安(今湖北公安县)人。万历四十四年(1616)进士。官至吏部郎中。"公安派"领袖之一。袁宗道、袁宏道胞弟,与其兄并称"三袁"。有《珂雪斋集》《袁小修日记》。

岳王祠
魏浣初

年来遗像闭精灵,劫到乾坤亦窈冥。一片六桥闲水面,分明重又染蛟腥。公道平章气始伸,有刀先斩媚珰人。谁为作俑污青史,羞杀堂堂节钺臣。(《启祯遗诗》卷十)

魏浣初,字仲雪,明常熟(今江苏常熟市)人。万历四十四年(1616)进士。历官广东提学使、布政司参政。有《诗经脉》《四如山楼集》。

岳王墓
费元禄

千秋遗恨鄂王祠,独扫荒坟看古碑。南渡君臣轻议庞,中原父老哭班师。高天惨淡湖山路,春雨阴森桧柏枝。三尺髑髅含笑在,浮家不肯学鸱夷。(《甲秀园集》卷一二)

费元禄(1575—?),字无学,明铅山(今江西铅山县)人。有《甲秀园集》。

谒岳武穆庙
王象春

衰草寒烟日暮时,伤心瞻拜岳王祠。君王自得偷安计,臣子应班痛哭师。东海未填精卫死,南风不竞杜鹃知。由来和议非长策,千古英雄恨莫

追。(《明诗综》卷六五)

王象春（1578—1632），字季木，号虞求，明新城（今山东桓台县）人。万历三十八年（1610）进士。官至南京吏部考功郎。有《齐音》《问山亭集》。

朱仙镇岳王有祠
文翔凤

或谓天人或将星，帝教神臂运风霆。出师总误一佳士，遥拜空瞻两御屏。入月几曾须太白，表山直待仗冬青。请看胡已无人久，庙食鄂王到万龄。(《皇极篇》卷二)

文翔凤，字天瑞，号太清子，明三水（今陕西旬邑县）人。万历三十八年（1610）进士。官至山西提学副使、光禄寺少卿。有《太微经》《皇极篇》《太清文集》。

奉谒岳武穆公祠
张　鲤

徙倚荒台自古今，祠前铁骑影沉沉。金牌饮泪班师诏，白日飞霜报主心。漫道豺狼终覆宋，须知天地暂为金。最怜风雨潇潇夜，不断寒光万木森。(《岳武穆年谱附遗迹考·朱仙镇第五》)

张鲤，字禹门，一字翼若，号翔溟，明平阴（今山东平阴县）人。万历三十八年（1610）进士。历官江西道监察御史，升太仆寺少卿。有《西台奏议》。

张鲤奉谒岳武穆公祠次韵
甄　淑

忠魂不断古犹今，颠倒神州又陆沉。同入犬羊疑面目，犹从河洛洗肝心。胡云千载燐燐血，落日平铺灿灿金。事业到头惟庙貌，松风鸟语气森森。

谁慰将军试问今，弥天羯臭已消沉。汉官此日长清洛，国士当时不死

心。云尽千山百世砺,丹分九铸万峰金。高天白日龛灯影,同照丹心像自森。(《岳武穆年谱附遗迹考·朱仙镇第五》)

甄淑(？—1641),明湖广黄冈(今湖北黄冈市)人。万历三十八年(1610)进士。官至刑部尚书。因事罢官,死于狱。

谒岳武穆王祠有感
汪　源

嗟哉岳少保,死生如一弦。义谓将在外,有所不受宣。此道唯明时,君正臣尽贤。若然拘小节,大事立蹶颠。所以阃外令,百惑不一迁。大功一以成,睽合信益坚。靖康是何时,而可以此权？借使不受诏,计愈堕大奸。玉碎易易耳,但求名节全。寄谢执言人,幸勿持管天。(汤阴岳庙诗碑)

汪源,明文安(今河北文安县)人,自署"文安汪源"。生平不详。万历三十九年(1611)曾"仿山谷老人书""文官不爱钱,武官不惜死,不患天下不太平",世称"两言碑",今立于汤阴岳飞庙大殿前神道东侧。

泰山谒岳武穆庙
林云凤

见说沧桑改,兹丘独不平。不堪当鲁望,亦自以相名。旷野无多树,斜阳只半城。同声祠下起,犹想岳家兵。(《天启崇祯两朝遗诗》)

汪然明以柳如是《湖上草》并《尺牍》
见贻口占二绝(录一)
林云凤

汪郎元是有情痴,一卷投来湖上诗。脱尽红闺紫粉气,吟成先吊岳王祠。(黄裳《旧辑柳如是湖上草及尺牍跋》)

林云凤(1578—1648),字若抚,明长洲(今江苏苏州市)人。崇祯三年(1630)与黄宗羲、周亮工等在南京举"星社"。入清后"匿影田间,虽甚贫,不一谒显贵"。有《自可编》。

燕赵怀古（录一）
陈仁锡

丹忠只有君侯血，兵冗先知宋室空。十载汤阴浑是梦，睢州又过岳王宫。(《陈太史无梦园初集·海集》卷三)

陈仁锡（1579—1634），字明卿，别号芝台，明长洲（今江苏苏州市）人。天启二年（1622）进士。因忤魏忠贤，削籍。崇祯朝官南京国子监祭酒，未任卒。福王赠詹事，谥文庄。有《皇明世法录》《续大学衍义》《四书语录》等。

锦衣香·钱塘怀古
施绍莘

问衣锦山，谁荣贵？问翠微亭，谁恬退？只可惜报国精忠，奉牌十二，十年心力一朝灰。千秋切齿，磔桧分尸。笑优游人在半堂，身谋家计，人国同儿戏。葬身无地，如今化作，业风妖气。(《秋水庵花影集》)

施绍莘（1581—1640?），字子野，号峰泖浪仙，明华亭（今上海市松江区）人。以诸生终。兴趣广泛，以散曲及词著名，有《秋水庵花影集》。

岳忠武战垒
刘理顺

东京沦陷后，北伐更何人。相里生神勇，荒城自野屯。两河风拔帜，百战胆笼身。秋雨潇潇夜，如闻杀气嗔。(《河南通志》卷五一)

刘理顺（1582—1644），字复礼，号湛六，明杞县（今河南杞县）人。崇祯七年（1634）赐进士第一。升左中允。李自成军攻入北京，理顺具袍笏北面再拜，与妻妾自尽而死。初谥文正。定谥文烈。有《刘文烈公文集》。

西湖杂感二十首（录一）
钱谦益

宰树丰碑一水湄，金牌终古事参差。欑宫麦饭无寒食，赐墓椒浆有岁时。歌舞梦华前代恨，英雄复楚后人思。兴亡今古如偿博，可惜冬青绿满枝。（《牧斋有学集》卷三）

钱谦益（1582—1664），字受之，号牧斋，晚号蒙叟、东涧老人，学者称虞山先生，明常熟（今江苏常熟市）人。万历三十八年（1610）一甲三名进士。官至礼部侍郎。东林党首领之一。福王立，依附马士英、阮大铖，为礼部尚书。后降清，仍为礼部侍郎。有《牧斋初学集》《牧斋有学集》等。

汤阴谒武穆祠写怀三首
黄尊素

邺下才经骂老瞒，武穆祠前铁桧寒。两奸俱保头颅老，遗恨千秋读史残。

由来血胆被谗倾，竖子自推万里城。只恐阶前鞭桧者，此身半是铁溶成。

时事艰危借宋论，几回愤惋欲排阊。于今便有精忠骨，三字终须作冤魂。（《姚江逸诗》卷一三）

黄尊素（1584—1626），字真长，明余姚（今浙江余姚市）人。万历四十四年（1616）进士。天启初擢御史。黄宗羲之父，东林党成员，明末被冤杀的"七君子"之一。《明史》有传。有《忠端公集》。

阙 题
叶国华

独骑铁马向中原，誓扫铜驼荆棘屯。浩气黄河天柱折，精忠白日将星昏。旌旄雪拥三军泪，沙漠风呼二帝魂。千载英雄空大恨，玉虹飞上挂昆仑。（《精忠类编》卷八）

叶国华（1584—1669），字德荣，明昆山（今江苏昆山市）人。万历四十三年（1615）举于乡。官至刑部主事，因坐累免官。寻事白，改工部，出榷杭州南关。明亡归里。有《白泉诗》《茧园诗文集》等。

鄂王坟
梁云构

水悼山怜树亦哀，精忠肮脏掩尘埃。于今谁据黄龙府，几个将军痛饮回。（《豹陵集》卷十）

梁云构（1584—1649），字匠先，号眉居，明兰阳（今河南兰考县）人。崇祯元年（1628）进士。官至佥都御史。福王时授兵部侍郎。入清官至户部左侍郎。有《豹陵集》。

视崇篆出杭誓岳王祠
郑滂

汤阴王崛起，千载重汤阴。幸籍精忠里，敢忘仰止心？非希标美誉，只恐玷芳音。有悖爱钱诫，身名永灭沉。（《崇祯汤阴县志》卷一八）

郑滂（？—1642），字甘澍，明汤阴（今河南汤阴县）人。崇祯元年（1628）进士。官至分守金、衢、严副使。寻以京察罢，侨寓西湖，娱情诗酒。病卒于是。

阙 题
马出汧

王业偏江左，谁将问北征？祸因百战胜，忠并一门倾。祠庙仍枌社，蒸尝非梓情。钱塘流血冷，何日怒涛平？（《崇祯汤阴县志》卷一八）

马出汧（qiān），明沛县（今江苏沛县）人。崇祯初任汤阴教谕。有《蒿园集》。

读岳忠武传四首
何允泓

傅张不得终经制，韩岳何劳更枕戈。载主空传之建业，行宫渐侈似宣和。班朝清海成三恪，振旅朱仙泣两河。惆怅一生吞虏计，止余遗草泣孙珂。

虏血横吞直指燕，秦垣心腑浸方缠。将军河上能争地，丞相闺中善格天。蚤有雕儿贪厚饵，尚期龙府醉诸贤。张秦总是明经客，何但书生拜马前。

天造临安胜雒中，西湖浑似化人宫。两高黛抹垂帘见，千里香吹合殿通。循国千珍天府并，刘家双玉越姬空。也曾回首栖霞岭，日暮愁云接混同。

中原枢管是荆襄，恢复从兹起旧疆。蝼蚁也须先斩馘，麟猊何敢尚披猖。异时得固三年守，兹日先培六郡良。谁把君侯经画苦，都堂一问贾平章。（《列朝诗集》丁集第一三）

何允泓（1585—1625），字季穆，号瑞堂，明常熟（今江苏常熟市）人。淮府长史何钫季子。诸生。有《垣庚斋诗存》《何季穆文集》。

西湖忠烈祠迎送神曲
黄道周

雷鼓阗兮龙在野，云离披兮龙血下。龙上天兮星无光，椒楈偷兮兰不芳。灵之集兮四国，鸿八蹄兮骥九翼。凌沧瀣兮拍白日，跄徂征兮何不得息。归休兮此堂，水周兮中央。寒鸡菹兮菖蒲，罗百珍兮琼浆。骖素虬兮骈文鸳，栎灵车兮絷灵马，执灵祛兮泪盈把。佩琚兮洒洒，昼不足兮宜宵夜。维舟兮镂筵，新夫君兮王正年。灵参差兮无后先，澹眉须兮驭青天，灵何为兮中悁悁。（《明诗综》卷七七）

黄道周（1585—1646），字幼玄，号石斋，明漳浦（今福建漳浦县）人。天启二年（1622）进士。福王时官至礼部尚书。弘光政权失败，又与郑芝龙等拥立唐王朱隆武，官武英殿大学士。率兵抗清，被俘殉国。谥忠烈。《明史》有传。有《石斋集》等。

汤阴岳武穆祠
萧士玮

不怨南来诏，君恩那可孤。□氛犹未灭，臣罪自应诛。蜀魄愁闻洛，潮声不到吴。空留故国恨，晓夜伴啼乌。(《春浮园集·诗》)

萧士玮（1585—1651），字伯玉，号三荽，明泰和（今江西泰和县）人。万历四十四年（1616）进士。官至南京吏部考功司郎中。明亡后归里，专心著述，有《春浮园集》《归日录》等。

朱仙镇谒岳祠
谭元春

功在朱仙谤亦因，奸魄的的作胡尘。烦公努力看今代，惧虏人非忧虏人。(《谭元春集》卷一九)

谭元春（1586—1637），字友夏，号鹄湾，别号蓑翁，明竟陵（今湖北天门市）人。天启间乡试第一。与同里钟惺同为"竟陵派"创始人。有《岳归堂集》《谭友夏合集》等。

岳忠武庙
吕维祺

忠魂千古泪沾襟，公死神州竟陆沉。地府定犁张俊舌，何人识破宋高心。岂辞丹血孤臣洒，未捣黄龙隐痛深。祠外萧萧风雨夜，灵旗黯淡满空林。

莫须何以服天下，今古权奸事总奇。群小善迎当局意，片心难写后贤碑。出师遗恨汉诸葛，恢复忠心唐子仪。怕死爱钱成世界，几时方是太平时。(《文德先生文集》卷一九)

吕维祺（1587—1641），字介孺，号豫石，明新安（今河南新安县）人。万历四十一年（1613）进士。官至南京兵部尚书，被劾辞。李自成破洛阳，"不辱大节"，"引颈受死"。有《明德堂文集》《孝经本义》《节孝义忠集》等。

朱仙镇雨中谒武穆庙
焦源溥

行瞻岳武庙，阴雨满林皋。应是千军泪，流为万顷涛。阵云迷野树，征骑暗秋旄。说到班师日，令人剌似刀。(《逆旅集》卷五)

再谒武穆庙
焦源溥

云暗朱仙杀气饶，岳王祠下雨潇潇。声驰铁甲连秋冥，泪洒金牌带夜飘。谁谓媚金能保宋，岂知遗种尚侵辽。将军壮志应如在，好洗腥膻布土桥。(《逆旅集》卷六)

焦源溥（？—1644），字涵一，明三原（今陕西三原县）人。万历四十一年（1613）进士。擢右佥都御史，巡抚大同。李自成陷关中，被执，怒目大骂，被拔舌后支解。《明史》有传。

桃山驿岳武穆庙
石文器

庙中有透灵碑。

忠武祠前碑透灵，清泉一拭镜莹莹。丹心照彻乾坤夜，大义争光日月明。逆睹强□终□国，预知和议必渝盟。爱钱怕死真臣鉴，留与千秋定太平。(《翠筠亭集》卷五)

石文器，字伯重，明资溪（今江西资溪县）人。万历四十一年（1613）进士。官至河间知府。得罪巡抚，被罢官罚戍边，后归故里。明亡，素服哀号，以示忠诚。七十九岁卒。著有《翠筠亭集》《易经臆闻》等。

拜岳武穆墓
吴伯与

血染湖烟入墓浮，模糊山色似当秋。休兵雨泪归中土，出塞风呼此一

丘。死骨春秋新戟影，怒心今古出潮头。唯余千顷银山浪，掬作将军薄献酬。（岳墓诗碑）

吴伯与，字福生，明宣城（今安徽宣城市）人。万历四十一年（1613）进士。官至浙江参议兼广东副使。有《索雯斋集》等七种。

朱仙镇吊岳武穆用洪宪副韵
蒲秉权

将军初出镇，战马铁连钱。丹心辉皎日，剑气亘长天。维时蠢兀朮，胆落旄旗前。不借关河水，为金饮马川。誓抵黄龙府，痛饮乃宴然。何哉老桧贼，刚欲偾其全。识者知一栋，难支大厦颠。谁筑鲸鲵观，而熄狼燧烟。谁剪豺虎翼，而以槀街悬。金牌促振旅，庙功废十年。黑狱成三字，骈首就株连。腐心悲往事，酸鼻掩遗篇。忠魂此尚凛，热血今犹鲜。因笑筹边辈，须眉愧昔贤。（《硕薖园集》卷一）

蒲秉权（？—1644），字平若，明永明城东（今湖南永州市）人。万历四十一年（1614）进士。任江西建昌县令。因弹劾魏忠贤受到廷杖和降三级的处罚。魏忠贤被诛，被召回出任西宁兵备道。李自成攻破北京，绝食身亡。有《掖垣奏议》《硕薖园集》等。

阙　题
王常㳛

事业空祠宇，精忠绝代无。两京传大捷，一死失雄图。梓里秋云惨，吴天夜月孤。外交遗恨在，犹说蜡丸书。（《精忠类编》卷八）

王常㳛（？—1644），当称赵恪王朱常㳛。朱常㳛，明彰德赵府穆王朱常清之弟。万历十五年（1587）袭封成皋王。朱常清于万历四十三年（1615）薨后，朱常㳛进袭赵王。崇祯十七年（1644），李自成军陷彰德，朱常㳛被俘遇害。弘光时谥曰"恪"。

过大营铺读岳少保金沙寺诗
林栋隆

宋徽二帝蒙尘北,封豕妖氛啸山谷。岳侯建旄桂岭东,远扫风烟靖南服。大营之地昔屯兵,紫电高牙映日迎。长驱欲捣黄龙府,曹成小丑安足平。恢复吞胡心可剖,号令风霆如拉朽。金牌十二谁召还,血污游魂莫须有。我来山寺识忠肝,石画残碑掩泪看。劲气不随湘水去,至今江月照人还。(《续耆旧》卷二)

林栋隆,字无过,明鄞县(今浙江宁波市鄞州区)人。万历四十七年(1619)进士。官吏部侍郎。

阙 题
叶重华

胡儿未尽将星摧,宋业中兴会一坏。赤手撑天功是梦,丹心照日恨成灰。江河忽走群龙失,风雨长空万马来。二帝游魂何处在,山陵松柏更堪哀。(《精忠类编》卷八)

叶重华(1588—1655),字德元,明昆山(今江苏昆山市)人。崇祯元年(1628)进士。历官至太常寺少卿。谢归不复出。有《水东日记》《叶文庄公奏疏》《旧存近存二稿》。

西湖竹枝词
张遂辰

岳庙于坟高矗天,丹衷不与世人怜。若离忠孝神明远,祷梦扶箕笑枉然。世传武穆往往降箕。(《湖上编》卷二)

张遂辰(1589—1668),字卿子,号相期,又号西农老人,原籍江西,随其父延徙杭州。明末清初医家。博览群书,兼明《易》理,尤工诗词。有《湖上编》《白下编》《蓬宅编》《衰晚编》等。

柴墟怀古
翁 格

金牌旧恨泣鲛绡，江岸荒祠尚寂寥。自昔河山征战地，至今风雨鬼神朝。涛翻白马东来急，天接黄龙北望遥。极目寒烟凭吊处，长虹中夜出云霄。(《瓯香馆集》)

翁格，字去非，明末吴县（今江苏苏州市）人。诸生。诗人兼画家。

汤阴道中十五韵
张镜心

黯淡汤阴道，寒云蹙马生。驱车舞百步，拂碣屡怆情。晋帝浣衣里，周文演易城。尤怜岳少保，志决心先倾。狐兔骄白日；忠魂赴九京。宋家空养士，多难失殊英。忍使长城坏，坐看胡马鸣。至尊越草莽，天属委鲵鲸。二帝千秋恨，孤臣一寸诚。何人不痛饮，当日独全盲。鸟在良弓弃，芝亡萧草荣。壮怀徒激烈，屠社已榛荆。血洒乾坤碧，冤销日月明。悲风号垄碛，暮雨烟松声。慷慨忧时涕，为君原上横。(汤阴岳庙诗碑)

张镜心（1590—？），字孝仲，号湛虚，明磁州（今河北磁县）人。天启二年（1622）进士。官至兵部尚书。有《云隐堂集》《大易解》《阴符经解》等。

岳 墓
邢昉

一世皆臣妾，英雄独有公。遗骸长化碧，屈膝早和戎。汗马闻空谷，灵旗出閟宫。蹲踏献苹藻，寂寞悲回风。(《石臼前集》卷四)

邢昉（1590—1653），字孟贞，一字石湖，明末高淳（今江苏南京市高淳区）人。诸生，复社名士。明亡后弃举子业，居石臼湖滨，自号石臼。有《宛游草》《石臼集》。

岳忠武祠
汪膺

汴鼎裂，长城摧。莫须有，撄风雷。日西驰，不可回。冬青树，号狐狸。碧花恨草相离披，百年□运吹作灰。祀公何许湖之湄，朱干龙为旗，公惠来思尚见之。长白山，黄龙府，喙息游魂敢旁午。投袂云关怒貙虎，吹铙痛饮黄龙府。（《寸碧堂诗集》卷二）

汪膺（1591—1643），字元御，号玉淙，明长洲（今江苏苏州市）人。天启七年（1627）举人。有《寸碧堂诗集》。

阙 题
刘元泰

淡云漠漠满平芜，依稀犹似气吞胡。孤忠万世行人口，地下奸魂愧也无？（汤阴《岳飞庙志》）

刘元泰，字虞尊，明麟游（今陕西麟游县）人，天启七年（1627）举人。考定知府。曾任太常寺典簿。

吊岳王坟
柴惟道

岳王坟上云沉沉，古庙松柏春阴阴。频驱铁马收全胜，痛忆金牌摧壮心。万里长江天岂限，三山落日岁还深。凄凄千载成余恨，读罢遗诗泪满襟。（《玩梅亭集稿》卷上）

柴惟道，字允中，号白岩山人，明严州（治今浙江建德县）人。约天启中在世。以才不遇，而所抱有以自乐，游公卿间，泊然无所求。有《玩梅亭集稿》。

满江红·拜岳武穆祠次韵
张肯堂

满目兴亡，评终古、都归休歇。单驻着、英灵千载，臣忠子烈。苍狗随翻岭上云，玉蟾不了秦时月。看精神、炯炯照乾坤，留清切。　　三字狱，君难雪；五日召，胡难灭。恨儿曹、巧弄得长城缺。马策忙挝铁铸首，龙章未表银瓶血。想忠魂、缥缈驶罡风，还金阙。（《兰皋明词汇选》）

此词亦载明郑鄤《峚阳草堂诗集》卷一。

张肯堂（？—1651），字载宁，号鲵渊（一作鲲渊），明华亭（今上海市松江区）人。天启五年（1625）进士。累迁右佥都御史，巡抚福建。唐王时进太子少保、吏部尚书。唐王败，漂泊海外。顺治八年（1651），清兵攻舟山，城破，阖门老小二十余口自缢尽节。《明史》有传。

夜奠岳墓读满江红词

郑　鄤

苍茫极目暗萧萧，一片寒光锁寂寥。草木有心知向日，烟波终古听随潮。数行血洒千年碧，何处魂归百尺桥。直抵黄龙消息杳，且将痛饮自今宵。（《峚阳草堂诗集》卷一二）

题小人图

郑　鄤

岳王墓前桧一株，雷殛之裂为二，长四尺许，数百年不长亦不死，望其状俨然小人也。千古奸臣，只一小人而已。王图其形，以昭万世明史。郑鄤系以韵语。

哀哉小人，天写尔真。倾邪陂偃，疑鬼疑人。谓尔不死，雷殛分身。谓尔遽死，遗臭传神。无轻小人，能飞塞尘。亡国之恨，今古同嗔。惟忠烈墓，南枝尚新。草木犹香，尔独皱皱。永作臣鉴，樵人勿薪。凡百有位，各敬尔身。（《峚阳草堂诗集》卷一二）

郑鄤（1594—1639），字谦止，号峚阳，明末常州（今江苏常州市）人。天启二年（1622）进士。官至庶吉士。因上疏弹劾阉党，被降职外调，回籍候补。崇祯八年（1635）复起用。后遭温体仁诬陷，被凌迟处死。有《峚阳草堂诗集》《峚阳草堂文集》。

题宋义士施全庙
茅元仪

秦焰燔天山岳汗，芒砀英雄束手叹。博浪一椎椎虚空，百二山河若沙散。少保死逸人尽知，岳家军强半疑乱。金牌十二孰不嗟，御札十七人亦惋。自君鼓刀忠佞分，半朝佞口如鱼烂。只今逐势舌纷纭，何处觅君不了汉。（《石民横塘集》卷四）

茅元仪（1594—1640），字止生，号石民，明末归安（今浙江湖州市吴兴区）人，文学家茅坤之孙。崇祯初，以荐授翰林院待诏。参孙承宗军务，改授副总兵官，守觉华岛。以兵变下狱，遣戍漳浦。悲愤纵酒而卒。著作宏富，诗文集有《石民四十集》。

满江红·拜岳王墓
钱继登

西子湖山，唤不醒、千年聋哑。只辨得、浓妆淡抹，逢人便嫁。突兀不存今古史，霏微烟写兴亡画。只西泠、尽处一抔坟，伤心者。　　银瓶坠，传佳话；铁像毁，留余骂。看权奸忠义，谁增声价。白骨英雄衰草里，画船箫鼓斜阳下。但两高、相对哭孤忠，于司马。（《古今词汇》）

此词《全清词·顺康卷补编》第一册题为《满江红·吊岳武穆墓》，作者为钱继章。

钱继登（1594—1672），字尔先，又字龙门，号簣山老人，明末嘉善（今浙江嘉善县）人。万历四十四年（1616）进士。官至佥都御史，巡抚淮阳。晚年精于禅学。有《易簣》《经世环应编》《壑专堂集》等。

满江红
王屋

徽仲有和沈启南题宋思陵与岳鄂王手敕墨本词，慷慨特绝。王元美尝和其韵，余读之弗善也。因为赋之，仍次文韵。

恨切肝脾，亘千古、不堪重读。嗟宋主、诛忠何憯，信奸何酷。万死不悔臣节著,百身苟可人争赎。奈当时、徒有一韩王,终冤狱。　　硬铁汉,犹犟蹙;儿女子,甘臣辱。彼桧何足道,浚心谁属。秦缪三良诚可弃,齐襄九世仇焉复。视沦胥、左衽不关心,生吾欲。(《蘖弦斋词笺》)

王屋(1595—?),初名畹,字孝峙,明嘉善(今浙江嘉善县)人。少尝佣书,过目成诵,即能诗文。得魏大中赏识。著作甚多,惜少有流传。仅存《草贤堂词笺》《蘖弦斋词笺》《蘖弦斋杂笺》。

和岳武穆
李元鼎

精忠一代表人龙,也向灵岩寄远踪。淡墨几行僧院足,六桥霜月凛清风。(《石园全集》卷十)

李元鼎(1595?—1653?),字吉甫,号梅公,明吉水(今江西吉水县)人。天启二年(1622)进士。官至光禄寺少卿。入清,官至兵部左侍郎。有《石园全集》。

题武穆祠四首
熊文举

那能痛饮到黄龙,画里丹心映日红。二十四陵何处是,冬青长是哭西风。
称臣称侄恨难灰,古庙于今草木哀。地下九哥知悔否,兰亭空自闭泉台。
唾手燕云事竟虚,中原气运不留余。撼军那费些儿力,谈笑东窗一纸书。
竞滴椒浆荐墓田,可怜龙蜕冷冰天。孟婆那得船儿转,依旧春风哭杜鹃。
(《雪堂先生集选》卷五)

汤阴吊岳武穆
熊文举

横摧拐马壮军声,唾手燕云事未成。谁把黄龙灰痛饮,恨他长脚坏长城。
中原又见起埃尘,戎马纵横泪满巾。遥望北庭弥毳幕,羡渠南渡有君臣。(《雪堂先生集选》卷五)

熊文举（1595—1668），字公远，号雪堂，明新建（今江西新建县）人。崇祯四年（1631）进士。官至稽勋司郎中。后降清，官至吏部左侍郎。有《雪堂全集》。

岳忠武墓
余绍祉

千秋此一抔，碧血瘗湖隈。石马如耽战，金人久就灰。北辕魂未返，中国耻难回。敌骑今方骋，将军速起来。（《晚闻堂集》卷四）

余绍祉（1596—1648），字子畴，明徽州府婺源（今江西婺源县）人。明诸生。四试科场不第，遂筑室著书，自号疑庵居士。顺治二年（1645）后弃家为僧，居高湖山。有《晚闻堂集》。

岳王坟
张　岱

西泠烟雨岳王宫，鬼气阴森碧树丛。函谷金人长堕泪，昭陵石马自嘶风。半天雷电金牌冷，一族风波夜壑红。泥塑岳侯铁铸桧，只令千载骂奸雄。（《西湖梦寻》卷一）

张岱（1597—1679），字宗子，又字石公、维城，号陶庵、蝶庵、天孙，明山阴（今浙江绍兴市）人。明亡，避居剡溪山中，布衣蔬食，发愤著书。有《琅嬛文集》《陶庵梦忆》《西湖梦寻》《石匮书》等。

岳忠武祠
魏大本

王祠遍江汉，故里独巍然。生气风云拥，精忠日月悬。黄龙虚痛饮，白马负孤骞。留取南枝在，乾坤结大年。（《乾隆汤阴县志》卷九）

忠武故里
魏大本

水国千溪汇，烟村万树苍。英雄生有自，忠孝死宁忘。废宅闻仙梵，佳

城对夕阳。西湖埋骨处，愁望一沾裳。(《乾隆汤阴县志》卷九)

题忠武王祠二首
魏大本

中兴全仗岳家军，旗赐精忠御制文。目断两宫豺虎穴，气吞千里犬羊群。朱仙日惨南来诏，紫塞烟销北伐勋。隋柳多情悲宋事，几枝终日袅愁云。

中原戎马驻长驱，海国帆樯运已徂。天子金舆留朔漠，将军玉骨寄西湖。南枝愁结何人省，故里魂归只乌呼。河水岂因鸱革怒，至今风浪撼梁都。(汤阴岳庙诗碑)

秋日朱仙镇谒祠一首
魏大本

大梁南去战场多，即古宁堪秋日过。故垒遥连临颍泽，灵祠斜抱小黄河。云寒尚结金牌恨，风急如闻铁剑歌。里闬书生虚好赋，招魂不就奈愁何。(汤阴岳庙诗碑)

魏大本（1597—?），字叔中，明末汤阴（今河南汤阴县）人。万历二十五年（1597）恩贡。官至大同同知。遭上官排斥，遂辞官归里。集汤先哲诗曰《汤阴人文》，又有《汤阴古迹》，诗《北征》《湖南》《白登》等。

岳武穆王墓
孙永祚

湖上孤坟木自围，南枝徒见乳鸟飞。丹心化水悲金字，白气冲天冷铁衣。江底革尸波尚怒，地间碧血草犹肥。何年会饮黄龙府，惟向空山痛落晖。(《雪屋二集》卷四)

孙永祚（1597—?），字子长，号雪屋，明末常熟（今江苏常熟市）人。崇祯贡生。授推官，不赴。工古文词。入清隐居不出。私谥"文节"。有《雪屋诗文集》《夜气箴》。

过岳武穆祠
李 达

武穆祠堂怨在兹,临风一拜杳难期。即今北骑窥关日,正是忠臣报国时。眼底飞符伤幕燕,臂头绣字泣寒鸥。非关丞相持和议,恢复无心君未知。(《启祯遗诗》卷八)

李达,字行季,明天启、崇祯间贵池(今安徽池州市贵池区)人。

谒岳庙
瞿 宁

壁间见先兄甲因父难过朱仙镇谒祠作得同字,其时余亦伏阙白父冤。

苔文日色照杉松,墨迹还留半壁中。敢为况冤鸣苦孝,故将健笔咏遗忠。魂依鄂国丹心合,诗过郢人白雪工。敢道惠连才继美,承骧伏阙与兄同。(《启祯遗诗》卷八)

瞿宁,字体孝,明天启、崇祯间黄冈(今湖北黄冈市)人。

谒岳武穆祠
吴 宋

宋帝诸陵总寂寥,春秋遗像此何遥。梦环白马情犹壮,魂绕黄龙气未消。南北乾坤重日月,古今愁愤付江潮。盛时应好输忠荩,臣子毋徒叹往朝。(《启祯遗诗》卷九)

吴宋,明天启、崇祯间吴江(今江苏苏州市吴江区)人。

阙题二首
丘龙云

百代如公几将才,中原回首独徘徊。半生铁甲心犹北,一日金牌气未摧。化碧难消三载血,诛奸应震九天雷。南枝湖上风如许,不禁凄凉故国哀。

土木犹存龙虎姿,几番瞻拜忆当时。老奸死守金人誓,大将空悬岳字

旗。万姓伤心怜社屋，一门骈首就诛夷。青天白日丹衷在，惟有忠臣孝子知。(《精忠类编》卷八)

丘龙云，明湖广（今湖南、湖北某地）人。天启、崇祯年间任密县（今河南新密市）知县。

岳　庙
刘道开

君臣无意复舆图，唾手燕云岂庙谟。才过张韩天若忌，心同龙比主难孚。金戈铁马公生气，绿水青山宋旧都。画舫不须经庙下，忠魂最恨是西湖。(《诗观二集》卷六)

刘道开（1601—1681），一名远鹏，字非眼，别号了庵居士，明巴县（今重庆市渝中区）人。崇祯六年（1633）举人。官翰林院编修。有《自怡轩诗文集》。

宿桃山岳庙旁次叶相国韵时大风雨
李　盘

森森庙貌峙山旁，万里悲风吊岳王。红尽佛灯江雨暗，碧余苌血野燐长。穿碑有字留蝌蚪，沙漠何年靖虎狼。一夜雷轰庭桧死，人言天磔妒平章。(《媚独斋诗集·晨风吟》)

李盘（？—1657），字小有，明末句容（今江苏句容市）人。崇祯六年（1633）副贡。官怀集县（今属广东）知县。诗集有《李小有诗纪》等。

吊岳忠武
葛　麟

公曾于金山访道月和尚，预知其有风波亭之祸。

红尘何处不风波，万古英雄抱恨多。留得丹心悬日月，滔天巨浪泛轻舸。(《葛中翰遗集》卷十)

葛麟（1600？—1645），字苍公，号瞿庵，明末丹阳（今江苏丹阳市）人。崇祯十五年（1642）中举。十七年，福王在南京登位，葛聚募义勇三千余人抗清。后南都破,与进士卢象观及弟最同殉泖湖之难。

汤阴拜武穆祠
陈名夏

万古悲凉地,徘徊夕照中。河山余涕泪,寝庙动秋风。夜雨旌旗出,晴沙战垒空。白头诸父老,指点说英雄。(《晚晴簃诗汇》卷二二)

此诗亦载梁清标《蕉林诗集》,作者为梁清标。

朱仙镇
陈名夏

社稷和戎去,孤臣只背瘢。早知班旅易,空说撼军难。水寺苹蘩古,江声铁甲寒。千秋祠屋在,犹是宋衣冠。(《道山堂集·五言律》)

陈名夏(1601—1654),字百史,明末溧阳(今江苏溧阳市)人。崇祯十六年(1643)探花。授修撰兼都给事中。复社名士。降清,官至大学士。后被劾论斩改绞。《清史稿》有传。有《石云居士文集》。

过桃山岳庙
祁彪佳

哭断西风铁马追,英魂惨惨逐旌旗。十年功废凭谁话,片石犹含赵宋悲。

金牌十二困英雄,河北谁收一战功。风雨六陵肠断夜,始惊当日错和戎。(《远山堂诗集·七言绝句》)

祁彪佳(1602—1645),字虎子,一字幼文,又字宏吉,号世培,别号远山堂主人,明末山阴(今浙江绍兴市)人。天启二年(1622)进士。崇祯时升右佥都御史。清兵入关,力主抗清,任苏松总督。杭州失陷后,自沉殉国,谥忠敏。《明史》有传。有《远山堂诗集》《远山堂曲品》《远山堂剧品》等。

满江红·拜鄂王祠追和王韵
徐士俊

刘岳张韩,问谁个、英风不歇。收拾去、忠魂秋草,于今为烈。骨肉回头惊露电,娇娃弹指沉星月。葬空山、长听浙江潮,悲心切。　　翻旧案,花如雪;忆旧梦,烟如灭。借莫须有事,轻分圆缺。送罢残红多少恨,归来望帝犹啼血。再修成、青史灭疆边,文还缺。(《雁楼集·诗余》)

西湖竹枝六首(录一)
徐士俊

新月眉儿新样妆,西泠桥畔踏春阳。青环笑指前头去,箫鼓声中拜岳王。(《晤歌》)

徐士俊(1602—1681),原名翙,字野君,明末仁和(今浙江杭州市)人。顺治间拔贡。好乐府,工杂剧。与同里卓人月友,诗词赓和。有《雁楼集》(附《诗余》)。

岳武穆王墓
徐　緘

岳坟南面凤凰璠,遗庙崔嵬似筑坛。南渡君臣轻社稷,中原日月识衣冠。玉杯痛饮黄龙远,银甲驱潮白马寒。堤柳山桃枯更发,汴州歌舞满临安。(《诗观初集》卷五)

徐緘(?—1670),字伯调,明末清初山阴(今浙江绍兴市)人。诸生。入清后不仕。少负盛名,诗文争长海内,祁彪佳延之课子。有《岁星堂集》。

岳墓(四首录二)
阎尔梅

兴亡天已定,君偶处其穷。但爱人臣节,安知社稷功。大臣窥上意,天子忌精忠。夜雨啼荒墓,阶花未忍红。

草创膺天箓,康王念已灰。不然六师去,指日两宫来。紫塞雨霜暗,青衣君父哀。试看君死后,谁踏贺兰隈。(《明诗平论二集》卷一一)

阎尔梅(1603—1662),字用卿,号古古,又号白耷山人、蹈东和尚,明末清初沛县(今江苏沛县)人。崇祯三年(1630)举人。复社重要人物。曾为史可法幕僚。明亡后,继续坚持抗清复明。曾两次被俘,寻机逃脱后流亡各地。晚年时,眼见复明无望,才回到了故乡。有《阎古古全集》。

岳王庙
舒忠谠

百六中原暮气中,黄龙唾手顿成空。帝乩犹有盐归日,雪窖孤臣哭两宫。(《明诗平论二集》卷二十)

舒忠谠,字鲁直,明末吴县(今江苏苏州市)人。崇祯三年(1630)举人。笔墨诗画无不尽美。

读岳忠武传有感
董居乾

誓雪君仇肯息肩,貔貅况已集朱仙。阵云北绕黄龙近,宸翰南飞铁骑旋。功废十年空有泪,狱成三字竟谁怜。只今遥望隋堤柳,想象旌旗拂晓烟。(《崇祯汤阴县志》卷一八)

董居乾,明末汤阴(今河南汤阴县)人。邑庠生。

施全淬剑行
郑 传

岳忠武既死九年,殿前司后军使施全愤太皇旅死,靖康帝久狩不返,国家偏处一隅,而嫉贤偾绩者日见亲幸,于是仰天痛哭,自誓与桧同死,乃拔剑淬而歌曰:

几回痛念中原土,五内如焚泪如雨。先圣迷魂五国城,东京陵庙谁为主?两河赤子尽腥膻,嗟哉吾民亦何苦!犹忆当年武昌师,策马朱仙鸣战鼓。燕南豪杰厌侏㒧,旗帜相摩归岳父。长驱指日捣黄龙,休戈痛饮非空诩。秦相国,独何心,一日金牌十二面,将军束手泪沾襟。十年经略成虚梦,遍野哀声君不闻。犹恐英雄志难夺,矫诏杀之计何深。忠者死,奸者庸,小军於邑私不容。怒披长铗抽紫电,重将粤砥淬其锋。一磨兮月下澄秋水,再磨兮云外起长虹。影射溪边惊罔象,光入海底走蛟龙。磨成独自舞西风,男儿甘以令名终。吾非西夏使,吾非严仲仆,从来君子耻偏安,厕立班行与有辱。定须剖彻桧贼胸,试看魑魅何心曲。易水有歌我不哀,此行莫用他人速。愿与贼奸一日亡,后来义士好恢复。(《崇祯汤阴县志》卷一八)

郑传,明末汤阴(今河南汤阴县)人。

吊岳武穆祠
张 溥

万古悲凉君未终,至今野老哭江东。寻常将相谁为死,草率华夷不再雄。铁铸狐狸羞石马,坟如明月向西风。将携热酒浇磷白,松柏声来欲射熊。(《七录斋诗文合集·诗稿》卷二)

张溥(1602—1641),初字乾度,后字天如,号西铭,明末太仓(今江苏太仓市)人。崇祯四年(1631)进士。复社领袖。推崇前后七子的理论,主张复古,又以"务为有用"相号召。《明史》入《文苑传》。一生著作宏丰,编撰三千余卷。

奉吊宋岳武穆王
夏曰瑚

栖霞山下祠坟古,落日荒云抱石林。不问中原倾玉柱,空留遗像铸黄金。孤臣独奋中兴志,天道元无翊宋心。千载英灵俨如在,辘轳风雨作龙吟。(岳墓诗碑)

夏曰瑚(1602—1637),字肤公,号涂山,明末山阳(今江苏淮安市)人。崇祯四年(1631)进士。官翰林院编修。有《二然居士集》。

书生叩马
申佳允

十二金牌诏退军,康王生怕返徽钦。妒功岂尽关长脚,毕竟书生见未深。(《申端愍公诗集》卷八)

申佳允(1603—1644),一作佳胤,字孔嘉,明末永年(今河北永年县)人。崇祯四年(1631)进士。官至太仆寺丞。京城陷,投井而死。谥端愍。著有《君子亭集》,今存《申端愍公诗集》。

满江红·追和宋岳鄂忠武王原韵
黎景义

君父蒙尘,十余载、沉忧未歇。思豪俊、鸡鸣起舞,燕然镌烈。征旆寒濡沙漠雨,战骝嘶落关山月。誓吾□按:此处应缺一字一鼓复天仇,心偏切。射雕箭,翎似雪;斩马剑,光难灭。望中原悲愤,金瓯伤缺。虬发指摇玄弁影,虎齿嚼破丹龈血。待愚臣、万里奉双銮,还仙阙。(《二丸居集选》卷三)

黎景义(1604—?),一名内美,字克和,明末清初顺德(今广东佛山市顺德区)人。明诸生。入清,奉母不出。有《二丸居集选》。

谒岳武穆庙
张四箴

苍松森阴岳侯祠,肃我衣冠再拜之。南渡犹延宋社稷,北征几见汉威仪。当时功惜十年废,此日名知万古垂。逢掖高谈多粉泽,谁能学汝作男儿。(《山左明诗钞》卷三一)

张四箴(?—1664),字心悟,明末新城(今山东桓台县)人。诸生。有《濯足轩诗》。

过朱仙镇谒岳武穆祠
李云雁

秩秩雄祠武穆尊，宋家往事不堪论。中原不返南迁驾，异域谁招北狩魂。风曳松声嘶战马，霞明古殿展旗幡。当年未遂黄龙饮，千载河流气若吞。(《李白羽集》卷二)

李云雁，字仲来，明末内乡顺阳（今河南淅川县李官桥镇）人。曾考取举人。有《李白羽集》。

朱仙镇谒岳武穆王庙
李云鸿

遗庙萧疏秋气横，野人瞻眺独含情。黄龙饮泻三朝恨，铁马功高四将名。艮岳荒台香荤断，洪河秋尽怒涛平。可怜十二金牌后，忍听胡笳夜月声。(《李秋羽集》卷三)

李云鸿，字叔宾，明末内乡顺阳（今河南淅川县李官桥镇）人。崇祯四年（1631）进士。有《李秋羽集》。

谒岳武穆王墓
傅 岩

诸陵无复南辕记，半岭犹存少保祠。洒血痛于龙塞酒，涅肤深似御书旗。八千云暗成三字，十二符来只一时。东望灵湖撼城郭，莫言幽恨独鸱夷。(《岳飞墓诗选》)

傅岩（？—1647?），字野清，明末义乌（今浙江义乌市）人。崇祯七年（1634）进士。官至监察御史。有《事物考》。

阙 题
沙蕴金

烨煜清霜剑气横，驱除扫荡岂生荆。会须人杰纾宸虑，坐挽天河洗甲兵。昔日黄龙应直捣，今时野战孰先声。斗南威望依然在，底定腥氛答圣

明。(《崇祯汤阴县志》卷一八)

沙蕴金,明末威县(今河北威县)人。天启四年(1624)举人。崇祯八年(1635)任汤阴知县。后升上元(今江苏南京市)知县。

鄂王墓
揭重熙

王旗不卷不偏安,一掬湖光吸可汗。今日吊忠忠欲起,谁知同墓几汍澜。时将奠怡云师。(《揭蒿庵先生诗集》卷五)

三 鄂
揭重熙

鄂国英威振古扬,尉迟微恨自□刚。黄龙痛饮开平日,不负齐称忠武王。(《揭蒿庵先生诗集》卷六)

鄂忠武
揭重熙

岳字旗临虏丧魂,蕲循尽撤亦孤军。知几赢得金牌入,唾手燕云亘古存。(《揭蒿庵先生诗集》卷六)

忆西子湖二首
揭重熙

桃花结子藕花红,鹢舫渔舠酒不空。个个停桡登岳墓,白虹宁识旧悲风?
武穆精灵呵护多,不随烟水共消磨。紫岩一幅留真峰,朱子补完今在么?
(《揭蒿庵先生诗集》卷三)

揭重熙(?—1651),字祝万,又字万年,号蒿庵,明末清初临川(今江西抚州市临川区)人。崇祯十年(1637)进士。授福宁知州。清兵入关后,历事福王、唐王,永明王时任兵部尚书兼右副都御史,总督江西。转战于赣闽间抗清。后不幸被俘,绝食七日,昂首就义。有《揭蒿庵先生诗集》《揭蒿庵先生文集》。

谒岳武穆祠
欧阳铉

古柏参天筛影寒，怪来读史发冲冠。奸魄已作阶前石，招得游人怒眼看。(《野获园集》卷下)

欧阳铉，字子玉，明末龙泉（今江西遂川县）人。崇祯十年（1637）进士。官休宁县知县。有《野获园集》。

满江红·拜岳鄂王祠追和原韵
卓人月

臣罪当诛，对明圣、恩波未歇。稽谥法、南阳同志，汾阳同烈。恨极冰天啼冻雨，忧来潭水吟寒月。向宵灯、长梦战胡儿，抽刀切。　牌上字，冤难雪；背上字，痕难灭。叹未成一篑，为山功缺。七日红枯荆客泪，三年碧尽周人血。请千秋、卖国巨奸来，瞻宫阙。(《笠泽词征》)

此词《全清词·顺康卷》第一册作者系卓人月之父卓发之。

卓人月（1606—1636），字珂月，明末仁和（今浙江杭州市）人。著名文学理论家、戏曲家、诗人。著有《蕊渊集》、《蟾台集》、杂剧《花舫缘》、传奇《新西厢》等，辑有《古今词统》。

绝句二首
林 垐

癸未春三月，自平湖归至武林，梦一丈夫甚伟，对予大唱曰："吾得一好句：'野莺渐叫岳坟青'。"予应之以"吾有'山色渐青来越地，梅花连白到吴门'"，盖平湖舟中作也。客复曰："好，好。"醒欲续其语，三月不能得。聊尔成篇，因以记事云耳。

野莺渐叫岳坟青，桃柳无情媚晓汀。往事伤怀流不尽，满天寒色落南屏。

野莺渐叫岳坟青，响句千年破晓扃。游女何知幽愤事，年年车马柳边经。吾意为此句者，岳先生乎？(《居易堂诗集》)

林垐（1606—1647），字子野，晚号耻斋，明末福清（今福建福清市）人。崇祯十六年（1643）进士。知海宁县。南都覆，唐王以为都御史，改吏部文选司员外郎。后抗清殁于阵。有《居易堂诗集》《耻斋集》《哀山东集》《海外遗稿》等。

满江红·谒岳武穆祠
曹元方

举目河山，论风景、王气都歇。幸千年、公道口碑，犹思壮烈。荆客眼枯七日泪，杜鹃啼彻黄昏血。拜荒郊、庙貌尚巍峨，情凄切。　　奸臣返，耻难雪；金牌召，功难灭。谁料望偏安，今多遗缺。土石漫敲贼桧首，宝刀欲饮贪庸血。恨招权、旦暮眼前荣，坏金阙。（《淳村词》）

曹元方（1606—1687），字介皇，别字耘庵，明末清初海盐（今浙江海盐县）人。崇祯十六年（1643）进士。唐王隆武立，授吏部验封司郎中。后兵败还家，遂隐硖石以终。自署檇李遗民，有《淳村词》。

阙　题
陈廷策

帝着青衣泪未干，将军髪立破呼韩。倚空长剑黄云截，恨早藏弓赤日寒。寂寞秋耘归战马，纵横野哭拥征鞍。此时总解金牌意，那得挥戈到贺兰。（《精忠类编》卷八）

陈廷策，明末潮州（今广东潮州市）人。崇祯十七年（1644）贡生。隐居不仕，以诗文教授乡子弟。有《世馨堂诗集》《旸山诗文集》。

西湖舟中谒岳武穆庙并墓所
郭之奇

谁使升堂便肃钦，将军生面古犹今。须眉隐跃峰千丈，肤理疏残土一寻。冷落英魂风月夜，流连客意水天心。兴怀往事徒悲愤，醉后灯前泪不禁。（《宛在堂文集》卷十）

过桃山岳武穆庙
郭之奇

越水残肤旧已寻,徐山祠庙此相临。循途未敢趋风谒,感昔难将涕雨禁。父老遮边当日话,冤臣下圉片时心。寻常一死关夷夏,不尽孤丹泪古今。(《宛在堂文集》卷一一)

郭之奇(1607—1662),字仲常,别字菽子,号正夫,别号若菽、王溪,自号三士道人,明末清初揭阳(今广东揭阳市)人。崇祯元年(1628)进士。官至詹事府詹事。永历三年(1649)官至东阁大学士,兼礼、兵二部尚书,随桂王奔梧州。后被捕,不屈就死。有《宛在堂文集》等。

满江红·和岳忠武韵
李文缵

狩泣苍麟,叹盲左、书传未歇。空痛绝、王师帝佐,忠魂惨烈。白草黄沙鸣塞雁,青霜紫电看秦月。望湖滨、顿首鬣封祠,同仇切。　　国已破,耻谁雪;乱未已,恨难灭。幸孙曾尚在,蒸尝无缺。灵武旋颁哀痛诏,干将犹带模糊血。卷纶竿、闲钓小桥西,心依阙。(《明词综》卷一三)

李文缵(1607—?),字绍武,一作昭武,号梦公,明末清初鄞县(今浙江宁波市鄞州区)人。以诸生荐授驾部郎中,后从钱忠介举兵,事败遨游四方。诗、书、画称三绝。

岳武穆坟
宋之韩

松楸穆穆俯钱塘,北望中原气色苍。胜国属当开大漠,偏安未许保余杭。郊邱斜日西湖晚,敌垒孤云仙镇荒。恢复奇谋长舌尽,英雄千古自忠良。(《海沂诗集》卷一)

宋之韩(1609—1669),字奇玉,号莲仙,明末清初沂州(今山东临沂市)人。岁贡生。官至四川泸州通判。有《海沂诗集》。

岳王庙
樊起龙

武昌公庙大江头，门掩松花一径幽。宋业欲亡和议起，郾城初捷羽书愁。苔碑有恨山云寂，石马无声烟水秋。梦断黄龙何日底，天南钟鼓思悠悠。（《岭南五朝诗选》卷六）

樊起龙，字曦墅，籍贯不详（应为今广东某地人）。领崇祯十二年（1639）武乡荐。任广海南头京口提点禁尉副将。

西湖竹枝词三首和杨廉夫韵（录一）
周 星

山川不朽仗英雄，浩气能排岱岳松。岳少保同于少保，南高峰对北高峰。（《九烟先生遗集》卷四）

周星（1611—1680），一名黄周星，字景虞，号九烟、圃庵、而庵、笑仓道人等，明末清初上元（今江苏南京市）人。崇祯十三年（1640）进士。官户部主事。入清后不仕，以授徒为生。康熙十九年（1680），拒应博学鸿词试，投钱塘江自尽。有《九烟先生遗集》及杂剧多种。

拜岳王坟
徐 夜

路入西陵日半曛，伤心瞻拜岳王坟。黄龙未就诸君约，碧血先埋大将军。徒见南枝巢越鸟，更无北帝返燕云。可怜父老中原望，子弟江南竟不闻。（《桓台县志（1988—1991）》卷二一）

徐夜（1611—1683），字东痴，原名元善，字长公，号小峦，明末清初新城（今山东桓台县）人。十六岁举乡试副榜。清廷入主中原，遂绝意仕进。后渡浔阳时，诗稿尽殁于水。其表弟王士祯搜其所藏徐诗百余首，编集付梓。

拜岳墓

孙 临

百万南人带血戈，朱仙一击战功多。蒙恬举众能除赵，宗泽知君续渡河。自有绣旗归太尉，却将金节走休哥。不还二帝身犹恨，尝驾阴风逐白波。(《龙眠风雅》卷四十)

西湖竹枝词五首（录一）

孙 临

日上凝妆向水湄，停桡为问鄂坟枝。妾身代作银瓶女，打杀当年秦太师。(《龙眠风雅》卷四十)

孙临（1611—1646），字克咸，明末桐城（今安徽桐城市）人。性伉迈，博极群书。年十六，补博士，及举明经，不欲赴选。遨游吴越间，与复社、几社诸名流雅相引重。甲申后，携家云间。参加抗清活动，在福州保卫战中牺牲。有《肄雅集》《楚水吟》诸稿。

岳 坟

许 玿

鄂王陵墓对湖陂，松柏萧森夕照悲。野上绿烟神籑籑，山中红叶鬼旌旗。铜人柱铸奸人像，铁马骄嘶大将碑。一子渡江天意定，靖康遗恨岂班师。(《铁堂诗草》卷下)

许玿（1614—1672），字天玉、星庭，号铁堂，明末清初侯官（今福建闽侯县）人。崇祯十二年（1639）举人。清康熙四年（1665）授巩昌府安定（今属陕西）县令。因触犯上司，被罢官，客死定西。有《铁堂诗草》《品月堂集》等。

岳武穆祠

柳如是

钱塘曾作帝王州，武穆遗坟在此丘。游月旌旗伤豹尾，重湖风雨隔髦

头。当年宫馆连胡骑,此夜苍茫接戍楼。海内如今传战斗,田横墓下益堪愁。(《湖上草》)

此诗《西湖诗词选》作者为李流芳。

柳如是(1618—1664),女,本名杨爱,后改名柳隐,字如是,又称河东君、蘼芜君,明末清初嘉兴(今浙江嘉兴市)人。著名歌妓才女。崇祯十四年(1641),与钱谦益结缡。明亡,柳劝钱殉节,钱推托不允,如是奋身投入荷花池,身殉未遂。后投缳自尽。有《湖上草》《戊寅草》等。

谒岳武穆祠
吴嘉纪

祠宇巍然俯一城,背人瞻拜泪纵横。草荒石径牛羊乱,风急山门鼓角声。河北当年轻与敌,中原今日复谁争?檐前历历江南岫,怅望徒伤野老情!(泰州岳武穆祠诗碑)

泰州岳武穆祠
吴嘉纪

凿釜沉舟誓不还,直期一战扫腥膻。班师冤狱成三字,破虏奇勋废十年。屈膝自甘天子任,断头谁信将军怜。无情最是黄龙饮,反兆金酋作贺筵。(泰州岳武穆祠诗碑)

吴嘉纪(1618—1684),号野人,明末清初泰州(今江苏泰州市)人。布衣。有《陋轩诗》。

风波亭留春次韵
高宇泰

暂领春风湖上楼,仍来此地苦淹留。不忘农候听桑扈,因读家书知麦秋。秾李夭桃宁有梦,新蒲细柳总关愁。直须隔世思忠武,蔓草离离菜圃头。(《续耆旧》卷四二)

高宇泰(1619—1678),字元发,亦字隐学,晚号檗庵,明末清初鄞县(今浙江宁波市鄞州区)人。尝仕南明鲁王,官兵部武选司员外郎。后多次被捕入狱，终得释。著《有道遗民集》。

岳忠武王墓
周　容

西湖风月中，须得有王墓。才壮山河色，勿为花柳娱。日落槐阴寒，鸟声松涛怒。客来意萧森，常似凉秋暮。石马嘶夜半，灵旗卷空路。中原深未收，湖波没沙步。(《续耆旧》卷六十)

西湖杂咏（录一）
周　容

斜日松风寒，暮春啼鸟苦。莫上鄂王坟，铁人欲起舞。(《春涵堂诗存》卷五)

周容（1619—1679），字鄮山，一字茂三，又作茂山，号躄堂，明末清初鄞县（今浙江宁波市鄞州区）人。诸生。明亡为僧，后以母在返俗，不仕。工书、画，负才使气，人以徐渭方之。有《春涵堂集》。

咏怀古迹五首（录一）
张　丹

鄂王祠宇枕湖湄，秋尽群峰落叶迟。衰草不堪依北垄，孤松犹挺向南枝。太行云满挥戈日，楚水旗翻奏捷时。百战功勋冤狱死，令予头白倍凄其。(《张秦亭集》卷九)

张丹（1619—?），原名纲孙，字祖望，号秦亭，明末清初钱塘（今浙江杭州市）布衣。"西泠十子"之一。有《张秦亭集》。

次汤阴武穆祠口占
赵　湛

大义申千载，奇功困一时。衣冠尊异代，不敢谒公祠。(《玉晖堂诗集》卷五)

赵湛（1619—?），字秋水，号石鸥，明末清初永年（今河北永年县）

人。诸生。诗学杜甫,有《玉晖堂诗集》。

满江红·怀岳忠武
张煌言

屈指兴亡,恨南北、黄图消歇。便几个、孤忠大义,冰清玉烈。赵信城边羌笛雨,李陵台畔胡笳月。参模糊、吹出玉关情,声凄切。　汉宫露,梁园雪;双龙逝,一鸿灭。剩逋臣怒击,唾壶皆缺。豪杰气吞白凤髓,高怀肯饮黄羊血。试排云、待把捧日心,诉金阙。(《张忠烈公集》卷十)

八月辞故里拟绝命词二首(录一)
张煌言

国亡家破欲何之?西子湖头有我师。日月双悬于氏墓,乾坤半壁岳家祠。惭将素手分三席,拟为丹心借一枝。他日素车东浙路,怒涛岂必尽鸱夷。(《张忠烈公集》卷十一)

忆西湖
张煌言

梦里相逢西子湖,谁知梦醒却模糊。高坟武穆连忠肃,参得新坟一座无。(《张忠烈公集》卷十一)

张煌言(1620—1664),字玄著,号苍水,明末鄞县(今浙江宁波市鄞州区)人。崇祯十五年(1642)举人。弘光元年(1644),南京失守后,与钱肃乐等起兵抗清。后奉鲁王监国,坚持抗清斗争近二十年。官至权兵部尚书。后被俘,不屈而死。有《张苍水集》。

六州歌头·凤凰山吊南宋行宫
沈　谦

烟销艮岳,一马却浮江。南渡事,真草草,寓钱塘,正苍黄。怎爱湖山秀,新歌竞,离宫起,将二帝,冰天苦,竟相忘。痛哭朱仙,三字成疑狱,自弃封疆。反半湖灯火,蟋蟀当平章,播越堪伤,遂消亡。　空余五寺,山钟歇,悲辇路,草荒荒,子规叫,精灵出,景凄凉,泪沾裳。回忆骑驴笑,厓山远断归航。西湖上,却依旧,奏笙簧。闻道空归华表,城郭是,人去何方。恨东风一夜,吹遍几沧桑。满地斜阳。(《东江别集》卷三)

沈谦(1620—1670),字去矜,号东江,明末清初仁和(今浙江杭州市)人。崇祯末,杭州"西泠十子"之一。有《东江别集》。

岳王坟
顾景星

岳王坟,坟树柯干皆南生。人言月高石马动,往往见有冠裳行。栖霞岭下西湖路,歌舞灵衣几新故。九原莫恨南渡微,南渡山河奈复非。(《白茅堂集》卷六)

岳坟遇雨书壁
顾景星

大王橘树已更栽,谁见冬青抔土来。隔代山河千载恨,时时风雨洒苍苔。(《白茅堂集》卷六)

朱仙镇岳忠武庙
顾景星

勋业当年误,千秋寂寞中。香盆焚夜雨,麦饭冷春风。朱榜更新庙,黄河没故宫。高深变陵谷,魂魄尚英雄。

头断临安地,心依五国城。神旗常北指,坟树向南生。灵武诚何害,安东势已成。劳心秦相国,汲汲事休兵。(《白茅堂集》卷一八)

顾景星(1621—1687),字赤方,号黄公,明末清初蕲州(今湖北蕲春县)人。贡生。南明弘光朝时考授推官。入清后不仕。有《白茅堂集》《白茅堂词》《读史集论》等多种。

西陵绝句十四首（录二）
李邺嗣

相桧仍然跪鄂公，游人唾笑自来同。只今配食完颜庙，方与秦王表大功。

三台夕照尚余曛，相望于坟与岳坟。一自苍公藏骨后，湖山如画遂三分。（《杲堂诗钞》卷七）

李邺嗣（1622—1680），原名文胤，字邺嗣，以字行，号杲堂，明末清初鄞县（今浙江宁波市鄞州区）人。十六岁为诸生。入清，藏身匿迹，以著述为业。有《杲堂诗文集》。

西湖杂咏（录一）
魏 礼

分尸古树立祠门，桧卨残形恨未吞。□□□□□□发，纷纷来拜岳王坟。（《魏季子诗集》卷六）

魏礼（1628—1693），字和公，号季子。明末清初宁都（今江西宁都县）人。明诸生。与兄祥、禧合称"宁都三魏"。有《魏季子诗集》《魏季子文集》。

朱仙镇岳鄂王庙
郭良史

鄂王自分黄龙饮，谁料朱仙拔战营。信誓河山归狴犴，古祠松柏付鼯鼪。悲来涕泪无今古，事去君臣失合并。辛苦中原诸父老，壶浆虚费马头迎。（《沅湘耆旧集》卷五二）

郭良史，字野臣，号者斋，明末益阳（今湖南益阳市）人。有《燹余集》《快游集》《佃香斋集》《鹤天寓集》等。

岳少保墓
何应璹

庙是黄龙府，燕云一望深。千秋三字血，一片两宫心。遗事田夫说，荒碑野烧沉。春风吹湖水，如作渡河吟。(《龙眠风雅》卷二七)

何应璹，字子政，自号淡石居士，明末桐城（今安徽桐城市）人。有《据梧轩集》。

岳坟玉环
杨 焯

傀家留得岳家坟，寒食年年哭墓云。看取玉环丛九曲，桔花如雪洒将军。(《诗观初集》卷三)

杨焯，字俊三，明末清初吴县（今江苏苏州市）人。寄寓金陵（今江苏南京市）。

岳 坟
韩 洽

斧斤日出钱塘门，冢上松楸无复存。马鬣荒凉髑髅泣，子孙饮恨徒声吞。栖霞岭畔南枝墓，犯者仓皇辄僵仆。健儿相戒莫敢窥，苍翠森然独如故。武穆英灵性自殊，嗟哉所见太区区。赵家社稷今安在，却爱坟前树数株。(《寄庵诗存》)

韩洽，字君望，号寄庵，明末长洲（今江苏苏州市）人。诸生。甲申之变，自溺于泮池，为家人所止。晚岁隐居羊山，从学者众。与杨照、俞玚有"吴中三诗人"之目。有《篆学测解》《四书因注》《寄庵诗存》《蟾香堂集》。

岳王祠孝女井
沈 乘

黄龙未饮诏抽轮，三字含冤千古呻。弱女偏能存大义，天王甘自号藩

臣。苌弘碧化银床影，精卫魂填玉镜尘。不是铁栏留旧迹，岳家故第已难询。(《槜李诗系》卷二九)

沈乘，字洪绛，明末清初平湖（今浙江平湖市）人。太学生。有《鲍落吟集》。

谒岳武穆祠
魏宪

□□湖干吊古祠，新诗和泪湿残碑。十年功废□□在，三字狱成运已移。花发空堤人去远，月明断峤客归迟。诸公未抵黄龙饮，不敢临风荐一卮。(《枕江堂集》卷六)

魏宪，字惟度，号两峰，明末清初福清（今福建福清市）人。明诸生。入清不仕。善诗。有《枕江堂集》，并编选《百名家诗选》《补石仓诗选》《诗持》等数种。

岳墓
董樵

到此生遗恨，有诗未敢吟。语及高宗事，恐违地下心。(《遗民诗》卷一)

董樵，原名震起，字樵谷，号东湖，后易名朱山樵，明莱阳（今山东莱阳市）人。明末清初爱国主义诗人，明亡后，长期隐居。

过岳鄂王墓
马鸣銮

一半乾坤尚可为，偏于屡捷召师归。国如忘战和难保，天不留公事更奇。父老几回悲北雁，风雷长是傍南枝。我生宋后元无预，话到中原亦泪垂。

狱成功罪有谁分，坏尔长城若罔闻。丞相几曾忧赵氏，书生早已料将军。可怜涕泪归青史，无复旌旗闪碧云。祠畔于今仍牧马，空临湖水一思君。(《遗民诗》卷七)

马鸣銮,字伯和,明末清初贵阳(今贵州贵阳市)人。壮时及南都新建,执政者纷纷推荐,不听,常怀忧郁,遂绝意仕进。及国破家亡,以教书为生。晚年设教于南京。

西湖竹枝词八首(录一)
释等安

奸回铁铸尽模棱,忠劲泥垣世准绳。有宋江山皆不是,一抔土地见相承。(《偶存轩稿》卷三)

释等安,号全拙,明末余姚法华庵僧,后住藏经阁。姓氏里居皆讳言之。有《姚江诗存》。其《偶存轩稿》前有黄宗羲序。

贺新郎·吊岳墓
周拱辰

宋鞫精忠事,合付与、业镜胡涂,不须深究。十二金牌莫须有,君相何曾分咎。塞狗窦、坚篱自守。抵死追搜奸相谋,这刑书、先坐书生扣。密地里,安排久。　　黄粱恶梦偶然耳,漫劳他、湖上青山,碧藏一斗。莫道兴衰人做得,只替碧翁毒手。更琐碎、史臣分剖。怒发冲冠风雨化,踏梅花、笑拉林逋手。劫灰剩,黄龙酒。(《圣雨斋诗余》卷二)

周拱辰,字孟侯,明末桐乡(今浙江桐乡市)人。崇祯岁贡生。长文学,有《圣雨斋诗文集》。

阙 题
李汝翼

壮气冲天激烈真,长驱虎旅扫胡尘。千年恢复中原志,一旦沉销报国身。叩马书生能献策,裂裳廷讯岂回春。夜来惟有青霄月,能照英雄万古心。(《精忠类编》卷八)

李汝翼,东鲁(今山东省)人。明末殉难诸生。

题岳武穆祠
鲍孟英

将军血食郾城隈,千古英雄气壮哉。香袅阵云当坐起,花团战锦傍檐开。名高山岳仇方报,势压腥膻志未衰。父子中原恢社稷,君臣南渡蹙埏垓。长驱铁骑天边去,忽奉金牌日下来。风卷旌旗归虎豹,雨浸甲胄绣莓苔。神游冲漠孤忠在,诚感威灵一梦回。聊借丹青新庙貌,苹蘩修荐重徘徊。(《民国郾城县志》卷二九)

鲍孟英,字惟醇,一字瞻鲁,明末歙县(今安徽歙县)人。补曾祖鲍象贤荫,选开封府通判,官至山东都转运盐使。

阙 题
陈政德

炎祚方中微,衣冠渺南渡。危构无崇基,奸庸柄台辅。腥膻遍河洛,僭窃列齐楚。桓桓岳武穆,义声慑夷虏。遗黎望旌麾,大壑水奔赴。用兵韩白俦,鄜张敢等伍。功高众所忌,狱吏乃余侮。忠魂在青天,冤血渍碧土。疏封亦何荣,愤气终莫吐。屈己事和戎,西湖乐歌舞。黄旗映青盖,遥遥赴征路。江山忽已非,荒阡舞狐兔。吾闻忠烈士,英灵所钟聚。弧昂感萧张,嵩岳降申吕。会复下人间,功名更轩翥。故国倘神游,宫室怅禾黍。应同伍胥魂,秋涛贾余怒。(《岳集》卷四)

陈政德,明吴兴(今浙江湖州市吴兴区)人。生活时期不详。

阙 题
鲜冤

胜日西湖晓雾开,岳祠林墓隔山隈。忠魂元不随龙逝,仙迹犹疑跨鹤来。到处水声闻哽咽,望中山势耸崔嵬。英雄千古心相感,几欲临风奠一杯。(《岳集》卷四)

鲜冤,明代任巡按御史。生活时期不详。

阙　题
康元翁

烈烈义士气，常在天地间。顾国不顾身，一死等闲间。兰槁无改香，竹灰不改节。斯人有知己，万古西湖月。君王赐墓田，埋骨不埋冤。镌铭在人口，未信金石坚。想见墓前木，入土根不曲。夕阳叫边鸿，西风亦酸哭。（《精忠类编》卷八）

康元翁，明代人。生活时期不详。

大宋岳武穆王墓·次原韵《满江红》词
沈　芳

剑气凌霄，耻百世、戴天不歇。吐虹霓、振臂□呼，风云壮烈。斧钺霜寒鸭绿水，鼓鼙霆震黄龙月。叹孤臣、社稷与生民，空关切。　　三字狱，谁昭雪；百战绩，都消灭。叩穹苍、国步何由盈缺。青草羞污奸党壳，丹枫痛洒英豪血。灿乾坤、赤日贯精忠，光天阙。（岳墓词碑）

沈芳，一名洪，字子旋，明杭州（今浙江杭州市）人。诸生。能书善画，山水宗黄公望，间为倪瓒小景，兼工花鸟。生活时期不详。

朱仙镇岳王祠
朱勤炌

未遂黄龙饮，金牌止渡河。艰难终奉诏，痛哭乃回戈。三字反成狱，千秋尚挽歌。不知廊庙计，何苦但求和。（《明诗综》卷八三）

朱勤炌，字伯荣，号南渚，明大梁（今河南开封市）人。镇国中尉睦横子。为周藩宗正，封奉国将军。以文学世其家。生活时期不详。

岳忠武祠
朱载垺

宋事真堪吊，中天耻失君。谁应敢死日，竟涅尽忠文。天地兵戈殿，旌旗指顾分。溟溟不可测，长惜背嵬军。（《乾隆彰德府志》卷二九）

朱载堉，字仲佩，明彰德府（今河南省安阳市）人。明宗室赵府汤阴王诸孙。封奉国将军。笃学好古，研究六经，精深理奥。所著文辞，动则风雅。构梦古斋，啸咏其中，意泊如也。《明史·艺文志》著录其《困学录》一卷。

阙　题
安沇

古庙临官道，偏伤过客神。精忠昭白日，伏腊荐青苹。水烟生前恨，风驱战后尘。至今披汗简，洒泪泣孤臣。（《精忠类编》卷八）

安沇，《精忠类编》谓"安沇，宗室"。是当为朱安沇。开封藩府周定王朱橚（朱元璋第五子）五世孙。《明史·诸王传一》载其事迹，云"时有将军安沇者，一岁丧母"。素精名理，以孝著闻。与画家张路（1464—1538）为"忘形契"友，儿女亲家。

阙　题
蔡九江

去宋于今五百秋，如公神算几人俦？欲窥樊邓恢中土，先理荆襄据上游。八千师破胡儿胆，十二牌颓将士谋。夕阳古木群鸦噪，犹为将军愤宿仇。（汤阴《岳飞庙志》）

蔡九江，明巴陵（今湖南岳阳市）人。生活时期不详。

阙　题
何文皋

朱甍碧瓦鄂王宫，两度经过感慨同。宋运已先胡运促，忠臣那避贼臣锋。千年往恨河山在，一代驰恩俎豆荣。流落可堪重吊古，怀沙欲赋怨千重。（汤阴《岳飞庙志》）

何文皋，明代人。生活时期不详。

岳忠武城怀古
余昌谷

水妖呼啸昏南天,长枪大戟排江边。持粮预定八日计,筑城岂必留经年。妖氛荡尽风烟扫,故垒萧萧满秋草。将军大树久苍凉,往事人谁问遗老。追思南渡苍皇日,宫门攘攘九门窅。洛阳宫殿半销残,临安车马方游逸。十二金牌镇上回,三字奇冤狱中出。长城万里汝自倾,金瓯缺坏何足惜。寒云惨淡郁不开,江边吊古空徘徊。英雄遗恨长千古,大江澎湃风声哀。(《光绪巴陵县志》卷六)

余昌谷,明巴陵(今湖南岳阳市)人。生活时期不详。

钱塘怀古二首(录一)
释雪江

少师埋骨此林丘,零落中原几百州。云雾不遮高冢月,江山无复故宫秋。南枝拱木精灵萃,北面称臣壮士羞。恢复无由勋业尽,千年遗恨几时休。(《石仓历代诗选》卷五六〇)

释雪江,名明秀,号石门子。明代人。有《释雪江集》。生活时期不详。

过岳武穆墓
释本源

出师频捷报君恩,十二金牌下帝阍。岂料浮云遮白日,空怀锐气复中原。湖山共绕千年恨,草木长含万古冤。百战英雄今已矣,独留忠节照乾坤。(《古今禅藻集》卷二四)

释本源,明代释氏。生活时期不详。

纪异诗有引
尹方平

宋鄂王征杨幺于洞庭,经邑城西门,曰:"此杀方也,门宜狭。"乃命更修。修者琢石肖王像于城门上。崇祯丁丑,楚寇围城,先夕,城卒见有披甲驰骑于雉堞者，迹之，无有。越日，贼至败去，始悟为王之灵也。

武臣一死竟谁先，但愿文臣不爱钱。玉帐当时经下邑，金戈易代护残边。早计群狐侵境内，阴驱匹马立城颠。西郊一望今犹在，莫道襄阳石返天。（《同治永新县志》卷二四）

尹方平，字无界，明永新（今江西永新县）人。郡庠生。有《两京游草》，载《康熙永新县志》。生活时期不详。

阙 题
胡 迪

长脚邪臣长舌妻，忍将忠义苦谋夷。天曹默默缘无报，地府冥冥定有私。黄阁主和千载恨，青衣行酒两宫悲。愚生若得阎罗做，剥此奸臣万劫皮。（《精忠类编》卷六）

胡迪，明锦城（今四川成都市）士人。《锦城诗证》记其游地府事。生活时期不详。

阙 题
郭 倡

故国千秋尚有祠，砌松檐桧总含悲。班师自识君臣义，簿伐空悬父老思。汤水正逢寒雨候，兰山况是暮云时。于今四海犹全盛，一感兴衰几泪垂。（《岳武穆年谱附遗迹考·汤阴第一》）

郭倡，明代人。生活时期不详。

过汤阴题岳鄂王庙八首
张廷桂

天步艰难未可筹，运移宋祚逼胡酋。南迁剩有湖山胜，北向空遗草木羞。罪臣当诛三字狱，君王竟忘万年愁。金牌一下朱仙镇，直把杭州作汴州。

唾手燕云迓两宫，高宗宁免忌英雄。关张无命炎精殒，怀愍蒙尘晋祚穷。洛苑看花思故国，吴山立马啸雄风。如何一代兴亡局，尽在书生数语中。

汴水滔滔望旧京，十年转战背嵬兵。忆从父子收犴狘，不见王师出郾城。俎豆即今光梓里，风云犹为护军营。搔头欲向苍苍问，日暮松涛吼未平。

□□□□□□，黄龙痛饮奈天何。未题露布身先死，添得苍生恨几多。□□□□□铁马，故宫荆棘掩铜驼。可怜五国城边客，犹向西风望九哥。

背父离兄未足奇，称侄称臣更堪悲。江南黄服加身日，蓟北青衣进酒时。五夜春声啼望帝，千秋幽恨诏班师。两河义士增惆怅，泪堕精忠岳字旗。

漫道从来纵虎难，须知王业不偏安。即看上将沉冤狱，忍使中原没契丹。往事徒嗟周黍稷，丛祠肃拜汉衣冠。蜡书夜报长城坏，见说金人酌酒欢。

太子宵奔弃汉关，功成只在笑谈间。若令幕府偏师出，肯放骄胡匹马还。知有忠魂归子夜，更无大将度阴山。中兴事业谁堪付，脑后空留二圣环。

下马汤阴拜岳王，客途无那泪沾裳。东窗岂必因和议，南渡何心复汴梁。忠节满门酬宋主，春秋一剑愤施郎。吟成不敢频留恋，肠断行人说靖康。(《岳武穆年谱附遗迹考·汤阴第一》)

张廷桂，明代人。生活时期不详。待考。

阙　题
佚　名

遣人求母向兵中，孝道深期尽始终。遭值时危能济世，墨缞征起复从戎。(《精忠类编》卷五)

阙　题
佚　名

不教胡马渡长江，誓取中原复故邦。移孝为忠全大节，中兴名将更无双。(《精忠类编》卷五)

箕　诗
金陵士

强金扰扰我提兵，血战中原恨未平。大厦已斜支一木，岂期长脚误苍生。

自古奸忠同一死，奸忠死后各留名。奸忠总在斯文断，焉有来生与再生。(《七修类稿》卷三七)

明郎瑛《七修类稿》卷三七《陈岳箕诗》载：金陵士友某，一日召仙，得署名宋陈抟和岳飞诗三首，兹录其二。

题伏波祠
彭 飞

岳王廷下鞭秦桧，千古人思武穆忠。今日拜公江上庙，愿将顽铁铸梁松。(《坚瓠八集》卷三)

《坚瓠八集》卷三载：明辰阳指挥使彭飞，能诗，题桃源伏波祠云云……结语甚有思致。

阙 题
风魔小行者

缚虎容易纵虎难，无言终日倚栏杆。三人眼内衔冤泪，流入襟怀透胆寒。(《精忠类编》卷六)

藏头诗
风魔小行者

久闻大德至公勤，占取朝中第一勋。都总忠良扶圣主，堂堂功业庇生民。阴谋鲜使诸方用，塞智能令四海遵。贤相一心调国政，路行人道感皇恩。(《精忠类编》卷六)

风魔小行者为《灵隐魔谭》中人，或为小说家言。此诗为讽秦桧而作。每句第一字连读为"久占都堂，阴塞贤路"八字。

清代

岳王冢
张缙彦

芊芊岸草拥高坟，铁马声嘶夜夜闻。残垒已成狡兔穴，空山惟见野鸿群。渡河元为中原计，纳币谁知宋室分。日照平陂春笋绿，令人犹忆岳家军。(《河南通志》卷七四)

张缙彦（1599—1670），字濂源，号坦公，又号外方子，别号大隐，明末清初新乡（今河南新乡县）人。明崇祯四年（1631）进士。官至兵部尚书。降清后，官至工部侍郎。顺治十七年（1660）因"文字狱"被捕下狱，流徙宁古塔。有《菉居诗集》《菉居文集》。

谒岳武穆墓见遗像墨刻《满江红》并高宗班师御札
丁耀亢

山围石马夜嘶风，南宋君臣醉梦中。御笔自颁留敌诏，将军犹勒《满江红》。纵令铁桧身千碎，不敌金城百战功。载酒蕲王湖上过，忍看飞血化苌弘。(《江干草》卷一)

丁耀亢（1599—1669），字西生，号野鹤、紫阳道人、木鸡道人，明末清初诸城（今山东诸城市）人。顺治九年（1652），由顺天籍拔贡，官惠安知县。一代鸿儒，著述甚多。有《丁野鹤遗稿》等多种。晚年创作《续金瓶梅》并因此速罪。

岳武穆王庙
郭濬

千古酬王志未徂，那堪国运距雄图。锋摧紫塞军声壮，旆返朱仙王气孤。墓木不随三代改，忠魂忍见六陵芜。只今遗庙英灵肃，风雨犹疑振鼓桴。(《虹映堂集》卷九)

郭濬，字彦深，号默庵，明末清初海宁（今浙江海宁市）人。弱冠以治《易》名，能为古文辞。顺治九年（1652）进士。官行人司行人。有《虹映堂集》《衍极书》《诗筏》等。

满江红·吊岳武穆祠并和原韵
叶光耀

无限苍凉，觑石马、英灵未歇。问孰任、长城万里，惟公忠烈。一片心怀南渡恨，千秋魂断西泠月。痛金牌十二、诏班师，伤心切。　　三字狱，仇难雪；风波怨，全家灭。叹孤臣一死，山河徒缺。黄土长埋忠义骨，青锋欲溅权奸血。看萧条、松柏尽南枝，朝宫阙。（《全清词·顺康卷补编》第一册）

叶光耀，字斗文，号在园，明末清初新城（今浙江杭州市富阳区）人。举明经，授吴兴外翰。有《浮玉词》。

岳武穆祠
胡夏客

黄龙未到便藏弓，化碧徒明身后忠。悔有燕师易乐毅，痛教晋祸剧刘聪。越栖谁策能吴沼，卫复惟诗作楚宫。遗庙孤山频献酹，幽兰遥瞩爇光红。（《谷水集》卷一二）

胡夏客（1599—1672），字宣子，一字薜知，号谷水，明末清初海盐（今浙江海盐县）人。胡震亨仲子，顺治间诸生。有《谷水集》《谷水谈林》。

岳王祠二首
冯如京

几年欲拜岳王祠，瞻拜遗容泪如澌。满眼荒凉终古恨，至今不改向南枝。

湖光冷落岳坟荒，古殿沉沦草色黄。入庙只余三五树，几枝野鸟泣残阳。（《秋水集》卷八）

冯如京（1603—1670），字紫乙，一字秋水，明末清初代州（今山西代县）人。顺治中由拔贡生历官至广东左布政使。有《秋水集》。

岳忠武先茔
苏宏祖

鄂国钟灵地，祁连古道前。山川蟠灏气，忠孝格皇天。风雨园陵恨，松楸俎豆田。应知寒食夜，铁骑一来旋。(《乾隆汤阴县志》卷九)

苏宏祖（1605—1654），字恪甫，号忝庵，明末清初汤阴（今河南汤阴县）人。顺治三年（1646）进士。授山西辽州和顺知县。六年，值大同总兵姜瓖叛变，抗守数月，城独全。以病卒于官。有《尚书讲义》及《敦朴堂诗集》。尝集汤先哲诗，名《易台风雅》。

岳　飞
许遁翁

精忠岳飞，转战朱仙。直抵黄龙，踢倒贺兰。迎取二圣，复我云燕。金牌十二，班师告旋。十年之力，一旦都捐。阴谋罗织，张俊作奸。惨掠张宪，横被诬冤。尽忠报国，赍恨九泉。(《韵史》下卷)

许遁翁，明末清初人。生平待考。《韵史》卷首署"灵泉遁翁高阳氏著"。陈确（1604—1677）序云"亥子之年（顺治四年至五年，1647—1648），余携妻子寓黄山，与遁翁隔溪而居"，知为同时人。

岳武穆庙
王鑨

宋代孤臣庙，秋风白日昏。何心存衿裯，有泪洗乾坤。石虎埋霜草，铁人跪路门。永怀千古事，俯仰见忠魂。(《大愚集》卷一四)

王鑨（1607—1672），字子陶，号大愚，别署海棠峪长、嵩华啸隐子，明末清初孟津（今河南孟津县）人。明末大学士王铎之弟。贡生。历官山东提学道按察司佥事。有《大愚集》。

过朱仙镇谒武穆庙
吴伟业

少保功名绛节遥，山川遗恨未能消。故京陵树犹西向，南渡江声自北朝。父子十年摧劲敌，士民三镇痛天骄。嗟君此地营军险，祠庙丹青空寂寥。(《梅村家藏稿》卷五)

读史杂感十六首（录一）
吴伟业

漫说黄龙府，须愁朱雀桁。三军朝坐甲，十客夜传觞。王气矜天险，边书弃御床。江州陈战舰，不肯下浔阳。(《梅村家藏稿》卷四)

过韩蕲王墓四首（录一）
吴伟业

访古思天堑，江声战鼓中。全家知转斗，健妇笑临戎。汗马归诸将，疲驴念两宫。凄凉岳少保，宿草起秋风。(《梅村家藏稿》卷一三)

吴伟业（1609—1672），字骏公，号梅村，别署鹿樵生、灌隐主人、大云道人，明末清初太仓（今江苏太仓市）人。崇祯四年（1631）进士。官至左庶子。南都亡，隐居乡里近十年。清顺治九年（1652），被迫赴京出仕。后升国子监祭酒。三年后奔母丧南归不出。《清史稿》入《文苑传》。有《梅村家藏稿》《梅村诗余》等。

拜武穆冢
赵 宾

三尺荒凉土，湖山共古今。血诚通冢树，拜哭见人心。石马天阴怒，哀猿月夜吟。纷纷诸士女，堤畔醉瑶琴。(《学易庵集》卷四下)

朱仙镇谒武穆庙

赵　宾

虎斗中原旧战场，丹青古庙壮河梁。千骑铁驷嘶南渡，二帝梓宫冷朔方。遗像登歌云阵苦，空阶拜手日轮黄。拊膺正愤天难问，猎猎西风响白杨。(《学易庵集》卷四下)

赵宾（1609—1677），字锦帆，明末清初阳武（今河南原阳县）人。顺治三年（1646）进士。官刑部主事。有《学易庵集》。

朱仙镇

卢　竑

血战千年夜气森，风沙蔽日昼长阴。漫传砍马吞声去，旋报连营突骑侵。功堕几成留恨在，荒草弥望并愁深。谁知燐火宵连处，野哭而今又复寻。(《四照堂诗集》卷六)

汤阴吊岳武穆

卢　竑

千年血沸浙江潮，故里忠魂何处招。直抵黄龙方痛饮，无乡归骨恨何消。(《四照堂诗集》卷八)

祁阳道中岳武穆庙

卢　竑

将军一片血流丹，烟树森森映水寒。尘满中原千古恨，余威空被洞庭蛮。(《四照堂诗集》卷九)

卢竑（1610—？），字元度，号澹岩，明末清初蕲州（今湖北蕲春县）人。顺治六年（1649）进士。官至江南布政司参政。有《四照堂诗集》《四照堂文集》。

谒岳武穆王墓
蒋 薰

空山松柏暗泉台，石马嘶风墓碣摧。一代兴亡成旧恨，新题不见后人来。(《留素堂诗删·廊吟》卷一)

西湖曲十首（录一）
蒋 薰

鄂王祠宇缀蛛丝，客散鸦归冷落时。门对青山连白水，几株墓木向南枝。(《留素堂诗删·始纪》卷一)

蒋薰（1610—1693），字闻大，号丹崖，明末清初海宁（今浙江海宁市）人。明崇祯举人。入清官伏羌知县。有《留素堂集》。

谒岳武穆王墓
李 渔

忠臣尽瘁矢无他，万死甘心奈屈何。三字狱成千古恨，从来谤语不须多。(《李渔全集》卷七)

李渔（1611—1680），初名仙侣，号天徒，后改名渔，字笠鸿、谪凡，号笠翁，明末清初雉皋（今江苏如皋市）人。十八岁补博士弟子员。文学家、戏曲家。有《李渔全集》。

满江红·用岳忠武原韵
姜 垚

天马南来，叹谁使、边烽永歇。甘涅背、中原痛哭，朔风凛冽。马鬣尚依湖畔柳，凤台空照江心月。听深山、夜静吼松风，声悲切。　朱仙恨，何由雪；北辕耻，应难灭。看滔滔汴水，金堤已缺。塞草寒生乌兔角，霜花晓拂苌弘血。对西湖、烟水吊英雄，鱼龙阙。(《柯亭词》)

姜垚，字汝皋，号苍崖，明末清初绍兴府余姚（今浙江余姚市）人。由廪贡生，官至国子博士。尝从黄宗羲（1610—1695）学。有《易原》《从师随笔》《柯亭词》等。

九日吊岳坟
钱澄之

令节笙歌沸满湖，将军祠墓草荒芜。两宫异域魂难返，双冢千秋鬼未孤。古庙夜深思汗马，空林月落吊啼乌。台前跪荐茱萸酒，得似黄龙痛饮无。

裸铸奸臣搏击频，风雷劈桧怒犹新。渡江本不期兴宋，卖国何须只恨秦。枉有书生能叩马，自无天子念蒙尘。蕲王策蹇山前过，可向荒山哭故人府狱高宗非为桧贼出脱，犹云薄乎云尔，那得专恨权奸。（《藏山阁诗存》卷二）

钱澄之（1612—1693），原名秉镫，字幼光，明末清初桐城（今安徽桐城市）人。明末诸生。历仕南明唐王、桂王，曾在吴江起兵抗清。因避南明党祸削发为僧，改名幻光。后还俗归隐故乡，又改名澄之，不再出仕。有《田间诗集》《田间文集》。

拜岳武穆墓祠
孙宗彝

嵯峨怪石峙湖村，鄂国祠前乌鹊喧。西陵长埋千古恨，南枝欲绕两宫魂。制旗风雨黄龙梦，涅字山河碧血痕。史祝未将禋祀考，成樵曾识姓名尊。（《诗观初集》卷四）

孙宗彝（1612—1683），字孝则，号虞桥，明末清初高邮（今江苏高邮市）人。顺治四年（1647）进士。官蓟州分巡道副使。有《爱日堂集》。

谒岳墓二绝
王与阶

西湖一曲鄂王坟，坟上南枝锁暮云。十二金牌千古恨，至今犹说岳家军。

彼苍无意复中原，徒使英雄死后冤。南渡偏安成底事，东窗一笑结金源。（《岳飞墓诗选》）

王与阶（1612—1676），字陟公，明末清初新城（今山东桓台县）人。贡士。著名诗人王士禛之父辈。与徐夜有唱和。

瞻鄂忠武王画像恭述
曹 溶

叹息风波地，光留素练间。哲工齐顾陆，遗迹动追攀。宝玦趋丹陛，金貂押武班。孤军刳朔漠，余勇荡荆蛮。将略中原应，臣心二圣还。勋名浮制札，星斗耀刀环。运诎埋孤愤，身残饱巨奸。幽燕多杀气，吴越只残山。锐志年俱壮，阴谋罪独艰。沉霾填四海，怒魄走三关。狱吏张罗密，苍生洒涕殷。复仇时已去，加爵诏空颁。拂剑凋花影，鸣弓怨月弯。此图传后世，即事骇人寰。涅背痕常在，勤王事不悭。旌旗缠碧血，雷电拭朱颜。痛失麒麟画，虚随粉黑斑。衣冠存废社，忠孝作深闲。玉轴荒崖秘，缥囊古庙闲。何当模琬琰，百祀悚愚顽。（《静惕堂诗集》卷二七）

拜鄂王坟下
曹 溶

铁甲金戈势不残，墓门松鬣对峰峦。天亡自合奸谋出，公在何愁雪耻难。河朔军前辞父老，风霜葬后泣衣冠。千年凛凛看生气，独有南朝社稷寒。（《静惕堂诗集》卷三一）

拜岳武穆王墓
曹 溶

铁骑常思绝漠看，何年风雨泣衣冠。三军不救金缯出，一死真令社稷寒。山暗断碑书北伐，天留孤血洒偏安。宁知易代心难慰，欲酹椒浆感万端。（《静惕堂诗集》卷三三）

曹溶（1613—1685），字秋岳，一字洁躬，号倦圃，明末清初秀水（今浙江嘉兴市）人。崇祯十年（1637）进士。官御史。清顺治初授原官，迁山西按察副使，备兵大同。丁忧不复出。有《静惕堂诗集》等。

满江红·和沈石田诸公题宋高宗赐岳飞手敕
金 堡

有意回天,到此际、天难做主。凭天去、补天何用,射天还许。那得官家堪仗倚,从来信义无俦侣。看绣旗、当日刺精忠,今投杼。　　航海恨,君自取;奉表辱,君自与。便风波沉痛,不须重举。遗庙尚能余俎豆,故宫早已空禾黍。是男儿、死只可怜人,谁怜汝。

遗敕堪题,借笔舌、暂消孤愤。世路上、不平何限,拔刀嫌钝。北向枝空人已远,东窗事发天还近。各回头、忘却往时身,长留恨。　　柴家诏,谁诘问;钱家土,谁争论。更自家秦魏,谁生仇衅。半壁江山如有旧,中原臣妾初无分。料将军、曾结舍身缘,忠须尽。(《遍行堂续集》附词)

金堡(1614—1680),字卫公,又字道隐,明末清初仁和(今浙江杭州市)人。崇祯十三年(1640)进士。授临清知县。清军陷杭州,曾起兵抗清,势孤而败。削发为僧达三十年,名著佛门。有《遍行堂正集》《遍行堂续集》《岭海焚余》等。

岳王祠
陆 圻

栖霞山下岳王祠,风雨常闻铁马嘶。多少游人自歌舞,杜鹃啼血上南枝。(《西湖竹枝词》)

陆圻(1614—?),字丽京,一字景宣,号讲山,明末清初钱塘(今浙江杭州市)人。顺治时拔贡。早负诗名。后遁之黄山学道,又往依岭南金堡于丹崖精舍,忽易道士服遁去,遂不知所终。有《从同集》《威凤堂集》《西陵新语》等。

谒武穆祠
任克溥

臣节常伸岁月新,后世宁忍不称神。一腔精诚从母训,千秋正气报君恩。武略接近关夫子,文学远绍孔圣人。茫茫宇宙谁无死,纯忠大孝天地

存。(岳墓诗碑)

任克溥（1614—1703），字海眉，明末清初聊城（今山东聊城市）人。顺治四年（1647）进士。官刑部侍郎。康熙十八年（1679）以"不谨"夺官。三十八年康熙南巡，过临清，复原衔。康熙再次南巡，过聊城，赐尚书衔。《清史稿》有传。

岳鄂王墓
彭孙贻

桧柏森森武穆祠，游人感慨读遗碑。却怜太乙还车泪，不见朱仙痛哭时。林壑秋风嘶石马，河山阴雨见旌旗。北枝万树应回首，南望冬青更可悲。(《茗斋集》卷六)

吊武穆故宅
彭孙贻

今为枭司有忠佑祠后有孝娥井。

万古传遗宅，文昌殒将星。西曹腾杀气，北寺想精灵。野战空无敌，风波别有亭。斯人长不死，庙貌俨仪形。轩冕泥涂损，弓刀户牖铭。寸心留汗血，涅背自雕青。天地悲何及，河山泪再零。中原沦铁马，露井吊银瓶。往事羞臣构，遗忠见史楹。朱仙尘黯黯，白虎宿冥冥。嗟我来三月，栖霞仅一经。题诗拜庑下，欲酹乏青萍。(《茗斋集》卷八)

栖霞岭晚归
彭孙贻

栖霞岭下数归禽，落日秋声扫石林。铁马夜嘶风北起，黄龙江暗雾南侵。时危每恨英雄少，事往空悲野客吟。已上轻航重回首，古祠残桧尚阴阴。(《茗斋集》卷八)

满江红·和岳忠武王韵
彭孙贻

一扫燕云，拼直抵、黄龙小歇。看百战、中原震动，背嵬猛烈。拐子山摧胡马阵，孟婆风转卢龙月。叹遗民、飞送上皇书，谁关切。　　绣旗字，绒花雪；肤涅字，雕青灭。待燕云唾手，金瓯无缺。雀弋粘罕竿首肉，杯刳乞买颅间血。奉南还、二圣谒园陵，修宫阙。

冲地金风，扫禁院、繁华都歇。伤往事、朱仙北望，浩歌激烈。老桧能摇南渡楫，败荷空恋西湖月。听天津、桥上子规声，声凄切。　　冷山皓，头如雪；渡河泽，泪痕灭。叹英雄空老，宝刀欲缺。望里黄龙虚痛饮，车前太乙休啼血。看秦城、王气暗钱塘，遮陵阙。（《茗斋诗余·补遗》）

彭孙贻（1615—1673），字仲谋，一字羿仁，号茗斋，明末清初海盐（今浙江海盐县）人。明末贡生。入清，奉母杜门以居，以孝行闻于时。一生潜心著述，尤留心于明史。有《明史纪事本末补编》《甲申后亡臣表》《茗斋集》等。

荡阴岳忠武庙
龚鼎孳

忠武雄名垂宇宙，汤阴汤沐肃精英。当年父老牵羊地，不远香孩夹马营。决胜中原随臂转，出奇兵法自心生。漳流无恙淙淙碧，落日声中气不平。（《诗观初集》卷二）

满江红·拜岳鄂王墓敬和原韵
龚鼎孳

铁骑春寒，英雄恨、何时始歇。对万古、日飞潮射，抗忠比烈。玉剑气横南渡水，灵旗夜卷朱仙月。念青衣、毳帐是何人，关情切。　　金牌恨，风波雪；社稷事，东窗灭。叹一堆黄土，河山顿失。五国冰长封马角，九天雨又吹龙血。忆当年、壮发怒云高，摇双阙。（《清名家词·定山堂诗余》）

龚鼎孳（1615—1673），字孝升，号芝麓，明末清初合肥（今安徽合肥市）人。崇祯七年（1634）进士。官兵科给事中。李自成入京，授直指使。降清后，累官至礼部尚书。与吴伟业、钱谦益并称为江左三大家。有《定山堂集》。

谒岳坟
薛敬孟

狱成三字便为真，长使英雄气弗伸。朱镇金牌闻痛哭，黄龙杯酒败奸人。将军不死终亡宋，君国偷安在媚邻。十载还余难了恨，年年墓草罕曾春。（《击铁集》卷五）

题岳坟
薛敬孟

报国亡身无足悲，一隅歌舞国谋痴。不堪墓下难瞑目，却见临安送欵时。（《击铁集》卷五）

薛敬孟（1615—?），字子熙，号勉庵，明末清初福清（今福建福清市）人。崇祯贡生。明亡，不求闻达，放浪山水间。工诸体诗，有《击铁集》。

岳王坟
周 肇

六陵荒雨塔边分，酹酒平芜拜岳坟。寝殿寒风批桧柏，阴房杀气卷燕云。已知北狩成虚战，独有南枝捧故君。异代祠堂于少保，灵旗闪闪夜相闻。（《太仓十子诗选·东冈集》）

周肇（1615—1683），字子俶，明末清初太仓（今江苏太仓市）人。顺治十四年（1657）举人。官新淦知县。少入复社，盛有诗名，"娄东十子"之一。有《东冈集》。

岳 飞
黄鹏扬

贪位忘亲须杀将，人言杀将买归亲。湖山埋骨休深恨，不肯留君不姓

秦。(《读史吟评》)

黄鹏扬,字远公,清初晋江(今福建晋江市)人。顺治十四年(1657)举人。尝官知县。撰《读史吟评》一卷。

岳少保墓
方孝标

时危壮气灵,颓寝走巫觋。傍瞻六陵塔,宋墓莽萧寂。固知忠孝心,海田罔超越。当时南迁成,九庙如落叶。誓死六军前,慷慨只戍卒。坐取上将旗,文身矢廷阙。大功不获就,青编余哽咽。铸金肖奸雄,千载挞流血。究彼奸雄谋,犹成割据业。岂如后来人,身殁钟虞绝。向使二圣还,康王何所适。君心在偏安,小人何能逆。即使师不班,韩刘阵已撤。势绌孤军深,谋泄声援隔。如山兵虽雄,氛祲可遽灭。徒令嫉贤名,巧就下流拙。万马沸清湖,樵采空箭笴。墓上向南枝,过者不敢折。谁谓将军亡,阴雨见旄钺。(《钝斋诗选》卷二)

拜岳坟
方孝标

莽莽荒原冢,中藏岳鄂王。气增华夏重,土挟姓名香。铁马天心阻,金牌往事伤。再瞻南向木,摇落恨风霜。(《钝斋诗选》卷一一)

汤阴岳少保祠
方孝标

少保宁伤故土魂,古祠高峙浊河墩。旗翻绣虎飘残垒,酒市黄龙滴墓门。玉玺已成元社稷,金牌谁返宋乾坤。可怜南向枝头月,犹照冬青夜半村。(《钝斋诗选》卷一三)

方孝标(1617—1697),本名玄成,避康熙讳,以字行,别号楼冈,清初桐城(今安徽桐城市)人。顺治六年(1649)进士。累官至内弘文院侍读学士。康熙九年(1670)入滇,仕吴三桂,为翰林承旨。著《滇黔纪闻》。同邑戴名世著《南山集》,多采其言。后名世被祸,并及孝标。时孝标已死,掘墓锉骨,亲族坐死及流徙者甚多。

朱仙镇
杨思圣

遗恨朱仙镇,千古涕泪多。天心不可问,人事竟如何。江左惊鸣镝,中原牧橐驼。至今感父老,指点动悲歌。(《且亭诗·五言律》)

杨思圣(1617—1661),字犹龙,号雪樵,清初钜鹿(今河北巨鹿县)人。顺治三年(1646)进士。官至四川左布政使。有《且亭诗》。

朱仙镇岳祠
施闰章

痛哭班师处,秋阴惨庙门。余忠回草木,一死变乾坤。白日霓旌动,空阶石马喧。请君看此地,万古是中原。(《学余堂诗集》卷二九)

施闰章(1618—1683),字尚白,一字屺云,号愚山,晚年又号矩斋,清初宣城(今安徽宣城市)人。顺治六年(1649)进士。康熙十八年(1679)举博学鸿儒,曾任河南乡试正考官,转侍读,寻病逝。《清史稿》入《文苑传》。有《学余堂文集》《学余堂诗集》等。

岳 庙
侯方域

鄂王遗栋宇,瞻拜意如何。老树霜枝直,空祠落日多。黄龙终跃马,赤羽竟回戈。已矣钱塘水,长存潮汐波。(《四忆堂诗集》卷三)

侯方域(1618—1655),字朝宗,行三,清初归德府(今河南商丘市)人。明末诸生。参加复社。与方以智、冒襄、陈贞慧被称为明季四公子。曾为史可法幕府。入清,于顺治八年(1651)应河南乡试,为副贡生。《清史稿》入《文苑传》。有《壮悔堂文集》《四忆堂诗集》。

西湖杂兴（八首录一）
许 虬

湖山遗烈古今闻，庙壁丹青鸟篆文。缁侣亦知于少保，红裙争拜岳将军。英雄折铁埋荒草，游冶清箫入碧云。天地岂堪频矫首，画图留景与人分。（《万山楼诗集》卷一三）

许虬，字竹隐，清初长洲（今江苏苏州市）人。顺治八年（1651）举人。官至思南府知府。有《万山楼诗集》《万山楼文集》。

纪宋岳飞之平诸贼
潘 江

江上红罗岳字丹，五年五捷破皋兰。蓬头岭外炎波热追破曹成蓬头岭，楼子庄前河水寒击李成楼子庄大捷。神算且将八日待杨么获，张浚叹曰：岳侯真神算也，精忠争向只旗看破彭友还，帝手书精忠岳飞字制旗赐之。妖巢不是黄龙府，纵得长驱痛饮难。（《木厓集》卷一六）

偶 忆
潘 江

偶忆岳武穆"文官不爱钱，武官不怕死"之语，因有感于窦将军捐躯□桐之事，漫成口号。

文官不爱钱犹有，武将人人怕死多。钱去异时堪补偿，命亡一旦永销磨。责人以死良非易，为国捐生能几何？独有将军真武将，年年浩气壮山河。（《木厓续集》卷二二）

潘江（1619—1702），字蜀藻，号木崖，清初桐城（今安徽桐城市）人。康熙十八年（1679）荐举博学鸿词，以母老辞。辑成《龙眠风雅》《龙眠古文》，著有《木厓集》《木厓续集》《六经蠡测》等。

满江红·岳坟次武穆原韵
吴 绮

南渡杨刘,到此日、功名销歇。只今有、西陵华表,标题忠烈。三字冤沉犴室土,两宫泪洒龙城月。笑玉环、脑后是何人,情非切。　　一湖水,千峰雪;身纵死,名难灭。把椒浆浇奠,唾壶堪缺。道上金牌人有口,阶前铁像心无血。只荒祠、犹自对遗宫,神依阙。(《清名家词·艺香词》)

岳武穆墓
吴 绮

老桧何年尽,荒祠此尚存。名成三字狱,家破两朝恩。俎豆秋携奠,旌旗夜返魂。谁知千古事,惆怅不堪论。(《林蕙堂全集》卷一五)

吴绮(1619—1694),字园次,号丰南、听翁,又号红豆词人,清初江都(今江苏扬州市江都区)人。贡生。历官至湖州知府。有《林蕙堂集》。

朱仙镇
宗 观

古庙回冈野日昏,滩沙斜抱浊流奔。金缯易下金牌泪,仪像难销铁马冤。杨柳晴春生战垒,毡裘小市聚孤村。凄凉夜火黄冠在,猎猎旌旗阴雨翻。(《诗观初集》卷六)

宗观,字鹤问,一字民表,清初江都(今江苏扬州市江都区)人。顺治十一年(1654)贡生。康熙四十一年(1702)以江宁籍中副榜,为贵池学官。有《咸园集》。

阙 题
康胤叔

宋室当衰运,乾坤若个扶。挥戈红日近,落雁北风迂。丹染江山赤,精分天地枯。百年沉痛恨,铁桧不堪屠。(汤阴岳庙诗碑)

康胤叔,清初武功(今陕西武功县)人。明崇祯十五年(1642)举人。

顺治十一年（1654）任汤阴知县。后擢升为吏部主事。

重过岳忠武故里
余国楷

此地重相问，依然一棹通。岭苍知树老，云白见山穷。浪小菱深处，花残鸟语中。形骸原自放，何必怨秋风。(《楚诗纪》卷一五)

余国楷，字邹长，号云樵，清初大冶（今湖北大冶市）人。诸生。顺治十一年（1654）选任四川德阳知县。升江南滁州知州、安庆府江防同知。例赠奉政大夫。

拜武穆祠
孙中象

和议虚成权相功，忍将三字葬英雄。潜身莫羡蕲王早，争死堪怜幼女同。枝护灵旗宁向北，湖园孤冢尚流东。高宗陵树何从访，岳庙千年夕照中。(《龙眠风雅》卷五六)

孙中象，字易公，清初桐城（今安徽桐城市）人。顺治十一年（1654）与兄中麟同举于乡。后五与会试不中。有《栖月堂诗集》。

拜武穆祠
孙中凤

墓侧阴霾树影孤，空余遗像肃雄图。蜡封西檄回犀甲，计定东窗赐属镂。合室依然同俎豆，六陵何处委榛梧。只今碎尽阶前桧，得比黄龙痛饮无。(《龙眠风雅续集》卷八)

孙中凤，字喈公，号冰厓，清初桐城（今安徽桐城市）人。少倜傥善属文，补博士弟子员，晚岁以明经贡于乡。有《云溪半舫》《越游》《闽游》诸集。

岳王墓二首
孙中夔

高宗陵庙委烟罗，读史人犹恨议和。泥马但图新甲帐，金牌不顾旧山河。风沙古墓英灵在，鼓角秋原血泪多。漫道全家同俎豆，两京未返痛如何。

痛饮黄龙未有期，临安何事诏班师。金人纵却书生谏，新主原无帝后思。湖水日吞亡国恨，荒陵深锁向南枝。悬知成败关天意，肠断延祥堕泪碑。（《龙眠风雅续集》卷八）

岳王庙
孙中夔

建节年何少，含冤数独奇。渡河甘马革，矫诏泣鸱夷。和议生前恨，偏安死后悲。忠魂知恋主，不改墓南枝。（《龙眠风雅续集》卷八）

孙中夔，字卧公，号章一，清初桐城（今安徽桐城市）人。孙中凤四弟。补博士弟子，文名籍甚。

嵇忠穆祠岳忠武庙
姚士坚

两公死去恨犹深，杀贼平生未了心。箕尾骑归何处去，独留遗庙在汤阴。

指日中原报捷音，高宗何事苦相禁。莫言晋帝昏聩甚，尚识忠臣溅血心。（《龙眠风雅续集》卷一六）

偶读岳武穆传感赋
姚士坚

秦桧挟金而议，金挟二帝而议，高宗惧焉，以为二帝归则己仍康王耳。故与其北面二帝，毋宁北面金人也。武穆日以灭金归二帝为事，其能免乎？不然，夫其不知武穆之为长城也。钦宗于韦后之归也，曰："传语九官，我得太乙宫使足矣。"后归，仍不敢言，可想见其时矣。他日又曰："宁至覆国，不用斯人。"盖张俊亦喜言恢复也。岂不情见乎辞欤！

康王秦相两知音，割地称藩奉大金。常恐父兄还自北，独归母后见深心。（《龙眠风雅续集》卷一六）

姚士坚，字庭若，号静斋，又号深园，清初桐城（今安徽桐城市）人。岁贡生。十二岁作《汉景帝论》，王大扔赞为史才。康熙十年（1671）连年饥荒，两倡粥厂于太霞宫。有《深园集》。

拜武穆祠
陈 式

破庙荒阡长绿芜，古今祸烈似君无。牙旗却建年何少，甲第将营骨已枯。总为过河成诏狱，竟留遗像向西湖。异时亦有于司马，往事同伤伍大夫。（《龙眠风雅续集》卷一七）

陈式，字二如，自署问斋翁，清初桐城（今安徽桐城市）人。康熙元年（1662）恩贡。雅耽著述。著有《四书注注》《毛诗注注》。

满江红
姚 靖

计就东窗，想天意、干戈未歇。遥瞻仰、褒忠寺古，流芳亭烈。三字冤沉南渡日，一腔恨惹西湖月。那更堪、回首六桥烟，增凄切。　　黄龙志，何时雪；朱仙绩，谁教灭。撼天愁、几触不周山缺。罗刹江潮伍相怒，子规鸟泣周臣血。怅英雄、空有骨封王，来丹阙。

望帝催归，残红褪、湖光半歇。追往事、悲风四起，暮云惨烈。水浅桃溪泉暗出，花飞庙路香生月。向春来、墓草绿离离，衷情切。　　休感慨，江潮雪；空指望，征尘灭。倍凄凉、小雨石苔痕缺。鹤表魂消鹃树梦，虹桥波染龙泉血。一天愁、枉自对孤山，依双阙。

鄂国寺边，听几处、歌声乍歇。谁知道、故宫离黍，蓦生悲烈。二帝游魂家万里，千年遗恨王正月。看冢旁、树木尽南枝，伤情切。　　林逋墓，梅如雪；青山庙，烟如灭。读残碑、旧日唾壶新缺。天运方移炎宋祚，将军独拼头颅血。驾长车、空欲扫燕云，朝金阙。

报国精忠，凭千古、英雄不歇。徒怅望、孤坟草色，断碑词烈。石马犹嘶无定骨，片石还勒燕然月。叹昔年、白塔镇长空，悲风切。　　乱山叶，催霜雪；渔艇火，半明灭。两峰高、不管六桥残缺。露冷苍松空有泪，寒凝乌桕皆成血。待谁来、洗刷旧西湖，云封阙。（《岳武穆年谱附遗迹考·临安第六》）

姚靖，清初人。曾增修《西湖游览志》及《西湖志》。其《重刻西湖志序》序于康熙二十八年（1689）。

岳　坟

毛先舒

鄂王祠庙大湖西，大树萧萧向古堤。合殿氤氲生碧瓦，孤亭苔藓落红泥。露流古桧铜人泣，秋老深松石马嘶。解得南枝何限恨，六陵残处鹧鸪啼。（《东苑诗钞·七言律诗》）

岳　墓

毛先舒

武穆英灵想像间，孤坟寂寂野花闲。金牌昨日三军哭，玉辇何年二帝还。大将旌旗悬北斗，祠官俎豆肃西山。荒凉古殿松楸里，气作星辰不可攀。（《思古堂集》卷四）

毛先舒（1620—1688），原名骙，字驰黄，后改名先舒，字稚黄，清初仁和（今浙江杭州市）人。明诸生。明亡，不求仕进。从事音韵学研究，也能诗文。与毛奇龄、毛际可齐名，时称"浙中三毛，文中三豪"。著有《东苑文钞》《东苑诗钞》《思古堂集》等二十来种。

朱仙镇

李　敬

仰止精灵愧此身，河滨遗庙见飞尘。中原有地生荆棘，故老无家荐藻苹。黄菊丹枫他日泪，金戈铁马一时人。闲来高咏凭栏句，暮雨潇潇倍怆

神。(《退庵集·诗集》卷五)

李敬(1620—1665),字圣一,号退庵,清初六合(今江苏南京市六合区)人。顺治四年(1647)进士。官至刑部侍郎。有《退庵集》。

西　湖
孙枝蔚

苦忆兹湖水,因唐便有名。如何遇南渡,辄易想东京。相国能行乐,居人自不平。至今瞻岳庙,松柏发悲声。(《溉堂诗集·前集》卷四)

孙枝蔚(1620—1687),字豹人,号溉堂,清初三原(今陕西三原县)人。康熙十八年(1679)举博学鸿词,自陈衰老,不应试,授内阁中书衔。《清史稿》入《文苑传》。有《溉堂诗集》《溉堂文集》《溉堂诗余》。

夏日湖上
王嗣槐

四月八日柳阴齐,两岸娇莺恰恰啼。摇幡打鼓三竺去,岳王坟上草萋萋。(《桂山堂文选》卷一二)

王嗣槐(1620—?),字仲昭,号桂山,清初仁和(今浙江杭州市)人。诸生。康熙十八年(1679)举博学鸿词,以老不与试,授内阁中书。有《桂山堂文选》《啸石斋词》等。

拜岳武穆墓
曾畹

一望神州百战中,金牌已尽十年功。孤臣尚有埋身地,二帝游魂断故宫。(《溯洄集》卷九)

曾畹(1621—1677),原名传镫,字楚田;更名畹,字庭闻,清初宁都(今江西宁都县)人。一说宁夏人。顺治十一年(1654)举人。有《金石堂集》。

卜操作数·汤阴谒岳武穆庙
黄　永

身在尚无家，身死家何地。纵使游魂遍九州，不向汤阴住。　有恨化为云，无泪飞成雨。若变啼鹃何处归，赵氏孤儿处。(《倚声初集》)

黄永（1621—1680），字云孙，又字云史，号艾庵，清初武进（今江苏常州市武进区）人。顺治十二年（1655）进士。官刑部清吏司郎中。十八年（1661）以奏销案罢归。有《艾庵诗稿》《溪南词》。

题岳武穆祠
郭　棻

莫恨黄龙志未伸，麒麟冢胜画麒麟。翻怜决计东窗者，十二金牌换铸人。(《学源堂诗集》卷十)

郭棻（1622—1690），字芝仙，号快庵，清初清苑（今河北清苑县）人。顺治九年（1652）进士。官至翰林院检讨。有《学源堂诗集》《学源堂文集》。

西陵绝句十四首　（录二）
李文胤

相桧仍然跪鄂公，游人唾笑自来同。只今配食完颜庙，方与秦王表大功。

三台夕照尚余晖，相望于坟与岳坟。一自苍公藏骨后，湖山如画遂三分。(《杲堂诗钞》卷七)

李文胤（1622—1680），字邺嗣，以字行，又字淼亭，号杲堂，清初鄞县（今浙江宁波市鄞州区）人。明崇祯诸生。年未二十，以诗名浙东。有《笑读斋集》，编《甬上耆旧诗》。

过朱仙镇拜岳忠武祠
金 镇

平生读史怀忠武，游宦今朝过汴梁。叩马岂非谙世务，班师自欲植纲常。朱宫赫赫新祠宇，芳草萋萋旧战场。历代奖忠无近远，停车容荐藻苹香。（《诗观二集》卷二）

金镇（1622—1685），字又镳，号长真，清初山阴（今浙江绍兴市）人，宛平（今属北京市）籍。明崇祯十五年（1642）举人。入清，历官江南按察使。有《清美堂诗集》。

咏岳武穆
吴 炎

将军野战最知名，半壁山河一力撑。义在春秋臣节殚，法过韬略阵云明。运移宋历终江海，功就蕲王敢弟兄。痛饮黄龙千载恨，钱塘夜夜有潮声。（《觚剩·虎林军营唱和》）

吴炎（1623—1663），字赤溟，一字如晦，号愧庵，清初吴江（今江苏苏州市吴江区）人。明生员。明亡，更号赤民，以诗文自娱。长于史学，得顾炎武、钱谦益等所藏史料，与潘柽章合撰《明史记》。书将成，庄廷鑨"明史案"发，受牵连，于康熙二年（1663）六月被杀于杭州。

岳武穆墓下和留仙
陈祚明

不筑祁连冢，空伤去病魂。即教马革裹，宁受伏波冤。半壁支仍赖，长城坏孰论。湖山凭吊意，惨淡笔须援。（《敝帚集》卷八）

陈祚明（1623—1674），字胤倩，清初钱塘（今浙江杭州市）人。《浙江通志》称其博学善属文，以贫佣书京师，殁于客邸。有《稽留山人集》。

朱仙镇拜岳庙
梅 清

愁问朱仙镇,何年古战场。有心谁顾主,正气独匡王。一死天何意,千秋尔不亡。萧萧嘶马处,落日断人肠。(《天延阁删后诗》卷七)

西湖竹枝词(录一)
梅 清

萧条岳墓夕烟迟,漫问南枝与北枝。几度行人春系马,依然铙吹共临祠。(《天延阁删后诗》卷八)

梅清(1623—1697),字渊公,号瞿山,清初宣城(今安徽宣城市)人。顺治十一年(1654)举人。《清史稿》入《文苑传》。有《天延阁集》《瞿山诗略》。

谒武穆王祠
姚 夔

宇宙推忠勇,如公曾几人。谋成奸在内,志决谤随身。奕世昭舆论,小朝少谏臣。芳祠垂古镇,浩气蠹苍旻。(《饮和堂集》卷一三)

姚夔,字胄师,号成莽,清初山阴(今浙江绍兴市)人。顺治十一年(1654)举人。官安化(今属湖南)知县。有《饮和堂集》。

汤阴岳忠武庙
李赞元

巍庙前王典,精忠奕代名。黄龙不痛饮,铁马自悲鸣。四字痕犹赤,两宫愁未平。凄风绕柏树,遗恨在休兵。(《悔斋集》)

岳武穆庙
李赞元

本是嬉游处,如何恨转深。忠魂埋碧草,怨气满空林。争恋六桥路,谁

怜百战心。顾瞻遗像下，太息泪沾襟。(《怡老篇》)

李赞元（1623—1678），本名立，顺治帝赐名赞元，字公弼，号望石，清初海阳（今山东海阳市）人，祖籍泉州府安溪县，故称闽漳人。顺治十二年（1655）进士。官至兵部右侍郎。有《出门吟》《悔斋集》等数种。

朱仙镇谒岳忠武祠
沈 荃

奕奕朱仙庙，荒荒白云阴。金戈百战地，毳幕两宫心。风雨灵斿暗，丹青古殿深。阶前有松柏，每夜作龙吟。

宋室偏安日，将军尽瘁时。奸回真误国，痛哭竟班师。碧血千年恨，丹心异载知。往来瞻拜者，不忍读遗碑。(《百名家诗选》卷一五)

沈荃（1624—1684），字贞蕤，号绎堂、充斋，清初华亭（今上海市松江区）人。顺治九年（1652）探花。官至礼部侍郎，谥文恪。《清史稿》有传。

沁园春·经朱仙镇
陈维崧

古镇朱仙，跃马经过，令人暗惊。看黄尘扑面，间阎栉比；清波极目，舟楫充盈。南控陈桥，西通尉氏，仿佛当年古汴京。停鞭问，怕沙冲地坼，浪啮堤平。　　谁何绣栱雕甍，有庙貌巍峨市口横。是鄂王故事，丹青未老；赵家遗恨，金铁争鸣。三月饧箫，一天社鼓，走赛仍多旧日伧。抠衣拜，题诗未许，泪满长缨。(《清名家词·湖海楼词》)

陈维崧（1625—1682），字其年，号迦陵，清初宜兴（今江苏宜兴市）人。诸生。康熙十八年（1679）举博学鸿词，授翰林院检讨。曾参与修纂《明史》，卒于任所。骈文及词，冠绝一时。《清史稿》入《文苑传》。有《湖海楼集》。

满江红·宋岳鄂王墓
赵 式

之死从王，一十载、焦劳念切。正黄龙直抵，荡平时节。谁料中兴成半壁，将军奉诏和谋决。叹诸君、痛饮竟无期，肠空热。　曾勿念，他乡别；曾勿顾，中原截。但稳居南面，何妨分割。百战未平亡主恨，半丘不冷孤臣血。止区区、一死谢朝廷，心犹缺。（岳墓词碑）

赵式，字去非，清初诸暨（今浙江诸暨市）人。自署"越暨阳后学"。久困场屋，以寒士终。辑《古今别肠词选》四卷，陈维崧、彭孙遹、王士祯、尤侗评点。今存康熙四十八年（1709）遗经堂刻本。

六州歌头·拜岳武穆墓
魏学渠

徽钦北狩，南渡想中兴。驱貔虎，振军声，奋先登。鹏举英雄慷慨，誓师表，回天力，渡河北，清江汉，树鸿名。痛饮黄龙壮志，壶浆父老竞逢迎。看旌旗如岳，兀朮已魂惊。钟鼎神京，再承平。　痛中朝贼，定和议，东窗计，坏长城。悲五国，哀九庙，电扫雷轰。十二金牌愤，精忠字、付青蝇。南枝桧，千古泣银瓶。尽说珊戈铁马，风雨夜鼓响钲鸣。况祠邻少保，灵爽并如生，光炯辰星。（《千秋雅调》）

魏学渠，字子存，号青城，清初嘉善（今浙江嘉善县）人。顺治五年（1648）举人，康熙十八年（1679）举博学鸿词。官至江西少参。有《青城山人集》。

岳墓
李 霨

秋风肃客袂，拜手鄂王祠。南渡无双士，西湖彼一时。风云惊铁马，星日闪灵旗。凭吊松楸处，冬青更可悲。（《心远堂诗集》卷五）

李霨（1625—1684），字景霱，号坦园，清初高阳（今河北高阳县）人。顺治三年（1646）进士。官至大学士。谥文勤。有《心远堂诗集》。

汤阴道中绝句四首
计 东

柳廊一望碧烟齐,策马郊原古道低。不见长条解摇曳,故园南忆转凄迷。荒祠寂寞对悲风,古碣重题嵇侍中。最恨弹琴东市日,错将六尺寄山公。太行山色青无际,林虑萦回似碧城。莫怪岩栖司马客,铜驼荒草不关情。鹏举先生儒将风,谭经奉母最雍容。挽强每念师恩厚,杯酒常浇鹬血弓。(《改亭诗集》卷六)

计东(1625—1676),字甫草,号改亭,清初吴江(今江苏苏州市吴江区)人。顺治十四年(1657)举顺天乡试。后以江南奏销案被黜,浪游四方。与顾茂伦、潘稼堂、吴汉槎称为"吴中四才子"。《清史稿》入《文苑传》。有《改亭诗集》《改亭文集》。

谒岳武穆王祠
刘瀚芳

燕云唾手数偏奇,十二金牌卷义旗。半壁中原看马立,三台上将奏星移。矢心惟镂精忠字,报国空题武穆祠。只有虔州章贡水,滩头犹作吼声悲。(《江西通志》卷一五五)

刘瀚芳,清初大兴(今北京市大兴区)人。副贡。顺治十六年(1659)任扶风(今属陕西)知县。曾主修《扶风县志》。

满江红·过金沙寺为岳鄂王题壁处敬和原韵
董元恺

擐甲投戈,过萧寺、晨钟甫歇。想当日、冲冠怒发,满怀忠烈。剑气夜寒阳羡草,笔光阵扫金沙月。拂残碑、遗恨对西湖,同悲切。　淮北耻,终难雪;淮西议,终难灭。叹黄龙未饮,金瓯还缺。潭水秋吟名士句,冰天泪洒英雄血。看阴阴、松柏向南枝,朝双阙。(《清名家词·苍梧词》)

满江红·拜岳鄂王墓敬和原韵
董元恺

大树萧萧，对衰草、寒烟未歇。凭吊处、孤忠涅背，伊周争烈。石马昼嘶燕市雨，灵旗影断黄河月。念当时、南渡只偏安，空关切。　三字狱，何时雪；十年力，谁人灭。为东窗一语，山河残缺。银椀红啼娇女泪，玉环碧化苌弘血。望冬青、尽处起西风，摇宫阙。（《清名家词·苍梧词》）

董元恺（1625—1687），字舜民，号子康，清初武进（今江苏常州市武进区）人。顺治十七年（1660）举人。次年即罹"奏销案"，被黜。有《苍梧词》。

念奴娇·汤阴道中过岳少保故里
赵吉士

相州城下，有穹碑高揭，鄂王故里。记得金人南下日，百郡都无完垒。戈戟排空，战尘匝地，杀气连天起。千群铁骑，年来竟饮江水。　谁是戮力中原，岳家军在，志雪君王耻。直抵黄龙方痛饮，恨杀金牌十二。满眼南枝，树犹如此，洒尽孤血泪。祠前拜罢，碧天云净如洗。（《万青阁诗余·补遗》）

赵吉士（1625—1706），字恒夫，亦字天羽，原籍安徽休宁，后入籍杭州。顺治八年（1651）举浙江乡贡进士。官至户科给事中，授朝议大夫。以勘河不称旨罢。《清史稿》入《循吏传》。有《万青阁全集》《林卧遥集》《寄园寄所寄》《续表忠记》等。

古剑关牛将军墓
陈奋永

碧峰双插夹成关，百战长携一剑还。身是岳家军部曲，松楸如列墓门间。（《岳武穆年谱附遗迹考·临安第六》）

陈奋永，名谦，字奋永，号寄斋，以字行，清初海宁（今浙江海宁市）人。陈之遴（1605—1666）子。一品荫生。有《名山集》。

貂裘换酒·岳武穆墓
何 采

千古伤心者。叹淋漓、满腔热血，含凄徒洒。南渡君臣犹巢燕，营就湖山如画。听悲咽、冷泉独泻。一寸红柑轻轻画，使黄龙、痛饮成虚话。铁铸错，金牌价。　　格天高阁凌云挂。算何如、雨抛苔卧，寒原石马。当日清凉骑驴过，应有英雄泪下。悔枹鼓、夫人空把。隔浦岿然丰碑峙，觉凛风、浩气遥相射。两少保，双坟也。（《南硐词选》）

何采（1626—1700），字第五，一字敬舆，又字涤源，号南硐，亦号省斋，清初桐城（今安徽桐城市）人。顺治六年（1649）进士。官至侍读。有《南硐词选》。

朱仙镇岳忠武王祠
陶 季

俎豆千年在，风尘独客过。入门瞻拜罢，萧飒起悲歌。石上遗诗好，阶前坠叶多。伤心拭双泪，不忍说宣和。（《舟车集》卷二）

陶季（1626—1703），初名澄，字季深，以字行，乃去深称季，晚号括庵，清初宝应（今江苏宝应县）人。诸生。有《湖边草堂集》《舟车集》。《清史稿》有传。

西湖有感
严 熊

日逗残云作晚寒，西湖桃柳尽凋残。岳坟只有分尸桧，犹自青青与世看。（《严白云诗集》卷九）

严熊（1626—1691），字武伯，号枫江钓叟，晚号白云先生，清初江南常熟（今江苏常熟市）人。明末诸生。入清，礼佛愿为半僧，游历各地，与名流唱和。有《严白云诗集》。

岳王祠
单隆周

神宫系马读残碑,金碧峥嵘泪转垂。祠畔遗封留白骨,湖中阴雨暗灵旗。唏嘘银壁临流日,踊跃黄龙奏捷时。杜宇可怜啼碧血,萧条松梧起人心。

野老金牌哭未休,孤忠从此困幽囚。天心南渡朝廷小,妙算和戎玉帛稠。俎豆至今传少保,山川当日号纯州。精英想像知何极,北马如云禾黍秋。(《雪园集》卷一五)

单隆周(1626—?),字昌其,清初萧山(今浙江杭州市萧山区)人。其《雪园集》,为窗友毛奇龄定本,前有毛序。

史愤二十四首·岳飞
李何炜

百战身未老,对簿狱吏尊。但使解兵柄,岂知坐覆盆。金牌连日至,吾君赐札存。不复争真伪,中愤只自吞。(《默耕诗选》卷一)

李何炜(1626—?),字缓山,清初沔阳(今湖北仙桃市)人。顺治九年(1652)进士。仕历不详。有《默耕诗选》。

读史百咏(录一)
王昊

照碧堂中事可怜,幽兰一炬更凄然。蔡州且作黄龙府,武穆魂应慰九泉。(《硕园诗稿》卷二二)

王昊(1627—1679),字惟夏,清初太仓(今江苏太仓市)人。康熙十八年(1679)举博学鸿词,授正字。有《硕园集》。

朱仙镇岳忠武祠
冷士嵋

千年老柏依然在,寂寞苍凉对古祠。北去已无秦郡县,南来犹有汉旌

旗。道旁豕牧荒屯镞，垄上人耕废垒基。咫尺河山衰草外，西风寒照不胜悲。(《江泠阁诗集》卷七)

岳　墓
冷士嵋

指日前军收蓟朔，燕云唾手却涂泥。玉关梦断枫楸在，铁骑魂销石马嘶。江吼寒涛秋叶坠，月明疏柳夜乌啼。年年哭作钱塘恨，多少吴山绿水西。(《江泠阁诗集》卷八)

冷士嵋（1628—1710），字又湄，清初丹徒（今江苏镇江市丹徒区）人。明诸生。以课徒为生。居傍大江，其读书之阁曰"江泠"，因以名集。

岳忠武墓用徐天池韵
闵麟嗣

丰碑愁读满江红，石马荒凉涕泪中。二帝游魂迷朔雪，一门枯骨啸春风。肤无完处身犹丧，地有南枝树亦忠。虎将收功原不易，河山浪掷古今同。(《诗观二集》卷六)

闵麟嗣（1628—1704），字宾连，号橄庵，清初徽州（治今安徽歙县）人。有《庐游草》《悟雪草堂集》。

朱仙镇
张　晋

黄雾锁龙旗，霜冷铁衣重。书生偶一言，天已绝炎宋。不待下金牌，心胆无所用。凄凉艮岳秋，攀树年年种。(《二南遗音》卷一)

岳忠武王庙
张　晋

灵爽投壶地，西风忆筑坛。阵云犹北指，庙树自南盘。日月金牌尽，山河玉匣寒。狱成心不怨，天意厌回銮。

高天一怅望，千古哭英雄。铁马平川黑，花旗野渡红。中原悲落日，南

国怨秋风。不到黄龙府,凄凉古汴宫。(《二南遗音》卷一)

张晋(1628—1658),字康侯,号戒庵,清初狄道(今甘肃临洮县)人。顺治九年(1652)进士。官丹徒知县。有《黍谷》《秋舫》《一啸》《苏门》《劳劳》《石芝》《税云》诸集。

岳王坟
林云铭

金牌召至虎臣休,半壁山河尽献仇。土壤时亡犹可复,孤忠既丧与谁谋。茫茫宋室桑田改,郁郁滕城大地留。荒草白杨今古月,黄昏长照柏南楸。(《挹奎楼文集》卷一二)

林云铭(1628—1697),字西仲,号损斋,清初闽县(今福建闽侯县)人。顺治十五年(1658)进士。官徽州府通判。有《挹奎楼文集》。

朱仙镇
李念慈

摩挲残碣对秋风,丽藻谁堪重岳公。识得金牌铁马句,令人长忆李空同。(《谷口山房诗集》卷一八)

李念慈(1628—?),字屺瞻,号劬庵,清初泾阳(今陕西泾阳县)人。顺治十五年(1658)进士。以河间府推官改知新城县。以催科不力,褫职。后以奉檄运饷有功,官天门知县。著《谷口山房诗集》《谷口山房文集》。《清史稿》有传。

满江红·和岳武穆原韵
仲 恒

读罢残碑,千载后、雄心不歇。忆当日、珠沉玉碎,一门贞烈。五国城头秋夜雨,天津桥上三更月。到如今、白草接黄沙,空悲切。　　风惨惨,天山碧;云幂幂,鸢乌灭。看昨宵冰镜,暂圆还缺。湖上杳无丞相宅,岭边犹瘗孤忠血。觐遗容、万姓过西泠,趋丹阙。(《雪亭词》)

仲恒,字道久,号雪亭,晚号渔隐道人,清初钱塘(今浙江杭州市)

人。诸生。有《词韵》《雪亭词》。

岳 坟
徐 凝

曾闻汴水哭残兵,旋已朱仙罢北征。忠孝全家投白刃,山河万里失长城。湖阴夜雨金戈响,墓道秋风石马鸣。怅望西陵旧时树,风云终古未能平。(《泉村诗选》)

徐凝,字幼发,号丞子,清初永嘉(今浙江温州市)人。廪生。性孝友,为人高迈不随时俗。有《泉村诗选》一卷。

西湖吟三十韵(录一)
陈公□

南向青松叶不凋,忠魂只在此逍遥。铸成奸桧无完体,十二金牌枉费招。(《楚诗纪》卷一八)

陈公□,字百是,清初邵阳(今湖南邵阳市)人。

岳武穆墓
朱国汉

森森宰木战英风,葛岭高坟夕照中。白马怒涛人共恨,黄龙痛饮事皆空。风波诏狱成三字,朔漠羁魂哭两宫。从此君王无远略,杭州可与汴州同。(《清诗别裁集》卷二八)

朱国汉,字为章,晚号独星居士,顺治初绥安(今福建建宁县)人。布衣。有《朱布衣诗钞》。

岳王墓
孙琮

宸翰铭忠字,熊旗出九重。湖声流战血,山势立军容。碣石封寒草,霜飙起暮松。墓门湖上月,终夜泣鱼龙。(《山晓阁诗》卷七)

栖霞岭
孙　琮

岭转栖霞石径危，岳坟古柏尽南枝。当年不下班师诏，会见黄龙痛饮时。（《山晓阁诗》卷一二）

孙琮，字执升，号寒巢，清初嘉善（今浙江嘉善县）人。诸生。有《山晓阁诗》。

谒岳忠武祠
赵智宏

南枕江流北面山，灵旗仿佛驻云湾。谁知矫诏金牌后，亦有孤祠草树间。百战却凭三字死，九泉犹望两宫还。天倾宋社无穷恨，瞻拜何人不泪潸。

少保军功岂未成，柴墟屯处迹分明。桥头驿路曾摧敌，村指官名尚记营。倚重南都存半壁，长驱朔漠震先声。只今入庙瞻遗像，风雨依稀铁马鸣。（《崇川诗集》卷九）

赵智宏，字文中，清初泰兴（今江苏泰兴市）人。岁贡生。

岳　坟
林向哲

遗庙题诗迹半凋，登舟买酒墓前浇。一杯难洒黄龙恨，千载长催白马潮。春雨鹧鸪加瑟瑟，南枝松柏自萧萧。况逢时节当寒食，常使冬青感未消。（《莆风清籁集》卷三八）

林向哲，字君十，清初莆田（今福建莆田市）人。顺治间诸生。有《既离子集》。

读旧史八首（录一）
章金牧

钱塘少保于公墓，更有前朝少保坟。百战封疆还旧服，一时社稷赖新

君。呼冤白日蛟龙怒,预祀青山虎豹群。涕泪词臣纪战绩,清风野店石将军。(《莱山诗集》卷五)

章金牧(? —1672),字云李,号莱山,清初归安(今浙江湖州市吴兴区)人。顺治时监生。官柏乡县知县。有《莱山诗集》。

凤凰山怀古(节录)
梁允植

朱仙桥头曾转战,风波亭前燐火现。矫诏班师白日昏,谁遣金牌十二面。(《藤坞诗集·七言古》)

岳武穆祠墓
梁允植

玛瑙坡边武穆祠,土人肖像凛须眉。孤臣未遂中原志,大厦空劳一木支。血泪千年沾俎豆,金牌五夜痛旌旗。只今老树犹南向,陇墓啾啾燕雀悲。(《藤坞诗集·七言律》)

满江红·拜岳鄂王墓敬和原韵
梁允植

电掣金戈,中原恨、荧荧肯歇。忆往哲、睢阳胥浦,未堪拟烈。陵隧几沉京洛草,偏安忍见吴山月。痛艰难、国步是何时,忧思切。　　青衣酒,阴山雪;陆海沸,东京灭。愤补天无石,皇图竟缺。壁垒朱仙悲鹤唳,风波犴狴啼鹃血。叹当时、矫诏有浮云,迷丹阙。(《词汇》)

梁允植,字承笃,号冶湄,清初真定(今河北正定县)人。顺治拔贡。官至福建延平府知府。有《藤坞诗集》《柳村词》。

拜武穆王庙
郭彭龄

每读忠良传,吾为武穆悲。身遭逸死日,功毁就成时。天意竟如此,人谋适中之。沙场存古庙,瞻拜泪双垂。(《国朝诗的·江南》卷一六)

郭彭龄，字商山，清初广陵（今江苏扬州市）人。曾官云南总督。

鄂王祠二首
沈雁汀

丰碑茂草鄂王祠，遗恨空追南渡时。杀父何妨还杀子，称臣犹幸未称儿。阴旗夜展松楸冷，石马寒嘶风雨悲。二帝已甘沙漠死，路人莫漫痛班师。

自从阃外卸戎衣，半壁河山永不归。未挈两宫还陛下，先加六字入阍扉。偏安似属君王便，和议休论丞相非。倚槛题词空怒发，黄龙痛饮愿终违。（《国朝诗的·浙江》卷二）

沈雁汀，清初乌程（今浙江湖州市吴兴区）人。

谒岳武穆墓
叶 丹

读史年来恨未酬，今从墓畔哭松楸。三千铁骑方摧敌，十二金牌已定谋。风木有枝羞北向，翠华无路可南投。孤忠莫怨当年事，元宋诸陵亦废丘。（《名家诗选》卷一）

叶丹，字秋林，清初江南歙县（今安徽歙县）人。有《二半山房存稿》。

岳 墓
释海岳

赵家南渡后，安稳赖斯人。夜月营门静，春风御帐新。艰难任社稷，生死毕君臣。赫濯忠魂在，登临一怆神。（《名家诗选》卷一）

释海岳，字中洲，清初江南丹徒（今江苏镇江市丹徒区）人。有《万山拜下堂诗》。

岳 墓
马四浩

夕阳湖上欲黄昏，蔓草荒烟认墓门。碧血九原终不泯，何劳酹酒慰忠魂。(《名家诗选》卷二)

马四浩，字徐若，清初江南祁门（今安徽祁门县）人。有《曾闻草》。

吊岳武穆
朱 嵩

古貌如生双冢存，君亲泪滴旧涕痕。渡河未雪青衣耻，归召先衔白日冤。万树悄风悲马鬣，一弯冷月照忠魂。九原正气依然在，柏尚南枝拱墓门。(《名家诗选》卷三)

朱嵩，字宗鸣，清初江南长洲（今江苏苏州市）人。有《东阁杂咏》《西泠偶笈》。

拟宗汝霖病中示岳鹏举二首
陈兆兰

马革尚可裹，战殇焉足哀。所嗟列圣仇，原庙生蒿莱。上书徒区区，乘舆那可回。河北既已陷，群儿从风靡。念此目眦裂，老病空百骸。匪复仗将军，将军行勖哉。

死者长已矣，生者宁徘徊。枕戈与尝胆，繄其他人为。君材信殊绝，阵图妙化裁。英雄不虚生，努力歼巨魁。上雪二圣耻，北护銮舆回。勿谓贼焰炽，鬼厉锋亦摧。行矣复何言，厉兵河之隈。(《甓湖联吟集》卷一)

陈兆兰，字香谷，号畹园，清初高邮（今江苏高邮市）人。举康熙十七年（1678）乡荐。与同邑陈桂、宋鸿儒、沈均、李贡、贾田祖、沈锜结为诗社，号"七子"，其诗乾隆十九年（1754）合刻为《甓湖联吟集》。兆兰有《湘颣集》。

汤阴拜岳武穆祠
释元璟

鞭梢悬落日，下马拜将军。和议有人主，难成盖代勋。珠宫生肃敬，香火昼氤氲。雷电光犹在，西山起怒云。(《完玉堂诗集》卷八)

西湖竹枝词
释元璟

鄂王祠上夕阳西，于公墓下杜鹃啼。莫话南征与北守，云消雨歇两峰齐。(《晚晴簃诗汇》卷一九六)

释元璟，字借山，又字红椒，号晚香老人，清初平湖（今浙江平湖市）人。浙江天童寺僧。有《完玉堂诗集》。

岳王祠
李文灿

荐苹一酹愍忠碑，坐念黄龙痛饮时。万里云沉迷朔漠，千年树老见南枝。书生易料中朝事，青史难平诏狱词。寒食攒陵风雨共，主臣曾否悔班师？(《岭南五朝诗选》卷七)

李文灿，字兴韬，清初顺德（今广东佛山市顺德区）人。贡生。有《天山草堂文集》。

岳忠武祠
张 濂

荡河来自西牟山，山回水激声潺潺。羑里城南古祠壮，中有英灵时往还。乌头绰楔纷绮互，鄂王名姓昭人寰。忆昔天水遘阳九，老狐蓬尾横当关。长城万里应手坏，空流战血车轮殷。中原一掷委荆棘，泥马天子何其孱。是谁铸像像谬丑，至今长跽埃尘间。雨淋日炙过客詈，掊击不动真厚颜。觚棱金碧庙门内，丰碑林立如朝班。崔巍高座者忠武，雄姿飒爽难跻攀。我见再拜缅遗事，颇恨未获锄邪奸。或云当兴晋阳甲，或云息机身就闲。讵知精忠贯日月，刺肤入骨痕成斑。功罪千秋有特笔，屹然铁案谁能删。朝廷要须辨白黑，安得借口知人难。兴亡百代宜鉴此，岂独一时惊庶顽。呜呼，岂独一时惊庶顽！（《二南遗音》卷三）

张濂，字印周，号莲塘，清初泾阳（今陕西泾阳县）人。拔贡。有《名山堂集》。

岳忠武
余凤衢

十载奇功一旦亡，裂衣示背亦堪伤。空留几上春秋传，尚有坟前草木芳。最怪书生先叩马，可怜父老哭焚香。中原虽未如君意，绰楔双悬拜鄂王。（《龙眠风雅》卷五十）

余凤衢，字振千，清初桐城（今安徽桐城市）人。诸生。与兄凤彩同日补博士弟子员，有平原二陆之誉。《龙眠风雅》录其诗十一首。

岳 庙
彭 蠡

唾手燕云表，殊非君相心。束身归大理，完节葬荒林。南国搜金尽，西湖纳垢深。从兹和议定，雪窖老徽钦。（《沅湘耆旧集》卷五九）

彭蠡，字秋水，号钝叟，清初溧阳（今江苏溧阳市）人。忤文网，避难入滇中。滇抚袁九叙与有旧，顺治末以军功荐官云南禄劝州知州。有《放余吟》。

岳王墓
计 善

栖霞岭畔古祠坛，萧飒英灵泪眼看。苹藻不追南渡恨，楸梧空倚北风寒。黄龙万里壶觞寂，碧血千年鼓角残。惟有西陵桥下水，自成呜咽向临安。（《柳洲诗集》卷八）

计善，字廉伯，清初嘉善（今浙江嘉善县）人。

百字令·钱塘怀古
计 敬

银江迢递,向崇墉环绕,碧峰万叠。千古兴亡同逝水,夕照乱流明灭。锦地莺花,画船箫鼓,空自夸豪侠。而今惟见,断云荒草残碣。　　可惜报国精忠,金牌十二,竟败垂成业。古庙空山聊酹酒,休问赵家宫阙。何处驱愁,西陵寂寞,谡谡飞黄叶。倦怀无那,孤山且玩梅月。(《清词综补》卷三)

计敬,字勖丹,清初嘉善(今浙江嘉善县)人。

谒岳武穆王庙
彭祯源

荒落湖山后,王灵愈赫然。十年功堕日,三字惨呼天。有国知当报,无身可自全。兴亡沿异代,瞻拜重留连。(《诗观三集》卷十)

彭祯源,清初溧阳(今江苏溧阳市)人。有《濑水彭氏诗存》。

岳 坟
释宗渭

宋家二帝蒙尘日,剩有孤臣血战深。自是金人宜破胆,何缘丞相亦寒心。狱成三字千秋恨,气结南枝一片阴。我似闲云本无著,不禁兴感在登临。(《芋香诗钞》卷三)

释宗渭,字筠士,又字绀池,号芥山,清初华亭(今上海市松江区)人。江南著名诗僧。有《芋香诗钞》刊于康熙四十三年(1704)。

岳武穆王墓
叶奕苞

漠漠寒云树拱南,岿然尺土似僧龛。一时愿赎身皆百,千古心伤字只三。石马不嘶埋宿莽,响泉如泪咽空潭。无由更吊冬青树,回首中原恨不

堪。(《经锄堂诗稿》卷四)

叶奕苞（1629—1686），字九来，一字凤雏，号二泉，别署群玉山樵，清昆山（今江苏昆山市）人。诸生。以文学名于清初。有《经锄堂集》。

咏史诗（录一）
赵士麟

汤阴愿尽忠，涅背肤里透。用兵不费粮，取资在巨寇。人识岳家军，痛饮功垂就。干城一旦毁，英魂留宇宙。(《读书堂彩衣全集》卷二五)

汤阴谒岳鄂王庙
赵士麟

挽弓三石复能文，伏腊犹传赛祀殷。志欲挥戈回汉日，心期传檄定燕云。黄龙未共诸君饮，青简终书第一勋。石马夜嘶灵旆动，居民犹见岳家军。(《读书堂彩衣全集》卷三十)

赵士麟（1629—1699），字麟伯，号玉峰，清河阳（今云南澄江县）人。康熙三年（1664）进士。官至浙江巡抚、江苏巡抚。《清史稿》有传。有《读书堂彩衣全集》。

奉吊鄂王二首
周邵孙

丈夫不为己争名，七尺存亡社稷盈。大节至今声藉甚，恐君犹是怨难平。

齐贤谪之古杭州，君立西湖最上头。后起只教于肃愍，一般芳冢对清流。(岳墓诗碑)

周邵孙，自称钱江（今浙江杭州市）人。诗作于康熙十二年（1673）冬。

《岳坟忠迹》选诗
墨浪子

赐旗既已识精忠,只合存留作股肱。何事风波亭子上,听谗全不念其功。杨幺负固在湖湘,只倚轮船莫敢当。腐草滞流行不得,飞来真个遇飞亡。一封书去废奸臣,尽羡玄机已入神。何事朝廷双耳内,绝无一计去谗人?金人远遁八千里,贼桧班师十二牌。若听岳家勤剿敌,中原岂更有风霾。(《西湖佳话》卷七)

《西湖佳话》的作者"西湖墨浪子",一题"古吴墨浪子",生平不详。书成于清康熙十二年(1673)。

岳忠武王墓
朱彝尊

宋室偏安日,真忘帝业艰。但愁诸将在,不计两宫还。鄂国英雄士,淮阴伯仲间。策名先部曲,薄伐自江关。赤县期全复,黄河渡几湾。龙庭生马角,雪窖视刀镮。城下盟何急,师中诏已颁。盈庭尊狱吏,囊木谢朝班。相狡妻兼煽,和成主愈孱。长城毁道济,大勇器成瘝。旧井银瓶失,高坟石虎间。铭功存版碣,铸像列神奸。旷世心犹感,经过泪独潸。传闻从父老,流恨满湖山。朔骑频来牧,南枝尚可攀。墓门人寂寞,江树鸟绵蛮。宿草经时绿,秋花满目斑。依然潭水月,终古照潺湲。(《清诗别裁集》卷一二)

朱彝尊(1629—1709),字锡鬯,号竹垞,清秀水(今浙江嘉兴市)人。康熙十八年(1679)以布衣入选博学鸿词科。授翰林检讨,与修《明史》。《清史稿》入《文苑传》。著述甚富,有《曝书亭集》。

岳 宅
金德嘉

焚黄入庙祠忠武,鄂姓犹存岳姓身。长跽中堂何许客,头颅铁铸大书秦。(《居业斋诗钞》卷一八)

史编杂识集（录一）
金德嘉

倡乐半闲堂，蟋蟀一战场。边事举朝默，文焕溃□阳。忠魂岳少保，宰木卫残疆。（《居业斋诗钞》卷一九）

金德嘉（1630—1707），字会公，号豫斋，清广济（今湖北武穴市）人。康熙二十一年（1682）会试第一。官翰林院编修。以疾归。有《居业斋文集》《居业斋别集》《续纂元明臣言行录》等。

和人岳王墓
屈大均

鄂王坟上哭南朝，声落钱唐作暮潮。鸥革有膏成碧玉，蜀镂无气上丹霄。松楸亦向黄龙指，风雨难将白马招。今日却思和议好，沙场不恨失嫖姚。（《翁山诗外》卷一〇）

泰州作二首（录一）
屈大均

垒土为山武穆功，湖波四面绕祠宫。伤心一代冬青树，叶叶枝枝是大忠。（《翁山诗外》卷一四）

屈大均（1630—1696），字翁山、介子，号莱圃，清番禺（今广东广州市番禺区）人。与陈恭尹、梁佩兰并称"岭南三大家"。后人辑有《翁山诗外》《翁山文外》《翁山易外》《广东新语》《四朝成仁录》，合称"屈沱五书"。

满庭芳·读岳武穆满江红词感赋
陆 莱

受命朱仙，衔冤三字，此恨地老天荒。人谁无死，愿死在沙场。未到黄龙痛饮，愁如海、精卫哀翔。临安市、鸱夷抉目，抱石汨罗江。　　思量。南渡后，将倾大厦，一木难当。想青能妒李，佞可欺杨。自古奸雄误国，多

成就、两字忠良。沉吟罢，纵重兴宋室，无过郭汾阳。(《雅坪词谱》)

　　陆葇（1630—1699），原名世枋，字次友、义山，号雅坪，清平湖（今浙江平湖市）人。康熙六年（1667）进士。后举博学鸿词，授编修。官至内阁学士兼礼部侍郎。有《雅坪集》。

临安吊古
刘文焴

中原回首战云黄，痛忆当年宋靖康。关塞谁人悲帝子，湖山终日醉平章。陈东北阙书三上，洪皓西风雁一行。毁尽朱仙旧壁垒，却教花鸟固金汤。(《诗观二集》卷一三)

　　刘文焴（1630—1686？），字雪舫，海州籍宛平（今属北京市）人。年十五，其家死甲申三月十九日难者四十二人，独文焴缢不死，转徙侨高邮。自著《殉难纪略》，又有《揽蕙堂偶存》。

岳武穆
李　柏

作赋招魂魂不返，题诗写恨恨尤深。江河地涌英雄血，日月天悬父子心。墨字元期宝鼎稳，金牌故蹙将星沉。古今痛惜孤臣死，一死谁知生到今。(《太白山人槲叶集》卷五)

　　李柏（1630—1701），字雪木，号太白山人，清郿县（今陕西眉县）人。明诸生。与李颙、李因笃并称为"关中三李"。明亡后，归隐家乡，终身不仕。有《太白山人槲叶集》。

西湖纪游（录一）
范光阳

岳王坟上草萋萋，戍垒年来散鸟啼。留得几枝南向木，深夜风雨吼山溪。(《双云堂诗稿》卷三)

　　范光阳（1630—1705），字国雯，号北山，清鄞县（今浙江宁波市鄞州区）人。康熙二十七年（1688）进士。官至福建延平府知府。有《双云堂诗稿》《双云堂文稿》。

西　湖
陈恭尹

山中麋鹿若为群，岭外双鱼杳不闻。贫甚独存冯客剑，雪深持向岳王坟。西湖歌舞春无价，南宋楼台暮有云。休恨议和奸相国，大江犹得百年分。(《独漉堂诗集》卷一)

西湖杂兴四首（录一）
陈恭尹

岳王犹有庙，宋帝更无宫。水夹层城丽，山盘万户雄。园陵深夜雨，松槚冷春风。无泪挥前代，吴燕在眼中。(《独漉堂诗集》卷一)

陈恭尹（1631—1700），字元孝，初号半峰，晚号独漉子、罗浮布衣，清顺德（今广东佛山市顺德区）人。著名抗清志士陈邦彦之子。与屈大均、梁佩兰同称岭南三大家。有《独漉堂诗集》《独漉堂文集》。

苏武慢·朱仙镇谒鄂忠武王庙
彭　桂

昨过汤阴，又辞梁苑，来到朱仙古镇。东京父老，南渡河山，当日抛残胡忍。今瞻庙貌，昔戴香盆，犹睹冲冠悲愤。怪何来、叩马书生，先与太师传信。　　最堪怜、君辱青衣，臣埋碧血，消得东窗半瞬。狱成三字，泪洒两宫，差杀靴中藏刃。一日金牌，千年铁像，桧罪犹轻于俊。把杯浆酹向，斜阳未了，黄龙遗恨。(《初蓉词》)

彭桂（1631—1684），原名椅，字上馨，一字爱琴，清溧阳（今江苏溧阳市）人。诸生。康熙十八年（1679）荐博学鸿词，以母疾辞不赴。有《初蓉阁集》等。

西陵咏古（录一）
方象瑛

双坟岳岳壮湖湄，断碣颓垣亦可思。却笑奸雄同不朽，太师金铸鄂王祠。（《健松斋集》卷二三）

朱仙镇
方象瑛

十二金牌答战勋，丰碑犹峙两河云。权臣当国忠臣死，汴水汤汤不可闻。（《健松斋续集》卷九）

方象瑛（1631—?），字渭仁，清遂安（今浙江淳安县）人。康熙六年（1667）进士。官至翰林院侍讲。有《健松斋诗文集》《封长白山记》《松窗笔乘》等。

谒岳忠武祠墓
徐嘉炎

漠漠黄沙际，英雄独叫旻。授书传武子，降岳得维申。志屈存今古，功高壮鬼神。戈鋋开柳塞，宫掖冷枫宸。复汉谁龙种，匡周只虎臣。衣冠遗老在，俎豆七陵陈。祖德余南渡，军威动北辰。魂归犹入汴，帝醉已无秦。谩讶天心变，俄顷国难频。画江堪痛哭，割地重酸辛。旧迹今何处，孤忠孰与伦。古坟连谷口，遗庙枕湖滨。苔径萦青竹，烟江散碧燐。层檐交鹳鹊，荒草卧麒麟。晚翠留残柏，寒烟覆乱苹。人传千载恨，客痛百年尘。风俗咨嗟久，闾阎涕泪新。吴云愁缥缈，楚社泣荆榛。赭垩他朝事，丹青异代人。几经潮不至，谁问月重轮。瞻拜惭簪笔，讴谣媿钓缗。有心何处是，秋水共沉沦。（《抱经斋诗集》卷一一）

徐嘉炎（1631—1703），字胜力，号华隐，清秀水（今浙江嘉兴市）人。康熙十八年（1679）召试博学鸿词科，授翰林院检讨。官至内阁学士，兼礼部侍郎。有《抱经斋诗集》。

渡西湖四首（录一）
叶舒颖

重开金碧闪灵旗，湖上千年忠武祠。望里松杉添种否，春风应发向南枝。（《叶学山先生诗稿》卷七）

叶舒颖（1631—1694），一作舒胤，字学山，清江南吴江（今江苏苏州市吴江区）人。顺治十四年（1657）副贡。有《叶学山先生诗稿》。

西湖十绝句（录一）
孙蕙

松拗南枝扫乱云，离离秋草鄂王坟。只今介马朱仙镇，风雨犹闻泣夜分。（《笠山诗选》卷五）

孙蕙（1632—1686），字树百，号泰岩，又号笠山。清淄川（今山东淄博市）人。顺治十八年（1661）进士。官至给事中。有《笠山诗选》。

过汤阴望岳武穆庙有感
魏裔讷

宗臣挺至性，遗庙在汤阴。恢复中原志，迎还二帝心。权奸沉鬼蜮，忠烈永椒馨。桂酒何时奠，凭鞍泪满襟。（《溯洄集》卷五）

魏裔讷，字观周，一字辩若，号蘧庵，清直隶柏乡（今河北柏乡县）人。顺治十八年（1661）进士。官江南桃源县知县。有《逸林居诗》。

朱仙镇谒岳鄂王祠
潘问奇

巍巍祠宇貌如生，古柏啼鸦满市清。三字有灵存宋史，六陵无树起秋声。行营不到黄龙府，死梦应寻五国城。漫道和戎非上策，只因羞见小朝廷。

英雄死后骨犹香，剩有灵均吊国殇。渊圣不曾归汉土，穆陵今已葬钱塘。三千铁骑都成血，十二金牌尽是霜。见说将军常下泪，靖康年号久凄

凉。(《拜鹃堂诗集》卷一)

潘问奇（1632—1695），字云程，又字云客，号雪帆，清钱塘（今浙江杭州市）人。明诸生。入清不仕。有《拜鹃堂诗集》。

满江红
吴农祥

赤手勤王，叹王气、江东消歇。拜祠宇、麒麟秋冢，感怀遗烈。匹马嘶残沙塞雨，横戈醉踏江城月。看空山、无树向南枝，真凄切。　　三字狱，何曾雪；十年梦，孤鸿灭。慨阴精沦没，蚀蟾蜍缺。铁券空坚儒将胆，金牌竟坠班师血。想英灵、不忍向人间，归丹阙。(《岳武穆年谱附遗迹考·临安第六》)

吴农祥（1632—1708），字庆百，号星叟，清钱塘（今浙江杭州市）人。博学工诗古文，尤精于易。与陈维崧、毛奇龄、吴任臣、王嗣槐、徐林鸿号"佳山堂六子"。著《萧台集》《梧园杂志》等多种。

满江红·和徐瞻野题朱仙镇用武穆王原韵
宋　俊

十二金牌，听四面、鼓鼙声歇。谁解问、周宣汉武，中兴遗烈。五国城边南望影，万松岭上星沉月。恨无端、叩马一书生，微言切。　　风波狱，何时歇；精忠志，何能灭。念臣心只愿，金瓯无缺。麻纸诏残乌贼水，花门箭洗黄河血。怪当年、被发祭山川，传伊阙。(《岸舫词》)

宋俊，字长白，号岸舫，一号柳亭，清山阴（今浙江绍兴市）人。与俞樾同为制府吴留村（吴兴祚，1632—1698）重客。有《岸舫词》《柳亭诗话》。

岳　坟
吴邦治

犹能赤手造艰危，半壁乾坤运更移。二帝若还三字定，孤臣应断九原悲。响疑铁骑风摧树，泣恨金牌雨打池。举目神州多少事，秋阴憔悴向南

枝。(《鹤关诗集·七言律诗》)

吴邦治，字允康，清歙县（今安徽歙县）人。生平不详。有《鹤关诗集》，前有康熙壬午（康熙四十一年，1702）序。

岳王坟
邱嘉穗

垒垒高冢枕湖滨，长恨黄龙志未伸。矫诏已排三字狱，班师可惜十年身。北征父子空填海，南渡君臣自帝秦。千古伤心坟上柏，枝枝犹发旧时春。(《东山草堂诗集》卷四)

邱嘉穗，字秀瑞，号实亭，清上杭（今福建上杭县）人。康熙四十一年（1702）举人。官归善知县。有《东山草堂诗集》。

岳武穆祠
恽格

禾黍金飙向古丘，孤臣战迹至今留。荒碑尚记南朝恨，蔓草翻深异代愁。赤岸日高沧海色，碧天云散大江流。千秋壮气消难尽，化作风涛遍十州。(《南田集》)

柴墟怀古
恽格

金牌旧恨泣鲛绡，江岸荒祠尚寂寥。自昔河山征战地，至今风雨鬼神朝。涛翻白马东来急，天接黄龙北望遥。极目寒烟凭吊处，长虹中夜出云霄。(《晚晴簃诗汇》卷三三)

恽格（1633—1690），字寿平，又字正叔，别号南田等，清武进（今江苏常州市武进区）人。精绘画，为"清初六家"之一。有《南田诗草》《瓯香馆集》《南田集》等。

岳忠武庙
周令树

高秋古庙阵云多，血战勤王事若何。扬蕝几年鸣铁骑，班师一夜吊铜驼。槛盘老树留清影，雨歇长河卷白波。痛饮黄龙成往事，碑阴苔满贺兰歌。(《百名家诗选》卷三四)

周令树(1633—?)，字计百，清延津(今河南延津县)人。顺治十二年(1655)进士。除江西赣州推官。遭诬陷，落职为民。平反后官至太原知府。寻因病归。后又补官，复遭诬陷，下狱论死。终得释。

过朱仙镇有感
毛师柱

威弧拓月惊天狼，金牌下殿何仓黄。安稳钱塘作天子，中原克复非中肠。早弃二帝死沙漠，肯息三字摧忠良。诏书绝幸许和约，乃知独断有乾纲。(《端峰诗选·七言古》)

朱仙镇拜岳武穆王庙
毛师柱

破竹真能复两京，十年功绩痛垂成。但知金币坚和议，忍使香盆聚哭声。手挽山河心未死，身骑箕尾气犹生。经过当年班师地，千古令人涕泪横。(《端峰诗选·七言律》)

首句《清诗别裁集》卷一五作"破竹真能复两京"。

毛师柱(1634—1711)，字亦史，号端峰，清太仓(今江苏太仓市)人。诸生。少从陆世仪研习程朱理学，究心时务。其诗早受知于吴伟业。有《端峰诗选》《端峰诗续选》。

谒岳忠武庙海陵
李 骐

荒台古木鄂王祠，断石残文宋代碑。铁骑三千驰报主，金牌十二哭班

师。丘墟故国当年恨,风雨中原此日悲。极目江山秋思切,危栏徙倚独吟诗。(《虬峰文集》卷八)

李骥(1634—1710),初字简子,号西骏,后以号为字,更号虬峰,清兴化(今江苏兴化市)人。与从叔沂和从弟国宋均以工诗称高士,时人号为"三李"。骥有《虬峰文集》,既卒,因诗成祸,乾隆时著作遭禁毁。

朱仙镇
孔贞瑄

强金师屡衄,武穆绩垂成。声震黄龙府,心悬五国城。金牌飞驿路,扣马恨书生。古镇遗碑在,千秋意不平。(《聊园诗略》卷一一)

读史臆断十六首·和战
孔贞瑄

武穆功高秦相挠,盈庭和战两嗷嘈。徽钦帝后皆为质,庸主何能作汉高。(《聊园续集》)

孔贞瑄(1634—?),字璧六,号聊园,清曲阜(今山东曲阜市)人。中顺治十八年(1661)会试副榜。由泰安学正升云南大姚知县。有《聊园全集》《聊园诗略》。

汤阴怀嵇岳二公
傅而师

吊古常怜嵇侍中,岳家遗恨正难穷。血沾玉辇埋霜草,泪洒金牌起夜风。破墓残碑云突兀,神钲瓦鼓月朦胧。二公去后何人继,汤水年年贯白虹。(《河南通志》卷七四)

傅而师(1635—1661),字左启,号霄嶂,清登封县(今河南登封市)人。顺治五年(1648)举人。有《枕烟庭诗集》。

谒岳武穆墓
高一麟

墓柏阴森泣夜风,谁从南渡识孤忠。金牌泪洒黄龙府,碧血云埋汗马功。秦伯焚舟惟死战,汉家误国在和戎。行人莫说余杭事,湖水年年尽向东。(《矩庵诗质》卷七)

高一麟(1635—1709),字玉书,号矩庵,清登封县(今河南登封市)人。岁贡。任登封县训导。曾在嵩阳书院讲学。著《理学标正》《闽游记事》《矩庵诗质》《矩庵文汇》《嵩阳考稿》等。

岳王坟
王 撼

呜呼宋祚衰,谁为挺生杰。惟王战河汴,故京克日拔。长驱捣黄龙,此志光日月。手诏趣班师,中原遂沦没。大功偾垂成,神人怒岂泄。哀哉三字狱,千古为饮泣。贼桧罪实深,高宗计亦失。乃知宋君臣,恢复非所悦。因思晋室东,蛇豕曾奔突。狼狈至靖康,降灾较尤烈。天道渺难知,后先慨同辙。祠庙枕湖渍,朱甍焕白日。墓门气萧森,载拜瞻古碣。何处哭冬青,诸陵俱泯灭。永怀金佗编,俯仰添凄咽。泪尽向南枝,悲风暝途发。(《芦中集》卷五)

王撼(1635—1699),字虹友,号汲园,清太仓州(今江苏太仓市)人。王抃之弟。为"太仓十子"之一。师事父执钱谦益、吴伟业,诗文益进。有《步檐集》《芦中集》。

谒岳鄂王墓
陶孚尹

可惜江山一浪鸥,自从南渡最风流。将军碧血浇荒草,天子吟诗倚翠楼。高宗题诗妓楼,有"重扶残醉看西湖"之句。三字模糊亡大宋,十年心血费中州。生平忠孝多遗恨,独对孤坟泪不收。(《欣然堂集》卷二)

陶孚尹(1635—1709),字诞仙,清江阴(今江苏江阴市)人。贡生。

官桐城县训导。有《欣然堂集》。

水调歌头
阎兴邦

策马周流社，人指鄂王宫。参天树色安在？云淡草连空。回想昔时神武，父子疆场戮力，血染战袍红。一自甘和议，百计害孤忠。　莫须有，三字狱，曲如弓。汤阴城外苦雨，岁岁泣英雄。谁料年逾二百，故里重为立庙，遥对大梁东。试看双桥下，流水意何穷。（《河南通志》卷七四）

阎兴邦（1635—1698），字涛仲，号梅公，清宣化（今河北张家口市宣化区）人。康熙二年（1663）中举。官至河南巡抚、贵州巡抚，赠一品光禄大夫。有《冰玉堂集》。

水调歌头
黄　兰

曾谒栖霞岭，载拜汴梁宫。当年多少悲感，咄咄只书空。今日又过河北，故里间寻旧迹，一阕满江红。慷慨临岐赋，千古见怀忠。　班师去，余痛在，抱遗弓。不堪重问，冤屈杀盖世英雄。庙迩周文俎豆，社指侍中华表，照耀各西东。回首夕阳里，惨淡思何穷。（《乾隆汤阴县志》卷三）

黄兰，清钱塘（今浙江杭州市）人。余不详。《乾隆汤阴县志》录其诗词四首。

满江红·鄂王坟次原韵
江　阎

旷代忠灵，西风里、岂真消歇。虽则剩、空山荒土，难埋忠烈。万事伤心南渡日，千秋引痛西湖月。任蕲王、舌敝卒收君，堪悲切。　这腔恨，何从雪；河未渡，身先灭。羡一门父子，纲常无缺。青史长新肩背字，丹心空照头颅血。只而今、墓棘半萧条，犹朝阙。（《江辰六文集》卷一四）

此词《春芜词》卷下作者为越阎（江阎又名），词句略有出入。

江阎，榜姓越，字辰六，清歙县（今安徽歙县）人，贵阳（今贵州贵阳市）籍。康熙二年（1663）举人。迁解州知州。拟擢员外郎，未上卒。有《河汾集》《春芜词》。

西湖竹枝词八首（录一）
徐 釚

举头偷见月团团，菱叶荷花不耐寒。行人只解岳坟去，蟋蟀秋风一半闲。（《南州草堂集》卷五）

岳鄂王墓
徐 釚

回首湖流隐画桡，岳王坟上草萧萧。频年羌篴吹孤月，尽日垂杨锁六桥。石马夜嘶荒殿雨，水犀春涨浙江潮。登临休问前朝事，只有南枝恨未消。（《南州草堂集》卷五）

徐釚（1636—1708），字电发，号虹亭、鞠庄、拙存，晚号枫江渔父，清吴江（今江苏苏州市吴江区）人。康熙十八年（1679）召试博学鸿词，授翰林院检讨，入史馆纂修《明史》。有《词苑丛谈》《南州草堂集》《本事诗》《菊庄词》等。

岳忠武祠
赵 俞

桧树枝生宋祚微，将军那许总戎机。出师累捷身应死，与敌同仇事已非。脱帻收时光焰动，属镂赐后怒涛飞。孤忠愿抱千秋恨，不共蕲王早见几。（《清诗别裁集》卷一六）

赵俞（1636—1713），字文饶，号蒙泉，清嘉定（今上海市嘉定区）人。康熙二十七年（1688）进士。官山东定陶知县。在任五年，以病告归。有《绀寒亭诗集》《绀寒亭文集》。

忠　泉
李　铎

维王之神，如水在地。于兹墓侧，有泉清沸。苾芬甘洁，泠然西注。亦名曰忠，赫濯奕祀。（岳墓忠泉碑）

李铎，清奉天铁岭（今辽宁铁岭市）人。荫生。康熙二十八年（1689）时任绍兴知府。

岳　坟
许志进

忍说千年俎豆香，空留祠墓阅兴亡。冬青一树啼山鬼，多少游人拜鄂王。（《谨斋诗稿》）

许志进，字念中，号谨斋，清山阳（今江苏淮安市）人。康熙三十年（1691）进士。官至礼科给事中。有《谨斋诗稿》。

满江红·拜岳鄂王墓用原韵
狄　亿

武穆茔边，文人笔、千秋未歇。凭吊处、英风浩气，于今为烈。云影昼飞天半雨，松涛夜吼城头月。问当年、报国更何人，同心切。　　二圣耻，终难雪；三字案，终难灭。叹黄龙垂到，朱仙功阙。汴水未回神主驾，湖山早溅英雄血。听潮声、日夜卷钱塘，心悬阙。（《名家词钞·绮霞词》）

狄亿，字立人，号向涛、洮湖渔子，清溧阳（今江苏溧阳市）人。康熙三十年（1691）进士。改庶吉士。有《洮湖渔子集》《秀野堂诗》《绮霞词》等。

题岳忠武墓壁
释大汕

不是金牌十二催，如何解得敌军来。须教父子三人死，始免乾坤二帝回。云出南枝终古气，烟霾北阙乱山哀。千秋惟有西湖月，长与忠魂照夜

台。(《离六堂诗集》卷八)

释大汕(1636—1705),字石濂,又字石运,号厂翁,俗姓徐,清岭南(今广东)人。清初著名高僧。有《离六堂集》。

岳 坟
陆次云

贼臣和议善逢君,忽下金牌散阵云。一将死生关二帝,两朝胜负系三军。城头万里山河缺,斧划长江南北分。欲识尽忠心未已,但看高树绕孤坟。(《澄江集·七言律诗》)

陆次云(1636?—?),字云士,号北墅,清钱塘(今浙江杭州市)人。康熙初以拔贡生入国子监。官江阴知县。有《澄江集》。

岳王坟
陈玉璂

日落明湖一棹开,抠衣先上岳坟来。忽教涕泪沾华表,未许笙歌彻夜台。断碣字含青史恨,诸峰烟锁白云哀。当年宫树烧燔尽,独有南枝首尚回。(《学文堂集·七言律》卷二)

陈玉璂(1636—?),字赓明,号椒峰,又号夫椒山人,清武进(今江苏常州市武进区)人。康熙六年(1667)进士。授内阁中书。有《学文堂集》。

岳 飞
葛震

岳飞列校,起自征尘。生有神力,力学家贫。挽弩八石,弓三百斤。虽好野战,每多斩擒。运用之妙,存乎一心。军号岳家,敌不敢侵。八日破贼,爰靖湖氛。矢志中原,唾手燕云。乃遭秦桧,和议纷更。金牌十二,日至不停。事莫须有,疑狱牢成。子云张宪,同为所坑。呜呼冤哉,天道何凭。权臣在内,将外何能。身且不保,而况成功。当时先见,叩马书生。(《诗史》卷十)

南渡诸将
葛 震

南渡诸将，张韩刘岳。同时并称，似无美恶。夷考其行，殊失扬摧。俊成秦桧，狱成岳飞。狐悲兔死，心何忍违。刘虽勤王，师律不修。乞封三妾，君子所羞。方之韩岳，波声下流。（《诗史》卷十）

葛震（1636—1692），字甫之，号星岩，清江南句容（今江苏句容市）人。著《诗史》，另有《种松堂文集》等数种。

拜岳鄂王墓下二首
邵长蘅

古庙精灵在，栖霞落照中。黄龙竟遗恨，石马尚嘶风。诏狱成三字，羁魂泣两宫。贺兰谁踏破，洒泪满江红。

马角怜渊圣，龟兹足绍兴。君王无远略，大将亦何能。入夜灵旗闪，屯云古木层。年年坟畔水，呜咽绕西陵。（《西湖志》卷一五）

邵长蘅（1637—1704），一名衡，字子湘，自号青门山人，清武进（今江苏常州市武进区）人。诸生。以诗古文雄，又潜心经学。有《青门麓稿》《青门旅稿》《青门剩稿》等。

朱仙镇庙
周斯盛

鄂王壁垒俨青霄，祠庙威仪未寂寥。壮志峥嵘百战在，忠魂哀怨二宫遥。秋风河汴金汤改，古镇松□棨戟高。惆怅班师空怒发，冯阑健笔动星杓。

熊虎如山势建瓴，都城咫尺拔王廷。立功谁使书生料，报国翻罹大将刑。北极可怜摧艮岳，南枝何处护冬青。年年父老操羊豕，仿佛壶浆铁马停。（《证山堂集》卷六）

周斯盛（1637—?），字屺公，一字铁珊，学者称证山先生，清鄞县（今浙江宁波市鄞州区）人。顺治十八年（1661）进士。官山东即墨知县。

有《证山堂集》。

鄞西竹枝词
万斯同

宋室奸人骨一抔,游人唾骂几时休。恨无长剑开荒冢,截取枯骨献岳侯。(《石园文集》卷二)

万斯同(1638—1702),字季野,号石园,学者称石园先生,清鄞县(今浙江宁波市鄞州区)人。明末受学黄宗羲。博通诸史,尤精明史。后以布衣参史事,不署衔,不受俸。《清史稿》入《文苑传》。有《石园文集》《历代史表》《纪元汇考》《宋季忠义录》等。

岳 坟
吴祖修

樵苏百辈恼山灵,鄂国坟边草已青。何似越江龙蜕后,冬青树下两函经。(《柳塘诗集》卷五)

吴祖修(1638—1694),字慎思,号柳塘,清吴江(今江苏苏州市吴江区)人。有《柳塘诗集》。

杭 州
方中发

西子湖开拥翠屏,繁华一代小朝廷。吴山竟立天骄马,潮水难邀海若灵。堂冷秋风吟蟋蟀,陵残寒雨泣冬青。伤心武穆祠前柏,终古无枝向北庭。(《白鹿山房诗集》卷十)

方中发(1639—1731),字有怀,号遁叟,清桐城(今安徽桐城市)人。著名学者方以智从子。十岁而孤,幼承家学,以诗名,终生未仕。有《白鹿山房诗集》。

岳武穆王祠墓四首
汪懋麟

结发威名镇北边，百年遗痛在朱仙。两宫魂魄虚回辇，一德君臣实格天。塞上已催金甲解，军中从令绣旆悬。湖山半壁饶清暇，不用黄龙战血溅。

岳家兵执自冯陵，指顾河山奏中兴。正与诸军期痛饮，岂知百战阻先登。谁教鹏辈楮梧甚，谓于鹏、孙革等。却购雕儿告讦能。最恨狱成齐进秩，更将余怒杀刘升。

到此何人不泪垂，野棠华覆墓前碑。一门伏剑金人贺，三字酬勋圣主私。白日南风吹草木，黄昏北雪见旌旂。赵即自是忘仇敌，何用哓哓骂会之。

战守纷纷策半空，君王和议铸胸中。蕲王已罢醴泉观，少保何辞万寿宫。携酒跨驴真得计，牵牛载糗竟何功。杜门若向西湖老，明哲应如福国公。（《百尺梧桐阁集》卷一六）

汪懋麟（1639—1688），字季用，号蛟门，清江都（今江苏扬州市江都区）人。康熙六年（1667）进士。官至刑部主事。入史馆与修《明史》。有《百尺梧桐阁集》。

满江红·武穆王墓
王度

绿惨红愁，酹絮酒、西泠杯水。羡墓木、梭梭南向，树犹如此。十二金牌三字狱，一门玉碎何曾死。只两宫、翠辇几时回，蒙尘矣。　　朱仙镇，悲风起；黄龙塞，惊沙酹。想岳家旗帜，凛然生气。南渡园陵皆蔓草，行人尽快分尸桧。看纷纷、顽铁苦鞭笞，无聊耳。（《书连屋词》）

王度，字式如，号香山，清高邮（今江苏高邮市）人。康熙八年（1669）举人。终官兵部车驾司郎中。有《书连屋词》。

岳王祠
姚士堂

　　苔碑剥残碣，古屋带白云。言是少保祠，踟蹰野日曛。当年奋英略，意无塞马群。黄龙一樽酒，谈笑收功勋。一朝宋社屋，金牌下其军。哀哉两河间，杀戮何纷纷。(《龙眠风雅续集》卷二三)

　　姚士堂，字佩若，号敬斋，清桐城（今安徽桐城市）人。康熙八年（1669）举人。官中书舍人，任武功馆纂修。卒于官。著有《云怡阁诗文集》。

人日湖行次孙薜萝韵六首（录一）
钱　廉

　　春游箫鼓竞兰桡，问古吾怀第一桥。风雨难忘千载恨，鄂王坟上倍潇潇。(《东庐遗稿》)

西泠桥拜岳墓
钱　廉

　　岁暮冲风走六桥，白杨新冢拜萧萧。梦中蕉鹿人间境，不用人前叹弊貂。

　　十年朝暮昔相随，患难穷愁赖母知。劫火一烧凡瘴尽，白头青冢两无亏。(《东庐遗稿》)

　　钱廉（1640—1698），字稚廉，号东庐，清鄞县（今浙江宁波市鄞州区）人。读书不事科名。有《东庐遗稿》一卷。

朱仙镇
孙　诠

　　地剩千年迹，依然气象雄。人稠渔火集，岸阔市桥通。古庙春云外，邻歌夜雨中。选船从此去，坐饱一帆风。(《担峰诗》卷一)

岳庙和赵松雪韵
孙 洤

栖霞岭畔望迷离，遗像苍凉栋宇危。接冢阴风闻叹息，绕廊夜月闪旌旗。巢焚尚听群枭集，厦倒不留一木支。金宋已同驹隙过，到今冤愤使人悲。(《担峰诗》卷二)

孙洤（1640—1700），字静紫，号担峰，清保定府容城县（今河北容城县）人。康熙二十一年（1682）进士。官内阁中书。有《四书醒义》《担峰诗》《担峰文集》等。

谒鄂王父子墓
颜建勋

风波亭上竟何因，十二金牌恨未伸。千载孤忠推父子，万年大义重君臣。魂依南渡山河渺，墓枕西湖庙貌新。更有松枝无北向，令人瞻拜泪沾巾。(《岭南五朝诗选》卷九)

颜建勋，字尚仁，一字紫岩，清南海（今广东佛山市南海区）人。领康熙二十年（1681）乡荐。有《自怡草》。

岳倦翁谢改国史
李光地

先臣诚好勇，殉国昧知几。匡复亲承诏，精忠独建旗。虽张难与并，自桧更何讥。异惨当朝泣，深冤列圣唏。九原纾勃郁，五岭返羁靰。日历湔虚影，春秋炳白晖。名存身不死，功隳节还巍。茕子安能报，中兴仰帝畿。(《榕村集》卷三六)

李光地（1642—1718），字晋卿，号厚庵，别号榕村，清泉州（今福建泉州市）人。康熙九年（1670）进士。官至文渊阁大学士兼吏部尚书。谥文贞，赠太子太傅。《清史稿》有传。有《榕村集》。

咏史五首（录一）
叶映榴

花门别部骑如云，饮马西湖落日曛。绿酒自浇苏小墓，青碑却碎鄂王坟。千村燕垒荒林见，八月潮声午梦闻。天使无诸真授首，酬功可及李将军？（《叶忠节公遗集》卷九）

阙　题
叶映榴

天意终亡宋，公生与桧逢。有心归二帝，无计悟高宗。莲幕阴持议，龙沙自举烽。切齿三字里，碧血淬芙蓉。

百战英雄骨，东窗笑语中。绣旗恩未断，丸蜡间先通。铁像行人砾，王封史笔公。我来瞻庙貌，洒泪拜孤忠。（《岳武穆年谱附遗迹考·临安第六》）

叶映榴（1642—1688），字炳霞，号苍岩，清上海县（今上海市闵行区）人。顺治十八年（1661）进士。官至湖广布政司参议。遇兵叛死难。谥忠节。《清史稿》有传。有《叶忠节公遗集》。

汤阴谒岳忠武庙
王顼龄

巍祠崇故里，俎豆古今同。难酷周西伯，风高嵇侍中。千秋留义愤，三字杀精忠。瞻拜松阴下，看碑泪眼红。（《世恩堂诗集》卷一一）

岳祠见叶忠节壁间题句
王顼龄

读罢庭前碣，还吟壁上诗。古今堪继武，忠义是相知。涅背勤王日，衔须骂贼时。南枝千载恨，宿草更增悲。忠节为余素交，骂贼死节今已七载矣。（《世恩堂诗集》卷一一）

观庙碑有感
王顼龄

昔年到湖上,下马拜王坟。今来汤阴里,祠宇插青云。碑版照今古,伏腊肃苾芬。曰惟忠与孝,此义孰不闻。何为天壤间,寥寥今古分。公生赵宋季,素志迥不群。报国仗大义,杀贼裹战裙。号令明且肃,荆鄂效忠勤。矢愿复中原,怒目切牙龈。敌人闻丧胆,难撼岳家军。高宗忘父仇,馯桧又逢君。金牌十二召,不得成大勋。吁嗟三字狱,锻炼无明文。父子并冤死,千古气郁煜。是非垂竹帛,忠邪如莸薰。杀身以成仁,芳名炳高雯。(《世恩堂诗集》卷一一)

王顼龄(1642—1725),字颛士,号瑁湖,晚号松乔老人,清华亭(今上海市松江区)人。康熙十五年(1676)进士。官至大学士。谥文恭。《清史稿》有传。有《世恩堂诗集》。

岳王坟
王原祁

天意分南北,君心倚寇仇。十年隤一旦,三字恨千秋。谷响军声动,湖明战气浮。燕云收未得,汴水泪同流。(《娄东诗派》卷一六)

王原祁(1642—1715),字茂京,号麓台,清太仓(今江苏太仓市)人。康熙九年(1670)进士。官至户部侍郎。为清初"四王"之一。善画,长期供奉内廷。有《罨画集》。

岳忠武庙
卢锡晋

五百年来战血干,庙中香火不曾寒。人心自古多遗直,长使贼臣唾满冠。

富贵荣华事已虚,千秋恶绩未消除。忠臣可杀名虽灭,有势谁禁死后书。(《尚志馆文述》卷七)

卢锡晋(1642—?),字子弓,清单县(今山东单县)人。康熙二十七年（1688）进士。官至正定府知府。有《尚志馆集》。

岳坟怀古
王 掞

何处哭英雄，荒村惨淡中。魂归汴京路，地失宋朝宫。猿啸空山月，鸥号古木风。笑他和议者，曾不为藏弓。（《岳飞墓诗选》）

王掞（shàn）（1644—1728），字藻儒，一作藻如，号颛庵、西田主人，清太仓（今江苏太仓市）人。明首辅王锡爵曾孙。康熙九年（1670）进士。官至文渊阁大学士。后谪戍释归，以原职休致还籍。《清史稿》有传。有《西田集》。

岳武穆王墓
洪 昇

老树残碑风露寒，忠魂千载照湖干。汾阳大略垂成易，诸葛雄心欲遂难。共恨相公终误国，谁知天子乐偏安。两宫未返身先死，泪洒中原血肯干。（《稗村集》）

洪昇（1645—1704），字昉思，号稗畦，一作稗村，又号南屏樵者，清钱塘（今浙江杭州市）人。国子生。因所作《长生殿传奇》于国恤中演出，被斥革。道经吴兴浔溪，醉后失足堕水死。有《稗村集》。

岳武穆王墓
张奕光

丸腊封书谗怨深，返家无日是徽钦。残碑痛骨埋青草，死狱沉冤负赤心。看北夜魂忠凛凛，向南枝树柏森森。奸臣一恨空瞻拜，立庙遗芳垂古今。（《回文集》）

张奕光，字东亭，又字兰佩，清钱塘（今浙江杭州市）人。尝与洪昇唱酬，有《回文集》，又有题《长生殿》诗。

汤阴谒岳忠武故里庙像
彭定求

忠武乡闾驻辙过,柏阴森列更摩挲。辞家壮志凭孤剑,报国先声震两河。北窨攀髯魂正远,西陵埋骨泪便多。天倾宋社殊难问,可奈乾坤洪洞何。(《清诗别裁集》卷十)

《乾隆彰德府志》卷二九诗题为《汤阴谒岳忠武庙》,作者为许三礼。

彭定求(1645—1719),字勤止,一字南畇,号咏真山人、守纲道人,清长洲(今江苏苏州市)人。康熙十五年(1676)会试、廷对皆第一。官至翰林院侍讲,充日讲起居注官。有《阳明释毁录》《儒门法语》《南畇文集》等。

西湖杂咏十二首(录一)
王鸿绪

华表巍峨镇水湄,青山长绕岳王祠。赵家陵墓今何在,春草凄迷人不知。(《横云山人集》卷二一)

王鸿绪(1645—1728),原名王度心,字季友,号俨斋,又号横云山人,清华亭(今上海市松江区)人。康熙十二年(1673)廷试一甲第二名进士。官至户部尚书。《清史稿》有传。有《横云山人集》《赐金园文集》《史例议》。另有医著《王鸿绪外科》等。

朱仙镇岳庙
潘耒

百战功成破竹时,收京无诏诏班师。朝廷久已捐中土,豪杰徒然奋义旗。洒血忠魂应庙食,荐馨父老尚歌思。八陵寂寞无椒醑,一树冬青更可悲。(《遂初堂诗集》卷一四)

汤阴县岳庙
潘 耒

金人畏岳相人知,恨杀金牌返辔时。此日壶浆拜祠庙,还如夹道看旌旗。(《遂初堂诗集》卷一四)

潘耒(1645—1708),字次耕,又字稼堂,晚号止止居士,清吴江(今江苏苏州市吴江区)人。师事顾炎武,博通经史、历算、音韵诸学。康熙十八年(1679)召试博学鸿词,授检讨,参修《明史》。《清史稿》入《文苑传》。有《遂初堂诗集》《遂初堂文集》。

嵇侍中碑岳武穆祠和壁间韵
王 岱

残碑苍藓字朦胧,嵇岳遗踪恨不穷。俎豆青燐谁血食,松楸白昼起悲风。金牌不挫勤王气,碧血常悬贯日虹。时有英雄无托足,高歌泪洒夕阳中。(《了庵诗集》卷一一)

王岱(?—1686),字山长,清湘潭(今湖南湘潭市)人。崇祯十二年(1639)举人。入清,官澄海知县。康熙十八年(1679),荐举博学鸿词。有《了庵诗集》《且园近诗》《浮槎溪上草堂》等。

岳武穆王墓
王式丹

到今冤愤塞苍穹,回望南枝涕泪中。命尽一门溅战血,魂归五国咽精忠。乱山影抱珊弓月,老木声喧铁马风。赢得千年瞻庙貌,罘罳香雾结高空。(《楼邨诗集》卷八)

王式丹(1645—1718),字方若,号楼邨,清宝应(今江苏宝应县)人。康熙四十二年(1703)进士第一。官翰林院修撰。有《楼邨诗集》《四书直音》。

苏堤口号
沈受宏

六桥遥带两峰孤,烟水茫茫旧宋都。一向岳王坟上拜,回头不忍见西湖。(《清诗别裁集》卷二十)

沈受宏(1645—1722),字台臣,号白溇,清太仓(今江苏太仓市)人。岁贡生。有《白溇文集》。

西湖闲咏
张昊

何处佳人貌出群,海棠娇映石榴裙。几回羞向旁人问,那个山头是岳坟。(《杭州景区诗词》)

张昊(1645—1669),女,字玉琴,号槎云,清钱塘(今浙江杭州市)人。举人义坛女,诸生胡大溁室。有《趋庭咏》《琴楼合稿》。

修岳鄂王庙
顾汧

宋室规模落照间,麾戈独挽旧江山。不辞父子同时死,只为君臣大义关。壁暗龙蛇虚古貌,堂空剑佩失忠颜。重公故里新祠庙,一曲悲歌浩气还。(《凤池园诗集》卷五)

董漕北行过荡阴里瞻拜鄂王祠下作
顾汧

中州人物溯雄筹,立马汤源问古丘。上将精忠高一代,名祠锦里重千秋。灵旗旧指风云暗,画桷新看日月浮。南望故宫陵阙杳,至今遗恨汴河流。(《凤池园诗集》卷五)

顾汧(1646—1712),字伊在,清长洲(今江苏苏州市)人。天朗子。少勤学能文。康熙十二年(1673)进士。曾特命巡抚河南。后补四译馆太常少卿,历迁宗人府丞。有《凤池园诗集》。

邺中咏怀古迹十五首（录一）
王 戬

匹马秋原过汤阴，鄂王故里肃人心。曾瞻庙貌朱仙镇，碑上诗词百遍吟。（《突星阁诗钞》卷三）

岳鄂王墓
王 戬

天道终难问，臣心死不移。两宫长渺渺，高冢郁累累。望绝黄龙饮，应来大鸟悲。湖边一片月，只照向南枝。（《突星阁诗钞》卷一一）

王戬（1646—1717），字孟谷，清汉阳（今湖北武汉市汉阳区）人。康熙十七年（1708）副贡生。六十七岁时，以布衣之身被推举为康熙帝顾问，以腿疾辞。有《突星阁诗钞》。

三忠祠
吞 珠

萋萋河畔草，黯黯城头日。居民莽牢落，荒祠迥独出。螵蛸胃户青，贔屃绣苔碧。往尝读遗传，三公事如一。茅庐三顾恩，鞠躬许汉室。凛凛《出师表》，经纶邈无匹。西风五丈原，呕血千秋泣。何知广汉儿，曲笔肆评骘。宋赵当南迁，国势已潜圻。志在抵黄龙，痛为奸桧抑。金牌销壮心，功成旋复失。吁嗟文文山，艰危存社稷。一蹶兴国军，再踬五坡役。被执抗不回，从容成大节。砥柱障狂澜，汗青耿赫奕。正气天壤间，三峰高崒崒。我来瞻庙貌，慷慨仰前哲。河水流汤汤，秋风鸣瑟瑟。鄙彼二心臣，经过应战栗。（《晚晴簃诗汇》卷一三一）

吞珠（？—1718），字拙斋，晚号髯翁。清太祖努尔哈赤第七子饶余郡王阿巴泰之孙，温良贝子彰泰第三子。袭镇国公，官至礼部尚书。赠贝子，谥恪敏。有《花屿读书堂小稿》。

谒岳武穆墓
沈朝初

大将功高自古危，如君一死更堪悲。黄龙未雪金戈恨，石马空怜碧草滋。灵魄千秋凭墓柏，忠心百战壮军旗。荒丘多少英雄泪，犹是伤心南渡时。(《不遮山阁诗钞》)

沈朝初（1649—1702），字洪生，号东田，清长洲（今江苏苏州市）人。康熙十八年（1679）进士。官至侍读学士。有《不遮山阁诗钞》《不遮山阁诗余》。

拜岳王墓
黄中坚

宋室全盛时，武功本不振。靖康建炎间，百战挺英俊。桓桓岳少保，声绩犹远震。善以少击众，所至则迎刃。郾城既大捷，进军朱仙镇。金人望风靡，两河争归顺。直抵黄龙府，功成在转瞬。岂期班师诏，频烦下军中。万民拥马首，哭声彻苍穹。少时喜读史，至此泪纵横。狱成莫须有，千古生悲风。平生景仰意，欲一吊墓封。今日愿始遂，再拜瞻遗容。白皙年正富，摧折何太酷。冕旒而垂绅，英风宛在目。全家光俎豆，启忠特尸祝。缅想刺背时，昭报理应笃。牛张两将军，雷南追芳躅。更有施烈士，忠魂共表暴。贤思竞朝谒，欣慨交相属。当时贼桧辈，铸铁婴众戮。我欲更铸之，重使受折辱。荣辱王岂论，人心自感触。惟王忠孝节，炳耀乾坤轴。时代已递更，生气蔼清淑。湖水碧于蓝，高峰净如沐。山高与水长，庙祀无绝续。(《蓄斋集》卷一六)

黄中坚（1649—1719），字震孙，号蓄斋，清吴县（今江苏苏州市）人。岁贡生。以古文名。有《蓄斋集》《蓄斋二集》。

拜岳忠武王墓
黄鹫来

遗恨黄龙未著鞭，北庭无泪洒冰天。生憎魏绛谋为俑，死叹胡铨疏独传。汴水不缘催返旆，冬青何用更名篇。土膏难散千年碧，犹长南枝向阙前。

客路经过汾晋日，壁中默记满江词。余过汾州邸舍，见壁中书满江红词，默记成诵，久之，始知为王作。将军武库惊兹是，文士毛锥徒尔为。孤冢祁连余想象，五城车驾失还期。潺湲十里西湖水，如对遗民痛哭时。（《友鸥堂集》卷四）

黄鹫来（1649—?），字叔威，清闽县（今福建福州市）人。少时即文名籍甚，后因乡闱不售，遂弃去制科，浪游四方，足迹半天下。有《友鸥堂集》。

汤阴岳庙三首
吕履恒

春风何惨淡，古堞飞花空。日落汤阴里，鬼哭鄂王宫。天王未雪耻，臣罪安所容。忠魂从二帝，万里龙沙中。

烝民有恒性，好恶不可假。庙前五金人，瓦砾过交打。老死床蓐间，支解粪壤下。人心有斧钺，君相何为者。

江南有中主，中原尚可得。康王利大宝，因资于其敌。不愿二龙归，故铩鹏举翮。贼桧识其微，金牌始敦迫。将不受君命，何以正反侧。怡然就犴狴，王诚知顺逆。徒令百世下，志士为沾臆。（《梦月岩诗集》卷三）

朱仙镇岳忠武王庙
吕履恒

河水东偏少保祠，松风秋怒浪痕吹。君臣江左偏安日，父子中原百战时。金字忽颁南下诏，黄龙无复北征师。十年经略归休晚，输却蕲王酒一卮。（《梦月岩诗集》卷一四）

岳王坟
吕履恒

鄂王忠孝存今古，荒冢凄凉拜藓苔。风雨常吹旗北向，湖山遗恨诏南

来。宋宗有志宁忘战，张相何心亦忌才。惟有临安诸父老，岁时苹藻尚衔哀。(《梦月岩诗集》卷一五)

岳少保先茔
吕履恒

梓里犹传儒将名，千秋忠孝见佳城。忍教故垄睽南渡，思妥先灵奋北征。古隧修除金小吏，残碑纪载宋诸生。只今风木悲寒夜，巩洛园陵月共明。(《梦月岩诗集》卷一六)

吕履恒（1650—1719），字元素，号坦庵，清新安（今河南新安县）人。康熙三十三年（1694）进士。官至户部侍郎。有《梦月岩诗集》。

岳忠武墓
王德璘

南枝飒飒起悲风，石马无声冷露中。戮力十年劳父子，班师千载泣英雄。旌旗影断黄龙月，笳鼓声哀北塞鸿。恢复不成和议定，墓碑泪洒满江红。(《武林掌故丛编》第十九集《钱塘怀古诗》)

王德璘，字文白，清初上虞（今浙江上虞市）人。其《钱塘怀古诗》一卷，冯景（1652—1715）为之序，称其"工诗，善苦吟"，"与余交十年，称心相知"。

读宋史
赵思植

驴背投间学隐沦，蕲王宁不忆君恩。忠臣业已成冤狱，大将从今合杜门。举目烽烟空怅望，一腔悲愤向谁论。归来浪迹西湖上，聊对溪山纵酒樽。(《晚晴簃诗汇》卷六二)

赵思植，字培元，号勿庵，清太平（今山西襄汾县）人。康熙三十七年（1698）拔贡。授襄垣县教谕。有《四勿堂集》。

朱仙镇岳忠武祠
查慎行

平生感愤兴亡际，往往无端供裂眦。晋之怀愍宋徽钦，失国偷生本同类。两家弟子又庸下，南渡谁论复仇义。千秋乃有岳将军，欲雪斯惭出奋臂。曾经读史浮大白，况到提戈用武地。一条衣带指黄河，倒卷狂澜作余势。当时大业已垂成，谈笑收京俄顷事。乞和语出金人口，二帝归如反掌易。南内何妨奉上皇，中原未必虚神器。可怜计算不出此，奸相逢君有深意。朝廷不要两宫还，那许疆场坏和议。乾坤震荡功百战，性命风波狱三字。汤阴故里武林坟，几处经过频洒泪。岂如此地更悲凉，血裹征袍等闲弃。二百年来崇庙貌，两行桧柏干霄翠。北风怒吼白日昏，犹有英雄不平气。(《敬业堂诗集》卷二十)

查慎行 (1650—1727)，原名嗣琏，字夏重，清海宁（今浙江海宁市）人。为太学生，因观演《长生殿》与洪昇同除名。改名慎行，字悔余，号初白。康熙四十二年 (1703) 进士。官至翰林院编修，受知康熙帝。《清史稿》入《文苑传》。有《敬业堂诗集》《苏诗补注》等。

何满子·拜岳武穆坟
张 潮

劲骨难归土，化忠魂、肯共形销。谁把雠仇熔铁铸，眼中着屑偏牢。纵被游人碎首，依然无补王朝。　凭吊何分泾渭，尽知携酒来浇。老桧分尸偏不死，时时欲吐新条。空剩双坟耸峙，增他湖上岹峣。(《名家词钞·心斋集》)

张潮 (1650—?)，字山来，一字心斋，别号三在道人，清歙县（今安徽歙县）人。岁贡生。官至翰林孔目。有《幽梦影》《心斋诗集》《鹿葱花馆诗钞》《花影词》《心斋词》等。

风流子·岳忠武墓
余光耿

酸风吹宰木,凄凉韵、哽咽似朱仙。算图出袖中,气吞云梦,威行阃外,冢拟祁连。哪知道、金牌摧壮志,瓶井坠奇冤。罨幕霜高,生还有恨;龙庭酒熟,痛饮无缘。　　精忠悬霄汉,垂杨舣棹处,簪履纷然。依旧涧苹溪藻,春管秋弦。怕画壁凋戈,雨昏还跃;红墙石马,月黑重鞭。无奈六陵鱼盌,飞散多年。(《蓼花词》)

余光耿(1651—1705),字介遵,一字觐文,清婺源(今江西婺源县)人。诸生。少孤家落,久困场屋,康熙四十四年(1705)乡举榜发即卒。有《一溉堂诗集》《蓼花词》。

大梁春兴调寄临江仙
傅世尧

昔日繁华推艮岳,寿山高矗行云。哀筇几叠渡河津。宫娥啼毳帐,花石走青磷。　　滚滚黄涛流恨迹,至今呜咽声吞。朱仙夜月冷纷纷。归鸦栖不定,独噪岳家军。(《河南通志》卷七四)

傅世尧,字宾石,清汝南(今河南汝南县)人。府学贡生。著有《六书分类》,康熙四十四年(1705)听松阁刻本。

汤阴拜岳武穆祠
查嗣瑮

三字何须狱吏监,君王原不辨忠谗。如何十二金牌后,御撰空驰十七函?

十万雄军痛哭休,至今遗庙肃千秋。中原旗帜曾书姓,谁遣纯州当岳州。(《查浦诗钞》卷九)

查嗣瑮(1652—1733),字德尹,号查浦,又号晚晴,清海宁(今浙江海宁市)人。查慎行弟。康熙三十九年(1700)进士。官侍读。有《查浦诗钞》。

韩蕲王庙(节录)
王廷灿

君不见临安松岭行殿灰,又不见循王府内宫墙摧。独有栖霞岳氏坟,游人下马泪沾巾。(《似斋诗存》卷二)

三字狱
王廷灿

君不见拐子马,金人用之取天下。又不见背嵬阵,金人遇之皆逃遁。湖湘寇盗屈指平,两河父老壶浆迎。黄龙痛饮指顾事,二帝迎归臣子志。奸人一入坏君心,北人自北南自南。比膝既屈伸不得,汴京宫殿生荆棘。铁面将军心独苦,卷旆归来卧枢府。可怜和议两封书,一字一泪向谁诉。呜呼!三字狱成申王手,平安酒饮金人口。长城万里一旦隳,蕲王一驴河上走。五国城边帝魂号,莫恨太师恨臣构。(《似斋诗存》卷二)

王廷灿(1652—1720),字孝先,号逸仙,清钱塘(今浙江杭州市)人。康熙二十年(1681)举人。曾两任崇明知县。有《似斋诗存》。

汤阴谒岳忠武王庙
胡煦

南枝烟靄草树昏,岳王故里峙中原。早倾玉垒仇难复,亲捧金牌声暗吞。恨血已沉留碧草,忠肝不朽贯天门。权奸铸像看长跽,遗臭何曾荫子孙。(《葆璞堂诗集》卷二)

汤阴谒岳忠武王庙
胡煦

北极烟靄草树昏,疾风鞭马入中原。摩天排道推金字,揭日摇天撼玉藩。恨血已沉犹骂鬼,忠肝虽朽欲医魂。从来错怪秦师相,驾驭英雄属至尊。(《乾隆彰德府志》卷二九)

胡煦(1653—1736),字沧晓,号紫弦,清光山(今河南光山县)人。

康熙五十一年（1712）进士。终官礼部右侍郎。《清史稿》有传。潜心《周易》，著述甚多，主要有《周易函书》《释经文》《易学须知》《卜法详考》等。

岳武穆墓
吴廷桢

武穆衣冠百世存，宋家遗事不堪论。黄龙空饮孤臣血，白马难归少帝魂。双桧有枝空北向，两宫无地梦南奔。泉台长抱中原恨，夜哭诸陵风雨昏。（《古剑书屋诗钞》卷四）

吴廷桢（1653—1715），字山抡，号南村居士，清长洲（今江苏苏州市）人。康熙四十二年（1703）进士。官至左春坊左谕德。有《古剑书屋诗钞》《古剑书屋文钞》。

岳忠武坟庙
吕谦恒

和议朝廷主，遂班忠武师。湖山留尺土，风雨暗灵旗。岁腊严烝祭，居人护陇枝。抠衣趋拜处，遗像凛须眉。（《青要集》卷六）

朱仙镇
吕谦恒

古镇传遗事，行人驻马思。书生腾异说，朝命喜班师。遂使中原弃，翻成狱吏辞。他年厓海曲，志士共心期。（《乾隆续河南通志》卷七三）

吕谦恒（1653—1728），字天益，又字涧樵，清新安（今河南新安县）人。康熙四十八年（1709）进士。官至光禄寺卿。有《青要集》。

朱仙镇
李来章

万家繁生聚，一水隔西东。烟涨长桥黑，霞栖古庙红。（《礼山园诗集》卷八）

岳武穆王庙
李来章

江左回戈地，中原痛哭时。更谁清帝寝，至此断王师。烟火开新市，风霜入旧枝。至今风雨夜，仿佛见旌旗。(《礼山园诗集》卷八)

李来章（1654—1721），原名灼然，字来章，号礼山，晚号寒香，以字行，清襄城（今河南襄城县）人。康熙十四年（1675）举人。由知县历官兵部主事。《清史稿》入《儒林传》。有《礼山园诗集》《礼山园文集》等多种。

岳王坟
刘廷玑

报国驰驱数载中，金牌十二败全功。偏安已满高宗欲，力战空劳武穆忠。一片丹心湖上月，千秋壮气树头风。墓前铁铸秦丞相，儿女何知笑骂同。(《葛庄分体诗钞·七言律》上)

刘廷玑（1654？—?），字玉衡，号在园，先世居开封，后迁辽阳，编入汉军旗。荫生。官至江西按察使，缘事降江南淮徐道。有《葛庄诗钞》《在园杂志》。

岳武穆墓
张庹

英雄遗恨在乾坤，芳草寒烟黯墓门。南渡六陵金碗出，西湖千祀石麟存。春风客至浇黄土，夜月乌栖泣水村。庙貌朱仙知更胜，至今两地吊忠魂。(《龙眠风雅续集》卷二十)

张庹（1654—1691），原名孟庹，字龄若，一字仲友，号狮崖，清桐城（今安徽桐城市）人。画仿黄公望，书法董其昌。性至孝，弃举子业，专攻诗古文。有《蟋蟀窝集》。

满江红·谒岳王坟奉和武穆王原韵
陈至言

半壁山河,千秋后、痛惜未歇。埋白骨、鹤归华表,忠魂壮烈。北雁霜飞原上草,南枝影断湖边月。小朝廷、总碎铁奸头,悲还切。　　金牌诏,无由雪;三字案,终难灭。倒星河炼石,谁修天缺。青冢不归臣子恨,碧虹早化英雄血。叹一门、忠孝世无双,归瑶阙。(《菀青集·诗余》)

陈至言(1655—?),字山堂、青崖,清萧山(今浙江杭州市萧山区)人。康熙三十六年(1697)进士。官翰林院编修,入值南书房。曾提督河南学政。有《菀青集》。

岳　坟
潘钟麟

忠魂不散凛千秋,埋得南朝土一丘。有汉以来惟大宋,报恩虽死岂忘仇。虬龙栝柏风霜吼,日月湖山梦影浮。感拜穹碑闻独鹤,朱仙镇上恨难留。(《深秀亭诗集》卷十)

潘钟麟,字层峰,清华亭(今上海市松江区)人。约康熙中叶在世。有《澄秋堂》《深秀亭》两集。

西湖曲
康琨

雨冷鄂王墓,梅荒处士家。水仙祠下路,枯柳噪寒鸦。(《莆风清籁集》卷五十)

康琨,字于玉,清莆田(今福建莆田市)人。康熙中布衣。有《药庄诗集》。

西湖竹枝词
孙奇

碧瓦油幢拜岳祠,断头男女跪陈尸。南枝枝上啼黄鸟,日日儿童溺太

师。(《西湖竹枝词》)

孙奇,字宇惊,清康熙年间钱塘(今浙江杭州市)人。

岳武穆墓二首
尤世求

风吹雨散晓烟收,徐步西泠吊岳侯。百战勋名垂竹帛,一生忠义感松楸。藏弓自听权奸计,屈膝谁为社稷谋。莫叹夫差竟亡国,三年尚报阖庐仇。

忠臣原不计身全,留得封章千载传。只有丹心能贯日,遂无人力可回天。六军南渡功推首,四将中兴祸独先。开府江淮谁任使,悬知抱恨在重泉。孝宗时张魏公复视师江淮,自符离之败,乃用和议。(《南园诗钞》卷二)

岳忠武庙
尤世求

坏厦何能一木支,劳臣想望中兴时。两河奏捷功推首,三字加刑祸最奇。戮力原为宗社计,孤忠只有帝天知。而今庙宇长巍焕,欲采芹苹荐酒醨。(《南田诗钞》卷五)

尤世求,字念修,清长洲(今江苏苏州市)人。约生活于康熙间。官南充县知县。有《南田诗钞》。

岳王墓
盛 锦

万古冤魂此地沉,向南陇树尚阴森。黄沙竟绝回銮望,碧血难磨报国心。北伐旌旗愁日没,西湖花柳怨春深。椒浆麦饭栖霞路,父老哀思直到今。(《青崦诗钞》)

盛锦(?—1756),字廷坚,又字青崦,清吴县(今江苏苏州市)人。康熙间诸生。有《青崦诗钞》不分卷。

精忠祠
杨陆荣

败壁蒙尘黄，古砌绣苔紫。招寻结游步，秋花烂阶氾。当年忠武王，提戈靖不轨。渠魁诚莫逭，全城无死理。驰封臣虑切，得请君恩迩。庙貌此日存，千秋肃时祀。为问灵旗归，故国竟谁是。可怜赵家士，莽戎几伏起。留遗认故物，河水波泝泝。(《同治赣县志》卷四九)

杨陆荣，字采南，号泽西，清江苏青浦（今上海市青浦区）人。康熙间诸生。于康熙五十六年（1717）写成《三藩纪事本末》。

望江南·西湖（六首录一）
郭蕙

西湖好，烟锁旧栖霞。西子不知亡国恨，南枝犹放断肠花。芳冢鄂王家。(《全清词钞》卷三四)

郭蕙，字素娴，女，清浙江仁和（今浙江杭州市）人。康熙时诸生郭汾之女，临海傅廷标室。有《徵香阁吟草》一卷。

精忠祠
孟惟清

信有精忠在，荒林夕照时。一杯清酒酹，三疏郡人思。不杀留生气，成仁拜古祠。断碑遗墨老，心折北征诗。(《同治赣县志》卷四九)

孟惟清，清初赣县（今江西赣县）人。廪生。

菩萨蛮·拜岳鄂王祠
张纯修

古堤车马纷如织，柳廊深处初停辙。祠额几朝颁，钦瞻凛烈颜。　千秋存至性，气挟乾坤正。遗调满江红，英雄谁与同。(《名家词钞·语石轩词》)

张纯修，字子敏，号见阳，又号敬斋，清直隶丰润（今河北唐山市丰润区）人，汉军正白旗籍。官庐州知府。与纳兰性德（1655—1685）友善，称"异姓昆弟"。有《语石轩词》。

谒岳忠武王墓
周之方

武穆竭忠悃，伊昔所共知。苍蝇乱黑白，身死成功坠。中原弃左衽，二圣终北垂。悠悠数百载，常使英雄悲。我来吊往哲，高冢郁累累。精诚感乔木，咸作南指枝。岁时陈俎豆，庙貌何巍巍。再拜心祇肃，低徊多遐思。群心有丑缪，谗慝徒尔为。懿德所同禀，好恶良不欺。寄语后来者，此理犹可追。（《希砠斋集》卷二）

周之方（1657—？），字在卿，号希砠子，自称烂谿（在今江苏苏州市吴江区）人。布衣。有《希砠斋集》。

南辕杂诗·桃山驿岳忠武祠
曹 寅

忠武谏储致猜，《绍兴中兴纪事本末》载之最详。世以金牌班师为憾，而史则以金牌促诏不赴为罪，皆不然也。

建炎无后叹君臣，鬼社纷纭谁与亲。切记祸媒非促诏，只应寅亮是奇人。（《楝亭诗钞》卷五）

曹寅（1658—1712），字子清，号荔轩、楝亭，原籍辽阳（今辽宁辽阳市）。先世为汉族，后隶正白旗。为小说家曹雪芹祖父。官至通政使、管理江宁织造、巡视两淮盐漕监察御史。有《楝亭诗钞》《楝亭词钞》《续琵琶记》。

满江红·拜鄂王坟追和王韵
汪 灏

鸟尽弓藏，犹万古、悲酸未歇。何况是、金瓯破碎，为仇摧烈。但愿龟兹天半壁，怕教龙返燕山月。喜金牌、臣构两相同，班师切。　　背上恨，功难雪；旗上字，恩难灭。果黄龙痛饮，此身宁缺。汴镇空留五日哭，湖波

长涌千秋血。漏生诛、铸铁亦何为,徒瞻阙。(《披云阁词》)

沁园春·三忠庙
汪 灏

东郊有合祀关壮缪、张睢阳、岳忠武像者,填词以代迎神送神之曲。

万古英雄,三朝柱石,一样流芳。叹昔日忠魂,擎天异代;今朝庙貌,忽地同堂。为国捐生,为臣尽节,谈笑提烹也不妨。单则恨、这汉唐随陷,宋社同荒。　而今往事苍凉。便吊遍、桃园只断肠。况睢阳城下,齿痕何在;风波亭上,背字堪伤。逆竖刳心,奸雄碎骨,冤殒滔天终莫偿。仪容壮,幸排肩血食,扶植纲常。(《披云阁词》)

汪灏(1658—?),字紫沧,清休宁(今安徽休宁县)人。康熙四十二年(1703)进士。官翰林院编修。《清史稿》入《孝义传》。有《披云阁词》等。

满江红·题鄂王墓
徐旭旦

嫩紫嫣红,正飞絮、清明时节。荒冢上、疏柳枯槐,残碑断碣。朝露哪堪风外滴,南枝犹向云中直。更无端、三字莫须冤,终难说。　伤手诏,空陈迹;验背刺,心犹赤。但乱烟流水,夕阳收拾。奸相虽存遗臭骨,英雄泪尽鹃儿血。倒供人、一醉一题诗,称豪逸。(《世经堂词》)

徐旭旦(1659—1720),字浴咸,号西泠,别署圣湖渔父,清钱塘(今浙江杭州市)人。康熙十八年(1679)举博学鸿词科。终官连平知州。有《世经堂初集》《世经堂诗词钞》等。

谒岳武穆祠
张 荣

一代精忠千古祠,巍峨殿宇肃威仪。淋漓碧血家何在,扰攘黄尘恨可知。毅魄不沉三尺墓,奸人自合五分尸。可怜二帝归沙漠,肠断南枝又一时。(《空明子诗集》卷七)

张荣（1659—?），字景桓，号玉峰，又号空明子，清华亭（今上海市松江区）人。官崇明县训导。有《空明子诗集》《空明子文集》。

满江红·题岳鄂王庙壁敬和元韵
孙在中

抔土孤坟，南枝恨、几时休歇。瞻遗像、凌霜气概，想王之烈。可叹丹衷寒皎日，可怜白骨凄明月。宋山河、生死判兴亡，伤心切。　　金牌下，冤谁雪；黄龙陷，仇何灭。骂东窗卖国，典刑犹缺。万古长标臣子样，千江水尽英雄血。诉人间、多少恨难平，咨玄阙。（《大雅堂诗余》）

孙在中（1660—?），字菊怀，清吴兴（今浙江湖州市吴兴区）人。康熙二十年（1681）赴秋闱，铩羽而归；三后年复以明经上长安策对，亦未闻达。有《大雅堂诗余》。

汤阴谒岳忠武祠
史申义

旗卷神灵雨，金戈夜半闻。丹青悬日月，血食惨风云。二帝毡裘长，中原士马分。至今大河北，愁说岳家军。（《使滇集》卷上）

史申义（1661—1712），原名史伸，字叔时，清江南江都（今江苏扬州市江都区）人。康熙二十七年（1688）进士。官至礼科给事中。《清史稿》入《文苑传》。有《芜城集》《使滇集》《过江集》。

岳　坟
何　焯

南枝号怒北风狂，鸟雀不下侯所藏。长城自坏谋弗臧，中兴主将谁雁行？凭城据险得一当，规模大略难论量。先平襄汉根本强，上游南渡关存亡。从容进取恢旧疆，指掌席卷收临潢。十年功名一旦荒，班师父老空涕滂。权臣在内何披猖，敌国未破躬罹殃。易世过者犹□伤，我欲推本不可详。天教宋祚不如唐，保身阃冗非汾阳。祖宗取人作法凉，狄青先已遭猜防。由来利害策其长，大藩参错内势张。冬青树小埋雪霜，折冲岂若留忠

良。(《义门先生集》卷一一)

何焯（1661—1722），字润千，改字屺瞻，晚号茶仙，清崇明（今上海市崇明县）人。学者称义门先生。康熙四十二年（1703）赐进士，授编修。卒赠侍讲学士。博览群籍，长于考订、校勘，名重一时。《清史稿》入《文苑传》。著有《诗古文集》等多种。

谒岳王墓
薛　雪

北伐旌旗卷大风，中原父老望神宫。精忠两字留青史，碧血千年报狡童。自是人心轻社稷，非关天意困英雄。无穷南渡兴亡恨，尽在书生一拜中。(《斫桂山房诗存》卷四)

薛雪（1661—1750），字生白，号一瓢，又号槐云道人、磨剑道人、牧牛老朽，清吴县（今江苏苏州市）人。著名医学家。与叶桂同时而齐名。诗作有《斫桂山房诗存》。

满江红·谒岳忠武王祠和王碑上韵
段　昕

古树阴森，风过处、威灵未歇。驱铁骑、迅雷奔电，精忠激烈。魂绕百年宗祖地，心伤二帝关山月。痛当时、奸相坏长城，堪悲切。　　黄龙饮，言未雪；三字狱，全家灭。好金瓯谁令，痴儿撞缺。画壁云翻天地气，断碑雨洗英雄血。叹宋家、荆棘冷铜驼，残宫阙。(《皆山堂诗余偶存稿》)

段昕（1661—？），字浴川，又作玉川，清安宁（今云南安宁市）人。康熙三十九年（1700）进士。官至户部主事。有《皆山堂集》。

西湖怀古和借山韵六首·岳忠武坟
张　棠

千年血染一抔痕，松柏萧森拱庙门。明圣湖中流碧泪，杜鹃声里泣忠魂。班师未久黄尘动，报国无由白日昏。叹息英灵销不得，惊风猎猎卷蓬根。(《赋清草堂诗钞》卷五)

再和岳忠武坟韵二首
张 棠

鄂王墓道掩苔痕，山脚为墙石作根。今日共知尊正气，当年谁与赋招魂。越江潮急风尤怒，古柏阴森昼亦昏。庙食年年箫鼓闹，灵旗风雨绕重门。

淮北犹留战血痕，此身不料葬山根。中兴未遂孤臣志，和议终埋二帝魂。杀气至今沉地惨，阵云当日蔽天昏。残棋半局悲南宋，铁烂神奸跪墓门。（《赋清草堂诗钞》卷五）

张棠（1662—1734），字吟樵，清华亭（今上海市松江区）人。康熙三十五年（1696）举人。官至桂林府知府。有《赋清草堂诗钞》。

阙 题
何多学

忠孝里传古汤阴，鄂王精爽迥森森。夜台遥痛周文狱，碧血难湔宋主襟。运去冰龟先北兆，身亡宰木尚南心。若教得遂黄龙饮，便作韩彭恨不深。（汤阴《岳飞庙志》）

何多学，清连平（今广东连平县）人。康熙三十五年（1696）举人。曾任六合（今江苏南京市六合区）知县，官至知州。有《半解集》。

岳武穆坟
管 棆

武穆坟边送远晖，松楸烟冷锁朱扉。山川不为当年改，风月应知旧事非。北征将士血濡甲，南渡苍生泪湿衣。回首曩时堪一痛，暗风吹雨又霏霏。（《据梧诗集》卷一）

邺中怀古五首·汤阴岳武穆故里
管 棆

快图痛饮入黄龙，和议潜成巧忌公。铁马夜鸣悲大将，绣旗风飐表孤

忠。青城五国尘沙里，衰草诸陵涕泗中。独有临安一片月，清光还与毳庐同。(《据梧诗集》卷三四)

管棆(1663—?)，字青村，清武进(今江苏常州市武进区)人。以诸生授余干知县，官至刑部郎中。有《据梧诗集》《都门赠行诗》《万里小游仙诗》。

吴山怀古
叶舒璐

连天鼙鼓战尘腥，驻跸聊堪博暂宁。江海特标雄世界，君臣偏恋小朝廷。金牌乍下班师诏，画障旋披策马形。舞歇歌沉禾黍接，凭高我欲吊山灵。(《分干诗钞》卷四)

叶舒璐(1663—1735)，字景鸿，一字镜泓，号分干，清江南吴江(今江苏苏州市吴江区)人。贡生。有《分干诗钞》。

谒岳王坟
詹 贤

高坟百尺伴松阴，生气崚嶒耐远寻。北漠魂消谁促宋，东窗计破足亡金。河山有恨心全皎，父子何冤血欲淋。幸得英灵标寸土，千秋犹自蠹青岑。(《詹铁牛诗集·京游纪》卷一)

詹贤(1663—?)，字左臣，一字铁牛，清乐安(今江西乐安县)人。康熙二十四年(1685)明经。官德化训导。有《詹铁牛诗集》《詹铁牛文集》。

朱仙镇题岳武穆庙壁二首
陈 芪

北望初无泪可垂，未成和议已班师。九哥自是忘君父，枉却千秋骂会之。

报国丹诚死未灰，金牌十二底相催。孤臣不忍违君命，只恨书生劝马回。(《雪川诗稿》卷五)

汤阴谒武穆王庙
陈芃

此地精忠庙,当年少保宫。死悲三字狱,生恨十年功。报国丹心苦,传家信史公。胜朝无忌讳,遗碣自穹窿。(《雪川诗稿》卷五)

陈芃(1662—1711),字玉文,清吴江(今江苏苏州市吴江区)人。康熙三十六年(1697)进士。官桐庐知县。有《雪川诗稿》。

岳忠武祠
沈翼机

闻命驰归不敢迟,孤忠酬主寸心知。当时设有留难意,直抵黄龙未足奇。(《澹初诗稿》卷六)

沈翼机(1664—?),字西园,号澹初,清海宁(今浙江海宁市)人。康熙四十五年(1706)进士。官至翰林院侍读学士。有《澹初诗稿》等。

满江红
朱轼

掣电奔雷,排空浪、怒无休歇。叹当年、十二牌宣,地崩山烈。渺渺忠魂何处是,茫茫万里江心月。问蟾蜍、何事仄时多,伤心切。　靖康耻,容易雪;和亲议,终南灭。小朝廷、真惯底乾坤缺。翠辇可怜长不返,榆关空洒杜鹃血。笑新君、恁安坐垂裳,九重阙。(《四余堂诗》附)

朱轼(1665—1737),字若瞻,号可亭,清高安(今江西高安市)人。康熙三十三年(1694)进士。官至文华殿大学士,兼吏部尚书加五级赠太傅。谥文端。《清史稿》有传。有《周易注解》《周礼注解》《仪礼节略》《文端公集》等。

岳王坟
上官周

清明雨后夏初时,湖上晴峰似黛眉。天竺道场云片片,岳王宫殿树离

离。乾坤不洒当年血，草木终含此日悲。南渡冬青无处觅，一抔犹胜岘山碑。(《杭州景区诗词》)

上官周（1665—1750），原名世显，字文佐，号竹庄，清长汀（今福建长汀县）人。布衣。有《笑堂诗集》。

西泠杂诗（录一）
杜诏

吊罢于坟拜岳祠，黄龙未捣误班师。虽云忠愍孤忠苦，犹见南宫复辟时。(《云川阁集·诗》卷一)

拜岳鄂王墓
杜诏

突兀丰碑峙，阴霾叠巘重。悲风嘶石马，怒气抵黄龙。汴水尚流恨，燕云如荡胸。茫茫凭吊意，清泪泣孤忠。(《云川阁集·诗》卷五)

岳秀才公在为鄂王二十世孙索诗赋赠
杜诏

谁逆谁忠莫再论，孤臣撑拄一乾坤。空余碧血千秋祀，剩有青衫廿世孙。湖上冢高新殿宇，里中祠对旧家门。满江红曲残碑在，一字真成一泪痕。(《云川阁集·诗》卷七)

杜诏（1666—1736），字紫纶，号云川，又称丰楼先生，清无锡（今江苏无锡市）人。康熙四十四年（1705）圣祖南巡，迎銮献诗，特命供职内廷。五十一年（1712）会试榜后，特赐一体殿试，改翰林院庶吉士。有《云川阁集》。

赞岳王功
杨时升

廿年草木尽知名，唾手燕云未足平。一骑能寒万贼胆，三军仵返两皇旌。湖湘波净弦无绝，粤岭烟销马不鸣。志欲回天凭赤手，昂昂颢气斗间

横。(《乾隆汤阴县志》卷九)

杨时升,清汤阴(今河南汤阴县)人。杨时壮长兄。康熙四十四年(1705)举人。候补内阁中书。未仕卒。

赞岳王性
杨时壮

清纯二气崛然生,充乾塞坤岂在兵。披甲不忘衰绖礼,挥戈犹念国储英。初终白璧心无愧,表里青天死有荣。人道尊贤惟宋代,纲常不坠赖王撑。(《乾隆汤阴县志》卷九)

赞岳王学
杨时壮

上智从来下学勤,早年书剑已超群。家无斗润萤囊富,笔走星芒虎变文。左氏投怀冠履义,中原誓返圣贤君。道成犹念师资远,泪洒周同岭畔云。(《乾隆汤阴县志》卷九)

杨时壮,清汤阴(今河南汤阴县)人。康熙二十九年(1690年)举人。授广东长宁县知县。有《愚吏传》。

西泠怀古
席玕

天意不教勘宋难,孤忠容易殄强金。权臣猜忌功难立,庸主偷安寇实深。北寺漫冤三字狱,南枝犹表九原心。到来祠墓悲余慨,谁使神州竟陆沉。(《七十二峰足征集》卷七二)

席玕(?—1724),字贡珍,别号贡湖,清东山(今福建东山县)人。清康熙五十年(1711)辛卯科举人。善诗,有《摅怀稿》一卷。清吴庄《七十二峰足征集》录其诗十五首。

白鹤山谒岳忠武王庙
鲁之裕

在洞庭湖东岸，王擒杨幺时驻军于此。

八日妖氛靖，神机越古今。力争南国土，功勒洞庭阴。碑碣终题宋，江山不姓金。崇祠瞻慕久，回首夜横参。（《式馨堂诗前集》卷三）

拜岳武穆王墓
鲁之裕

桃山山下岳王坟，下马碑阴读碑文。千载同冤三字狱，九原犹痛两朝君。露花红滴孤忠泪，山木青留古道云。惆怅幸生明圣日，铄金口舌帝庭分。（《式馨堂诗后集》卷四）

汤阴县谒宋岳忠武王庙
鲁之裕

忠勇男儿未易纯，岳王超绝在恭循。明知桧贼功难立，决报金仇志欲伸。成败不虞惟主命，死生何恤尽吾伦。千秋莫但夸神武，名将无疵第一人。（《式馨堂诗后集》卷四）

鲁之裕（1665—1746），字亮侪，清麻城（今湖北麻城市）人。康熙五十九年（1720）中举，雍正五年（1727）考取内阁中书。历官至直隶清河道、署布政使。有《经史提纲》《式馨堂集》《书法毂》。

汤阴谒岳忠武祠
沈元沧

晨炊入汤阴，峛然瞻华阙。大书忠武祠，焕若斗柄揭。精灵会河岳，笃生此人杰。束发事戎行，百战超同列。功高不计赏，止期国耻雪。岂有君相心，正恐仇雠灭。朱仙事垂成，一夕孤军撤。欲逐汨罗人，中兴望未绝。愿作鸱夷子，危疑地难决。寸心时耿耿，何能忘愤切。权臣忌强对，哲妇进巧说。西山一抔土，千古埋碧血。至今明圣湖，流水尚呜咽。生不返乡关，死

宁恋邱穴。魂兮无不之,灵旗任飘瞥。(汤阴岳庙诗碑)

沈元沧(1666—1733),字麟徵,又作麟洲,号东隅、晚闻翁,清仁和(今浙江杭州市)人。康熙五十六年(1717)副贡生。曾助其岳父查升纂修《佩文韵府》。毛奇龄荐入武英殿校勘书籍。后出任广东文昌知县。有《滋兰堂诗文集》等十余种。

谒武穆祠
林之蓨

留得山河在,存亡总不辞。谁能还二圣,从此罢王师。仰看参天树,羞生向北枝。风沙吹薄暮,挥泪抚残碑。(《偶存草诗集》卷一)

岳 墓
林之蓨

天晴一棹访岳坟,波涌六桥添小涨。石根咽水潄秃松,万壑群峰来相向。千古伤心三字狱,未拜先生早惆怅。荔薜墙高护牛眠,忠臣孝子相依傍。青草绿树气萧森,当年想见旌旗壮。吴山勒马王室衰,皇天忍使英雄丧。翁仲石马泣风雨,日落鸦啼翻白浪。二帝游魂今不归,空令泪洒西湖上。(《偶存草诗集》卷三)

林之蓨(1666?—1752),字素园,清山东人,寓居孝感(今湖北孝感市)。有《偶存草诗集》。

岳 坟
程瑞祊

湖上风波大,乾坤有此亭。可怜原上草,犹自不曾青。(《槐江诗钞》卷一)

岳 坟
程瑞祊

湖头日落易黄昏,野草长留碧血痕。臣力实能恢故土,天心不肯复中

原。金牌诏后朝廷小，铁杖争归父子冤。痛煞墓前余古柏，枝枝南向至今存。(《槐江诗钞》卷一)

程瑞祊(1666—1719)，字姬田，清休宁(今安徽休宁县)人。有《槐江诗钞》。

银瓶井
屈　复

金牌摧天，银瓶坠水，北风吹海海枯矣。几回海枯潮再来，腥于流血人甘醴。白头老乌渴欲死。梧桐叶落久雨霜，辘轳无声井泥香。过客尽吊西湖坟，罗刹江涛哭鄂王。独持素绠汲寒浆。(《弱水集》卷五)

湖上怀古
屈　复

两峰夹湖上烟雾，共瞻忠武忠肃墓。东隅一抔人不闻，鼎足千尺挽天步。张公楼船沧海住，义旗近指金陵树。鱼龙忽送昼锦归，血洒江湖涌潮去。柳阴酒香寒食路，瀼洲水飞燕云暮。落花欲问五百人，绿遍南屏杳无处。(《弱水集》卷五)

岳　祠
屈　复

冬青是何树，不长宋天涯。遗庙空山岳，中原落暮笳。松涛声吼月，风色滚飞沙。血战留余地，游人问酒家。(《弱水集》卷六)

钱塘怀古十首(录一)
屈　复

黑风吹狱惟三字，霹雳当头独一鸣。韩蕲王折桧曰："'莫须有'三字何以服天下？"天共西湖空戴日，雨抛金锁罢谈兵。孤山鹤唳云中雁，巫峡猿啼柳外莺。惆怅角巾旧游处，满堤芳草不宜生。(《弱水集》卷十)

三忠祠

屈　复

在鹿园东里余，祀诸葛武侯、岳武穆王、文信公。

汉业宋业终难复，三忠之祠何肃清。草枯庭院拜遗像，涛吼松杉摇蓟城。宇宙大名一伊吕，王公异代俱神明。残碑运筹天下计，画壁戈甲中原兵。磊落阵图石横野，年年杜宇筅长鸣。云将朔雪鹿园暮，风挟飞沙龙塞平。白首尚然背乡里，青春真已浮此生。凿冰荇藻湛流水，破帽旆裘扬巨舭。才薄萧曹遇不偶，心如张陆空孤征。碧虚灵鉴定知我，尘世道殊谁揽英。吴魏并吞日月老，金元未复古今情。杀身呕血共冤愤，哭向荒亭堪濯缨。祠后河畔有濯缨亭。（《弱水集》卷一一）

西湖绝句十四首（录一）

屈　复

忠肃祠前猿夜啼，岳王坟上草边堤。此情有迹无寻处，云过西湖更向西。（《弱水集》卷一四）

岳武穆金牌

屈　复

呜呼，金牌尔何物，其力乃能撼山岳！撼山岳，南以北。英雄当清君侧恶，长舌可短胡不割。良弓能藏鸟尽时，冬青安得杜宇哭！（《弱水集》卷二一）

屈复（1668—1739后），字见心，号金粟，晚号悔翁、金粟老人，世称"关西夫子"，清蒲城（今陕西蒲城县）人。乾隆元年（1736）被举博学鸿词科，不赴试。七十二岁时尚在北京蒲城会馆撰书，终生未归故乡。著有《弱水集》等数种。

汤阴县谒宋岳忠武王祠
葛祖亮

晓过汤阴谒岳王，英风烈烈故园香。纯臣共叹公无愧，奸相谁人恨可忘。漠漠寒飙沙野肃，森森古柏殿碑凉。可怜无限南朝泪，千载横襟向夕阳。（《花妥楼诗》卷七）

葛祖亮，字超人，号闻桥，一号雨亭，清上元（今江苏南京市）人。乾隆元年（1736）进士。官户部主事。有《花妥楼诗》。

岳武穆手植松
顾嗣立

亭亭苍翠石根生，坐久遥闻怒吼声。时散阴云渡江水，随风吹入岳公城。嘉鱼县有岳公城，武穆屯兵于此。（《桂林集》卷七）

汤阴岳庙
顾嗣立

曾向栖霞拜岳王，元宫嶙嶙傍祠堂。笙歌只恋湖山乐，霜露谁悲陵寝荒。千岁神游仍故里，一门血裹在他乡。还怜未到朱仙镇，重话班师更可伤。（《味蔗诗集》卷二）

岳鄂王墓
顾嗣立

神矛光射楼兰首，铁骑争夺黄龙酒。风波片纸狱卒犇，君王忍听莫须有。桧卨群奸和议牢，金牌归来博一刀。拐子浮屠散如瓦，中原万里汗膻臊。臣构年年奉赋赂，二帝游魂啼日莫。天公不庇赵家儿，江面何劳泥马渡。杀气阴房白日走，青磷荧荧大于斗。幻作霜皮古桧枝，故忠聊借中心剖。（《闾丘诗集》卷三）

岳鄂王墓
顾嗣立

痛饮真徒尔，班师竟索然。功名半世已，忠孝一门全。发指铜人卧，心伤石马偏。三春湖上月，曾照靖康年。（《闾丘诗集》卷一四）

顾嗣立（1669—1722），字侠君，清长洲（今江苏苏州市）人。康熙特赐进士。翰林院庶吉士，散馆授知县，以疾归。有《闾丘诗集》《秀野草堂诗集》《寒厅诗话》《温飞卿集笺注》等。

岳王坟
马思赞

高宗不爱父，大将枉思君。宜尔风波狱，成他松柏坟。可怜四铁跪，无补万年勋。赢得游人手，瓦泥掷数斤。（《皆山堂诗》）

马思赞（1669—1722），字寒中，又字仲安，号南楼等，清海宁（今浙江海宁市）人。监生。有《皆山堂诗》《道古楼藏书目》《道古楼历代书画录》《衍斋印谱》等。

西湖竹枝词
毛远公

秋叶飞来武穆祠，南峰高去北峰卑。前朝多少伤心曲，莫唱高宗渔父词。（《西湖竹枝词》）

毛远公，榜姓王，字骥聊，号季莲，清萧山（今浙江杭州市萧山区）人。康熙四十年（1701）举人。（按：《艺林年鉴》作康熙十六年）有《叔畹集》《琼枝词》。

西湖杂咏
曾世琮

阔岸荒原似北邙，独瞻高冢俨灵光。丹楹暗锁风云阵，碧血长留俎豆香。松桧寒烟迷石屋，鱼龙骇浪下钱塘。冬青叶底悲陵寝，歌舞人犹祀鄂

王。(《沅湘耆旧集》卷六一)

曾世琮，字虹受，原名用璜，字蟠岩，清湘潭（今湖南湘潭市）人。康熙四十八年（1709）进士。官刑部主事。有《耕雪堂集》。

汤阴谒忠武庙
吴应棻

鄂国遗祠孔道临，苍松夹立气萧森。一家碧血埋终古，三字沉冤恨到今。砥柱乾坤湔国耻，丰碑忠孝勒臣心。西泠墓草年年绿，地下魂犹恋汤阴。（汤阴岳庙诗碑）

吴应棻（？—1738），原名应祯，字小眉，号眉庵，又号青灵山人，清归安（今浙江湖州市吴兴区）人。康熙五十四年（1715）进士。雍正七年（1729）提督河南学政。官终兵部左侍郎。有《青瑶草堂诗集》。

满江红·岳坟
周卜年

四海南奔，有谁信、风云叱咤。空见说、朱仙镇上，黄龙城下。文武才从秋草尽，英雄泪逐寒涛泻。但原头、萧见向南枝，孤坟榾。　箫鼓赛，看春社；鞭铎响，惊檐马。计燕云唾手，真将军也。意气空留戈剑血，功名休觅麒麟画。写长歌、一曲吊平生，应如话。（《乔云词》）

周卜年，字安期，清吉州（今江西吉安市）人。有《乔云词》。

满江红·拜岳王祠和韵
郑景会

义越乾坤，羡少保、鸿名未歇。按青史、几人奸佞，几人忠烈。皓气千秋清似水，丹心一点明如月。使当时、敌国胆惊寒，英风切。　金牌诏，怨难雪；风波狱，冤怎灭。恨无端和议，中原功缺。西子湖头长瘗骨，朱仙镇上犹啼血。睹空山、墓树尚南枝，参君阙。（《柳烟词》）

郑景会，字丹书，一字慕韩、聚瞻，号海门，清慈溪（今浙江慈溪市）人，寄籍钱塘（今浙江杭州市）。诸生。有《柳烟词》。

谒宋岳忠武王祠墓
嵇曾筠

黄龙痛饮战方酣，忽召班师众岂甘。遂使将军埋狱剑，空令狄相玷朝簪。币修河北输逾万，潮避江东日有三。总为偏安无远略，九原相见定增惭。（《岳飞墓诗选》）

嵇曾筠（1670—1739），字松友，号礼斋，清无锡（今江苏无锡市）人。康熙四十五年（1706）进士。官至浙江巡抚、总督。《清史稿》有传。有《防河奏议》《师善堂集》。

岳 坟
张谦宜

宛蜒山势郁嵯峨，埋骨英雄饮恨多。南渡一家真父子，中原万里旧关河。壶浆满路能供饷，旗榜连营久囗戈。北伐功成伏斧锧，争如冤鬼啸风波。亭名。王被害处。

庙柱一联谓王不必奉诏，感而有作，然非王本意，又成此一首。

当时争说飞将反，忍死归来报国身。岂是金人工用间，由来宋主久忘亲。驹能跳涧仍衔勒，龙已遭屠敢爱鳞。奇计不成甘对簿，凭他钟室负功臣。（《茧斋诗选》卷二）

张谦宜，字稚公，号山农，清胶州（今山东胶州市）人。康熙四十五年（1706）进士。有《茧斋诗选》《沉郁集》。

满江红·吊鄂王岳武穆墓
王 锡

宋室偏安，笑君相、不思邦族。只有个、孤忠慷慨，誓收六服。无奈朝廷金字召，可怜父老朱仙哭。便虚教、血战十年勋，同蕉鹿。　二圣驾，终难复；三字案，传成狱。痛一门节孝，痛登鬼录。旧恨早随东逝水，英风尚满南枝木。最堪悲、月夜子规声，啼空谷。（《啸竹堂集》）

王锡，字百朋，清仁和（今浙江杭州市）人。累试不第。康熙四十六年（1707）尝应南巡诏试，亦不遇。早年师事毛奇龄（1623—1716）。有《啸竹堂集》。

汤阴县岳祠
魏荔彤

岳家父子三言狱，宋室徽钦五国亡。万姓血枯成艮岳，丈夫气尽避钱塘。英魂异代昭牲醴，直道当时罹祸殃。不及耳孙充庙祝，馂余醉饱傲侯王。（《怀舫集·偶遂草》）

舟赴朱仙镇怀古二首
魏荔彤

一渠百折更千回，惟我乘闲拨棹来。杯覆坳堂轻泛芥，风消河润远扬灰。已辜作苦逢年愿，谁博屯膏当道豺。试过村原瞻岳庙，斯民直道本昭回。

当年赵宋用金壬，此地班师汴社沦。甘坏干城迎母后，却归帝檗弃严亲。九哥自恋湖山便，长脚能逢昏暗君。宁待国亡方论定，金瓯缺愧女儿身。（《怀舫集·偶遂草》）

沁园春·岳武穆坟
魏荔彤

已缺金瓯，又堕长城，谁为厉阶。叹青衣再著，英雄饮恨；黄龙远去，宗社长哀。五国魂沉，两京乌啄，三字人亡祸乱偕。千秋后、证好还天道，得丧婴孩。　　六桥桃李纷开。空凭吊湖山少赋才。看紫阳嵩月，圆而后缺；钱塘江水，去也难来。朔漠清尘，西湖立马，今古兴亡一瞬眹。君何恨，任金陵宋寝，同委蒿莱。（《全清词·顺康卷补编》第三册）

魏荔彤（1671—?），字赓虞，一字念廷，号淡庵，又号怀舫，清柏乡（今河北柏乡县）人。官福建漳州知府，擢江南常镇道。生平嗜古，善《易》精医。有《怀舫集诗词杂著》。

岳武穆故里
梁文濂

萧萧古道起悲风,漫吊忠魂故里中。祠墓西泠俱不恋,冬青树在大江东。(《桐乳斋诗集》卷六)

梁文濂(1672—1758),字次周,号溪父,清钱塘(今浙江杭州市)人。岁贡生。授诸暨县训导,不赴。有《桐乳斋诗集》《后洋书屋诗钞》等。

朱仙镇拜岳忠武祠
成文昭

大梁城南冻日午,黄云惨淡沙飞窅。人驱匹马荡寒尘,鹘惊狡兔藏深莽。十里五里戍角哀,一家两家炊烟吐。天中咽喉要镇雄,长河襟带丛祠古。丰碑伟立插四厢,羽葆精鲜陈两庑。战骑咆哮汗缨鞯,力士狰狞森戟斧。龙蛇走壁当书阴,雷火翻旗闪灵雨。千声虎啸白杨吼,万派涛翻老松舞。诸魑魅皆遁厥踪,一丈夫兮赫斯怒。朽骨羞为南渡尘,精魂犹坐中原土。溅血岂曰觊天知,歼躯终赦干君蛊。金牌十二重如山,两河十州轻一羽。奸桧有辞诒弱君,臣构何颜见艺祖。公之死贼君之昏,宋之杀公天所主。皇天后土呼不闻,庸主贼臣痛噢咻。风激檐铃千铁甲,夜振河声万鼍鼓。将军未死不灰心,神军犹指黄龙府。血食要为睢阳邻,事业留将文山补。抠衣再拜陈鄙词,得荐溪毛酹醹醑。伤心遗恨满江红,孤忠大义岳忠武。(《蕃厘诗集》卷一)

成文昭(1672—1707),字周卜,号过村,又号钝农,清直隶大名(今河北大名县)人。诸生。屡试不中,入赀为候补主事。有《蕃厘诗集》。

满江红·岳忠武王墓
程 庭

雪窖冰天,叹宋室、尘蒙二帝。便南渡、中兴有主,山河剩几。怒发冲冠今古恨,绣旗晃日精忠字。笑金人、望见岳家军,纷纷溃。　　师中诏,颁何意；君与相，仇忘矣。把黄龙事业，功亏一篑。泉路八千云月惨，爰书三字长城圮。撼江潮、万丈卷钱塘，英雄泪。(《若庵集·诗余》)

程庭（1672—?），字且硕，号若庵，清歙县（今安徽歙县）人。有《若庵集》。

满江红·次和岳武穆
丁之翘

二帝蒙尘，西湖上、笙歌未歇。惟武穆、中原扫荡，请缨倍烈。刘贼雄师旌掩日，渡河壮气筛吹月。都只为、担了国家忧，报仇切。　朱仙镇，将耻雪；奋敌忾，期烟灭。恨权奸在内，金瓯玷缺。字刺尽忠犹在背，泪弹义勇应成血。有谁能、山甫佐中兴，补其阙。(《东皋诗余》卷二)

满江红·追和沈石田题宋高宗赐岳飞手敕
丁之翘

当日昏庸，委飞建、中兴之绩。何倾信、谗谋害正，横加罗织。致使忠臣蒙显戮，反将憸士称良弼。把贞邪、颠倒乱朝纲，冤沉黑。　也屡谏，求和失；也屡辩，战征得。想天心厌宋，使伊卖国。唾手君亲仇莫复，誓心天地功难立。纵遗留、手敕至今传，嗟何及。(《东皋诗余》卷二)

沁园春·用韵追和丘琼台责高宗杀武穆
丁之翘

狱决风波，功瘗沙漠，往事堪哀。当朱仙兵进，犁庭指日；却因何故，迭遭金牌。桧纵营谋，俊虽党恶，皆以昏庸种祸胎。思恢复，叹十年之力，一旦成灰。　吾为探出私怀。恐驾返，徽钦忌且猜。任中原蹂躏，姑为退避，淮南猖獗，慢自延捱。内溃奸徒，外讧强敌，义士忠臣安在哉。罪之首，出皋亭降表，恨与山堆。(《东皋诗余》卷二)

沁园春·让岳少保轻易班师
丁之翘

大义勤君,精忠捍国,方虎之才。值銮舆阽陷,邱虚宗社;急须恢复,匡救其灾。应变宜权,守经贵达,绳墨拘牵大事乖。闻君命,将在军不变,奚论金牌。　军如山,岳难摧。在戡乱、中原必首推。况郾城破马,腥毡电逐;朱仙整旅,豪杰云来。榆塞成功,槁街待罪,君义臣忠两得哉。惜轻返,千秋评论,尚有吾侪。(《东皋诗余》卷二)

丁之翘,字楚邻,号嗒庵,清如皋(今江苏如皋市)人。康熙朝廪生。有《愁余草》《自娱草》。

沁园春·鄂王墓
盛本柟

江左偏安,忆靖康年,四海云驰。正秋云似垒,虎林城下;渚蒲如箭,江涨桥西。为舣扁舟,更携斗酒,敬酹当年少保祠。秦丞相,如路岩归日,瓦砾相遗。　旌忠飞白曾题。看惨淡、阴风大将旗。痛半生事业,蛇成画足;千秋忠义,豹死留皮。弓已先藏,鸟犹未尽,遗恨朱仙万古悲。公休恨,又半闲堂下,秋草离离。(《滴露堂小品》)

莺啼序·西湖怀古(节录)
盛本柟

星移物换,泪洒新亭,记永嘉南渡。怅当日,神州沉陆,拊凤攀龙,谁料终成、握蛇骑虎。遗恨朱仙,依稀欲似,属镂怨愤留终古。望萋迷、烟草山前墓。空留陈迹,千年碧血长虹,镇日村箫社鼓。　几番凭吊,几许伤情,往事浑无据。长叹息、文章太守,落拓平生,中原飞将,功名尘土。词赋徒工,请缨何益,争如长向松云卧,笑终南、快捷方式卿何苦。但教日日湖边,闲狎轻鸥,更看浴鹭。(《滴露堂小品》)

盛本柟,字让山,清嘉兴(今浙江嘉兴市)人。约生于清康熙初。年未三十而殁。有《滴露堂小品》。

满江红·拜鄂王祠追和王韵
沈 堡

如此江山，痛恢复、垂成还歇。不堪数、几番悲愤，满门忠烈。只耻生安南渡枕，争知死对西湖月。想当年、唾手取燕云，辞何切。　飞泉泻，肝如雪；松涛沸，声呜咽。逞奔驰闪烁，两峰环缺。百战一身浑是胆，寸心千古终凝血。怕魂归、不忍望冬青，还天阙。（《全清词·顺康卷补编》第四册）

沈堡，字可山，清萧山（今浙江杭州市萧山区）人。康熙间廪生。喜吟咏，晚岁筑耄悔堂，聚书玩古。有《渔庄诗草》《瀚桐词》。

岳忠武王墓
万虁辅

明圣湖头宋将茔，神州戮力想精诚。关张义勇原无敌，李郭功名竟未成。沙漠何期归故主，权奸乃敢坏长城。孤忠遗恨千秋在，大树悲风日夜鸣。(《清诗别裁集》卷二八）

万虁辅，字伯安，清江南宜兴（今江苏宜兴市）人。贡生。有《鲭余集》。

岳鄂王墓
沈德潜

今古含冤地，孤臣旧死忠。已成三字狱，竟废十年功。匡复凭诸将，沉沦念故宫。六陵残毁后，泉壤泣英雄。

大将回戈日，中原陷敌时。朝廷输币帛，父老望威仪。天意竟如此，神灵俨在兹。千秋见孤愤，认取向南枝。（《归愚诗钞》卷一二）

钱塘咏怀古迹八首（录一）
沈德潜

毅魄俨灵宫，栖霞一望中。长城偏自坏，痛饮竟成空。父老悲南渡，松

楸战北风。复仇抱遗恨，生值鲁庄公。(《归愚诗钞》卷一三)

谒汤阴岳侯祠 古荡阴里
沈德潜

巍峨祠宇荡阴城，故里人钦英武名。草木至今还共惜，忠奸自昔竟谁明。狱成三字臣何怨，代隔千秋众不平。此日庭前双古柏，风来犹作战场声。(《归愚诗钞》卷一七)

恭和御制岳武穆墓诗元韵
沈德潜

报国忘躯矢血诚，谁教万里坏长城。十年愤积龙沙远，一死身嫌泰岱轻。自愿藏弓维弱主，何来叩马有书生。于今墓畔南枝树，犹见忠魂怒未平。(《西湖志纂》卷七)

沈德潜（1673—1769），字确士，号归愚，清长洲（今江苏苏州市）人。乾隆四年（1739）进士。官至内阁学士兼礼部侍郎。《清史稿》有传。著有《沈归愚诗文全集》。又选《古诗源》《唐诗别裁》《明诗别裁》《清诗别裁》等，流传颇广。

西湖十绝句（录一）
吴 楷

疆场不死葬湖边，南渡君臣笑昔年。湖上大都游冶地，鄂王庙貌镇山川。(《含薰诗》卷二)

吴楷，字一山，清真州（今江苏仪征市）人。乾隆南巡，召试优等，因奉母辞归。有《含薰诗》《橘林诗》。乾隆十八年（1753）沈德潜为序。

谒岳武穆王祠三首
李 绂

时会机宜实可凭，两河豪杰信梁兴。尽团营堡争扶义，并挽车牛不待征。计日收京清九禁，先期飞檄扫诸陵。可怜十二金牌召，震野呼号绝抚膺。

帝自逡巡畏两宫，故教桧卨主和同。燕南枉费金人令，河北空填壮士胸。四海伤心三字狱，千秋扼腕十年功。南枝不返泉长冷，惨淡西陵恨有穷。天道人心定论彰，褒封阁室尽轩裳。河山净扫风尘色，庙貌高悬日月光。总为后来留劝戒，凡多前事感兴亡。于公只作寻常看，子孝臣忠分所当。（《穆堂初稿》卷四上）

李绂（1673—1750），字巨来，号穆堂，清临川（今江西抚州市临川区）人。康熙四十八年（1709）进士。官至户部侍郎。《清史稿》有传。有《穆堂类稿》《穆堂续稿》《穆堂别稿》等。

岳 坟
王时翔

肃拜墓门下，迁延不忍还。伤心南渡事，北望旧河关。国势观亏月，军容比撼山。空余杨太尉，双胜画连环。（《小山诗初稿》卷二）

王时翔（1675—1744），字皋谟，一字抱翼，号小山，清太仓（今江苏太仓市）人。诸生。有《小山诗文全稿》。

谒岳忠武王墓
揆 叙

栖霞岭下阴风怒，墓门飒飒神灵雨。行人争指鄂王祠，买酒来浇一抔土。呜呼宇宙能有几，道全忠孝才文武。异代须将熊虎论，同时羞与张刘伍。二圣金环脑后抛，君心早被奸谋蛊。风波三字巧逢迎，骈戮麒麟拜狻猊。或言朱仙金牌召，将在军中法得拒。便应乘胜复中原，痛饮直抵黄龙府。钟簴重安二帝归，请伏斧锧死犹愈。我谓公非徒善战，本以精忠相鼓舞。能令将士出死力，皆由大义浃肺腑。太行列寨本萑苻，归心亦若儿就乳。一朝违命节先渝，号令安能动军部。肯学桓温伐蜀时，拜表辄行恣跋扈。君看临淮不应召，诸将偃蹇即相侮。邀幸图功未必成，敢以封疆赌孤注。周同张所尚不忘，况忍公然抗明主。公身虽殁骨恒香，臣极昭垂万万古。但教尽瘁匹武乡，何必荣名同尚父。却怪荷花桂子间，屈膝偷生竞箪鼓。诋公好杀颂咸阳，虽出儒先亦无取。吾来再拜相英灵，不但功高节尤

苦。六陵何处哭冬青,独有南枝护堂斧。寄语登坛受钺人,莫学萧娘与吕姥。(《益戒堂诗集》卷五)

揆叙(1675—1717),字凯功,号惟实居士,姓纳喇氏,清满洲正黄旗人。明珠子。康熙间由二等侍卫授侍读,累官至左都御史。谥文端。雍正初坐事追夺官削谥。有《隙光亭杂识》《益戒堂诗集》《鸡肋集》。

阙 题
吴 焯

规模不定事逡巡,和福宁须怨相秦。可恨将军无死地,荒郊一窆贾宜人。

邺邸金佗著录成,桃溪难认手题名。未详蕲国争三字,犹赖文昌传一生。(《南宋杂事诗》卷二)

吴焯(1676—1733),字尺凫,号绣谷,晚号绣谷老人,清钱塘(今浙江杭州市)人。善诗。喜藏书。有《径山游草》《药园诗稿》《玲珑帘词》《陆清飞鸿集》等。

过汤阴
高其倬

过汤阴见旅壁题句多吊岳王者,予谓当时杀岳、退韩、窜纲、死鼎,桧罪实通于天。然高宗忘仇祈安之志既深且坚,视数君子者若草芥,无纤发惜向意,故桧投隙售奸,芟刈之如振槁落。四人者去,则有宋将相之材尽,中兴之望绝,不复可为矣。人之云亡,邦国殄瘁,孰使之然耶?因述意为一长句。

敢持和议作经纶,已识官家不卧薪。画地六军齐卷甲,渡河一旅遂无人。共兜方拟耕莘佐,高宗赐桧阁额曰一德格天,以阿衡拟之也。申甫难留降岳神。十九年真堪痛哭,消磨俊杰此君臣。(《味和堂诗》卷六)

高其倬(1676—1738),字章之,号芙沼,又号种筠,汉军镶黄旗人。康熙三十三年(1694)进士。历康、雍、乾三朝,终户部尚书。卒赐祭葬,谥文良。《清史稿》有传。有《味和堂集》。

朱仙镇谒岳武穆祠
沈 锺

曾提虎旅镇朱仙，恢复中原志独坚。丞相不教挠北伐，宋家何事竟南偏。三千铁骑军难撼，十二金牌死可怜。今日衣冠瞻庙貌，精灵还照旧山川。(《霞光集》卷三)

沈锺（1676—?），字鹿坪，清毗陵（今江苏常州市）人。生平不详。有《霞光集》。

满江红·午日吊岳武穆王墓
朱 樟

万里黄龙，笑午日、谁投角黍。想孤臣忠烈，一门父子。碧血蒙尘埋绿草，丹心报国垂青史。问如今、谁似楚人冤，湘江水。　　改不得，银瓶志；磨不灭，金牌字。看西湖竞渡，岳家旗帜。缚虎空怜亭下计，剖符不了中原事。痛当年、白骨葬春山，何时死。(《鹿野诗余》)

过太行忠义砦寻岳武穆故垒用查初白朱仙镇韵
朱 樟

燕陉南陲赵北际，叠嶂层峦供拭眦。忍见青城二帝行，排击两河纠善类。星分砦栅棋布营，太行之社称忠义。喊山遥应岳家军，不比当年奋螳臂。雪耻嗤还朽木檠，顶思剩此香盆地。沁水城西土峛然，断垣屈曲长蛇势。戴天不复父兄仇，摩垒空谈宣靖事。义旗络绎号令行，传檄中原定何易。徒令居士梦华胥，南渡偏安拥虚器。我来览古吊豪杰，私芒未测皇天意。谁驱一桧贼中来，沦丧两京主和议。蛾眉私语误东窗，银瓶井底冤三字。丹坪水冷白华涧，烟痕流尽英雄泪。守门石栏於菟蹲，灭灶灰寒墙角弃。山前不见岳侯祠，雪洒孤松滴寒翠。阅尽沧桑又几年，斫地悲歌吐英气。(《雍正泽州府志》卷一一)

朱樟（1677—1757），字亦纯，一字鹿田，号慕巢，晚号灌畦叟，清钱塘（今浙江杭州市）人。康熙三十八年（1699）举人。历官至泽州知府。

有《观树堂诗集》及《鹿野诗余》。

岳 坟
沈 虹

武穆遗形仰肃清，英灵俨若恨难平。十年血战冤三字，五国尘蒙痛九京。矢报此身宁惜死，中兴遗事竟谁成。空闻九蜡书惊寄，痛哭中原万里城。

南渡湖山久丧亡，南木树枝尚苍苍。铁人半截雷霆怒，碧血千秋日月光。尽瘁死悲殊蜀相，成功生恨异汾阳。黄龙未抵金牌至，搔首长吟泣数行。（《蓬庄诗集》卷一）

岳母祠
沈 虹

常怀背上字，恍亲慈母颜。伤心岳少保，徒步入庐山。（《蓬庄诗集》卷四）

沈虹（1677—？），字渭梁，号蓬庄，清长洲（今江苏苏州市）人。雍正中举人。官句容教谕。有《蓬庄诗集》。

汤阴县谒岳鄂王祠
周 京

驱马汤阴县，祠堂拜鄂王。一门尊俎豆，百代肃烝尝。社火依先陇，灵旗下旧疆。临安藁葬地，宰木尚苍苍。

河北此河内，从来古荡阴。中原仍战伐，故国见精灵。欲下香盆泪，徒哀涅背心。诗歌犹在眼，慷慨动长吟。（《无悔斋集》卷九）

周京（1677—1749），字西穆，一字少穆，号穆门，晚号东双桥居士，清钱塘（今浙江杭州市）人。雍正中廪贡生。考授州同知。有《无悔斋集》。

临安怀古·岳鄂王
郭起元

收拾山河复旧京，天心未厌事何成。子张季札今难遇，方叔孔明空此生。已见金牌驰北使，可怜铁骑又南征。荷花桂子杭州乐，曾忆风沙五国城。（《介石堂集·诗》卷三）

郭起元，字复斋，清闽县（今福建福州市）人。雍正间廪生。乾隆初荐学官、宿虹同知。有《介石堂集》，自序于乾隆十一年（1746）。

西湖杂咏（录一）
沙汉缨

鄂王坟上满楸松，华表峨峨气象雄。犹恨狱成三字案，山寒日落拜精忠。（《东皋诗存》卷二九）

沙汉缨，字清斯，号鉴溪，清如皋（今江苏如皋市）人。贡生。雍正间历任福建平和、上杭知县，湖南沅江知县。

湖上怀古（录一）
程梦星

湖边不遣岳坟孤，又见于公墓一区。各有神功扶社稷，同归鬼火照菰蒲。奸回钟鼎沦黄壤，儿女椒浆奠绿芜。日暮更须江上望，银涛白马怨勾吴。（《今有堂诗集·香溪集》）

程梦星（1678—1747），字伍乔，又字午桥，号汛江、茗柯、香溪、杏溪，清歙县（今安徽歙县）人。康熙五十一年（1712）进士。官翰林院编修。有《今有堂诗集》《茗柯词》。

望朱仙镇吊岳忠武
纪迈宜

腐儒作论有责王不能引退全身者，故辩之如此。

目极朱仙镇，巍峨少保宫。孤军摧劲敌，浩气彻苍穹。帝后愁云里，乾坤血战中。金牌追上将，遗老哭悲风。铁骑氛弥炽，冰天怨倍恫。壶浆两河弃，洒扫七陵空。既中权奸计，难成社稷功。偷生非素志，一死了精忠。肯效韩杨活，原期龙比同。风云值惨淡，正大见英雄。北阙鸱鸮满，南枝杜宇红。群邪吾不责，臣构恨何穷。（《俭重堂诗》卷七）

咏古五首（节录一）
纪迈宜

岳韩真名将，摧陷无坚阵。忠义贯金石，智勇出悲愤。长城嗟自坏，湖山甘栖遁。……恢复迎二帝，事与君心遗。所以三字狱，冤愤古来稀。（《俭重堂诗》卷十）

拟梁父吟三首（录一）
纪迈宜

忠武乃全人，一死义弥烈。千载冬青花，犹啼杜鹃血。彼妇亦何为，乃尔掉长舌。中原未当复，和议胶漆结。假令公身存，仇耻终必雪。惟公能任此，诸将莫与埒。君心一朝悟，失得可立决。骑虎势不下，巨奸实胆詟。公存九鼎重，公亡天柱折。浩气塞天地，劫尽永不灭。（《俭重堂诗》卷一一）

关岳二首（录一）
纪迈宜

许州离朱仙镇不二百里，而关、岳两公遗迹俱在焉。余前来时，趋谒庙像，合作一五律吊之，殊觉草草。今重过，各赋一排律以伸钦仰之意。用少陵诸葛武侯庙二首韵。

重过朱仙镇，趋瞻少保祠。云霄耸高栋，松柏护重帷。铁骑崩摧地，金牌络绎时。残黎沦异域，痛哭望王师。忠愤垂千载，纲常系一丝。两宫何日返，空恨雁书迟。（《俭重堂诗》卷一一）

汤阴谒岳忠武祠观遗像
纪迈宜

遗像端然儒者风，幅巾缓带自雍容。渡河宗帅英雄泪，避位蕲王悲愤胸。楼艓轮飞徒自毙，浮图铁号漫争锋。千秋智勇无双士，忠孝精纯间气锺。（《俭重堂诗》卷一一）

纪迈宜（1678—?），字偲亭，一字德庸，清文安（今河北文安县）人。康熙五十三年（1714）举人。官泰安知州。有《俭重堂集》。

岳武穆王坟
李 果

阴森桧柏犹南指，瞻拜高坟日未斜。不见两宫还绝漠，空怜百战失中华。长驱白马神如在，痛饮黄龙愿竟奢。伏腊至今隆俎豆，牧人不敢上栖霞。（《咏归亭诗钞》卷三）

李果（1679—1751），字实夫，一字硕夫，号客山，清长洲（今江苏苏州市）人。布衣。有《在亭丛稿》《咏归亭诗钞》《石间集》。

岳少保墓二首
许全治

未抵黄龙长饮恨，凄其万古痛金牌。萧萧墓木空南向，争奈康王得士佳。

神威已薄朱仙镇，大耻偏留五国城。四壁嵯峨愁面面，一湖清浅泪盈盈。（《稽古堂诗集》）

许全治（?—1741），字希舜，号历畊，清徽州歙县（今安徽歙县）人。通九经，淹史传，久困棘围，遂弃帖括，为四方游，而纪之以诗。年逾四十而卒。有《稽古堂诗集》。

岳王墓
朱伦瀚

生平梦想叩忠魂,今日凄其过庙门。南渡已知亡日驭,北枝终不转霜根。风生万籁晴如雨,树密群峰昼亦昏。见说湖中灯火静,远山夜夜阵云奔。(《闲青堂诗集》卷一)

岳王祠
朱伦瀚

天死将军宋祚焚,千秋庙貌尚依坟。满湖寒雨传金甲,一殿灵风活战云。怒入钱塘奔浪马,气吞青塞动星文。由来青史人间恨,更上江头吊伍员。(《闲青堂诗集》卷一)

朱伦瀚(1680—1760),字涵斋,号亦轩,先世历城(今山东济南市历城区)人,隶汉军正红旗。康熙五十一年(1712)武进士。官正黄旗汉军副都统。有《闲青堂诗集》。

拜岳鄂王墓
程之鵕

鄂王自昔推英武,墓门朱戟西泠浒。湖干车马如云屯,人人下拜三三五。春秋无日不俎豆,钢铁象奸化为土。稽昔奋扬忠烈时,娃儿妇女如见知。至今唾骂千古恨,况在世上称须眉。缪丑盗天天漏网,墓傍有树犹分尸。康王私心爱天下,不欲二圣回天马。因此与贼水乳合,一篑功成类解瓦。皇天震怒彝伦弃,渔歌唱彻湖亭下。天教墓道向湖光,往古来今最断肠。若令痛饮黄龙府,菹醢韩彭未可量。堤上桃花红似血,有人终古与人说。阴风惨淡俨旌旗,吹碎秋云闭秋月。(《练江诗钞》卷一)

谒岳武穆王墓
程之鵕

奉诏班师逐洛尘,朝纲解纽恨难伸。精忠何愧回天手,就戮诚捐报主

身。芳草不言亡国事，秾花易落故宫春。栖霞岭下霞光起，仍是丹心照紫宸。(《练江诗钞》卷三)

岳鄂王墓
程之鵕

西湖两少保，墓道是比邻。一日瞻灵爽，千秋恨贼臣。水光鱼在藻，山影鸟啼春。共说勤王事，前生可有因？(《练江诗钞》卷四)

西湖杂咏（录一）
程之鵕

西风斜日岳王坟，欲撷芳荪荐墓门。自是君王忘报怨，精忠冤狱不须问。(《练江诗钞》卷四)

程之鵕（1682—?），字羽宸，又字采山，清歙县（今安徽歙县）人。贡生。曾补博士弟子员，授教谕。有《练江诗钞》。

岳忠武像赞并序
纳兰常安

岳忠武奉金字牌之召，不克复中原，千古痛恨。或谓使忠武斯时引"将在外主令有所不受"之义，长驱直入黄龙，乌睹不功成唾手哉？虽然，此战国谋士饶倖之策，而非纯臣之所以立心也。夫忠武知有君耳，明知奸桧之谋，而必不敢抗，以违主令，此心之所以矢天地而质鬼神也。况夫大将在军中而君疑之，士卒未有不解体者。忠武岂不计及此哉！赞曰：

盖世英雄，明乎大节。百战丹心，千年碧血。树奇谋而冀复中原，彰神勇而振兹伟烈。何期奸桧，顿令羽折。甘蹈危而如饴，矢臣心而若铁。中兴名将，南朝人杰。拜岳岳之光仪，凛生气之难灭。(《受宜堂集》卷二十)

重过汤阴谒岳王忠武庙
纳兰常安

重过古庙一停鞭，细读残碑惜往年。血碧未消三字狱，冬青长锁六陵

烟。中原坐见长城坏，大将难教半壁全。添得九原多少恨，汤阴春雨尚啼鹃。(《受宜堂集》卷三五)

纳兰常安（1683—1748），字履坦，纳兰氏，清满洲镶红旗人。以诸生入仕。乾隆六年（1741），官至浙江巡抚，兼两浙盐运使。诗文集有《受宜堂集》。

西湖杂诗十四首（录一）
黄 任

画罗纨扇总如云，细草新泥簇蝶裙。孤愤何关儿女事，踏青争上岳王坟。(《秋江集》卷二)

黄任（1683—1768），字莘田，号十砚老人，清永福（今福建永泰县）人。康熙四十一年（1702）举人。官至四会县知县。有《秋江集》《香草斋诗集》。

西湖杂忆四首（录一）
高凤翰

花花草草自徘徊，今古关情转可哀。儿女不知兴废事，岳王坟上踏青来。(马述祯《高凤翰诗集》)

高凤翰（1683—1748），字西园，号南村，晚号南阜老人，清胶州（今山东胶州市）人。诗集有《击林》《湖海》《岫云》《鸿雪》《归云》《归云续》《青莲》等。

汤阴谒岳忠武王祠四首
汤斯祚

昔闻少保里，下马荐芬馨。神树阴宫瓦，天风语阁铃。凄凉大措画，太息小朝廷。赤日若为惨，萧然霰忽零。

神算直无古，精忠并有韩。铁疑图砦易，山信撼军难。天地心相誓，雠仇胆欲寒。销魂牌十二，坐举两河□。

陆沉忠义愤，金鼓太行震。唾手中兴业，伤心贪乱臣。自忘仇不共，天祸宋斯频。万古宫邻叹，徒为踣铁人。

碧血由他化，丹衷死不瞑。志赍河朔饮，义矢背嵬军。文致终须有，沉冤古未闻。激昂相州路，涕泪满西熏。（《亦庐诗集》卷十）

汤斯祚（1684—1764），字衍之，号亦庐，清南丰（今江西南丰县）人。以岁贡生为新昌县训导。有《亦庐诗集》。

谒武穆祠
梁锡珩

青山仿佛见旌旗，系马来寻武穆祠。千古英雄一抔土，几朝旌表数通碑。西湖俎豆荣今日，南渡衣冠愧昔时。堪叹六陵何处觅，秋风极目草离离。（《非水舟遗集》卷下）

梁锡珩（1684—1719），字楚白，号深山，清介休（今山西介休市）人。诸生。候选郎中。有《非水舟遗集》。

朱仙镇谒岳忠武庙
张　庚

此地曾为古战场，岳王遗庙市河旁。森森翠柏飞甍迥，飐飐灵旗皎日光。铁骑精诚诸夏振，金牌消息二陵荒。行人同余千秋恨，水面蘋蘩撷更芳。（《强恕斋诗钞》卷四）

张庚（1685—1760），原名焘，字溥三，后改名庚，字浦山，号瓜田逸史，又号弥嘉居士，清秀水（今浙江嘉兴市）人。有《强恕斋集》《浦山论画》。

谒岳鄂王墓
钦　琏

峨峨华表树森森，千载忠魂应式临。此日奸形重铸铁，当时天意未忘金。废兴无奈徒凭数，生死何曾肯易心。南宋诸陵嗟毁尽，冬青空锁翠烟深。（《虚白斋诗集·鲍系集上》）

钦琏（1685—？），字宝光，号幼畹，清长兴（今浙江长兴县）人。雍正元年（1723）进士。官至南汇知县。有《虚白斋集》。

拜岳武穆墓
沈起元

英风终古战松枝，长恨燕云弃若遗。二圣不还臣分死，一家为戮帝宁知。伤心棘寺流丹日，得意毡裘酌酒时。回首冬青埋骨处，拜公马鬣为公悲。(《敬亭诗草》卷六)

沈起元（1685—1763），字子大，清太仓州（今江苏太仓市）人。康熙六十年（1721）进士。官至光禄寺卿。《清史稿》有传。有《周易孔义》《敬亭诗文集》等。

汤阴谒鄂王故宅二首
戴　瀚

汤水环城风日昏，鄂王犹自有家园。凶门誓走黄龙府，吉网催传白虎幡。可叹卧薪惟请妾，谁闻磨剑敢称孙。只今松柏余哀响，天醉当年不问冤。

朝端肯缚中行说，囊底应禽左谷蠡。天阙高居弃钟虡，鼎湖余魄望旌旗。青衣未洗穹庐恨，黄犬宁怀上蔡悲。脔食贼臣何益事，枉教泥首辱轩墀。庙前有秦桧等像。(《雪邨编年诗剩》卷一)

戴瀚（1686—1755），字巨川，号雪邨，清上元（今江苏南京市）人。雍正元年（1723）榜眼。官至提督福建学政。有《雪邨编年诗剩》。

谒岳武穆庙
庄亨阳

曾过西湖拜古坟，汤阴今日吊榆枌。冤沉北阙天难问，计就东窗鬼不闻。宋室但留秦贼相，金人宁畏岳家军。重泉莫说黄龙酒，饮恨千年独有君。

阿谁面缚跪阶前，铁铸头颅断复连。市侩纵能行间谋，庙谟奚取杀忠贤。君侯未死宁南画，二帝犹生或北旋。泥马驮来心独很，至今归狱亦堪

怜。(《秋水堂遗集》卷二)

庄亨阳(1686—1746),字元仲,号复斋,清南靖(今福建南靖县)人。康熙五十七年(1718)进士。官至江南按察副使。《清史稿》入《儒林传》。有《秋水堂遗集》《庄氏算学》《历法问答》等。

岳忠武祠
王 璋

两河父老望恢复,岳家军来风雨速。郾城再捷指顾间,金牌十二苍生哭。五日南迁何纷纷,沙河幽咽不忍闻。何物能料岳少保,此间空死杨将军。六百年来祠庙古,露台反接诸奸聚。英雄涕泪无时无,不画黄龙痛饮谱。(《郾城县记》卷三十)

王璋(1686—?),清直隶真定(今河北正定县)人。《郾城县记·文征外篇下》载其诗二篇。

岳武穆祠
钱陈群

可知天意亦何常,臣职当圆不宜方。十道信牌权已去,三言疑狱史犹光。投簪空遂蕲王志,中饵难医时相肠。身后余荣华衮在,盛朝俎豆荐芬芳。(《香树斋续集》卷九)

钱陈群(1686—1774),字主敬,号香树、柘南居士,清嘉兴(今浙江嘉兴市)人。康熙六十年(1721)进士。历官至乾隆时,任顺天府学政、刑部侍郎。年八十,加太子太傅。有《香树斋集》《香树斋续集》。

谒岳鄂王祠
田 榕

荡阴里第望临安,翠柏苍苍矗影寒。衣血尚教祠屋近,南枝肯向墓门残。十年系马频扪碣,两地临风一正冠。报国尽伤当日事,精忠留得后人看。(《碧山堂诗钞》卷六)

朱仙镇岳武穆王祠次吴登峰韵
田　榕

撼军不易共山摧，野战星驰殷迅雷。帐下背嵬虽劲旅，书生叩马亦奇才。南枝杳霭魂相接，北狩苍凉恨未开。痛哭班师余此地，汴河时涌怒涛来。（《碧山堂诗钞》卷一五）

田榕（1686—1771），字瑞云，一字南村，清玉屏（今贵州玉屏侗族自治县）人。康熙五十年（1711）举人。历任保山、太平、安陆知县。诗书均有名于时。有《碧山堂诗钞》。

咏西湖十二首（录一）
鲁曾煜

沿湖西指岳坟过，高岭栖霞石洞多。寻遍招提七十二，还来曲院看风荷。（《三州诗钞》卷一）

鲁曾煜（？—1753），字启人，号秋塍，清会稽（今浙江绍兴市）人。康熙六十年（1721）进士。改庶吉士，未授职，乞养亲归。有《三州诗钞集》《归田诗存》《秋塍文钞》等。

满江红·拜鄂王祠追和王韵
姚之骃

痛饮黄龙，控万马、奔腾未歇。堪恨处、金牌十二，轻灰奇烈。奴辈巧成三字狱，忠魂已伴双峰月。盼南枝、犹听子规啼，风凄切。　报国字，言堪雪；偏安耻，仇难灭。叹东西南北，天倾地缺。箕尾骑归封马鬣，春秋奏格倾牲血。向流芳、回首凤山青，无宫阙。（《全清词·顺康卷补编》第三册）

姚之骃，字鲁思，号仲容，清钱塘（今浙江杭州市）人。康熙六十年（1721）进士。官至陕西道监察御史。有《镂空集》。

满江红·拜鄂王墓追和原韵
姚 炳

直抵黄龙，看痛饮、精神未歇。最愤是、莫须有事，枉残忠烈。回首奸雄同草露，指心正气凌霜月。想埋红、犹恨锢江南，酸心切。 一湖水，寒冰雪；两高石，镌明灭。问山河破碎，凭谁补缺。四字痕深长涅背，十年力尽空啼血。拜祠宫、遗像独峥嵘，瞻京阙。（《全清词·顺康卷补编》第三册）

姚炳，字彦辉，清钱塘（今浙江杭州市）人。与其仲兄姚之驷齐名，词继西泠十子。有《苏溪集》。

岳 坟
胡 浚

宋室山河尽，孤坟土尚封。金牌催碧血，铁骑负黄龙。伏腊村巫盛，精灵古桧浓。六陵东渡近，无复旧杉松。（《绿箩山庄诗集》卷三）

胡浚（1687—?），字希张，号竹岩，清会稽（今浙江绍兴市）人。康熙五十九年（1720）举人。乾隆时，举博学鸿词。知湑川县，以事落职。有《绿箩山房集》。

过汤阴谒岳忠武庙
陈惪荣

松柏阴森古道陲，停鞭稽首鄂王祠。荒台何处埋金甲，飞鸟犹知避绣旗。冤狱哪凭三字定，精忠惟有两宫知。逡巡门外看遗像，千古奸良鉴在兹。

纵横百战建奇功，入阵全归变化中。谁弃山河同草芥，可怜父子最英雄。阶霜犹挟春秋笔，廊月疑开左右弓。苔藓丰碑镌恨句，不堪卒读满江红。（汤阴岳庙诗碑）

陈惪荣（1688—1747），字廷彦，号密山，清直隶安州（今河北安新县）人。康熙五十一年（1712）进士。官至贵州按察使、布政使。《清史稿》入《循吏传》。有《葵园诗集》。

岳忠武庙
梁以壮

宋朝南渡入余杭，故宅空留万感将。战马返河中国冷，恨云沉汴两宫亡。刘生似抱非常啸，管氏之心在一匡。为象此时坤上六，极天阴气是秋霜。（《兰扃前集》卷六）

梁以壮，字又寀，号芙汀居士，清番禺（今广东广州市番禺区）人。有《兰扃前集》，刻于康熙六十一年（1722）。

拜岳武穆祠
王文清

不是金牌下九阍，燕云唾手况中原。千秋大狱成三字，全宋精忠聚一门。狩北两宫悲断梦，向南孤木自招魂。蜡书夜月西风冷，北上空留旧涅痕。（《锄经余草》卷一）

王文清（1688—1779），字廷鉴，号九溪，清宁乡（今湖南宁乡县）人。曾两主岳麓书院。有《锄经余草》。

忠孝里谒岳忠武庙
张鹏翀

故乡宁恨不生还，报主心悬日月间。肃拜为公题一语，前身诸葛后文山。（《南华山人诗钞》卷十）

张鹏翀（1688—1745），字天扉，号抑斋、南华山人，清嘉定（今上海市嘉定区）人。雍正五年（1727）进士。官至詹事府詹事。有《南华山人诗钞》《南华山人文钞》。

汤阴县岳武穆故里
李兆龄

房辱吾君可共天，金牌十二促师旋。可怜唾手燕云志，只向西泠哭杜

鹃。(《舒啸阁诗集》卷一一)

李兆龄(1688—1737),字仁遐,号月岩,清真定高邑(今河北高邑县)人。拔贡。康熙四十三年(1704)选福建闽清知县,七年后去官。赠通奉大夫。有《舒啸阁诗集》。

阙　题
符　曾

卿冒风霜意不安,盛秋之际驭征难。绣鞯香饼寻常赐,只领官家念苦寒。
地下铅筒黯澹秋,赤松何处伴同游。他时虽逐图南去,说著苍生只益愁。
老秦笔意授雕儿,遂坏红罗岳字旗。可惜东松庵壁上,一行遗墨见淋漓。
荒凉九曲到丛祠,忠武空劳有赐碑。昨夜魂归秋水观,不堪重现岳家旗。
(《南宋杂事诗》卷四)

符曾(1688—1764),字幼鲁,清钱塘(今浙江杭州市)人。监生。乾隆元年(1736)举博学鸿词。官至户部郎中。

阙　题
赵　昱

崇化堂新故府迁,伤心刺出绣袍鲜。岳家昔与张家并,今日韩家有赐田。
易名盛典感人神,一字忠奸大义申。父老至今谈六桧,墓田新土赐麒麟。
(《南宋杂事诗》卷五)

赵昱(1689—1747),原名殿昂,字谷林,一作林谷,别字功千,清仁和(今浙江杭州市)人。诸生。有《爱日堂集》。

阙　题
沈嘉辙

佃客当时岳五郎,庐山泪血洒松篁。狱辞一纸书天日,不愿千年姓氏香。(《南宋杂事诗》卷一)

沈嘉辙,字栾城,清钱塘(今浙江杭州市)人。约雍正中前后在世。诸生。尝与同里吴焯、陈芝光、符曾、赵昱、赵信、厉鹗等捃摭南宋旧闻,各为诗百首，成《南宋杂事诗》七卷。

阙　题
陈芝光

鄂字书成壮气存，临安何处望中原。芦川亦有英雄语，禾黍西风鼓角喧。(《南宋杂事诗》卷三)

陈芝光，字蔚九，清仁和（今浙江杭州市）人。诸生。

谒岳鄂王祠
谢秀岚

帝已安南渡，臣犹誓北驱。申循乃伺隙，中贵亦加诬。心可皇天表，身为群小图。盈庭多将吏，谁道莫须无。(《宁波地名诗·鄞州区·岳鄂王祠》)

谢秀岚，字南铭，号雪渔，清余姚（今浙江余姚市）人。约生活于雍正、乾隆间。谢起龙子。郡庠生。著有《汇集雅俗通十五音》，其《雪渔小草》《雪船吟》已佚。

岳　坟
郑　炎

衰草沿山涧水枯，杳无裙屐暮云孤。铁人长跪知何意，大厦将倾不可扶。三豕渡河空洒泪，子规含血向谁呼。瓶中自酿溪花酒，使尽金牌典阵图。(《雪杖山人诗集》卷七)

郑炎，原名源，字清渠，清秀水（今浙江嘉兴市）人。乾隆间诸生。有《雪杖山人诗集》，嘉庆五年（1800）刻本。

岳王墓
戴　亨

钱塘门外岳王墓，群山重绕西湖路。循湖西去展祖坟，坟上归来见高树。夕阳斜照向南枝，枝头哑哑乌正啼。对墓踉跄忙下拜，老泪迸落心酸悲。血战中原思雪耻，天子深仇不利己。十二金牌听桧谋，风波亭上忠臣死。据此名胜且欢娱，弃捐君父如芒屣。丹诚虽并日争光，国仇未报忠魂伤。时闻风雨万灵走，戈戟夜半声玱琅。石马嘶风毛鬣竖，还如酣战黄龙冈。繄余拜罢日将泯，远近明湖自光骋。南屏山下见高坟，忠肃先生复堪愍。吁嗟乎，有才用世岂良图，罗刹江东好归隐。海气茫茫岛屿深，海上千峰掠孤隼。月出天地浸冰壶，灵光荡漾三山影。何如此去学长生，缥缈仙槎相导引。(《庆芝堂诗集》卷八)

吊岳忠武王
戴 亨

　　岳墓、朱仙镇等作，篇什如林，若崆峒、弇州辈，雄裁鼎峙，俱堪不朽。余独恨忠武之死，由奸相秦桧"二帝还朝，置陛下何地"一语，灭其天良。高宗遂委弃君父，无意复仇，自坏长城，窃位偏安，司马氏之心，路人皆知之矣。作吊忠武一律，非敢媲美前贤，庶几春秋诛意之法欤！

　　英雄血战奋蜺旌，雪耻忠丹贯日明。不忌犁庭回二帝，忍教奸相坏长城。魂骑箕尾归苍昊，地涌波涛走巨鲸。从此中原终莫救，至今烈士恨难平。(《庆芝堂诗集》卷一四)

　　戴亨(1691—?)，字子元，又字通乾，号遂堂，汉军旗人。康熙六十年(1721)进士。官至齐河知县。有《庆芝堂诗集》。

题岳忠武像
张世进

　　缓带轻裘状，忠臣孝子身。意中劳想像，画里识天人。南渡倡和议，中原污虏尘。父兄浑不顾，将帅更无论。宣力十年废，长城一旦沦。死教沉犴狴，生不上麒麟。君相今安在，丹青炳若新。千秋犹涕泪，何况两州民？忠武生前，常、虔二州之民皆绘像祠之。(《耆老书堂集》卷五)

　　张世进(1691—?)，字轶青，号啸斋，临潼(今陕西西安市临潼区)人。有《耆老书堂集》。

阙 题
厉鹗

东朝銮驭朔方归,南面方知乐事稀。可惜岳将军不见,深宫只著道家衣。(《南宋杂事诗》卷六)

厉鹗(1692—1752),字太鸿,号樊榭,清钱塘(今浙江杭州市)人。康熙五十九年(1720)举人。《清史稿》入《文苑传》。有《樊榭山房集》。

岳王坟
赵 虹

恢复中原誓不难,靖康何意竟偏安。渡江帝子羞泥马,卖国封书秘蜡丸。忠鲠旋闻疏赵李,英雄况复失张韩。六陵陵树冬青尽,只有南枝尚薄盘。(《湖海诗传》卷一一)

赵虹,字荫谷,清嘉定(今上海市嘉定区)人。布衣。与厉鹗诸名士唱和。

谒岳武穆祠
雷方晓

长林落日冷征鞍,下马高祠意已酸。沉狱但知擒虎易,坚兵谁想撼山难。九原有血还成碧,八口无心不是丹。可惜两宫归未得,黄沙漠漠北风寒。(《民国淮阳县志·内集·诗》)

雷方晓,字惊万,号抱痴,清淮宁(今河南淮阳县)人。乾隆间以诗鸣于郡邑。乾隆十九年(1754)董修邑乘。有《雪庐诗钞》《南游诗草》。

宋少保岳忠武王墓
许承祖

黄叶青山忠武祠,悲风瑟飒墓门吹。而今欲记黄龙恨,只看南回树便知。(《西湖渔唱》卷四)

翊忠祠
许承祖

冲冠义愤重南邦，血食西陵烈士双。三字奇冤悲北狱，千秋遗臭话东窗。（《西湖渔唱》卷四）

许承祖，字绳武，号复斋，别号雪庄居士，清乾隆时海宁（今浙江海宁市）人。与沈德寿、厉鹗等名士友善。

岳 坟
陈 璨

冤魄沉埋郁未伸，群奸面缚跪莎尘。何曾消得孤忠恨，不是金人是铁人。（《岳飞墓诗选》）

陈璨，字倥侗，清乾隆时泰州（今江苏泰州市）人。出身世家，却怀才不遇，闭户著述。有《西湖竹枝词》。

岳忠武王墓
沈廷芳

墓木皆南向，英风尚飒然。孤忠灵莫妥，恢复志徒坚。狱定惟三字，功隳已十年。栖霞岭头月，昔昔听啼鹃。（《隐拙斋集》卷二一）

阙 题
沈廷芳

故里神祠俨式临，向南铁干柏森森。金牌误国长城坏，玉座便宜典祀歆。客起兴亡千载恨，公惟忠孝一生心。几回曾谒湖边庙，碑抚英词为朗吟。（汤阴岳庙诗碑）

沈廷芳（1692—1762），字畹叔，号椒园，清仁和（今浙江杭州市）人。乾隆元年（1736）举博学鸿词科。官至山东按察使。有《隐拙斋诗集》《隐拙斋文集》等多种。

阙　题
钱本诚

连山拱太行，众水趋衡漳。相州地势天下壮，笃生俊杰非寻常。相有韩安阳，将有岳鄂王。一代两伟人，乡井还相望。汤阴故宅忠孝里，庙貌历久弥辉煌。古柏森森殿深回，灵风肃肃旗高扬。满庭碑碣错今古，读之血泪沾衣裳。呜呼宋运厄靖康，君王怯懦成膏肓。不愿垂衣坐明堂，敌来偏爱海岛藏。有臣如此不令赴疆场，自有佳士理庙廊。十年功成一旦弃，三字狱就千秋伤。坐视将相自鱼肉，岂惜君父委虎狼。大星忽殒天暗惨，长城自坏人仓皇。黄龙痛饮长已矣，徒令中原父老年年挥涕奠酒浆。自古原无国不亡，强金弱宋递沧桑。惟有吾王赤心炯，长与日月争辉光。奇男烈女尽慨慷，环若五纬垂寒芒。我来十月天苍凉，停骖下拜酹椒觞。王今骑箕在帝旁，永为圣代扫欃枪。出门极目无战垒，但见青山矗矗水汤汤。（汤阴《岳飞庙志》）

钱本诚（1693—1741），字胄伊，清太仓（今江苏太仓市）人。雍正五年（1727）进士。先后典试广东、广西，晋赞善。有《待致草》《北窗闲览》《培园诗集》。

谒岳忠武墓
马维翰

绰拨斜门日，支撑半壁时。书生谁叩马，丞相自班师。臣力何曾竭，君恩不可知。只今祠墓地，遗恨向南枝。（《墨麟诗》卷一）

马维翰（1693—1740），字默临，又字墨麟，号侣仙，清海盐（今浙江海盐县）人。康熙六十年（1721）进士。官工科给事中，被构罢。后起授江南常镇道参议。有《墨麟诗》。

论词绝句
郑方坤

故山松竹梦难寻，半壁东南已陆沉。最是岳王写哀愤，欲将心事付瑶琴。（《蔗尾诗集》卷五）

郑方坤（1693—?），字则厚，号荔乡，清建安（今福建建瓯市）人。雍正元年（1723）进士。历官景州知州、武定知府。有《却埽斋倡和集》《蔗尾诗集》《蔗尾文集》等。

谒岳忠武庙
王　峻

强弓手挽雅歌娴，未许韩刘伯仲间。谁使朱仙回玉帐，转愁雪窖有刀环。长城自坏天难问，半壁偏安主厚颜。遗庙近邻嵇绍墓，灵旗风静古碑间。（《清诗别裁集》卷二七）

王峻（1694—1751），字次山，号艮斋，清常熟（今江苏常熟市）人。雍正二年（1724）进士。官至江西道监察御史。以母忧去官。主讲安定、云龙、紫阳书院。《清史稿》入《文苑传》。有《艮斋诗文集》。

岳阵头
许勉燉

在（荥阳）邑城南八里，相传岳忠武陈师破金兵处。

积尘霾旷野，飞沙卷山坞。四顾但苍茫，高低杂榛芜。维昔靖康年，衣冠沦戎虏。煌煌京洛中，腥膻满殿庑。为问河南北，勤王谁御侮。义旗扫地来，兵家背鬼斧。既清淮楚氛，誓饮黄龙府。精心悬日月，慷慨告天祖。躬亲摄甲胄，手自援枹鼓。临阵运一心，安用竖楼橹。统此千犰狖，吞彼万豻虎。闻声争奔窜，敢向颜行拒。整旅驻朱仙，将军真神武。何难咄嗟间，恢复中原土。讵知宋宗社，早藏狐鼠蛊。庙堂坚和议，竟与权奸连。金牌十二道，传呼撤部伍。童叟送归旌，痛哭泪如雨。乃坏万里城，忍斫擎天柱。中兴业摧败，遗恨留千古。当时追战地，雄风犹号怒。至今耕犁处，往往拾残弩。虎牢逼战败，险隘相撑拄。拊髀起长叹，故垒不可睹。遥忆鄂王坟，寒鸦噪烟树。（《民国汜水县志》卷一二）

许勉燉，字思晦，清海宁（今浙江海宁市）人。雍正四年（1726）举人。乾隆三年（1738），调汜水知县，在任七年。

恭和御制经岳武穆祠元韵
胡宝瑔

汤阴古里接丛祠,往事何堪问会之。唾手已筹吞敌日,许身空忆过河时。西湖弓剑长相望,南渡衣冠竟莫支。圣主表忠为驻跸,金牌犹惜促归期。(汤阴岳庙诗碑)

胡宝瑔(1694—1763),字泰舒,号饴斋,晚号瓶庵,清徽州府(治今安徽歙县)人。雍正元年(1723)举人。历官山西、江西、河南巡抚。卒加太子太保、兵部尚书,谥恪靖。有《瓶庵诗文集》《瓶庵奏疏》。

汤阴县谒岳忠武王祠
徐以升

十二金牌百战空,燕云唾手竟何功。神州有数中分宋,崧岳储精复产公。一勺明湖涵碧血,千年榆社凛英风。江山南北皆遗痛,日暮灵旗来往中。(《南陔堂诗集》卷三)

徐以升(1694—?),字阶五,号恕斋,清德清(今浙江德清县)人。雍正元年(1723)进士。官至广东按察使。有《南陔堂诗集》。

过岳鄂王汤阴故里
阮玉堂

武穆精忠亘古稀,丹心日月共光辉。狱成三字千秋恨,多少英雄泪湿衣!(《淮海英灵集》戊集卷四)

阮玉堂(1695—1759),字履庭,号琢庵,清江都(今江苏扬州市江都区)人。康熙五十四年(1715)武进士。官至广东钦州营游击,诰封昭勇将军。有《珠湖草堂诗集》《琢庵诗》《箭谱》《阵法》。

楚乡咏古四首(录一)
张埴

岳侯忠孝人,勤王必投袂。谋定而后战,取胜若符契。八日清湖湘,全

收上流势。蝼蚁不足扫,虎狼方受制。和议忘复仇,乾坤合蒙蔽。(《嘉庆长沙县志》卷三七)

张埴,字贡五,号香潭,清湘潭(今湖南湘潭市)人。雍正元年(1723)拔贡。有《湘帆阁集》。

朱仙镇岳庙叠韵
桑调元

南渡饶名将,中兴尚有人。长城翻自坏,漏网罢弥纶。国仰无双士,忠摅不二臣。堂廉群谶笑,父子独愁辛。直捣威名震,偏安气已屯。儿童犹骂蔡,校尉欲歼秦。铁骑方张胆,金牌忽怆神。北盟撄利齿,南渡迫穷鳞。湖岫花诚丽,冰天草不春。十年雄略废,一德密谋新。黔首流离众,中原蹂躏频。难还两宫驾,谁扫七陵尘。紫殿光虽灿,青城影孰亲。熊罴摧猛士,豺虎压强邻。苦逼东南域,虔输百万缗。朱仙当日惨,痛哭血盈巾。(《弢甫集·恒山集》卷二)

汤阴岳忠武先茔叠韵
桑调元

及见金亡日,汤阴忆伟人。先茔移若斧,新诏下如纶。大义明如日,精忠劝作臣。湖边标炳焕,地下慰凄辛。已睹前灰灭,其如末运屯。蜀疆难保汉,周命迄归秦。莫驻南奔足,空伤北顾神。冲风无奋鸒,窜海有惊鳞。虽践中原土,虚颁正朔春。华胥梦何短,色目势方新。战鼓秋声咽,边烽夜报频。留都空驻跸,行行转蒙尘。白日终须坠,皇天实少亲。爪牙谁御侮,唇齿忆亡邻。帝舰漂沉叶,朝纲断烂缗。还悲黑龙首,冲发上冠巾。笃生忠武地,庙貌极清严。故国灵风肃,先茔蔓草芟。(《弢甫集·恒山集》卷二)

汤阴谒岳庙
桑调元

峥嵘耸榱桷,盘郁挺松杉。大字留青碣,豪吟送紫岩。北征神共王,南渡恨重衔。戮力方摧敌,椎心忽被谗。班师缘一德,和议定三缄。圣水空留跸，妖星罢扫欃。臭应污铁铸，芳自勒金函。驰道銮舆驻，穹碑御藻劖。明禋列牺象，舞佾奏韶咸。元恶神明愤，精忠天地鉴。汤阴云漠漠，吴下月掺掺。衮钺春秋笔，留题窃发凡。（《弢甫集·恒山集》卷二）

桑调元（1695—1771），字伊佐，一字弢甫，自号独往生、五岳诗人，清钱塘（今浙江杭州市）人。雍正十一年（1733）特赐进士。授工部主事。尝主九江濂溪书院、渌源书院。《清史稿》有传。有《弢甫集》《躬行实践录》《论语说》等。

岳忠武王墓
张　湄

长城自堕失奇勋，胡骑中原痛割分。雪窖几曾归二帝，金牌容易撼三军。只余碧水明心血，岂有皇天鉴背文。南渡诸陵谁复在，西湖烟树又斜曛。（《柳渔诗钞》卷一）

汤阴县过鄂王祠
张　湄

南渡衣冠付劫灰，中原庙貌独崔嵬。从教碧树长依阙，难见黄龙快举杯。百战只成三字狱，万夫谁敌一家才。泪流已湿西湖土，此地重增过里哀。（《柳渔诗钞》卷五）

张湄（1696—?），字鹭洲，号柳渔，清钱塘（今浙江杭州市）人。雍正十一年（1733）进士。官至给事中。有《柳渔诗钞》。

谒庙有感
李绵祖

狱成三字鄂王死，宋祚中兴未有期。二帝忍令亡朔漠，两河不复见旌旗。半生百战忠臣泪，一日千秋野老悲。自是奸秦罪不赦，春秋诛隐有严词。（汤阴《岳飞庙志》）

刺新铸铁像奸党五人
李绵祖

秦 桧
炉火光炎现贼身,蓬头垢面一番新。当年不是营和计,宰相何为屈膝人。
桧 妇
牝鸡谁教向晨鸣,宋代江山一话倾。尸碎莫销孺子恨,行看新像又遭兵。
张 俊
憾王谈笑却金兵,唱和同辞大狱成。谁使当年迎桧意,而今屈膝莫支撑。
万俟卨
问贼中丞何自来,挟私锻炼屈王才。早知铁像遭余辱,不助奸秦宋室恢。
王雕儿
鄂王恢复亦何辜,诬诘还兵事有无。三字狱成千载恨,到今屈膝亦连株。(汤阴《岳飞庙志》)

李绵祖,清汤阴(今河南汤阴县)人。雍正十三年(1735)参加乡试,由副榜授考职知县。

岳 墓
陈景元

飘零湖海老参军,浙水重闻岳氏勋。大漠无人恢故业,中原有土竟平分。扁舟落日摹遗碣,长剑秋风拜古坟。昺帝蒙尘同一死,独怜身后不如君。(《陈石闾诗》卷一二)

陈景元(1695—?),字子文,号石闾,清奉天海城(今辽宁海城市)人,隶汉军镶红旗。曾佐简仪亲王幕。与戴亨、长海并称为"辽东三老"。有《陈石闾诗》。

岳 墓
方观承

天王不葬南朝土,埋恨埋忠此终古。眼迷花柳作旌旗,耳幻江潮突金

鼓。旧京陵庙风沙路,焉知更有兰亭树。异代常留南向枝,衣冠再拜鹃啼处。(《述本堂诗集·宜田汇稿》)

方观承(1696—1768),字宜田,号向亭,清桐城(今安徽桐城市)人。以荐赐中书,官至直隶总督、太子太保。有《述本堂诗集》等。

岳 墓
李继圣

鹤盘华表柱,虎啸大江潮。讨北天方顺,向南树未凋。六陵惟蔓草,一冢在云霄。不尽流连处,湖山入沉漻。(《振南诗集》卷一)

岳 庙
李继圣

衮旒座上凛如生,驻马拈香玉磬鸣。四字铭心三字狱,一宫垂手两宫倾。南朝怨小黄龙府,西蜀仇深白帝城。义在桃园无孝友,皇天道变不须争。(《振南诗集》卷二)

李继圣(1696—?),字希天,号振南,清常宁(今湖南常宁市)人。雍正二年(1724)举人。历任江西万年、广丰知县,晚年应聘掌教石鼓书院。有《春秋今古合解》《奇男女衍义》《尚论篇》《寻古斋诗文集》等。

《说岳全传》存诗
佚 名

金人铁骑荡征尘,南渡安危系此身。二帝不归天地老,可怜泉下泣孤臣。
遗恨高宗不鉴忠,感斯墓木撼天风。赤心为国遭谗没,青史徒修百战功。
华表松枝向北寒,周思孔情楷模看。湖波已泻金牌恨,絮酒无人酹曲端。
忠臣为国死衔冤,天道昭昭自可怜。留得青青公道史,是非千载在人间。
双剑龙飞脱宝函,将军扼腕虎眈眈。奸邪误国忠良死,千古令人恨不甘。
泰山颓喻哲人萎,白玉楼成似有期。天道朦朦无可问,人心愤愤岂无为。
一生忠义昭千古,满腔豪气吐虹霓。奸臣未死身先丧,长使英雄泪湿衣。
十二金牌马首东,郾城憔悴哭相从。千年宗社孤坟在,百战金兵寸铁

空。径草有灵枝不北，江湖无恙水流东。堪嗟词客经年过，惆怅遥吟夕照中。(《说岳全传》第六十一回)

清钱彩《说岳全传》第六十一回录"后人有吊岳王诗"共十首，均不记诗题及作者。已知其第六首为元贯云石所作，第八首为清沈德潜所作，第十首为明周诗所作，其余七首当各有作者，而非钱彩自作。俟考。

《说岳全传》诗选
钱　彩

寂寞相如卧茂陵，家徒四壁不知贫。世情已逐浮云变，裘马谁为感激人？大盗徒然投币帛，新君伫尔整乾坤。只看贤母精忠训，便识将军报国心。(《说岳全传》第二十二回)

从来世乱识忠臣，龙凤旌旗宠异群。应诏速趋君命召，轰轰烈烈岳家军。(《说岳全传》第四十七回)

北狄连番犯宋关，英雄并起济时艰。金兵大溃朱仙镇，几使余生不得还。

满期直捣黄龙府，二圣迎归复汴京。争奈班师牌十二，大勋一旦败垂成！(《说岳全传》第五十九回)

匹马南来捍御难，中原疆土日摧残。幸逢大帅忠诚奋，感激诸军勇力殚。百战功高番寇遁，几回凯捷庶民安。高宗不信秦长脚，二圣终当返御銮。(《说岳全传》第五十九回)

奸佞当权识见偏，岳侯一旦受冤愆。长江何故风波恶，欲报深仇知甚年？(《说岳全传》第六十三回)

宋室江山一旦空，天时人事两相蒙。徽宗失德邀天祸，兀朮乘机得逞雄。万古共称秦桧恶，千年难没岳飞忠。因将武穆终身恨，一假牛皋奏大功。

力图社稷逞豪雄，辛苦当年百战中。日月同明惟赤胆，天人共鉴在清衷。一门忠义名犹在，几处烽烟事已空。奸佞立朝千古恨，元戎谁与立奇功。(《说岳全传》第八十回)

钱彩，字锦文，清仁和(今浙江杭州市)人。约雍正中叶在世。清代小说家。著有《说岳全传》二十卷八十回，多虚构不合史实，然其颂岳诗当非虚情。

阙　题
杨世达

小子宰荡阴，拜瞻夫子堂。感慨当年事，欲刃秦桧脏。桧也何足责，权奸本害良。独怪高宗帝，功成反自戕。致令千载下，论之忿不忘。

宋祚以桧灭，夫子以桧彰。忠孝萃一门，终古凛纲常。庙貌并天地，芳名岂在汤。翼翼忠孝亭，过之咸仰望。（汤阴《岳飞庙志》）

谒岳忠武庙
杨世达

倚云翼翼古宫墙，瞻拜低徊曲槛旁。和议有心通兀尤，回天无计破高皇。可怜肤里镂铭志，空受龙旗御字光。俎豆至今留盛典，何须回首论兴亡。

中原百战立奇功，泪洒金牌变血红。浩气已知归碧汉，丹心犹解护黄龙。宋家城阙沉荒土，奸党身名碎石砻。徙倚堂前披旧传，茫茫今古仰精忠。（汤阴岳庙诗碑）

岳忠武像赞
杨世达

黄河毓秀，嵩岳钟灵。中州间气，有宋挺生。恢复中原，剑槊横行。金酋胆落，相顾色惊。咸曰岳军，何殊天兵。漠北逃窜，父老庆生。奏功旦夕，桧贼忌成。金牌十二，胡鼓复鸣。十年战绩，瞬息而倾。千古痛恨，高宗无睛。社稷自丧，公擅隆名。地迥天高，忠武莫京。瞻仰遗容，英风烈烈，浩气峥峥。（汤阴《岳飞庙志》）

杨世达，字兼斋，清揭阳（今广东揭阳市）人。贡生。雍正七年至乾隆三年（1729—1738）任汤阴知县。曾主持重修《汤阴县志》，续辑《汤阴精忠庙志》。

岳忠武先茔
王 玮

宋家社稷已成空，古冢人称是岳公。碧草凄迷荒月夜，白杨历落老秋风。露零朝霭尚思孝，鸦噪夕阳犹念功。大义直同天地永，忠坟肯教白云封。（汤阴《岳飞庙志》）

王玮，清汤阴（今河南汤阴县）人。雍正七年（1729）以拔贡中顺天乡试，乾隆元年（1736）举进士。仕历失考。

谒岳忠武墓
张弘范

燕云唾手十年功，心火成丹万里烽。一自金牌邀赤羽，再无铁骑到黄龙。诸陵麦饭秋风冷，孤冢椒浆碧血浓。俯仰湖山动凭吊，灵旗卷翠入寒松。（《濮川诗钞·霫阳诗钞》卷一）

张弘范，字仑表，清长水（今浙江嘉兴市）人。雍乾时期在世。

岳武穆墓
阎沛年

赵宋山河事已灰，孤臣华表墓门开。风悲石马嘶秋草，云暗虬松倚断苔。铁案锻成千古恨，金牌迭诏万马回。书生叩马言非妄，垂手勋名付草莱。（《晴峰诗集》）

阎沛年，字晴峰，自称壸水（其地待考）人。曾官浙江龙游、嘉禾知县。其《晴峰诗集》有乾隆五年（1740）张若震序。

谒岳忠武墓
陈曾祉

栖霞岭下仰崚嶒，南宋忠魂实式凭。尚有松枝留古墓，更无麦饭荐诸陵。九原白骨嗟何及，万古皇天唤不应。林外日斜归鸟急，难将往事问山僧。（《濮川诗钞·心隐诗钞》卷四）

陈曾祉，字鸿园，人称心隐先生，清初雷泽（今山东鄄城县）人。《濮川诗钞》有乾隆五年（1740）张弘范序。称其"幼孤露"，"不堪竟其肄业"。

螺冢诗有序
沈无咎

武穆之罹奇祸也，尸且莫敢收。一士人悲愤甚，篝螺壳以掩之，遂成冢。七百年无论贵贱，虽妇稚莫不谓岳家坟共天地久长矣。远近间更得后代忠肃于公墓，其精爽亦为之不孤。

维王智勇忠，神妙建功速。在天永为星，在地自为岳。使生楚汉间，一与淮阴角。善以少击众，未知谁死鹿。至今百合场，杀气斫松竹。往往荆南人，夜闻北鬼哭。彼构枭獍心，贼桧逢其恶。杯酒鸩牛皋，俊罪先莫赎。眼见螺冢头，泪者日盈斛。荡作西湖水，奸铁那许伏。（《岳武穆年谱附遗迹考·临安第六》）

沈无咎，字子慕，号梦诗，清长兴（今浙江长兴县）人。布衣。夫妇并工诗。著有《荆溪渔隐》《梦华正续》诸集。乾隆五年（1740），长兴县令爱其诗，葬无咎于夹浦。

岳鄂王墓
顾诒禄

大将星芒落，沉冤向此中。十年劳战伐，三字叹英雄。复见神州陷，虚期漠北空。七塘司马在，相对泣孤忠。（《湖海诗传》卷一一）

顾诒禄（1699—1768），字禄百，号花桥，又号瑷堂，清长洲（今江苏苏州市）人。贡生。以古文辞鸣于时。为沈德潜高弟。有《虎丘山志》《寒读偶编》《吹万阁集》《瑷堂文述》《瑷堂诗话》等。

拜瞻岳武穆庙
黄图珌

庙貌开名地，堂庑隐翠霞。烛明千岁树，香结万年葩。正气凝霄汉，英

风撼海涯。空遗三字恨,今古共悲嗟。(《看山阁续集·诗》卷五)

黄图珌(1700—?),字容之,号蕉窗居士、守真子,清松江(今上海市松江区)人。曾任杭州府同知、衢州府同知。有《看山阁集》。另有传奇《雷峰塔》《栖云石》等多种。

南城精忠庙元夜以泥塑秦桧像烈火焚烧为灯诗以纪之
林良铨

迷途苦海岂无因,三昧光中忆宋人。丞相有牌能调岳,将军遗火竟烧秦。千疮剜异婆罗子,一腹燃同董贼臣。彼欲为灯都逊尔,年年余烬见全身。(《岭南林睡庐诗选》卷下)

林良铨(1700—?),字衡公,清平远(今广东平远县)人。乾隆年间任崇庆州知州。有《岭南林睡庐诗选》。

阙 题
田茂椿

百战功勋尘土事,一腔热血染荒丘。奸邪通房转和议,庸主忘亲忍事仇。谁道恢疆非所欲,若云迎圣触机谋。只因未解忠臣意,遗恨千秋痛不休。(汤阴《岳飞庙志》)

田茂椿,清银夏(其地待考)人。乾隆年间曾任潮州府海防兼清军同知。

湖上杂咏十二首(录一)
沈大成

偏安遗迹久消磨,人过栖霞感慨多。殿上焚香门外唾,到头忠佞竟如何。(《学福斋诗集》卷十)

沈大成(1700—1771),字学子,号沃田,清华亭(今上海市松江区)人。诸生。笃志经学,以诗、古文辞知名江左。有《学福斋诗集》。

汤阴谒岳忠武祠
杨锡绂

鄂王忠义古无伦,遗恨今犹泣路人。宋室偏安偷岁月,孤臣热血洒尊亲。爰书三字英雄死,和议中原社稷沦。古柏祠堂巢野鹤,年年风雨尚酸辛。(《四知堂文集》卷二九)

杨锡绂(1700—1768),字方来,号兰畹,清清江(今江西樟树市)人。雍正五年(1727)进士。乾隆朝,官至漕运总督。卒,赐祭葬,谥勤悫。有《四知堂文集》。

阙 题
赵 信

拘没皆归南库藏,须还御笔焕天章。宫亭西畔悲家市,瓦屋江州是故乡。(《南宋杂事诗》卷七)

赵信(1701—?),字辰垣,号意林,清仁和(今浙江杭州市)人。国学生。与兄昱(字谷林)同以诗名于时,时称"二林"。

精忠记
金德瑛

十二金牌三字狱,七陵弗恤况臣工。天护碑词随地割,龙蛇生动满江红。(《观剧绝句》)

金德瑛(1701—1762),字汝白,号桧门,清仁和(今浙江杭州市)人。乾隆元年(1736)进士第一。官至内阁学士、左都御史。有《诗存》四卷、《观剧绝句》一卷。

汤阴谒岳鄂王庙
彭启丰

孤臣故里土花斑,忠孝名标霄汉间。武略夙娴心许国,强弓亲挽阵如山。英风尚想黄龙饮,遗恨难追雪窖还。此日神祠遗碧草,长教父老泪痕

潜。(《芝庭诗稿》卷三)

钱塘怀古（录一）
彭启丰

栖霞碧血草离离，狐兔潜踪杜宇悲。铁骑云驰追北旆，石麟雨泣向南枝。一家忠孝孤坟在，千载神奸铸象垂。后代筹边愍司马，衔冤西市有旌碑。(《芝庭诗稿》卷六)

恭和御制经岳武穆祠元韵
彭启丰

阴森翠柏护崇祠，遗像峨峨恍见之。血洒旌旗追北日，魂归父老南渡时。已嗟宗泽空陈疏，剩有蕲王亦不支。睿藻褒扬为忠孝，明禋特遣缅风期。是日臣启丰奉命致祭。

故里汤阴肃旧祠，英风伟略孰过之。天心岂昧忠邪报，高庙曾无悔悟时。三字狱成冤独结，十年功废恨难支。映阶土晕生秋草，重忆西湖拜墓期。(《芝庭诗稿》卷八)

拜岳忠武王墓
彭启丰

昨年奉使祀汤阴，今日栖鸦墓可寻。草木向春和碧血，湖山凌晓鉴丹心。银瓶旧井悲芜没，石虎新碑少斧侵。铸铁千秋遗恨在，南枝长凛柏森森。(《芝庭诗稿》卷九)

彭启丰（1701—1784），字翰文，号芝庭，别称香山老人，清长洲（今江苏苏州市）人。雍正五年（1727）会试、殿试第一。官至兵部尚书。谥文勤。有《芝庭诗稿》。

忠武军符歌有序
商 盘

宋岳韩两忠武，俱有背嵬军。嵬，酒瓶。亲军为大将负嵬者，统制而下咸与抗礼，此其军符也。符制以铜，圆径六分，高三分，鼻钮以贯佩绳。其文："一人飞骑，背负酒瓶。"武林某君偶得于友人行筐中。孙编修约亭征诗纪事，因赋此诗。

何年留此飞骑符，非麟非虎体裂殊。北狩南迁事已矣，此符尚不埋榛芜。李纲既亡宗泽死，九鼎一发谁能扶。堂堂两公韩与岳，身经百战挥螌弧。酒罍负背弓克敌，亲军摩垒争先驱。权臣在内贼所利，肯使大将恢皇图。班师跨驴两寂寞，龙沙万里悲鸾舆。输金纳币计真左，可惜宋社成邱墟。金牌一召铜印失，鄂王抱恨蕲王孤。旧物流传神鬼护，疑有碧血光模糊。约亭翰林颇好古，征诗纪事来通都。我读青史已惆怅，况睹此物增嗟吁。是韩是岳两不辨，千秋忠义难沦胥。君不见唐林痛哭六陵发，珠襦玉匣归泥涂。(《两浙輶轩录》卷一八)

商盘(1701—1767)，字苍雨，号宝意，清会稽(今浙江绍兴市)人。雍正八年(1730)进士。官至云南元江知府。著诗几及万篇，自订新旧诗八十卷，定为《质园诗集》。

吊岳鄂王墓
计　发

鄂王坟上夕阳斜，吊古还停薄笨车。高庙有心诛大将，两宫无骨瘗龙沙。狱成三字冤何极，事发东窗事有加。遥忆骑驴韩太尉，往来应为动长嗟。(《两浙輶轩录》卷一七)

计发，字发之，号鱼计，清乌程(今浙江湖州市吴兴区)诸生。幼时见赏于舒瞻(乾隆四年进士)诸名士。著《鱼计轩集》《鱼计诗话》。

岳王坟
汪士桂

忠孝英雄绝世无，岳王坟庙在西湖。当时若使诛秦桧，不过凌烟一画图。(《两浙輶轩录》卷一九)

汪士桂，字森远，一字生原，清仁和(今浙江杭州市)人。约生活于雍乾时期。治易，通于医。著《生原医学读本》十余卷，并诗稿俱散逸。

西湖竹枝词二首（录一）
洪 简

路旁杨柳万条长，风去风来抵死忙。不及岳坟华表石，一双相向立斜阳。（《两浙輏轩录》卷二六）

洪简，字辟支，号豆村，清雍正前后钱塘（今浙江杭州市）诸生。有《激提集》。

岳忠武砚
俞忠孙

袁氏旧藏岳忠武澄泥砚，铭云："石可为钟砚亦得，不惟厥声惟厥式，八音之始始以嘿。"为取其意歌之。

囊泥澄向汾水边，取以制砚轻且坚。浪击波淘绝渣滓，土模竹削归陶甄。冰霜炼后气弥劲，腻理温肌具真性。大则发为史册光，次亦足纪山川胜。我友生平癖嗜斯，向予咄咄每称奇。体裁仿佛华钟式，书法还绕大令姿。二十一字铭简古，署名知是岳忠武。近若韩刘罕比肩，远如绛灌羞为伍。因知就中命意深，土本无声寄在金。譬彼蒲牢原善吼，持椎哪得宣其音。可惜始终全用嘿，不写弹章诛桧贼。十载孤忠一旦隳，几行热血千秋碧。（《两浙輏轩录》卷二八）

俞忠孙，字祖臣，号节霞，约清雍乾时期会稽（今浙江绍兴市）人。有《节霞诗存》。

谒岳忠武王墓
潘洪畴

一诏金牌万古叹，中原北望总漫漫。君王莫洗青衣辱，臣子翻留碧血寒。回首河山经百战，可怜风雨剩余酸。六陵已朽冬青树，尚有遗民泪未干。（《两浙輏轩录》卷三十）

潘洪畴，字范九，清海宁（今浙江海宁市）诸生。约生活于雍乾间。

岳 堤
瞿源洙

我读陈亮书，中兴载遗事。其时金南侵，百姓皆忧思。吾邑赵次章，往说岳节使。移兵驻阳羡，给粮振垂翅。百战御北师，筑垒溪山次。县境赖以安，岳军亦立帜。大堤绕城南，传流济师地。道接古战场，杳袅烟壑际。当日畚插劳，乡人皆仗义。至今林峦旁，隐见麾下势。岳王真天人，狂生功亦异。同邑有参政，叹息表遗弃。奇才见仓卒，不惜犯疑忌。荒哉邑乘疏，缺略无一字。桑梓美谈绝，可以发深思。安得龙川公，奋笔纂轶志。（《嘉庆重刊宜兴县志》卷四）

瞿源洙，字时夏，清宜兴（今江苏宜兴市）人。副贡生。雍正八年（1730），助修《山西通志》。乾隆十八年（1753），受聘为大中丞庄有恭掌书记。有《笠洲文集》《笠洲诗集》《笠洲词》。

岳王祖坟感赋
王锡谷

牟山兑起乾坤峙，秀萃中原毓德宏。一岭纵横眠卧凤，两河旋绕拱蟠龙。佳城霞蔚将兼相，正气云蒸孝作忠。殷墓周台成鼎立，圣贤道脉自相通。（汤阴《岳飞庙志》）

王锡谷，清晋阳（今山西太原市晋源区）人。雍正十年（1732）举人。

岳武穆墓
李舒景

天骄犹慑撼山威，报国精忠赐帜稀。北走朝廷终不返，南迁社稷已全非。哭牌朱镇心空壮，痛饮黄龙愿竟违。千古含冤三字狱，西湖坟上雪霏霏。（《民国上林县志》卷一五）

李舒景，字轶凡，清上林（今广西上林县）人。雍正十年（1732）岁贡。官荔浦训导。

汤阴城西谒岳武穆庙谨遵御制诗原韵
张开东

经冬两度拜公祠,忠孝天生信有之。正气全开天下望,灵魂一返故乡时。东村桑梓依然在,南渡江山已不支。读罢宸章三太息,清标还与后人期。(《白菀诗集》卷八)

张开东(1702—1781),字宾阳,别名白菀,号青梅居士、海岳游人,清蒲圻(今湖北赤壁市)人。贡生。工诗古文,且好游名山大川。有《白菀诗集》。

岳武穆坟
任端书

未许功成漠北回,将星中夜殒烟霾。九州气尽黄龙饮,三字冤从碧血埋。终古风云嘶石马,于今父老叹金牌。偏安自此伤南渡,秋雨荒宫没薜荔。(《南屏山人集·诗集》卷十)

任端书(1702—1740),字蘷思,一作进思,号念斋,清溧阳(今江苏溧阳市)人。乾隆二年(1737)进士第三人。授编修。七年,任会试同考官。丁父艰归。有《南屏山人集》。

汤阴谒岳忠武祠
朱荃

宫阙西泠迹久荒,将军此地有祠堂。黄龙饮已成虚顾,白鹤归应耻故乡。早见弹文来魏国,枉将列像铸申王。临风不尽英雄恨,咫尺朱仙旧战场。(《乾隆彰德府志》卷二九)

朱荃(?—1750),字子年,号香南,清桐乡(今浙江桐乡市)人。由监生补试乾隆二年(1737)举博学鸿词,授编修。有《香南诗钞》。

谒岳庙
高 植

庐岳崇高江水洪，血诚千载并争雄。中原戮力空回首，报国由来只尽忠。

双剑凌空当户排，江风动地尚闻雷。浔阳城里祠忠武，此日金牌召不回。(《同治德化县志》卷一一)

高植，字槐堂，清武康（今并入浙江德清县）人。乾隆二年（1737）进士。十六年调任德化知县。重修九江岳庙，并编纂《德化县志》。

题岳忠武王庙
德 保

见说中原尚可图，背嵬终遣一军孤。黄龙痛饮心谁诉，白马奔涛恨与俱。自有威灵雄北塞，空余祠庙壮西湖。试看大树南枝影，犹忆书生叩马无。(《乐贤堂诗钞》卷中)

德保，索绰络氏，字仲容，一字润亭，号定圃，又号庞村，清满洲旗人。乾隆二年（1737）进士。官至礼部尚书。谥文庄。有《乐贤堂诗钞》。

岳忠武祠在徐州桃山驿
金 甡

灵祠傍驿开，庙貌凛幢钺。前楹北伐句，有《满江红》词及《送张紫岩北伐五律》二首。孤愤气激越。西湖埋骨地，壮志恨不卒。即此望中原，铁马势横突。飒爽动阴风，神依旧宫阙。平生忠孝心，炯炯临边月。我来瞻宰木，不见南枝发。独有通明碑，森沉逼毛发。壁间有碑无刻，莹彻如镜，守祠者以水沃之，洞见毫发，号为通明碑。(《静廉斋诗集》卷二)

拜岳王墓
金 甡

冬青移植影萧寒，余恨空将老桧刊。南渡奔忙还独克，上流勘定幸偏

安。狱成三字风波歇，庙食千秋陵寝残。异代褒忠仰宸翰，淮西十七札谁看。(《静廉斋诗集》卷一八)

金甡（1702—1782），字雨叔，号海住，清钱塘（今浙江杭州市）人。乾隆七年（1742）会试、廷试均第一。官至礼部侍郎。有《静廉斋诗集》。

岳忠武祠
傅尔德

郾北阵云屯，澱河杀气昏。军威连朔野，庙议弃中原。铁马冲锋易，金牌奉主尊。英雄祠地古，凄切不堪论。(《郾城县记》卷三十)

傅尔德，字中蕴，号金樵，清钜野（今山东巨野县）人。乾隆七年（1742）明通榜，授峄县教谕。有《南游集》《养疴集》《苏学集》《左梦集》《金樵诗钞》等。《郾城县记·文征外篇下》载其诗文五篇。

谒岳忠武墓
冒春荣

已矣复何言，载拜不忍起。天地报孤忠，英雄得奇死。郁郁冢上树，盈盈湖面水。水中摇树影，枝枝向南指。古殿峙丰碑，晴霄矗苍紫。范铁肖巨奸，丑秽快深矢。墓树亦可拔，殿桷亦可毁。此湖有时阔，此山有时圮。此死照万劫，天地如充耳。丈夫本无好，何心博青史。君恩凛天威，知有死而已。(《东皋诗存》卷三三)

冒春荣（1702—1760），字寒山，号葚原，一号花源渔长，清如皋（今江苏如皋市）人。邑庠生。有《葚原集》《紫翠阁诗钞》等。

满江红·朱仙镇岳忠武庙下恭倚原韵
陈聂恒

桂子荷花，正吴会、繁华未歇。又谁念、黄龙须抵，诸君风烈。三字狱成南国夜，万年舣进西湖月。便他时、铁骑渡江来，休悲切。　　遗诏在，冤还雪；遗碣在，心难灭。笑庙颜何似，金瓯先缺。艮岳空余儿女恨，汴流不尽英雄血。问遗民、可为旧东京，留双阙。(《栩园词弃稿》)

陈聂恒（1702—?），原名鲁得，字曾起，一字秋田，号栩园，清武进（今江苏常州市武进区）人。康熙三十九年（1700）进士。历官擢刑部主事，改检讨。有《栩园词弃稿》。

岳王墓
齐召南

鄂国祠堂孤屿中，乾坤抔土覆精忠。丹青影闪朱旗电，松柏声呼铁马风。今日象奸重铸鼎，当时因鸟故藏弓。乐生去国人休叹，不过从前百战空。（《宝纶堂诗钞》卷二）

齐召南（1703—1768），字次风，号琼台，晚号息园，清天台（今浙江天台县）人。副贡生。乾隆元年（1736）中博学鸿词，官至礼部右侍郎。《清史稿》有传。著《水道提纲》及《赐砚堂诗》。

拜岳忠武祠
李时宪

宗社南迁恨未平，风波狱竟撼长城。祠堂尺土馨香地，父老中原痛哭声。千古君臣名义重，一家忠孝死生轻。两宫雪窖冰天泪，何日魂招返故京。（《乾隆彰德府志》卷二九）

李时宪（1705—?），清闽县（今福建闽侯县）人。雍正八年（1730）进士。乾隆年间任安阳县知县。历官吏部司主事。

鄂王玉印歌
江　昱

印大径寸，白文，刻"岳飞私印"四字。太湖渔人网得之。今为吴郡孙氏所有。佩之可以已疟。云间友人征予作歌。

瘦蛟泣雨天风腥，五湖水立秋冥冥。璘璘激起怒涛里，珊瑚铁网寒东丁。缠屈花虬四窠字，忠武之名凛生气。金牌郁勃孤臣魂，碧血浸淫纽间渍。红羊一劫神龙居，精灵厌怪良非虚。临安君臣榷场市，孩儿空剖黄花鱼。（《淮海英灵集》丙集卷四）

江昱（1706—1775），字宾谷，号松泉，清江都（今江苏扬州市江都区）人。诸生。有《潇湘听雨录》《韵歧》《松泉诗集》。

南游杂诗十首·岳武穆王墓祠
毛　曙

中兴殊白水，痛饮负黄龙。三字千秋恨，一抔万古封。云台虚肖貌，祠殿焕遗容。冯邓何堪侣，伊周庶比踪。（《野客斋诗集》卷四）

毛曙（1706—?），字旭轮，一字逸樏，号介峰，清吴县（今江苏苏州市）人。宗汉子。有《野客斋诗集》附《拟赋试帖体》。

读史呓语（录一）
蔡　新

未到黄龙府，金字牌未辍。义旗回指公，士行是往辙。（《辑斋诗稿》卷七）

蔡新（1707—1799），字次明，号葛山，别号辑斋，清漳浦（今福建漳浦县）人。乾隆元年（1736）进士。官至吏部尚书协办大学士，文华殿大学士。加太子太师。谥文端。有《辑斋诗文稿》。

谒岳忠武王庙
钱　载

荡阴城小仰高榜，浙汜人来拜倍虔。终古玉藏行在地，有时云返故乡天。团圞内寝如家室，仿佛明湖共豆笾。犹荷圣皇临跸视，官箴两语为题篇。（《萚石斋诗集》卷一九）

钱载（1708—1793），字坤一，号萚石、匏尊，晚号万松居士、百福老人，清嘉兴（今浙江嘉兴市）人。乾隆十七年（1752）进士。累官至礼部侍郎，充江南乡试考官，举顾问为第一。有《萚石斋诗集》《萚石斋文集》。

宋岳少保墓
闵 华

痛饮黄龙事可期，长城万里是谁隳。中兴诸将尤痛汝，南渡偏安正在兹。十二金牌终古恨，五千铁骑一时悲。只今遗墓空山里，松柏都无向北枝。(《澄秋阁三集》卷三)

闵华，字玉井，号廉风，清江都（今江苏扬州市江都区）人。有《澄秋阁集》《澄秋阁二集》《澄秋阁三集》，自序于乾隆壬申（乾隆十七年，1752）。

岳忠武祠
帅家相

诏狱犹三字，功成岂一身。死生归圣主，忠荩信愚臣。社稷安危恨，祠堂日月新。道途哀展谒，贻误竟何人。(《卓山诗集》卷一)

帅家相（1709—?），字伯子，号卓山，清奉新（今江西奉新县）人。乾隆二年（1737）进士。官至浔州府知府。有《三十乘书楼集》《卓山诗集》。

书宋高宗付岳飞手诏后
爱新觉罗·弘历

飞白精忠早赐旗，霜寒又勤上游师。本来原是腹心托，十二金牌竟何为。(书宋高宗付岳飞手诏后)

经岳武穆祠
爱新觉罗·弘历

翠柏红垣见荥祠，羔豚命祭复过之。两言臣则师千古，百战兵威震一时。道济长城谁自坏，临安一木幸犹支。故乡俎豆夫何恨，恨是金牌太促期。(汤阴岳庙诗碑)

岳武穆墓
爱新觉罗·弘历

读史常思忠孝诚,重瞻冢树拱佳城。莫须有狱何须恨,义所重人死所轻。梓里秋风还忆昨,石门古月镇如生。夜台犹切偏安愤,想对余杭气未平。(《乾隆杭州府志》首卷二)

岳武穆祠
爱新觉罗·弘历

阵战曾轻兵法常,绍兴亦委设施方。操戈不谓兴张俊,纳币终成去李光。何事书生叩马首,遂教名将饮鱼肠。至今人恨分尸桧,宰树余杭万古芳。(《乾隆杭州府志》首卷三)

岳武穆祠
爱新觉罗·弘历

黄龙直捣气峥嵘,燕以南金令不行。正可乘机事恢复,谁知虚力费经营。爱钱切中文官病,怕死曾轻武士生。万里长城空自坏,至今冢树恨难平。(《乾隆杭州府志》首卷三)

岳武穆祠
爱新觉罗·弘历

褒嘉手敕是谁言,何至终衔不白冤。战必骁腾惊北骑,地争尺寸守中原。持身忠总根于孝,抚士威还济以恩。生世漫悲才卅九,千秋英气两间存。(《乾隆杭州府志》首卷四)

岳武穆祠
爱新觉罗·弘历

相过必纪诗,忠勇实嘉之。屈死夫何恨,每生岂肯为。顾心义有素,报国志无移。飞白曾观谕,由来情见辞。内府藏宋高宗付岳飞手敕云:卿盛秋之际,提兵按边,风霜已寒,征驭良苦。如是别有事宜,可密奏来云云。初无督令恢复之语,其愿与金国议和之意已隐然言外矣。(《乾隆杭州府志》首卷五)

岳武穆祠
爱新觉罗·弘历

六番经古墓,无不著吟频。武更文双济,忠兼孝两真。洞犹金鼓作,世早宋金湮。新得王经萃,欣他有后人。(《乾隆杭州府志》首卷五)

爱新觉罗·弘历(1711—1799),即乾隆皇帝。在位六十年(1736—1795),作为太上皇又训政三年。庙号为高宗纯皇帝。

栖霞岭
陈 时

岭上何所有,夹路多桃花。沿缘一万树,芳春灿红霞。下有岳王祠,墓树啼栖鸦。(《武林掌故丛编》第十四集《湖上青山集》)

陈时,字汾川,清钱塘(今浙江杭州市)人。

吊岳鄂王墓
凌树屏

脑后双环志已殊,黄龙痛饮竟何如。小朝未欲出牛角,副使空烦来蜡书。死恨狂生能叩马,枉教太尉亦骑驴。我来瞻拜增惆怅,松柏萧萧一抹疏。(《瓠息斋前集》卷三)

过汤阴谒嵇岳二公祠
凌树屏

晋衰宋季两忠臣,列地生乡各此存。暗主尚怜衣上血,英君不辨狱中冤。家居终使短情坏,国计那堪长脚论。今日祠旁双酹酒,夕阳古木暗销魂。(《瓠息斋前集》卷二四)

凌树屏(1712—?),字保厘,号缄亭,清乌程(今浙江湖州市吴兴区)人。乾隆四年(1739)进士。终官嘉兴府教授。有《瓠息斋前集》。

汤阴岳忠武祠
杨 鸾

松桧阴森拂玉除，英灵何日驾长车。百年故国箛吹里，千载神话庙享余。洛下鹃啼空有血，冰天雁去久无书。金牌气尽黄龙府，依旧园陵是废墟。（《邈云续草》）

鄂州岳鄂王庙
杨 鸾

鄂渚秋风卉木摧，鄂王遗庙枕江隈。山川形胜蜀鹃血，臣子精忠辽鹤哀。设险隐然雄壁垒，释兵犹未快奸回。岳州名字从猜忌，落日灵旗万马来。（《邈云四编》）

朱仙镇岳少保祠
杨 鸾

少保军麾指宋都，中原父老望来苏。金牌有诏从天下，泥马无功到海隅。半壁山河秋断雁，六桥花柳夜啼乌。园陵展谒知何日，谁计冬青树几株。（《邈云四编》）

杨鸾（1712—1778），字子安，号迂谷，别号可诗老人，清潼关（今陕西潼关县）人。乾隆四年（1739）进士。历官四川犍为，湖南醴陵、长沙、邵阳知县。有《邈云楼诗文集》。

岳鄂王墓
王纬象

马鬣荒凉秋暮时，栖霞烟雨黯松枝。中原期复河山壮，南渡谁怜社稷危。二帝蒙尘当日恨，一门含屈至今悲。英雄虽往勋名在，千载西湖草木知。（《武林掌故丛编》第十四集《湖山杂咏》）

王纬象，名文，字纬象，以字行，清沈州（今辽宁沈阳市）人。乾隆四年（1739）任钱塘知县。其《湖山杂咏》自序于乾隆十年（1745）。

吊岳忠武王墓
朱 琰

落日栖霞吊古坟，当时谁撼岳家军。金牌一发和先定，泥马初来局已分。卖国竟成三字狱，出师空费十年勤。奸雄巧伺心难铸，长对南枝惜大勋。（《武林掌故丛编》第十八集《湖楼集》）

题岳忠武祠
朱 琰

雄风落落飐灵旗，遗恨中原剩旧祠。报国门闾终古在，祠中一门奉祀。孤忠弦管动人悲。每逢士女喧春社，尚傍庭阶辨本支。子姓环祠居者有数十家。太息金佗坊里去，遗编零断亦经时。忠武孙珂著《桯史》《金佗粹编》，居禾中金佗坊，今亦零落。（《武林掌故丛编》第十八集《湖楼集》）

湖上杂咏八首（录一）
朱 琰

南库书还出，南枝柏向荣。那知十七札，三字不能平。（《武林掌故丛编》第十八集《湖楼集》）

朱琰（1713—1780），字桐川，别号笠亭，清海盐（今浙江海盐县）人。乾隆三十一年（1766）进士。先为江西巡抚幕僚，后授直隶阜平县知县。有《金华诗录》《明人诗钞》《唐诗津逮》《笠亭诗集》《金粟山人遗事》等。

岳鄂王
陈 桂

如何自撼岳家军，压日秦头血泪纷。六郡闲田悲父老，十年孤梦冷燕云。书生也识中朝局，兵府难言旧日勋。太息千秋两少保，并谓于忠肃。萧条湖上吊忠坟。（《甓湖联吟集》卷二）

陈桂，字腾芳，号沛舟，清高邮（今江苏高邮市）人。有《问樵集》。

海陵岳王墩怀古
贾田祖

霜风萧萧海气寒，城西幽僻开层峦。淮东沮洳少丘阜，此亦复绝推奇观。我从坡陀渐循陟，初若峭峻中平宽。鄂王遗庙敞虚殿，冠剑白日英灵环。忆昔中原盛鼙鼓，大书涅背披忠肝。蠛蠓摧敌擅神算，岳家军胜张刘韩。马首迎犒壮士气，黄龙直抵指顾间。秦头压日太萧索，十年辛苦归创残。长城竟坏莫须有，骨肉拼命荒丘攒。君臣啸傲一湖水，新亭无泪终偏安。用汪水云诗语。冬青陵树祚已尽，南枝谁识臣心丹。沧桑人代几阅历，乌金聊尔诛奸顽。古来长恨有如此，一披史籍涠朱颜。江淮本是赵家地，此墩与庙垂坚完。周遭流憩夕阳下，苍苍古木神鸦蟠。诸生讲堂习章句，下有胡公书院。千秋正气宜追攀。我无溪毛荐灵爽，哀歌激泪双阑干。（《甓湖联吟集》卷六）

贾田祖（1714—1777），字礼畊，号稻孙，清高邮（今江苏高邮市）人。诸生。有《古香堂集》。

宋史杂咏（录一）
沈锜

貔貅百万临枯朽，韩岳忠魂不可招。休道长江天险在，钱塘三日已无潮。（《甓湖联吟集》卷七）

岳鄂王
沈锜

北狩茫茫天地崩，中原延颈岳家兵。频挥赤帜肠偏热，痛饮黄龙恨始平。秦氏何心资敌国，康王有意坏长城。髡贼掘尽诸陵骨，敢傍南枝折一茎。（《甓湖联吟集》卷七）

沈锜，字虞裹，一字于湘，号伯崖，清高邮（今江苏高邮市）人。有《无能子集》。

谒岳忠武祠二首
鄂容安

偏安宋室久沉沦，名将堪为社稷臣。自有丹心可灭寇，天生长脚岂由人。河流北挟三军气，墓树南留万古春。故里汤阴知不恋，茫茫五国恨难伸。

金牌十二未曾颁，直捣黄龙指顾间。性命竟缘三字了，庙堂谁望两宫还。和戎实有春秋义，遗臭空谈谬丑奸。想象遗祠精魄在，几回凭吊泪犹潸。（《乾隆彰德府志》卷二九）

鄂容安（1714—1755），西林觉罗氏，字休如，号虚亭，清满洲镶蓝旗人。鄂尔泰长子。雍正十一年（1733）进士。乾隆朝官至两江总督加太子少傅，召授参赞大臣。出兵准噶尔。力战不支，自杀。谥刚烈。《清史稿》有传。有《鄂虚亭诗草》。

岳王坟
黄 达

貔貅江上似云屯，三诏班师涕泣论。竟使两宫沦朔漠，不教一战复中原。孤坟冷对青山色，万古深埋碧血痕。讨贼徒留顽铁在，庙门风雨又黄昏。（《一楼集》卷三）

湖上杂咏（录一）
黄 达

夹岸桃花乱夕阳，春烟晴飏白湖光。我来先问栖霞岭，要拜当年岳鄂王。（《一楼集》卷三）

黄达（1714—?），字上之，清华亭（今上海市松江区）人。乾隆十七年（1752）进士。官至淮安府学教授。有《一楼集》。

汤阴岳忠武庙
韦谦恒

将略千秋未易期,汤阴城畔锁遗祠。十年功败垂成日,三字冤成具狱时。父老中原空啼泪,君臣南渡已恬嬉。漳河流水声呜咽,应为忠魂万古悲。(《传经堂诗钞》卷九)

韦谦恒(1715—1796),字慎古,号药轩,又号木翁,清芜湖(今安徽芜湖市)人。乾隆二十八年(1763)进士。官至贵州巡抚,后降为鸿胪寺少卿。有《传经堂诗钞》。

汤阴题岳忠武庙
成 文

当年痛饮说黄龙,万里关河指日平。岂意金牌承假诏,翻教碧血殉孤忠。如山军令先声著,似水臣心彻底清。枉使沉埋三字狱,千秋遗恨失长城。(《玉汝堂诗集》卷四)

成文(1715—1763),字在中,号无华,自称沁园(今河南沁阳市)人。清乾隆十六年(1751)进士。授甘肃高台知县。有《玉汝堂诗集》。

谒岳王庙
陶元藻

难忘汴洛旧山川,一别朱仙意惘然。宰相有心甘卖国,将军无力可回天。凄凉冤狱成三字,辛苦征衣负十年。惟有蕲王孤愤切,几番惆怅翠微前。(《泊鸥山房集》卷一五)

访翠微亭旧址
陶元藻

岳忠武破金人归,驻军齐山翠微亭,既殒,韩蕲王怀念不置,常匹骑过飞来峰顶,怅望久之,因建亭亦曰翠微。乙酉岁,余至池阳,访翠微旧址不得。今陟飞来亭榭,又荡然无存,爰成怀古一律。

海水桑田两渺茫，翠微惆怅一沾裳。何年瘦马等春草，终古青山剩夕阳。作赋未能称汗漫，登高到处感兴亡。鄂王已戮蕲王死，南渡谁人忆汴梁。(《泊鸥山房集》卷二五)

过岳王墓下作
陶元藻

金牌十二败垂成，谁向临安说汴京。毡帐椎牛争入贺，南朝自撤岳家兵。(《泊鸥山房集》卷二五)

陶元藻（1716—1801），字龙溪，号篁村，晚号凫亭，清会稽（今浙江绍兴市）人。乾隆贡生，九试不售。历游各地。后客扬州，归里筑泊鸥庄，以撰述自娱。有《泊鸥山房集》《香影词》《全浙诗话》《凫亭诗话》《越画见闻》等。

岳忠武王墓
李 集

鄂王坟古瞰湖唇，南渡精诚只一臣。道服已传韦太后，墓木犹说贾宜人。隔溪猎骑催朝牧，傍砌风花荐早春。自有金佗编轶事，哂他大手勒贞珉。(《梅会诗选·附刻》)

李集（1716—1794），初名集凤，字绎乌，号敬堂，清秀水（今浙江嘉兴市）人。乾隆二十八年（1763）进士。官郧县知县。有《愿斋集》。

岳武穆墓
袁 枚

岳王坟上鸟声悲，半是黄鹂半子规。铁像至今长跪月，金牌当日早班师。清宫客少王思礼，前进兵输来护儿。公本纯臣无底恨，可怜慈圣茹斋时。(《小仓山房诗集》卷一七)

谒岳王墓作十五绝句

袁 枚

灵云风卷阵云凉，万里长城一夜霜。天意小朝廷已定，那容公作郭汾阳。
远寄金环望九哥，一朝兵到又回戈。定知五国城中泪，更比朱仙镇上多。
一个西湖换两宫，靖康小雅唱雍雍。怜他绝代英雄将，争不迟生付孝宗。
军令如山鸟不哗，黑风龙虎尽呼爷。自然慈圣还宫日，苦向官家问岳家。
岁岁君臣拜诏书，南朝可谓有人无。看烧石勒求和币，司马家儿是丈夫。
要盟结赞屡弯弓，翻录和戎魏绛功。老住迷楼人不醒，赵家天子可怜虫。
小校桓桓道姓施，涌金门外有专祠。雄心似出将军上，不斩金人斩太师。
要结中朝绛灌欢，分将战舰赠同官。韩王心喜张王恼，始信人间送礼难。
允升一书奏枫宸，与汝何干竟杀身。拟把东厢添配享，黄金铸个布衣人。
华表凌霄落照迟，一朝孤愤万年知。梨花寒食烧香女，纤手都来折桧枝。
不依古法但横行，自有云雷绕膝生。我论文章公论战，千秋一样斗心兵。
五十三人命已休，秦城王气忽然收。教渠暂缓须臾死，那数中原刘彦游。
身后何曾有定论，金佗野史仗文孙。紫阳谰语琼山继，爝火无光照覆盆。
恰有狐疑问殿前，周歆入庙竟身颠。臾骈敌怨分明在，只恐当年事偶然。
江山也要伟人扶，神化丹青即画图。赖有岳于双少保，人间始觉重西湖。

(《小仓山房诗集》卷二六)

施将军庙

袁 枚

将军名全，以小校刺秦桧不克死。

一德格天阁正新，一刀杀贼乃有人。敷天冤愤仗谁雪，殿前小校施将军。将军炼心如炼铁，可惜荆轲输剑术。事虽不了鬼神惊，悬头市上香三日。当时元奸党满朝，缚虎如羊气太骄。忽然刀光狭路照，太师颈上风萧萧。呜呼！三字狱，两宫驾，总在将军此刀下。后代闻英风，尚且有兴者，君不见脑碎铜椎阿合马。(《小仓山房诗集》卷二六)

湖上杂诗（录一）
袁　枚

六陵何处认冬青，望帝魂归泪欲零。偏有子规不解事，声声啼与岳王听。(《小仓山房诗集》卷二六)

袁枚（1716—1797），字子才，号简斋，清钱塘（今浙江杭州市）人。乾隆四年（1739）进士。历溧水、江浦、沭阳、江宁等地知县。后辞官定居江宁（今江苏南京市），筑室小仓山隋氏废园，改名随园，从事诗文著述，世称随园先生。《清史稿》入《文苑传》。著有《小仓山房诗集》《小仓山房文集》《随园诗话》《子不语》等三十余种。

谒岳忠武王墓遂谒牛辅文侯张烈文侯墓
徐以泰

英雄死乃全，而世降论福。谗口杀何能，帝心甘自辱。鄂国一家军，破敌如破竹。未归五国魂，早锻三字狱。赴义及妻孥，从忠有部曲。上巳起余悲，雕儿思往龘。宰木郁相望，山风吹正肃。至今五里间，游骑不敢牧。(《绿杉野屋集》卷四)

徐以泰（1716—?），字陶尊，清德清（今浙江德清县）人。国子监生。乾隆二十二年（1757）官至阳曲县知县。有《绿杉野屋集》。

阙　题
谢维沛

金牌频促复何言，父子孤忠向九原。若果蒙尘生雪耻，也甘矫诏死含冤。千年血泪西湖水，五夜笙歌北塞猿。锦绣佳城应不忍，愿殉五国葬沙垣。

三字狱成一命捐，风波亭下事堪怜。状元宰相空遗臭，孝子忠臣美并传。碧血还应归汴水，丹心不独照南天。吴山立马千秋恨，想对余杭气浩然。

不怨捐躯怨撤师，哀哀二帝竟何之。宴安天子甘无父，忠孝将军更有儿。十二金牌生共愤,三千铁骑死同悲。可怜一语黄龙约,徒作□□□思。

披坚执锐一身先,君父深仇不戴天。宰相何心□□□,戎□□□竟南旋。忠魂犹摄三军后,血梦不离二圣前。一统中原生未了,□□□□□。(汤阴岳庙诗碑)

谢维沛,清长安县(今陕西西安市长安区)人。乾隆二十二年(1757)进士。官河内县(今河南沁阳市)知县。

鄂王古墓
柴 杰

天地英雄气,英华冠世雄。寸心留帝鉴,清眼只途穷。乡树扶桑外,云山旧苑中。至今千载后,拜受圣恩荣。(《武林掌故丛编》第七集《西湖百咏》)

柴杰(1717—?),字临川,清钱塘(今浙江杭州市)人。乾隆二十一年(1756)举人。官至国子监助教。编《浙人诗存》等。其《西湖百咏》为集句诗。

汤阴岳鄂王庙
程晋芳

古杭例是称臣地,痛饮黄龙岂易论。草草遂判难定狱,翁翁同醉太平春。宁甘雪刃藏靴鞡,肯为青衣浣塞尘。故里曾飞侍中血,骎如晋惠且知人。(《勉行堂诗集》卷二三)

程晋芳(1718—1784),初名廷璜,字鱼门,号蕺园,清歙县(今安徽歙县)人。乾隆三十六年(1771)进士。官吏部员外郎,荐修《四库全书》。有《蕺园诗》《勉和斋文》等。

题大营驿岳武穆碑后
李树谷

□驿留题阅几年,忠魂心血色犹鲜。两河战胜功非我,三字狱成事在

天。泪洒湖湘千里月,神驰沙漠万重烟。黄龙痛饮终归幻,盥读遗文意悄然。(《同治祁阳县志》卷二三)

李树谷,字芸门、季芳,号东川,晚号方翁,清夏邑(今河南夏邑县)人。乾隆三十六年(1771)举人。官祁阳知县。

岳忠武
刘　墉

千载功隳讵忍论,匆匆诏狱事酸辛。艰危一木犹支厦,痛惜千夫莫赎身。南国湖山多乐事,中原涕泪几遗民。只应禾黍秋风后,华表重来吊石麟。(《刘文清公遗集》卷一一)

刘墉(1719—1804),字崇如,号石庵,清高密(今山东高密市)人。乾隆十六年(1751)进士。官至吏部尚书、内阁大学士。谥文清。有《刘文清公遗集》。

恭和御制岳武穆祠元韵
钱维城

自将忠荩绣旗常,百战威名震朔方。祖豫州亡功旋隳,霍嫖姚去战无光。班师计已成孤注,请剑人谁动热肠。痛饮黄龙今古恨,徒留祠树式遗芳。(《鸣春小草》卷四)

吊岳鄂王墓二首
钱维城

鄂王碧血葬湖壖,湖水江潮共拍天。半壁已甘无父国,中原空系有生年。书生不叩班师马,神将犹清泛海船。叹息他时和议改,漫劳张相去筹边。

一德何须责会之,考亭犹自惜微辞。嫌生湖上擒杨日,冤甚恭州杀曲时。避地肯同鱼鸟乐,指韩蕲王。倾杯翻借虎狼知。独怜孝庙推英武,不及南轩干蛊奇。(《茶山诗钞》卷八)

晚过汤阴遥礼岳忠武王庙
钱维城

月黑汤阴道，云肩岳庙门。大风方鼓怒，长夜不埋冤。沙漠谁君父，湖山自子孙。独将孤愤气，洒血问乾坤。(《茶山诗钞》卷一一)

钱维城（1720—1772），字宗盘，一字幼安、茶山，号稼轩、纫庵，清武进（今江苏常州市武进区）人。乾隆十年（1745）进士第一。官至工部侍郎、充武会试正考官。卒，特赐尚书衔，谥文敏。有《茶山诗钞》《茶山文钞》《鸣春小草》等。

谒岳王墓
孙士毅

斜阳衰草冷平丘，唾手燕云志莫酬。牌召诸军齐一哭，狱成三字亦千秋。人怜义士呼桥下，天遣狂生叩马头。肃谒不禁频雪涕，悲风萧瑟起松楸。(《百一山房诗集》卷一)

孙士毅（1720—1796），字智冶，一字补山，清仁和（今浙江杭州市）人。乾隆二十六年（1761）进士。官至两广总督。谥文靖。《清史稿》有传。有《百一山房诗集》等。

谒岳忠武祠在汤阴县
叶观国

百战勋名起鞮鞻，山河雪耻抗孤怀，采用忠武《满江红》中语。敌军胆落红罗织，将吏心灰金字牌。黑狱沉冤丛鬼蜮，覆巢奇祸到裙钗。汤阴旧里栖霞路，岳坟在西湖之栖霞岭。游客经过洒泪皆。(《绿筠书屋诗抄》卷二)

西湖小泛六首（录一）
叶观国

栖霞祠畔郁楸松，路转三台宿草封。一对芳坟何所似，南高峰与北高峰。岳坟在栖霞岭，于坟在三台山。(《绿筠书屋诗抄》卷七)

叶观国（1720—1792），字家光，号毅庵，晚年又号存吾，清闽县（今福建闽侯县）人。乾隆十六年（1751）进士。官至翰林侍读。有《老学斋随笔》《绿筠书屋诗抄》《闽中杂记》。

岳忠武祠二首
李中简

自遣长城坏，谁扶大厦倾。武臣不爱死，和议太无名。刻骨完忠孝，熏心忌父兄。可怜南渡业，公案定书生。

故国招魂日，英灵异代知。西湖埋骨处，草树不胜悲。云断黄龙帐，霜严碧血祠。荒趺埋冻藓，肠断孝娥碑。(《嘉树山房集》卷五)

李中简（1721—1795），字廉衣，号子静，又号文园，清任丘（今河北任丘市）人。乾隆十三年（1748）进士。官至侍读学士。有《嘉树山房集》。

汤阴谒岳鄂王祠
张九钺

荡水萧萧桧万枝，鄂王殿宇卷灵旗。遗弓犹拜周同墓，碧血长邻嵇绍祠。异代至今繁子姓，六陵无地奠金卮。渡河莫叹宗留守，故国英雄亦泪垂。(《紫岘山人诗集》卷一三)

张九钺（1721—1803），字度西，号紫岘，清湘潭（今湖南湘潭市）人。乾隆二十七年（1762）举人。历官江西、广东诸县知县。后归里，主昭潭书院。

过钟村
濮阳模

亲征诏下东西浙，金敌归师谁翦截。海舟已咋韩将军，统制神兵如电掣。当时从此犯临安，六战于今连奏捷。宋史辉煌纪战功，赢得钟村名不灭。我来吊古心激昂，人家寥落无碑碣。偶听田父坐闲谈，耕田时拾残刀铁。更指村边几树松，松根曾污金人血。精忠遗迹永不消，荧荧鬼火光犹

碧。(《光绪广德州志》卷五)

濮阳模,字窗耘,清广德(今安徽广德县)人。乾隆二十五年(1760)举人。曾任广德知州。著有《映剑集》。

读徐武功汤阴岳庙碑有感
吴　镇

精忠一疏庙生光,奠酒仍看大鸟翔。千古岳于双少保,恨君何不鉴咸阳。(《松花庵诗草》卷二)

吴镇(1721—1797),字信辰,一字士安,号松崖,别号松花道人,清临洮(今甘肃临洮县)人。乾隆十五年(1750)举于乡。官至沅州知府。有《松花庵诗草》《兰山诗草》《松崖文稿》等。

汤阴谒岳忠武祠
朱景英

故里森森柏十围,一灵祠庙见依稀。英雄竟为风波死,魂魄何曾桑梓归。遗恨箭师无报日,早知御诏是危机。我来拟酹尊前酒,可当黄龙痛饮非?(《畬经堂诗集》卷一)

拜岳忠武王墓
朱景英

西湖歌舞地,积愤此坟高。忍使长城坏,愁听宰树号。黄龙艰塞雪,白马怒江涛。千载栖霞泪,临风洒一遭。(《畬经堂诗续集》卷一)

朱景英,字幼芝,一字梅冶,号研北,清武陵(今湖南常德市武陵区)人。乾隆十五年(1750)举解元。由宁德知县擢台湾海防同知,迁北路理番。

汤阴谒忠武庙
秦百里

百战勋名孰与同,千秋庙貌仰英风。人间已自崇三代,地下犹应泣两

宫。北望强仇空有恨，南牵弱主竟无功。至今汴宋园陵草，泣向秋原白露中。（汤阴岳庙诗碑）

庚辰视学中州重谒忠武祠恭和御制原韵
秦百里

使节重经少保祠，千秋忠义两兼之。精灵频忆朝天日，遗恨长留破敌时。师誓十年功莫补，狱成三字命难支。宸章亲洒扶伦纪，隔代犹堪慰素期。（汤阴岳庙诗碑）

秦百里，字宛来，清高都（今山西晋城市）人。乾隆十六年（1751）进士。官至河南学政使。有《和声集》。

观宋思陵敕岳忠武夺情墨迹
魏之琇

宣和图书充秘府，思陵笔法能师古。夺情手诏岳家军，淋漓墨迹蛟龙舞。世换时移五百年，字画小蚀文犹全。移孝作忠才数语，手足腹心无间然。他时唾手中原复，直抵黄龙如破竹。不见将军奏凯歌，徒闻父老攀辕哭。将军授命久为神，此敕流传空感人。十二金牌三字狱，可怜仍是旧君臣。（《岳飞墓诗选》）

魏之琇（1722—1772），字玉璜，号柳州，清钱塘（今浙江杭州市）人。以医济世，颇有医名。且工诗善词，有《柳州乐府》。

至杭州复奉命祭先贤祠·岳忠武王飞
王昶

北狩皇舆蹙，南迁国势摧。中兴资间气，上将出奇才。痛饮言将验，长驱志肯灰。两河还社稷，九庙扫烟埃。别路横戈待，遗民送款来。功将成百战，诏已出三台。弱息投眢井，亲军泣背嵬。青城终忍辱，碧血最堪哀。铁券功勋著，金佗记载该。神灵长震荡，祀典忆昭回。香火承朱幄，春醪滴翠苔。灵旗觇太乙，来往其风雷。（《春融堂集》卷一七）

王昶（1724—1806），字德甫，一字琴德，号兰泉，晚号述庵，清青浦

（今上海市青浦区）人。乾隆十九年（1754）进士。官至都察院左副都御史。有《金石萃编》《春融堂集》。

岳王坟
蒋士铨

白日满湖光，忠贞骨并香。灵威驰玉垒，宰木指钱塘。二帝陵何有，群奸怨已忘。徒令铸错铁，遗臭两阶旁。

宰相持和议，朝廷本厌兵。天收名将尽，人叹国仇轻。党恶危时盛，精忠死后明。无成关历数，感愤不须鸣。（《忠雅堂诗集·寿萱堂诗钞》）

蒋士铨（1725—1785），字心余、苕生，号藏园，又号清容居士，晚号定甫，清铅山（今江西铅山县）人。乾隆二十二年（1757）进士。官翰林院编修。与袁枚、赵翼并称为"江右三大家"。《清史稿》入《文苑传》。有《忠雅堂诗集》《藏园九种曲》等。

汤阴谒岳忠武王祠三首
杨有涵

南枝曾见表孤忠，故里枌榆典祀崇。宇宙平分三字狱，燕云坐废十年功。竟符叩马书生语，遂解金军兀朮穷。痛饮黄龙曾验否，金牌早下未央宫。

岂是金人解用兵，君王自坏尔长城。但逢敌国称臣侄，不见中原有父兄。北塞秋风魂梦冷，西湖夜月管弦清。汴京故土甘沦弃，遗老何须恨不平。

掐尽瓜皮爪甲寒，东窗私语寄偏安。将军报国勤王易，哲妇倾城放虎难。前使云雷消北寺，可怜天地泣南冠。荒祠谁铸穹奇影，留与千秋万目看。（《远香亭诗钞》卷一）

符离怀古三首（录一）
杨有涵

朱仙奏捷未全躯，弃甲归来复秉枢。战败不诛诛战胜，厓山从此是皇都。（《远香亭诗钞》卷一）

杨有涵（1725—?），字养斋，自称清江（今江西樟树市）人。乾隆十七年（1752）进士。有《远香亭诗钞》。

阙　题
吴　鸿

　　荡阴云树隔栖霞，此地全非赵宋家。至竟乡存先陇树，依然庭鲜北枝花。祸防养虎谋真酷，军已摧山气不哗。四字血痕三字狱，论功论罪总堪嗟。
　　跃马南还帝宅成，庙堂元未惜长城。神奸早构和戎策，诏使虚为奉辇行。堪刃有心怜义士，叫阍无路泣书生。魏公祠庙枌榆近，慷慨应同地下情。
　　松杉六月影萧萧，望祭衣冠赋大招。落日魂依侍中血，长城气挟伍胥潮。一堂孝义英灵共，千载乡闾胹蚃昭。肃拜灵祠经两度，表忠天语式臣僚。（《岳武穆年谱附遗迹考·汤阴第一》）

　　吴鸿（1725—1763），字颉云，号云岩，清仁和（今浙江杭州市）人。乾隆十六年（1751）状元。以翰林侍读，出任广东学政。著有《云岩诗文稿》《南亭笔记》等。

汤阴岳忠武祠
钱　林

　　西湖每修荐，遗庙复经过。弓箭英灵在，丹青岁月多。招魂悲雪窖，洒血泣金佗。因忆泾原将，恭州恨若何。（《玉山草堂续集》卷三）

　　钱林（1762—1828），原名福林，字东生，一字志枚，号金粟，清仁和（今浙江杭州市）人。嘉庆十三年（1808）进士。历充四川乡试正考官，升翰林院侍读学士，左迁庶子。所著今存《玉山草堂集》《玉山草堂续集》。

岳忠武墓
赵　翼

　　背嵬军来敌锋避，撼岳难，撼山易。枢密使罢贼疏弹，缚虎易，纵虎难。宰木苍苍向南拱，此是改葬祁连冢。祠前已植分尸桧，更铸乌金长跪竦。却忆圜扉横霣时，格天阁秘无人窥。橐饘安有肉笑餍，拉胁遽定柑划皮。铁椎郎君戮都市，银瓶弱女投井湄。全家簿录赴岭表，仅有狱卒潜瘗尸。百战不死死牢户，从古冤祸无此奇。邪正由来冰炭异，奸臣逞毒何足计。独怪思陵非甚暗，曾写精忠鉴素志。是时权相日尚浅，未至靴刀严戒备。言官诬劾韩良臣，犹能力持格群议。胡独与公任罗织，自坏长城檀道济。千载人思赎百身，当时狱竟成三字。乃知风旨本朝廷，为梗和戎亟拔钉。可惜垂成功八九，少缓须臾兀朮走。生平誓踏贺兰山，未饮黄龙一杯酒。空令敷天抱冤愤，恢复初心岂愿有。丰碑突兀西湖滨，孤忠虽雪志未伸。有时风号怒浪起，犹似热血蟠轮囷。（《瓯北集》卷一三）

西湖杂诗（六首录二）
赵 翼

一抔总为断肠留，芳草年年碧似油。苏小坟边岳王墓，英雄儿女各千秋。

冤狱风波已被诛，空余铸铁跪泥涂。不知地下权奸骨，果识人间唾骂无。（《瓯北集》卷三二）

岳母墓
赵 翼

岳侯兹负土，千载冢嶙峋。好母生贤子，忠君即孝亲。栖霞翻裹席，防墓幸镌珉。应慰劬劳意，祠官尚荐苹。问之寺僧，今尚祭于官。（《瓯北集》卷三四）

岳祠铜爵
赵 翼

桐乡金德舆得一铜爵，口内镌"精忠报国"字，旁镌"岳珂建造"。盖宋阜陵赐恤岳忠武后珂所制祠中祭器也。咏者甚多，为赋四律。

鄂国祠堂礼器存，土花碧不蚀精魂。壮怀未饮黄龙酒，故物如传白兽尊。金已铸身当日痛，字仍涅背旧时痕。金佗坊里文孙制，始信忠勋有后昆。

款识摩挲重感伤，英雄岂爱一杯浆。丰功不画凌烟阁，奇祸翻遭偃月堂。把此定应浮大白，至今空与注流黄。稍欣一样炉火力，铁像摹成跪墓旁。

赐恤曾盛湛露波，知公遗恨尚难磨。狱冤虽已昭三字，家祭终非告两河。聊抵鼎铭传世古，何须圭瓒报功多。沧桑劫后金瓯碎，剩此残樽作象牺。

量容不及二升觚，偏有兴亡系故都。服匿两宫终饮酪，背嵬千骑忍提壶。珍逾武肃传家券，气压宣和博古图。完璧倘归祠庙祭，椒馨应更满西湖。（《瓯北集》卷三五）

赵翼（1727—1814），字云崧，一字耘松，号瓯北，晚号三半老人，清阳湖（今江苏常州市）人。乾隆二十六年（1761）进士。官至贵西兵备道。长于史学，考据精赅。《清史稿》入《文苑传》。有《廿二史札记》《陔余丛考》《瓯北诗钞》《瓯北诗话》等。

谒岳忠武墓
陶金谐

风烟郁郁壮佳城，醉倚箕山恨未平。无复旌旗能北指，空怜心力尽南征。人生到此宁天道，臣罪当诛感圣明。一卷金佗和泪读，桃溪零落旧题名。（《江西诗征》卷七五）

陶金谐（1727—1781），字挥五，号适斋，清南城（今江西南城县）人。乾隆十三年（1748）进士。官江华知县。有《适斋诗稿》。

岳鄂王墓
阮葵生

忠魂奕奕俨如临，长拜佳城桧柏森。谁遣衣冠埋此地，宜留英爽到于今。神人并痛班师诏，君相原明报国心。野草残碑俱起敬，不须奸魄铸乌金。

龙沙万里泣铜驼，谁饮匈奴血似河。边月阵云空有恨，卧薪尝胆竟如何。虺蛇自养心中疾，罴虎愁回塞上戈。十九年真堪痛哭，南枝千载蚀苍萝。二三句用武穆词中语意。（《七录斋诗钞》卷六）

阮葵生（1728—1789），字宝诚，号吾山、安甫，清山阳（今江苏淮安市）人。乾隆十七年（1752）中举，二十六年以明通榜入选中书。官至刑部右侍郎。有《七录斋诗文集》《茶余客话》。

汤阴岳忠武祠
梦 麟

啼鸟徒闻唤奈何，君王久已厌挥戈。紫宫宵冷铜驼梦，碧血秋添鄂渚波。三字一经称信狱，六师不复望争河。可堪遗庙荒烟里，无数昏鸦响暮柯。

松桧萧疏万木森，长廊朱户碧苔侵。泥封一夜收边甲，朔漠终宵望越禽。父子浑忘乌哺力，君臣劳唱白头吟。凄人不独钱塘水，五国城边暮暮心。

官家尚不解仁亲，七尺空悲岳降身。糠秕业看忘彼妇，股肱浪说惜斯人。格天有阁旌奸相，返日无戈效荩臣。千古英雄同一哭，我来惟有泪沾巾。（《太谷山堂集》卷三）

梦麟（1728—1758），西鲁特氏，字文子，号午塘，清蒙古正白旗人。乾隆十年（1745）进士。官至兵部侍郎，兼镶白旗蒙古副都统。命在军机处学习行走。《清史稿》有传。有《太谷山堂集》。

汤 阴
钱大昕

羑水流城北，淇泉屈邑东。霜清僧寺磬，树老古原风。故里尧君素，荒坟嵇侍中。金牌三字狱，千载泣英雄。（《潜研堂诗集》卷七）

岳忠武墓
钱大昕

已奉班师诏，空怜涅背文。雕儿能告密，竟撼岳家军。
一纸到诏狱，双棺藁葬时。五郎犹有子，二圣竟无儿。
公案莫须有，沉冤何日伸。东朝犹未返，遗恨贾宜人。
文臣动爱钱，武臣多惜死。中原事可知，含冤到狱市。（《潜研堂诗集》卷八）

岳忠武王墓
钱大昕

唾手燕云愿力坚，长城何忍一朝捐。小朝誓表和亲日，大将圜扉绝命年。雪窖生还虚壮志，金佗论定剩遗编。君王自恋余杭乐，不独文臣解爱钱。(《潜研堂诗续集》卷三)

钱大昕（1728—1804），字及之，一字晓徵，号辛楣，又号竹汀，清嘉定（今上海市嘉定区）人。乾隆十九年（1754）进士。官至少詹事。精通经史百家。为乾嘉学派重要学者之一。《清史稿》入《儒林传》。著作《潜研堂文集》《恒言录》《十驾斋养新录》《廿二史考异》影响最大。

谒岳忠武王墓二首
方芳佩

庙貌千秋壮，忠贞近代无。勋名光史册，遗冢禁樵苏。镂背明臣节，衔须表丈夫。英灵终古在，夜月叫林乌。

遗恨黄龙府，中原遂莫支。奸臣安足问，孱主亦何痴。宴乐金湖日，凄凉雪窖时。炎炎张氏子，屈膝已云迟。(《在璞堂吟稿》)

方芳佩（1728—1808），女，字芷斋，号怀蓼，清钱塘（今浙江杭州市）人。仁和人湖北巡抚汪新室。诰封一品夫人。工诗，有《在璞堂吟稿》《在璞堂续稿》。

西湖杂咏（录三）
陈若莲

忠节由来事不分，清如冰玉识遗文。游湖大抵寻罗绮，独向青山拜岳坟。

朱仙往事已销沉，题壁诗多感慨深。三百年来推绝唱，青邱史笔特诛心。

岳家孙子守清门，赐札重还十七翻。移向金佗坊里住，曾将桯史录遗音。(《武林掌故丛编》第十四集《西湖杂咏》)

陈若莲（1728—1790），字问渠，号香楞，清海宁（今浙江海宁市）人。诸生。有《研云文集》《香楞居诗草》《西湖杂咏》。

大通桥侧三忠祠
朱 筠

祀诸葛忠武岳武穆文文节三公也。温舍人步容有作，次韵和之。

柴市孤祠接潞川，土花九点碧凝烟。偏安无地谁浮海，恢复余生自纪年。管乐心同金必断，汉唐世再火如传。或说武穆与睢阳为桓侯再世，一同姓，一同名也。几番天壤铭谗鼎，寂寞滨论三子贤。（《笥河诗集》卷一五）

朱筠（1729—1781），字美叔，又字竹君，号笥河，本浙江萧山人，随父入籍顺天府大兴县（今北京市大兴区）。乾隆十九年（1754）进士。官至侍读学士，降编修。《清史稿》入《文苑传》。有《笥河诗集》《笥河文集》。

汤阴谒岳鄂王庙呈王二十一世孙瑞生
朱 黼

汤阴旧识精忠里，凭吊冤魂泪涌泉。铁马当时趋佛汗，金牌终古痛朱仙。北来戈甲宁无敌，南渡君臣实可怜。太息六陵埋骨地，冬青萧瑟听啼鹃。（《画亭诗草》卷九）

朱仙镇
朱 黼

痛饮黄龙府，伤哉竟不然。三军空痛哭，大将已南旋。歇马遗营废，朱仙古镇传。悠悠千载恨，冤狱问青天。（《画亭诗草》卷九）

满江红·汤阴谒岳庙次武穆元韵
朱 黼

裂胆披肝，冲冠恨、悲歌未歇。猛提起、金牌诏促，风波祸烈。直抵黄龙拼痛饮，归南北斗回星月。竟何来、马首一书生，言深切。　　青衣酒，羞难雪；朱仙镇，身随灭。叹山河从此、天倾地缺。百战空余臣子泪，六陵长洒君王血。感忠魂、万古拥灵旗，依天阙。(《画亭词草·红豆集》)

朱黼（1729—1822），字与持，号画亭，清江阴（今江苏江阴市）人。乾隆三十年（1765）拔贡。官沭阳教谕（一说官四川芦山知县）。工诗擅画，有《画亭诗草》《画亭词草》。

杭州十首（录一）
王文治

鄂王埋碧血，大树撼长风。冤狱留三字，边尘没两宫。前朝仍北狩，复辟赖于公。亦被青蝇构，孤臣饮恨同。(《梦楼诗集》卷二)

王文治（1730—1802），字禹卿，号梦楼，清丹徒（今江苏镇江市丹徒区）人。乾隆二十五年（1760）一甲第三名进士。官至云南临安知府。有《梦楼诗集》《快雨堂题跋》《论书绝句三十首》等。

谒岳忠武庙
朱珪

楚尾横江蹙，秦头压日昏。遂成三字狱，莫问二桃魂。碧血膏新邑，黄河断故园。空余抉目恨，不忍视东门。(《知足斋诗集》卷四)

岳忠武王墓
朱珪

鄂王宰树照明湖，化鹤啼鹃气郁纡。半壁江山春锦绣，二陵风雨夜模糊。庙谟只解争臣侄，诏狱何须辨有无。铸铁难销丞相错，人心天日岂欺吾。(《知足斋诗集》卷七)

跋宋高宗赐岳少保手诏
朱珪

天光破照南北分，奇忠笃孝谁家军。绍兴六年夏五月，诏起少保词殷勤。墨缭视事古所有，恢复素志天知闻。练兵襄阳干国盅，诸将待汝鸣铙鼓。是时魏公驻淮上，刘豫却走唐州焚。中原未取引还鄂，庐山步归庙略纷。都督贬永桧当国，大事去矣忘燕云。金牌十二火掣电，诏狱三字星坠殒。淮西御札尽划灭，独此行草留荒坟。安国春秋徒发愤，六经刻石真空文。汪君勒此足论古，使我三复伤忠勋。云章奎画岂不宝，笔书否泰心为君。高宗手书否泰二卦赐张魏公。潮来胥种犹蓄怒，禊摹羲献何足云。（《知足斋诗集》卷一二）

宋高宗瑞应图卷六绝（录二）
朱 珪

江左曾疑马易牛，何如罗局定箕裘。春光不耐秦头重，谁问黄龙愧相州。

几番航海幕纷纭，赢取西湖老白云。慎勿轻听张相国，如何容得背嵬军。（《知足斋诗集》卷一三）

朱珪（1730—1806），字石君，号南崖，晚号盘陀老人，本浙江萧山人，随父入籍顺天府大兴县（今北京市大兴区）。乾隆十二年（1747）进士。官至太子太傅。与兄朱筠时称"二朱"。《清史稿》有传。有《知足斋诗集》。

岳鄂王墓二首
张 埙

汉家谁是中兴才，半壁江山绝可哀。父老争传三字酷，君王不喜两宫回。中原将校同星散，沙漠金缯似土堆。此恨绵绵今古极，墓门碧血碧于苔。

山色湖光涕泪中，当时草草杀元戎。武臣身死文臣笑，南乡枝荣北乡空。药不能尝许世子，国曾何复晋文公。居然高庙神尧据，此事难欺三尺童。（《竹叶庵文集》卷二）

汤阴岳鄂王庙
张 埙

南渡有君臣,北还无父子。大将系请室,不应草草死。生能将万人,死只缘片纸。功名委朝露,涕泪渍野史。隗顺与施全,肸蚃今从祀。(《竹叶庵文集》卷三)

西湖驴
张 埙

鄂王已死蕲王存,西湖乃作骑驴人。如此江山怕恢复,铁棒不打真奸臣。一自招魂哭同列,将佐平生俱诀绝。岳有二马竟何如,韩剩一驴那忍说。布衣百战到三公,桂子荷花佳兴同。差拟闲情付闺阁,最防冤狱送英雄。君不见孔子临河痛鸣犊,芝焚蕙叹因同族。可怜独跨西湖驴,不劳再问中原鹿。(《竹叶庵文集》卷十)

张埙(1731—1789),字商言、商贤,号瘦铜、吟乡,别称锦屏山人,清吴县(今江苏苏州市)人。乾隆三十四年(1769)进士。官内阁中书。有《竹叶庵文集》。

西湖杂诗十二首(录二)
顾光旭

路人多上岳王坟,十二金牌妇竖闻。日月照临忠胆露,风雷震怒桧尸分。中原父老同声哭,半壁江山百战勋。岂独施全伸义愤,九泉可以慰三军。

昨向旌功坊下拜,宗臣遗像肃清高。用工部句。夺门大狱同三字,殉国孤忠总六曹。直以赤心悬海日,无庸白马沸江涛。岳王所恨偏安耳,今古云霄一羽毛。(《响泉集》卷一五)

顾光旭(1731—1797),字华旸,号晴沙,又号响泉,清金匮(今江苏无锡市)人。乾隆十七年(1752)进士。官至监察御史等职。有《响泉集》。

秦桧斋僧锅

朱 彭

南渡中原望恢复，北辕不返徽钦辱。桧之卖国逞老奸，鼎折宁惟覆公𫗴。堂堂鄂王真孤忠，旌旗指日趋黄龙。密谋顿起风波狱，十二金牌失战功。是时锻炼沉冤结，罗钳吉网无遗窟。天人共怒恶业深，祷佛安能一朝雪？我思地狱多变相，刀剖镬煮森相向。请君入瓮会有时，彭越之烹桧则当。何为铸此饭山僧，秽物偏教寿无量。乃知惧罪过招提，稗史流传或非妄。君不见栖霞畔起高坟，石马中间置铁人。樵夫掊击游人唾，无复当时丞相嗔。自经野火金皆乐，洞胸穿胁肩如削。不如此锅销，却铸权奸坟前长跪秦长脚。(《两浙𬨎轩录补遗》卷六)

朱彭（1731—1803），字亦篯，一字青湖，清钱塘（今浙江杭州市）人。贡生，嘉庆元年（1796）征举孝廉方正。有《抱山堂诗集》。

岳忠武王旧战场

任映垣

寻芳侧帽行南郭，百合场边地势开。猿鹤有情秋正老，储胥无垒迹难灰。浮云影卷三军去，木叶声酣万马来。村畔牧童横短笛，精忠说罢说奸回。(《嘉庆重刊荆溪县志》卷四)

任映垣，字明翰，清宜兴（今江苏宜兴市）人。邑诸生。著有《晴楼诗》《双溪乐府》《花鸟词》等。

宋史杂咏（录一）

赖 晋

唾手燕云复两河，天生少保足鏖戈。庐山孤墓忠归孝，左氏论兵少胜多。三字狱成和议稳，黄龙府饮魂梦过。当年独惜韩忠武，不保全家却为何。(《江西诗征》卷七五)

赖晋（1731？—1786？），字锡蕃，一字昼人，清广昌（今江西广昌县）人。乾隆十三年（1748）进士。官太仓知州。有《昼亭初稿》。

杭州岳坟
朱休度

酒飞不洒黄龙府，涛怒空翻白马江。一片明湖风雨夜，鬼啼长咽铁人腔。(《小木子诗·俟宁居偶咏》卷下)

汤阴岳祠
朱休度

故国山河朔雁飘，千秋魂魄若为招。太平文武官多少，下拜灵旗影动摇。(《小木子诗·俟宁居偶咏》卷下)

朱休度（1732—1772），字介裴，号梓庐，清秀水（今浙江嘉兴市）人。朱彝尊四世侄孙。乾隆十八年（1753）举人。官广灵知县。后主讲剡川书院。有《小木子诗》《紫荆花下闲钞》等。

侵晓过汤阴吊鄂王故里二首
王曾翼

昔过栖霞岭，虔瞻马鬣封。冤同埋碧血，恨未饮黄龙。故里经祠庙，铭勋尚鼎钟。招魂吟楚些，残月挂寒松。

万里长城坏，求和议始坚。江南朝自小，河北地长捐。留守悲先逝，蕲王特幸全。伤心回旆处，南望是朱仙。(《居易堂诗集·吟鞭剩稿上》)

王曾翼（1732—1794），字敬之，号芍坡，清吴江（今江苏苏州市吴江区）人。乾隆二十五年（1760年）进士。官至兰州兵备道。撰《甘州府志》。有《居易堂诗集》。

西湖杂诗二十二首（录一）
罗聘

鲤鱼风急雁来天，黄叶秋山思黯然。忠愤何关小儿女，也知罗拜岳坟前。(《香叶草堂诗存》)

罗聘（1733—1799），字遁夫，号两峰，别号花之寺僧等，原籍歙县，流寓扬州。为"扬州八怪"之最年轻者。

题绍兴六年墨敕后
翁方纲

呜呼！岳祠犹存此敕乎，时方宣抚于荆湖。置司襄阳调军符，衰绖徒跣啼呱呱。暑天苦出来匡庐，再三辞免驰泣书。省札亦复一再俱，丝纶稠迭御墨濡。稡编续编编烂如，宝真斋赞琜玭珠。独无此幅宁遗诸，亶也簿录计区区。左藏南库堆束刍，此幅想在其中欤。五月末交六月初，亦知练兵急时需。襄阳地实根本图，岳家旗摇万众呼。墨衰弗为母也除，干蛊果念父兄无。忠孝两字兼庙谟，同雠义岂君臣殊。千载可怜纸墨渝，四边尚绚金花铺。金牌十二样可摹，履霜阴始其根株。乳医老媪坏庑隅，蜗涎不蠹尘不污。荧荧小玺圆颖觚，日星为质鉴可诬。鼓鼙之听回应桴，销金锅子岁月徂。奸回鼎铸无人扶，天弗祚宋职孰辜。亶也桧也何足诛，呜呼！岳祠犹存此敕乎。（宋高宗手敕岳飞《起复诏》手卷后题诗）

翁方纲（1733—1818），字正三，一字忠叙，号覃溪、苏斋、彝斋，清直隶大兴（今北京市大兴区）人。乾隆十七年（1752）进士。官至内阁侍读学士。金石、谱录、书画、词章之学冠绝一时。书法并刘墉、梁同书、王文治并称"翁刘梁王"四大家。《清史稿》入《文苑传》。

岳氏铜爵歌金云庄比部属赋
吴骞

铜爵复铜爵，高者足，虚者腹，兕觥鹦螺非尔属。恨不能平吞鸭绿。想见金陀坊里吁天成家祭，还同九州哭。一哭白日沉，再哭愁云紫。哭绝朔风动地来，纥干山雀冻已死，死不可生生可耻。小朝廷，仅降俘，尔十六燕云俄割尽，若敖鬼诵冬青引。斑驳云雷不敢抚，恐化长虹牛斗吐。西曹知我癖慕古，兰桨轻拿问湖浒。手酹寒泉酹侯墓，千秋泪湿墓下土。却顾南枝惨无色，神灵咫尺威严逼。山雨突来天泼墨，仿佛当年狱底黑。万里长城甘自坏，十二金牌哪追得。爵兮轩然若有翼，何不高飞诉五国。（《拜经楼诗集》卷十）

吴骞（1733—1813），字槎客，又字葵里，号兔床、愚谷，清海宁（今浙江海宁市）人。贡生。著有《愚谷文存》《愚谷文存续编》等二十来种。

谒岳武穆祠观送张魏公北伐诗碑
李调元

狱成三字后，又读五言诗。不意西川士，犹留北伐碑。铁人应例跪，玉马尚闻嘶。莫问中原事，冤禽万古悲。（《童山诗集》卷一二）

读岳忠武传三十绝句
李调元

万古功臣万古冤，精忠报国背堪扪。至今狱案无他语，天日昭昭八字存。
中原百战恨难平，只道君王自罢兵。十二金牌魂魄冷，方知长脚误苍生。
柑皮爪画精忠命，小纸书歼大将身。当日临安菜园土，荒坟犹讳贾宜人。
中原肠断请仙诗，英气长存九曲祠。莫向皋亭山下过，伯颜曾祭岳家旗。
弱冠操椎八十斤，军中都号赢官人。可怜百战名俱一，到死功劳未上申。
一鼓能擒郝白巾，阆中观察阆中人。岳家爱将无辜甚，衢口如今祀烈神。
一家忠孝姓名香，高祚安娘已表扬。独有铁崖新乐府，银瓶怨里诉兴亡。
家存御笔焕天章，拘没都还内库藏。怨鹤故巢犹在否，江州原是旧家乡。
中兴立誓作功臣，刺绣为袍字尚新。独有蕲王心最苦，题诗常忆翠微人。
西湖之畔北山湄，异日朝廷必购尸。棘勒寺中遗属在，果然隗顺是奇儿。
眼分大小识先皇，銮驭初归自朔方。恨杀岳将军不见，深宫从此道家装。
哭声如震吁天求，到底公心万代留。一自鄂王谥忠武，岳州不复改纯州。
张韩刘岳四名将，南渡功名共颉颃。谁料是非千载定，铁人添铸铁山张。
金酋议定遣秦归，闻死方知莫毒予。当日寿皇知也未，又来洪皓蜡丸书。
一腔忠愤性生成，议论刚方必力争。自跋御书曹操后，杀身祸已此时萌。
大臣面谩有谁知，至德无师主善师。痛饮黄龙成恨事，暗中兀朮早书遗。
廉颇虽死凛犹生，诸葛曾书善用兵。望断撼山军不至，两河父老尽吞声。
灵旗铁马尚嘶风，宫殿栖霞落照中。谁把贺兰山踏破，空教泪洒满江红。
当时兀朮已败兵，号令燕南尽不行。内有权臣身不免，先知叩马是书生。

忠似汾阳偏有福，冤如道济更兼才。孤臣尚有藏埋骨，五国游魂尽作灰。
北人奸细南佳士，要算心忠两国间。南自南来北自北，徽钦从此不生还。
杀监乘舟底用猜，记程航海岂能来。荐贤却笑胡安国，直破群疑有李回。
长舌从来是厉阶，谁知阴险善安排。但经冲正先生口，毒过中丞肉简牌。
谶诬只在弃山阳，逗留淮西计亦良。莫怪小人多反复，平章依样害平章。
皇天后土此心知，指斥乘舆岂有之。告讦两王俱反噬，至今只骂皂雕儿。
秦头太重日无光，错折头巾圣相装。独坐中书书剥字，申王真是剥皮王。
一经共贺能教子，五世方知斩已迟。王氏子为秦氏后，谁言天道竟无知。
造诸恶孽似虫蝇，岂果前身雁宕僧。五十三人如不病，魏公大狱又当兴。
殿司小校亦微员，刺客从教白梃悬。举世尽无忠义气，男儿毕竟让施全。
灵隐留题地藏诗，权奸未死已魂褫。铁枷狱比风波险，传语东窗悔已迟。

（《童山诗集》卷三〇）

精忠观题鹤林墨兰并序
李调元

乾隆癸丑花朝，余至绵竹，偕鹤林、惕斋同诣忠武岳王精忠观，观鹤林所画兰及惕斋题跋，属予题诗。岳王庙在南郊三里，盖张魏公家曾藏王送张紫岩北伐诗，后人因诗立碑，因碑立庙，故绵竹有岳庙。王，汤阴人，鹤林亦生其地，其兄为绵竹尉，故重修精忠观并添铸秦桧、王氏两铁人跪庙前焉。

晓谒精忠观，徐步入幽室。忽见空谷中，兰花石背出。谓是灵均种，无人春自茁。坐久不闻香，乃知是画帧。鹤林忠州秀，生叶梦兰吉。有时挥素绢，人与兰为一。王亦生汤阴，绵南有遗笔。谊切乡梓痛，丹膴焕蓬荜。既已庙貌新，复思金石述。缅怀三字冤，千古芳名溢。故令写奇香，争光月与日。题句愧同心，趁赛荐有飶。回看两铁人，遗臭何时毕。（《童山诗集》卷三二）

李调元（1734—1803），字美堂，号雨村，别署童山蠢翁，清安县（今四川安县）人。乾隆二十八年（1763）进士。官至通水兵备道。撰辑诗话、词话、曲话、剧话、赋话著作达五十余种。有《童山全集》。

襄阳怀古
张五典

汴南巨镇此岩疆,根本中原计虑长。笑折双锋分骑步,先收六郡向湖湘。何来窃据谋张宪,不独偏安负李纲。汉上闲田处归众,漫劳遮马拜焚香。(《荷塘诗集》卷二)

岳鄂王墓
张五典

宫殿临安已劫灰,岿然华表寄山隈。平章媚敌贪和议,上将分军忌背嵬。东面沙尘成再拜,南枝风雨有余哀。灵魂且慰于忠肃,犹见英皇返驾来。(《荷塘诗集》卷二)

张五典(1734—?),字叙百,号荷塘,清泾阳(今陕西泾阳县)人。乾隆二十五年(1760)举人。官上元知县。有《荷塘诗集》。

岳王庙在汤阴县
江濬源

金牌趋诏军麾收,英雄恨事赍千秋。恢复无功父老泣,北人谈笑歼敌雠。黄龙痛饮转哀惨,汤阴城树乌啾啾。惟有冠冕肃遗庙,群奸并跪同幽囚。安得宝刀一在手,快磔门外鸱枭头。(《介亭诗钞》)

江濬源(1735—1808),字岷雨,清怀宁(今安徽怀宁县)人。乾隆四十三年(1778)进士。官至云南临安府知府。有《介亭文内外集》《介亭诗钞》等。

壬戌六月拜墓观像敬题
段玉裁

稽首重过马鬣封,如生面目拜遗容。八千里路臣心壮,十二金牌帝志慵。可惜中兴成画虎,所嗟平日怕真龙。独余一诏分明在,言孝言忠墨尚浓。(宋高宗手敕岳飞《起复诏》手卷后题诗)

段玉裁（1735—1815），字若膺，号懋堂，清金坛（今江苏金坛市）人。乾隆二十五年（1760）举人。任贵州玉屏、四川巫山（今属重庆）等知县。引疾归，积数十年精力，专治《说文》。《清史稿》入《儒林传》。有《说文解字注》《六书音均表》《经韵楼集》等。

汤阴谒岳忠武庙
刘秉恬

汤阴故里庙容新，松柏青青辟少尘。曰孝曰忠能励己，惟文惟武更期人。功高百战心难遂，祠焕千秋绩不泯。忽见殿前精采发，墨庄两字迹留真。（《述职吟》卷上）

过汤阴岳武穆祠敬依御制元韵
刘秉恬

故里巍巍建有祠，行人偶过敬瞻之。诗词雅致留今日，征战威风想昔时。不是金牌来急召，何难大厦复全支。出师既捷身偏死，更使英雄泪不期。（《公余集》卷九）

刘秉恬（1735—1800），字德引，清洪洞（今山西洪洞县）人。乾隆二十一年（1756）举人，二十六年取中明通榜。官至兵部侍郎。《清史稿》有传。有《竹轩诗稿》《述职吟》《公余集》。

栖霞岭
沈叔埏

峰霞拂面来，望路客先回。野径盘纡入，残阳窈窕开。僧雏候谷口，樵子语林隈。指点将军墓，泉声向夕哀。（《颐彩堂诗钞》卷二）

沈叔埏（1736—1803），字剑舟，一字埴为，号带湖，清秀水（今浙江嘉兴市）人。乾隆五十二年（1787）进士。官吏部主事。有《颐彩堂集》。

瞻谒鄂王庙敬题西壁

潘鹭

长脚归来局已翻，黄龙痛饮竟空谈。中原垂复功推一，大狱将成字只三。基业心伤淮水北，旌旗目断汴河南。庙门铁铸奸雄膝，终古灵风闪柏楠。（汤阴岳庙诗碑）

甲子冬重谒鄂王庙题壁

潘鹭

精忠御笔手亲挥，仍遣金牌促解围。此地千年埋碧血，何年二帝脱青衣。勋高李相终沦谪，军溃符离少是非。怪底西湖湖心寺，有人扶醉跨驴归。（汤阴岳庙诗碑）

潘鹭，字吟序，清归安（今浙江湖州市吴兴区）人。进士潘汝诚子。乾隆四十二年（1777）丁酉举人，五十二年（1787）丁未进士。山东历城籍中式。

钱塘怀古

毛秀蕙

京洛烟尘弃不收，西湖台阁作金瓯。流连秋色还春色，歌咏杭州胜汴州。自愿苟安增岁帛，谁抒孤愤报仇雠？栖霞岭畔将军墓，只有南枝记旧丘。（《晚晴簃诗汇》卷一八四）

毛秀蕙（1736—1795），女，字山辉，清太仓（今江苏太仓市）人。诸生王愫妻。明画理，工韵语，擅山水，兴至点染，辄有题句，幽居之乐，为时艳称。有《女红余艺》。

读全宋诗仿元遗山论诗绝句二百首·岳飞

谢启昆

江表秋风蹴翠岩，楼兰千古恨长衔。游魂经略中原遍，乩上诗成下界参。（《树经堂诗初集》卷一一）

岳祠铜爵歌为金云庄赋
谢启昆

冬青麦饭一抔土，絮酒无人酹秋雨。鄂国巍巍尚庙宇，相台裔孙作彝器。精忠仍镌涅背字，一勺深涵万古泪。比部藏弄不敢私，观察作记无剿词。爵归西湖佥曰宜，我甫谒庙鸠众材。光尧御敕嵌莓苔，恰遇此爵光云雷。申王祭器颁宗府，冰山瓦解杯化羽。此爵不蚀篆文古，精贯金石甘鼎镬。岂知区区一铜爵，子孙永保王愉乐。（《树经堂诗初集》卷一四）

题宋高宗绍兴六年赐岳忠武敕后
谢启昆

三字狱沉大理寺，不记诏书手亲赐。和戎议成长脚翁，干蛊词愧光尧帝。帝因多难激臣心，锦文御押墨痕深。奉讳言归不得请，京西宣抚衰经临。武昌调军御兀朮，绍兴六年夏四月。史书起复日丙午，敕乃五月乙未日。庐阜陈情辞再三，反经行权义所谙。忍看龙蛇失汴水，宁容虎豹卧江潭。红罗树帜敌胆寒，军令不撼坚如山。痛饮黄龙誓诸将，要奉二圣銮舆还。尽孝于忠古所稀，报国不恤蹈危机。两河父老望旌旗，背嵬军散痛哭归。十年之功一旦弃，何如当日许终制。便番诏纸谁所颁，十二金牌谁所致。规复中原卿素志，岂有逗留淮西事。蟫蠹不蚀精忠心，六百余载珠藏笥。墨林秘玩药州镌，此札更在五年前。玉轴已同铜爵宝，遗文可补金佗编。摹之庙壁且深刻，簿录左藏迹未灭。岁暮片纸千秋疑，罪案空归俊与卨。（《树经堂诗续集》卷一）

岳 飞
谢启昆

撼山容易撼军难，帜刺红罗敌胆寒。运用一心操万胜，激昂百战恨偏安。金牌诏下肝肠裂，鄂字书成泪血干。内有权臣功不就，长城自坏发长叹。（《树经堂咏史诗》卷八）

谢启昆（1737—1802），字蕴山，号苏潭、良璧，清南康（今江西南康市）人。乾隆二十六年（1761）进士。官至广西巡抚。《清史稿》有传。有《树经堂集》《西魏书》《粤西金石志》等。

岳鄂王墓
冯 培

春游竞指岳坟趋，终古衔冤雪涕俱。翻忌迎銮回北伐，只知当壁领西湖。撼山尚见旌旗整，奉诏宁辞节制拘。片纸阴谋消片刻，骑驴有恨托提壶。（《岳飞墓诗选》）

冯培（1737—1808），字仁寓，号实庵、玉圃，清元和（今属江苏苏州市）人。乾隆四十三年（1778）进士。官至户科给事中。两任乡、会试同考官。有《经学记纂》《鹤半巢诗存》。

满江红·岳忠武铜印
余 集

半壁东南，畴整顿、靖康刓缺。计惟有、精忠心印，指挥豪杰。士卒奉符争效命，苍生安堵忘锋镝。恨双环、脑后没人提，空悲切。　　金人犯，偏猖獗；金牌召，何仓卒。叹出师未捷，满衿清血。往事难平三字狱，忠魂犹恋西湖月。剩离离、斗大篆文新，难磨灭。（《梁园归棹录》）

余集（1738—1823），字蓉裳，号秋室，清钱塘（今浙江杭州市）人。乾隆三十一年（1766）进士。官至侍讲学士。有《梁园归棹录》《忆漫庵剩稿》。

谒岳忠武王墓
陈 樽

大树犹然恋旧恩，英雄遗事忍重论。藏弓君自安南渡，叩马谁先返北辕。生怕龙庭归故主，不愁铁骑栗中原。诸陵痛哭冬青老，谁与招魂奠酒樽。（《古衡山房诗集》卷二）

陈樽（1739—?），字俎行，号酌翁，清海盐（今浙江海盐县）人。乾隆三十一年（1766）进士。官广西博白知县。有《古衡山房诗集》。

读南宋纪事二首（录一）
王学淳

回首临安往事遥，冬青花落富春潮。南枝忠魄悬天日，北狩荒城变黍苗。精卫死犹填瀚海，杜鹃生未识津桥。六陵弓剑当朝殿，雨打秋燐骨亦销。（《两浙辅轩录补遗》卷六）

王学淳，字莘园，号听翁，清仁和（今浙江杭州市）人。乾隆三十一年（1766）进士。官大邑知县。有《晓钟书屋吟稿》。

阙 题
沈世炜

祠宇岿然在，南枝柏几行。千秋崇俎豆，百战报君王。灏气山河永，精忠日月光。中兴酬夙志，应胜郭汾阳。

雪仇专阃外，和议出宫中。泪洒金牌血，烟销铁骑功。黄龙思痛饮，苍狗幻浮空。往事留家乘，来瞻恨无穷。（汤阴岳庙诗碑）

沈世炜，字吉甫，号南雷，又号沈楼，清仁和（今浙江杭州市）人。沈廷芳子。乾隆二十一年（1756）中举，三十一年中进士，官礼部郎中。有《澹俱斋诗集》。

读岳忠武传
钱惟乔

不杀定知和议阻，垂成从此大功灰。徒闻神算惊侯捷，难见诸军待岳来。天地何心无父国，山河有泪中兴才。若教得遂黄龙府，岂惜终成碧血哀。

百战如公最少年，泰山不及岳军坚。旋师肯涉嫌疑地，袒背空号忠孝天。又见渡河身早死，遂教酾酒敌安眠。匡山但遣终庐墓，倚作长城宋尚全。（《竹初诗钞》卷七）

汤阴谒忠武庙
钱惟乔

高茔旧忆寻湖畔，遗像今来拜道周。门有乌金镌乱贼，庭余白日照行楸。山河未雪长城涕，旌旆空埋诏狱秋。南去侍中祠庙近，忠魂共作怒涛流。(《竹初诗钞》卷九)

钱惟乔（1739—1806），字树参，号竹初，清武进（今江苏常州市武进区）人。乾隆间举人。曾任遂昌、鄞县知县。有《竹初文钞》《竹初诗钞》。

题岳武穆传后
茹纶常

儿皇帝前臣构后，传之史册洵可丑。十二金牌促班师，遂弃中原如敝帚。十万貔貅尽腐心，两河英雄皆扼手。但杀将军和议成，诏狱直出宰相某。丞相之威无比伦，将军之狱莫须有。东窗只知纵虎难，北狩哪顾蒙尘久。风波亭下天为昏，不久官家如木偶。长脚夫，长舌妇，不了事汉有施全，彼唆附者何鸡狗。我时怒发欲冲冠，掩卷惟倾酒一斗。呜呼！君不见汴梁西湖岳王祠，乌金几辈人击掊。留芳遗臭都不朽。(《容斋诗集》卷二八)

茹纶常（1740—？），字文静，号容斋，一号簇蚕山樵，清介休（今山西介休市）人。监生。有《容斋诗集》。

西湖杂诗十二首（录一）
彭绍升

于坟竖南阡，岳坟耸北陌。清绝两忠泉，坟前井并名忠泉。千霜洗寒魄。寒魄上中天，浩荡湖光白。乘云去复来，莫问兴亡迹。(《观河集》卷二)

彭绍升（1740—1796），字允初，号尺木，又号二林居士，清江南长洲（今江苏苏州市）人。乾隆二十六年（1761）进士。三十四岁受菩萨戒，法名际清，为清初著名佛教居士。著作颇多，《观河集》为其中之一。

汤阴谒岳忠武祠
潘奕隽

西湖墓木仰精忠，故里重瞻庙貌崇。当日两宫终朔漠，至今三字泣英雄。偷安一代无长计，大义全家秉赤衷。痛饮黄龙虚素志，松庭遗恨起悲风。(《三松堂集》卷四)

岳忠武王墓
潘奕隽

墓门春水绿沄沄，宰树寒烟锁夕曛。五国羁魂归望帝，深宫遗恨失将军。骑驴客洒风前泪，薤发仙啼岭上云。犹有余威应金鼓，墓后为金鼓洞。怒涛松响震湖濆。

东风陌上又花开，泥马康王信再来。半壁自甘蒙垢辱，长城可惜坏奸回。牲碑祠宇辉金碧，麦饭攒宫遍蒿莱。此日忠魂归鹤表，更无余恨但衔哀。(《三松堂集》卷一六)

潘奕隽（1740—1830），字守愚，号榕皋，一号水云漫士，晚号三松老人，清吴县（今江苏苏州市）人。乾隆三十四年（1769）进士。官水部主事，典试黔中，旋即归田。有《三松堂集》。

经汤阴
吴寿昌

岳将军狱冤谁雪，嵇侍中朱血尚存。西晋悠悠复南宋，千秋此地吊忠魂。(《虚白斋存稿·驿程杂咏》)

谒岳忠武祠
吴寿昌

谬成和议主臣同，孤负天生报国忠。难赎百身三字狱，竟堕一旦十年功。墓田近接于司马，居里遥传嵇侍中。手拓荒碑证遗集，灵旗镇日满寒风。(《虚白斋存稿·驿程杂咏》)

重经汤阴忠武祠
吴寿昌

祠门铸错罪诸奸，何补将军碧血寒。重过旧乡身下拜，一谈遗事发冲冠。朝廷方喜长城坏，宇宙还资半壁安。好在讼冤贤后裔，金佗编作史家看。（《虚白斋存稿·细吟集上》）

经鄂王祠再纪一律
吴寿昌

如此将军如此冤，茫茫旧事忍重论。歼身白马南迁主，赍志黄龙北狩辕。忼慨全家扶正气，徘徊行道泣忠魂。千秋祠宇依乡里，望断西湖古墓门。（《虚白斋存稿·细吟续集》）

谒岳鄂王墓
吴寿昌

峨峨华表树森森，千载忠魂应式临。此日奸形重铸铁，当时天意未忘金。废兴无奈徒凭数，生死何曾肯易心。南宋诸陵嗟毁尽，冬青空锁翠烟深。（《虚白斋诗集·鲍系集上》）

吴寿昌，字泰交，号蓉塘，清山阴（今浙江绍兴市）人。乾隆三十四年（1769）进士。历官侍讲，入值上书房。后典试广西，督学黔中。有《虚白斋存稿》等。

岳庙观夏忠慇石刻乐府
吴 炳

莫须有事意难料，西市朝衣几人吊。千古沉冤夏贵溪，配食宜邻鄂王庙。河套议复诚奇功，何异痛饮收黄龙。风波一旦起疑狱，东窗乃在东楼东。满江红洒一腔血，词中宫声笔如铁。前人则喁后则于，一样孤忠待昭雪。赖有穆庙同寿皇，易名赐谥为表章。精忠柏下剩残碣，九十余字森光芒。五云深处护柯井，分宜题楣字遒紧。至今遗臭玷玉堂，悔不书名易忠憨。呜呼！君心猜忌非臣心，永陵尤比思陵深。谨身华盖结衔大，墓田片石如汤阴。我来读碑三叹息，拟铸奸嵩跪碑侧。手撰青词欲醮天，祠外苍茫湖影黑。(《两浙輶轩续录》卷三七)

吴炳（？—1801），字仲兰，仁和（今浙江杭州市）人。诸生。以书画见重于时。

岳王坟吊古
吴文溥

南来王气黯江湖，北望中原渺旧都。为敌报仇天下恨，论功行戮古今无。千年宰树惊风雨，一角残山泣画图。照见将军魂魄在，夜乌啼上月轮孤。(《岳飞墓诗选》)

吴文溥（1741—1802），字博如，一字冻帆，号澹川，清嘉兴（今浙江嘉兴市）人。贡生。阮元督学浙江，定其诗为浙中之冠。曾客台湾道幕，掌教海东书院。有《闽游篇》《南野堂诗集》《南野堂笔记》《师贞备览所见录》。

题起复诏碑
汪志伊

庐山刻不忘中原，尽孝于忠岂待言。可惜精忠无用处，空教三字狱成冤。(岳墓《起复诏》碑)

西湖（节录）
汪志伊

忠武墓前忠烈祠，耿耿忠心妇孺知。碧水难销征北恨，青山尚拱向南枝。三字含冤千古悼，空诱雕儿诬评告。铁为铸像列神奸，树代分尸征显报。(《稼门诗钞》卷四)

汪志伊（1742？—1818），字稼门，清桐城（今安徽桐城市）人。乾隆三十六年（1771）举人。官至湖广、闽浙总督。嘉庆二十二年（1817）被革职永不叙用。《清史稿》有传。有《稼门诗钞》。

朱仙镇岳庙次何大复韵
戚学标

先声惊走敌营空,卷土南来士马雄。但使朝廷迟一诏,定教社稷奏全功。两河士气仓皇尽,万古人情怨愤同。剩有英风吹不散,灵旗高闪入云中。(《景文堂诗集》卷九)

岳庙再次刘佥事韵
戚学标

不抵黄龙死不休,中原何日可忘仇。拼将血战酬军国,岂料风波瘗狱囚。破敌原非君相意,寄环哪顾父兄仇。遗民解说精忠事,听到金牌泪直流。(《景文堂诗集》卷九)

郾城怀古
戚学标

无复当年伯国勋,召陵荒戍密寒云。五沟河下冰初解,九孔桥边日已曛。望气一过裴相庙,背嵬犹说岳家军。独怜万岁经师在,寂寞无人吊古坟。(《景文堂诗集》卷九)

戚学标(1742—1823),字翰芳,号鹤泉,清太平(今浙江温岭市)人。乾隆四十六年(1781)进士。终官宁波府学教授。《清史稿》入《儒林传》。有《鹤泉文钞》《景文堂诗集》。

金山吊韩蕲王(节录)
祝德麟

偏安半壁要人扶,朱仙镇上忠旅俱。东窗老魅正缚虎,西湖居士聊骑驴。(《悦亲楼集》卷十)

岳氏铜爵歌
祝德麟

爵高五寸六分，容四合，重四百八十九铢，中镌"精忠报国"四字，左侧有小印曰"岳珂建造"。向藏桐乡汪屋家，屋毁，归金德舆。

与君痛饮黄龙城，背嵬所向功垂成。皇天不欲宋恢复，勿令鼎食令鼎烹。神如水泉罔不在，金陀坊庙西湖茔。牲醴备具值伏腊，豆笾奔走绵云礽。文孙当日制彝器，中有铜爵侪铏登。思陵手书四大字，精忠报国镌为铭。粤维嘉泰四年造，沧桑再阅埋沟塍。迄明晚叶掘地得，双柱三足形模精。回雷文绣土花紫，菡萏瓣蚀薛晕青。流转桐乡数易主，神物显晦疑有灵。故都久已沦九鼎，麦饭谁复浇六陵。惟王血食永不殄，黄流青齐长芬馨。杯棬虽非口泽寄，自宜告濯藏宗祊。远殊许田假郑璧，近同颜巷归赵觥。忠良之后率衰替，苗裔未必多绳绳。表忠观有道士守，栖霞岭乏王孙承。摩挲礼器共太息，杞宋文献犹足征。作诗聊当送迎曲，一卮奠酹神其听。（《悦亲楼集》卷二四）

祝德麟（1742—1798），字止堂，号芷塘，清海宁（今浙江海宁市）人。乾隆二十八年（1763）进士。官御史。后以言事不合黜归。有《离骚草木疏辨证》《悦亲楼集》。

岳王坟
胡苏云

百尺乔松撼太空，迢迢华表碧云中。莫谈南宋君臣事，恐有灵魂起大风。（《芥浦诗删》卷一二）

胡苏云，字芥浦，号庄牧者，清南丰（今江西南丰县）人。有《芥浦诗删》，乾隆二十九年（1764）刻本。

三字狱
吴翌凤

小朝廷，一臣构。二圣环，撒脑后。岳家军，壁垒开。平襄汉，平江淮。图大举，渡河去。贼臣桧，和议主。金牌召，不暂停。三字狱，风波亭。十年功，一旦废。望中原，空洒涕。和议成，功臣伤。驴背客，韩蕲王。(《与稽斋丛稿》卷三)

吴翌凤（1742—1819），字伊仲，号枚庵，晚号漫叟，清长洲（今江苏苏州市）人。嘉庆时诸生。有《与稽斋丛稿》《曼香词》，编《古欢堂经籍略》。

岳忠武墓
秦　瀛

遗恨中兴日，黄龙痛饮难。人犹思北伐，天只许偏安。泥马沧江在，铜驼故国残。君臣甘弃土，父子早登坛。少保功名赫，中原箭血瘢。六军推李郭，四将压张韩。气已吞回鹘，心先抵贺兰。渐收诸郡地，欲问两宫欢。宰相方通敌，书生忽叩鞍。金缯纷绎绎，玉帐失桓桓。南渡官家弱，东窗妇舌谰。弓藏钟室惨，剑赐属镂寒。自此长城坏，真令志士叹。星沉天上石，瓶泣井边干。大树身先死，神州泪不干。乌头边梦断，驴背夕阳看。魂定从留守，冤真过曲端。旧编桯史灿，遗萼劫灰完。雷电尸分木，堂封像铸奸。苍苔缠古碣，碧涧响哀湍。废苑春啼鹧，荒陵昼穴獾。祁连高冢峙，过客涕汍澜。(《小岘山人诗集》卷一)

西湖咏南宋遗事十四首（录一）
秦　瀛

符离十万视师来，心学知非靖乱才。莫怪岳侯嗤睡语，相公真送陕州回。(《小岘山人诗集》卷一)

张俊墓（节录）
秦　瀛

太师谁，张铁山，临安半壁方时艰。丧心长脚甘卖国，尔辈党恶阿权奸。卧薪应雪靖康耻，班师竟召将军还。莫须有狱冤魂苦，熊貔不抵黄龙府。长城事坏倾道济，偃月谋深赞林甫。(《小岘山人诗文集》卷五)

题宋高宗手书赐岳忠武敕后
秦 瀛

渡江泥马王孙泣，汴水铜驼委荆棘。长城惟说岳家军，铁浮屠军撼不得。吁嗟岳侯真人豪，燕云唾手恢神皋。岳侯一去大树死，遗敕空闻传宋高。十二行中字参错，绍兴六年五月作。岳侯丧母反庐山，立趣登车赐褒鄂。墨缋视事古岂无，守经行权理不殊。岳侯固是忠孝者，捧敕痛哭仍长驱。尽孝于忠君所教，君王何乃偏忌孝。背嵬顿弃鹳鹅师，蒙尘竟老冰霜窖。输金输币只偏安，猛虎就缚妖狐欢。窗边妖妇能张舌，帐外书生解扣鞍。三字冤成莫须有，乌呼此敕终长负。二帝不返青城魂，诸君谁饮黄龙酒。（《小岘山人诗集》卷十）

岳氏铜爵歌
秦 瀛

金君家藏铜爵一，倦翁小印字不灭。阜陵以来重报忠，堂堂子孙荐芳醁。三足二柱珍如彝，云雷深护蟠蹫跷。璘㸦古色历灰劫，还与桯史千秋垂。皋亭山边阵云恶，闻说钱塘潮水涸。白凫金雁飞满天，何况区区一铜爵。冬青风雨徒悲哀，龙津之剑去复回。土花绣出会稽土，神物终不埋蒿莱。金君好古世稀有，铜爵仍归祠墓守。行人下马酹南枝，一卮当饮黄龙酒。（《小岘山人诗集》卷一一）

秦瀛（1743—1821），字凌沧，一字小岘，号遂庵，清无锡（今江苏无锡市）人。乾隆三十九年（1774）举人。官至刑部侍郎。《清史稿》有传。有《小岘山人诗文集》《遂庵日知录》。

岳堤宫柳
王元梅

危堤沿筑汝河旁，保□田□一带长。五十余里宫柳直，居人都指作甘棠。（《重修汝南县志》卷二二）

王元梅（1743—？），字玉和，号逊庵，清贵池（今安徽池州市贵池区）

人。乾隆五十六年（1791）任汝南知县。

汤 阴
吴 俊

楝花风急柳飘丝，一片晴沙扬酒旗。应为小姑赛生日，县人争上岳王祠。(《荣性堂集》卷九)

吴俊（1744—1815），字奕千，号昙绣、竹圃，一号蠡涛，清吴县（今江苏苏州市）人。乾隆四十年（1775）进士。官至山东布政使。有《荣性堂集》。

阙题（二首残篇）
钮 琦

□□□□□，□□□□□。□□□□□，□令忌奸僚。□□□□恨，游魂不待招。□□三字狱，愁听浙江潮。

气运方难必，英雄自有真。风波百战地，鼙鼓廿年身。涅背惟忠字，伤心值岁辰。谁将报国意，搔首问苍旻。(汤阴岳庙诗碑)

钮琦，自称晋陵（今江苏常州市）人。生平不详。诗碑款署："乾隆丙申（乾隆四十一年，1776）冬至后二日，晋陵钮琦薰沐敬题。"碑已残损，仅余残篇。

阙 题
佚 名

东窗之下巧为言，长舌奸淫不可宣。北塞既经双被掳，南归定结事仇缘。若非秘约通兀术，何以相偕得并旋。垢面蓬头真可耻，夫妻长跪到何年。(汤阴岳庙诗碑)

作者署名已剥蚀不清。诗作于乾隆丙申岁（乾隆四十一年，1776）。

读岳鄂王传
卫大壮

当年饮何豪，闻戒不沾口。知有河朔志，谁敢进滴酒。于今精忠自千古，刀尖余房无寸土。奸桧蓬头跪阶前，般般罪孽由人数。此恨已全消，旧杯何妨补。满酌月支头，浇向黄龙府。（《新乡县续志》卷四）

卫大壮，字健斋，清新乡（今河南新乡县）人。由廪生肄业太学，终官归德府教授。《新乡县续志·人物传》有传。

朱仙镇拜岳庙
赵良澍

大将在军不受命，史论纷纷吾欲更。中原引领岳家军，岳家一禀朝廷命。用少击多固有神，忠义誓师能制胜。若使铁骑逞长驱，未必人心争回应。王家社稷得自专，将军号令谁能听。所惜时机不再来，十年血战功未竟。金牌屡诏促班师，枢密拜官解兵柄。南趋吴越辟半隅，北望燕云失二圣。呜呼少保且不免，何物书生见先定。四字精忠死亦安，千秋慕义气空横。翻疑当日未行权，岂惜英雄终守正。君不见魏公误杀曲将军，将军跋扈终为病。岂若少保无遗行，不让唐家郭与晟。我来古镇愁云飞，想见两河血泪迸。祠前下马荐溪毛，向南桧柏风霜劲。（《肖岩诗钞》卷三）

过汤阴拜岳庙
赵良澍

白骨冬青事可伤，风云尚护此祠堂。两宫独洒孤臣泪，三字先飞六月霜。沛国歌犹思猛士，监军晏亦恕汾阳。不知高庙诚何意，忍坏坚城万里长。（《肖岩诗钞》卷三）

过汤阴吊岳忠武次壁间韵
赵良澍

尚有湖山未属金，何曾魂魄眷汤阴。十年应唾燕云手，三字徒甘君相

心。从此小朝无北伐,却留大树向南森。中州父老犹垂涕,载酒牵车望眼深。(《肖岩诗钞》卷七)

又次前明人韵
赵良澍

忠武祠临大道旁,中兴心事比汾阳。两宫北狩蒙奇祸,百战南来得小康。竟使蕲王归郁郁,谁生奸桧问苍苍。英雄从古多遗憾,何必前身是姓张?(《肖岩诗钞》卷七)

赵良澍(1744—1817),字肃徵,号肖岩,清泾县(今安徽泾县)人。乾隆六十年(1795)会试第三名。嘉庆三年(1798)任广东主考官。后以老引疾归。有《读诗》《读礼记》《读春秋》《肖岩文钞》《肖岩诗钞》等。

朱仙镇谒岳忠武王庙
沈赤然

方期痛饮黄龙府,金字牌来王气休。父老空遮都护马,朝廷谁斩佞臣头。伤心烽火惊陵寝,失策金缯快敌谋。高诵满江红一阕,夕阳荒殿鸟啾啾。(《五研斋诗钞》卷三)

沈赤然(1745—?),字韫山,号梅村,清仁和(今浙江杭州市)人。乾隆三十三年(1768)举人。官平乡、南乐、南宫、丰润、大城县知县。著《五研斋诗钞》《五研斋文钞》等。

汤阴谒岳忠武祠
洪亮吉

古木丛台起怒风,岳王祠倚堞楼东。何因浣尽孤臣血,不祀前朝嵇侍中。

埋骨西湖恨已多,小朝廷久厌兵戈。此方立庙非无意,尚为君王障两河。(《卷施阁集·诗集》卷一七)

泰州岳家山谒忠武寺
洪亮吉

少保当年此著勋,断垣兀自起风云。年丰四舍鸡豚社,水满三田鹅鹳群。井邑久迷张氏垒,土人仍说岳家军。心香一瓣无多祝,伫望东南靖海氛。(《更生斋集·诗续集》卷一)

洪亮吉(1746—1809),初名莲,又名礼吉,字君直,一字稚存,号北江,晚号更生居士,清阳湖(今江苏常州市)人。乾隆五十五年(1790)进士。官至督贵州学政。入直上书房。后触帝怒,流放伊犁。得释回籍。《清史稿》有传。有《卷施阁诗文集》《更生斋诗文集》《北江诗话》《春秋左传诂》。

岳忠武王墓
吴锡麒

目极中原地,英雄万古叹。长城先自坏,半壁竟偷安。少保威名重,平生忠孝殚。君王甘屈膝,臣子愿披肝。克敌除飞到,论兵撼岳难。义旗天半卓,匹马阵中盘。唾手燕云复,迎军父老欢。功将侔郭令,魂已落曹瞒。奸相方持柄,书生解叩鞍。金牌齐一哭,玉帐罢诸团。未洗青衣辱,翻教碧血寒。狱成三字惨,人赎百身拌。如此风波恶,于今墓草干。吟诗辞激烈,吊古泪汍澜。雪窖春无色,刀环梦早残。中兴殊藉藉,北望总漫漫。箕尾咸悲赵,湖山又罢韩。老成惊共逝,大节要同完。日照中天白,心留旧史丹。关河经百战,风雨有馀酸。石鹤迷华表,银瓶坠井干。南枝吹不转,遗恨满林峦。(《有正味斋诗集》卷三)

岳忠武王铜印歌
吴锡麒

文曰:武胜定国军节度使开府仪同三司荆湖南北襄阳路宣抚使兼营田大使岳飞之印。

岳家军乃飞来矣,霹雳一声贼魄褫,姓名烈烈有如此。何时镌入方寸铜，得毋制者为舒通，金鞍铁简颁赐同。具衔前后领三使，篆文漉漉朱泥渍，似渗中原一腔泪。当时亦诏屯荆襄，力图进取辞煌煌，两河踊跃先声扬。与其黄金先系肘，何似黄龙痛饮酒，中兴录上书臣某。金牌十二何处来，风波直抉长城颊，长脚一伸天不回。此印漂流固应尔，胡为吁天冤已洗，不见金佗稡编纪。精忠者心不可移，官印私印可听之，镂膺刻肺吾能知。(《有正味斋诗集·续集》卷六)

吴锡麒（1746—1818），号谷人，清钱塘（今浙江杭州市）人。乾隆四十年（1775）进士。官至国子监祭酒。有《有正味斋集》。

岳忠武砚为陈海楼明府
刘大绅

宋人好奇身不闲，持斧直上群玉山。凿开丹崖一百丈，斗大石卵倾其间。闭门治石如治玉，樕以为砚薪远俗。厥面可磨底可承，差幸权奸免受辱。流传至今经几年，争买欲出黄金千。挥毫不妨半将泚，著墨且喜全未穿。片石何由贵如此，云惟忠武侯是以。侯志歼敌扬戈矛，宁暇区区费笔纸。纵然余事工诗文，磨盾尽可张吾军。书生寻常戏弄物，丈夫肯与劳殷勤。陈侯得自贾人手，什袭视为古稀有。一朝捧向空山中，启匣精光塞户牖。五华下临九龙池，怪鳞异介颇不痴。如闻星辰殒天上，张牙奋爪争攫之。老夫拔剑不为下，渠乃缩头窜大野。云雾敛尽天晴明，裁得开轩讲风雅。从来癖古发人笑，界唐画宋究形肖。购藏者谁投赠谁，款识缺完竟耳剽。此砚云出商丘家，忠武自铭毫不差。叠山文山相继作，苍龙白虎争相拏。我闻西陂特鉴古，剖析赝真慎弃取。其友秀水与新城，一时骚坛推盟主。文丞相有玉带生，陆务观有心太平。两公歌行绝千古，十倍声价逾连城。商丘既有此神物，门屏佳气望葱郁。瑶函远寄琼宴开，麒麟角笔扫尘坲。渔洋集何无一言，竹垞数字仅得存。后生小子嗟太晚，婆挲历代烟煤痕。直将名之曰赝砚，正恐陈侯酣舌战。我辈重物先重人，见岳家字早欣羡。格天阁中自多藏，宰相状元只厚亡。不假奸秦假忠武，市儿眼亦知低昂。漳台瓦头混汉璧，阿瞒所作碎不惜。定军山前倘伪为，失手坠地惊霹雳。持此论古真明通，谁欤郑昭谁宋聋。诗成焚香再拜起，仰天浩歌满江

红。(《寄庵诗文钞·诗钞续附》卷五)

刘大绅（1746—1828），字寄庵，清宁州（今云南华宁县）人。乾隆三十七年（1772）进士。官至武定府同知。以母老辞官，主讲昆明五华书院。有《寄庵诗文钞》。

岳忠武祠
贾策安

狱底冤沉暮夜中，谁怜涅背抱孤忠。当时若遂黄龙志，不过灵台纪战功。(《二南遗音》卷四)

贾策安，字磐伯，清咸宁（今陕西西安市长安区）人。乾隆三十七年（1772）进士。仕历不详。

岳武穆祠
王上焱

小小朝廷半壁存，十年恢复气全吞。画淮直欲窥神器，渡越谁还问寝园。早有书生谙大势，竟令父老哭中原。龙髯不洒冰天泪，庐墓还山久杜门。(《娄东诗派》卷二六)

王上焱，字罗照，清太仓（今江苏太仓市）人。乾隆三十七年（1772）进士。授内阁中书，迁户部主事。有《思补堂集》。

乾隆甲午仲春谒岳忠武王庙
徐光文

奉诏敢惜死，遗恨饮黄龙。坐令长城坏，千秋陵庙空。登高望鄂渚，百战惊奇功。迄今荡阴里，铁骑屯灵风。我来一展谒，辉煌祀典崇。天不生奸桧，胡能显精忠。太息抚残碣，泪点殷春红。徘徊日影暮，心钦万古雄。(汤阴岳庙诗碑)

徐光文，自署"古歙"（今安徽歙县）人。乾隆三十七年（1772）前后曾任河南学政。编辑有《篁墩程朱阙里祠志》。

谒岳武穆祠
赵希璜

三军齐一哭，万里堕长城。袒背精忠字，同心义勇兵。于今崇俎豆，有宋愧簪缨。和议垂成日，南侵已败盟。

不惜称臣侄，何须问父兄。撼山原未易，破竹已将成。冤狱填三字，灰心复两京。爱钱兼畏死，社稷一何轻。（《四百三十二峰草堂诗钞》卷十）

赵希璜（1746—1806），字子璞，一字渭川，清长宁（今广东新丰县）人。乾隆四十四年（1779）举人。曾官安阳知县。有《四百三十二峰草堂诗钞》。

岳王墓诗次韵
李传燮

古墓明湖岸，经过恨不胜。乾坤当扰乱，篡夺自因仍。驴背仙人坠，龙飞帝位乘。加袍符木谶，隐烛愧金縢。递遭宣和主，殊惭有道曾。由来倾国祚，多半用邦朋。明旨收花石，强邻责币缯。更闻纷寇盗，谁复憯威稜。敌箭传青海，宫车困白登。二宗沦朔漠，九庙绝尝烝。典午余东晋，奔申赋中兴。群友争翊戴，六合望清澄。剿贼三呼厉，行军四将能。汤阴尤伟异，留守重飞腾。观象虚占豕，循名未愧鹏。精忠青简照，奖劝紫霄承。汴洛倾心久，襄樊破敌曾。湖么休跋扈，金尤罢侵凌。溟渤龙惊钓，天山雁避矰。奋威诸夏振，辟国两河宏。怀愍虽终辱，荆舒实屡惩。岂知归反间，复尔拜疑丞。和议西陲失，安偷海外增。罢兵教虎困，构祸等蝇蠹。垂涕当闻诏，投弓竟释掤。兵权众取忌，义勇倍生憎。锻炼劳钳网，含糊折股肱。风波何惨淡，天帝亦愚曹。气壮骑箕去，光昏坠宿应。循王殊可惜，秦氏究谁称。危笑忘亡卫，痴同恃赂鄫。玉津成仓卒，指佗肯。木马任凌竞。孝宗。江浦潮三日，厓山浪万层。黄龙虚立誓，白雁岂无征。朔骑驰红斾，残军费铁绳。长城真自坏，弱国岂堪矜。遗庙司花近，墓邻花神庙。英风大树凭。衣冠绵后裔，香火类禅僧。顽铁颜应报，南枝翠尚凝。夜灯杨琏塔，春草赵家陵。忠佞原难辨，兴亡最有凭。椒浆君莫奠，遗愤易填膺。（《江西诗征》卷八四）

李传爕，字理之，号梦岩，清临川（今江西抚州市临川区）人。乾隆四十四年（1779）举人。官广西兴业知县。

过汤阴谒岳庙用赵子昂岳坟诗韵
贺德翰

结发从戎旧里离，辞家端欲济时危。枌榆耻属金人土，云霓鹅悬岳字旗。不信归田原有约，空嗟倾厦独难支。汤阴故宅今何在，祠树萧萧不尽悲。（《沅湘耆旧集》卷一一五）

贺德翰（？—1813），字友南，号勺莽，清宁乡（今湖南宁乡县）人。乾隆四十四年（1779）举人。嘉庆六年（1801）大挑一等，历署菏泽、郓城、利津、朝城、范县、定陶知县。嘉庆十八年（1813）为乾卦教义军所杀。赐恤给云骑尉世职，祀昭忠祠。

满江红·岳鄂王墓次韵
赵怀玉

十二金牌，风波起、雄图竟歇。千载后、我来凭吊，尚余激烈。朔骑不嘶春陇草，杜鹃还叫南枝月。与诸君、痛饮捣黄龙，平生切。　　伤北伐，仇难雪；归北寺，冤难灭。叹长城坏后，水残山缺。三尺乌金魑魅像，一抔黄土英雄血。看宋家、遗骨记冬青，空陵阙！（《清名家词·秋籁吟》）

岳韩勋
赵怀玉

岳韩勋，盖天地，一隅不获安，乃邀两军至。金沙禅寺空留题，赤心更织刘家旗。岁时伏腊村翁思。（《亦有生斋集·乐府》卷一）

赵怀玉（1747—1823），字亿孙，号味辛，又字印川，清武进（今江苏常州市武进区）人。乾隆四十五年（1780）高宗南巡，召试，赐举人。官至充署登州、兖州知府。丁父忧归，遂不复出。后主通州石港讲席。有《亦有生斋文集》。

岳坟铁像歌

张云璈

三石像，宜速去。四铁像，宜永铸。涌幢小品：杨琏真伽等三髡画诸佛像，以己像杂之，刻于飞来峰，嘉靖时杭州知府陈仕贤击下三髡像，枭之三日，弃于圊。去之唯恐众目污，铸之足令奸魄怖。至今坟上游人来，掊击一日千百回。既坏仍复铸，既铸又复坏。坏者欲其立碎糜，铸者恐其长朽败。如此方使人心快，吁嗟铁人甚矣惫。十二金牌三字狱，聚铁之错已难复。当日弹章交上时，岳氏奇狱堪痛哭。我欲四人增以六，何不并铸何中丞、铸。罗御史，汝楫。一齐长跪加鞭扑。我闻丹阳陈少阳，墓前亦铸汪与黄。郑君题柱像立仆，既死犹觉心惭惶。丹阳陈少阳墓亦铸铁肖汪伯彦黄潜善。嘉靖间，郑普过之，题柱联云：丹陛披肝，千古纲常可托；荒庭屈膝，两人富贵何如。二像应笔而仆。见《湖壖杂记》。如何四像甘摧折，长作铁囚居秽媟。终年裸缚墓门前，或恐忠灵见之反为衷。究竟是铁非是人，铁抱无辜不能雪。当时悔不将此铸作尚方剑，斫却奸头饮奸血。铁人有口不能说，此铁真可号顽铁。（《简松草堂诗集》卷二）

岳祠铜爵歌并序

张云璈

桐乡金少权德舆得铜爵一，高五寸六分，深二寸七分，口径长四寸五分，阔二寸三分，腹容四合，重五百十四铢，中镌"精忠报国"四字，左侧有小印曰"岳珂建造"。按：宋孝宗即位，首雪忠武之冤，复官赐谥，其孙珂始得铸祭器。宋亡，悉埋土中。明神宗时得自诸暨山，归奉金陀坊第之家庙，此爵盖其一也。旧藏汪明府厓家，后归金，主人作图并说，遍征诗文，因作长歌以咏其事。

生不饮黄龙府，死不返汴京土。爵中一滴酒，酹向西湖竟何补。铜爵流转汪复金，主人作图心所钦。我但见图未见爵，已觉典重如璆琳。爵高五寸还余六，二寸七分深其腹。精忠字向口内镌，苔色应□篆文绿。想见褰裳示涅痕，痛剡忠臣背上肉。岳珂小印尚分明，祭器留遗惟此独。何年辗转向人间，令我纷然增感触。背嵬军，麻札刀，拐子马破兀尤逃。狼藉辎重丘山高，两河豪杰迎风邀。朱仙兵器干云霄，龙虎慴伏不敢骁。箪食壶浆相迎招，神京咫尺闻柝敲。三年何待鬼方克，一日足破天山骄。天子诏一纸，三军痛哭止。宰相书一纸，大将吞声死。何不学当年傅介子，直斩楼兰报汉使。金牌虽下兵不还，唾手中原雪大耻。纵然功罪亦两停，快事先教冠青史。胡为苦就三字狱，赍志孤忠竟如此。手酌椒浆谒王庙，再拜问王王欲笑。书生但解论成败，后世无端作凭吊。南山藁葬贾宜人，不敢人前轻口道。阜陵首政雪奇冤，特下天边追复诏。贤孙俎豆奉世守，从此春秋食其报。须知此爵在当时，龙勺云罍同照耀。阅历沧桑几岁华，摩挲古物凭谁好。金陀坊冷鬼神呵，诸暨山空魑魅啸。君不见赵家陵墓早榛芜，宝器又被妖髡盗。玉盌终怜晓露冷，铜驼空见斜阳照。灯檠还将渊圣猜，饮头更为乌孙悼。乌孙，宋理宗小字。金瓯不及铜爵完，岁享犹传后裔孝。栖霞神宇久特健，马鬣千秋依庙貌。此爵应归湖上祠，祀典煌煌敢轻掉。肃然三献神所歆，故物重逢岂辞醮。他年佳话遍吾乡，此意先为主人告。（《简松草堂诗集》卷一一）

金牛湖渔唱（录一）
张云璈

士女争游忠烈祠，栖霞岭下系人思。可怜一个秦长脚，顽铁为躯桧作尸。（《金牛湖渔唱》）

张云璈（1747—1829），字仲雅，清钱塘（今浙江杭州市）人。乾隆三十五年（1770）举人。选安福知县，调湘潭。有《简松草堂诗集》《简松草堂文集》等十数种。

朱仙镇岳忠武王庙
张锦芳

栖霞剩洒英雄泪，走马来过汴京地。云雷闪烁开灵旗，仿佛红罗刺成字。捷书昔日来西京，前军长驱趋郾城。燕云唾手但传檄，两河父老壶浆迎。二十万人同破竹，昨犹跳梁今痛哭。可怜陵寝委榛芜，待与神州共恢复。大业垂成淮北弃,何物书生能料事。永昌陵侧诏初来,黄龙府外人垂涕。归来婺菲益酸辛,禾绢士师今少人。狱辞大书天日字,白简不悟成沉冤。平生报国心谁辨,后来论古矜权变。事仇天实厌南朝,不使中原再清宴。崇化堂开宅沦没,江州地在人承佃。遗祠异代拟王居,故垒当年经血战。一编零落披金陀,手除苍桧还悲歌。精灵来往汤阴近,风雨应闻夜渡河。(《岭南群雅》初集卷一)

张锦芳(1747—1792),字粲夫,一字药房,清顺德(今广东佛山市顺德区)人。乾隆五十四年(1789)进士。官翰林院编修。有《逃虚阁诗集》。

谒岳鄂王祠墓
汪学金

崇祠幽隧肃严扃,异代褒忠俎豆馨。天地一时余愤怒,湖山千载有英灵。黄龙不见宫车返,白雁重悲战血腥。凄绝六桥佳丽地,诸陵无主哭冬青。(《静厓诗后稿》卷一)

汪学金(1748—1804),字敬箴,号杏江,晚号静厓,清镇洋(今属江苏太仓市)人。乾隆四十六年(1781)探花。官至左庶子。有《井福堂文集稿》《静厓诗初稿》《静厓诗后稿》《静厓诗续稿》,辑《娄东诗派》二十八卷。

汤阴县岳武穆祠
百　龄

下马礼荒宇,秋风鸣古原。英灵耿不灭,谡谡松涛翻。忆昔宋南渡,青城悲北辕。将军一奋袂,铁骑如追豚。痛饮黄龙府,慷慨闻斯言。金牌日狎至,哭声撼军门。十年志不遂,生死焉足论。裂裳示报国,真宰诉帝阍。呜呼莫须有,千载冤覆盆。河南望河北,谁与招忠魂。(《守意龛诗集》卷三)

百龄(1748—1816),张氏,字子颐,号(一说字)菊溪,清汉军正黄旗人。乾隆三十七年(1772)进士。官至两江总督、协办大学士,封三等男。谥文敏。《清史稿》有传。有《守意龛集》。

岳 坟
吴玉麟

金牌十二泣班师，三字含冤万古悲。伏地权奸皆北面，参天树木尚南枝。中原几复时难再，和议终成事可知。不独娇娃能死孝，赢官人是义男儿。(《素邨小草》卷一一)

吴玉麟（1748—1818），字协书，号素邨，清侯官（今福建闽侯县）人。乾隆四十二年（1777）举人。历任龙溪、惠安、尤溪、福鼎、仙游、同安、凤山诸学教谕。因忤权贵，遭贬湖南桃源。有《素邨小草》。

汤阴岳忠武王祠
孙起楠

临安下马岳王坟，魏郡经过旧梓枌。诸路漫劳神臂射，十年空怅背嵬军。浭河辇道残秋草，汴水陵台澹夕曛。剩有萧萧祠树叶，西风吹不到燕云。(《沅湘耆旧集》卷一一三)

孙起楠，字幼梅，一字蘅皋，清新化（今湖南新化县）人。乾隆四十二年（1777）优贡。历官善化县训导、潜江县教谕。有《经训堂诗集》。

金缕曲·岳坟和韵
黄景仁

一吼燕云裂。猛回头、黑罡风起，大旗吹折。万里长城凭汝坏，可念两宫头白。把锦样、中原轻掷。三字狱成和议定，又坟前、闲过骑驴客。黄龙恨，不堪说。　　阴森宰树松邪柏。觅多时、枝枝南向，一枝无北。眼见玉津歌吹地，露冷音尘都歇。此处有、丰碑矗矗。地下定逢于少保，话南朝、天子生还得。千年血，土花碧。(《两当轩全集》卷一八)

三忠祠
黄景仁

群公元气在星辰，我谓三忠是一身。太息同声悲国步，萧条异代识忠

臣。若征史传言徒赘，略近祠堂草不春。多少楼台费金碧，此间风雨暗承尘。(《两当轩全集》卷一三)

黄景仁（1749—1783），字仲则，一字汉镛，自号鹿菲子，清武进（今江苏常州市武进区）人。乾隆四十年（1775）高宗南巡，召试二等，入四库馆。议叙，得县丞。著《两当轩集》。

汤阴谒岳忠武祠
黄　钺

此是公乡里，千秋庙貌崇。馨香犹子姓，祭赛走村翁。城接文羑里，祠邻嵇侍中。群凶污殿陛，我意欲销融。(《壹斋集》卷二十)

黄钺（1750—1841），字左田，一字左君，号左盲、壹斋，清当涂（今安徽当涂县）人。乾隆五十五年（1790）进士。官至户部尚书、军机大臣。卒赠太子太保。有《壹斋集》《画品》等。

舟中咏古五首（录一）
李鼎元

武穆真豪杰，一身系安危。如何大厦倾，不许一木支。小人无远虑，孰令权下移。君子防未然，胡为忠见疑。事后人人智，事前人人痴。千古一覆辙，此情当问谁。(《师竹斋集》卷四)

岳鄂王墓
李鼎元

落日悲风起，凄凉上岳坟。死生持大节，社稷系孤军。报国真忘己，含冤不怨君。最怜檀道济，千古屈难分。(《师竹斋集》卷五)

汤阴谒岳鄂王祠像
李鼎元

恂恂状貌似儒生，忠孝为心义作兵。三字冤书成小纸，十年孤注倚长城。空闻父老中原哭，忍见江淮割地盟。说到秦张真可恨，误人家国此公

卿。(《师竹斋集》卷九)

李鼎元(1750—1805)，字味堂，一字和叔，号墨庄，清绵州（今四川绵阳市）人。乾隆四十三年（1778年）进士。官至兵部主事。与从兄弟李调元、李骥元同负才名。有《师竹斋集》《使琉球记》。

钱塘怀古四首（录一）
陆元铉

谁遣金牌促罢兵，十年功竟废垂成。憝怀已听刘聪辱，河朔何劳郭令争。正拟挥戈回落日，忍看脱帻坏长城。墓门留得南枝在，风雨宵来怒未平。(《青芙蓉阁诗钞》卷一)

朱仙镇谒岳忠武王庙
陆元铉

黄龙痛饮乐如何，百战兵威震两河。岂意前军方破敌，忽教劲旅尽回戈。功名未许成诸将，家国终应怨九哥。万里长城从此弃，香盆忍听哭声多。(《青芙蓉阁诗钞》卷二)

汤阴吊岳忠武
陆元铉

此亦中原地，南迁不复存。重泉犹饮泣，故里忍归魂。绝塞无君父，荒祠有子孙。悬知家祭日，痛哭暮云昏。(《青芙蓉阁诗钞》卷二)

隗顺祠
陆元铉

东窗片纸出神奸，毒手宁容虎复还。亲见大星沉黑狱，独携新鬼哭青山。中原已尽英雄气，小吏无惭异代颜。应与施全同庙食，怒随箕尾撼天关。(《青芙蓉阁诗钞》卷二)

陆元铉（1750—1819），字冠南，号乡石，清桐乡（今浙江桐乡市）人。乾隆五十二年（1787）进士。历官高州知府。有《青芙蓉阁诗钞》。

岳氏铜爵诗柬金刑部少权德舆 并序
袁　钧

爵高五寸六分，深二寸七分，口径六寸八分，腹容四合，重五百十四铢，中镌"精忠报国"字，三足二柱两翅，左侧竖耳有"岳珂建造"字。刑部得此，将访其后人而归之。

铜爵斓斑倦翁制，武穆祠堂旧彝器。二柱三足两翅横，摩挲未漫精忠字。宋屋金瞰随飘烟，此爵于今八百年。白日青天与终古，水侵土蚀犹流传。辨诬录上将军死，从此宋家限淮水。黄龙饮恨老荒坟，碧血沉冤照青史。灵旗闪闪阴云屯，胙蠡曾经渍酒痕。暨阳会有山君护，家庙荒凉尚里门。《精忠类编》：珂于嘉泰四年奉祀忠武祭器。宋亡，悉埋土中，明万历间始得自诸暨山中，归奉金陀坊第之家庙。金君好古写以识，庙土同存问苗裔。两浙应添吉金志，子乙父丁传世世。学使阮公方修两浙金石志。（《两浙辅轩续录》卷一八）

袁钧（1751—1805），字秉国，一字陶轩，号西庐，清鄞县（今浙江宁波市鄞州区）人。拔贡，嘉庆元年（1796）举孝廉方正。有《琉璃居稿》《瞻衮堂集》。

题岳鄂王墓
爱新觉罗·永瑆

桃溪厅事题名后，早誓此心天地知。帝后终身犹道服，狱人一夕到丛祠。死生在世谁无此，忠孝如公已不亏。魂魄那能安庙祀，徽钦千古绝还期。（岳墓诗碑）

永瑆（1752—1823），爱新觉罗氏，字镜泉，后号少厂，又号即斋。乾隆第十一子。乾隆五十四年（1789）晋封和硕成亲王。嘉庆四年（1799），仁宗命在军机处行走，总理户部三库。谥曰哲。是为成哲亲王。

岳鄂王遗砚歌
法式善

砚阴刻"持坚守白，不磷不缁"八字，为岳王笔，下有谢叠山藏记，文文山铭，于忠肃、王文成题字。归董思翁，今为先芝圃方伯所得。

宋室金瓯叹残缺，岳家石砚犹莹洁。唾手燕云细字书，小朝廷事哪堪说。军中檄用麻札刀，点笔磨墨王亲操。雅歌投壶意潇洒，东松题寺秋风高。持坚守白平生志，不磷不缁君子器。三字狱成莫须有，紫玉一团同播弃。桥亭石重谢枋得，玉带生传文信国。藏之铭之赖二贤，此砚遂同徙南北。文采风流画禅室，堂堂于忠肃王文成大手笔。红罗帜上岳字标，精忠之气砚宁销。十七札皆帝所颁，痛哭仰答黄龙山。三万六千一百言，此砚不写风波冤。金佗稡编珂也撰，未闻泪滴鹦鸪眼。想彼端方更确荦，骨节玲珑□艮岳。湿翠染遍青原峰，诗成压倒黄涪翁。(《存素堂诗初集录存》卷二二)

法式善（1752—1813），原名运昌，字开文，号时帆，又号梧门，乌尔济氏，清蒙古旗人。乾隆四十五年（1780）进士。官至侍讲学士，后降为庶子。《清史稿》入《文苑传》。有《存素堂集》。

岳鄂王墓二首
刘大观

一丘忠义骨，高耸此崇冈。松下古碑立，霜余秋草黄。史存三字狱，名彻九泉香。缪丑何年铸？翻嫌污道旁。

不见冬青下，沉沦竺国经。中原倾一柱，外侮及先灵。馋肉合投犬，孤军悲落星。时闻山麓上，白昼起雷霆。(《玉磬山房诗文集》卷二)

朱仙镇吊古二首
刘大观

树叫寒鸦秋气深，裁诗吊古不堪吟。金牌得力宫车远，宰相能知密勿心。

曾见苍虬压墓碑，万牛难掣向南枝。又来此地瞻遗像，暮鼓声如夜战时。(《玉磬山房诗文集》卷八)

谒汤阴岳忠武祠

刘大观

知公者为谁？岳岳宗留守；妒公者为谁？耽耽秦缪丑。志士枕干戈，权奸弄枢纽。江介划鸿沟，视之同敝笱。堂堂天水氏，二百余年久。神器委昏庸，运数丁阳九。只余勾践宅，犹为嗣君有。公才压宇宙，公气冲牛斗。刺姓于旌旗，扶衰用双手。背嵬三十万，荡涤中原垢。惜哉仇将雪，有人掣公肘。卖国与君仇，丞相古无偶。倾人罪难坐，诬陷腾妖口。黑狱南招魂，青衣北进酒。河山已破碎，金汤任践蹂。区区小朝廷，麟凤辱鸡狗。怨深山岳摧，怒极风雷吼。昔读讼冤疏，击碎寒窗瓿。今拜公堂下，寒飙泣枯柳。

（《玉磬山房诗文集》卷九）

刘大观（1753—1834），字正孚，号松岚、刘十，别号斥邱居士，清邱县（今河北邱县）人。乾隆四十三年（1778）进士。官至署山西布政使。有《玉磬山房诗文集》。

朱仙镇怀岳武穆

吴櫄

和议真羞社稷臣，文章两府漫垂绅。藁街肯肆王钦若，臣妾能包五尺巾。
宗爷已去岳爷来，覆辙汪黄是祸胎。一汴二杭终到海，北人南去不胜哀。
兰亭摹揭费摩挲，大内光阴莫空过。治狱几曾书御押，绍兴宸翰有谁多。
匕首愁将膝裤亲，得加王号国封申。铁椎莫浪椎秦桧，曾是临安一德人。
张韩刘岳亦齐名，醉拥张秾亦有情。不道金缯输岁币，背嵬犹自隶精兵。
银瓶烈女殉亲亡，儿子云雷共惨伤。至竟媿郯还有录，一飞无父墓田荒。
赵宋山河委暮烟，朱仙镇上草连天。当年不醉黄龙府，老死西湖亦可怜。
宋臣遗像肃清高，肄雅投壶气自豪。旧憾可能随逝水，神弦赛罢雨萧萧。

（《沅湘耆旧集》卷一〇九）

吴櫄，字季文，号兰柴，清新化（今湖南新化县）人。乾隆四十三年（1778）（一说五十六年）拔贡生。老于场屋，卒以明经终。晚应乡举，为监司某所辱，发愤卒。诗稿散佚。

杭州怀古（六首录二）
李赓芸

称侄称臣笔不停，九哥安坐小朝廷。甘心半壁销兵气，唾手三台摘将星。沙幕茫茫淹玉辇，井华湛湛浸银瓶。祁连冢畔留顽铁，万劫饶它便旋零。

泥马南来辟帝基，残山一角绊斜晖。金牌已误黄龙饮，碧水俄惊白雁飞。剩客燕京琴未碎，遗民汐社发犹晞。杜鹃啼罢冬青落，玉柙珠襦更式微。（《稻香吟馆诗稿》卷四）

岳忠武王祠
李赓芸

鄂王灵爽塞乾坤，萧飒南枝不肯春。睡语敢嗤张魏国，游魂不识贾宜人。神栖西洛陵谁上，鬼到东窗事或真。请看一抔留万劫，何如风雨拾寒琼。（《稻香吟馆诗稿》卷五）

李赓芸（1754—1827），字生甫，号许斋，清嘉定（今上海市嘉定区）人。乾隆五十五年（1790）进士。官至福建按察使、署布政使。《清史稿》入《循吏传》。有《稻香吟馆诗稿》。

三字狱
张符升

和议成，臣当殂。莫须有，爱书直。吏能具狱无冤抑，丞相之功在社稷。（《苏门山人诗钞》卷二）

张符升，字子吉，清萧县（今安徽萧县）人。官柳州知府。有《苏门山人诗钞》，洪亮吉序于乾隆五十六年（1791）。

汤阴谒岳忠武王祠二十韵
汪如洋

十室名臣里，千秋国士风。仙踪异坯上，人望比隆中。早究孙吴略，期收耿邓功。格言惩爱死，优诏答精忠。唾手燕云复，伤心贝锦攻。全军争一哭，痛饮负诸公。锻炼俄三字，尘沙奈两宫。划柑枢算险，叩马敌谋工。厥厉阶长舌，惟天鉴匪躬。黄冠归未得，碧血恨难穷。下邑崧生始，熙朝庙祀崇。贞珉镌笔札，顽铁铸奸雄。燕颔披帷识，鱼轩配座同。奉祠存嫡系，肃客走粗僮。游奕兵容壮，周流社址空。编年遗集富，展祭御碑穹。南渡家何在，东窗岁几终。撼山犹破胆，袒背孰明衷。昼锦芳规接，金陀远梦通。辨诬怜吁泣，吾念亦斋翁。（《晚晴簃诗汇》卷一〇二）

汪如洋（1755—1794），字润民，号云壑，清休宁（今安徽休宁县）人，寄籍秀水（今浙江嘉兴市）。乾隆四十五年（1780）进士第一。官至云南学政。有《葆冲书屋集》。

朱仙镇吊宋将军岳武穆
石韫玉

诸军奉诏返戎车，痛饮黄龙愿已虚。千里青草亡汉鼎，六宫麦秀弃殷墟。匹夫飞语成冤狱，孱主甘心受谤书。贤后清斋犹报德，中原父老痛何如。

九域烟尘战伐深，六桥花柳已成荫。两宫清跸无消息，十世神州竟陆沉。南渡自营磐石计，北征岂合庙堂心。清凉居士知机早，策蹇移家竟入林。（《独学庐二稿·诗》卷三）

精忠柏图卷为范苇舲司狱赋
石韫玉

杭州按察使司监即南宋旧狱也。狱中有古柏，相传岳忠武被害时，此柏遂枯，今垂七百年，其干如铁不朽。范君正庸权司狱，绘为图，因赋五言一章。

草木无知物，因人气象尊。圜扉留故迹，绘事托微言。海岳灵根在，风霜劲节存。一篇枯树赋，终古吊忠魂。（《独学庐四稿·诗》卷三）

石韫玉（1756—1837），字执如，号琢堂，又号花韵庵主人，清吴县（今江苏苏州市）人。乾隆五十五年（1790）状元。官至山东按察使、布政使。后被劾去官，掌教于杭州紫阳书院、江宁尊经书院、苏州紫阳书院等处。有《独学庐稿》。

岳祠铜爵
张兴载

爵高五寸六分，中容四合，重四百八十九铢，中镌"精忠报国"四字，左侧有小印曰"岳珂建造"。今藏桐川金鄂岩家。

牛角山河不复存，灵祠宗器照乾坤。孤臣地下歆家祭，异代人间识酒樽。碧血长埋三字狱，黄封想纪九重恩。珂有纪恩诗。绣旗涅背摹文在，一奠南枝一怆魂。

太息红罗辍岳旗，背嵬痛饮竟无期。君王继统旌忠孝，名将生孙奉鼎彝。绿醑百分浇墓日，丹心一寸勒名时。怜他魏国镕金碗，赏与三军世不知。张俊镕金碗饮兵将，将官即以予之。见《四朝闻见录》。(《湖海诗传》卷四三)

张兴载（1757—1807），字坤厚，清华亭（今上海市松江区）人。贡生。修补训导。有《宝禊轩诗存》。

岳祠铜爵歌并序
陆应宿

忠武王孙珂于嘉泰四年镌奉祀忠武祭器，宋亡，悉埋土中。明万历间始得自诸暨山中，归奉金陀坊家庙。是爵盖祭器之一，明末又失去。今为桐乡金少权所得，将访珂后而归之。

不能痛饮黄龙府，剩有酒浇一抔土。当年铜爵至今存，直并丹心照千古。首山之质精且坚，土花渍处痕犹鲜。耳旁款识岳珂造，涅背四字中央镌。伊昔思陵忘国耻，甘心坏汝长城倚。银瓶女与铁椎郎，狱成三字同时死。孝宗朝始恤忠魂，王爵追封祀典尊。高冢祁连方改筑，四时奠酹有文孙。无何南宋金瓯缺，祭器沉沦爵其一。前明访得供家祠，散亡又遇沧桑易。金君收弆几多时，神物由来有护持。未与银杯同羽化，早看铁像暴奸骴。金陀待觅王孙遍，此爵重教列享献。返望奚殊赵氏觥，明赵文毅公觥。传家更胜钱王券。吁嗟乎，我持铜爵更沉吟，千秋俎豆伤王心。六陵几树冬青在，玉碗于今何处寻。(《两浙輶轩续录》卷二三)

陆应宿（1757？—1805），字昆圃，号攸云，清钱塘（今浙江杭州市）人。诸生。有《攸云诗集》。

岳忠武王墓
姚文田

鄂王埋骨此山幽，宰木无风尽日愁。画地竟忘南渡耻，戴天谁念北辕雠。黄龙痛饮成虚顾，白马偏安岂本谋。叹息清河亦人杰，遂教青史污千秋。墓前四铁人其一张俊。（《邃雅堂集》卷七）

桃山驿谒岳忠武祠
姚文田

鄂王祠宇山驿前，穹碑屹立苍苔缠。入门镌刻满四壁，中有足迹腾云烟。诗成北伐意慷慨，誓雪国耻词勤拳。桃山有祠谁所创，拂拭碑字求因缘。当年勋绩败和议，后人流落随播迁。或居临安或槜李，散处楚蔡如星躔。监仓学士振门绪，遗胄再徙来淮堧。裔孙钟灵此缔构，近在明代神宗年。已寻图碣得源派，却向里老谘流传。环居不下四十户，只解力作安耕廛。吾乡祠墓岿然在，子孙落落谱牒湮。但多耕凿守淳朴，安用簪笏夸蝉嫣。里名今尚称孝义，嗟哉后嗣何其贤。（《邃雅堂集》卷八）

汤阴谒岳忠武祠
姚文田

阴风萧飒上灵旗，忠武千秋庙貌遗。天意已教留半壁，中原空自望王师。到门惨淡排污铁，下马逡巡读旧碑。故里有魂归到否，墓垣乔木实南枝。西湖墓木皆南向。（《邃雅堂集》卷九）

姚文田（1758—1827），字秋农，号海漪，清归安（今浙江湖州市吴兴区）人。嘉庆四年（1799）进士第一。官至礼部尚书。预谥文僖。《清史稿》有传。有《邃雅堂集》等。

岳忠武王墓
李銮宣

半壁江山劫火痕，一抔留得宋乾坤。黄龙誓饮三军酒，朱鸟难招大将魂。廊庙君臣真气尽，荆襄父老尚声吞。南枝柏与分尸桧，天日昭昭照覆盆。(《坚白石斋诗集》卷三)

李銮宣（1758—1817），字伯宣，号石农，清静乐（今山西静乐县）人。乾隆五十五年（1790）进士。官至四川布政使。与秦瀛有"前秦后李"之称。有《坚白石斋诗集》。

阙 题
萨玉衡

贺酒黄龙事竟空，凄凉一阕满江红。十年战伐归三字，五国羁魂泣两宫。水咽西陵虚夜月，枝生南向怨秋风。将军不受金牌诏，解甲丹墀死更忠。(《石遗室诗话》卷二一)

萨玉衡（1758—1822），字葱如，号檀河，清闽县（今福建福州市）人。乾隆五十一年（1786）举人。终官榆林知府。有《白华楼诗钞》《经史汇考》《小檀弓》等。

满江红
马廷萱

朱仙镇谒岳忠武祠。镇为当日奉诏班师处，祠中有柏枝皆南向，门内亦如西湖墓，前跪铁人四。

古柏盘拏，听日夜、灵风飒飒。怪此日、枝犹南向，恩偏易绝。三字居然将狱定，两宫从此无人说。叹孱王、先自坏长城，何肝臆。　时事改，空呜咽；祠宇在，应凭式。想当年父老，攀辕泣血。千古兴亡关气运，一家儿女矜忠烈。尚憎他、铁像跪门前，污神阙。(《清词综补》卷一七)

马廷萱，字友桂，号鉴泉，清长汀（今福建长汀县）人。乾隆五十一年（1786）举人。官南河同知。

谒岳武穆王祠
曾 燠

塞外方愁马角生,小朝廷已定和盟。夫差久自忘於越,乐毅何能下莒城。十载功销三字狱,一时哭遍两河兵。九原相见宗留守,几许英雄热泪倾。(《赏雨茅屋诗集》卷一)

岳墩十四韵
曾 燠

泰州城内土山,是武穆屯军处,一名泰山。

宋不中原复,公如泰岳颓。两河乘障待,一篑废功回。初应浮江谶,聊资镇海才。东隅天失险,南霸敌犹摧。此地存孤垒,当时用背嵬。诸山难共撼,半壁耻徒开。太上方思沛,平王忍弃郐。帛曾传雁塞,马欲渡龙堆。赤帜风云起,金牌旦暮催。具瞻师尹石,能死狱庭灰。万里长城坏,千秋岘首哀。余威惊草木,腥血渍莓苔。道济沙中碛,淮阴水上台。几经寒月照,潭水寒生月,公诗句也。常有怒潮来。(《赏雨茅屋诗集》卷三)

岳武穆手植松 在江夏洪山上
曾 燠

大厦将凭一木支,种松心事不胜悲。唐宫曾有重荣树,夏社宁无再造期。塞外龙麟摧朔雪,湖边马鬣傍南枝。故都花石谁收取,辛苦荆襄制置时。(《赏雨茅屋诗集》卷八)

又题二绝
曾 燠

老桧遮天蔽日时,纷纷谁是岁寒姿。朝廷自喜颓梁木,瑞果灵芝满画旗。

将军大权尽飘零,烈烈余风独有灵。闻道会稽山径里,更无人肯哭冬青。(《赏雨茅屋诗集》卷八)

曾燠（1759—1831），字庶蕃，一字宾谷，晚号西溪渔隐，清南城（今江西南城县）人。官至贵州巡抚。清代骈文八大家之一。

南渡杂感五首（录一）

张元启

苍黄南渡暂安全，鄂国勋名日月悬。输币议成捐赤县，班师诏已到朱仙。中原父老攀辕日，北寺风波致命年。痛饮黄龙旧时语，九京回忆亦潸然。（《两浙輶轩续录》卷一六）

张元启，字已可，号兰畦，清平阳（今浙江平阳县）人。诸生。约生活于乾嘉时期。有《兰畦诗钞》。

咏岳鄂王黑龙潭之捷

赵和声

朗夫三弟述岳鄂王郾城县黑龙潭之捷，旧碑所在，犹及见之。余遍觅石刻不能得，因为长句。

痛饮誓抵黄龙府，背嵬游奕皆貔虎。少保擒贼务擒王，歼魁执馘纷难数。首功第一青龙潭，本传虽载详不传。宋史本传载王昨城龙潭之战，皆大捷。吾弟好奇更嗜古，依稀记得丰碑镌。黑龙潭镇旧有古碣，载王逐金乌鸦太子事綦详，今为里人改作砧石。为言逐劲敌，一如逐狐兔。濡尾涉层波，跧伏盘根固。太子渡湿，绕河而走，伏于树侧，为王追及。是时师老日夕曛，猛安纷窜谋克奔。只幸冯异栖大树，那知天上飞将军。两马相交互荡决，白刃洞胸肝胆裂。钩镰钩上挂客豪，太子被王钩镰枪穿胁抽肠而毙。血污珊瑚青宝玦。金源讳败不纪亡，此战与昨城之战，金史俱不载。阛阓铁笔传之详。壮士重来洗兵马，王孙一去输肾肠。太子墓在镇北吕氏村。吾闻弟语禁搔首，此战古鲜今亦偶。留守怜才嗟先沦，杜充真是何鸡狗。时宗泽已故，王以统制隶杜充麾下，充后外叛，故此战史未详载。长脚老，长舌妇，冤沉万古莫须有。瓜蔓株连遭毒手，独有此碑仡待祸火扑灭冰山消，不同汉劫秦灰烧。土花绣紫石痕裂，犹见青燐睒睒随风飘。缘何拽倒作砧杵，夜夜枕上闻军鼓。（《郾城县记》卷二八）

赵和声，清乾嘉时期郾城（今河南漯河市郾城区）人。《郾城县记·文征内篇下》载其诗文十多篇。

西湖怀古六首（录一）
詹应甲

岳于双墓对湖滨，同是中兴社稷臣。志壮复仇空饮恨，功成再造亦危身。金牌又有襄藩柱，铁像应增徐石新。梓木向南相待久，精忠前后自为邻。（《赐绮堂集》卷五）

詹应甲（1760—？），字湘亭，清长洲（今江苏苏州市）人。乾隆南巡召试钦点举人。官至直隶州知府。有《赐绮堂集》。

拜岳鄂王墓
赵文楷

肃肃墓前柏，英风吹到今。世皆仇桧卨，我独痛徽钦。宋室无生气，将军有死心。忠魂招不得，千载水泠泠。（《石柏山房诗存》卷三）

过汤阴吊岳鄂王
赵文楷

王气潜移浙水滨，域中何用产斯人。两宫竟作和戎质，三字能歼御寇身。中土有人增战垒，新亭无泪泣诸臣。可怜五国城边路，暮雨萧萧帝鬼磷。（《石柏山房诗存》卷七）

赵文楷（1760—1808），字逸书，号介山，清太湖（今安徽太湖县）人。嘉庆元年（1796）状元。官至山西雁平道。曾为正使出使琉球。有《石柏山房诗存》。

岳忠武
孙原湘

三字分明狱未成，如何圜土暴尸横。偏安早定平王计，返驾先愁叔武迎。若捣黄龙成痛饮，难刑白马乞和盟。此间大好江山在，恢复何劳万里城。（《天真阁集》卷一）

精忠柏

孙原湘

万木畏枯枯则薪，一株独以枯见珍。神斤鬼斧不敢近，忠义之气缠其身。蛟虬翠郁风波亭，一夜号泣枯精英。奸邪气横正气绝，感愤物理同人情。不见百口保飞宗，正卿窜身南海以死争。上书讼冤刘允升，横尸棘寺鸣不平。区区小校犹忠诚，竟欲斩艾邪蒿萌。柏虽草木气至清，肯与贼桧同时生。死八百年挺不屈，蜕尽龙皮剩龙骨。中有丹心不肯枯，只是春风吹不活。天欲吹活柏固辞，偷生半壁匪我思。除非痛饮黄龙时，枯枝一一回青枝。天亦不能强活之，任其一木乾坤支。表忠但敕风雷司，霹雳老桧分其尸。吁嗟南渡朝廷小，泥首北风如偃草。只赏西湖花柳妍，浑忘朔漠椿棠老。构兮构兮木不良，大厦以桧为栋梁，长城如檀翻见戕。不如此柏有本性，直与精忠同正命。但看枝枝北向枯，木理犹知朝二圣。从来死贵得其死，不见死而不死树如此。（《晚晴簃诗汇》卷一一八）

岳忠武墓

孙原湘

鄂王坟上树苍苍，啸起悲风哭靖康。宋室已收檀道济，朔方犹畏郭汾阳。朝廷自毁擎天柱，宰相方开偃月堂。千古奇冤成创格，不须鸟尽便弓藏。

当年直捣黄龙府，重睹中原社稷新。未必夷吾知辱国，可能叔武更称臣。两难事竟无全理，再造功成亦杀身。五百射生唐盛事，夺门复辟又何人。（《天真阁集》卷五）

岳祠铜爵

孙原湘

桐乡金比部德舆之所藏也。高五寸六分，深二寸七分，径长四寸五分，阔二寸三分，容四合，重五百十四铢，中镌"精忠报国"字，左侧镌"岳珂建造"，盖阜陵报忠后珂所铸奉祀祭器之一。

赵家金瓯半边失，岳家铜爵千年出。精忠报国四字香，土花不敢中间蚀。冤狱当年莫须有，金牌计出权奸手。银瓶弱息不瓦全，铁椎将军竟灰朽。不念青衣行酒辱，不惜金缯岁输足。散归五百背嵬军，随身酒器，公以名其亲军。痛饮黄龙竟无福。何物书生叩马谏，南渡君臣肺肝见。朝廷正惧两宫还，将帅空劳十年战。不成和议帝不安，不杀少保和议难。格天阁上炉灰热，五国城中窖雪寒。千古奇冤谁一洗，幸有阜陵能继体。既将铜像铸全身，更赐铜章荫孙子。铜如有灵铸应跃，余屑犹为庙中爵。墓前顽铁恨难消，不幸铸作秦长脚。(《天真阁集》卷九)

孙原湘（1760—1829），字子潇，号心青，清昭文（今江苏常熟市）人。嘉庆十年（1805）进士。充武英殿协修官。与王昙、舒位齐名。有《天真阁集》。

题岳武穆墓
爱新觉罗·颙琰

狱成三字竟无由，南渡偏安实可羞。自许终完君父事，何期反结相臣仇。陈汤尚有冤同讼，伍相空余怒未休。霜雪不凋双桔树，攒宫凄恻朔风秋。(岳墓诗碑)

颙琰（1760—1820），爱新觉罗氏，原名永琰，即清嘉庆皇帝。乾隆皇帝第十五子。在位二十五年（1796—1820）。庙号仁宗。

鄂王坟
王 昙

天意不祚宋，王心独忤秦。忠完一父子，国误两君臣。生死狱三字，兴亡人百身。黄龙浑未到，遗恨此山垠。

造化有时定，孤臣终古春。青编尘乙夜，白简悟壬人。六帝园无土，三宫墓不神。栖霞风雨在，湖水酹遗民。(《烟霞万古楼诗残稿》)

王昙（1760—1817），又名良士，字仲瞿，清秀水（今浙江嘉兴市）人。乾隆五十九年（1794）举人。为学博通经史百家，尤工诗与骈体文，著述繁富，仅存《烟霞万古楼文集》《烟霞万古楼诗选》《烟霞万古楼诗残稿》。

朱仙镇岳忠武王庙
谢兰生

燕云唾手争呼吸，回戈中路嗟何及。背嵬五百死向前，金牌十二催转急。两宫不念况赤子，长城一隳逮诸邑。河水汹汹怒如雷，并作千人万人泣。客行晓过荡阴里，残星三五犹闪煜。已悲嵇绍血溅衣，当时播越无收拾。惠虽愚下犹识忠，高乃中兴忍束湿。前途一庙临广衢，相傍寿亭侯庙立。两公大义炳春秋，军麾所指群灵集。汉家绘塑极庄严，宋代垣墙少完葺。桧柏不屈蟠金虬，虎貔拥卫持琼钹。冲冠裂眦欲搏战，毋乃夜夜精灵入。门前长跪三铁人，牝鸡雕儿并宰执。千锤不破万锤破，锤破重新镕铁汁。皆云此祸冤更冤，忍见苍苔涩还涩。吁嗟六陵残毁已多年，宅圮井荒瓶断汲。路人还此望旌旗，北风雨雪长鸣唈。（《岭南群雅》二集卷一）

谢兰生（1760—1831），字佩士，一字澧浦，清南海（今广东佛山市南海区）人。嘉庆七年（1802）进士，改庶吉士。有《常惺惺斋诗集》。

栖霞岭谒岳鄂王墓敬步于忠肃公原韵
金菁莪

天使将军竟渡河，黄龙痛饮势嵯峨。两宫不日都迎复，一桧何人敢议和。凯入朱仙臣事尽，生封鄂国主恩多。无端十二金牌下，遗憾南枝空浩歌。（《岭南群雅》初补卷上）

金菁莪，字艺圃，清山阴（今浙江绍兴市）人，寄籍番禺（今广州市番禺区）。嘉庆七年（1802）进士。官兵部主事。有《轩下集诗钞》。

岳忠武王墓
严可均

西泠桥畔岳坟在，飒飒南枝大树寒。二圣还朝何地置，用秦桧语。如王不杀议和难。龙庭痛饮终无日，驴背灰心复挂冠。从此称臣增岁币，汴京歌舞满临安。（《铁桥漫稿》卷二）

严可均(1762—1843),字铁桥,清乌程(今浙江湖州市吴兴区)人。嘉庆五年(1800)举人。官建德县教谕,引疾归。精考据之学,与姚文田同治《说文》。著《说文长编》《说文翼说》《文声类》《说文校议》,为《四录堂类集》一千二百余卷。

读宋史杂咏十二首(录一)
钟大源

三字爱书惨不平,大功一旦坏垂成。山河帝自安牛角,哪得穷荒马角生。(《两浙輏轩续录》卷二七)

钟大源(1763—1817),字晴初,号藕谿,又号东海半人,清海宁(今浙江海宁市)人。布衣。有《东海半人诗钞》。

岳王坟
宋鸣珂

千古英雄貉一丘,湖云山月可胜愁。麒麟荒草魂何处,杜宇冬青恨岂休。黄土未干冤狱泪,乌金空铸佞臣头。曲端死后无祠庙,少费人间铁几洲。(《江西诗征》卷八四)

宋鸣珂(1763—1840),字梅生,号澹思,清奉新(今江西奉新县)人。乾隆四十五年(1780)进士。官南城兵马司指挥。有《南川草堂诗钞》。

岳忠武王玉印歌
周孝埙

玉印径寸,方广九分。玉质螭纽,篆法瘦劲。相传乾隆间有贾客于湘潭得之渔父,后为震泽王砚农征士所藏,颜其斋曰"宝印",拓本征题,赋此却寄,歌云:

白雁南来天步改,赵家大宝知何在。汤阴片玉尚流传,入手摩挲焕奇彩。(原书下文略)(《木渎小志》卷六)

周孝埙(1763—1833),初名兰颖,字愚初,号逋梅,清吴县(今江苏苏州市）人。诸生。入赀为刑部主事，分刑部广西司兼安徽司行走，充律例馆纂修官。有《还渎庐诗钞》。

岳倦翁家祭铜爵
李富孙

金陀坊冷溯悲风，旧物流传纪倦翁。千载英雄如此少，一家异数与谁同。湖山难雪奸仇恨，俎豆堪酬报国忠。太息稡编留轶事，摩挲铭字思无穷。(《晚晴簃诗汇》卷一一六)

李富孙（1764—1843），字既汸，号芗沚，清嘉兴（今浙江嘉兴市）人。嘉庆六年（1801）拔贡生。湛深经术，尤好读《易》。其所服膺者，为汉儒之学。《清史稿》入《儒林传》。有《校经庼文稿》。

拜岳鄂王庙
阮 元

不战即当死，君亡臣敢存。犹怜驴背者，未逐马蹄魂。独洗两宫辱，莫言三字冤。投戈相殉耳，余事总休论。(《揅经室集》卷八)

阮元（1764—1849），字伯元，号芸台、雷塘庵主，晚号怡性老人，清仪征（今江苏仪征市）人。乾隆五十四年（1789）进士。官至体仁阁大学士。谥文达。《清史稿》有传。一代文宗，有《十三经注疏校勘记》《经籍纂诂》《揅经室集》《诂经精舍文集》等。

岳墓八首
杜 堮

亡宋者，高宗也。宋不复，则必亡。今也自杀其可以复宋之臣，以绝中原之望，而快敌仇之心，凡所以亡宋者，汲汲为之如恐不及，孝宗以下何责焉。

中原唯待岳家军，自返江南更不闻。一曲湖山藏剑珮，千年陵谷变风云。庙谟忍付沉冤狱，手诏空褒振世勋。满眼兴亡终古恨，漫浇浊酒对斜曛。

王业偏安学六朝，化龙柱负渡江谣。阴谋不惜长城坏，暮气终教焰火销。偶拾遗文叶弦管，闲听往事话渔樵。欲将数斗唐衢泪，洒入钱塘早晚潮。

西湖隐隐抱吴山，一掷燕云唾手间。壁垒秋风悲马鬣，旌旗夜雨怅刀镮。娇歌媛舞楼台静，金阙铜龙日月闲。也有北来消息恶，厌闻军府报当关。

君王屈膝为和戎，袒臂明心事不同。岂有鼓鼙思将帅，更谁狂狙论英雄。河山自割天难问，冰雪长埋梦未通。百战尚余遗老在，可怜驴背泣英雄。徽宗词：和梦也今来不做。

八字犹传对簿辞，天高地迥此心知。官家不省孤忠剖，国势真将半壁支。通问每求天上使，背嵬那要帐前儿。金钱买活为长计，可念金钱有尽时。

未判元黄大野争，十年一旦败垂成。军门自昔凿凶出，战鼓从此多死声。怅望黄龙捐故壤，殷勤白马乞新盟。披图检点零山水，付与佳儿贺太平。

诏书似火勒回戈，南下其如牧马何。不恤筐筥穷赤子，漫云衣带限黄河。鞭驱又见唐天宝，藁葬谁怜汉伏波。长夜九原闻太息，英魂几遍历铜驼。

茫茫旧迹认冬青，烟雨空山画窈冥。碧血已涂原上草，丹心犹照斗间星。珠崖后事休重问，柴市新歌忍更听。留得千秋忠愤在，几人痛哭过西泠。

（《遂初草庐诗集》卷八）

咏史四首

杜琕

武穆之时，设高宗能视师江上，示天下以两宫不返，无以生为，忠孝感激，士气百倍，加以河北响应，义旗所指，不战自靡，拨乱反正，一大机也。失此不图，藩篱遽撤，冤杀遂闻，复何能为哉。其杀武穆，则亡宋之本。其忘亲之罪，任相之非，定都之失，则亦杀武穆之本也。复作此诗，附于岳墓八首之后，以质世之论武穆者。

当年风雨卷归旗，草昧经纶未可期。纵使鸿沟堪划断，亦应马角叹生迟。遗宫故垒今何在，虎啸龙腾彼一时。惟有空山旧松柏，苍苍不改向南枝。

尺书衣领泪斑斑，不与金牌一日还。钟室顿教灰壮士，毡庐空复旧家山。春回紫闼朝佳节，秋老黄榆昄故关。儿在九重亲万里，夜台何以觐宸颜。

陆挽车箱水舳舻，渡河忠义万人呼。不闻建号须君子，却倚图存有丈夫。宣室地严宫语秘，阁门议众外臣孤。打靴更取藏刀看，也悔当时大错无？

故老风前声暗吞，朝家大计敢轻论。徒为蹈海开先路，那得沿江锁北门。

马革黄尘悲战士，乌啼红柏怨王孙。唾壶欲碎缘何事，落木萧萧野色昏。(《遂初草庐诗集》卷八)

杜堮(1764—1859)，字石樵，清滨州(今山东滨州市)人。嘉庆六年(1801)进士。官礼部侍郎。赠大学士，谥文端。有《遂初草庐诗集》。

题岳王庙废址
汪思敬

羽书出将净妖氛，下马东松日已曛。玉帐生烟屯万灶，珊弓悬月肃三军。龙光烛剑驱山魅，虎气扬旌散陇云。欲向东风论旧事，隔溪猿哭不堪闻。(《同治祁门县志》卷九)

汪思敬(1764—?)，字俨斋，清祁门(今安徽祁门县)人。任参军。有《养浩斋集》，另有《易学象数举隅》。

汤阴谒岳忠武王祠
舒 位

孝子忠臣地，相逢泪满巾。中原留间气，尚论得完人。乌鸟三年志，黄龙百战身。英姿岂磨灭，俎豆自莘莘。

昔作西泠客，孤坟拜鄂王。今寻东道主，故里认祠堂。铁铸阶前错，银留井底香。老兵堪痛饮，绝似蔡中郎。旁塑施全。

只解春浮海，谁呼夜渡河。视天真似梦，割地竟无多。窗下妻方煽，宫中侄请和。可怜三舍日，挥断鲁阳戈。

载读公遗集，丹心照汗青。功名违抗疏，文字抵传经。短者英雄气，愁来笔砚灵。满江红一曲，慷慨不能听。(《瓶水斋诗集》卷六)

渡钱塘杂题数诗记是日之曾游者(录一)
舒 位

重过鄂王祠，低头再拜之。班师最下策，种树向南枝。故里瞻如昨，余前年过汤阴谒祠有诗。长城坏莫支。英雄埋骨尽，惟见草离离。(《瓶水斋诗集》卷八)

铁　人
舒　位

撼山难撼岳，铸铁莫铸错。坏汝万里城，构此三字狱。尔不如金人，排立秦咸阳。亦不如铜人，双擢汉建章。且不如石人，青山望故乡。又何似泥人，黄土抟鸿荒。尔既非木人，刻画孝子伤。大有似草人，缚射酒徒狂。左曰奸相桧，比肩妻氏王。右为万俟卨，屈膝俊也张。鬼神无所祷，夫妇乐成行。谁作跽而请，直欲走且僵。恨铁不铸矛，以刺贼臣头。恨铁不铸钟，以铭将军功。痛饮黄龙府，铁不铸樽俎。招魂五国城，铁不铸灯檠。而独铸胚胎，屈铁铁跪阶。伤心南渡事，一十二金牌。(《瓶水斋诗集》卷一四)

舒位（1765—1815），字立人，小字犀禅，号铁云，清顺天大兴（今北京市大兴区）人。乾隆五十三年（1788）中举。以馆幕为生。博学，善书画，尤工诗。与王昙、孙原湘齐名。有《瓶水斋诗集》《皋桥今雨集》。另有《瓶笙馆修箫谱》。

阙　题
冯云鹏

摄雉城，似焦土。度军井，得甘乳。谁与凿者岳忠武。千乘万骑轰天来，风炎日炙口张弩。此时绝水胜绝粮，浚得灵泉皆起舞。至今呼作圣井栏，它井竭时此井取。人知井水甘，未识臣心苦。精诚感天及黄泉，吁嗟乎忠武，吁嗟乎忠武！(程迪吾主编《崇川文史》第三辑《南通史话》)

冯云鹏（1765—1835），字晏海，清南通州（今江苏南通市）人。有《扫红亭诗集》，辑《金石索》十二卷。

卫辉至彰德途中杂咏四绝句（录一）
王志瀜

年年晓过汤阴县，雾锁行山翠几重。庙貌威严空复尔，将军无命饮黄龙。(《澹粹轩诗草》卷一)

汤阴岳忠武祠
王志瀜

落日西风殿宇高,中原往事痛旌旄。眼中铁骑吞骄敌,天上金牌厌六韬。翠辇竟淹沙碛雪,忠魂悲涌海门涛。阶前缪丑何须铸,岂有将军憾尔曹。(《澹粹轩诗草》卷一)

王志瀜(1765—?),字幼海,清华州(今陕西华县)人。乾隆五十七年(1792)举人。官绛州直隶州知州。有《澹粹轩诗草》。

题岳武穆墓
爱新觉罗·永璘

下马来寻武穆坟,萋萋春草共斜曛。仓皇北狩归何日,缱绻有枝旧拂云。德寿宫中但书画,金佗编里漫功勋。须知李相歌苏武,曾向当年汴宋闻。(岳墓诗碑)

永璘(1766—1820),爱新觉罗氏。清乾隆皇帝第十七子。与嘉庆皇帝同母。乾隆五十四年(1789),封贝勒。仁宗亲政,封惠郡王,又改封庆郡王。谥曰僖,是为庆僖亲王。

钱塘怀古四首(录一)
乐 钧

眼里吴山突兀存,中兴旧事那堪论。浮江龙马偏安局,酹酒风灰二帝魂。寇敌披猖良将尽,朝廷卑小谄臣尊。西湖独有伤心处,柏树南枝拱墓门。(《青芝山馆诗集》卷二)

乐钧(1766—1814?),字效堂,号莲裳,清临川(今江西抚州市临川区)人。弱冠补博士弟子。乾隆五十四年(1789)由学使翁方纲拔贡荐入国子监,聘为怡亲王府教席。嘉庆六年(1801)乡试中举。曾主扬州梅花书院讲席。有《青芝山馆诗集》。

谒岳忠武穆祠二首
蒋攸铦

巍峨庙像肃灵光,青史勋名付渺茫。留得忠魂追蜀帝,不将天幸羡蕲王。九原风雨悲南渡,千载松楸忆北邙。若使銮舆终返正,甘心鸟尽作弓藏。

既为中原生此人,安危一发系千钧。天心未肯先亡宋,臣罪都缘不帝秦。嵇绍衣襟同溅血,曲端旗帜倍怆神。南强北胜皆离黍,尸祝崇祠历劫新。(《黔轺纪行集》)

蒋攸铦(1766—1830),字颖芳,号砺堂,清辽东襄平(今辽宁辽阳市)人。乾隆四十九年(1784)进士。道光五年(1825),由直隶总督内召为军机大臣,寻为权臣排挤,外放两江。谥文勤。《清史稿》有传。有《绳枻斋集》《黔轺纪行集》和自编《绳枻斋年谱》。

朱仙镇怀古
潘焕荣

岳侯忠勇世无两,力挽山河除敌党。朱仙镇上旧屯兵,至今庙宇留遗像。宋室赖公□危安,北军闻名心胆寒。军令如山民不扰,父老欢迎进盘餐。敌畏公威皆避走,眼见大功成唾手。一朝竟受奸桧诬,三字狱成莫须有。我来镇上驻征轮,吊古兴怀感慨频。铁铸佞臣跪祠外,犹认当年长脚秦。(《卧园诗话·韵芳阁吟稿》)

潘焕荣,女,字仲华,号萼仙,清罗田(今湖北罗田县)人。《卧园诗话》作者潘焕龙(道光五年举人)之妹。

朱仙镇怀古
杨清材

十二金牌促,何曾撼岳难。黄龙谁痛饮,泥马自偏安。平地风波起,荒天雪窖寒。银瓶怜幼女,花貌铁为肝。(《卧园诗话·碧筠楼吟稿》)

杨清材,女,字琴珊,号桐韵,清归安(今浙江湖州市吴兴区)人。

《卧园诗话》作者潘焕龙（道光五年举人）续室。

岳武穆砚
吴嵩梁

黄河风卷红罗帜，三字狱成天似墨。长城万里坏不惜，何况端溪一方石。精忠涅背死报国，臣骨即朽心不易。两宫播弃中原沉，紫云万古销魂色。一声白雁南朝秋，桂子荷花生暮愁。鬼神呵护砚犹在，不与河山同破碎。遗事凄凉说两京，人间故物有金莺。宣和金莺砚今在郑邸。石交合附文山传，风义千秋玉带生。（《香苏山馆诗集·古体诗钞》卷八）

精忠柏歌书杨丹山大令记后
吴嵩梁

五华山中泪如霰，老柏峥嵘梦曾见。闤闠古庙来寻看，撑天拄地孤根蟠。生与同生死同死，铁石心肠坚若此。贤令表章厥功伟，奇才大节皆传矣。呜呼柏何幸，正气有特钟。三字沉冤埋碧血，千年蜕骨为苍龙。桧也何不幸，托名长脚翁。分尸之惨此称快，遗臭遂与权奸同。墓门有树同瑰奇，冰雪不挫朝南枝。二圣可还中原复，吾知此柏应重绿。（《香苏山馆诗集·古体诗钞》卷一六）

吴嵩梁（1766—1834），字子山，号兰雪，晚号澉翁，别号莲花博士、石溪老渔，清东乡（今江西东乡县）人。嘉庆五年（1800）举人。官至黔西州知州。有《香苏山馆诗集》。

宋高宗手敕岳飞起复诏
顾千里

尺诏浑疑墨未干，栖霞回首暮烟寒。病夫怕问英雄恨，借作闲窗笔阵看。（宋高宗手敕岳飞《起复诏》手卷后题诗）

顾千里（1766—1835），名广圻，号涧苹、适思居士，以字行，清吴县（今江苏苏州市）人。乾嘉后期著名考据学家、校勘学家，被誉为"清代校勘第一人"。

钱武肃王小像前有开宝二年四月初七日追封制书后有岳忠武绍兴八年赞（节录）

郭麐

更有雄词赞者谁，淋漓大笔蟠蛟螭。谛视姓氏纷涕泪，细读词意凄肝脾。当时南渡仓皇极，名将中兴首鄂国。百战肯令牧马南，十年定捣黄龙北。一朝和议奸邪蛊，生缚将军如缚虎。埋冤三字死风波，格天一德从歌舞。谁言梦里索钱唐，再世婆留恋故乡。称臣不惜朝廷小，带水依然吴越王。此说荒唐我无取，如此雄姿肯低首。当年倘复得将军，朱三尔是何鸡狗。一卷分明见兴废，两朝南北须臾事。龙节虎符盖世才，握拳透爪忠臣气。好语诸孙须世守，会与世家垂不朽。君不见铁券文残金塔荒，金陀巷陌亦苍凉。钱王祠庙岳王墓，士女年年吊夕阳。（《湖海诗传》卷四三）

郭麐（lín）（1767—1831），字祥伯，号频伽，又号白眉生，又呼郭白眉，清吴江（今江苏苏州市吴江区）人。诸生。少游姚鼐之门，尤为阮元所赏识。有《近游集》《探梅集》《会吟集》《移家集》等。

汤阴书感

欧阳辂

杭台残劫了无成，更遣鹎鹍恣意鸣。真见夫差忘死父，可怜道济是长城。云山不变轮囷气，沧海难消哽咽声。却笑老儒阿素好，尚排公论作疵评。（《沅湘耆旧集》卷一三一）

欧阳辂（1767—1841），本名绍洛，字念祖，一字磵东，清新化（今湖南新化县）人。乾隆四十九年（1784）举人。有《磵东诗钞》。

谒岳鄂王墓作

叶绍本

和议书成宋帝封，小朝廷稳占江东。黄龙未抵公休恨，留得冰天住两宫。

金牌十二使如云，遂事难言将在军。若使当年真逆命，属镂先已赐伍员。

（《白鹤山房诗钞》卷二）

谒岳忠武王庙四首
叶绍本

巍峨丹拱拜灵宫，浩气依然塞太空。碧血那期飞犴狴，黄图从此没沙虫。汾阳志节功难竟，汉寿神威望与同。涕泗载瞻遗像伟，萧萧松柏起悲风。

薪胆敢忘君父仇，国成偏倚贼臣谋。只除安乐金降表，忍听重昏说故侯。二圣若还何地置，全家得脱愿身酬。千刀我欲剚王莽，本是刘张一辈流。

揽史真宜怒磔髯，孤忠于尔定何嫌。文章孔雀机原毒，哲妇晨鸡计更憸。幸有椒聊偿戮斧，可知麦饭负垂帘。兴亡不禁千秋感，桥上鹃啼兆早占。

金佗编出赖文孙，谁道冤难照覆盆。楚服真王荣异姓，武乡嘉谥慰忠魂。大名宇宙原非偶，正气乾坤自永存。愧我征轺初荐藻，灵旗惝恍暮云翻。（《白鹤山房诗钞》卷一六）

叶绍本（1767？—1841），字立人，一字仁甫，号筠潭，清归安（今浙江湖州市吴兴区）人，嘉庆六年（1801）进士。官至山西布政使，降鸿胪寺卿。有《白鹤山房诗钞》《白鹤山房词钞》。

阙 题
富 斌

要践雕青臂上词，中原血战拥王师。金牌络绎来何速，铁像狰狞铸最宜。半壁河山争致慨，一廷君相各怀私。无端三字成冤狱，扣马书生已预知。（汤阴岳庙诗碑）

富斌（1767—？），字筠圃，清满洲旗人。历官淮安知府、陕西陕安道。自署"钦命分巡河南陕汝兼管驿传水利道富斌敬题"。有《纪梦吟草》。

岳祠铜爵
张廷济

官家不要复提封，翻碍精忠报九重。长脚死贪刑白马，雄心生负饮黄龙。吁天北阙书千字，酹地西湖酒一锺。移荐金陀祠庙肃，灵旗风雨飒三冬。（《晚晴簃诗汇》卷一一三）

张廷济（1768—1848），原名汝林，字顺安，又字作田，号叔未，清嘉兴（今浙江嘉兴市）人。嘉庆三年（1798）解元。有《桂馨堂集》。

观宋高宗敕岳武穆札

许宗彦

严子清晨过我斋，锦轴新装携在手。云是思陵御书札，岳王庙里流传久。肃然起立开卷看，恍惚神光动窗牖。龙文栏纸色枯淡，字迹半昏犹可剖。三年之丧固通礼，反经行权古人有。练兵襄阳窥中原，慎勿一日离所守。末题绍兴年月日，皇帝之书赐岳某。是时朝称小元祐，恢复势盖十八九。外分诸帅控淮楚，内用赵张相左右。京西尤重上流寄，岳家军势莫敢狃。韩吴同日拜新命，检校三公印如斗。衰绖难为人子情，一旦弃军奉灵柩。魏公上请降御笔，敦勉还屯唯恐后。即观此札意勤拳，君臣宁不相知厚。若使推心保始终，几何不饮黄龙酒。正人亦复能败事，大将从来多掣肘。才听麋兵过伊川，旋看徒步归庐阜。都督府罢德远贬，淮西军乱郦琼走。战机一失不可再，过拂忠言是谁咎。坐使官家厌兵事，主张和议任群丑。以忠尽孝竟何补，感愤徒滋后人口。沧桑屡变恨难平，一纸犹存洵非偶。屠王翰墨固自工，笔法依稀双井叟。英雄血泪渍当时，墨气千年蚀深黝。摩挲不敢展，临风恐化蛟龙晴昼吼。（《鉴止水斋集》卷三）

许宗彦（1768—1818），原名庆宗，字积卿，号周生，清德清（今浙江德清县）人。嘉庆四年（1799）进士。官兵部主事。《清史稿》入《儒林传》。有《鉴止水斋集》。

宋高宗手敕岳飞起复诏

陈 斌

朝廷活草间，国士死焉避。适尔功难堪，奉身已无地。古烈今所伤，并世胡能欤。请求忠孝心，弗问南朝事。南朝此诏辞，岳氏藏犹秘。重欲责前言，终非忠武意。曾何系有无，而令吾嘘唏。错连成千秋，为臣几容易。（宋高宗手敕岳飞《起复诏》手卷后题诗）

陈斌（？—1823），字陶邻，号白云，清德清（今浙江德清县）人。嘉庆四年（1799）进士。授安徽青阳知县，转合肥，迁凤颖同知，署宁国知府。有《白云文集》。

汤阴谒岳鄂王祠行五里许谒侍中祠
扁鹊墓碑在侍中祠南数里

陈用光

　　侍中祠近岳王宫，孤愤心原死事同。古柏阴森犹盖瓦，灵旗飘转自扬风。方从仙授难医妒，功与谋违肯录忠。叹息厓山即汤水，何人活国问仓公。（《太乙舟诗集》卷十）

　　陈用光（1768—1835），字硕士，一字实思，清新城（今江西黎川县）人。嘉庆六年（1801）进士。官至礼部左侍郎，提督福建、浙江学政。有《太乙舟文集》及《衲被录》等。

宋思陵赐岳鄂王夺情手札

胡　敬

　　古今通礼三年丧，咨卿干蛊毋守常。以忠尽孝正今日，墨缞权起从戎行。绍兴六年帝书赐，书某月日词周详。是时朝号小元祐，同参枢密赵与张。分屯诸将约略数，眈眈惟俊虓为纲。其佗庐州及楚泗，效力更有韩刘杨。京湖起王作宣抚，上游倚重同金汤。遣兵旋见败刘豫，唾手且饮黄龙觞。奈何降诏未改岁，已召桧入中书堂。兵机乘胜可进取，屡请不报王封章。郦琼之败帝胆裂，听归持服庐山旁。呜呼！帝云帅师臣奉诏，奉诏练师屯襄阳。帝云班师臣奉诏，奉诏振旅还颍昌。庙谟前后自翻复，臣于帝札遵无忘。今看奖励札中语，帝非不鉴王忠良。要知恢复中帝忌，干蛊语不由衷肠。当年聊应魏公请，岂真有意窥汴梁。不然尽力斥浮议，百桧何足关兴亡。忍将郑重夺情笔，更草诏撤诸边防。败盟莫咎敌多诈，朝廷爽约先君王。留传此札亦安贵，徒以王故争收藏。双钩已复勒贞石，斵此遗墨蛟龙翔。传观我惜未一见，见亦只令心增伤。鄂王祠前冬日冷，琤琤响揭闻空廊。（《崇雅堂诗钞》卷二）

汤阴谒岳忠武王祠
胡　敬

故乡犹得葬衣冠，二帝魂难返寝园。功迈韩刘推盖代，气分河岳壮中原。将杭作汴真成错，为国忘家竟被冤。遥望栖霞山下水，千秋流恨响潺湲。（《崇雅堂诗钞》卷六）

精忠柏歌用少陵古柏行韵
胡　敬

鄂王当年手种柏，森列柏台嘉肺石。纵横战垒息风云，憔悴圜扉峙寻尺。长城万里国自坏，遗植千秋人尚惜。刺肤春雨痕带青，持服秋霜色逾白。忆瞻王墓栖霞东，松楸一径连寝宫。佞臣铁铸躯犹在，老桧尸分心久空。萧条生意尽除夕，偃蹇枯枝排朔风。正如泰岳坚难撼，岂有将军倚较功。阁建光尧媲松栋，秦头压日嗟何重。底死金牌驿驿催，偷生银绢年年送。荆榛那免师召燕，槐棘徒夸山占凤。独留寸干到熙朝，看洗甲兵长不用。时西域荡平。（《崇雅堂诗钞》卷八）

胡敬（1769—1845），字以庄，号书农，清仁和（今浙江杭州市）人。嘉庆十年（1805）进士。官至侍讲学士。有《崇雅堂诗钞》。

岳武穆王金□歌
查　揆

绍兴南渡社稷臣，武昌咸平功尤超。背嵬八百撼不得，太行两河皆人豪。郾城朱仙大献捷，铁浮图军纷潜逃。狱成三字莫须有，庙堂煽惑狐鸣嗥。见机始叹蕲王高，醉眠驴背携酒瓢。此时缪丑方烜赫，三世累累银绶绦。埧堪连镳皆上第，冰山讵料朝阳销。王之文孙忠孝后，桯史笔挟风霜骄。能读父书峻风骨，下视嘉国有弁髦。金爵隆兴珂所作，纪乃祖烈鄂与褒。藏之家庙谨什袭，春秋献享行清醪。河南陵寝秋萧骚，不闻一爵奠丹椒。何年沦落杂瓦砾，会稽山下虹霓交。石鼓作臼神物怒，野人不识沙中淘。客来征诗夸至宝，蚴蟉郁律蛟龙韬。下卤中罍失规模，夏盉殷斝侵莱蒿。回黄转绿古色泽，赤城霞起朝建标。史籀斯篆苔晕蚀，背文四字劳镂雕。神气肃穆棱角厉，令我怀古心郁陶。王昔精忠志恢复，义旗疾卷风驱涛。黄龙痛饮须臾顷，月支之头盛醹糟。钧天夜奏醉不醒，交讧倏忽回鞿羁。金瓯已作偏安计，酒器频随岁币劳。子卯不乐知毙死，杜蒉扬觯谁其曹。桧也翻得赐酒器，敢与钟镛争哗呶。孝宗积弱势不振，诸将无复建旄旌。允文六事不见省，同甫五论徒取嘲。长城万里汝自坏，此爵于王如秋毫。至今留遗等杯桊，桓彝玺节空喧嚣。陵谷变迁已千载，沙虫猿鹤魂难招。诸陵玉碗窃发尽，维王之爵愈光昭。作歌记事好藏弆，宣和秘玩笑系匏。（《筼谷诗钞》卷三）

绍兴六年赐岳忠武手敕代梁侍讲作
查揆

金佗坊冷秋草肥，南库手诏抛烟霏，此独完好知者稀。想见将军大小眼，读罢涕泪沾麻衣，绍兴五年一载违。五国望断钦与徽，冰天万里魂来归。孟婆消息吹九圻，奈花如雪簪刘妃。君方谅闇臣墨衰，庐墓不许依春晖。重台书体信手挥，十有一玺是也非。摩挲古纸天水碧，聂大年题或庶几。（《筼谷诗钞》卷八）

查揆（1770—1834），又名初揆，字梅史，清海宁（今浙江海宁市）人。嘉庆九年（1804）举人。官蓟州知州。有《筼谷文集》和《菽原堂集》。

阙　题
杨　芳

奸相何太拙，成就忠武烈。后世许称冤，忠武当感切。不怪群凶狠，无关王氏舌。君自坏长城，臣尚有何说。戕身心不痛，心痛贼未灭。何疾不戕身，无所谓污蔑。即使天假年，洒尽一腔血。炎宋未必兴，大金岂易抉？同时韩世忠，后时张世杰。天上遇文山，相携泣忠节。何如汤阴树，永荫西湖穴。（汤阴岳庙诗碑）

杨芳（1770—1846），字通逵，又字诚村，清松桃（今贵州松桃苗族自治县）人。行伍出身。曾平定白莲教起义和新疆张格尔叛乱。因军功累擢两广督标参将、广西副将、宁陕镇总兵、广东右翼总兵、西安、河北、汉中等镇总兵，甘肃、直隶、湖南、四川、广西等省提督。《清史稿》有传。

题岳珂手录宋高宗赐岳武穆七十六御札卷子

陈文述

呜呼！赵家南渡中兴日，武穆精忠推第一。若教万里倚长城，再造河山宜可必。岂知和议误权相，忠奸冰炭遭谗妒。伤心最是两河战，班师诏下金牌疾。头帻终教投道济，靴刀惜未抽光弼。当年主鬯问何人，如此藏弓真秘密。七十六札谁所书，传是光尧亲御笔。机宜何遽不知兵，甘心岁币称臣侄。此卷录自王孙珂，哀痛吁天天所恤。王之浩气配天地，王之丹心昭日月。屠王虚词何足珍，志士贞臣增叹息。我家咫尺王祠墓，瞻礼庙堂神仿佛。已看顽铁铸奸回，终遣穹碑勒名德。一函桯史问金陀，再拜六篇王著述。桯史载武穆著述六篇，又诗词五首。（《颐道堂诗选》卷一五）

湖上杂诗·登飞来峰新建翠微亭

陈文述

梅庄园子暮云停，岳墓南枝古柏青。多少苍凉南宋感，振衣闲上翠微亭。（《颐道堂诗选》卷二八）

岳忠武王名印歌

陈文述

印方径寸，镌王姓名。吴江王砚农所藏，赵竹楼以印文见贻，乞诗。

岳王之书吾所录，岳王之诗吾所读。王有名印今见之，两字朱文一方玉。乾坤不蔽王之忠，河山如故王之功。王心寓物不留物，精气煜煜腾长虹。栖霞岭上好云树，我在岳王坟畔住。得闲还上翠微亭，更吟潭水松风句。（《颐道堂诗选》卷三十）

栖霞岭拜岳忠武王祠墓
陈文述

墨庄书气尚蟠虹，阶下分明又铸铜。南渡魂销天水碧，北征词唱满江红。云低绣帜官罗暗，花坠银瓶苑井空。太息骑驴湖上客，翠微亭子夕阳中。(《武林掌故丛编》第十五集《西泠怀古集》卷四)

陈文述（1771—1843），初名文杰，字谱香，号云伯，又号退庵，清钱塘（今浙江杭州市）人。嘉庆五年（1800）举人。官全椒、繁昌、昭明、江都、崇明等知县。有《碧城诗馆诗钞》《颐道堂集》《秣陵集》《西泠怀古集》等。

汤阴谒岳忠武王庙二十韵
斌 良

半壁金瓯缺，孤忠只手擎。黄龙期直捣，铁骑誓长征。宗社愁将覆，熊罴勇莫撄。风云褫敌魄，山岳亚军声。独立勋难策，偏安局已成。相奸堕大计，主懦坏长城。尽奉南天跸，谁挥北府兵。笙歌甘忍辱，缯帛重联盟。雪窖冰天惨，春江夜月明。两宫魂不返，三字狱无名。国耻千钧重，残躯片羽轻。亭伤摧柱石，井忆堕琼英。绩比张韩烈，功逾璘玠荣。旗常垂不朽，衮冕望如生。代谢留碑版，人来拜殿楹。然灯列凫雁，像物铸鲵鲸。旧座青苔蚀，空阶紫蔓萦。松楸曾展谒，桑梓叹经行。风冷灵旗飐，霜清古剑鸣。虬枝犹北指，遗恨终难平。(《抱冲斋诗集》卷四)

过汤阴谒岳庙匆匆小憩
斌 良

和议金缯诏已颁，长城自坏主愈孱。汗青功罪分明在，我对丛祠一破颜。(《抱冲斋诗集》卷十)

斌良（1771—1847），字吉甫，又字笠耕、备卿，号梅舫、雪渔，晚号随葊，瓜尔佳氏，满族。初以荫生捐主事。累官至都察院左副都御使。《清史稿》入《文苑传》。

飞来峰访清凉居士翠微亭题名（节录）
黄士珣

岳王冤死韩王闲，骑驴往来灵隐山。旁陂近上一亭建，待好事者资游观。人知居士清凉剧，安知英雄痛至骨。惜未寻芳了此身，名亭为表池州迹。于时绍兴十二年，圭册衮冕来幽燕。太平翁翁作宰相，尘土幻出清凉天。如此清凉初不料，二胜环从脑后掉。红罗不见岳字旗，贾宜人墓悲残照。（《西湖诗词选》）

精忠柏歌
黄士珣

擎空百尺干蛟立，此即森森忠武骨。牛斗常为剑气冲，风雷欲助龙髯活。昭昭天日成狱词，禾绢闭眼无士师。可怜冤已到狱底，大厦尚思一木支。阴阳谬进高丽使，高宗南渡时，高丽国进阴阳柏一株。见《太平清话》。陋却园林栽锦绮。廊庙原期匠氏求，圜扉竟俾将军倚。朝廷发策言和戎，太平宰相称翁翁。故宫禾黍泣秋露，明湖花柳娇春风。此时此柏无人识，老皮张展修鳞黑。幸免阎妃相屋材，定知隗卒勤封殖。一朝树倒散胡孙，此柏长扶正气存。无人荷校怜阴府，有木刲骸表墓门。柏台今日分司地，指点前朝大理寺。莓苔蚀处旧成文，仿佛精忠岳家字。（《两浙輶轩续录》卷三十）

黄士珣（1771—?），字芗泉，号扣翁，清钱塘（今浙江杭州市）人。岁贡生。有《沧粟斋集》。

谒岳忠武王墓
盛大士

南渡朝廷小，偷安弃汴京。两宫仇未复，三字狱先成。江表新迁社，中原正用兵。相州兴义旅，鄂国著威名。铁骑嘶风健，牙旗望气惊。严关开战垒，细柳整军营。温峤登坛誓，刘琨拜表迎。控弦思敌忾，握节命专征。醉待黄龙酒，书邀白马盟。一朝诛上将，万里坏长城。玉弩悬空壁，金牌下九闳。地舆臣构献，天堑伪齐争。事业销磨尽，英雄生死轻。丹忱原磊落，冤案不分明。此后甘衔璧，凭谁共请缨。枕戈无锐卒，蹈海有遗氓。化鹤魂留恨，骑驴气不平。牝鸡潜缚虎，石马怒奔鲸。殿上瞻旒斾，阶前跪裸裎。湖山仍秀郁，草木亦精诚。俎豆供新奠，衣冠拜旧茔。栖霞岭畔望，过客泪纵横。（《蕰愫阁诗集》卷七）

盛大士（1771—1838），字子履，号逸云，又号兰畦道人，清镇洋（在今江苏太仓市）人。嘉庆五年（1800）举人。官山阳教谕。有《蕰愫阁诗集》。

贾孝廉自汤阴来携示岳忠武手书石刻用岳武王墓韵书后

陆继辂

南朝父子痛生离，事较分羹更可危。未若孤臣埋碧血，尚留将种侍灵旗。高天从此仇同戴，大厦非关力不支。歌罢小重山一阕，知音自古有余悲。（《崇百药斋文集》卷七）

岳忠武遗砚歌并序

陆继辂

砚今尺横三寸八分，纵六寸四分，正面右刻"丹心贯日"四字，左刻"汤阴鹏举识"五字，皆篆书。池上鹦鸽眼一，就刻作云日形。明初入内府，太祖以赐徐中山。中山刻楷书四十七字于右旁，向藏藁城徐氏中山后人从成祖至北平者，今为太原宋氏得之。

我昔曾赋叠山卜卦砚，文山玉带生。天生文谢结此一朝局，如石已泐不可使合并。独怪岳侯胜算已在握，黄龙计日挥千觥。忽摧长城坏梁木，沙颓瓦碎曾无声。忌兄弃父论太酷，读史至此但觉心怦怦。精忠报国字与骨同朽，乃尚留此丹心贯日之砚铭。中山乘时作萧邓，竹帛自立千秋名。猜雄之主几不保终始，吁嗟带砺难为凭。幸哉不毙土囊下，此砚遂与铁券俱铮铮。宋高守文颇易事，何物贼桧能令山岳委地鸿毛轻。由来成败完毁偶然事，赐物世守亦已逾云仍。即今大功坊又没秋草，烟云过眼成飘零。诗人怀古作悲惋，岂知石本顽无情。君不见长生长乐汉当作，砚并良制旋见铜雀高崚嶒。赵家艮岳寿益促，风吹珍石如春冰。兴来磨墨一斗盈，且纵弱腕驱风霆。人

间倘无五寸管，忠义智勇亦复一一俱沉冥。(《崇百药斋三集》卷七)

陆继辂（1772—1834），字祁孙，一字修平，清阳湖（今江苏常州市）人。嘉庆五年（1800）举人。曾官江西贵溪知县。《清史稿》入《文苑传》。有《崇百药斋文集》《崇百药斋续集》《崇百药斋三集》。

汤阴谒岳忠武王庙
汤金钊

撼山容易撼军难，恢复中原智勇殚。谁遣金牌将国弃，空留铁像与人看。西湖埋骨冤终洗，南渡安心局竟残。两字精忠辉故里，风云肃穆护瑶坛。(《两浙輶轩续录》卷二十)

汤金钊（1772—1856），字敦甫，清萧山（今浙江杭州市萧山区）人。嘉庆四年（1799）进士。官至吏部尚书、协办大学士。谥文端。《清史稿》有传。有《寸心知室存稿》。

岳忠武王墓
童 槐

三字狱，千秋冤。至今墓下士女痛，涕泪还洒秋草原。我独悲丹心，却未哀碧血。中原共存亡，独存不如灭。金牌趣返后，愤气摧心兵。戴天忍偷活，坐见和议成。呜呼！人知贼桧欲死王，不知王固不欲生。三字狱，尔何苦。岳家父子计良得，飒飒灵旗出圜土。忠魂北去朝两宫，一夕快抵黄龙府。(《今白华堂录补》卷一)

汤阴岳鄂王故里
童 槐

寝殿西泠岂首丘，萧条故里禾黍秋。欲知半壁江山恨，举目相州似汴州。(《今白华堂诗录》卷七)

童槐（1772—1841），字晋三，一字树眉，号萼君，清鄞县（今浙江宁波市鄞州区）人。嘉庆十年（1805）进士。官至通政司副使。有《今白华堂集》。

阙 题
何太青

尽孝于忠语自奇，背嵬五百报深知。无端三字兴疑狱，鸟在弓藏祚已移。天子亲当讨六师，父兄车驾未来归。空将干蛊推臣下，痛饮黄龙愿亦违。（宋高宗手敕岳飞《起复诏》手卷后题诗）

精忠柏歌
何太青

浙江臬署于南宋时为西曹理刑廨，圜土间有枯柏一株，高二丈许，外实中空，坚如铁石，叩之铿然有声。相传为鄂王被陷同日枯死，阅今六百余载，僵立不仆。岁己卯，石吴范君正庸司圜事，刻石为精忠柏图。余惜其深贮理庭，暗而弗章，用补斯图，勒之庙中，作歌纪事。

枯根暗黬寒铁色，血沉凄凄渍古碧。圜土千年不复春，屹然僵立瘦蛟脊。婆娑已觉生意尽，磅礴犹疑元气积。英魂终古相凭依，白日阴风吹槭槭。吁嗟此柏名精忠，忠心乃与将军同。将军誓死志恢复，背嵬五百趋黄龙。金牌召还谶三字，蕲王出争气何雄。当时脱帻目如炬，照破黑狱光熊熊。从来左纽有本性，令我一见悲填胸。臣心已灰木亦槁，慷慨不作偷生客。麒麟死斗蚀日月，山岳崩坠铿霜钟。寻常物性有如此，况乃正直相感通。一生唯有怀六桂，半死岂肯如孤桐。南渡沧桑几回首，冬青之树嗟何有。乌台突兀留古根，毋乃长为鬼神守。前身恐是延平龙，狱底奇光阒深黝。中空穴遍怪哉虫，谁酹沉冤一杯酒。司理范君称好事，写向贞珉传不朽。我来更为开生面，恍见将军气惊膊。锦官灵植世所矜，石质铜柯诗满口。此本崛强迹更奇，但恨今无杜陵叟。旧廨年深长野蒿，旁人涕泪说西曹。伤心更有西湖树，夜夜南枝声怒号。（岳墓碑刻）

何太青（1773—?），号藜阁，清顺德（今广东佛山市顺德区）人。嘉庆十四年（1809）进士。官至嘉兴府同知。

岳武穆庙
吴荣光

一痛金牌十二来，长城自坏任仇猜。声先河北全图应，泪尽天南万旅回。雪耻中原谁复顾，诛奸后代更堪哀。何时捣穴诸君酒，得与将军醑一杯。（《石云山人诗集》卷一一）

朱仙镇岳武穆庙
吴荣光

万马千军河水声，英雄到此竟无成。谁呼天问班师诏，不杀公难割地盟。几见信谗能用将，有人谋敌阻逃兵。当时尽望中原复，不及书生料事明。（《石云山人诗集》卷一六）

岳忠武玉印
吴荣光

卅九载匆匆，章留急就工。印为白文，用急就章篆法。金牌沙里蜮，玉印雪中鸿。汉寿应同炯，先出湘水者。湘灵亦护忠。印亦得之湘水。一堁怀古意，但唱满江红。（《石云山人诗集》卷二一）

吴荣光（1773—1843），原名燎光，字殿垣，号荷屋、可庵，清南海（今广东佛山市南海区）人。嘉庆四年（1799）进士。官至湖广总督。有《白云山人文稿》《筠清馆金石录》等。

宋高宗手敕岳飞起复诏
李 锐

手诏千年墨渖干，将军百战剑光寒。今朝无限相思意，都付灯前一晌看。（宋高宗手敕岳飞《起复诏》手卷后题诗）

李锐（1773—1817），字尚之，一字四香，清元和（今江苏苏州市）人。诸生。长于经文，尤深古历、算学，得中西异同之奥。阮元督学浙江，延校《礼记正义》，辑《畴人传》。有《勾股算术细草》《开方说》等。

阙 题
杨古雪

宋室南渡日，二帝方北驰。鄂王秉大义，沥血誓王师。精忠字湮背，智勇振华夷。大敌克朱仙，莫敢当义旗。指日两京复，天下皆知之。无如奸相桧，苦将和议持。遂教三字狱，德载成冤词。君子与小人，原无两立时。如何亡国仇，偏安竟无疑。空自坏长城，宗社委如遗。一抔湖上坟，碧血万古垂。坟前铁铸者，愧彼向南枝。(《古雪集》)

杨古雪（1773—1817），女，名继端，字明霞，号古雪，世称"古雪女史""西川女史"，清广元（今四川广元市）人。署松江府知府杨玺女，蜀中才子张问莱室。有《古雪集》。

阙 题
齐彦槐

乘兴来寻小洞天，琅环无处问金编。姓名敢乞山灵护，留向人间五百年。(婺源凌虚洞石刻)

齐彦槐（1774—1841），字梦树，号梅麓，又号荫三，清婺源（今江西婺源县）人。嘉庆十四年（1809）进士。历官苏州知府。有《梅麓诗文集》。

岳鄂王墓
沈钦韩

黄柑夜半闪青燐，齿及慈闱骨已尘。膝裤亦思施义士，铅筒终愧贾宜人。金镮泪尽红旗杳，铁简苔封墨诏新。直待营斋天姥岭，九原忠义郁难伸。(《幼学堂诗稿》卷七)

汤阴县谒鄂王祠
沈钦韩

小县依绵蕞，丰碑若镜揩。家风桯史及，巷哭相台皆。大节钟双阙，明裡肃左阶。背嵬军甲仗，忠义社弓靫。帕首青红鬼，铢衣黄白娃。银屏围绣帐，铁简奉麻鞋。睗睒疑盘猜，嘶鸣想战䮫。电光搜铸镤，墨宝画函钗。维岳蜂旗杳，如环凤辇乖。沧凉眺珂里，噎塞抚琼怀。幕府奔亡驻，臣工劝进谐。将星此磊落，皇路昔虺虺。鹏翼翔临薴，蛟波泛拥籓。周侗应共祀，王彦岂同侪。百战肤痕数，孤衷背涅义。符鸠谣间阔，拐马阵喹柴。国愿宵衣纾，堂将昼锦闿。欢声驰版檄，悲涕出金牌。蚁贼绥江汉，雕儿告棘槐。札从天子报，议与老秦排。长脚苍生误，单衣冤狱埋。松庵题剥蚀，桑盖梦离华。忆绕千秋观，还寻九曲厓。林曛凄塑鹤，草露乱私蛙。隐客欹苔笠，奚官扫豆秸。南枝回毅魄，东胜没遗骸。逆豫淘沙发，曹勋绢血偕。龙髯攀莫逮，豹尾住为佳。羽扇抛秋叶，金陀茁冻荄。故乡灵有托，过客恨无涯。始论酬三镇，终嗟陷两淮。太平楼自建，祈请使空差。尚现皋亭帜，难营李季斋。翠微亭北望，剑气属天街。（《幼学堂诗稿》卷八）

岳忠武王官衔姓名铜印歌

沈钦韩

武胜定国军节度使开府仪同三司荆湖南北襄阳路宣抚使兼营田大使岳飞之印。案本传，王以绍兴四年授清远军节度使湖北路荆襄潭州制置使，封武昌县子；五年，领镇宁、崇信两镇节度使，进侯；平杨么，加检校少保，进封公；六年，改武胜定国军两节；七年，除宣抚使、营田大使；九年，授开府仪同三司。

伏波章，司农印，金龟顾盼酬国士。当年堂印绾者谁，辱等坠厕无足齿。南熏门前铁路步，留守司中策名始。大小二百余战不惜死，直抵黄龙痛饮尔。老墨舞动东松庵，热血湔袚桃溪水。耳环坠蝶帕封泪，九哥宫中何忍视。眨眼长脚误苍生，禾绢士师奉一纸。肉简牌忽掣生雠，蒻头仙莫测怪豕。精忠报国四字炳天日，向时五郎努力老妪喜。可怜九曲丛祠吊翠微，来日东朝道服老泪泚。百番御札尽没左藏库，金蕉绣鞍星散可知矣。何来善铜方寸刓陆离，快剑长戟欲唤将军起。六百年中铅汞洗，金甲光开绶曳紫。结发初阶秉义郎，最功始领两节使。襄汉再造中兴基，屯田议立壮军垒。惟憾三司崇班最后除，慨忾力诋求和耻。想其奋草恢复疏，紫泥检押臣飞取进止。直透纸背鲁公一笔书，盘棊淋漓心肝相奉有如此。呜呼！牙牌官衔夸累累,趋刻趋销易饼不值一钱耳!忠孝侯印数有几,磊落天壤何用蓝田玺。汉寿亭侯前将军,丈二之组合璧拟。莫令许允相,莫令赵尧睨,若辈但知全躯保妻子。(《幼学堂诗稿》卷十)

沈钦韩(1775—1831),字文起,号小宛,清吴县(今江苏苏州市)人。嘉庆十二年(1807)举人。授安徽宁国府训导。有《两汉书疏证》《水经注疏证》《幼学堂诗稿》《幼学堂文稿》等。

朱仙镇谒岳忠武王庙
章太和

乘胜之兵不可阻,阻之各伤其心膂。已聚之民不可散,散之各顾其家难。此机一失不可为,遂使精忠耿耿千载悲。有宋开基本忠厚,版图独缺飞狐口。未复燕云十六州,遽使兵权释杯酒。二百年来生忠武,神算兵机超万古。正值干戈起北尘,欲平河朔还中土。不步颇牧尘,不接孙吴踵。以少而胜多,智信仁义勇。彤庭召对天语亲,中兴之事一付臣。泰山易撼岳难犯,目中早已无金人。背嵬一挥北地震,大将长矛先入阵。百战将成恢复功,伤心只在朱仙镇。千载一时计忽摧,从此弯弧骄肃慎。本期饮血捣黄龙,乃使临河返白刃。义旗一散忠胆灰,一篑功真亏九仞。纵教身不殉风波,重来未必能观衅。呜呼!王之忠,青史笔。王之兵,古无匹。何必小儒重引述,但有一论我不平。谓南北朝本天成,纵无十二金牌召,未必二帝还神京。不知用兵贵乘势,义愤之兵其气厉。百年涿易没强辽,团乡犹有齐民卫。何况太行逦迤东,一朝强赋金庭税。王本汤阴古相人,山岳英名驰早岁。一呼大梁干橹齐,再呼河北风云契。帅以洞庭湘鄂之劲旅,辅以邯郸上党之精锐。但使扬鞭一渡河,金人百万无噍类。奈何君爱小朝廷,甘心愿作偏安帝。长城自坏大星垂,天子宫中不流涕。始悟当年三字冤,一桧何能施谲计。此机一失不可复,孝宗之朝徒碌碌。忽和忽败百余年,从此封疆长窔窣。可怜大学衍义篇,斯文同覆厓山麓。回首朱亥里上祠,朱仙镇即朱亥故里。六陵夜雨冬青哭。(《两浙輶轩续录》卷二四)

章太和,字冠英,清会稽(今浙江绍兴市)人。嘉庆十二年(1807)顺天举人。官蒲台知县。有《三余馆文稿》《汴游吟稿》。

钱塘怀古八首（录一）
邓廷桢

鄂王坟上叫冤禽，少保荒邱树接阴。西市沉沦三字狱，南宫翊卫八年心。千年信史同先后，百尺丰碑自古今。欲吊忠魂向何处，南屏山下暮钟沉。（《双砚斋诗钞》卷二）

邓廷桢（1775—1846），字维周，又字嶰筠，清江宁（今江苏南京市）人。嘉庆六年（1801）进士。升两广总督。全力配合林则徐厉行禁烟，整顿海防。后任闽浙总督，亲督水师击退英侵略军。嗣因投降派诬陷，与林则徐同时革职，充军伊犁。后起用为陕西巡抚、陕甘总督。《清史稿》有传。有《双砚斋诗钞》。

汤阴谒岳忠武家庙
梁章钜

十二金牌付劫灰，尚遗铁像委蒿莱。当年若许黄龙到，继世焉知白雁来。三字风波关气运，千秋庙貌肃云雷。湖山老尽南枝树，应有精灵夜夜回。（《退庵诗存》卷十）

下河舟中杂诗（录一）
梁章钜

登泰山墩，见冈山关，即当年英人由海入江之路。山因州为名，山顶有岳武穆庙，盖忠武尝驻泰州也。

冈关形势实巉岏，往事迷离付浩叹。眼底心中今了了，何人为措泰山安。（《续纂泰州志》卷三三）

梁章钜（1775—1849），字闳中，一字茝林，晚号退庵，清长乐（今福建长乐市）人。嘉庆七年（1802）进士。官至江苏巡抚。著作颇多，有《文选旁证》《制义丛话》等。

谒岳忠武祠

张澍

万里长城忍自坏，咸阳和议信中坚。江南半壁朝廷小，河北九州岁币捐。可怜留守先星逝，特幸蕲王以酒全。最是伤心回旆日，黄龙未饮恨黄泉。（《养素堂诗集》卷一）

梦观出葬岳少保图册

张澍

梦里披图见鄂王，西窗片纸恨咸阳。复官改葬帝为泣，苦雪愁云天亦伤。高庙缘何任虺蜴，中原从此满豺狼。阿谁痛惜传遗迹，使我肝摧涕湿裳。

忆昔南游谒浙祠，拜侯遗像少年姿。何期两颊须张戟，想见盈腔血沥丝。奸党厚颜应辱铁，书生饶舌竟扇鸱。讼冤太学双豪士，风马云车定鉴之。

会送灵輀到水滨，暹罗宰相是何人。招魂易洒忧时泪，涅字难留报国身。未到黄龙酬痛饮，翻教白雁厉萧辰。怜忠有诏嗟何补，后土皇天泣虎臣。

恨不昇侯生并世，叫阍膏锧救侯躯。环寻隗顺盈袿血，刀挟施全奋臂呼。在昔红羊成大劫，到今丹荔祀通都。吁天有录诬终辩，惨淡风云起画图。
（《养素堂诗集》卷二四）

张澍（1776—1847），字百瀹，又字寿谷、时霖等，号介侯、鸠民、介白，清武威（今甘肃省武威市）人。嘉庆四年（1799）进士。官至广顺州知州。著名朴学大师、经学家、史学家、金石学家。《清史稿》入《文苑传》。有《养素堂诗集》。

过三垛宋岳忠武屯师地

左光彪

中兴功业迈伦夷，此地曾经驻虎貔。鼙鼓尚闻思将帅，居民何幸识旌旗。寇穷江上偏能遁，谓黄天荡之战。公在淮东定不危。三复当时安抚状，公在此地有申安抚使各状。孤军无继涕空垂。（《道光续增高邮州志》第六册）

左光彪，清湘乡（今湖南湘乡市）人。生平待考。

三 垛
王敬之

至今遗父老,能说岳家军。故垒迷前代,中原纪旧勋。去帆张片片,寒叶下纷纷。何处寻猿鹤,晴烟似阵云。(《民国三续高邮州志》卷七)

王敬之(1777—1856),字宽甫,一字仲怙,清高邮(今江苏高邮市)人。咸丰贡生。官户部主事。有《小言集》《三十六陂渔歌》。

朱仙镇谒岳忠武庙
汪仲洋

当时叩马小书生,料尽机宜兀尤营。玉斧两朝余败局,金牌千里止奇兵。秋来白雁歌终验,塞外黄龙酒未倾。愁绝汴河呜咽水,竟将三字坏长城。(《心知堂诗稿》卷三)

汤阴岳忠武王庙
汪仲洋

君相竞偏安,先摧大将坛。但言擒虎易,谁念撼山难。朔马刀头热,南枝海上寒。可怜华表鹤,乡里不重看。(《心知堂诗稿》卷六)

汪仲洋(1777—?),字少海,清成都(今四川成都市)人。嘉庆六年(1801)举人。官钱塘知县。有《心知堂诗稿》。

岳忠武王名印歌
邓显鹤

印高今尺径寸,方广九分,玉质螭纽,剥蚀处微有赭墨作云霞文,似经劫火者。二字篆法瘦劲。乾隆间,湘江渔人网得之,为一贾客购去,今存震泽王氏。

宋自长城坏,公真九鼎扛。大名垂宇宙,小印袭兰茞。浩浩沙千劫,棱棱字一双。精忠丹篆暗,劲画铁戈摐。伊昔红羊运,兼之稗政庞。敕书污紫塞,符檄阻南邦。涕泣仙辞汉,仓皇马渡江。累累青玉玺,靖康之变,内玺一十有四皆没入于金。扰扰碧玉幢。秃尽羝羱节,抛余豹尾橦。凄凉穷海帛,掩抑内家缸。几辈铜章绾，紧谁玉斗撞。蜡泥腥北帐，芝粉艳东窗。国已金瓯碎，人犹贝锦哤。背嵬无李郭，神臂少佽逢。独汝依戎幕，勤王听鼓韶。远随荆郢旆，同挂洞庭篸。折简招诸将，铃封靖众龙。闲情娱翰墨，余事韵铮琮。押处长虹亘，沉时万怪慵。光芒晶日耀，幽愤厚坤庞。灵物终当显，奇冤世共腔。孤军山莫撼，百折气难降。血渍斑斑点，涛翻滚滚泷。摩挲揩老眼，呜咽对残釭。铸错知天醉，题诗怨我蠢。君看湘月影，寒照旧渔矼。潭水寒生月，公诗句也。印出湘江，故云。(《南村草堂诗钞》卷一九)

邓显鹤（1778—1851），字子立，号湘皋，清新化（今湖南新化县）人。嘉庆九年（1804）举于乡。道光六年（1826）大挑二等。官宁乡训导凡十三年。《清史稿》入《文苑传》。有《南村草堂诗钞》《南村草堂文钞》。

汤阴拜岳忠武庙

陶　澍

坏壁刬苔石碣存，英雄寂寞恨难吞。十年枉洒孤军血，三字谁成万古冤。高庙无心图北伐，太师有力市中原。可怜桑梓庭前树，留得南枝见旧恨。(《陶文毅公全集》卷五九)

朱仙镇岳庙用赵承旨韵

陶　澍

故国西风问黍离，金牌遗憾痛持危。两宫冰雪孤臣梦，十载尘沙大将旗。辇道有山迷艮岳，虏庭无路夺焉支。长城万里谁人坏，航海空教后世悲。(《陶文毅公全集》卷五九)

汤阴谒岳忠武祠

陶　澍

十年汗血俨长城，真见壶浆夹道迎。隔代君臣犹有泪，当时父子竟无情。南来但遣通祈使，北向终孤义勇兵。此日故乡祠宇在，萧萧风雨飒寒旌。(汤阴岳庙诗碑)

陶澍（1779—1839），字子霖，号云汀，清安化（今湖南安化县）人。嘉庆七年（1802）进士。官至两江总督加太子少保。谥文毅。《清史稿》有传。有《印心石屋文集》《蜀輶日记》等。

岳忠武平杨太处感怀有作
刘兴槛

昔在建炎年，盗贼乃蜂起。杨太穴洞庭，其锋更难弭。官军败鼎江，大书宋高史。尝闻太用兵，波谲而云诡。水攻则登岸，岸战复入水。火兵阵以舟，舟盈湖湘里。太舟行以轮，轮飞疾如矢。顷刻渺茫间，纵横八百里。渊薮未能窥，萑苻安足比。所以王瓘军，剿捕辄披靡。奇哉岳家兵，自天飞来矣。飞来洞庭湖，八日太死彼。厥算一何神，厥功一何骏。以贼攻贼心，以贼倾贼垒。人持一把茅，飞轮如缚趾。太乃褫其魂，太乃穷其技。号令屹如山，早呼岳节使。良由公生平，先声雷灌耳。文官不爱钱，武将不怕死。况乃忠孝心，横塞天地海。桓桓张相公，为公竟留此。堂堂南宋君，命公先有旨。旨曰咨尔飞，平么厥惟尔。向使君臣心，任公相终始。提戈捣黄龙，痛饮一弹指。岂惟八陵安，要雪列圣耻。车驾回中原，周宣汉光美。作诗告公灵，庶几余言是。（《海岳行吟草》卷九）

刘兴槛（？—1844），字荫乔，号梧孙，清沔阳（今湖北仙桃市）人。以廪贡就京职。尝知于陶澍。有《海岳行吟草》。

朱仙镇
宋翔凤

北宋昔沦陷，南车此要冲。淋漓愁未济，血战竟无功。却想佳兵日，难忘壮士风。宣和遗事在，北狩恨无穷。（《忆山堂诗录》卷五）

宋翔凤（1779—1860），字于庭，清长洲（今江苏苏州市）人。官湖南新宁县知县。治西汉今文经学，为常州学派的代表人物之一。有《过庭录》。

汤阴谒忠武王庙
伍长华

偷将半壁倚长城，坐使中原不再清。冤狱岂难三字辨，丧心惟忌两宫迎。可怜诸葛空扶汉，谁信汾阳竟复京。十载孤忠千载恨，数言先识是书生。

吁天天道隔重重，和议何堪告祖宗。九伐纵难恢赤帝，一行盍许试黄龙。即令祖楯空存誓，可使胥镂再淬锋。留与后来论成败，寸莛儒士妄撞钟。

荆襄崇祀又杭州，此是王家旧水丘。十卷大文在金石，一门忠魄会春秋。固应河北凭精爽，可慨朝南望阻修。林立丰碑同堕泪，搨装行箧展星邮。（汤阴岳庙诗碑）

伍长华（1779—1842），字实生，号云卿，清上元（今江苏南京市）人。嘉庆十九年（1814）进士。官至湖北巡抚。曾与湖广总督林则徐共同在武昌禁烟。道光二十年（1840）被革职。

岳王歌
张维屏

岳家军，岳家帜，痛饮黄龙真快事。太子去，书生来，叩马一言吁可哀。功臣在外权臣忌，唾手燕云谈何易。勋名不减郭汾阳，冤愤竟同檀道济。吁嗟乎！十二金牌两宫弃，三字狱成万人泪。墓上南枝有生气，墓下死人铁长跪。（《松心诗录》卷一）

钱塘怀古四首（录一）
张维屏

表忠片石尚嵯峨，天水偏安奈若何。江上龙飞新殿宇，梦中人索旧山河。三千铁弩精灵避，十二金牌涕泪多。成败茫茫谁料得，海门南望有惊波。（《松心诗录》卷一）

西湖放歌(节录)
张维屏

中州不住西泠住,南来忘却燕云路。夜榻人篝蟋蟀灯,秋坟鬼啸冬青树。铁弩三千空尔为,金牌十二尤堪悲。墓前顽铁击不碎,雨打风号了无期。(《松心诗录》卷六)

杭州怀古
张维屏

黄龙指日复燕云,长舌能倾汗马勋。三字竟成良将狱,六宫空整内人军。红羊劫换犹余恨,白雁声催不忍闻。客到西湖增感叹,岳坟才过又于坟。(《松心诗录》卷九)

张维屏(1780—1859),字子树、南山,晚号松心、珠海老渔,清番禺(今广州市番禺区)人。道光二年(1822)进士。官南康知府。《清史稿》入《文苑传》。有《听松庐诗文钞》《诗话》《花甲闲谈》《老渔闲话》《艺谈录》《国朝诗人征略》等。

汤阴谒岳忠武王祠
郝韶景

不测真神武,心兵谁与同。直将忧国泪,洒作满江红。狱竟成三字,魂犹望两宫。至今松柏树,南向起悲风。(《民国淮阳县志·内集·诗》)

郝韶景,清淮宁(今河南淮阳县)人。道光二年(1822)举人。有《日知录》《义利辩》《检心说》《养鹤堂诗集》。

徇忠柏
屠倬

浙江臬署柏也。署为南宋时西曹理刑廨。岳鄂王被难日,柏忽死。人遂神之,甃以石栏,护以铁锢,历数百年榍立不仆。今司狱范君正庸为绘图刻石,来乞余诗,遂名之为徇忠柏云。

三字狱成万古憎,南宋江山气黯黜。黄龙城外冰雪深,风波亭前白石黪。从来乾坤之精爽,凝为忠肝为义胆。散于草木为松柏,物虽异类气则感。呜呼!鄂王国栋梁,呜呼!此柏非寻常。栋梁崩摧同日戕,天以象兆忠贞亡。天荒地老僵不仆,屈蟠孤根有余怒。长城自坏厦屋倾,痛哭将军之大树。乔柯挺立四尺围,悲风惨淡生圜扉。皋陶祠旁敞官阁,照耀范君图与碑。君不见栖霞岭侧王所葬,宰木森森总南向。精诚所贯物亦灵,七百年来更无恙。(《是程堂二集》卷三)

屠倬(1781—1828),字孟昭,号琴邬,晚号潜园老人,清钱塘(今浙江杭州市)人。嘉庆十三年(1808)进士。官至九江知府。有《是程堂诗文集》。

西湖口号
田文洛

将军欲醉黄龙府,君相耽看西子湖。无限繁华无限恨,六桥烟柳一株株。(《国朝畿辅诗传》卷五六)

田文洛,号雷门,清大兴(今北京市大兴区)人。嘉庆十三年(1808)进士。官承德府教授。有《四铭堂诗草》。

汉宫春·汤阴岳鄂王祠
周之琦

已矣金牌,叹黄龙痛饮,此志终乖。谁令两河尽弃,并弃江淮。机危祸惨,问苍苍、何意生才。空恸惜,风波狱底,英魂毅魄长埋。　　当日精忠赐字,幸小朝气振,康构心开。长驱背危劲旅,敌焰应摧。权奸卖国,任中原、板荡兴哀。侥幸煞,强邻酌酒,免教胆落飞来。(《清名家词·心日斋词》)

周之琦(1782—1862),字稚圭,号退庵,清祥符(今河南开封市祥符区)人。嘉庆十三年(1808)进士。累官广西巡抚。有《心日斋词》。

游西湖吊岳王墓
穆彰阿

孤山峙其北，贾亭出其西。湖光何邈绵，云水相高低。窈窕三十里，菱荇风披披。楼台倚夕阳，花鸟含晨曦。借问古濠梁，未若兹湖奇。迢迢白与苏，傥荡无端倪。前迹良未湮，后会竟何期。览今一潇洒，吊古千涕洟。郁郁栖霞岭，忠魂所凭依。念彼岳家军，出入吞熊罴。中原在指掌，片纸就诛夷。哀哉文武才，贼桧生险巇。至今墓前柏，南枝不北移。蔬有荔子丹，酒有瑇瑁卮。使者实恭敬，呼僮前致词。王其惠享我，不我以勃豀。湖月照我心，古意存惨凄。持语同游人，勿但恣娱嬉。（《澄怀书屋诗钞》卷一）

穆彰阿（1782—1856），字子朴，号鹤舫，郭佳氏，清满洲镶蓝旗人。嘉庆十年（1805）进士。历官军机大臣，一时权倾内外。鸦片战争时阻挠禁烟运动，诬陷林则徐等，与英美等侵略军订立不平等条约。后被革职。《清史稿》有传。

汤阴谒岳庙
沈兆沄

郁郁前朝树，南枝绿荫繁。烝尝仍故里，宇宙此中原。冤狱成三字，孤忠奉一尊。填词几回读，正气塞乾坤。（《织帘书屋诗钞》卷三）

咏史十二首之岳武穆王飞
沈兆沄

尊王攘狄志春秋，忠孝完人第一流。三字狱成千古恨，造端张俊罪之尤。（《织帘书屋诗钞》卷三）

沈兆沄（1783—1876），字云巢，号拙安，清天津（今天津市）人。嘉庆二十二年（1817）进士。官至浙江布政使。赏头品顶戴。谥文和。

阅小说演岳忠武故事
王培荀

十二金牌火速至,将军不得黄龙醉。宋家自坏万里城,金人酌酒桧得意。忠烈至今炳汗青,父老谈说犹垂泪。枝叶附会自何人,想村夫子略识字。亦知演说多荒唐,自是人心感忠义。痛斥奸相慰幽魂,似欲呼冤动天地。丈夫烈烈岂惜生,要使千秋无非刺。奸人秉权快须臾,遗臭无穷岂云智。莫言妄说亦妄听,春秋褒贬于斯寄。(《寓蜀草》卷二)

王培荀(1783—?),字雪峤,一字景淑,清淄川(今山东淄博市淄川区)人。道光元年(1821)举孝廉方正。官四川荣昌知县。有《寓蜀草》《雪峤外集》《听雨楼随笔》等。

西湖八首(录一)
桂超万

万树尽森直,上枝锁愁云。到此日黯淡,知是忠武坟。行伍乃纯儒,千秋无此人。畴昔读王传,泪下摧心轮。憾不奋拳勇,肩随施将军。拔剑碎贼首,生死安足论。(《养浩斋诗稿》卷七)

读 史
桂超万

齐人间乐毅,秦人间廉颇。敌国所畏惮,往往流言多。无风亦造雨,无风亦生波。赖有龙盘镜,一照靖妖魔。金喜岳爷死,酌酒群高歌。道济是长城,坏之将若何?(《养浩斋诗稿》卷九)

桂超万(1784—1836),字丹盟,清贵池(今安徽池州市贵池区)人。道光十三年(1833)进士。官福建汀漳龙道。有《养浩斋诗稿》。

西湖偶句
刘开

花别斜阳柳折枝,寻芳真恨我游迟。六桥名胜仍千古,十里风烟足四

时。士女行来都是画，湖山太好转难诗。岳王坟畔愁多少，写入春情总不宜。(《刘孟塗集·后集》卷一五)

岳坟口占
刘　开

兴亡旧事付云烟，大树无言向日眠。不信冬青零落尽，南枝犹护墓门前。(《刘孟塗集·后集》卷一六)

颍州怀古八首（录一）
刘　开

鼙鼓声高昔振堤，顺昌旗帜压云低。捷告飞度长江上，战旗横吞落日西。北走君臣同魄散，南朝将相肯心齐。时平故垒难寻觅，旷野风寒鸟乱啼。(《刘孟塗集·后集》卷二一)

刘开（1784—1824），字东明，一字方来，又字明东，号孟塗，清桐城（今安徽桐城市）人。屡不第，客两粤总督蒋攸铦幕。有《刘孟塗集》。

岳忠武送张紫岩北伐诗草书石刻题后
顾槐三

南人归南北归北，朕北人也归不得。归不得，桧语塞。中原经略亦有人，二圣归来恐相逼。惟侯出身明大义，涅背精忠思报国。建康失守独全军，已报红旗传广德。是时魏公初视师，统制江淮资羽翼。摐金伐鼓士气腾，一笑知公能办贼。酒酣濡笔动悲歌，直蘸淋漓血成墨。岂惟蛇鸟见奇纵，并遣风云作钩勒。富平一败惜才疏，天意人谋固难测。从此朝廷主议和，秦城王气高无极。紫岩流落幸不死，侯独驰驱奋全力。撼山容易撼军难，龙虎乌珠皆动色。金牌十二诏班师，坏汝长城泪沾臆。黄龙痛饮复何时，恨不回戈指君侧。已教枢密罢兵权，旋见圜扉恣罗织。九哥欢喜两宫愁，片纸狱中谁所敕。只今遗墨重琼瑰，石贯精诚终不泐。去年见侯手书表，陈又苏家藏侯投江淮统制谢恩表，黄绢楷书墨迹。今年见侯石上刻。如侯忠孝固无忝，转为生才三叹息。(《友声集·然松阁存稿》卷下)

顾槐三（1785—1861），字秋碧，清江宁（今江苏南京市）人。幼著文名，不求仕进。所著有《补后汉书艺文志》《补五代史艺文志》，俱收在《廿五史补编》。又有《然松阁赋钞》《然松阁诗钞》。

汤阴谒岳忠武祠
林则徐

不为君王忌两宫，权臣敢挠将臣功。黄龙未饮心徒赤，白马难遮血已红。尺土临安高枕计，大军河朔撼山空。灵旗故土归来后，祠庙犹严草木风。（《晚晴簃诗汇》卷一二五）

林则徐（1785—1850），字元抚，又字少穆、石麟，晚号俟村老人、俟村退叟、七十二峰退叟、瓶泉居士、栎社散人等，清侯官（今福建闽侯县）人。嘉庆十六年（1811）进士。曾任湖广总督、陕甘总督和云贵总督，两次受命为钦差大臣。严禁鸦片，抵抗列强侵略。《清史稿》有传。有《云左山房诗钞》。

过汤阴谒岳忠武祠
金朝觐

建牙曾欲荡膻腥，想见孤忠汗简青。附会竟成三字狱，偏安甘作小朝廷。龙沙略敌传奇迹，虎帐谈兵废武经。宋代江山何处是，崇祠故里妥英灵。（《三槐书屋诗钞》卷三）

谒鄂王祠再叠前韵
金朝觐

北略征衫带血腥，燐燐塞草夜含青。东窗有计诛名将，南渡何人问庑廷。遗墨流传争爱惜，停车修谒又重经。太平天下寻常事，谁向神前一乞灵。（《三槐书屋诗钞》卷四）

金朝觐（1785—1840），字午亭，号鋆坡，锦州义县（今辽宁义县）人，隶汉军镶黄旗。嘉庆十六年（1811）进士。官至四川崇庆州知州。有《三槐书屋诗钞》。

阙 题
宋良相

巍哉武穆祠,赫然邑之首。丹碧辉栋梁,壮丽开户牖。石碣满雕壁,松柏掩牛斗。天子爱正气,追慕忠魂久。御书勒于前,奉祀命官守。试问尔奸党,今朝复何有。惟见遗铁像,挥戈不信手。(汤阴岳庙诗碑)

宋良相,清山西平阳(今山西临汾市)人。诗碑款署:嘉庆辛未(嘉庆十六年,1811)秋日山右平水弟子宋良相敬书。

岳 祠
罗世德

汤阴城内岳王祠,凭吊何堪忆宋时。指日河山归故国,欺天命诏促班师。十年破敌功全弃,三字成冤□不移,为表精忠崇祀典,春风秋月总含悲。(汤阴岳庙诗碑)

罗世德,字玉成,号小峰,四川永川(今重庆市永川区)人。嘉庆十五年(1810)举人,次年中辛未科进士。签分河南,授汤阴县知县。政尚宽简,事无不治,建树颇多。

陈小韩朱彦甫招饮西湖泛舟由文澜阁至岳坟复登孤山得诗四首(录一)
张祥河

到此令人肃,丹心日月俱。刊碑皆指血,铸铁为乡愚。抔土冤难盖,南枝惨不苏。英风来飒飒,宝篆散金炉。(《小重山房诗词全集·诗舲诗录》卷四)

汤阴展观岳忠武观书真像
张祥河

幅巾袭带将而儒,凛凛英风七尺躯。向薄奸瞒希亮祜,不离盲左涉孙吴。班师河朔皆遮哭,锻狱淮西敢辨诬。十载军声韬略在,岂徒心折到乌

珠。(《小重山房诗词全集·骖鸾吟稿》卷一)

张祥河(1785—1862),字元卿,号诗舲、鹤庄,又号法华山人,清松江(今上海市松江区)人。嘉庆二十五年(1820)进士。官至工部尚书。谥温和。《清史稿》有传。有《小重山房集》。

钱塘怀古
胡骏烈

西风一骑路茫茫,回首中原草木荒。丞相只知忠女直,君王原是恋钱塘。冤成黑狱千秋恨,名与青山万古香。天为英雄新面目,不须重见郭汾阳。(《两浙輶轩续录·补遗》卷四)

胡骏烈,字铭常,号芝楣,清石门(今浙江桐乡市)诸生。胡镢(1840—1910)之祖父。有《花南书屋吟稿》。

西湖四坟诗(录一)
吴清鹏

香市才交二月辰,村村妇女走红裙。逢人便问栖霞路,道向祠前拜岳坟。(《笏庵诗钞》卷二)

武穆王书武侯出师二表
吴清鹏

武穆行军,夜宿武侯祠,读壁间二表,感而书之,有"聊舒抑郁"之语。字多草体,旭素固无此正气也。

鞠躬尽瘁死而已,南朝正有偏安耻。出师未捷泪沾襟,万古茫茫恨同此。呜呼!国家何代无忠贤,无奈人主信谗言。高宗不是后主闇,秦桧乃过黄皓奸。(《笏庵诗钞》卷一二)

吴清鹏(1786—?),字程九,一字西谷,号笏庵,清钱塘(今浙江杭州市)人。嘉庆二十二年(1817)一甲三名进士。官顺天府丞。有《笏庵诗钞》。

西湖杂感四首（录一）

黄钊

偏安王气久销磨，谁切同仇念枕戈。锦树河山藏铁券，青燐风雨阕金陀。英雄半壁朝廷小，父老中原涕泗多。一片清波门外月，几时回照汴梁河。（《读白华草堂诗初集》卷六）

岳字旗

黄钊

乌珠太子勒马转，前面将军大小眼。排山五百背嵬军，岳字旗开阵云卷。金牌召归铁甲弃，三尺坟碑镌贾字。江边自有张枢密，湖上闲来韩统制。幕乌哑哑悲复悲，同时尚有曲端旗，空营日落阴风吹。（《读白华草堂诗二集》卷三）

老秦笔

黄钊

一纸弹文内抄出，外人知是老秦笔。老秦此笔不画日，压日无光黑如漆。翦头仙人见人哭，咸阳坑人日不足。中书君乃秃而毒，白骨枯，碧血埋。杀人字迹不必揩，台端自有肉简牌。（《读白华草堂诗二集》卷三）

岳武穆王精忠砚歌

黄钊

山右宋氏藏，云得自藁城徐中山王裔。

朝端自弄老秦笔，小纸封来付狱卒。鄂王此砚亦何为，碧血销残剩青骨。四十七字刊砚墙，洪武间赐中山王。藁城嫡系留皇庄，宋君得此逾球琅。当时涅背亦四字，片石镌铭同此义。丹心贯日永不磨，款识鹏举识。是真是赝毋见疑，王工妙翰宜有之。流传铜爵人犹宝，感触金牌客尽悲。君不见瘦金遗札多零落，宣和故物沦沙漠。宸翰徒工割地书，副墨仍留格天阁。维王奋笔何淋漓，想见飞书草檄时。闲挥潭水松风句，亦写凭栏歇雨词。二百年来寄精魄，第一功名赐开国。鹳眼盈盈作泪痕，如此风云堪叹息。吁嗟夫！东宫密计等画灰，三字何尝藉砚材。封苔玉印应同泣，坠井银瓶更可哀。(《读白华草堂诗二集》卷八)

汤阴岳忠武王故里
黄 钊

背涅深怜母，心香谨荐师。奇冤报国日，独行在家时。羊马悲南牧，枌榆悴北枝。金陀有孙子，湖上守重祠。(《读白华草堂诗二集》卷十)

黄钊 (1787—1853)，又名香铁，字谷生，清镇平 (今广东蕉岭县) 人。嘉庆二十四年 (1819) 举人。官翰林院待诏。有《读白华草堂诗》。

同黄雨生水部骧云泛舟西湖
郑用锡

鼓棹溯中流，骋目穷千里。夏日何炎炎，湖心平似砥。四面围山光，双塔东西峙。对此息尘襟，坐看白云起。嗟彼岳王坟，千载栖霞址。胡为铸铁者，累累墓前跪！乃知判忠奸，惟在身后耳。寄语行路人，猛省当如此。(《北郭园诗钞》卷一)

郑用锡 (1788—1858)，字在中，号祉亭，清淡水厅竹堑 (今台湾新竹市) 人。道光三年 (1823) 进士。为台湾本土第一位进士，人称"开台进士"。后主讲明志书院。有《北郭园全集》《周易折中衍义》《周礼解疑》等。

忠武庙前铁人歌
吉 明

顽铁顽铁殊不屑，铸就奸臣受挫折。道旁来往无限人，只骂奸臣不骂铁。狱成三字天地悲，东窗秘语终教泄。吁嗟乎！千载而下长恶名，榜罪阶前跪霜雪。(《晚晴簃诗汇》卷一三一)

吉明 (？—1849)，字晓帆，清满洲旗人。道光三年 (1823) 进士。历官内阁学士，降叶尔羌参赞大臣。有《学愈愚斋诗草》。

阙　题
赵　棻

愁闻伏剑与弯弓，欲免慈亲计已穷。忠孝果然能两尽，五郎毕竟是英雄。（《南宋宫闺杂咏一百首》）

赵棻（1788—1856），女，字仪姞，一字子逸，号婉卿，晚号善约老人，清上海县（今上海市闵行区）人。户部侍郎赵秉冲女，乌程汪延泽室。有《滤月轩诗集》《滤月轩文集》《滤月轩词》。

岳王庙
张应昌

峨峨岳王坟，鲁殿未全毁。精忠铄白日，黄巾亦气馁。（《彝寿轩诗钞》卷一一）

满江红·题岳忠武王名印拓本敬次王词韵
张应昌

王印高一寸三分，方广一寸四分，色白，满红丝，云龙天章篆法，奇古。乾隆间渔父得之湘湖，曾藏吴门彭氏，今归二十六代孙真吾明府崇恕。

坏汝长城，叹半壁、江山消歇。独留得、大名宇宙，字痕芳烈。曾判羽书山岳令，自腾瑶采湘湖月。看坚凝、篆笔似臣心，昆吾切。　　三字狱，冤难雪；千载恨，磨难灭。对晶莹一片，唾壶敲缺。白铁羞镕奸佞像，红丝朗现精忠血。配真容、宝爵贮名山，辉祠阙。（《烟波渔唱》卷二）

满江红·题川沙种德寺所藏岳忠武王诗墨迹敬次王词韵
张应昌

诗云：学士高僧醉似泥，玉山颓倒瓮头低。酒杯不是功名具，入手缘何只自迷。署款为：商丘狂学士李梦龙书。

墨宝英光，六百载、何曾沉歇。看落纸、虎龙跳卧，字含风烈。学士寻诗豪说酒，将军下笔辉腾月。算功名、何似一杯闲，伤心切。　　君国恨，仇难雪；奸佞祸，冤难灭。望黄龙痛饮，奈金瓯缺。烂醉宁为狂客行，悲歌空洒忠臣血。奉名山、词翰补清吟，遗编阙。(《烟波渔唱》卷三)

张应昌（1790—1874），字仲甫，号寄庵，祖籍钱塘（今浙江杭州市），生于清归安（今浙江湖州市吴兴区）。嘉庆十五年（1810）举人。任内阁中书。著有《春秋属辞辨例编》《烟波渔唱》《彝寿轩诗钞》《寄庵杂著》等。

岳王坟
沈铗

日暮荒祠酹酒回，栖霞岭侧重徘徊。金人尚购胡铨疏，边将能同宗泽才。此日黄龙空北指，异时白雁竟南来。行人莫问和戎事，城阙秋深画角哀。(《两浙輶轩续录》卷三九)

沈铗，字茗民，清乌程（今浙江湖州市吴兴区）人。诸生。约生活于嘉庆道光前后。有《薛荔馆诗存》。

岳武穆
王莲塘

千秋谁与斗心兵，豪杰都从乱世生。残局西湖撑半壁，小朝南渡坏长城。背能镌字洗冤狱，发易冲冠恨虏盟。莫为鄂王深痛惜，无愁天子更无情。

何物书生献策偏，秦头压日暗无边。北征将士雄心死，南渡江山断发悬。铁像面含天下唾，今朝人化夕阳烟。至今父老攀辕地，野草青青泣杜鹃。

金牌十二急相催，铁骑三千帅即回。朝社先清无鼠辈，旌旗直指向龙堆。奈何赤手辞兵柄，遂使丹心葬劫灰。未获议功先议罪，一腔冤愤气如雷。(《民国郑县志》卷一八)

鄂王庙前五铁人
王莲塘

余臭居然万古遗，贼心锻炼有炉锤。生前暗与金人契，死后难将铁案移。大宋奸臣仍聚首，老秦夫妇尚齐眉。鄂王应向诸囚笑，不朽身名并我垂。(《民国郑县志》卷一八)

王莲塘（1790—?），字吏香，清诸城（今山东诸城市）人。咸丰三年（1853）进士。同治三年至光绪四年（1864—1878）任郑州知州。

拜岳忠武祠
翁心存

大树南枝挂夕晖，祠堂千载尚崔巍。竟虚绝塞回龙驭，不及还乡著锦衣。内旨朱仙传急召，中原赤子叹何依。荡阴长作腥膻地，只恐忠魂未肯归。

已割燕云属北荒，又传索土梦钱王。渡河臣志同宗守，航海天心弃建康。他日厓山存块肉，当年巨浸感空桑。陆沉叹息神州偏，不独漂流念故乡。

侍中墓草对黄昏，一样千秋碧血痕。岂谓两言由哲妇，遂教三字抱沉冤。深宫问尚劳慈圣，报国忠难动至尊。毕竟马家儿大黠，浣衣犹解慰贞魂。

落日阴森碧殿扃，年时里老荐芳馨。长城已坏朝廷小，浩气来游草木灵。佞骨睢盱摹石像，神弦哀怨迓银瓶。它年湖上瞻祠墓，愿采黄柑酹绿醽。（《知止斋诗集》卷四）

翁心存（1791—1862），字二铭，号邃庵，清常熟（今江苏常熟市）人。道光二年（1822）进士。官至兵部尚书、体仁阁大学士。赠太保，谥文端。《清史稿》有传。有《知止斋诗集》。

桧
谢元淮

千寻老桧作龙纹，铁干青青上拂云。误受同名奸相累，裂身长殉岳王坟。（《养默山房诗稿》卷五）

岳忠武王墓
谢元淮

一抔黄土葬英雄，万古难泯报国忠。铁案谋成三字狱，金牌忍废十年功。自安南渡朝廷小，谁望中原涕泪红。朽木残櫱还掘弃，冬青遥望恨何穷。（《养默山房诗稿》卷一六）

西湖杂诗七首（录一）
谢元淮

南枝万古啸灵风，义愤人心转欠公。泥范岳王金铸桧，欲存奸魄胜褒忠。（《养默山房诗稿》卷一八）

谢元淮（1792—1874），字钧绪、墨卿，清松滋（今湖北松滋市）人。官至广西右江道。有《养默山房诗稿》。

与熊笛江马止斋古阶平章仁山诸孝廉游西湖作五首（录一）
徐　荣

临安一都会，离宫皆渺茫。行客不过问，何论半闲堂。岳坟寄湖北，宰树阴青苍。颇怪邨野人，时来奠酒浆。阶前四凶族，长跪罗成行。先生不冲真，反接拖银铛。秦桧妻王氏赐号冲真先生，见陆放翁撰王佐墓志。顽铁亦何辜，何不为干将。艰难贼中来，云台宫保抚浙时以所得蔡牵兵器铸墓前四像。遗臭垂千霜。论功以行戮，此恨谁能偿。直道在人心，千古为嗟伤。（《怀古田舍诗节钞》卷二）

朱仙镇是岳忠武奉诏班师处
徐　荣

如山浩气沮朱仙，漫说黄龙痛饮年。咫尺旧京徒北望，伾离原庙久南迁。孤军纵使能深入，桧先请张俊、杨沂中等归，而后上言飞孤军不宜深入，盖是时中原无复宋师矣。大义终愁责后贤。想见两河千万骑，一时回首哭冰天。《周礼》曰：违而前进，则是有跋扈不臣之心。虽功盖天下，罪亦难赎。诚哉论也。观忠武取诏书示郾城人曰吾不得擅留，精忠心迹千古如见。（《怀古田舍诗节钞》卷二）

汤阴县
徐　荣

下邑生名将，余辉照太行。人云为社稷，天意属纲常。愤自千秋有，忠须一死偿。黄龙如痛饮，不过郭汾阳。（《怀古田舍诗节钞》卷二）

徐荣（1792—1855），字铁孙（一作铁生），清汉军正黄旗人，广州驻防。道光十六年（1836）进士。官至福建汀漳龙道。在与太平天国军作战中丧生。

谒岳忠武王庙
陆绍孙

少保提兵北逐金，临河慷慨誓军心。当时直捣黄龙府，宋恨焉能遗到今。

看到奸雄意惨然，此仇原自不同天。可怜最是冥顽铁，无罪因他跪庙前。（《民国同正县志》卷八）

陆绍孙，字念堂，清同正县（今广西扶绥县）人。道光十六年（1836）拔贡。历任云南嵩明州知州，升授大关同知。有《小园诗钞》。

朱仙镇吊岳少保
冯询

将军不可作，雄镇自尘忙。南北一都会，华夷百战场。腥风残垒黑，斜日故城黄。父老犹挥涕，艰难说靖康。

闻道观兵日，金人势亦雄。马军连拐子，龙府勉诸公。河朔臣能饮，山阳主不聪。时危思敌忾，谁挽六钧弓。

一战两河应，安危尽属君。天争赵氏地，人识岳家军。运用万全策，垂成千载勋。马前留不得，震地哭声闻。

太子偏从谏，书生亦隽才。奸邪千古鉴，征战几人回。铁铸终何补，金牌信可哀。滔滔流旧恨，有客渡河来。（《子良诗存》卷二）

韩岳
冯询

举世忘君父，日谈孝与忠。南宋多大儒，理学归英雄。韩岳有同声，百战皆殊功。功成战可已，不已为两宫。煌煌誓师词，足警一世聋。南军不可振，西湖遂相从。悲哉少保心，死生全始终。三字狱难冤，千载名独隆。韩

岳今已矣，论者咎和戎。不和反亡国，岂必尚战攻。忠孝苟无人，则国先虚空。(《子良诗存》卷一三)

冯询（1792—1867），字子良，清番禺（今广东广州市番禺区）人。嘉庆二十五年（1820）进士。官至饶州知府。有《子良诗存》。

阙　题
文　冲

军威到处绝高禽，一代精忠出汤阴。臣义岂能忘雪耻，时危不必论天心。灵旗色黯山河影，祠木风悲战伐音。回首西泠曾过地，墓门终古水云深。(汤阴岳庙诗碑)

文冲（1793—?），字一飞，自号红旗訑客，清满洲旗人。荫生。官至东河河道总督。有《一飞诗钞》。

满江红·和岳武穆王登黄鹤楼有感之作
唐树义

慷慨悲歌，迸满纸、英雄泪血。凭吊久、为公感愤，为公凄绝。已据中原基本地，黄龙直捣非无力。奈孱王、自拥小朝廷，嗟何及。　　忠孝字，炯秋月；君父耻，沦朔雪。听滔滔江汉，声犹呜咽。定有英灵来岳鄂，趣将词翰重摹泐。指高楼、待我一登临，空陈迹。(《梦砚斋词》)

唐树义（1793—1855），字子方，清遵义（今贵州遵义市）人。嘉庆二十一年（1816）举人。终官湖北按察使。殉难，谥威恪。有《梦砚斋遗稿》。

精忠柏
季兰韵

浙江按察司狱，即南宋理刑廨，有古柏，相传岳武穆被陷时，此柏同日枯死，越今七百余年，植立不仆。天真阁消寒会以此命题，砺之弟约赋。

精忠柏树挺奇节，死与鄂王同一日。各秉乾坤正气生，柏与精忠皆不灭。当时若抵黄龙府，此柏未必能千古。莫须有事狱竟成，草木都知此冤苦。灵柏愿殉忠臣亡,羞随贼桧同郁苍。屹然不倒同尸谏,龙皮裂尽龙骨刚。树神上向天公诉,天公敕使六丁护。柏心虽死形不销,七百年来如铁铸。西湖桃李嬉浓春,繁葩密叶供游人。何如此柏但存干,忠孝之意盘轮囷。我吟此诗气悲壮,还思神物堪培养。愿教移植鄂王坟,定有向南枝再放。(《楚畹阁集》卷五)

宋史杂咏(四十首录三)
季兰韵

十二金牌罢岳军,分明叔武怕迎君。偏安足满平生愿,那许汾阳立大勋。

十载功劳一日倾,权臣在内事难成。相留兀朮休回马,冷眼书生看得清。

宗岳韩刘百战空,英雄可惜未时逢。区区一桧成和议,天意由来厌太宗。

(《楚畹阁集》卷九)

宋少保鄂国忠武王玉印歌
季兰韵

大不盈寸,篆刻王姓名两字,娄东王氏所藏,云得自湘江渔人者。

莫须有事诛忠臣,一方寒玉传千春。湘江渔父忽网得,少保姓名人共识。金牌当日召师旋,想见丹心比玉坚。赵家金瓯久已缺,何如此玉久不灭。(《楚畹阁集》卷一一)

题岳忠武王遗像联句二十韵
季兰韵 成铣

飒爽须眉在兰韵,披图拜鄂王。英雄千古仰成铣,忠孝一门扬。奋迹从行伍兰韵,蒙尘值建康。烽烟迷世界成铣,血肉满疆场。天意偏安定兰韵,人心正统忘。十年臣力尽成铣,百战贼魂亡。克敌标罗帜兰韵,冲锋舞铁枪。先声驰泽潞成铣,胜算著荆襄。誓取燕云地兰韵,重开日月光。降书迎络绎成铣,虏骑走仓皇。万里飞旗榜兰韵,千家馈糗粮。威同关壮缪成铣,功比郭汾阳。议已朝中决兰韵,师空阃外忙。书生明事势成铣,权相正猖狂。十二金牌召兰韵,三千银甲凉。长城甘自坏成铣,冤狱令人伤。百口怜难保兰韵，全家恨莫偿。吁天文字惨成铣，报国姓名芳。对此丹青色兰韵，能生义勇肠。只宜麟阁祀成铣，俎豆荐馨香兰韵。(《楚畹阁集》卷十)

季兰韵(1793—1848)，女，字湘娟，清常熟(今江苏常熟市)人。同邑屈宙甫之妻。博涉经史，亦工诗画。有《楚畹阁集》。

岳忠武王画像同沈亮作长句转韵
朱紫贵

君王渐脸相长脚，少保那能作李郭。当时已痛风波亭，后来不上昭勋阁。谁与下笔工传神，紫袍玉带真天人。想见横戈万人敌，红罗旗拥背嵬军。敌国君臣畏如虎，太行忠义爱如父。吾知耿耿一片心，纵有丹心难貌取。君不见和议书成画两淮，何须将相绘云台。龙髯已向冰天坠，肠断遗容北地来。(《两浙輶轩续录》卷一九)

宋岳忠武王玉印歌为震泽王之佐作
朱紫贵

呜呼！不取金印剩玉印，父老痛哭王颁师。当年簿录江州时，印亦匿迹何所之。得无亦如茂先将遇祸，宝剑化作神龙飞。苍螭入水白虹见，妖魑辟易神只司。至宝有晦亦有显，冯夷捧出湖湘湄。出入焉用王进背，篆刻未必舒通为。王昔涅背奋忠勇，荆襄开府军符驰。背嵬军来龙虎走，拐子马破乌珠啼。战阵偶闻笔阵展，私印定复官印随。挥洒松庵桃溪墨，高唱怒发冲冠词。申甫英灵桓侯讳，纸尾一一钤芝泥。呜呼！王也大名宇宙垂，童稚妇女谁弗知。莆阳鲁公藏狱案，行庄行实藏歌诗。矧兹银钩铁画寄，灵爽威棱何让红罗旗。高高栖霞岭，葱葱负南枝。铜爵尚完好，铁像知忸怩。王郎得此印，何不归王祠。况有照胆台中汉寿印，神物两两相光辉。中兴御宝亦何有，金名和议方称儿。两宫剑佩断消息，玉龙双纽空自冰天归。(《两浙輶轩续录》卷一九)

朱紫贵(1795—?)，字立斋，号曼翁，清长兴(今浙江长兴县)人。贡生。官杭州府训导。有《枫江草堂诗稿》。

朱仙镇吊岳忠武王
蒋湘南

道学祸宋人不知，功名代与风会期。岳公儒将畏清议，金字牌到班全师。太行忠义效牙爪，西河豪杰皆熊罴。葺治诸陵示大义，神人同气同嗟咨。先复怀卫算何苦，俾无逃遁成伏尸。书生偏叩尢尤马，勿乃长脚之所私。张俊杨沂中已撤失犄角，雄心尚欲孤军支。赐书本说不遥度，一以委卿凭设施。奈何忍弃中原土，故宫禾黍空离离。兵法君命外不受，古来制胜多坚持。锐头小儿不攻赵，秦王空自眈怒狮。王剪固请六十万，否则谢病甘呵訾。金城方略定充国，屯田三奏陈丹墀。初是什三后什八，不顾廷议求其疵。陈汤矫制胆犹壮，大笑凡见多参差。大抵将材近杂霸，未尝学问殊堪嗤。要其剸决洞机要，成功真如摧枯枝。风气既降网先密，英雄多为文法治。疆场进退听堂庙，忠臣发愤空吁嘻。况公忠孝出本性，罗胸幼已通书诗。号令如山撼不动，儒生绳墨偏就羁。当日哭声震遥野，父老遮马前致词。十年之功废一旦，重瞳下泣无如斯。将军生倘值秦汉，苟利社稷死以之。遭逢不幸行自念，何须跋扈劳焦思。韩王不受镇江命，尚乞遮蔽江淮资。公独恂恂束名义，亦因道学深肝脾。诏书一纸即就道，此情何减郭子仪。呜呼！安得公为郭子仪。（《春晖阁诗钞》卷六）

蒋湘南（1795—1854），字子潇，清固始（今河南固始县）人。嘉庆二十四年（1819）举人。道光十五年（1835）举人。有《七经楼文钞》《春晖阁诗钞》。

岳　庙
柏　葰

本是驰驱许国身，出师未捷倍伤神。一时冤狱成三字，千古羞名铸五人。百战不辞劳父子，长城自坏叹君臣。褒忠为惜金牌促，宸翰辉煌墨妙新。（《薛簃吟馆钞存》卷一）

柏葰（1795—1859），原名松葰，字静涛，巴鲁特氏，清蒙古正蓝旗人。道光六年（1826）进士。曾任工部、刑部侍郎，正黄旗汉军副都统等职。《清史稿》有传。

精忠柏歌
乔重禧

风波亭上白日黑，三字狱成碧血碧。千秋冤愤谁见之，惟有凌霜一株柏。柏之生也精气横，柏之死也英风鸣。公生亦生死亦死，如公者死将焉生。柏既不能将身作弓弩，随公直捣黄龙府。又不能化为宝剑如吴钩，出匣径斩奸臣头。且不能效隗顺一狱卒，手捧公尸瘗岩樾。惟此盘屈尘沙中，日对南冠泣秋月。岁岁磨炼风霜姿，青铜为皮铁为骨。黄天荡里杀气摧，朱仙镇上悲声哀。施全已死背嵬殉，眼见宋室成蒿莱。露叶风枝气郁勃，劲节棱棱谁与夺。纵有日暄雨润时，天地精华不能活。公也与柏原殊形，柏也与公为一身。柏死取其义，公死全其仁。丹心孤干不共劫火没，要使天下万世知其真。尽忠四字公镌背，精忠二字柏堪配。今日见柏如见公，泣下多于赭衣辈。吁嗟乎！古今正气乾坤中，圣贤与物无不同。君不见西湖墓上落日暗，南枝肃肃生寒风。（《晚晴簃诗汇》卷一三三）

乔重禧（1796？—1840），字鹭洲，清上海（今上海市闵行区）人。嘉庆廪生。有《陔南池馆遗稿》。

岳少保
释觉慧

公死敌人喜，南朝事可知。空余顺昌帜，不见岳家旗。豪杰吞声日，元戎饮憾时。渡河功指顾，一旦弃如遗。（《沅湘耆旧集》卷一九五）

释觉慧（1796—1811），字涤尘，别号湘岚，清湘潭（今湖南湘潭市）吕氏子。八岁出家，年十六卒。人称神童诗僧。遗诗千余首。

岳 庙
李星沅

撼山容易撼军难，铁骑纵横战血殷。赤县欲恢全宋业，蜡丸不入两宫还。十年功败垂成日，三字冤埋和议间。莫话东窗前日事，风波亭外雨潺

潺。(《李文恭公遗集·诗集》卷五)

李星沅（1797—1851），字子湘，号石梧，清湘阴（今湖南湘阴县）人。道光十二年（1832）进士。官至两江总督。《清史稿》有传。

谒岳武穆王祠
托浑布

崇祠屹湖滨，高茔枕岩畔。英风振华夏，忠诚亘霄汉。维王辅南宋，大小经百战。躬率背嵬军，长驱剧精悍。誓将薄黄龙，雪仇靖危乱。下以奠黔黎，上以舒宵旰。讵知长脚相，掣肘如画幔。光尧听不聪，垂成功解散。金牌十二驰，日夕亟宣唤。长城一朝坏，万古同怅惋。我幼披史书，读之辄扼腕。今兹过西湖，庙貌瞻炳焕。古柏耸阴森，铁人跪鱼贯。阅世五百年，忠心莘不涣。后嗣十余户，比屋护轮奂。春秋展明禋，恂恂奉郁祼。地灵人复杰，世远名不谖。再拜去踟蹰，夕阳坠山半。(《瑞榴堂诗集》卷二)

托浑布（1799—1843），字子元，号爱山，清蒙古旗人。嘉庆二十四年（1819）进士。官至山东巡抚。有《瑞榴堂诗集》。

鄂渚杂咏（录一）
李承纲

南渡偏安国步移，荆湖咫尺即边陲。窗前未矫夫人诏，阃外犹悬大将旗。谋定两河皆故土，功成二圣有归期。土花故垒年年憾，不到黄龙痛饮时。(《沅湘耆旧集》卷一五六)

李承纲，字宪三，号立斋，清宁远（今湖南宁远县）人。嘉庆间岁贡生。有《巽江草》《立斋诗钞》。

岳武穆
张际亮

山东豪杰望挥戈，一日金牌止过河。南渡江山三字定，北行冰雪两宫多。黄龙痛饮何年事，白雁终伤故国歌。莫怨秋风凋暮树，冬青夕照黯霜柯。(《思伯子堂诗集》卷六)

汤阴谒岳武穆祠堂
张际亮

鄂王故里草萧萧，祠祭诸孙几代遥。百战威名金易破，千年谗口铁难销。恨余南渡黄龙饮，坟傍西湖白马潮。此地宋家陵阙近，翠华风雨不敢招。(《思伯子堂诗集》卷一四)

张际亮（1799—1843），榜名亨辅，字亨甫，早年号松寥山人，自署华胥大夫，清建宁（今福建建宁县）人。道光十八年（1838）举人。鸦片战争前后著名爱国诗人。有《张亨甫全集》《思伯子堂诗集》《金台残泪记》等。

岳武穆庙
韦继新

百战孤军势转强，两宫仇恨一身当。讵关天意金难灭，赖有将军宋不亡。叩马书生甘献策，攀辕父老独沾裳。廷臣未识称臣辱，盼到南枝柏亦伤。(《民国思恩县志》卷七)

韦继新，字芹塘，清思恩县（今广西环江毛南族自治县）人。道光二十三年（1843）举人。晚年掌教环江书院。

洪山咏岳鄂王松
王柏心

绝壁倒寒晖，天青风雨飞。如悲二圣辙，不化老龙归。偃盖旌旗影，苍鳞战伐威。楚天吹梦疾，山寺磬声微。(《百柱堂全集》卷二)

汤阴谒岳忠武王祠
王柏心

精忠天日月，血战宋山河。父老中原隔，英灵故里多。君恩杜邮剑，臣志鲁阳戈。地下宗留守，相逢痛若何。

孝忠嗟未遇，天遣事屠王。越僇大夫种，齐诛斛律光。拊膺两河路，洒

血六桥旁。毅魄应来往，云车下此堂。(《百柱堂全集》卷十)

朱仙镇谒岳祠
王柏心

中原父老拜焚香，痛哭班师百战场。二帝冰霜沦霓幕，诸陵日月限戎疆。臣能再造唐灵武，主异中兴夏少康。铁骑虚堂风雨夕，犹闻卷甲大河旁。(《百柱堂全集》卷十)

王柏心（1799—1873），字子寿，号螺洲，清监利（今湖北监利县）人。道光二十四年（1844）进士。官刑部主事，晚主荆南书院。有《百柱堂全集》。

精忠柏台图题赞
吴廷康

唯王授命，年三十九。矢志中兴，敕赐印绶。誓饮黄龙，忌生臂肘。矫诏金牌，印空在手。兹望还朝，坐询孔厚。峨峨者柏，僵立不朽。龙纽争传，风云护守。大树将军，泰山北斗。冬青无树，劲节谁耦。河岳日星，天崖同寿。(岳墓碑刻)

吴廷康（1799—？），字元生，号康甫，又号赞甫等，清桐城（今安徽桐城市）人。官浙中数十年。精金石考据，擅篆隶，亦工刻竹。余事写梅、兰。辑《慕陶轩古砖录》。

满江红
吴　藻

血战中原，吊不尽、忠魂辛苦。纷纷见、旌旗北指，衣冠南渡。半壁莺花天水碧，十围松柏云山古。最伤心、杯酒未能酬，黄龙府。　　金牌急，无人阻；金瓯缺，何人补？但销金锅里，怕传金鼓。墙角读碑斜照冷，墓门铸铁春泥污。蓺名香、岁岁拜灵祠，栖霞路。(《花帘词》)

吴藻（1799—1862），女，字苹香，自号玉岑子，清仁和（今浙江杭州市）人。幼而好学，长则肆力于词，又精绘事。有《香南雪北庐集》《花帘书屋诗》《花帘词》《读骚图曲》等。

西湖杂咏（录一）
苏廷魁

南枝树古桧身分，父子精忠妇孺闻。霞岭桃花春二月，游人多在鄂王坟。(《守柔斋诗钞初集》卷四)

汤阴拜岳武穆庙观王行书谢朓诗真迹
苏廷魁

岳家声势慑强金，愤指黄龙恨转深。佳士南归天有意，将军北伐帝无心。徒传故国多灵显，忍见神州竟陆沉。自古江流悲不尽，何因词翰结知音。(《守柔斋诗钞续集》卷四)

苏廷魁（1800—1878），字德辅，一字赓堂，清高要（今广东肇庆市高要区）人。道光十五年（1835）进士。官至东河河道总督。《清史稿》有传。有《守柔斋诗钞》。

谒岳武穆墓
岑澂

朱戟成行马鬣前，垄头云气接朱仙。椒浆不是黄龙酒，滴到泉台也枉然。棠梨雨歇过清明，折取江花荐岳莹。料得九原重抱恨，六陵长剑在冬青。春深湖畔草芊芊，牧马成群踏墓田。松柏更无南北向，亭亭遥上直参天。(《杭州景区诗词》)

岑澂（？—1855），字清泰，号铁船，清南海（今广东佛山市南海区）人。

岳武穆王小印
汪士铎

渔翁钓月沧江滨，铁网一夜生珠尘。老蛟惊起不敢宿，风雷震地遗贞珉。鄂王化碧已千载，朱文小印留嶙峋。汉家十世有光武，偏安半壁何足珍。黄龙痛饮已画饼，金牌敦促由权臣。扼髯雪窖倘遂志，菹醢含笑从前人。两河未复忠义泣，天子自坏长城闉。幽兰堂上新鬼哭，弓刀想象驰骐骥。摩挲古篆若球璧，钤尾曾见飞书频。愿君宝藏视万世，岳侯忠孝无与邻。呜呼！岳侯忠孝谁与邻！（《悔翁诗钞》卷六）

汪士铎（1802—1889），字振庵，别字梅村，晚号悔翁，清江宁（今江苏南京市）人。道光二十年（1840）举人。晚授国子监助教。有《悔翁诗钞》等。

汤阴岳庙
朱 琦

北宋国本弱，南渡岂非天。和议固当持，功臣宜善全。胡不法艺祖，偷窃释兵权。高庙自藏弓，二圣终不旋。紫阳有苛论，琼山亦党奸。无怪昌黎公，不愿为史官。（《怡志堂诗初编》卷七）

朱琦（1803—1861），字伯韩，号濂甫，清桂林（今广西桂林市）人。道光十五年（1835）进士。官至御史。鸦片战争时期爱国诗人。《清史稿》有传。有《怡志堂诗集》《怡志堂文集》等。

栖霞岭拜岳忠武王墓
林昌彝

南枝魂郁动哀声，太息冰天马角生。宋室谁如君大勇，赵家自坏汝长城。满朝议已归秦妇，一疏愚犹上晏卿。我拜王坟凄下泪，松楸瑟瑟尚悲鸣。晏敦复上黜和议疏，桧使人密喻之止。（《衣讔山房诗集》卷四）

林昌彝（1803—1876），字惠常，又字芗溪，晚号茶叟、五虎山人等，清侯官（今福建闽侯县）人。道光二十九年（1849）中举。遍游全国各地。写下许多爱国诗篇。有《射鹰楼诗话》《衣讔山房诗集》等十余种。

汤阴岳庙
李 皋

英名烈烈到今垂，赵室河山祚屡移。天地本无私覆载，圣贤甘与道扶

持。人心不死千秋泪，国运难回异代悲。今日祠堂谨奉祀，阴云犹护向南枝。（《子铭先生遗集》卷一）

李皋，字子铭，清沔阳（今湖北仙桃市）人。道光二十九年（1849）拔贡。有《子铭先生遗集》。

岳忠武王墓
陆宪曾

沉沉铁像跪孤坟，一代贤奸众目分。只为南轩能干蛊，青山寂寞曲将军。（《冷庐杂识》卷五）

陆宪曾（1803—1863），字鲲溟，清桐乡（今浙江桐乡市）人。陆元铉子。道光元年（1821）乡试，侥得复失，复患咯血病，遂弃举业。官山西解州州判。有《缮性居诗草》。

吴陵岳阜谒岳鄂王庙歌
齐学裘

高宗南渡据神器，二圣还朝置何地。长君之恶伊何人，十二金牌出奇智。鄂王不死金必亡，东京恢复无建康。高宗避地归藩邸，不为天子为诸王。桧也乘间居奇货，鄂王乃在榻侧卧。呜呼何待风波亭，朱仙一战狱已成。不闻桧语是上意，铁案莫须有三字。已拼笑骂由他人，且固偏安君相位。史书矫诏桧杀之，为尊者讳何须疑。不越境与不讨贼，春秋诛心归罪谁。东窗诡谋承旨耳，彼妇长舌何能为。观其褒赠有深意，桧死封王复封熺。熺封旋令熺致仕，委曲保全情可知。桧也遗臭千万世，高宗隐慝无人窥。惟王当时识此意，君赐臣死胡容辞。今日赵家无寸土，吴陵一抔名岳阜。同时部将聚一堂，懔懔英风振千古。子死孝兮父死忠，万年俎豆何其崇。我来陟阜携孤筇，拜瞻王像泪沾胸。王书自谱满江红，忠贯日月声摩空。昔年摩勒宝稷中，碑照天地光熊熊。余刻宝稷室法帖二十四册，王书在焉。方今盗贼如屯蜂，海陵一隅庆安堵，岂非王灵保障功。江南一带无数峰，罗列堂下如附庸。大江东去浪汹汹，落日苍莽悲英雄。感时怀古歌当哭，谱入迎神送神曲。骑驴湖上岂无人，茫茫远海摇空绿。（《劫余诗选》卷七）

读史有感（二首录一）
齐学裘

愚宋议和千古恨，鄂王岂合在人间。冤沉精卫难填海，力大巨鳌易戴山。电闪雷鸣空作势，粟空金尽且消闲。梦迷颠倒君休笑，远虑近忧心不关。（《劫余诗选》卷一四）

齐学裘（1803—1875），字子贞，一字子冶，号玉溪，别号蕉窗，晚号老颠，桐乡婺源（今江西婺源县）人。齐彦槐次子。工诗善画，不求仕进。有《劫余诗选》。

汤阴谒忠武王祠
陆应榖

汤阴祠庙松杉老，少保英灵河岳新。南渡曾闻扶正统，中原何处觅斯人。徒看古殿栖乌雀，尚有邻翁荐藻苹。太息天涯半豺虎，拜公遗像一沾巾。（汤阴岳庙诗碑）

陆应榖（1804—1857），字树嘉，号稼堂，清桐乡蒙自（今云南蒙自市）人。道光十一年（1831）进士。咸丰二年（1852）调任河南巡抚，兼署黄河河道总督。终官户部侍郎。有《抱真书屋诗钞》。

拜岳坟谒武穆王庙
华长卿

古墓常埋不朽身，觥觥庙貌尚如神。狱经媒蘖成三字，血刺精忠敌万人。侍坐银瓶传孝女，跽门顽铁铸奸臣。坟头一样婆娑树，北向无枝七百春。（《梅庄诗钞》卷一四）

臬署即南宋大理寺故址有感岳鄂王事
华长卿

五国魂羁二帝灵，官家甘作小朝廷。逃从海岛真无地，冤起风波更有亭。南渡君臣谁报怨，东窗夫妇枉劳形。伤心叩马书生语，乳臭乌珠竟肯

听。(《梅庄诗钞》卷一四)

华长卿(1805—1881),原名长懋,榜名长俄,字枚宗,号梅庄,清直隶天津(今天津市)人。道光十一年(1831)举人。选开原训导。加国子监学正学录衔。有《梅庄诗钞》《梅庄词钞》等十余种。

岳倦翁铜爵歌
黄燮清

鄂王尽忠倦翁老,尊酒凄凉奠斜照。此爵千年神所凭,青铜剥蚀常光耀。五国城中归信绝,胡天黯淡惨冰雪。惟王忠愤冠诸军,渴来誓饮羌奴血。拟补金瓯尽赤心,谁知铜著谋长舌。生不能饮黄龙府,有酒惟浇坟上土。空山石马怒嘶风,古井银瓶寒咽雨。敦槃金帛早和戎,钟鼎勋劳翻对簿。荆棘铜驼泣故宫,佞臣铸铁嗟何补。一勺寒泉赋大招,西湖山色凄尊俎。吁嗟乎,鉴曲冬青荫寂寥,天阴月黑鬼神朝。诸陵麦饭无人祭,携榼年年过段桥。(《两浙輶轩续录》卷三五)

黄燮清(1805—1864),榜名宪清,字韵甫,号韵珊,清海盐(今浙江海盐县)人。道光十五年(1835)举人。官湖北松滋知县。有《倚晴楼诗集》《倚晴楼诗余》《倚晴楼乐府》。

题宋高宗赐岳忠武墨敕后
朱绪曾

余宰嘉禾,恭谒鄂王祠宇,因详请于吴甄甫中丞奏请颁赐庙额,获观宋思陵墨敕真迹,考《金佗稡编》有趣先臣起复御札,《续编》有起复制辞,免起复不允诏,与此相证,是时未坚和议之策。张魏公于诸大帅中称:鄂王可倚以大事。进屯襄阳以窥中原,国威大振。熊克《中兴小纪》绍兴六年丙辰载之甚详,敕即在于是年,风云契合,锐意恢复,亦千载一时也。异日,长城自坏实为长脚所箝制,如谓高宗有意诛锄,鄂王所不忍言也。爰赋二律以俟论古者。

亦自风云合,非无种蠡谋。高宗诗属意种蠡臣。将军能奉诏,天子不忘雠。鼓鼙中原震,关河半壁收。求忠须孝作,墨敕至今留。

吁天诬已辨,传言在丝纶。披卷堪征史,藏家续宝真。一时知命将,千

古励为臣。忠武偕忠定,褒崇俎豆新。闽抚请以李忠定公从祀文庙列于西庑之次。(宋高宗手敕岳飞《起复诏》手卷后题诗)

朱绪曾(1805—1860),字述之,号北山,清上元(今江苏南京市)人。道光二年(1822)举人。官秀水、孝丰知县。藏书甲江南。有《金陵诗汇》《续宋文鉴》《中论注》《金陵旧闻》《笔谱》《开有益斋集》等多种。

阙 题
雷以諴

莫须片言等销金,附和伊谁肯同心。积妒乘机甘下策,助奸为虐厕贤林。千秋俎豆威如昔,半幅山河恨至今。却笑魖头皆铁铸,由来冤海不终沉。(汤阴岳庙诗碑)

阙 题
雷以諴

天心地脉竟难量,颠倒忠奸任頡頏。似遣谮人贝作锦,遂同埋狱剑无光。靖康未雪君王耻,祖墓都余草木香。北狩南迁成宋局,特为万古振纲常。(《岳武穆年谱附遗迹考·汤阴第一》)

雷以諴(1806—1884),字春霆,号鹤皋、藿郊,清咸宁(今湖北咸宁市)人。道光三年(1823)进士。官至光禄寺卿。有《大学解》《读经传杂记》《雨香书屋诗文集》等。

汤阴谒岳祠
郑 珍

汤阴城东乔木寒,下马岳祠瞻表桓。怅望公生一洒泪,萧条雨歇独凭栏。长城道济才无愧,异姓汾阳福竟难。更苦西邻有冤圣,请歌文操慰忠肝。(《巢经巢诗集》卷三)

郑珍(1806—1864),字子尹,晚号柴翁,清遵义(今贵州遵义市)人。道光十七年(1837)举人。以大挑二等选荔波县训导。《清史稿》入《儒林传》。著有《古今文献》《巢经巢诗集》《巢经巢文集》等多种。

杭州杂诗（录一）
宝 鋆

南峰云接北峰云，武穆祠堂日又曛。赵宋君臣同寂寞，西风黄叶各纷纷。（《文靖公诗钞·典试浙江纪程草》卷一）

题精忠柏摹本应恭亲王教
宝 鋆

骏望殷人社，鸿勋岳氏旗。风凄三字狱，霜冷万年枝。南宋兴亡恨，西湖草木知。冬青陵树近，劲节共昭垂。

庙柏吟诸葛，柯铜干铁蟠。一株芬鄂国，千古艳临安。大树齐冯异，纯臣压曲端。南枝有同调，漫作画图看。（《文靖公遗集》卷三）

宝鋆（1807—1891），索绰络氏，字佩蘅，清满洲镶白旗人，世居吉林。道光十八年（1838）进士。官至晋武英殿大学士。改以大学士致仕。

书岳忠武王手书石刻后
蒋敦复

忠武书云："军事旁午，未得时候台安。远蒙翰教，忠怀义气，直薄云汉而贯金石。凡在含灵，能无奋感，况飞素切同仇者耶？比已鼓励军士，直抵淮阴，灭此而朝食，上报国恩，而答知己，飞之愿也。即不然，亦将惟力是视，生死以之，决不鼠走狼顾偷存视息于人间也。使还，附此申谢。不宣。岳飞顿首观文相公阁下。"案，是书当作于建炎初年，御金人于江淮间事。此后平湖湘诸寇，经略中原矣。观文相公者，李忠定公也。读之二公，生气凛凛，千载如见。墨迹向藏吴中顾氏，今刻石于上海邑城岳祠左壁。敦复每拜祠下，流连不忍去。道光壬寅冬十月，避夷难，后道出沪城，重有所感，乃为是诗。

天荒地老心不死，走笔龙蛇书一纸。古来忠孝几完人，要令男儿识此字。此字圣贤豪杰风雨河岳而日星，此书一百四字、字字烈丈夫之血泪迸裂心精凝。中兴诸将最少年，惟公报国忠孝全。胸中誓雪君父耻，肯与和议相周旋。读公书，考公事，建炎三年公在江淮官统制。观文相公当是三月罢相李伯纪,共赋无衣詟大义。手提壮士抵淮阴,眼中丑虏皆成禽。国恩知己两不负,只是区区一片心。南薰门,铁路步,撼岳家难畏如虎。张德远,秦会之,一误再误失地复丧师。文官爱钱武惜死,东南时事可知矣。两人一心成大功,无恙河山碧天水。一自孤臣去国遥,金牌火急诏还朝。风波亭子潇潇雨,比似松风更沉寥。忠定遗书惜未见,与公恩义当缱绻。纷纷鼠走而狼顾,视息偷存鸡狗贱。呜呼!彼鸡狗者何其多,吾师古人挽颓波。大书诸葛出师表,再书文山正气歌。(《啸古堂诗集》卷五)

岳忠武
蒋敦复

王气秦城半壁开,岳家遗恨满蒿莱。朝廷计画和戎急,大将功名叩马来。玉斧河山三字失,毡裘风雪两宫哀。金缯千古成奇策,长脚当年宰相才。(《啸古堂诗集》卷六)

拜岳忠武王墓
蒋敦复

汉家诸葛三分业,唐室汾阳再造功。天意独教蒙大难,臣心同此矢孤忠。九原郁郁黄龙酒,半壁萧萧白雁风。千载墓门人洒泪,男儿怕死不英雄。(《啸古堂诗集》遗集)

蒋敦复(1808—1867),原名金和,字子文,又字剑人,晚号江东老剑,清宝山(今上海市宝山区)人。诸生。有《啸古堂诗文集》《芬陀利室词集》等。

岳忠武王名印歌为王征君之佐作
张文虎

十二金牌三字狱,风波亭畔冤魂哭。沧桑瞥眼小朝廷,那及忠臣一方玉。玉高径寸广九分,斑驳或作云雷文。女丁妇壬跷舌退,劫火虽烈何由焚。鞭笔伊谁妙镌刻,两字昭然辨波磔。隐约芝泥惨不鲜,当时血溅苌弘碧。湘水沉沦六百年,著录未入金佗编。王郎展转偶得此,已去复返容非天。吁嗟乎！忠武功名满人口，一印存亡亦何有。惟有凄凉慕古心，叹息摩挲屡搔首。君不见痛饮黄龙语岂诬，姓名曾作辟兵符。闻声早使乌珠遁，胆落金兵不敢呼。（《舒艺室诗存》卷一）

张文虎（1808—1885），字孟彪，一字啸山，号天目山樵，清南汇县（今上海市南汇区）人。贡生出身，保举训导。嗜古博览，著述多种。

钱塘怀古
冯桂芬

渡河不愿愿渡江，东南半壁新造邦。朱仙一鼓裂贼胆，壶浆遮道来迎降。五百竟吞十万势，痛饮黄龙志何锐。阃外果有飞将军，殿上原无佞皇帝。无端十二金牌来，万里一哭声如雷。攀毂斩鞔止不得，十年之功一旦灰。物伤同类感狐兔，志士见几去不顾。君不见卧虎将军飘然归，风雪蹇驴湖上路。（《显志堂稿·梦奈诗稿》）

岳鄂王墓
冯桂芬

清流打一网，壮士死二桃。冤狱古时有，奇惨公独遭。朝臣轻社稷，九鼎如秋毫。壮哉公父子，同体为同袍。金牌十二道，钟鼎易锯刀。书生见早定，大将行徒劳。当时直捣入，痛饮黄龙醪。策勋受上赏，鸟尽弓斯韬。洒泪入钟室，一死轻鸿毛。转觉莫须有，三字千秋豪。臣心固可悯，大义安能逃。墓门水千顷，誓不将冤号。却怪胥与种，江上飞怒涛。（《显志堂稿·梦奈诗稿》）

冯桂芬（1809—1874），字林一，号景亭，清吴县（今江苏苏州市）人。道光二十年（1840）进士。林则徐得意门生。授翰林院编修，曾充广西乡试正考官。《清史稿》入《文苑传》。有《显志堂稿》。

汤阴岳忠武祠
陈 昆

刀环横断两宫秋，祠树森森起暮愁。莫讶南枝羞北向，不堪回首望边

州。(《小桃溪馆诗钞》)

陈昆（1809—1873），字友松，清开县（今重庆市开县）人。道光二十六年（1846）进士。历任直隶永清、江西宜春、新城等县知县。有《小桃溪馆诗钞》《小桃溪馆文钞》。

谒岳鄂王墓感题
贝青乔

泪洒南枝恨莫伸，荒茔讳指贾宜人。中朝纵道和为福，可惜金缯百万缗。(《半行庵诗存稿》卷二)

贝青乔（1810—1863），字子木，号无咎，又自署木居士，清吴县（今江苏苏州市）人。诸生。幕客一生。有《半行庵诗存稿》。

西湖谒岳庙和陈积堂韵
杨长年

不是名贤出，名区亦等闲。一朝得韩岳，万古此湖山。杨柳问谁种，甘棠期勿删。来游深仰景，日落不知还。(《妙香斋集》卷二)

杨长年（1810—?），字朴庵，自号西华，清江宁（今江苏南京市）人。同治九年（1870）中举。选武进教谕，不赴。有《妙香斋诗文集》《周易省心编》《春秋律身录》等。

发安阳作
莫友芝

才过昼锦安阳宅，即指孤忠荡水祠。盖代勋名归间气，故乡草木尚英姿。安危所系宁前定，钟毓能勤已后时。愁绝太行开眼见，夕岚空伴羽书驰。(《郘亭遗诗》卷六)

莫友芝（1811—1871），字子偲，号郘亭，晚号眲叟，清独山（今贵州独山县）人。道光十一年（1831）举人。官知县。与遵义郑珍齐名，号郑莫。著述甚富，有《郘亭遗诗》《郘亭遗文》。

景忠山谒三忠祠
史梦兰

祠祀诸葛武侯、岳武穆王、文信国公。

千载心如见，三忠作等观。得天皆正气，遇主尽偏安。古殿春云合，空山落照寒。瓣香思往事，谁识古人难。(《尔尔书屋诗草》卷三)

岳　飞
史梦兰

黄龙竟使愿成空，南渡江山半壁终。从此两宫沉朔漠，凭将三字了精忠。骑驴居士知几早，叩马书生料敌工。老桧分尸缘底事，墓门千载吼悲风。(《尔尔书屋诗草》卷四)

史梦兰(1812—1898)，字香崖，清乐亭(今河北乐亭县)人。道光二十年(1840)举人。选山东朝城知县，以母老不赴。有《尔尔书屋诗草》《尔尔书屋文钞》等十余种。

岳鄂王庙观宋高宗手敕墨迹
戚　贞

古来忠臣即孝子，事君事亲无殊旨。移孝作忠义如是，咨卿慎无忘国耻。某年月日帝亲纪，敕尾辉煌留诏玺。神器方深半壁忧，墨缞且变三年礼。呜呼臣母今已矣，以孝尽忠从此始。两宫臣誓奉生还，不负君言此心矢。奈何庙谟异前后，奸桧参权议纷起。十二金牌早速催，三千练甲心齐死。干盅前言犹在耳，反复无恒竟谁使？可怜郑重夺情敕，不敌风波一方纸。遗迹于今五百祀，毡褫琤琤响湖涘。手敕空留耻未洗，千载英雄憾无已。(《西湖诗词选》)

戚贞，字子固，号小蓉，清钱塘(今浙江杭州市)人。道光二十年(1840)进士。

岳忠武王名印拓本
汪日桢

神龙夭矫凌苍雯,嘉名镌就苔华文。芝泥沁纸耿耿寸心赤,何啻尽忠报国四字刺背纹。班师诏下金牌走,痛饮黄龙愿终负。三字狱,莫须有,二胜环,置脑后。九鼎迁移八宝亡,何论系肘黄金大如斗。幸哉此印沦深渊,韬藏免被风波掀。鱼龙惊避不敢啮,白虹夜夜辉星躔。江头渔父忽网得,圭棱无缺形模全。忠魂宝气共凝聚,热血不肯埋沉冤。画淮当日安半壁,残山剩水不若此印千秋完。我昨王祠曾肃谒,官印摩挲壁间碣。西湖岳王祠壁间有三司官印摹本石刻。归来又复见拓本,胜读卫公记故物。中宵展轴棐几铺,一灯暗淡秋窗虚。秋声萧槭在庭树,犹疑背嵬五百夜静衔枚驱。(《玉鉴堂诗集》卷二)

汪日桢(1812—1881),字刚木,号谢城,又号薪甫,清乌程(今浙江湖州市吴兴区)人。咸丰二年(1852)举人。官会稽教谕。有《玉鉴堂诗集》《荔墙词》等数种。

岳鄂王庙观宋高宗手敕墨迹
沈祖懋

朝写盾琴铭,暮写车攻诗,君有远猷臣所知。朝赐忠定书,暮赐汾阳传,臣有赤心君所眷。中兴名将推鄂王,忠肝义胆凌青苍。桃溪厅事偶题壁,字字日月争光芒。深宫历历封函寄,想见君臣鱼水意。太学初闻立石经,中原未倡和亲议。手书空仿右军妍,安得长如赐敕年。班师不下金牌诏,臣固精忠主亦贤。(《两浙輶轩续录》卷三七)

沈祖懋(1813—1870),字念农,清钱塘(今浙江杭州市)人。道光十八年(1838)进士。官国子监司业。

拜岳鄂王墓
徐时栋

湖上骑驴亦偶然,古来大将几归田。丈夫死国寻常事,可惜英雄正壮年。

附董觉轺一首

河山恢复寸黄金，北望中原遗恨深。若待功成始烹狗，英雄泉下亦甘心。（《烟屿楼诗集》卷一七）

徐时栋（1814—1873），字定宇，一字同叔，号柳泉，清鄞县（今浙江宁波市鄞州区）人。道光二十六年（1846）举人。后以输饷授内阁中书。有《烟屿楼诗集》《烟屿楼文集》。

岳鄂王墓
王庆勋

未抵黄龙饮，空留万古忠。宰臣无赖贼，天子可怜虫。气郁风云惨，心标笔墨雄。江山撑半壁，还仗十年功。（《诒安堂二集》卷四）

钱塘怀古四首（录一）
王庆勋

十三陵树那堪寻，想到中兴感不禁。和议酿成南渡局，偏安灰尽北征心。湖山锦绣朝廷小，宫殿凄凉雉兔深。遥指岳王坟畔路，南枝千古郁森森。（《诒安堂二集》卷四）

王庆勋（1814—1867），字叔彝，号椒畦，清上海县（今上海市闵行区）人。附贡。历叙劳以浙江候补道权严州知府。有《诒安堂诗余》《沿波舫词》《庐洲渔唱》《梅嶂樵吟》等。

岳 飞
罗惇衍

精忠誓报两宫还，恢复燕云唾手间。开国祖宗安庙社，中原父老望乡关。天留白雁弓先弛，地阃黄龙酒太悭。墓柏森森羞北向，英风千古壮河山。（《集义轩咏史诗钞》卷四五）

罗惇衍（1814—1874），字星斋，又字兆蕃，号椒生，清顺德（今广东佛山市顺德区）人。嘉庆二十四年（1819）举人。道光十五年（1835）进士。官至户部尚书。谥文恪。《清史稿》有传。有《集义编》《百战百戒》

《庸言》等。

古埠斜阳
乔松年

岳鄂王驻师之地,平原落日,辄伤远眺之怀。

升高远望一长嗟,难向苍天问岳家。大将功名悲汗马,乱时风景惨归鸦。愚公可得移山去,壮士空教挽日斜。暮色黯然下平楚,严城秋警动清笳。(《续纂泰州志》卷三三)

乔松年(1815—1875),字鹤侪,清徐沟(今山西清徐县)人。道光十五年(1835)进士。官至河东河道总督。

阙 题
许 朴

道光乙未仲冬朴摄篆是邦,次年春宫保陶云汀制军入觐过此,出谒岳忠武祠诗见示,谨步元韵。

轻骑当年驻郾城,此行直欲两宫迎。毕生未遂英雄志,奕世犹深感慨情。御札分明期破敌,金牌十二竟还兵。相州祠庙杭州墓,仿佛风云拥绛旌。(汤阴岳庙诗碑)

许朴,清嘉禾(今浙江嘉兴市)人。嘉庆二十四年(1819)举人。道光十五年(1835)时任汤阴代理知县。

谒岳忠武墓
周寿昌

天意成南渡,英雄此恨长。临江悲道济,遇主既汾阳。宰树森秋月,灵旗卷暮霜。湖山有奇气,遗墨遍祠堂。(《思益堂诗钞》卷一)

周寿昌(1814—1884),字应甫,一字荇农,晚号自庵。清长沙县(今湖南长沙县)人。道光二十五年(1845)进士。累迁内阁学士兼户部侍郎。《清史稿》入《文苑传》。著《前汉书注校补》《后汉书注补正》《三国志注证遗》《思益堂集》等。

岳武穆墓
黄道让

卧作长城立作山，坏之容易撼之难。死无故土埋骸骨，生有皇天照胆肝。侠剑未销千古憾，儒书犹想百身拌。墓门草木威风凛，谁敢吴峰立马看。(《雪竹楼诗稿》)

汤阴谒岳武穆祠
黄道让

深宵抚剑气如虹，收拾河山局未终。涅背四言三字了，金牌一日十年空。天生将略兵书外，帝忌臣心马角中。我欲招魂归故里，登城高唱满江红。

提刀酹酒指黄龙，还我中原并两宫。不日贺兰当立马，满天飞鸟竟藏弓。臣方致命风波里，后尚茹斋冰雪中。军令何如君命重？可怜李牧亦英雄。(《雪竹楼诗稿》)

汤阴岳武穆庙前跪列五人像
黄道让

一言断送宋山河，盖世英雄唤奈何！五百余年天道复，我王偏少尔偏多。(《雪竹楼诗稿》)

黄道让（1814—1869），字岐农，清湖南安福（今湖南临澧县）人。咸丰十年（1860）进士。官工部主事。有《雪竹楼诗稿》。

岳忠武名印杨淑芸大令丈索诗
孙衣言

先生手中一寸玉，马上乌珠真碌碌。精忠岂独岳家军，姓名能制啼儿哭。江州投幰失檀公，吴越江山入梦中。宣和宝玩青城土，剩有朱仙泪血红。(《逊学斋诗钞》卷五)

孙衣言（1814—1894），字绍闻，号琴西，晚号遁披，清瑞安（今浙江瑞安市）人。道光三十年（1850）进士。官至太仆寺卿。有《逊学斋诗钞》《逊学斋文钞》。

怀古四首（录二）

娄先坤

南朝不敌北朝亲，桧贼肝肠岂类人。二帝青衣长洒泪，八陵华表竟沉沦。腥膻诏命甘污节，忠武英雄枉杀身。白铁何辜蒙臭秽，岳祠千载骂奸臣。

恂恂儒雅一书生，妙用胸中百万兵。军令如山金虏惧，精忠贯日贼臣惊。气吞女真江潮涌，威镇朱仙汴水清。绝代英雄三字了，风波亭下坏长城。(《民国桐梓县志》卷四八)

娄先坤，名璞斋，清桐梓（今贵州桐梓县）人。约生活于咸同间。以执教为生。有《杂诗》。

齐天乐

端木埰

六月初七日，陈筱农兄招读石刻岳忠武王手书奏草。王建储之请，紫阳深诋之，以为干越取死。曩即不谓然，今见全事始末，乃知金人欲立宋后于中原，则南中将不可复用兵，故请建储以伐其谋。此乃兵机，非朝政也。敬赋一阕。

昭陵遗泽深如海，金刘讵堪成事。异想天开，神奸基闲，用到殷余夏肄。宗英另峙。要沮我兵威，碍兹同气。监以凶蕖，柄操强敌自伊始。
惟王忠烈冠代，伐谋资庙算，储嗣先植。素志酬卿，青宫诏谒，帝亦欢然无忌。兵权在己。论忘尽嫌疑，愈征纯粹。为国精忠，古今谁更比。（《清名家词·碧瀣词》）

满江红·岳忠武王书出师表和幼霞

端木埰

野寺荒灯，听飒飒、秋风惊乍。想儒将、风流洒落，戎机整暇。异世同符伊并吕，齐声合拟骚和雅。待评论、三代下人材，无三也。　同赤手，支倾厦；军声震，撼屋瓦。痛衰朝耻恨，一般难洒。无命关张纷去已，并时浚桧何为者。对崇祠、古墨想英姿，泪倾泻。(《清名家词·碧瀊词》)

端木埰（1815—1887），字子畴，回族，清江宁（今江苏南京市）人。优贡生。官至侍读。有《名文勖行录》《赋源楚辞启蒙》《碧瀊词》等。

岳武穆王庙桃山驿
方浚颐

天心未许到黄龙，孤负将军百战功。父子一门坚义勇，江山半壁限英雄。班师有诏冤三字，和议无人念两宫。千古伤心齐下泪，官家愦愦失精忠。

西泠湖畔谒忠坟，十七年前想旧闻。奸桧北来能蔽日，贞松南向独蟠云。灭金未遂元戎志，铸铁曾消海寇军。今日桃山重展拜，中兴事业感纷纷。(《二知轩诗钞》卷二)

西湖秋泛歌（节录）
方浚颐

还我江山噩梦惊，一隅何以靖苍生。栖霞岭畔忠魂卧，千载行人恨未平。(《二知轩诗钞》卷五)

虎跑泉得诗九首（录一）
方浚颐

行行麦岭边，南山更危峭。虎踞而熊蹲，奇辟抉诗窍。迤逦八盘顶，旌忠有祠庙。排难竟遭诬，丹心千古照。披榛拜墓门，临风一凭吊。西湖两少保，后先死含笑。功业镇三台，英灵齐九曜。岩阿正气存，哀猿不敢啸。(《二知轩诗钞》卷五)

方浚颐（1815—1889），字子箴，号梦园，清定远（今安徽定远县）人。道光二十四年（1844）进士。官至四川按察使。有《二知轩诗钞》。

汤阴谒岳祠

刘文麟

风马云旗似有神,英儿烈女尽无伦。山川灵气生名将,今古奇情铸奸臣。一代乾坤冤狱坏,千秋俎豆故乡新。骑驴老病西湖上,未信蕲王是恨人。(《民国辽阳县志》卷三八)

刘文麟(1815—1867),字仁甫,号仙樵,清辽阳(今辽宁辽阳市)人。道光十八年(1838)进士。先后任广东平远、海南文昌、河南沈丘知县。有《仙樵诗钞》。

书武穆奏草墨迹后

彭玉麐

千军横扫笔锋开,满幅经纶腕底来。一片血忱飞楮墨,九篇奏札摄风雷。精忠臣珍酬君国,文字天留出劫灰。万古常存二百载,金牌十二总堪哀。(岳墓忠武奏草碑)

精忠柏台图

彭玉麐

精忠有柏,名成忠武。在浙司狱,宋大理府。昔风波亭,今土地庑。铁干虬枝,拏云飞舞。挺挺僵立,虽枯不腐。七百年来,英灵镇抚。正气常存,凛然斯土。原有碑图,毁于粤虏。柏台蒯公,贞珉是补。巍巍峨峨,足寿千古。泐石者谁,吴君康甫。(岳墓精忠柏台图碑)

彭玉麐(1816—1890),字雪琴,号退省庵主人,清衡阳(今湖南衡阳市)人。诸生。曾从曾国藩创办湘军水师,多有战功。官至兵部尚书。卒赠太子太保,谥刚直。《清史稿》有传。有《彭刚直公奏稿》《彭刚直公诗集》。

钱塘杂感八首（录一）
许瑶光

表里湖山起暮云，新来菊部不堪闻。秋风薜荔荒于墓，细雨莓苔湿岳坟。吠犬如闻新府尹，骑驴闲煞故将军。忠奸倒置非今始，鸥革浮江早不分。(《雪门诗草》卷二)

许瑶光（1817—1881），字雪门，号复斋，晚号复叟，清善化（今湖南长沙县）人。道光二十九年（1849）拔贡。官嘉兴府知府。有《雪门诗草》《谈浙》。

汤阴谒岳祠
向光谦

昔曾流涕过朱仙，今吊乡祠倍泫然。异代儿孙还俎豆，西湖歌舞渺风烟。庙堂已定和戎局，父老犹传痛哭年。化鹤可堪回首望，川川迢递入幽燕。(《光绪桃源县志》卷一六)

向光谦，字梅修，清桃源（今湖南桃源县）人。道光二十九年（1849）拔贡。官宣恩知县。有《秦人宅藏稿》。

汤阴岳鄂王庙
郭嵩焘

城上风竿散晚鸦，鄂王遗烈隐吹笳。故园父老依青帐，绝塞衣冠望翠华。北伐朝廷空有诏，中原鼙鼓已无家。黄龙落日应回首，异代乡关寝殿斜。(《养知书屋诗集》卷一)

郭嵩焘（1818—1891），字筠仙，一说字伯琛，号筠仙，晚号玉池老人，清湘阴（今湖南湘阴县）人。道光二十七年（1847）进士。官至兵部侍郎。有《养知书屋诗集》。

西湖杂诗（录四）
蒋 坦

五更燐火照荒坟，魂魄无归哭阵云。地下若逢牛伯远，岂宜重问岳家军。宣牌十二铸黄金，无复黄龙酒满斟。抱得银瓶井中死，寒泉耻照佞臣心。十年汗马苦风尘，半壁江山百战身。大地竟无埋骨处，螺蛳壳葬贾宜人。于墓南山岳北山，两家少保济时艰。夺门事小和戎大，秦铁无劳铸石奸。
（《武林掌故丛编》第五集《西湖杂诗》）

蒋坦（1818？—1863），字平伯，号蔼卿，清钱塘（今浙江杭州市）人。诸生。有《息影庵初存诗集》《百合词》《夕阳红半楼词》。

西湖杂诗六首（录一）
金 和

安得军声似背嵬，岳王坟上屡徘徊。一钱试学人磨洗，袖得青天霹雳回。相传于岳坟前砖石上磨钱佩之能辟邪。（《秋蟪吟馆诗钞》卷五）

金和（1818—1885），字弓叔，别字亚匏，清上元（今江苏南京市）人。贡生。以能文著。有《秋蟪吟馆诗钞》。

九日登岳阜
蒋春霖

空城风肃雁声来，故垒霜清曙色开。备敌尚余全胜地，经时原仗出群才。百端枯菀观生事，一树婆娑去不回。待摘茱萸寄乡国，隔江云树正堪哀。（《晚晴簃诗汇》卷一五八）

杂咏（录一）
蒋春霖

海陵地卑湿，无山水色浑。城西有高阜，云驻鄂王军。鸿名重千祀，遂令培塿尊。仰瞩极云汉，俯视尽川原。天风聚万籁，时闻笳鼓喧。东南久用武，豺虎今尚存。千里接斥卤，被野禾黍繁。馈饷恃仓积，防御非空论。登

临望烽燧，眷言思故人。(《晚晴簃诗汇》卷一五八)

蒋春霖（1818—1868），字鹿潭，清江阴（今江苏江阴市）人。官两淮富安场大使。有《水云楼剩稿》。

岳武穆王庙
杨 后

痛饮黄龙气不平，当年枉自坏长城。千秋日月忠同见，三字风波狱竟成。叩马安知非国士，骑驴仅足保余生。建炎时势都堪哭，不为悲公泪亦倾。(《柳门遗稿》)

杨后，初名得春，字柳门，清上元（今江苏南京市）人。诸生。与金和、姚必成齐名。有《柳门遗稿》一卷。

留钱塘一日为西湖之游得诗六首（录一）
陈 璞

九里松风接水湄，岳于坟古傍遗祠。英雄魄在湖山壮，忠烈名高妇孺知。宿草几坏余碧血，长林千载尚南枝。煌煌异代褒嘉重，伏读纯皇御制诗。(《尺冈草堂遗诗》卷三)

荡阴岳庙
陈 璞

曾拜西湖古墓来，乡祠过谒重徘徊。穷苍已定偏安局，崧岳空生将帅才。故里未归生不恨，中原垂复死堪哀。知几为忆骑驴客，收拾雄心付草莱。(《尺冈草堂遗诗》卷四)

朱仙镇怀古
陈 璞

风卷车尘似阵云，行人犹说昔年勋。黄龙痛饮原豪语，白雁兴谣卒后闻。天意已成南渡局，中原空盼岳家军。议和未必全非策，却坏长城何所云。(《尺冈草堂遗诗》卷五)

陈璞（1820—1887），字子瑜，号古樵，晚号息翁，清番禺（今广州市番禺区）人。道光二十四年（1844）举人。官安福县知县。后为学海堂学长数十年。有《尺冈草堂遗诗》《尺冈草堂遗文》等。

西水驿谒鄂王祠
吴仰贤

绰楔旌忠大字摹，文宗显皇帝赐额曰显忠。灵旗照水似西湖。秋花艳沥苌弘血，祠中鸡冠花红于他处。玉座寒森温序须。椟底尚藏高庙敕，祠藏宋高宗手敕。阶前未铸佞臣躯。年年家祭陈铜爵，慰得黄龙痛饮无。（《小匏庵诗存》卷一）

金陀园怀古四首（录一）
吴仰贤

三字奇冤惨吁天，摩挲祖砚泣遗编。中原马角燕丹梦，一棹鸱夷范蠡船。南渡衣冠支半壁，东山丝竹遣残年。萧森宰树西泠上，落日寒烟望墓田。（《小匏庵诗存》卷一）

观宋岳武穆王石刻手迹
吴仰贤

鄂王智勇兼，不独擅膂力。只手扶山河，余事弄翰墨。观其下笔时，惓惓在君国。杜陵忠爱思，先后垂典则。北宋禁苏黄，文字遭陁塞。嗟尔谬丑徒，日夜肆罗织。所忌在勋名，未暇及著述。尺楮赵璧珍，千载重指拭。岂无羲献书，重是忠臣笔。冢上向南枝，劲健与之匹。（《小匏庵诗存》卷三）

朱仙镇吊岳武穆王
吴仰贤

牙旗玉帐黯然收，一错何堪铸六州。塞上将归青海马，军中已唱白符鸠。燕云唾手成虚愿，淮蔡分疆失旧沟。惟有汴堤呜咽水，年年还绕故宫流。

莫倚阴谋事侥成，古来祸福互亏盈。至今河朔风云愤，忽忆陈桥将士惊。点检乘时作天子，英雄失势屈书生。两朝兴废回军处，猿鸟犹疑失旧营。(《小匏庵诗存》卷五)

杨忠愍公谏马市劾严嵩两疏稿石刻本（节录）
吴仰贤

噫嘻呼！鲁公争坐位，鄂王谢讲和，流传谏草同不磨。持此愿作直臣气，数纸岂仅博白鹅。(《晚晴簃诗汇》卷一五三)

吴仰贤（1821—1887），初字慕周，更字牧驺，号萃思，又号鲁儒，别署小匏庵，清嘉兴（今浙江嘉兴市）人。咸丰二年（1852）进士。历官武定知州，云南迤东兵备道。晚年主讲武水鸳湖书院。有《小匏庵诗存》《小匏庵诗话》等。

汤阴谒岳忠武庙
俞 樾

十年阃外枕雕戈，奈此秦头压日何？南渡君臣生气少，东窗夫妇杀机多。功高岂意翻成罪，战胜无端更议和。不待呼天诬早辩，精忠二字总难磨。(《春在堂诗编》卷四)

岳忠武名印歌为杨漱芸丈炳春赋
俞 樾

岳王有遗印，流传在吴市，翁过吴门偶得此。大名照耀日月寒，正气郁盘魑魅死。我思宋南渡，半壁愁难支。惟王起卒伍，所向咸披靡。一战兀尤走，中原父老迎王师。两河豪杰尽响应，大书岳字县之旗。此时此印亦生色，草檄飞书走南北。想来山东河北间，两字传来人尽识。惜乎和议朝中成，金牌十二俄收兵。只消三字莫须有，顿教万里隳长城。要其忠勇足千古，物以人传媲璜琥。笑他高庙玉孩儿，得失区区何足数。翁从吴市携来燕，藏之箧笥光烛天。因我好古出相示，殷勤索我诗一篇。呜呼！英武如王今古最，建炎中兴功莫大。方今盗贼满江湖，安得其人寄阃外。愿将此印钤

军符,重向东南破杨太。(《春在堂诗编》卷四)

精忠柏台图题赞
俞 樾

秦汉以降,有二古柏。孔明庙前,柏为最古。其一维何,在浙圜土。有宋鄂王,实忠且武。浩然之气,斯柏是讬。王死不朽,柏死不瓫。森森臬台,棱棱霜锷。爰绘之图,爰勒之石。脂韦挈楹,对之有愧。谁与作歌,世无杜甫。爰为之记,用厉凡百。(岳墓精忠柏台图碑)

俞樾(1821—1907),字荫甫,号曲园,清德清(今浙江德清县)人。道光三十年(1850)进士。官翰林院编修、河南学政。晚年讲学杭州诂经精舍。治经、子、小学。所撰各书,总称《春在堂全书》,共二百五十卷。《清史稿》入《儒林传》。

岳鄂王祠墓
陈 锦

未饮黄龙气已吞,手颁天语重君恩。祠壁刊徽宗手诏。谁言健将能扶鼎,不料奇冤惯覆盆。奉诏宁成三字狱,表忠长跽四奸魂。即今庙貌新湖上,麟阁常勋孰比伦。(《补勤诗存》卷一四)

陈锦(1821—?),字昼卿,号补勤,清山阴(今浙江绍兴市)人。道光二十九年(1849)举人。官至山东候补道。有《补勤诗存》。

汤阴岳忠武王庙
王 权

故乡遗庙焕丹青,父老追思尚涕零。国运竟输盲宰相,臣心思转小朝廷。萧萧朔吹天无色,挺挺南枝树有灵。我欲更从神座畔,重添小像供银瓶。

中原收局太匆匆,已丧宗张又剪公。垂死不言三字枉,再生难继十年功。英灵永伴周文考,血食应邀嵇侍中。闻道圣皇频展谒,神旗猎猎响阴风。(《笠云山房诗文集》卷三)

王权（1822—1905），字心如，号笠云，清伏羌县（今甘肃甘谷县）人。道光甲辰（1858）举人。历任文县教谕、延长知县、兴平知县、富平知县。有《笠云山房诗文集》。

阙　题
英　祥

庙貌崇汤邑，时停过客车。精忠钦报国，至孝仰传家。竹帛功勋著，枌榆祀事加。我来瞻拜后，鸦噪夕阳斜。（汤阴岳庙诗碑）

英祥（1823—?），字豪卿，清满洲正蓝旗人。同治间任四川按察使、广西按察使。二品衔。

宋岳忠武王遗像
沈寿榕

其裔孙威信公钟琪家所藏，榕得敬观，赋成四首。

须眉奕奕气如霜，千载而还尚慨慷。遗像清高亚诸葛，全家福泽逊汾阳。朝廷南渡民残劫，祠墓西湖我故乡。明德有人逢圣代，上公茅土赞纯皇。岳威信公于乾隆朝功绩卓著。

未捣黄龙已罢兵，官家自欲坏长城。从教宰相完夫妇，记否君王有父兄。天道无知逢世变，人心不死望公生。当时若上云台画，只得寻常战将名。

事去英雄泪有无，宗爷而后岳爷呼。一双铁像泉台冷，百万金钱岁币输。同是捐生悲孝义，吁天著录辨冤诬。中原膏血谁知痛，块肉存亡赵氏孤。

褒鄂原非一例看，功成菹醢岂彭韩。日星共见忠犹在，文武兼资古已难。叩马遮留机局坏，骑驴归去酒杯宽。平生读史参疑信，后起纷纷说将坛。（《玉笙楼诗录》卷一）

沈寿榕（1823—1882），字朗山，号意文，清海昌（今浙江海宁市）人。官至广东布政使。有《玉笙楼诗录》。

杭州二十首（录一）
郭崑焘

湖壖山耸峙，武穆有坟庄。异代灵犹赫，中原事可伤。军谘一哄市，岭背半闲堂。怀古情何限，凭临吊夕阳。（《卧云山庄诗集》卷七）

郭崑焘（1823—1882），原名先梓，字仲毅，自号意诚，晚号樗叟，清湘阴（今湖南湘阴县）人。郭嵩焘之弟。道光二十四年（1844）举人。候补四品京堂。有《卧云山庄诗集》。

谒岳墓
徐一鹗

可惜天生大将才，金牌痛哭古今哀。不教士卒黄龙饮，坐待江山白雁来。潮水亦关亡国恨，梅花曾傍战场开。伤心一片西泠月，又笑啼鹃带雪回。（《宛羽堂诗钞》卷一）

徐一鹗，字云汀，清侯官（今福建闽侯县）人。道光二十四年（1844）举人。官台湾某县教谕。有《宛羽堂诗钞》。

满江红·谒岳坟用武穆原韵
项瑱

九曲祠荒，斗牛上、沉冤未歇。裂眦问、莫须三字，可酬忠烈。筚篥悲吹沙漠路，袈裟泣拜经幢月。剩栖霞、西畔法王家，晨钟切。　烟外树，峰头雪；孤鸟去，斜阳灭。忆银瓶前事，唾壶击缺。石兽啼还敲迸火，铜人背痕鞭无血。黯离离、衰草旧临安，残宫阙。（《东瓯词征》卷十）

满江红
项瑱

第一山前，问业案、何时消歇。摩挲处、薛碑青字，吊凭英烈。铁缆秋沉泥马渡，金牌夜梦黄龙月。底白头、有人在驴鞍，空凄切。　东窗愤，还谁雪；南枝恨，终难灭。算千年钟室，堕瓯同缺。二帝无灵驼溅泪，六陵

有树鹃啼血。叹皋亭、风雨岳家旗，悲天阙！(《东瓯词征》卷十)

项瓛，字礼瑳，号芝石，清瑞安（今浙江瑞安市）人。约活动于道光间。为著名学者雁湖先生项霁（1789—1841）之子。有《水仙亭词》《集云山馆词》。

题王砚农征士所藏忠武王玉印歌
岳鸿庆

金牌急召归旌旗，风波冤狱三字疑。长城自坏玉瓯碎，半壁莫撑神鼎移。维王精忠天地鉴，维王姓氏华夷知。浩然正气亘万古，迄今寸璧犹留遗。想当朱仙出师日，羽书四海风云驰。芝泥钤尾绛雪烂，此印亦足威边陲。殊恩未闻锡圭瓒，伟绩几见铭钟彝。紫绶金章既烟化，虎符龙节成冰澌。惟此一纽尘不蚀，电光奕奕蟠蛟螭。非徒品德比缜密，更想文采扬陆离。大名不朽玉不毁，谁欤好古能得之。征君博雅善鉴别，爱搜金石罗珍奇。一朝此印快入手，郑重遍乞同人诗。我惭数典忘厥祖，陆机述德无文辞。幸从行箧得瞻玩，摩挲手泽增嗟咨。思陵御札在贞石，倦翁铜爵留崇祠。河山共赖神物守，弓冶颇添孙谋贻。王之精爽实凭借，应并青史常昭垂。松窗供奉雷雨怒，夜深恐有蛟龙窥。(《两浙輶轩续录·补遗》卷四)

岳鸿庆，字余三，清道咸间嘉兴（今浙江嘉兴市）人。岳飞后裔，岳珂二十二世孙。有《宝爵堂集》。

精忠柏
张日熙

分尸桧，褫奸魄；精忠柏，埋碧血。碧血淋漓入香土，贞枝劲节磨冰霜。黄龙未饮白雁来，六陵风雨棠梨开。德寿盘松委秋草，千载墓门日呆呆。(《西湖诗词选》)

张日熙（？—1861），字翼之，清钱塘（今浙江杭州市）人。

题宋高宗赐岳忠武墨敕后
应文茗

景灵宫里烽烟起,二帝惊惶皆北徙。君后犹难脱乱离,何况岳家母与子。周国夫人居汤阴,干戈满眼时忧心。岳侯从戎正年少,思亲有泪常沾襟。辙轥往返十八次,一朝迎得安车至。妻孥子女共团圞,伤心尚说蒙尘事。韩刘诸帅分奇功,岳侯智略殊英雄。腰悬吴钩手强弩,立志恢复还两宫。南熏门与铁路步,赫赫军声谁不怖。精忠二字红旗开,十万貔貅扫妖雾。杀李成、平杨么,江淮道贺勋名高。诏书络绎慰问劳。其时武昌备屯练,调兵之旨来三殿。岳侯有母留军中,天家骨肉难相见。北堂萱冷痛慈闱,萧然扶榇竟南归。抛却珮戈执苴杖,卸将银甲换麻衣。赐金赐绢天恩重,异数优加臣哭踊。同怀弱弟死沙场,可怜风木悲邱垄。连疏陈情达帝闻,三请不许离襄阳。绍兴六年五月晦,数行草法皆宸章。君王宵旰忧金虏,国家多难臣干蛊。不闻名将肯骑驴,那有妖姬能缚虎。赤日当天拜表行,盆香壶酒道旁迎。岂料上皇先晏驾,明年六蠡要亲征。背嵬五百中原震,袍拖惨紫新临阵。问安何范未还朝,深宫不晓徽钦信。京西一带战云开,鼙鼓声喧尽角哀。夜半黑衣趋贼垒,无人知道墨缯来。风波忽起秦缪丑,三字狱成莫须有。当年遭际亦非常,如何罢饮黄龙酒。叹息朝廷竟寡恩,铜驼秋雨泣黄昏。但说显仁回凤掖,未闻宁德返金根。纷纷御札收南库,岳侯难把奇冤诉。白杨衰草墓碑寒,更阑梦绝庐山路。吁嗟岳侯一生忠孝全,奉母尚克终天年。君后不归含辉门,夜乌啼断青城魂。(宋高宗手敕岳飞《起复诏》手卷后题诗)

应文茗,字亭伯,清仁和(今浙江杭州市)人。有《暗然室文稿》。

大营驿岳忠武题碑
张其昌

帅府当年此驻师,一腔忠愤认题词。贼逢儒将巢难稳,朝有权奸身易危。古柏漫嗟空野庙,英风犹是卷灵旗。邦人但贵磨崖颂,我独频来拜此碑。(《同治祁阳县志》卷二三)

张其昌，字星樵，清祁阳（今湖南祁阳县）人。

大营驿谒岳忠武祠
周厚生

中兴建节一书生，舞蘽能令万贼惊。浚鼎之间见忠孝，孙吴而外独神明。十年尘土功无比，半壁河山愤未平。郁郁至今祠畔树，虬枝都作向南横。

卷旗花发旧屯空，疑是焚香泪染红。叩马偏能谋竖子，骑驴只合赚英雄。熏天气遂欺三字，入地魂犹奉两宫。可惜孝宗恢复志，更谁帷幄起元戎。（《同治祁阳县志》卷二三）

周厚生，字渔轩，清祁阳（今湖南祁阳县）人。

大营驿金沙市怀古
刘希□

蓬头岭上破曹成，一鼓初登贼即平。□制胁从惩妄杀，只诛酋长听归诚。他时殚力清强虏，此地留题号大营。殄丑长驱无限意，那知中道罢谈兵。

将令森严申外阃，金人久畏岳家军。两河招抚英雄附，六战俘擒父老欣。建节忽生奸少□，□□空有御书文。江山半壁终残局，謇謇孤忠报效殷。（《同治祁阳县志》卷二三）

刘希□，号拓荒，清祁阳（今湖南祁阳县）人。

修建岳忠武祠墓碑铭
蒋益澧

宋日南迁，薄于黄昏。王挥天戈，挽之虞渊。庙食故都，越七百年。俎豆之事，则有司存。潢池赤子，盗弄纷纭。坛宇摧圮，千里扬氛。予来浙西，涤秽除膻。拜王之灵，云旆蜿蜒。乃新榱栋，乃修墓门。精气昭回，陟此几筵。古柏郁郁，南枝幡幡。九京可作，尚友古人。（岳墓修建岳忠武祠墓碑）

蒋益澧（1825—1875），字芗泉，清湘乡（今湖南湘乡市）人。历官浙江布政使、广东巡抚、广西按察使。《清史稿》有传。

读岳忠武传
王作孚

一死安臣分，千秋节凛然。小人好议论，秉笔肆狂颠。或谓难全胜，还嗤未可权。庸君甘割地，烈士敢逃天？纵使山林逸，能无性命捐。梗和因贾祸，岂为不归田。(《金字山房诗稿》)

王作孚（1825—?），字汝惠，号春亭，清绥阳（今贵州绥阳县）人，咸丰三年（1853）进士。官至山东布政使。有《金字山房诗稿》。

汤阴谒岳忠武祠
林 直

黑云压地天垂墨，万里烽烟接河北。六州坐失两淮空，宋室江山半归贼。鄂国英雄提剑来，燕云唾手妖氛开。勤王一呼百骑出，气焰已使长城摧。东京之围奋身早，决捷招降势如扫。驰书才报平江淮，传箭旋闻定岭表。欲全高义虏不屠，鞭鞘北指荆襄趋。纷纷剧贼特肤痛，李成战死杨么诛。轻骑来屯郾城下，白骨如山泪盈把。先声久震岳家军，神算今除拐子马。指日王师计渡河，金牌连下泪滂沱。何年痛饮黄龙府，故国终伤白雁歌。遮道香盆万人哭，天心未许中原复。将军枉费十年功，丞相只为三字狱。二圣蒙尘竟不还，靖康当日恨偏安。冰天泪尽龙髯折，雪窖魂销马角寒。自古功高众所忌，况复权奸正当位。勋名岂让霍嫖姚，冤愤何如檀道济。至今青史尚余悲，至今故里留荒祠。六陵冬青尽凋落，惟王坟树犹南枝。(《壮怀堂诗初稿》卷二)

林直（1826—1871），字子隅，号白下，清侯官（今福建闽侯县）人。林则徐幕佐。有《壮怀堂集》。

题宋高宗赐岳忠武墨敕后
陈 彝

笔翰如流御气浓，居然契合动昭融。将军已办黄龙饮，十二金牌一日中。长舌何须恨老秦，君王未要靖烽尘。东南大定湖山美，太息婆留果后身。（宋高宗手敕岳飞《起复诏》手卷后题诗）

陈彝（1826—1896），字六舟，号听轩，清仪征（今江苏仪征市）人。同治元年（1862）进士。升内阁学士。有《家书》。

满江红·步岳飞原韵
孙家鼐

南渡偏安，叹半局、残棋销歇。只留得、精忠神武，于今为烈。壁叠难寻干净土，刀环尚望关山月，黄麻印、一纸空褒封，君恩切。　　冤抑恨，终昭雪；恢复志，终难灭。撷云仍世，守教遗缺，制伦荣邀纶诗宠，题诗呕尽英雄血，过梁园、凭吊小朝廷，故宫阙。（《清词粹》）

孙家鼐（1827—1909），字燮臣，清寿州（今安徽寿县）人。咸丰九年（1859）状元。与翁同龢同为光绪帝师。官至户部尚书。为京师大学堂第一任管学大臣，被聘为总教习。《清史稿》有传。

三字狱
王 鉴

莫须有，必须有。掩不尽，天下目。关不住，天下口。人人集矢秦长脚，东窗不贷长舌妇。我谓桧也何足诛，此狱之成有戎首。黄龙若使真痛饮，康邸藩封应退守。二胜环，置脑后。三字狱，成桧手。成桧手，伊谁咎？不然胡以自坏汝长城，甘心署臣构。（《怀荃室诗存》卷四）

王鉴（1827—？），字龠廷，清末江都（今江苏扬州市江都区）人。其搜集出版黄奭《黄氏逸书考》，附《怀荃室诗存》五卷。

汤阴谒岳庙二律
岭南隐樵

君王竟忍事番戎，朔漠谁教弃两宫。冤狱已成莫须有，长城自坏将毋同。铁镕佞骨徒遗臭，祠妥灵魂合表忠。每读遗编生气出，淋漓一阕满江红。

涅背谁知报国衷，如君真不愧英雄。遭逢幸识宗留守，责备难宽张魏公。北地蒙尘思二帝，南枝向阙表孤忠。雪冤尚有文孙在，直道人心万古同。（《云史日记》）

作者失考。清王尔铭《云史日记》载：汤阴县魏家营，南来第一家旅店中题壁诗多且妙。有汤阴谒岳庙二律，款署岭南隐樵……《黄氏逸书考》附王鉴弟王尔铭《云史日记》一卷。

吊岳忠武
楚北佛生氏

痛饮黄龙事总空，金牌十二为和戎。天心不祚中朝主，独使将军泣两宫。
二帝蒙尘且议和，十年血战枉操戈。南朝天子原无父，何用痴情望九哥。
总把中兴望建康，小朝廷里郭汾阳。至今忠武祠边树，犹向风前泣上皇。
天子如何被虏擒，九京含泪有徽钦。从行一个张枢密，饮水犹怀戴宋心。
金人纵桧议先成，不靖中原死不平。南渡君臣公早识，马前何待有书生。
大理冤沉死亦常，忠魂千载恨犹长。阶前漫把奸人铸，翻恐污公俎豆香。
（《云史日记》）

作者失考。清王尔铭《云史日记》载：磁县松村店壁上有诗，亦吊岳忠武者。诗云……末署楚北佛生氏。

大营驿观岳鄂王题壁
匡邦彦

破贼凯还日，全军暂住兹。威名开障雾，浩气薄熊罴。二圣蒙尘耻，微臣向阙悲。题词摹碣上，遗迹尚淋漓。

一代英雄将，留题墨几行。誓师方慷慨，矫诏太匆忙。谁惜边城坏，翻教房骑狂。千年此凭吊，搔首问苍苍。(《同治祁阳县志》卷二三)

匡邦彦，号克莽，清祁阳（今湖南祁阳县）人。廪生。咸丰九年（1859）石达开攻祁阳，曾率地方武装"匡字营"守城。军功递保知县，加同知衔，赏戴蓝翎。

读岳武穆传
胡凤丹

文官不爱钱，武官不怕死，武穆之言有如此。此真磊落天下才，况复山易撼，军难摧。徽钦北狩宋南渡，区区朝廷何小哉。朝廷虽小善将将，将善将兵兵气壮，惜哉卖国来丞相。相主和，将主战，拐子马倒风云变。背嵬五百爷爷军，誓捣黄龙张凯宴。将主战，相主和，父老痛哭弃两河。北庭二圣不复返，岂独父子衔冤多。吁嗟乎！荐公谁，宗留守；杀公谁，秦缪丑。天欲亡赵公奈何，荐之何功杀何咎。君不见，千古冤，莫须有；千古名，死不朽。(《退补斋诗存》卷三)

胡凤丹（1828—1889），初字枫江，后字月樵，别号桃溪渔隐，清永康（今浙江永康市）人。终官湖北督粮道。有《退补斋诗存》《退补斋文存》，编著尤多。

西陵怀古
董沛

未卜黄龙饮，空闻赤帝来。江潮三日静，军府六家开。饷竭兵难守，官轻事可哀。钱唐波咫尺，西渡尚徘徊。(《六一山房诗集》卷一)

鄂王墓下作
董沛

河山恢复寸黄金，北望中原遗恨深。若待功成始烹狗，英雄泉下亦甘心。(《六一山房诗集》卷一)

东钱湖岳王祠
董 沛

老桧欹风影已寒,将军遗庙对层峦。东湖谅比西湖好,故国宫垣不忍看。(《六一山房诗集》卷四)

董沛(1828—1895),字孟如,号觉轩,清鄞县(今浙江宁波市鄞州区)人。光绪三年(1877)进士。历署江西建昌、上饶等县知县。继任江西通志馆协辑官。有《甬上诗话》《六一山房诗集》等数种。

阙 题
汪 艺

依然抔土闭精忠,劫后重瞻庙貌荣。半壁湖山天水碧,千秋涕泪满江红。金牌使出由中旨,雪窖魂归失故宫。顽铁纵教臣构铸,诸陵何处跪蒿蓬。(《三借庐笔谈》卷三)

汪艺(1830—1889),字燕庭,号怡园主人,清吴县(今江苏苏州市)人。诸生。有《茶磨山人诗钞》。

谒汤阴岳忠武王祠墓排律五十韵
刘树堂

陵庙光河朔,奎楼照墓阡。褒忠封吉壤,报本溯先贤。华盖参松柏,神旗拥豆笾。相台有血食,汴宋失山川。玁狁披猖日,乾坤战伐年。地先输陕虢,州已割云燕。京洛全图裂,临安半壁迁。惟王勤敌忾,为国急筹边。韩范功名在,刘张指臂联。远征淮右险,智破洞庭船。贼势驱铜马,军声纵纸鸢。前锋开壁垒,故土洗腥膻。降房承饩食,遗黎待饩牵。欢迎成破竹,响应若鸣弦。郢鄂操形胜,园陵整旧堧。中原恢赤县,全力扼朱仙。关陇云旗竖,江淮露布传。背嵬驰虎豹,阴计纵鹰鹯。羽檄方闻捷,金牌忽召旋。十年悲覆篑,二圣永吞毡。退老孤臣愿,和戎宰相权。风波画地狱,箕尾返星缠。缚虎谋真急,骑驴计自全。奇冤莫须有,厄运岂其然。自使长城坏,谁支大厦颠。朝廷从此小,社稷竟成偏。异代能昭雪,文孙解吁天。精忠迟表暴，国步早迍邅。铁铸真成错，金佗作粹编。题名昭片石，瘗骨痛重泉。翁仲荒茔语，神奸古鼎镌。盛仪京汴外，骸骨圣湖前。双冢南枝劲，孤标北斗悬。求源思水饮，祭海必河先。崇圣宜增殿，承祧旧置田。古碑留马鬣，祖德卜牛眠。典制符封赠，英灵集几筵。迎神歌穆穆，流泽引绵绵。惆怅来凭吊，蒸尝告吉蠲。幽宫盟带砺，胜国荡烽烟。边檄尚传箭，中流谁著鞭。金源时絷币，武库枉张弮。积贯应余勇，私心敢告虔。金甄环砥柱，玉垒掩戈鋋。武将能忘命，文官不爱钱。何须天下事，更待古人肩。果有如王者，其兴将勃焉。黄龙酬痛饮，石兽恨流涎。苹藻千秋永，松楸万本圆。古今同一慨，灵感定蹁跹。(汤阴岳庙诗碑)

刘树堂（1831—?），字景韩，号仲良，清保山（今云南保山市）人，安徽宣城县籍。监生。官至河南巡抚、东河河道总督。有《师竹轩诗集》。

敬瞻岳忠武王遗翰谨书长古

凌祉媛

是卷为绍兴八年夏所书，凡十有三字，曰："城上草，植根非不高，所恨风霜早。"笔意苍劲，墨色淋漓，诚真迹也。近藏武林姚氏。

力振千军撑半壁，转战中原几时歇。将军好武亦好文，挥洒霜毫如铸铁。笔力坚凝气古苍，墨花磅礴生光芒。森严活泼各臻胜，好处直逼欧柳王。翰墨原非等闲事，遗迹流传敢轻置。电逝云驰七百秋，铁画银钩十三字。字字劲整飞海鸿，岁时款式详厥终。英姿弈弈想英挺，铜章压尾芝泥红。从来笔谏有深意，况复伟人秉灵异。落落挥毫止数言，当时夺尽奸雄气。势焰熏天非不高，风霜曾奈岁寒雕。秦头压日知难挽，二辇蒙尘恨未销。我思夺情重赐敕，御翰宸章嘉乃德。不及风波纸一张，翻令英雄长叹息。君书不及公书良，蛮笺尺幅珍琳琅。桃溪厅事偶题句，零落惜已经沧桑。吁嗟乎！涅背深文久磨灭，剩有芳名荣竹帛。淋漓满纸墨痕浓，和血书成血犹热。(《翠螺阁诗稿·画眉余瞽集》)

凌祉媛（1831—?），女，字莳沅，清钱塘（今浙江杭州市）人。光禄寺署正凌咏女，江苏候补知县丁丙室。生而颖慧，幼即通音律，能吟咏。有《翠螺阁诗稿》。

放言十三首（录一）
于钟岳

我闻岳家军，五百破十万。用兵不贵多，所贵识与断。百千万亿筹，不出一掌算。不能为文章，徒然富书卷。（《西笑山房诗钞》卷下）

于钟岳（？—1865），字伯英，清汉军镶红旗人。自幼随父崇璪宦游贵州。父母及妻子同日殉难，袭父亲殉难所遗云骑尉世职，历官署贵西道。与太平天国军征战十余年，同治四年（1865）阵亡。有《西笑山房诗钞》。

韩王驴
章永康

黄龙痛饮事茫茫，三字奇冤天下伤。湖上烟波驴背稳，始知居士自清凉。（《瑟庐诗草》卷下）

章永康（1831—1864），字子和，别号瑟庐，清大定（今贵州大方县）人。咸丰二年（1852）进士。升侍读。回原籍，遇黄号军突然攻城，在混乱中被杀。有《瑟庐诗草》。

岳墓观重铸铁囚
丁 丙

一头压日两脚长，牝鸡配以长舌王。谏议中丞心虎狼，附和羽翼西秦张。四奸合谋岳王死，急慰完颜四太子。二圣回銮从此止，半壁江山自此始。越十三年秦恹恹，清河湮涸转在先。东窗事报夫人前，万俟复召仅半年。四奸转瞬萎秋草，柏向南枝悔不早。纲目论定紫阳老，墓门高耸栖霞道。四奸各具铁心肠，移铁镕成四体僵。千锤万击铁亦伤，一铸再铸铁自强。万人走看闻奸语，后来卖国逊我汝。割地输金兼辱主，一和再和尚勿许。聚铁当不止六州，车轨造余添铸囚。特惜世无将军俦，否则长跪吾将休。（《松梦寮诗稿》卷六）

祭众安桥岳王庙作
丁 丙

豕行北寺怪魔侵，虎缚东窗毒计深。天黯一年除夜尽，地悲九曲古城阴。祖孙著述辉青汗，臣子纲常炳赤心。犹有众安桥畔庙，栖霞同挺柏森森。

十卷昭忠集久湮，重搜遗翰仰如神。金佗编更传程史，玉楮吟还赞宝真。诗咏棠湖余韵在，乘留梓里古缘亲。岁寒荐汲银瓶水，古籍兼如宗器陈。（《松梦寮诗稿》卷六）

丁丙（1832—1899），字嘉鱼，别字松生，晚号松存，清钱塘（今浙江杭州市）人。终生不仕。家多藏书，著述颇富。有《松梦寮诗稿》。

五铁人
朱炎昭

余臭居然万古遗，贼心锻炼有炉锤。生前暗与金人契，死后难将铁案移。大宋奸邪仍聚首，老秦夫妇尚齐眉。鄂王应向诸囚笑，不朽身名并我垂。（《太昊陵·历代诗词选》）

朱炎昭（1832—1919），字鸿升，号飞仙，原籍安徽颍州，落户河南鹿邑县。同治六年（1867）举人。光绪十五年（1889）大挑二等。升任卫辉府教授。有《飞仙游记》《蔬香阁诗草》。

访岳倦翁金陀坊故址
许承勋

湖天海月圮高楼，一片平芜夕照留。祠宇荒凉花鸟尽，风云犹带著书愁。金牌遗恨十年功，墨敕藏家御玺红。自昔篠骖迎父老，只今铜爵吊英雄。柳湖古墓群奸跽，禾郡崇祠故老知。何苦当年秦缪丑，无人一字与题碑。战伐频年瓦砾存，寺钟仆地篆苔痕。棹歌惆怅吟朱十，月出东南何处村？（《两浙輶轩续录》卷四七）

许承勋，字子华，号红常，清钱塘（今浙江杭州市）人。同治六年（1867）举人。考取内阁中书。

鄂王庙题壁
李嘉乐

五国城寒驾不回,狱成三字有余哀。臣甘冤死原无恨,恨少黄龙酒一杯。(《仿潜斋诗钞》卷一)

谒鄂王庙题壁
李嘉乐

三载重瞻庙貌崇,前诗仍少碧纱笼。默祈祐我偿奢愿,功与公同遇不同。(《仿潜斋诗钞》卷二)

自汤阴至彰德作
李嘉乐

西塞威名重一韩,岳家少保更桓桓。时平昼锦开堂易,事急金牌悟主难。将相遭逢都命定,英雄成败总心安。重来吊古游燕赵,慷慨高风不厌看。(《仿潜斋诗钞》卷六)

朱仙镇题壁
李嘉乐

十年七度经行处,轮铁销磨鬓渐丝。北地草枯朱亥里,南枝柏冷岳王祠。英雄自古怀忠愤,平世翻能恋别离。浊酒三杯人半醉,倚黄泥壁写新词。(《仿潜斋诗钞》卷八)

过汤阴谒岳忠武王祠
李嘉乐

中原指日返徽钦,三字词成锻炼深。奸相最能窥上意,敌人犹自谅臣心。一门就义传儿女,五国埋冤愤古今。几度过祠瞻谒晚,阴风翠柏极萧森。

附香谷同作

时危深倚岳家兵，战急翻教和议成。君得偏安无别愿，臣甘冤狱更何争。风云尽撤诸军垒，冰雪长埋五国城。片纸骤间传上意，绣旗手诏尚分明。(《仿潜斋诗钞》卷九)

宜沟驿
李嘉乐

荡阴黯黯起风云，怀古重来对夕曛。惨淡衣冠侍中血，精严壁垒岳家军。朝廷忽小千秋恨，忠义虽艰百代闻。寄语海滨诸将帅，好修武备策奇勋。(《仿潜斋诗钞》卷一一)

汤阴谒岳庙观忠武手书墨迹
李嘉乐

昔过公故乡，未谒公家庙。升堂展拜像清高，酣战英姿光四照。昔读公诗篇，未见公书法。披卷细看墨精神，满纸云烟气翔洽。公非行伍是将种，谁知作字敛神勇。中兴令望并韩刘，圆秀先声开赵董。始悟英雄无不可，是真刚健含婀娜。运用之妙在一心，兵法书法岂相左。迂儒咎公班师急，稍缓须臾事可集。岂知万世立臣经，俯首金牌死亦得。刚柔互济得其正，毫端流露真情性。奉诏即已慑金人，朝廷虽小南风竞。俎豆馨香笔墨传，后裔永宝人起敬。吁嗟乎，秦长脚家窃科第，片纸仅能书上意。子孙诡称淮海支，谱牒灰灭无只字。(《仿潜斋诗钞》卷一二)

李嘉乐(1833—?)，字宪之，清光州(今河南潢川县)人。同治二年(1863)进士。官至江西布政使。有《齐鲁游草》。

郭传璞晚香招游西湖遂至孤山岳王墓湖心亭晚入钱王祠得诗五首(录一)
施补华

自昔兵戈满，高坟此仅留。碑翻群盗手，铁断佞臣头。使者新封树，空山再荐羞。萧萧秋草色，江上使人愁。(《泽雅堂诗集》卷三)

施补华（1835—1890），字均甫，清乌程（今浙江湖州市吴兴区）人。同治九年（1870）举人。初入左宗棠幕，后受弹劾出嘉峪关，至阿克苏入张曜幕。有《泽雅堂文集》《泽雅堂诗集》《泽雅堂诗二集》。

岳王歌
马赓良

朱仙镇上刀巉巉，女真败马如崩山。金牌未召气何壮，玉斧虽画弓思弯。靴尖蹴倒将军帟，万古人心杀秦桧。呜呼！秦桧虽杀功不成，赵家天子忌父兄。（《两浙輶轩续录》卷四九）

马赓良（1835—1889），字幼眉，号鸥堂，清会稽（今浙江绍兴市）人。有《鸥堂诗》《鸥堂遗稿》。

登泰山
尚兆山

海陵图籍费搜罗，岁月如流一掷梭。最是岳家贻痛憾，椊编重欲读金陀。（《括囊诗草》卷一）

尚兆山（1835—1883），字仰止，清句容（今江苏句容市）人。肄业于江宁惜阴书院。晚清著名画家、金石鉴赏家、方志学家。善诗。著有《括囊诗草》《清画家诗史》。

泰州岳墩
陈作霖

占得一城胜，登临眼界宽。树痕遮日暗，风力撼山难。是日大风。香火新祠庙，云雷旧将坛。满江红一曲，高唱暮天寒。（《可园诗存》卷十）

陈作霖（1837—1920），字雨生，号伯雨，晚署可园，清末民国江宁（今江苏南京市）人。光绪元年（1875）举人。终身不仕。有《可园文存》《可园诗存》《可园词存》。

岳王坟
周馥

为拜崇封一感伤，可怜雄略遇孱王。奸谋自探君心出，和议遂教国耻忘。朔漠风霜遥祭日，西湖歌管太平乡。千秋公道民心在，又铸顽金跪下方。（《周悫慎公诗集》卷二）

周馥（1837—1921），字玉山，清末民国建德（今安徽东至县）人。李鸿章淮军幕佐。官至两广总督。《清史稿》有传。有《周悫慎公全集》。

自江宁归杭州杂诗四十首（录一）
戴望

岳祠于墓相邻近，异代精魂倘在兹。更有前朝老司马，孤冢耿耿北征诗。（《谪麐堂遗集·诗》卷一）

戴望（1837—1873），字子高，清末德清（今浙江德清县）人。诸生。专心治经。著《论语注》《管子校正》《颜氏学记》《谪麐堂遗集》等。

岳墓
芳圃

宋室在中叶，金虏势猖獗。龙斗苦不任，北辕情岌岌。桓桓武穆王，英姿翼王室。偏裨尽神武，转战无前敌。叱咤生英风，挥戈返白日。宋运阽中兴，簧鼓肆谗嫉。豺狼当路衢，成功安可得。忠义反杀身，万古徒称屈。我来奠椒浆，封树瞻遗烈。孤忠感至精，河山气洋溢。（《听香禅室诗集》卷五）

芳圃（1837—1908），字笠云，俗姓陈，清末江宁（今江苏南京市）人。年少即削发受戒。历主虎岑、上林、呆山诸寺。光绪三十一年（1905），东渡日本。有《听香禅室诗集》《东游记》。

邺中怀古同轲南作（录一）
涂庆澜

故里汤阴祠庙新，鄂王墓已傍湖滨。格天阁秘今何在，一样乌金长跪人。祠前有四铁像与西湖同。（《荔隐山房诗草》卷五）

涂庆澜（1839—1912），字海屏，号耐庵，清末莆田（今福建莆田市）人。同治十三年（1874）进士。官至浙江厘金总办。有《荔隐山房集》《莆田诗文辑》等。

过汤阴诣宋岳少保庙
李国治

一丛琬琰碧生苔，下拜英风写壮怀。军比睢阳多法变，人称诸葛是奇才。朝廷不画中原策，父老终期北狩回。死恨无颜对留守，大呼三个过河来。（《空碧草堂诗钞》）

李国治，字啸之，号自修居士。清末赵州高邑（今河北高邑县）人。同治十二年（1873）拔贡。曾任河南陕州、直隶州州判，五品衔加一级。晚年修佛学，饮食俱废。有《求放心斋随笔》《空碧草堂诗钞》。

题李之纯所藏岳忠武名章印本
曾纪泽

甘就偏安宋主孱，长城自坏非天悭。古来权贵兴冤狱，天遣忠贞示大闲。汗马奇勋传妇孺，雕虫小物重区寰。紫檀印匣今何在，应拓宸章警懦顽。（《归朴斋诗钞》己集下）

曾纪泽（1839—1890），字劼刚，号梦瞻，祖籍衡阳（今湖南衡阳市）。曾国藩长子。曾任出使英、法、俄诸国大臣，协助李鸿章创办北洋水师，后调户部，兼署刑部、吏部等部侍郎。著作辑为《曾惠敏公遗集》。

岳王庙题壁
宝　廷

靖康北狩康王兴，弟尸兄位忘厥兄。不杀岳王和不成。正统北掳郕王起，弟守兄位兄夺弟。英宗复辟于公死。庸主贪位忘其亲，信任邪辟屠忠臣。忠臣枉死天不怜，天数既定天无权，吁嗟人力难回天。（《偶斋诗草·内集》卷三）

题岳忠武砚十四韵
宝　廷

今古一顽石，乾坤三伟人。中兴叹冤狱，亡国泣孤臣。骨冷明湖水，血枯燕市尘。偷生为全孝，致命尽成仁。试玩铭词切，弥征心事淳。精忠忻有继，翰墨岂无因。末祚尤衰弱，孤忧更苦辛。可怜乏名将，安得抗强邻。若使生同世，何难志共伸。丧师偏遇贾，误国岂殊秦。微物奚堪重，遗文良足珍。瑶琴应并列，玉带合同陈。才略判长短，勋猷非等伦。一般值磨涅，信是不缁磷。磨而不磷，涅而不缁，忠武自铭砚。旁有谢叠山赠文文山跋。（《偶斋诗草·内集》卷六）

宝廷（1840—1890），爱新觉罗氏，字竹坡，号偶斋，同治七年（1868）进士。官至礼部侍郎。《清史稿》有传。有《偶斋诗草》《偶斋词》。

湖上杂诗·岳坟铁像
沈家本

其质本冥顽，其形皆鬼蜮。吾推忠武心，岂屑罗阶侧。（《枕碧楼偶存稿》卷一一）

过汤阴县怀岳忠武
沈家本

嗟昔宋中叶，厉阶生童蔡。祸始贪燕云，孰过女真骑。康王渡江来，崎岖践天位。初乃任汪黄，继更倚贼桧。徒令诸将佐，披坚忘敌忾。桓桓岳少保，后起监众师。郾城一战胜，乌珠欲引蔽。太息金牌召，十年功竟弃。痛饮黄龙府，此志伤不遂。异哉琼山老，持论何愤愤。谓桧实存宋，谓飞功难冀。曷勿度其时，南北利与害。湘湖诸盗平，内患已尽去。诸将百战余，颇各擅才智。韩刘杨沂中，淮海号鹰鸷。兴元久开府，璘时继兄玠。背嵬临中原，响应河内外。太行结民社，慷慨多忠义。金主方偷安，不复图辟地。国内诸宗王，乖离心携贰。海上诸旧将，先后皆弃世。所存独乌珠，西挫东亦惫。列城半焚荡，曹司昧政治。金军更驿骚，闾阎久怨怼。所以豪杰士，争欲及锋试。倘用忠武谋，规略布远势。大军取两京，壶浆父老至。乌珠虽枭雄，久持必内溃。一军出秦凤，关陕势凌厉。一军出淮右，齐鲁争来会。诸将苟一心，恢复反手易。何为失事机，竟用画淮计。永绝中原心，一发安可系。吾知桧再相，曲伺帝私意。造膝进䛡言，独立主和议。飞死构称臣，桧亦不可制。从此成偏安，祖业痛渝替。瞽儒不晓事，口舌毋轻肆。故里修明禋，祠树郁幽荟。精忠抱遗恨，濡笔还挥涕。（《枕碧楼偶存稿》卷一一）

沈家本（1840—1913），字子淳，别号寄簃，清末吴兴（今浙江湖州市吴兴区）人。光绪九年（1883）进士。历官刑部侍郎、修订法律大臣。《清史稿》有传。有《寄簃文存》《枕碧楼偶存稿》。

阙 题
王之春

予九岁初学诗，一日，游郡北育婴堂，楼上祀武穆王神像，下跪秦桧等，口占一绝云。

育婴楼接岳王祠，日冷风寒积树枝。扇击佞臣挥涕骂，有人匿笑道予痴。（《椒生随笔》卷一）

王之春（1842—1906），字爵棠，号椒生，清末清泉（今湖南衡南县）人。历任山西巡抚、安徽巡抚、广西巡抚。曾出访日本、俄罗斯、德国、法国，多次向朝廷上书自强新政。有《椒生随笔》等数种。

岳忠武庙
王先谦

北图阻天运,南渡局孤忠。山与名难撼,湖将事洗空。祠坛肃深靓,鬼物尽青红。千载和戎恨,愁连沧海东。(《虚受堂诗存》卷五)

王先谦(1842—1917),字益吾,晚号葵园,清末长沙(今湖南长沙县)人。同治四年(1865)进士。曾任国子监祭酒,督江苏学政。中年辞官归里,任城南书院、岳麓书院山长。治学重考据、校勘。《清史稿》入《儒林传》。著《虚受堂文集》等。

题宋高宗手敕岳飞起复诏后
刘嵛祺

朱仙镇下岳家军,万里长城早策勋。须识知人为圣主,漫因割地议明君。若非奸相终成狱,岂有金仇未息氛。不见齐衰援古体,至今犹得诵皇文。(宋高宗手敕岳飞《起复诏》手卷后题诗)

刘嵛祺(1842—1920),字云樵,清末民国德化(今福建德化县)人。举人。光绪二十六年(1900)任嘉兴知县兼秀水知县。

海陵四咏·岳王墩
许传霈

精忠亘古仰忠勋,残垒登临夕照曛。半壁已无南宋土,一墩犹说岳家军。金焦对峙雄天障,江海平分靖寇氛。回首南都遗恨在,森森古柏鄂王坟。(《一诚斋诗存》卷二)

西湖棹歌(录一)
许传霈

花明鸟语绾行云,荡桨归来日未曛。转过苏堤人不见,停舟又到岳王坟。(《一诚斋诗存》卷五)

许传霈(1843—?),字子醴,清末上虞(今浙江上虞市)人。有《一诚斋诗存》。

谒精忠庙观烧秦桧二首
李涤源

京师精忠庙祀岳武穆,每岁正月,必槖作钜公状,炙石炭于腹中,名曰烧秦桧,亦铸铁像跪祠前意也。

武穆祠前像铸秦,千秋公愤总难伸。陶形更被焚如惨,一样脐灯灿烂陈。

烂额焦头亦快哉,赫然火判漫相猜。看看社会人如海,惜少清凉居士来。(《固安文献志》卷一八)

李涤源(1844—1899),字鉴堂,清末固安(今河北固安县)人。诸生。有《鸿雪集诗稿》。

岳 墓
周长庚

鄂王不死乌珠死,踏破贺兰见天子。河山一夜呼蠲燕,那有如此痛快天。王军所向拐马折,建炎握玺心胆裂。金牌破驿朱仙驰,朝廷从此森桧枝。嗟王仇金桧仇宋,王功愈高桧愈痛。两宫者谁父与兄,王心愈忠帝愈惊。黄埃暗天日西走,南渡局成莫须有。中原父老血泪寒,十六州土沉衣冠。祖背吁天天不管,铁椎儿子覆巢卵。东窗夫妇富贵场,千载跪地苔花凉。万俟鼠辈何足量,吁嗟乎,循王张。(《周教谕遗诗》)

重到西湖杂诗(录一)
周长庚

鄂王庙碣忍摩挲,朕与将军慰枕戈。但说过江初政日,建炎手诏主恩多。(《周教谕遗诗》)

周长庚(1844—1893),字莘仲,清末侯官(今福建闽侯县)人。同治元年(1862)举人。官彰化教谕。有《周教谕遗诗》一卷。

读宋史再书四首（录一）
朱骞瀛

武穆精忠世所称，邱崈柄用亦云能。茫茫时局谁颠倒，天限开禧与绍兴。（《金粟山房诗钞》卷九）

朱骞（jùn）瀛（1845—1928），字芷青，清末民国大兴（今北京市大兴区）人。同治元年（1862）举人。官至河南知府。有《金粟山房诗钞》《金粟山房续钞》《佛冈宦辙诗》等多种。

湖上杂诗（录一）
樊增祥

手炷炉香礼岳祠，更搴松柏认南枝。如今略换人间世，为遣横枝莫向西。（《樊山集》卷七）

汤阴谒岳庙
樊增祥

玉殿香烟拜冕旒，英魂长是恋乡陬。生无田宅同骠骑，死有祠堂媲解州。枉向杜邮悲白起，直怜汉殿少朱游。黄金倘铸凌烟像，仿得雕青四字不？（《樊山续集》卷三）

再题岳王庙壁
樊增祥

漫把琱戈挽落晖，小朝廷上计全非。藏弓自纵高飞鸟，拔剑长歌不逝骓。九庙拼同花石碎，两宫空换木槾归。思陵报在冬青树，残骼飘零失玉衣。

三字沉冤郁未伸，风波亭事剧悲辛。灰中缚虎添公案，湖上骑驴有故人。君是钱镠终覆宋，人非项藉孰亡秦。东窗事发雷霆在，老桧分尸是后身。（《樊山续集》卷三）

过汤阴谒岳王庙
樊增祥

金牌火急出临安，五国城中日月寒。泥马孱王渡江易，铁椎养子击秦难。故宫有客歌离黍，乐府伤心踏贺兰。我到西泠挲庙柏，与王洒扫作祠官。（《樊山续集》卷一九）

再题岳王庙壁
樊增祥

背嵬五百等飙驰，姓氏中原草木知。法破孙吴羞泥古，功高蕲魏更能诗。谓韩世忠张浚。房中拐子无全马，宫里针神赐绣旗。四字涅痕三字狱，苍苍施报至今疑。

两河父老望成功，自坏长城怨九重。南渡小朝终白雁，北庭霸府自黄龙。早谈兵法惊留守，晚雪沉冤感孝宗。怪得楚人瞻拜切，当年荆鄂是提封。（《樊山续集》卷一九）

樊增祥（1846—1931），字嘉父，号云门、樊山居士等，清末民国恩施（今湖北恩施市）人。光绪三年（1877）进士。历官署理两江总督。袁世凯执政时，为参政院参政。有《樊山全集》。

咏宋史寄时帅二首（录一）
林鹤年

金牌谁道效愚忠，诏泣黄龙痛两宫。生入玉门原是死，天教南北限英雄。（《福雅堂诗钞》卷一一）

谒鄂王庙题十二绝句
林鹤年

海上燕云涕泪多，手攀遗柏痛山河。金牌不矫黄龙诏，顾盼羞为马伏波。绕膝云雷贯日星，湖山佳气郁英灵。平原子弟谈风义，两字精忠泪血青。万里长城百战勋，风波亭上黯星文。他年慈圣还宫日，挥泪能谈撼岳军。

衮衮诸公论道年，散关匹马说临边。于今大事谁能属，为道文官不爱钱。
桥畔啼鹃送夕晖，中原变法肇宫闱。金佗野史文孙泪，犹抱遗编早见机。
冤沉三字痛何如，塗豕翻问载鬼车。地下忠魂应把臂，只今无语证爰书。
万梅花下拜遗阡，门对孤山感逝川。呼取余杯订遗稿，吾家无复谏书传。
墓门遗柏尚青青，缚虎东窗梦未醒。天许娇娆佐桴鼓，宋家无复小朝廷。
井底银瓶起夜澜，一门忠孝语团圞。牵衣泉下呼爷慰，悔不生儿作木兰。
蛰龙残桧尚荒山，顽铁何知任铸奸。但祝天心能悔祸，不谈恩怨亦开颜。
项家书画鄂祠边，花石余纲散暮烟。一片流芳亭畔月，残僧犹记打碑年。
圣潮重洗出蒿莱，彭左中兴四杰推。谁更千秋分一席，望中烟雨几楼台。
(《福雅堂诗钞》卷一四)

林鹤年（1846—1901），字谦章，号氅云，清末安溪（今福建安溪县）人，侨寓粤东。光绪八年（1882）举人。官工部郎中，后宦游台湾。有《福雅堂诗钞》。

岳庙城内众安桥下
赵光荣

零落冬青剩一丘，岳家正气至今留。地成香土传忠孝，天坏长城纵寇仇。铁铸桧难逃万劫，石凝柏亦护千秋。庙中有古柏化为石。湖边亦有崇封在，须识英魂此处游。庙中墓为精忠父子初瘗处。(《南社诗集·赵光荣诗》)

赵光荣（1847—1926），字子枚，一字芷湄，号枚叟，清末民国丹徒（今江苏镇江市丹徒区）人。南社成员。

苏武慢·题岳忠武玉印钤本后
孙诒让

小戳鹅肪，微含猩晕，手泽摩挲犹馥。中原传檄，北伐哦诗，此印几回钤角。南渡百年，太学经残，绍兴间诏以忠武故宅为太学石经，见潜说友《咸淳临安志》。故宫草绿。叹绍兴传玺飘零，留此冷琼盈掬。　　天付与、光映仙凫，飞来灵鹊。健羡贤侯清福。幢迳剧治，琴鹤同携。想见斗牛虹烛。何日重逢，锦绶添花，新符分竹。更细抚蝶扁，入金陀旧录。(《籀庼遗文》卷下)

孙诒让（1848—1908），字仲容（一作冲容），别号籀庼，清末瑞安（今浙江瑞安市）人。一代经师，著名朴学家。《清史稿》入《儒林传》。著有《周礼正义》《墨子间诂》等。

与客谈徐武功事感赋
张宝森

岳飞谋反，其事莫须有。不杀于谦，此举为无名。三百年中两妖鸟，秦会之后徐有贞。同罪者谁？御史王文。同功者谁？将军石亨。前日议南迁，今日议夺门。武功武功，尔亦腼然人，甘与分尸之桧万年遗臭独何心！宋少保，明少保，栖霞山色至今好。两家祠墓岿然存，秦徐残骨贱如草。东窗饶舌莫嗔司晨鸡，此时并无长舌妻。（《晚晴簃诗汇》卷一七四）

张宝森（1848—1906），字友柏，清末丹徒（今江苏镇江市丹徒区）人。光绪十四年（1888）举人。官仪征训导。有《悔庵诗存》。

满江红·朱仙镇谒岳鄂王祠敬赋
王鹏运

风帽尘衫，重拜倒、朱仙祠下。尚仿佛、英灵接处，神游如乍。往事低徊风雨疾，新愁黯淡江河下。更何堪、雪涕读题诗，残碑打。　　黄龙指，金牌亚；旌旆影，沧桑话。对苍烟落日，似闻叱咤。气奋蛟鼍澜欲挽，悲生箫鼓民欲社。抚长松、郁律认南枝，寒涛泻。（《半塘词稿》卷二）

满江红·敬书岳忠武王《赠吴将军宝刀行》墨迹后
王鹏运

雷雨空堂，惊展卷、龙蛇起陆。瞻拜处、凛然如见，剑光盈轴。灏气纵横山欲撼，交情郑重杯相属。想夜阑、盾墨洒淋漓，歌还哭。　　喑呜气，悲凉曲；千万遍，循环读。叹王刀可假，何堪重辱。怅望千秋人不见，相寻一辙车还覆。问谁欤、雪涕和哀歌，燕台筑。（《半塘定稿》卷二）

王鹏运（1849—1904），字佑遐，一字幼霞，自号半塘老人，清末临桂（今广西桂林市）人。同治九年（1870）举人。官礼科掌印给事中。支持并参与康有为的改良主义运动。后主扬州仪董学堂，并执教于上海南洋公学。有《半塘词稿》《半塘定稿》。

将军岭
苏煜坡

岳武穆以八千人破曹成十万众于此。

踏遍荆榛认古营，衔来金字想友兵。渡江寇直追千里，拔帜功如下百城。氛净银河忘草窃，春回玉垒见花明。至今一片燕然石，犹踞将军不朽名。（《民国贺县志》卷六）

苏煜坡（1848—1893），字翰臣，号金堂，别号筱东行一，清末贺县（今广西贺州市）人。同治六年（1867）中举。官至永宁州学正。后归贺县，任临江书院山长。有《萃益斋集》。

谒三忠祠（节录）
毓俊

鄂王事主推精忠，身经百战回天功。义胆忠肝泣神鬼，三字冤狱生悲风。（《友松吟馆诗钞》卷一一）

毓俊（1848—?），字赞臣，清末满洲旗人。光绪五年（1879）举人。官至陕西候补道。有《友松吟馆诗钞》。

汤阴夜过未能瞻礼岳祠用店壁书意
杨深秀

直抵黄龙奏凯歌，金牌不受奈君何。太行无限英雄骨，化石犹然望渡河。五国城中望眼枯，罪臣归骨竟西湖。他年把臂于忠肃，羡尔功成始受诛。又见金陀撰稡编，忠臣子孝更孙贤。颇闻近有汤阴岳，杀马不驮秦碉泉。相传秦大士公车至汤阴不谒岳王庙，骡夫问曰：君秦氏乎？余岳姓，余马不□送君矣。秦呵斥之，乃自杀其马于路，秦不得已，别赁乘而行。（《雪虚声堂诗钞》卷一）

杨深秀（1849—1898），原名毓秀，字漪村，又号雪香子，清末闻喜

（今山西闻喜县）人。光绪十五年（1889）进士。官至御史。清末维新志士、"戊戌六君子"之一。《清史稿》有传。有《雪虚声堂诗钞》。

岳忠武王先茔
黄国瑾

琴弹羑里感孤忠，灵气遥分嵇侍中。岂意九江悲旅榇，竟教五显抱残筒。墓瞻河朔心空返，缺补天南骨罔功。元人有朽骨斫出荒苔痕，献为君王补天石句。六桧何能消热血，庙旁无事铸青铜。（《训真书屋遗稿·诗存》）

朱仙镇谒岳祠迭汤阴韵
黄国瑾

岧峣双阙拱双忠，庙与寿亭庙邻。汉宋偏安定此中。筹笔更谁操胜算，诏牌况复速邮筒。当时艮岳应留憾，底事长城自坏功。例得和戎丞相事，肯嫌面具冷铁铜。（《训真书屋遗稿·诗存》）

黄国瑾（1849—1890），字再同，清末贵阳（今贵州贵阳市）人。光绪二年（1876）进士。官国史馆纂修、会典馆总纂，兼任绘图总纂官。后主讲天津问津学院。有《训真书屋遗稿》。

岳忠武墓
皮锡瑞

南枝不向北，大树气萧萧。遗憾朱仙镇，沉冤白马潮。风波哀大狱，王气歇南朝。寂寞冬青下，无人梦饭浇。

抗诏臣何敢，班师众不留。金牌悲万古，铁像亦千秋。奸相持刀待，将军赐剑休。应怜刺客手，难断藁街头。

宋室黄袍后，由来忌战功。贻谋至臣构，怀愿类湘东。不洒攀龙泪，先藏射鸟弓。煌煌壁上诏，岂不识英雄。

锦绣西湖地，君王误此间。至今埋碧血，余愤撼青山。扰攘龙犹战，凄凉鹤不还。栖霞兵火后，凭吊有余潸。（《师伏堂诗草》卷一）

杭州怀古四首（录一）
皮锡瑞

长城自坏小朝廷，瑞应中兴太杳冥。一代运终天水碧，六陵人哭树冬青。黄龙痛饮前机失，白雁歌来谶语灵。自古通和终误国，问谁风景泣新亭。(《师伏堂诗草》卷二)

湖口岳忠武祠
皮锡瑞

遗祠犹枕暮江滨，半壁河山已化尘。囹圄孤臣大小眼，庙堂三策北南人。生逢弱宋原无命，死报亡秦倘有神。一事告公公定憾，蠡湖舟过驶双轮。(《师伏堂诗草》卷五)

皮锡瑞（1850—1908），字鹿门，一字麓云，清末善化（今湖南长沙县）人。光绪九年（1883）举人。尝任京师大学堂经学教习。归而著书以老。所撰二十余种，百余卷。诗文集有《师伏堂遗书》。

岳王坟竖草
丁立诚

栖霞来拜岳少保，坟前竖满寸余草。从此健步如腾云，能追岳家背嵬军。灵风一卷露碣石，后来又拾草重立。莫嫌小草无力柔，千里道路开骅骝。(《武林掌故丛编》第二十四集《武林杂事诗》)

丁立诚（1850—1911），字修甫，号慕倩，晚号辛老，清末钱塘（今浙江杭州市）人。光绪元年（1875）乡试中举。官内阁中书。著有《丁氏藏书志稿本》《小槐移吟稿》等多种。

过汤阴谒岳武穆祠
王新桢

匡居读宋史，英风钦忠武。今日过汤阴，下马瞻祠宇。当年功垂成，英雄气方吐。指日渡黄河，直抵黄龙府。血定饮匈奴，肉将飧胡虏。踏破贺兰山，恢复中原土。奈何和议成，遂罹冤狱苦。人事乃如斯，天心竟无主。良将但骑驴，群小等吓鼠。平金更无人，铸铁究何补。魂断北山云，涕零西湖雨。一阕满江红，英声震千古。（《王新桢诗文集·诗集》卷上）

王新桢（1850—1931），字楷亭，号两一子，清末民国太康（今河南太康县）人。光绪十二年（1886）进士。官至署甘肃提学使。卸任后又被委办陆军学堂。辛亥冬再署提学使，次年辞职归里。

谒岳少保祠
洪之霖

两河回应走风雷，郁郁诸陵王气恢。一以委卿天语在，金牌十二为谁来？
痛饮黄龙指日中，班师奉诏见精忠。高宗漫怨朝廷小，犹赖十年血战功。
敢从鸟尽怨弓藏，恢复中原志未偿。君相同心轻骨肉，将军应逐两宫亡。
片言能坏宋干城，信史流传恨失名。长跪应添人一个，当年扣马有书生。
三十九年梦一场，丹心万古照秋阳。朱仙镇望西湖水，更树灵旗在故乡。
权奸在内将无功，覆辙相寻自古同。不得尚方斩马剑，空来遗庙哭英雄。
（汤阴岳庙诗碑）

洪之霖（1850—?），字叔雨，清末四明（今浙江宁波市）人，光绪年间曾任汤阴知县。著有《淡轩十草》《淡轩词抄》。

汤阴谒岳忠武庙
赵　藩

长城南渡坏，遗庙故园新。宰相自谋国，孤臣宁惜身。风波三字狱，忠孝一家人。松柏西湖匹，葱茏傲雪春。
信史吾曾读，高文公尚留。英姿瞻飒爽，余事擅风流。宸翰褒忠重，权奸铸错愁。当门雄剑立，小校亦千秋。（《向湖村舍诗初集》卷三）

赵藩（1851—1927），字樾村，一字介庵，晚号石禅，清末民国剑川（今云南剑川县）人。白族。光绪元年（1875）举人。官至四川按察使。入民国，赴广东任政务总裁，护法之役，长南方军政府交通部。有《向湖村舍诗初集》《向湖村舍诗二集》《向湖村舍杂著》。

岳武穆王铜爵
凌和钧

古爵斑烂高寸五，文字郁律蛟龙舞。云是嘉泰四年造，相台后裔祀忠武。忠武祠宇松柏苍，金牛湖畔金陀坊。生恐精魂招不得，却铸彝器奠椒浆。馨香上达为王侑，王欲下咽眉应皱。若教痛饮抵黄龙，何用款识精忠籀。生气旁魄物与传，尘劫受磨五百年。商尊揩击鲁壶碎，神灵呵护非偶然。吁嗟乎！秦张当年漏铁钺，麦饭浊酒春秋阙。子孙岂少不祥金，徒供当官铸佞骨。（《两浙輶轩续录》卷五十）

凌和钧（1851—?），字与权，号衡甫，清末嘉兴（今浙江嘉兴市）人。光绪十六年（1890）进士。官工部主事。

汤阴县
黎汝谦

路入汤阴县，陂陀石径斜。地硗荒菽麦，城小少人家。岳庙松楠老，空庭石碣赊。抠衣一瞻拜，望古一长嗟。（《夷牢溪庐诗钞》卷一）

岳王墓
黎汝谦

八尺孤坟没草莱，门前翁仲长莓苔。精忠耿耿留元气，遗冢荒荒想霸才。南渡衣冠皆宿莽，北朝人物总成灰。不须切切论忠佞，梦幻兴亡酒一杯。（《夷牢溪庐诗钞》卷四）

黎汝谦（1852—1909），字受荪，清末遵义（今贵州遵义市）人。光绪元年（1875）举人。曾两使日本，任领事。任满回国，以知府分发广东，任财务提调等职。是维新变法运动的鼓吹者和参加者。有《夷牢溪庐文集》《夷牢溪庐诗钞》。

谒岳武穆祠有感
八指头陀

南渡偏安国已亡，宫祠墓木尚苍苍。士无奇节名难著，地有忠魂草也香。风雨湖山犹感恨，往来樵牧亦凄凉。若教二帝生时返，血泪人谁洒夕阳？（《八指头陀诗集》）

八指头陀，即释敬安（1852—1912），俗姓黄，名读山，字寄禅，清末湘潭（今湖南湘潭市）人。二十七岁时，在宁波阿育王寺佛舍利塔前燃二指，并剜臂肉燃灯供佛，自此号"八指头陀"。曾任中华佛教会第一任会长。有《八指头陀诗集》《白梅集》。

精忠柏歌为程伯葭作
林 纾

己亥庚子居杭州，娥井累过垂杨幽。风波一亭委荆莽，高栅肩镐风飕飗。突兀古干见断柏，含真抗立超凡俦。赭贼安识忠毅魄，熊熊顽焰烧天遒。鬼神呵守那能烬，较以精铁仍难俦。文宣为柏斫侯景，都官从贼如虔刘。桢生再宿径数尺，争言西瑞归神休。精灵所坻均不死，神物况为精忠留。柏堂咫尺孤山麓，亡国莫掩衰陈羞。宁若吾王报炎宋，树木托庇同千秋。佳种宁自阆阴出，稚苗不向陉山抽。程侯好古世所罕，严防聚燎成薪栖。载归岳庙罗前殿，逐段分体驮双牛。铁像非铁柏乃铁，恨无余叶加媼头。用《幽冥录》事斥秦桧妻王氏。（《畏庐诗存》卷上）

辨岳篇
林 纾

高宗称岳侯，小心复忠谨。锐意报国仇，先使贼氛泯。着手覆庶雄，百骑平陶俊。再战败黄善，横矛贯敌阵。苦岭降戚方，举军不血刃。张用称阿父，兵力江淮震。贺州诱曹成，缚缲诡粮尽。整兵趣江袁，指顾定列郡。水战搏杨么，易若捞蛤蜃。一朝谢兵柄，步归匡庐顶。挟兵不自重，岂类唐藩镇。近人慕武穆，纵贼乃勿问。正阳再喋血，悉锐西平进。舞阳接郾城，村落悉煨烬。回军扑上蔡,所过加蹂躏。豫皖且瓦裂,初不激忠愤。朝闻鼓角声,健儿理鞿鞀。暮闻鼓角声,壮士整甲盾。哀号声四彻,将军但笑哂。勒兵侦内政,属目在枢近。劫持靡不至,简书如束笋。其名曰蔽朝,宁曰摅忠悃。翼奸庇私瞹,狠乃逾注训。岳侯岂如是,妄意漫称引。直云别圣凡,岂但判灵蠢。方以徐鹏举,识者或吾信。沈德潜《野获篇》:有徐鹏举者,称武穆后身,一无知识,人谓之徐草包。(《畏庐诗存》卷下)

林纾(1852—1924),原名群玉,字琴南,号畏庐,别署冷红生等,清末民国闽县(今福建福州市)人。光绪八年(1882)举人。为桐城派大师吴汝纶所推重,因任北京大学讲席。辛亥革命后,以教书译书与卖文卖画为生。《清史稿》入《文苑传》。有《畏庐文集》等。

伯葭观观移精忠柏断块于湖上岳忠武庙
汤寿潜

柏精忠,铁长寿,人不忠,铁遗臭。墓前四铁像游人争溺之。遗臭流芳在自为,人不如木将谁诟。风波亭里风波恶,此柏生时即盘错。忠武一死七百年,柏死不死魂所托。金田匪太不晓事,断而为九咸丰季。兵火烧柏不烧心,焚余仍带刚严气。海客得其一已足,人间有此不灰木。不坏真成百炼钢,谁怜片片忠臣骨。置之僻地知者少,程侯一见诧至宝。同志无几同护持,谓张观察王交涉。历劫复生如幸草。徙诸湖头快万目,南枝仿佛灵风肃。见柏如见大小眼,将军血,曾化碧,闻苌叔。吁嗟乎!构屈朝廷小。桧尸分,雷霆恼。从古英雄负屈多,树犹如此人垂老。(《朝野新谭》丁编)

汤寿潜(1856—1917),原名震,字蛰先,又作蛰仙,清末民国萧山(今浙江杭州市萧山区)人。光绪十八年(1892)进士。官至青阳知县。光绪三十一年(1905)任浙江铁路公司总理。辛亥革命浙江军政府首任都督。著有《危言》《尔雅小辨》《说文贯》《理财百策》《三通考辑要》等。

汤阴岳庙题壁
陈夔龙

一谈和议便群疑,策马来瞻少保祠。如岳家军方论战,矫金牌诏竟班

师。局成南渡谁为此，谋到东窗事可知。覆辙古今宁一例，秋风瑟瑟肃灵旗。(《松涛堂诗钞》卷三)

湖上杂咏示亭秋（录一）
陈夔龙

老树南枝尽入云，小朝廷事不堪闻。春秋天竺烧香女，柏羿先浇少保坟。(《松涛堂诗钞》卷六)

风波亭
陈夔龙

牍背书成意未堪，如公忠孝两无惭。桧阴蔽日心输北，柏树经霜指向南。渡马王愁城借一，骑驴客叹狱成三。莫言江上风波恶，涅字当年血泪含。(《松涛堂诗钞》卷七)

陈夔龙（1857—1948），字筱石、小石，号庸庵，清末民国贵阳（今贵州贵阳市）人。光绪十二年（1886）进士。官至直隶总督兼北洋通商大臣。辛亥革命后，寓居上海。

满江红·汤阴岳忠武庙
易顺鼎

十二金牌，天下事、不堪问矣。竟销尽、江山半壁，西湖锅里。名父子全忠孝去，小朝廷要英雄死。叹从今、寡妇与孤儿，无生理。　　朱仙镇，公营垒；汤阴道，公乡里。有精忠祠庙，足光桑梓。白雁一声天水碧，黄龙遗恨燕云紫。待招他、豪杰两河魂，归来只！(《丁戊之闲行卷》卷十)

易顺鼎（1858—1920），字实甫，号忏绮斋、眉伽，清末民国龙阳（今湖南汉寿县）人。光绪元年（1875）举人。曾被张之洞聘主两湖书院经史讲席。两赴台湾，帮助刘永福抗战。后在广西、云南、广东等地任道台。有《琴志楼编年诗集》。

题宋高宗赐岳飞起复诏后
曾 熙

班师不奉诏,未必饮黄龙。俎豆千秋日,不渎春秋功。(宋高宗赐岳飞《起复诏》手卷)

曾熙(1861—1930),初字嗣元,更字子缉,晚号农髯,清末民国衡阳(今湖南衡阳市)人。光绪二十九年(1903)进士。张大千业师。主讲石鼓书院。书画与李瑞清有"南曾北李"之誉。

鄂王墓
赵家幹

百战功名日月高,埋冤三字送英豪。薰莸自古难同器,长跪阶前斥贼曹。(《民国开原县志》卷一二)

赵家幹,清末开原(今辽宁开原市)人。光绪二十八年(1902)举人。官法部郎中、浙江龙游知县。

题岳忠武王书前后出师表石刻
丘逢甲

一堂坐对两忠武,两表纵横一指麾。故国惜无诸葛相,大书留刻卧龙祠。英雄涕泪偏安局,金石文章异代师。万古云霄开卷见,外家吾愧是孙枝。先祖创兆公曾参文信国军事,娶于岳,固忠武王曾孙女也。(《岭云海日楼诗钞》卷一三)

读宋史岳忠武传作
丘逢甲

黄龙府,未饮酒。朱仙镇,班师陡。大理狱,中谗口。风波亭,落贼手。栖霞岭,名不朽。墓前尚种分尸桧,顽铁永铸秦缪丑。可怜大小眼将军,竟遭长脚相公长舌妇。精忠二字奉书亲拜受,尽忠报国四字涅背久。到头反付三字莫须有。偏安犹得一百五十年,可惜忠臣赍志三十九。小朝廷愿划江守，从此稳坐太师椅，二圣之环付脑后。要知此事不独太师受其咎，不迎上皇渊圣迎韦后。生为神霄帝，死作昏德公。固知五国城，不如太乙宫。九哥行乐岂念此，日日凤凰山下西湖中。桂子黄，荷花红，但幸靴尖踢不破，无人立马来吴峰。身本吴越王，衣锦浙西东。不念蒙尘苦，岂思恢复功？战郾城，败颍昌，逼汴京。麻扎刀，用步兵。拐子马，不复横。河朔州郡文檄行，中原父老壶浆迎。焉知五百背嵬军，弃之一旦功垂成。焉知十二金字牌，召之一日行兼程。天水碧复碧，南来将六更。南人归南北归北，百官洒泪甘会盟。文臣爱钱武惜死，朽柱有书文太平。空使三宗怨恫失鹏鸟，百家杂说诬猪精。惜哉中兴事，固云一委卿。叩马书生谏未已，丞相书报四太子。撼岳家军，不用军人用御史。杀机乃以班师始。蜡书洪学士，致惜空复尔。桴鼓梁夫人，声孤槌不起。韩王怒，张王喜。骑驴湖上不复问，缚虎狱中容可止，画灰未完出片纸。一家忠孝竟如此，井中波沸银瓶水。宗爷爷死无人呼过河，岳爷爷死无人梗议和。桧掌朝章熺埙掌国史，潜光商隐史禁何其苛。安知乃有文孙大笔垂金佗，千秋公论原不磨。秦头压日康王弱，一德格天方建阁。太平翁翁已晋建康郡王爵。金根车待乘，九锡行堪索。朝四将，半零落。家十客，恣呼嗻。专权十九年，遣归不负挞懒托。怪哉胡先生，当年比之荀文若！此语乃闻自游祚。家庙记世泽斩非虐，秦城诗王气来何著。他年秽冢穿碑文字无人作。惜逢东窗事未发，施全刺之反遭缚。须知忠愤有时雪，讼冤太早容非错。可怜允升已死士僇籍已削。神旗天上何飞扬，宰木南向含湖光，湖上千年俎豆香。孝宗予谥行表彰，上媲诸葛武乡郭汾阳。炎炎赫赫猢狲王，下场乃遇金地藏。（《柏庄诗草》，此诗作于1892年）

丘逢甲（1864—1912），字仙根，又字吉甫，号蛰庵、仲阏等，祖籍嘉应镇平（今广东蕉岭县），生于台湾。光绪十五年（1889）进士。授工部主事。因无意在京做官，返台从事教育。《马关条约》签订后，任义勇军统领誓死保台。事败，内渡广东，首任兴民中学校长。后被选为中华民国临时政府代表。

河北感事十首（录一）
程颂万

旭日荡阴里，衣尘拜岳祠。两宫还有幸，三字狱何辞。破暖逢南雁，欹霜尚北枝。冲冠余发短，萧飒倚栏时。(《石巢诗集》卷二)

程颂万（1865—1932），字子大，一字鹿川，号十发居士，清末民国宁乡（今湖南宁乡县）人。张之洞纳入督署为文案，后参与创建湖北中西通艺学堂，又创攻木局，并任自强学堂提调，兼管湖北洋务局学堂。光绪十七年（1891），假长沙周氏蜕园，结湘社。著有《石巢诗集》《定巢词》等。

题岳忠武遗像
曾鸿燊

半壁江山付与谁，长城自坏诏班师。正当强虏思降日，已是奸人锻狱时。帝竟无心回北狩，臣惟遗恨拱南枝。武乡报国身难待，同此忠贞更泪垂。(《民国同正县志》卷八)

曾鸿燊（shēn）（1865—1931），字子仪，号瓶山，别号此愚和尚，清末民国同正县（今广西扶绥县）人。光绪十九年（1893）举人。会试时参加公车上书，后崇信三民主义。有《瓶山全集》。

岳 飞
周学熙

叩马书生语不刊，权臣孤将立功难。十年同泽犹怜宪，三字埋冤岂服韩。天地誓心终饮恨，燕云垂手竟偏安。中原莫复知关数，要使精忠万世看。(《止庵诗外集》)

周学熙（1865—1947），字缉之，号止庵，清末民国至德（今安徽东至县）人。光绪十九年（1893）中举。官至山东候补道员。1900年入袁世凯幕下，主持北洋实业。1912年和1915年两任财政总长。晚年以读经、赋诗和念佛自遣。

西湖杂咏六首（录一）
洪弃生

湖上依然似画图，冬青树冷六陵芜。孤臣长占栖霞岭，宋代湖山半亩无！（《寄鹤斋选集·诗选》五）

洪弃生（1866—1928），原名攀桂，字月樵，清末民国台湾彰化鹿港人。台湾爱国主义诗人。甲午战争割台后，绝意仕进，潜心于诗古文辞。著《寄鹤斋诗话》《寄鹤斋文脔》《台湾战纪》《中东战纪》等。

岳忠武王精忠柏歌
赵 熙

程侯宝护精忠柏，此柏蟠根浙江臬。实维风波亭故址，大宋乾坤一刀血。岳忠武死柏即死，柏死非死事奇绝。立二十尺围四尺，化为石质扣如铁。人今见柏见忠武，咸丰中断为九节。贼以兵火斫烧之，其身可碎不可灭。海外何人睨其一，脱帽苔肩礼忠烈。手挽蛟龙出亚洲，气带中华地心热。程侯拊柏呼向天，岳坟近点栖霞穴。移之庙中成法物，铁阑周之建隆碣。二三人外众不闻，侯葳其功厉人杰。从来哀莫大心死，惨哉中原崀岔裂。柏在天地无朽理，忠武英灵望来哲。作歌附柏质程侯，匪饰湖山风两浙。（《朝野新谭》丁编）

赵熙（1867—1948），字尧生，号香宋，清末民国荣县（今四川荣县）人。光绪十八年（1892）进士。官至监察御史。蜀中五老七贤之一，世称"晚清第一词人"。

谒岳武穆祠
仲少卿

直捣黄龙饮已空，可憎天不助英雄。当年冤狱成三字，此后谁人复两宫？宋室江山余半壁，岳家父子奠孤忠。和戎奸相今安在，武穆千秋祀典崇。（《深柳堂诗存》）

仲少卿（1870？—1950？），清末民国泰州（今江苏泰州市）人。清末诸生，塾师一生。有《深柳堂诗存》。

谒岳王坟
徐自华

狱成三字了英雄，坟在栖霞第几峰？半壁江山埋碧血，一生功业痛黄龙。饥餐胡虏悲歌壮，念切君仇怒发冲。宰木至今无北向，空怜顽铁铸奸凶。(《南社丛刻》第二集，此诗作于1897年)

徐自华(1873—1935)，女，字寄尘，号忏慧，清末民国崇德(今浙江桐乡市)人。曾任湖州浔溪女学校长。秘密加入光复会和同盟会。后与其妹徐小淑同参加南社，是南社著名的女诗人。有《忏慧词》《听竹楼诗稿》。

朱仙镇谒岳王庙
黄 节

百战中原今见公，庙门桧柏夕阳红。黄龙山色余残酒，白马河声望故宫。入洛年华输杖策，背嵬经略痛临戎。功名三十人休笑，尚有人间铁石忠。(吴宓《空轩诗话》，此诗作于1897年)

重谒岳王庙
黄 节

桧柏中原立马悲，中原又到拜公祠。画淮早失南迁地，奉诏应留北上师。共惜忠君违爱国，那堪华夏帝诸夷。两河父老今犹在，残照徊徨忍读碑。(《蒹葭楼诗集》，此诗作于1903年)

岳 坟
黄 节

中原十载拜祠堂，不及西湖山更苍。大汉天声垂断绝，万方兵气此潜藏。双坟晚蟀鸣乌石，一市秋茶说岳王。独有匹夫凭吊去，从来忠愤使人伤。作者自注："十年前余两过朱仙镇谒岳王庙，均有诗，今不存。"(《蒹葭楼诗集》，此诗作于1908年)

黄节（1873—1935），原名晦闻，字玉昆，号纯熙，别署晦翁，蒹葭楼主，清末民国顺德（今广东佛山市顺德区）人。同盟会会员，南社社员。辛亥革命后任北京大学教授。著有《中国通史》《中国文学史》《粤东学术源流史》《周秦诸子学》《汉魏乐府风笺》《蒹葭楼诗集》等。

和俞子渊武林怀古四首·岳武穆墓
林朝崧

老柏萧森土一堆，英雄遗迹后人哀。墓前铁汉应流涕，赢得千秋唾骂来。（《无闷草堂诗存》卷一。此诗作于1898年）

林朝崧（1875—1915），一名俊堂，字痴仙，自号无闷道人，清末民国台湾台中人。为邑名诸生。割台之变，遂避乱桐城，转徙申江。既返故山雾隐，肆力于诗。有《无闷草堂诗存》附诗余。

襄将四思（录一）
赵炳麟

我思岳少保，规复竭忠谋。今日登高望，屯田水尚流。痛哉莫须有，三字卖神州。（《柏岩诗存》卷二）

赵炳麟（1876—1927），字竺垣，号柏岩，清末民国全州（今广西全州县）人。光绪二十一年（1895）进士。官至福建京畿道御史。因开罪皇族被革职，以四品京堂回籍，督办桂全铁路。辛亥革命后出任山西实业厅厅长。有《赵柏岩集》。

读岳武穆传
施淑懿

手握雄兵破敌屯，誓将忠愤答君恩。牌飞金字心知伪，城指黄龙泪有痕。宋室江山悲半壁，越州风雨吊孤魂。至今展拜坟前树，枝叶犹衔万古冤。（《湘痕吟草》）

施淑懿（1876—1945），女，清末民国崇明（今上海崇明县）人。二十二岁与庙镇蔡南平结为伉俪。积极投身妇女解放运动。晚年穷困潦倒，愁闷抑郁。有《湘痕吟草》（结集于1908）、《冰心阁诗集》等。

读明高季迪岳王墓诗因感岳军之整就原韵脚赋此
王世鑫

　　岳家军队有儒风，兀尤羊群敢肆雄。指日河南恢宋绪，克期汉北扫金宫。权奸到底坚和议，高鸟方能脱劲弓。叩马书生夸卓见，十年功废一朝中。(《民国八寨县志稿》卷二九)

　　王世鑫，字白荄，清末民国贵州八寨县（今贵州丹寨县）人。宣统元年（1909）拔贡。曾主撰《民国八寨县志稿》。

宋南渡
高　旭

　　金夷南下作鲸吼，文物邦，蒙尘垢，淫虐靡不受。局促一隅嗤赵构，秦头压日，果是谁之咎。三字狱成莫须有，未竟岳爷雄抱歼群丑！(《高旭集》卷二，此诗发表于1904年8月)

谒岳鄂王墓
高　旭

　　北人狂笑南人哭，骇魄惊心三字狱。报国健儿何代无？收六州铁铸大错。神州历史黯无光，践踏宗邦恣犬羊。岳家军出外族惧，大增异采扬轩黄。咄尔秦桧何虫自坏长城一万里。男儿末路绝可怜，不死沙场死西市。墓门一抹云如墨，我来对此三太息。阴森宰柏尚排胡，叶叶枝枝不向北。天荒地老陵谷沉，万古难消忠义心。鄂王冤死已千载，白骨永避蛟龙侵。半壁湖山宋南渡，人自亡之岂天数。为伤眼底无英雄，一瓣心香拜公墓。(《高旭集》卷四，此诗作于1909年冬)

谒岳坟
高　旭

　　南朝帝子可怜虫，降虏甘心拜下风。难得将军工翰墨，千秋绝调满江红。

长城自坏恨无涯,和议堂堂着力排。撼岳诚难撼山易,伤心一十二金牌!
罚跪阶前好共看,萧萧落叶雨声干。千年唾骂天心快,顽铁应留铸汉奸。
墓门衰草正离离,古柏纷披异昔时。风会变迁谁料得,觅来无一向南枝。
我志难酬倍苦辛,黄龙痛饮到而今。尽忠报国殊稀少,寂寞青山笑杀人。
(《高旭集》卷四,此五首发表于1909年冬)

佩忍编校长兴伯集属题四首(录一)
高 旭

嗟公何不辰,厄运丁阳九。苦恨古衣冠,变作夷俗陋。天生烈士烈,地陷丑虏丑。矢以清净身,摆脱诸尘垢。死则侪凤麟,生则比鸡狗。血洒满江血,淋漓纸上呕。岳王久不作,北伐复何有。异代有同悲,伟节无先后。中夏何萧条,荆榛怅回首。何当酬夙愿,痛饮黄龙酒。(《高旭集》卷四,此诗发表于1910年12月)

禾城西拜岳王祠
高 旭

撼岳难,撼山易,可怜天生侄皇帝,千古英雄为短气。撼山易,撼岳难,金牌十二师召还,一朝沦没旧河山。河山歌舞,花柳惨凄。大地春光,草长莺飞。城郭犹是,人民已非。我生不辰,慨歌式微。式微式微予心恫,魑魅啖人飞血红。神州陆沉恨无穷。咄咄旻天何不吊?朝廷更比当年小。移山至竟有愚公,填海岂真无精鸟?招王魂兮归去来,呼王灵兮激怒雷。天柱折兮地维裂,英雄只手终当回。吁嗟我王竟冤死,死不沙场乃西市。何如粤王台下之鬼雄,为猿为鹤为沙虫。霹雳一声光熊熊,精气化作长空虹。我王意气雄于虎,在天有灵曷弗助?任他齐上断头台,何年直捣黄龙府?谒来此地拜王祠,肝裂肠摧神欲痴。来日大难尽灰劫,时危更觉非当时。(《高旭集》卷六,此诗发表于1911年)

满江红·东京寓楼偶读岳武穆作感步原韵
高 旭

板荡中原,三百载、文明消歇。最心痛、岳爷死后,无人争烈。精卫恨填东海石,胡兵醉踏中华月。笛声来、一曲念家山,思归切! 孤臣操,冰与雪;沧桑感,谁能灭?忆当时,愤把唾壶敲缺。炸弹轰残豺虎窟,河山染遍鲸鲵血。庆重生、再见汉衣冠,唐宫阙!(《高旭集》卷一一,此词发表于1905年7月)

寄题西湖上岳王坟
高 旭

六州铸错奈愁何,枉说江山似画图。志士撑天原才少,小朝割地竟无多。凄凉再见埋冤狱,慷慨如闻唤渡河。和就满江红数阕,梦魂高唱遍西湖。(《高旭集》卷一八。此诗作于1907年)

高旭(1877—1925),字天梅,号剑公、钝剑等,清末民国金山(今上海市金山区)人。早年倾向维新变法,后转向支持革命。光绪三十年(1904),留学日本。加入同盟会,与陈去病、柳亚子一起创立南社。1923年,因参与曹锟贿选,声名不保。诗文由其弟高基编为《天梅遗集》。

岳坟感赋
高 圭

胡骑长驱彼一时,而今墓木不须悲。君看一例参天起,那异南枝与北枝。

巍峨庙貌傍忠坟,千载长埋碧血殷。东海鲸波谁可靖,只今惜少岳家军。(《南社诗集·高圭诗》)

高圭,字君介,一字介子,清末民国金山(今上海市金山区)人。高旭从弟。南社成员。

吊岳王坟
高 增

钝剑近作吊岳王坟七古，自谓足以惊天泣鬼。读竟感不绝于余心，岂文字有摄引力耶？我生多艰，易增忉怛耳。聊赋短章，以题卷尾。

英雄自古多奇节，乾柱以尊坤维立。汉葛武侯唐睢阳，岳王晚出争前烈。勤王军集振天声，讨虏旗翻映日明。正盼两宫还故国，何图万里坏长城。朔风凄凄云漠漠，伤心三字成冤狱。当年志士犹噷吁，此日遗民应痛哭。诵君此诗剧伤神，知君所志同苦辛。破万卷书无一字，当其下笔孰比伦。自言天惊地动鬼神泣，而我但觉哀音呜咽声不绝。用笔纵横似岳军，硬语盘空力屈铁。灯下沉吟泪欲涟，夕阳衰草冷堪怜。墓门踯躅空凭吊，风景而今异昔年。（《南社诗集·高增诗》）

高增（1881—1943），字卓庵，号瀄安、佛子等，清末民国金山（今上海市金山区）人。高旭弟。南社成员。有《自怡轩诗草》《瀄安诗存》《啸天庐词存》等。

西湖吊岳忠武次荔秋韵
吕志伊

将军阃外无君命，大义春秋笔素王。金虏未歼身竟死，何如矫诏汉陈汤。（《南社诗集·吕志伊诗》）

吕志伊（1881—1940），字天民，清末民国思茅（今云南普洱市）人。光绪二十六年（1900）中举。四年后留学日本，参加同盟会。1911年参加黄花岗之役。辛亥革命后任临时政府司法次长。二次革命爆发，回云南发动反袁斗争。后一直在国民政府任职。

杭州拜岳武穆王墓
马君武

西湖杨柳映朝霞，自结花圈献岳爷。国会冤刑苏拉第，敌军威慑汉尼巴。君臣昏聩河山耻，父老遮留将士哗。正气销沉君莫问，黄龙今日属谁家？(《马君武集》) 此诗作于1902年。

马君武 (1881—1940)，原名道凝，又名同，改名和，字厚山，号君武，清末民国广西桂林人。中国近代学者、教育家和政治活动家，国立广西大学首任校长。与蔡元培同享"北蔡南马"之誉。

岳鄂王墓
庞树柏

一抔应胜小朝廷，黄土高封草不青。香火重瞻新庙貌，风波长想旧英灵。衣冠南渡空余恨，烟水西湖尚带腥。欲觅骑驴前度客，人间洗劫几曾经。(《南社诗集·庞树柏诗》)

庞树柏 (1884—1916)，字檗子，号芑庵，别号剑门病侠，清末民国常熟（今江苏常熟市）人。同盟会会员，南社发起人之一。曾与黄人等组织"三千剑气文社"。参与策划上海光复。后归隐。有《庞檗子遗集》。

阙 题
姚 震

宋朝社稷类东周，南渡扶持赖岳侯。岂料竟遭奸佞计，忠魂千载恨悠悠。(《杭州景区诗词》)

姚震 (1885—1935)，字次之，清末民国贵池（今安徽池州市贵池区）人。光绪举人。任大理院推事。后依附袁世凯、段祺瑞，充安福国会议员。1924年任法制院院长。

岳王坟
唐大圆

高坟岳氏正嶕峣，古柏苍松老不凋。剥蚀惟余四顽铁，小人今见道犹消。(《大圆文存·文录续编》)

唐大圆 (1885—1941)，清末民国湖南武冈（今湖南武冈市）人，初归依印光法师修学净土，后专研唯识，学有成就。曾先后在武昌佛学院、中华大学、武汉大学、长沙佛学会等处讲唯识学。任《世界佛教居士林林刊》

编辑。有《大圆文存》。

西湖岳王冢
柳亚子

自坏长城奈汝何！黄龙有约恨蹉跎。无愁天子朝廷小，痛哭遗民涕泪多。草木不欣胡日月，风云犹壮汉山河。秋坟一例成冤狱，可许长松附女萝？（《柳亚子诗词选》。此诗作于1907年）

柳亚子（1887—1958），原名慰高，字安如；后改名人权，字亚庐；又改名弃疾，字稼轩，号亚子。吴江（今江苏苏州市吴江区）人。1906年加入同盟会和光复会。1909年创办南社，任社长。1924年加入中国国民党，曾任孙中山总统府秘书、上海通志馆馆长、中国国民党中央监察委员。新中国成立后，任中央人民政府委员、全国人大常委会委员。著有《磨剑室诗集》《磨剑室词集》《磨剑室文集》等。

岳 坟
释太虚

皇皇壮语轰天地，痛饮黄龙酒一杯。豪气到今莽飞动，岂徒庙貌供人哀。（《昧盦诗录》）

释太虚（1890—1947），法名唯心，字太虚，号昧盦，俗姓吕，原籍崇德（今浙江桐乡市），生于海宁（今浙江海宁市）。近代著名高僧。其《昧盦诗录》编集于民国五年（1916）夏。

岳武穆墓
林景仁

黄龙酒，将军血，红蜡丸，牝鸡舌。金牌十二狱三字，东窗秘计不堪说。吁嗟乎！古今国贼多于虱，何独苦此无辜铁！（《东宁草》）

林景仁（1893—1940），字健人，号小眉，别署蟬窟主人，清末民国台北板桥人，原籍福建龙溪（今福建龙海市）。英国牛津大学毕业。生平以诗名。有《天池草》《摩达山吟草》《东宁草》。

西湖百咏（录二）
蒋国平

岳墓巍巍万古春，湖船日夕往来频。阴晴天气浑无定，时有深深下拜人。

当头松桧影纷纷，低覆西湖一片云。我独思量千古事，夜深展拜岳王坟。（《平叔诗存》卷下）

蒋国平（1894—1911），字平叔，清末上元（今江苏南京市）人。有《平叔诗存》。

吊岳忠武
李云杞

二月花朝节，当祀岳忠武。如何世人心，不重精忠只爱神仙，与我宗旨相龃龉。相传老子精炼冶，因此铁工煤矿人多数。求神福，酌清醑，衣冠拜跪偏楚楚。昨日余经岳祠下，败址颓垣无人补。岳侯命何苦，黄龙痛饮托空言，恢复大计被桧阻。东窗围炉箸画灰，长舌夫人善擒虎。竟使汤阴伟丈人，卅九昙花神归土。否运直晦三百年，满为女真反对处。吁嗟乎！顽固子，野蛮侣，不知禋祀醉神威，反詈歌舞台上金兀术。请看民军起义后，岳庙俎豆能新否。但愿党派从今破私见，戮力同心灭此虏。然后搜罗九州无情铁，尽铸桧像多多去参岳鹏举。（《新乡县续志》卷四）

李云杞，清末民国河南新乡（今河南新乡县）人。光绪二十三年（1897）拔贡。

西湖谒岳王墓
钱香如

鄂王遗冢郁嵯峨，有客怀忠拥剑过。境上将军方破敌，朝中宰相竟言和。毕生壮志师宗泽，三字沉冤重伏波。古柏苍苍长不改，一回叹息一摩挲。（《香如丛刊》卷一《文荟》）

钱香如，号绍芬，清末民国浙江湖州人（今浙江湖州市）。家财万贯，自谓游戏学家。有《香如丛刊》十卷。

游西湖岳坟感赋
魏松声

挹尽西湖一湖水，难洗靖康南渡耻。金牌一到便班师，岳侯铸错始于此。倘拥旌旄出汉关，犁庭扫穴灭完颜。强敌帖耳作臣妾，二圣定然得北还。迎还二圣勋名重，足使权奸生畏悚。何至狱成三字冤，西湖堤上埋荒冢。荒冢盘桓感慨多，铁铸奸相亦嫌苛。饶他罚作千年跪，补得亡国恨几何。时至国亡君何有，以国为先君可后。试思敌马立吴山，何如痛饮黄龙酒。义重君臣误岳侯，遗恨未报金人仇。英魂洒尽黄泉泪，湖水呜咽不忍流。（《重修正阳县志》卷八）

魏松声，号春园，清末民国正阳（今河南正阳县）人。清末拔贡。民国元年（1912）任河南省议会议员、省通志馆馆长。

阙 题
姜长卿

南坝桥头古战场，前村延令旧祠堂。至今口岸清茶社，演说精忠武穆王。（程迪吾《南通史话》）

姜长卿，清末通州（今江苏南通市）人。诗人。

阙 题
赵 谦

誓心天地竟如何？解道忠魂悔恨多。有骨力人看铁铸，苦分明事胜金佗。西湖祠墓成恢复，南渡君臣本主和。王自甘当横汉目，大儒持论必无颇。（见《读书》1991年第3期《蓬屋说诗》）

赵谦，字叔之，清末会稽（今浙江绍兴市）人。以书画篆刻名，诗不多见。

岳忠鄂王
万邦泰

大功已到垂成日，正是将军矫诏时。矫诏杀君君便死，何如矫诏不班师。（《民国淮阳县志》）

万邦泰，清末淮阳（今河南淮阳县）人。岁贡生。

戊寅南游太和山过汤阴谒岳武穆祠二律
薛时平

玄泉淑气产贤良，恢复中原志未昌。宋祚不兴身已死，胡儿得意恨难忘。名传今古声愈远，庙食乡邦节益光。自是圣朝恩泽溥，精忠褒赐永流芳。

号令如山气节高，岳王曾此驻节旄。三千铁骑从南至，百万金兵望北逃。可恼书生何故谏，无端奸佞妄行枭。贤人每过瞻遗像，拜罢精忠恨未消。（汤阴岳庙诗碑）

薛时平，大名府魏县（今河北魏县）治庵山人。生活朝代不详。

武穆庙
胡濬

十二金牌恨不捐，千秋遗血洒南天。中原未复乌头白，塞外空悲马角坚。帷撼英风瞻面目，香依正气薄山川。九泉莫谓无冥报，顽铁而今亦赧然。（《国朝诗观》卷一三）

胡濬，字因素，别号古丘，清南丰（今江西南丰县）人。候选学博。著有《贯沙草堂摭词》。生活时期不详。

鄂王
陈锦鸾

一怒山河复，金牌出帝宫。君王忘孝弟，宵旰忌英雄。旗卷中原日，悲生万马风。成功原快事，但恐玷精忠。（《友声集·情影集存稿》）

西湖怀古二首（录一）
陈锦鸾

二月波浓起翠氛,树花杂杂乳莺群。鄂王不识湖光好,风雨空留四尺坟。(《友声集·情影集存稿》)

陈锦鸾,字灵羽,清宿迁(今安徽宿迁市)人。有《情影集存稿》。生活时期不详。

岳忠武墓
唐圣赟

金牌十二下深宫,痛饮黄龙望遂空。临乱君臣难可喻,伤心儿女竟同忠。熊江祠尚存南渡,鸦岭松犹怨北风。和战是非凭众口,十年前已杀陈东。(《两浙輶轩续录》卷一九)

唐圣赟,字云劬,清上虞(今浙江上虞市)人。岁贡生。官台州府训导。有《厄山游草》。生活时期不详。

钱塘怀古二首（录一）
夏 鼎

剩有孤忠在,湖山系我思。奇冤双少保,终古两丛祠。夜雨云旗冷,秋风石兽危。墓门容展拜,酹酒荐芳卮。(《两浙輶轩续录》卷四十)

夏鼎,字仲生,清钱塘(今浙江杭州市)贡生。官宁波训导。生活时期不详。

岳鄂王
范锡惠

天下事,不可知。朝命将,暮班师。昔年手诏褒卿忠,转瞬谣诼便见疑。桧贼不可责,高宗一何痴。降旗南指望云霓,羽檄北征风雨驰。定中原不乘此机,问君之意待何时。容使祖宗天下与强寇,不使父兄归来依左右。区区小朝廷,惟恐非己有。忠臣不杀和不成,风示金壬如嗾狗。风波亭畔泣

沉冤，狱成三字谁之咎。吁嗟乎！奸臣谋，妇人口，天子心，酷吏手。（《两浙輶轩续录》卷四七）

范锡惠，字少兰，清会稽（今浙江绍兴市）人。候选光禄寺署正。有《隐兰处残草》。生活时期不详。

岳鄂王墓
朱绍穆

谁忍偏安促罢师，空将碧血化南枝。魂归应羡于忠肃，犹见君王入塞时。（《两浙輶轩续录补遗》卷三）

朱绍穆，号厚庵，清桐乡（今浙江桐乡市）诸生。有《灌花庄吟草》。生活时期不详。

读史（录一）
戴　珊

赵宋南渡金瓯缺，自坏长城岳与韩。莫怨咸阳和议定，两宫荒冢朔风寒。（《沅湘耆旧集》卷一八三）

戴珊，女，字衣仙，自号虹桥女史，清钱塘（今浙江杭州市）人。湘潭候选巡检梁传系砚峰室。有《虎下吟草》。生活时期不详。

阙　题
宣化成

匹夫新慕义，忠孝何无地。惟不入人深，所以往无余。闲读靖康事，太息成唏嘘。悲愤不自已，痛饮每废书。余今来此地，陵寝直丘墟。墓道寒松柏，古屋生蟾蜍。荒碑留四壁，字迹惟依稀。依稀断且续，拂拭犹堪读。金人初发难，中原同荒僻。荆棘满神州，二帝因漂泊。不惜布衣老，生还乃愿足。嗟彼万乘驾，胡容蒙此役。臣子独何心，思坐君父辱。奋笔起行间，数载成恢复。士为将军死，虏为将军逐。谁忆小朝廷，君臣皆碌碌。不缅亡国恨，所逢惟君欲。因思飞将在，终梗和谋局。片诏促班师，就狱何其速。一旦堕成功，百战身安赎。壮士饮血亡，野老吞声哭。读罢感意气，慷慨如在

目。上下千百载，所见宁数之。日夕起寒烟，幕田樵与牧。欲写不平鸣，安得荆高筑。长叹竟何之，一声山水绿。（岳墓诗碑）

宣化成，字亮工，清诸暨（今浙江绍兴市）人，袭爵任云骑尉。生活时期不详。

岳忠武王墓
朱 械

谁知白首为功名，未抵黄龙泪欲倾。棘寺冤成三字狱，金牌恨撤两河兵。将军屡捷无生理，王业偏安说太平。剩有孤坟犹宋土，向南枝上杜鹃鸣。（《岳飞墓诗选》）

朱械，字敬亭，元和（今江苏苏州市）人。有《秋雪庵》。生活年代不详。

岳 墓
王 毂

绣旗手揭宫中赐，一日金牌下十二。后先两诏死生殊，总为狱成三个字。嗟哉岳侯英且武，背嵬失取黄龙府！纵言矫诏陷爱书，也应收得中原土。岂知侯乃忠孝人，违命兴师是不臣。得地难将功盖罪，一生大节向谁伸？妖狐片语将星没，玉环老卒埋香骨。忠魂未必恋湖山，还随二帝悲寒月。（《清诗初集》卷四）

王毂，字墨舟，清江都（今江苏扬州市江都区）人。有《读史管见》。生活时期不详。

吴山怀古
孙泰吉

金牌十二促还军，南渡衣冠已暮云。一树冬青渺何处，路人争拜岳王坟。（《两浙輶轩续录补遗》卷六）

孙泰吉，字吉斋，清仁和（今浙江杭州市）人。研究经学，尤精易学。生活时期不详。

读南宋纪（四首录二）
高 旷

韩岳雷霆走战军，天戈北指靖燕云。只愁二圣回辕日，何地中原著少君。

闻道朱仙解阵围，长城自甘摧斜晖。虏廷酣醉角声断，初日龙堆□铁衣。（《光绪桃源县志》卷一七）

高旷，字逢年，号墨洒，桃源（今湖南桃源县）人。布衣。不详何代人。

柴墟怀古
程泰象

鸦噪高梧冷断霞，荒原凭吊一停车。风生瓜步潮声远，日落圌山树影斜。渔子轻舠俯极浦，牧童短笛下平沙。金牌十二骑箠去，万古中原咽暮笳。（《光绪泰兴县志》卷九）

程泰象，字仰公，清泰兴（今江苏泰兴市）人。诸生。著有《荫园诗集》。生活时期不详。

岳忠武祠
周仲远

褒忠祠宇傍城隈，禾黍秋风志未灰。千古英雄同涕泪，当年社稷底蒿莱。中原战垒今犹在，潠水明禋事亦哀。北去黄龙三万里，悲云匝地几曾开。

咽恨汤汤潠水波，旌旗父老望如何。功成宁惜一身死，君圣无妨臣罪多。草劲讵堪冲铁骑，云昏犹梦渡黄河。青衫吊古情偏切，羸马西风忍数过。（《西华县续志》卷一三）

周仲远，西华县（今河南西华县）人。生活年代不详。

阙　题
李承瑞

橡笔何人刻上方，文奇字古接苍茫。叮咛神物长呵护，旗上精忠想鄂王。（江西婺源凌虚洞刻石）

李承瑞，其人待考。

悼岳鄂王一首
金　阶

将军报国秉丹衷，无奈肜廷志不同。虏势正当狂战日，主心惟有失江东。苍穹国运应如此，白面书生岂助戎。桧贼奸谋虽可憾，吾翁亦适茹奇穷。（岳墓诗碑）

金阶，其人待考。

题鄂王祠
周国风

庙貌千秋景色新，低回蹈舞益伤神。子规夜半啼山月，唤起前军渡孟津。（岳墓《重修岳鄂王祠序》碑）

题鄂王墓
周国风

西湖佳丽古来闻，近日纷华气若云。不见上皇行乐地，空留山水映孤坟。（岳墓《重修岳鄂王祠序》碑）

周国风，自称吴郡（今江苏苏州市）人。其人待考。

岳武穆坟
普　英

可惜河山百战平，风波亭上命牺牲。山川正气埋忠骨，星夜金牌吊宋营。父老攀辕皆饮泣，士兵解甲起悲声。书生底事非同种，一篑功亏隐恨

成。(《杭州景区诗词》)

淮阴岳王庙咏岳飞诗
普 英

一自金牌颁十二,常教热泪洒英雄。奇冤不恨埋三字,和虏终惭失两宫。南渡江山悲逝水,北征鞍马付秋风。低徊往事成千古,祠宇空余夕照红。(周恩来《飞飞漫笔》)

普英,其人待考。

游马关城关岳庙有咏
孙汝为

功高汉宋两忠臣,庙貌巍巍俎豆新。挂印赤心惊火帝,撼山烈志服金人。一腔浩气弥天地,三字沉冤泣鬼神。此日将军殊落落,边城古享崇祀禋。

汉时称帝宋称王,两代孤忠姓字香。赤胆寻兄曹弗阻,丹心秉烛夜偏长。狱亭不计风波苦,壁垒频惊夷狄强。功著千秋同祀典,为神为圣享蒸尝。(《民国马关县志》卷九)

孙汝为,其人待考。

岳忠武祠
孙履嘉

鄂王志雪靖康耻,唾手燕云事岂难。非是强邻多胜算,只因孱主乐偏安。一军未痛黄龙饮,三字旋凝碧血寒。瑟瑟昭陵祠畔树,几枝南向不堪看。(《郾城县记》卷三十)

孙履嘉,其人待考。《郾城县记·文徵外篇下》载其诗文五篇。

岳忠武祠
赵嘉宾

漯阳城里忠武祠,落日苍茫独吟诗。照见英雄涕泪处,不在杀身在班师。岂知班师无来期，中原肠断魂梦悲。三字狱成天地知，诸奸操戈空尔为。吁嗟乎，千年俎豆潋水上，五国城边草迷离。(《郾城县记》卷三十)

赵嘉宾，其人待考。

谒忠武祠
唐敬斋

父老犹传战绩多，三千杀气撼山河。中原已见欃枪扫，此地曾闻铁骑过。谁使英雄长愧恨，空余祠庙尚嵯峨。谒来故里情尤切，日向祠前一人歌。(《郾城县记》卷三十)

唐敬斋，其人待考。

赞忠武王
佚 名

维忠武王，天锡智勇。气吞强敌，力扶宋季。桓桓师旅，元戎是寄。行将恢复，遭桧所害。生既无忤，死亦无愧。万古常存，惟忠与义。(《岳氏族谱·统谱》)

[黄钟] 画眉序·西湖（节选）
佚 名

[前腔] 宋室此曾都，凤舞龙飞应南渡。叹昔时行在，此日荒墟。五国城满目苍烟，万松岭伤心黄土。笑渠兴废难逃数，枉自虎争雄据。

[神仗儿] 伤今慨古，伤今慨古，一成和议，竟失庙谟，自损擎天柱。可惜神州不复，使人凄楚。但泪洒岳王墓！(《西湖散曲选》)

朱家山怀岳忠武王
佚 名

中原金虏寇氛张，此辈趁机草窃忙。真见将军神算略，翻怜小丑枉猖狂。千峰壁立排军阵，百壑云屯莽战场。八百年来陈迹杳，烟岩杀气尚飞扬。(1990年版《武宁县志·名山古洞》)

饮马岗
佚 名

长岗络绎艾城西，武穆当年驻马蹄。烈血一腔泉底彻，神躯八尺望中齐。聊将饮水酬饥渴，何用投钱竞品题。千古冤成三字狱，行人泪洒夕阳低。(1990年版《武宁县志·名山古洞》)

云盖山
佚 名

宋岳忠武诛李成过此，有祠。

如此高祠讵偶然，曾经诛贼过山巅。东风有客重相问，踏遍梅花落照前。(《乾隆武宁县志》)

广德岳王庙诗
佚 名

桃州西北一长岭，本是岳家用武境。今日凄凄草色迷，当年赫赫军容整。三军似铁干戈鸣，一战败金鸡犬静。古庙巍巍钟鼓声，将军姓字千秋永。(广德岳王庙诗碑)

谒汤阴岳忠武王庙
（越南）王有光

宋家衅蘖罪人谋，终古纷纷论未休。遗恨两宫劳百战，精忠一节足千秋。河山不逐莺花改，风雨犹闻草木愁。天为英雄长解甲，燕云今是帝王州。(汤阴岳庙诗碑)

王有光，越南来清使臣。自署"道光戊申（道光二十八年，1848）嘉平月中浣天南陪臣王有光拜题"。

汤阴谒岳忠武王庙
（越南）常贞叔

痛饮黄龙志未伸，金牌奸桧促何频。两宫遗恨沦沙漠，三字奇冤泣鬼神。宋室长城真自坏，岳家正气浩难泯。风云为护丛祠在，桑梓千秋荐涧萍。（汤阴岳庙诗碑）

常贞叔，越南来清使臣。自署"道光己酉（道光二十九年，1849）越南使鸿胪卿枚德常贞叔拜题"。

阙　题
（越南）阮　述

巍巍鄂王祠，郁郁汤阴里。停舆拜遗像，拂石读铭诔。鸿文耀奎壁，余音奏商徵。惜王遽班师，悲王被谗毁。椎胸痛二帝，攉发骂佳士。逝者自贻名，作者苦殚技。嗟嗟豪杰才，遭遇每如是。矧当宋运微，会属贤人否。吊古岂胜哀，论功难尽美。惟王报国心，精忠独自矢。王神虽在天，王言犹在史。生平劳跂慕，今日式筵几。碌碌世途中，令人觍然耻。雕虫何足云，效颦聊复尔。愿将王训辞，告我百君子。文臣不爱钱，武臣不惜死。佩此十字铭，奉作千秋轨。流芳辟铜臭，敌忾清郊垒。庶几挽颓波，贪廉懦亦起。天下见太平，潜灵谅有喜。（汤阴岳庙诗碑）

阮述，字孝生，号荷亭，越南嗣德朝（1848—1883）晚期之名宦。1880年至1883年曾两度使清。著《往津日记》。

阙　题
（越南）陈庆溎

四字铭心一字和，二杭气数奈天何。中原父老香盆在，五国君臣雪窖过。半局已成金世界，丰碑犹勒宋山河。当年不扑生秦桧，终古英雄饮恨多。（汤阴岳庙诗碑）

陈庆溎，字子震，越南大臣。1880年曾与阮述一同使清。

阙 题
（越南）阮思僩

漫把杭京作汴京，十年竟自坏长城。中原豪杰英雄泪，当日君臣父子情。湖上跨驴无旧友，军前叩马有狂生。只今河朔瞻祠庙，万树松风怒未平。（汤阴岳庙诗碑）

阮思僩，越南来清使臣。著有《燕轺笔录》《燕轺诗文集》《如清日记》等。

阙 题
（越南）范永熙

十二金牌宋国虚，千秋浩荡薄扶舆。忠臣屈死心何怨，宗庙年沉事莫如。此日庭帏悲洒泪，他年伯侄辱求书。是谁铸铁反成错，刷尽奸形恨有余。（汤阴岳庙诗碑）

范永熙，越南来清使臣。

后记

　　岳飞是家喻户晓的抗金英雄，也是焜耀千秋的吾乡先哲。我的祖居汤阴县周流村，正是岳飞的故宅和祖茔所在地。故我于岳飞窃存一份特殊的景慕且亲近之情。在平素的读书过程中，每遇有歌咏岳飞的诗歌，常常笔录下来，初无刻意搜求之意。后读元末陶宗仪《南村辍耕录》卷三："岳武穆王飞墓……自我元统一函夏以来，名人佳士，多有吊之，不下数十百篇。"明田汝成《西湖游览志余》卷七："岳坟诗集，无虑千首，绝唱者亦少。"他们所说的仅是元代和明中叶以前的岳坟题咏，那么，明中叶以后呢？岳坟之外全国大大小小的岳庙和岳飞遗迹呢？这才知道自己所见所录难称冰山一角。于是萌生要把它们查找并汇集出来的念头。但由于有规定的教学和科研任务在身，所以一直未能付诸实际行动。

　　2009年5月退休后，深感"今日得宽余"，我便着手准备实现这一宿愿。我的想法得到了我的老师时已85岁的张大猷先生的支持与鼓励。张老师是汤阴耆宿，对宋史和汤阴地方志多有研究。他认为这是一项早就应该有人做的很有意义的工作，既是对文化遗产的专题整理和研究，又大有裨于今天弘扬岳飞精神，进行爱国主义教育。他还指出最好能给每篇作品作一下注释，以方便读者理解。四年来，笔者倾全部心力查阅了《四库全书》、《续修四库全书》、《四库全书存目丛书》及其《补编》、《四库未收书辑刊》、

《四库禁毁书丛刊》及其《补编》、《四部丛刊》、《中国地方志丛书》、《全宋诗》、《全宋词》、《全元曲》、《元诗选》、《列朝诗集》、《明诗综》、《晚晴簃诗汇》、《全明词》及其《补编》、《全清词·顺康卷》及其《补编》、《近代中国史料丛刊》以及许多名人笔记、诗话、词话、文人别集等大量文献资料,并到全国许多岳飞庙宇采集。这是一项说起来很简单的工作,但它需要大量的时间和踏实的功夫,需要坚毅的耐力和特别的细心。因为在浩如烟海的典籍中打捞,无效劳动总是千百倍于有所收获。其中的甘苦,只有自己知道。如此日积月累,居然已有2400余篇,如果连同注释,将是百余万字的大部头。考虑到出版会遇到很大麻烦,只好分为两本书:一本辑录,一本选注。至于辑录本的书名,初拟为"宋元明清咏岳飞全辑",后考虑所辑并不"全",因为还有很多诗文别集和总集限于条件并未查阅,《四库全书》诸系列丛书收录也并不全,单就陶宗仪和田汝成所说的岳坟诗"不下数十百篇""无虑千首",我们就遗憾地难得全见,故定名为"宋元明清咏岳飞广辑"。本书定名后,笔者又辑得百数十首,以俟今后再有补辑出版。

远在昆明理工大学任教的小女儿乃芹是我得力的助手,给我邮寄了不少必要的图书,并帮助查找资料,审订书稿,为本书的出版付出了大量心血。

书稿初成,我不揣冒昧地呈送宋史专家、中国宋史研究会前会长、岳飞研究会前会长、中国社会科学院院士王曾瑜教授,王先生在百忙中审阅了全稿,提出宝贵的指导意见,不仅慨然赐序,还热心帮助联系和推荐出版事宜,令我万分感激。我曾填《行香子》二阕呈谢:

气蕴风云,光耀乾坤。岳将军、华夏精魂。阳春下里,奕世讴吟。但几多成,几多失,几多存? 忝共榆枌,更接芳邻。仰英雄、别样情深。遍搜鲁壁,广拾遗音。乐案边冰,窗边月,蠹边尘。

慕蔺诚殷,御李无辰。不羞书、遥衷斯文。仰沾化雨,伏把清芬。幸指迷航,开茅塞,运风斤。 厚德垂仁,惠爱倾忱。起中肠、惭感纷纭。谬承奖掖,喜托龙门。会书于绅,篆于骨,祷于神。

感谢中州古籍出版社社长张存威先生慧眼卓识，将拙著选报为国家出版基金资助项目并获成功；中国社会科学院文学研究所的陶文鹏教授在专家推荐意见中对本书予以高度而中肯的评价。

值此付梓之际，对所有帮助过我的人谨致由衷的谢忱。

傅炳熙
2014年3月记于安阳师范学院